통합정치와 리더십

통합정치와 리더십

유재일 지음

온주사

머리말

세상만사는 끝날 때까지 끝난 것이 아님은 확실한 것 같다. 2019년 12월에 시작한 미증유의 코로나19 팬데믹(COVID-19 pandemic)은 세계보건기구(WHO)가 2023년 5월 5일 '국제적 공중보건 비상사태'(Public Health Emergency of International Concern)를 종료하기 전까지 세계 인류에 상상을 초월한 공포와 고통을 주었다.[1] 이 기간 동안 각국에서는 눈에 띄는 정치적 변화가 있었고, 정치행위자들(political actors)의 백양백태百樣百態가 있었다. 이중 가장 기억에 남는 장면을 세 개만 꼽으면 다음이 아닐까 싶다.

먼저 2021년 1월 6일 미국의 도널드 트럼프 대통령(Donald Trump, 1946~, 재임 2017~2021)이 전 해에 치른 대통령선거(이하 대선)에서의 패배를 승복하지 않고 지지자들에게 "힘을 보여주고 지옥처럼 싸워 … 나라를 되찾아라"고 선동하자, 일부 지지자들이 의사당을 점거하던 장면을 들 수 있다. 이 사고로 의사당 경찰관 1명을 포함해 5명이 사망하고, 경찰관 140여 명이 부상을 입었으며, 1,000여 명이 체포되었다. 그럼에도 불구하고 그는 2024년 대선 레이스에서 당선 가능성이 높은 주자로 뛰고 있다.

두 번째는 2021년 6월 29일 문재인 대통령(1953~, 재임 2017~2022)에 의해 정무직공무원인 검찰총장에 임명되고 2년 임기를 3개월 앞두고 사퇴했던 윤석

---

[1] Our World in Data(OWID, 2023. 6. 21. 기준)에 따르면, 세계 전체 코로나 사망자는 6,945,701명으로, 상위 10개 국가의 사망자는 미국 1,127,152명, 브라질 703,399명, 인도 531,896명, 러시아 399,436명, 멕시코 334,276명, 영국 227,272명, 페루 220,793명, 이탈리아 190,706명, 독일 174,691명, 프랑스 163,855명 등으로 집계되었다. 한편 한국 사망자는 34,960명으로 집계되었다.

열 전 검사(1960~)가 "이제 우리는 이런 부패하고 무능한 세력의 집권 연장과 국민 약탈을 막아야 합니다. 여기에 동의하는 모든 국민과 세력은 힘을 합쳐야 합니다"라는 성명을 발표하면서 대선 출마를 밝히는 장면을 들 수 있다. 그는 이듬해인 2022년 대선에서 대통령으로 선출되어 국정을 책임져 왔는데, 2024년 총선에서 국민들로부터 호된 중간평가를 받았다.

세 번째는 2021년 12월 8일 독일의 앙겔라 메르켈 총리(Angela Merkel, 1954~, 재임 2005~2021)가 16년간 수행한 총리직을 퇴임하기 직전에 연립정부의 파트너인 사회민주당 소속의 올라프 숄츠 총리 당선인(Olaf Scholz, 1958~)과 함께 참석한 연방군의 고별 열병식에서 "우리가 불만, 분개, 비관이 아니라 마음속의 기쁨을 가지고 우리의 임무를 수행한다면, 계속해서 성공적으로 미래를 만들어 갈 수 있다고 확신합니다"라고 연설하는 장면을 들 수 있다. 그는 갈등과 분열의 시기에 많은 국가들의 귀감으로 소환되고 있다.

아마 당시 이러한 장면들을 접하고 느꼈던 바는 사람마다 제각각이었을 것이다. 이는 사람이 '생각하는 존재'를 뜻하는 호모 사피엔스(Homo Sapiens)이기 때문이다. 물론 어떤 사람은 플라톤(Platon, B.C. 427~347)의 『국가』(*Politeia*, B.C. 367)[2]에 나오는, 이데아(Idea)의 진정한 모습을 보지 못하고 그림자에 머무르는 동굴 비유에서처럼 '결박당한 인간'을 뜻하는 호모 바운드쿠스(Homo Boundcus)[3]일 수도 있다.

팬데믹 중이나 지금 이 순간에도, 상궤에서 벗어난 행동을 하거나 반대로 사람들에게 감동과 울림을 주는 정치행위자들이 적지 않다. 하지만 트럼프, 윤석열, 메르켈 등이 보여준 행위는 단순한 정치적 해프닝이나 이벤트성 에피소드가 아니라 사람들의 정치적 인식과 행태에 적지 않은 영향을 미쳤다는 점에서, 그리고 좋든 싫든 간에 새로운 정치적 산물(political output)을 결과했다는

---

2 한글 번역서는 번역된 제목과 원래의 제목을 병기한다.

3 Boundcus는 결박 내지 속박을 뜻하는 영어 bound와 동물을 의미하는 라틴어 접미사 cus가 결합된 신조어.

점에서 정치학적 탐구 대상이 될 만하다. '사실 판단'의 차원에서 보면, 이들의
행위는 공동체의 다양한 가치와 이익을 둘러싼 갈등을 나름대로 해결하기
위한 선택이었다고 간주할 수 있는데, 결과는 종래의 갈등을 완화하거나 반대로
악화시킨 것으로 나타났다. '가치 판단'은 앞으로의 논의를 위해 유보하려고
한다. 다만 관조觀照하건대, 이들의 행위는 "콩 심은 데 콩 나고 팥 심은 데
팥 난다"라는 속담이나 셰익스피어(William Shakespeare, 1564~1616)의 희극
『죄는 지은 데로 덕은 닦은 데로』(*Measure for Measure*, 1623)처럼 사필귀정事必歸
正으로 귀결될 것으로 보인다.

　대체로 사람들은 정치에 관한 가치 판단에서 서로 다른 두 가지 해석을
접할 때 혼란을 느낄 수 있다. 그중 하나의 해석은 "정치란 투쟁"이라는 것
이다. 즉 권력을 가진 자나 집단은 권력을 통해 공동체의 가치와 이익을
독점하고, 그러한 지배를 강화하기 위한 것을 정치로 보는 것이다. 이에
대해 불만을 가진 이들은 권력의 주체나 기존 질서를 바꾸기 위해 투쟁하는
것을 정치로 본다. 다른 해석은 "정치란 통합"이라는 것이다. 즉 권력을 장
악한 자들은 선별적 통합을 통해 불만을 가진 이들이 투쟁 대신에 질서를
받아들이도록 통치하는 것을 정치로 보는 것이다. 이에 대해 권력을 공동체
의 정의와 개인의 행복을 구현하는 수단으로 보는 이들은 보편적 통합을
통해 사적 이익과 일반 이익을 조화시키고, 공공선을 증대시키는 것을 정치
로 본다. 이처럼 정치에 관한 상반된 가치 판단은 인식상의 차이를 넘어
때때로 정치갈등의 원인이 되기도 한다.

　많은 정치학자들은 이러한 문제에 대해 어떻게 이해하면 좋을지를 저마다
설명해 왔는데, 그 가운데 정당과 선거 연구의 권위자인 모리스 뒤베르제
(Maurice Duverger, 1917~2014)는 『정치란 무엇인가』(*Introduction à la politique*,
1964)에서 이를 잘 설명하고 있다. 그는 정치란 시간과 장소에 관계없이 개인이
건 집단이건 처음부터 투쟁하는 행위와 통합하는 행위를 동시에 나타낸다고
보았다. 즉 권력을 가진 자들은 불만을 가진 이들의 투쟁을 저지하기 위해

배제나 통합의 방법을 통해 자신의 지배를 강화한다. 동시에 불만을 가진 이들은 투쟁을 성공시키기 위해 같은 처지에 있는 사람들과 연대를 도모하거나 통합을 모색한다. 물론 실제 정치에서는 상황과 행위주체에 따라 투쟁과 통합의 비중이 다양하게 나타나지만, 정치가 투쟁과 통합이라는 두 가지 행위를 통해 권력을 추구하려고 하는 인간의 행위인 것만은 분명하다. 이 같은 정치의 양면성이 바로 정치의 본질이자 고유한 성질인 것이다. 따라서 이러한 사실 판단에 근거하고 있는 '투쟁'과 '통합'이라는 두 가지의 상반된 가치 판단 역시 받아들일 수밖에 없는 것이다.

비록 정치가 양면적이고 모순적인 의미를 지니고 있지만, 필자는 이를 보다 구체적이고 적절한 '구성개념'(conception)[4]으로 명확하게 표현할 수 있다면, 정치현상이나 정치적 실천을 이해하는 데 유용하지 않을까 생각해 본다. 이러한 문제의식에 기초해 이 책에서는 '통합정치'(integrative politics)[5]라는 개념에 새로운 의미를 부여하고자 한다. 이 점이 이 책을 저술한 첫 번째 이유다. 통합정치라는 개념은 정치행위자들이 공동체 내에서 경쟁과 협력을 통해 다양한 가치와 이익을 둘러싼 갈등을 해결하면서, 동시에 다원주의적 공공선을 증대시키는 행위라고 정의할 수 있다. 이러한 새로운 구성개념을 통해 정치인식에 대한 지평이 넓어지고, 정치적 실천이 공적 가치를 창출하는 데 보다 기여할 것으로

---

4 정치용어를 이해하기 위해서는 개념(concept)과 구성개념(conception)을 구별할 필요가 있다. 개념은 권력이나 민주주의처럼 이미지, 용어 또는 범주를 가리키는데, 내재된 특징을 함축적으로 표현할 때 가장 쓸모가 있다. 구성개념은 이러한 개념에 대해 추가적 이해, 시각 또는 해석을 부여해 주는 것으로서, 대안적 개념들에 대해 폭넓게 토론하고 생각하며 정의해 가면서 구축된다. Hague, Rod and Martin Harrop, John McCormick의 『비교정부와 정치』(*Comparative Government and Politics, 10th edition*, 2016) 참조.

5 '통합정치'라는 용어는 영어로 integrative politics와 politics for integration으로 번역되는데, 정치적 행동양식(behavior pattern) 중 하나라는 의미에서 integrative politics로 번역하는 것이 나은 것 같다. integrative 단어는 라틴어 integrāre에서 기원하는데, 캠브리지 사전 (Cambridge Dictionary)에는 "combining two or more things in order to make them more effective"로 풀이하고 있다.

본다.

필자가 이 책을 쓰는 두 번째 이유는 한국이 처한 상황 때문이다. 어쩌면 이것이 이 책을 쓰게 된 가장 솔직한 이유일지도 모른다. 근대 이후 선진국가들의 발전과정을 살펴보면, 국가건설, 국민통합, 산업화, 민주화, 복지국가 진입이라는 단계를 거치면서 발전해 왔음을 볼 수 있다. 한국도 이러한 발전과정의 예외는 아니다. 한국은 세계시간과 한국시간 간의 괴리가 있음에도 불구하고, 국민들의 노고와 희생의 바탕 위에 정치지도자들의 소명과 헌신이 더해져 세계적으로 인정받는 발전상을 보여 왔다. 하지만 그 이면에는 다른 선진국가들과 마찬가지로 어둡고 부정적인 유산들이 여전히 남아 있는 것도 부정할 수 없다.

사실 한국의 발전과정은 수동적 방식과 능동적 방식이 혼재되어 빠르고 (speedy), 압축적이며(compressed), 역동적인(dynamic) 모습으로 나타나고 있음을 볼 수 있다. 그리고 이전 단계에 있었던 미완의 과제들이 마치 업보 業報처럼 영향을 미치고 있다. 즉 기존의 사회갈등과 정치갈등이 해소되지 못한 채 새로운 유형의 갈등들과 상승작용을 함으로써 복합적이고 다층적인 균열구조(cleavage structure)를 낳고 있다. 그 결과 분단국가의 건설에 따른 남·북한 간의 갈등, 자유민주주의의 변형에 따른 이념 갈등, 위로부터의 산업화와 권위주의체제의 유제에 따른 국가와 시민 간의 갈등, 실질적 민주화의 한계와 복지국가의 지체에 따른 계급계층 간의 갈등 등이 지속되고 있다.

〈표 1〉에서 볼 수 있듯이, 한국은 경제 규모에서 세계 12위를 차지해 구미 국가들에는 못 미치지만, 경제적으로 비교적 잘 사는 나라임에 분명하다.[6]

---

6 역대 정부는 '세계 속의 한국'의 위상을 나름대로 규정해 왔는데, 문재인 정부에서는 '선도국가'로 자찬했고, 윤석열 정부에서는 '중추국가'로 자칭하고 있다. 이 같은 규정은 정부 홍보용으로 이해되지만, 근거가 빈약하다. 그냥 '세계일류국가'로 규정하면 충분한데 말이다. 참고로 각종 통계자료 중 정성적 지표는 바이어스(bias)가 있을 수 있음을 유의할

또한 「민주주의 지수」가 완전한 민주주의국가의 범주에 속할 정도로 국민들의 정치의식이 높은 나라다. 그러나 심화되고 있는 사회경제적 양극화, 돌파구 없는 정치사회적 갈등, '3대 국민 스트레스'(저출산, 북핵, 기후위기) 등으로 행복도가 낮은 편이다. 이 같은 한국의 현주소는 더 나은 미래를 위한 가능성을 주는 동시에, 지금까지 성취해 온 각 영역의 발전이 퇴행하거나 왜곡될 수 있는 취약성을 지니고 있다. 이 같은 분기점에서 정치행위자들의 소명의식과 역할은 매우 중요하다. 특히 통합정치에 대한 정치지도자들의 의지와 실천이 절실히 요구된다고 하겠다.

이 책은 통합정치를 위한 접근 방안과 이와 관련한 세계 10인의 정치리더십을 탐구하는 데 목적을 두고 있다. 이를 위해 먼저 통합정치에 대한 정치적 상상력과 아이디어를 얻기 위해 인간 중심의 정치에 관한 역사가들의 관조와 정치사상가들의 담론을 탐색한다. 다음으로 통합정치의 핵심적 기제인 정치적 다원주의와 협의제 민주주의가 작동하기 위한 정치문화, 정치제도, 정치리더십 등과 관련한 방안을 선진국가들과 한국의 비교를 통해 접근한다. 끝으로 통합적 정치리더십에 관한 시사점을 도출하기 위해 G20 국가군 중 10개 국가에서 통합정치를 실천한 정치지도자의 리더십 사례를 살펴본다. 아마도 이러한 작업들이 제대로 이뤄진다면, 통합정치의 구성개념이 보다 풍부해질 것이다. 그리고 희망과 미래의 공동체를 만들어 가는 정치행위자들의 선택에 다소나마 도움이 되지 않을까 생각해 본다.

필요가 있다.

7 참고로 스웨덴 예테보리대학교의 민주주의다양성연구소는 2014년부터 매년 발표하는 *Democracy Reports*의 2024년도 보고서(3월 7일 발표, 179개 국가 조사)에서 한국을 '자유민주주의지수'(Liberal Democracy Index)가 2022년 0.73(세계 28위)에서 2023년 0.60(세계 47위)으로 하락한 실상을 들어 '독재화가 진행 중인 국가들'(Autocratizing countries)에 포함했다.

〈표 1〉 G20 국가군의 주요 현황 　　　　　　　　　　(순위는 세계 순위임)

	회원국	(1)GDP*		(2)1인당 GDP		(3)국방비		(4)민주주의지수		(5)행복지수		(6)출산율
		2023	순위	2023	순위	2022	순위	2023	순위	2022	순위	2022
1	미국	26,854,599	1	80,034	7	7666.6	1	7.85	29	6.894	15	1.7
2	중국	19,373,586	2	13,721	64	242.4	2	2.12	148	5.818	64	1.2
3	일본	4,409,738	3	35,385	28	87.9	8	8.40	16	6.129	47	1.3
4	독일	4,308,854	4	51,383	19	53.4	7	8.80	12	6.892	16	1.5
5	인도	3,736,882	5	2,601	139	66.6	5	7.18	41	4.036	128	2.0
6	영국	3,158,938	6	46,371	22	70.0	4	8.28	18	6.796	19	1.6
7	프랑스	2,923,489	7	44,408	23	54.4	6	8.07	23	6.661	21	1.8
8	캐나다	2,089,672	9	52,722	18	24.6	14	8.69	13	6.961	13	1.5
9	러시아	2,062,649	11	14,403	63	87.9	3	2.22	144	5.661	70	1.5
10	이탈리아	2,169,745	8	36,812	26	31.1	13	7.69	34	6.405	33	1.3
11	브라질	2,081,235	10	9,673	79	22.9	15	6.68	51	6.125	49	1.6
12	한국	1,721,909	12	33,393	33	42.9	11	8.09	22	5.951	57	0.8**
13	호주	1,707,548	13	64,964	10	33.8	12	8.66	14	7.095	12	1.6
14	멕시코	1,663,164	14	12,673	68	5.7	–	5.14	90	6.330	36	1.8
15	인도네시아	1,391,778	16	5,016	112	9.0	–	6.53	56	5.277	84	2.1
16	사우디아라비아	1,061,902	18	29,922	38	45.6	9	2.08	150	6.463	30	2.4
17	튀르키예	1,029,303	19	11,931	71	6.1	–	4.33	102	4.614	106	1.9
18	아르헨티나	641,102	23	13,709	65	3.3	–	6.62	54	6.024	52	1.9
19	남아공***	399,015	39	6,485	96	3.0	–	7.05	47	5.275	85	2.3
20	유럽연합	–	–	–	–	–	–	–	–	–	–	–
참고	북한	no data						1.08	165	no data		1.8

* G20 국가군에 세계 GDP 순위 15위인 스페인, 17위인 네덜란드는 포함되어 있지 않음.

** 2022년 한국 합계출산율(통계청 2023. 8. 30. 확정): 0.78명.

*** 남아공은 남아프리카공화국의 약칭임.

(1), (2) GDP 자료: IMF의 World Economic Outlook Database(2023. 10), 단위: (1) million of U.S. dollars / (2) U.S. dollars.

(3) Defence Budgets 자료: International Institute for Strategic Studies의 *The Millitary Balance 2023*(Routledge), 단위: billion of U.S. dollars.

(4) Democracy Index 자료: Economist Intelligence Unit(2024. 2. 14. 발표, 167개 국가 조사), 척도 범위: 10-8.01 full democracies(완전 민주주의) / 8-6.01 flawed democracies(불완전 민주주의) / 6-4.01 hybrid regimes(혼합주의) / 4-0 authoritarian regimes(권위주의).

(5) Happiness Index 자료: Sustainable Development Solutions Network(유엔 산하 자문기구)

의 *World Happiness Report 2023*(2023. 3), 척도 범위: 10-0.

(6) 출산율 자료: United Nations Population Fund의 World Population Dashboard(Total fertility rate per woman, 2023), 단위: 명.

덧붙이면, 각주는 논의의 전개상 필요하다고 생각되는 경우에만 첨부하려고 한다. 역사적으로 널리 알려진 저작들에서의 인용구는 페이지수를 기재하지 않았다. 필자가 인용하고 참고한 주요 저작들은 책의 말미에 실린 참고문헌 목록에 기재되어 있다. 이에 대해 독자들의 이해와 혜량을 구하고자 한다.

I.
정치와
통합

1. 정치의 본령

영화 「링컨」

필자는 대학에서 매년 「정치리더십의 이해」라는 과목을 강의할 때마다 두 번째 주에 스티븐 스필버그(Steven Spielberg, 1946~)가 감독한 영화 「링컨」을 수강생들과 함께 감상했다. 2013년 개봉할 때부터 감상 후에 진행되는 토론에 대한 코멘트를 준비하기 위해 매번 메모를 했기 때문에 영화 대사들을 거의 기억하고 있다. 어느 때는 이 영화를 포함해 세 차례의 아카데미 최우수 남우주연상을 수상한 다니엘 루이스(Daniel Lewis, 1957~)의 실감나는 연기 때문에, 영화에 나오는 그의 모습이 링컨 대통령(Abraham Lincoln, 1809~1865, 재임 1861~1865)의 실제 모습이 아닌가 하는 착각에 빠지기도 했다. 영국인으로 아일랜드 국적도 가진 루이스는 필자가 가장 좋아하는 배우 중 한 사람인데, 동년배라는 친밀감 때문인지 그가 출연한 영화들은 대부분 보았다.

필자가 아는 한, 링컨에 대한 가장 뛰어난 묘사는 앙드레 모루아(André Maurois, 1885~1967)가 『미국사』(Histoire des Etats-Unis, 1947)에서 기술한 것이다. 그는 링컨의 모습을 마치 활동사진을 통해 본 것처럼 묘사하고 있는데, 참으로 사람에 대한 이해가 깊은 문필가라는 생각이 든다.

"군중은 키가 크고 굵은 뼈대에 울퉁불퉁하고 튼튼한 몸집과 마음씨 좋은 사티로스(Satyros)[8]처럼 생긴 얼굴에 거인 헤라클레스 같은 슬픈 듯 깊은 눈동자를 물끄러미 쳐다보았다. 그에게는 강인한 정력과 성실한 인품을 풍기는 특별한 인상이 서려 있었다. 또한 시골티가 나는 풍채로 사람들을 놀라게 하는 한편 확실한 성실성으로 사람들에게 안도감을 주었다."

영화는 링컨이 1861년 발발한 남북전쟁의 와중에 치러진 1864년 11월 8일 화요일 대선에서 대통령에 재선된 이후부터 1865년 4월 15일 암살로 서거할 때까지 그의 행적을 보여주고 있다. 이 기간 중 '노예제 폐지'를 담은 「수정헌법 제13조」를 관철시켜 나가는 그의 인간적 고뇌와 불굴의 용기, 그리고 용의주도 한 정치력에 관한 진면목을 집중적으로 보여주고 있다.

링컨은 1863년 노예해방을 선언했지만, 헌법으로 보장하지 않는 한 자유인 신분을 얻은 흑인 노예들이 대법원의 판결이나 후임 대통령의 행정명령에 의해 다시 노예 신분으로 돌아갈 우려가 있다고 판단했다. 그는 대통령 재선을 기점으로 전년도에 상원을 통과한 수정헌법안을 하원에서 반드시 통과시키기 로 마음먹었다. 그런데 하원에서도 의원 3분의 2 이상의 찬성이 필요했고, 이는 야당인 민주당 의원 20명의 지지가 있어야 가능했다. 하지만 그들의 지지를 얻는 일은 노예제 폐지에 대한 극렬한 반대 당론으로 난공불락이었다. 여기에 여당인 공화당의 보수파는 종전이 성사될 경우에만 지지하겠다고 조건 을 달고 있었다. 또한 공화당의 급진파도 흑인에게 투표권(당시 백인 남성만 보장)을 부여하고, 나아가 토지분배 문제를 논의해줄 것을 요구했다. 이러한 상황에서 수정헌법안의 통과는 마치 연목구어緣木求魚의 형국이었다.

이러한 사면초가四面楚歌를 타개하기 위해 링컨은 선거에서 낙선한 민주당 의원들과 여당 내 반대 의원들을 백악관에 초청하거나 밤에 몰래 만나 설득하기 도 하고, 도덕적 언술로 압박을 가하기도 했다. 나아가 부통령, 국무장관,

---

8 사티로스는 그리스 신화에 나오는 반인반수의 정령이다.

백악관 참모들에게 반대파 의원들의 동향을 파악하도록 독려하기도 했다. 심지어 측근들이 섭외대상 의원들의 사적 이권이나 지역 민원을 들어주는 거래를 하거나 뇌물을 주는 것까지도 묵인했다. 때로 의원 섭외가 어려우니 포기할 것을 종용하는 측근들에게 격정적으로 질책하기도 했지만, 그는 이내 본래의 온화한 모습으로 돌아가곤 했다.

"인간적인 의미나 가치가 있는 것을 하지 않으면, 아무것도 해낼 수가 없소. 노예제도를 없애고, 이 끝도 없는 전쟁을 끝내기 전에는, 이 수정안만이 해결책이오. 우린 지금 세계의 주목을 받고 있소. 지금 인간 존엄성의 운명이 우리 손안에 있소. 여기에 이르기까지 흘린 피가 얼마요? 지금, 여러분 앞에 놓인 것을 보시오. 헌법 조항으로 노예제도를 폐지하면, 지금 사슬에 묶인 수백만 명의 운명뿐만 아니라 아직 태어나지 않은 수백만 명의 운명도 결정짓는거요. 표 2개가 그걸 막고 있소. 그 표를 얻어야 하오. 여러분이 그 표를 구해 올 거라 믿소."

이 같은 링컨의 신념과 추진력, 여기에 정치적 동지들의 지략과 헌신이 더한 끝에 수정헌법안은 1865년 1월 31일 찬성 119표, 반대 56표, 기권 혹은 결석 8표로 극적으로 하원을 통과했다. 「수정헌법 제13조」의 내용은 다음과 같다. "제1항. 노예 또는 강제 노역은 당사자가 정당하게 유죄 판결을 받은 범죄에 대한 처벌이 아니면 합중국 또는 그 관할에 속하는 어느 장소에서도 인정되지 않는다. 제2항. 연방 의회는 적절한 입법에 의하여 이 조문의 규정을 시행할 권한을 가진다."

영화는 링컨의 잘 알려지지 않은 에피소드를 통해 그의 진정성을 드러내는 데 초점을 두고 있는데, 좀더 세심하게 보면 정치의 본령(本領, essence), 즉 정치의 가장 본질적이고 근본적인 특성을 전하려고 했던 것이 아닌가 생각한다. 링컨은 노예를 재산으로 여기는 남부 11개 주의 연방 탈퇴로 국가가 분열되고 연방정부가 붕괴되고 있는 위기 상황을 극복하기 위해 참혹하고 고통스러운 전쟁을 결행했다. 이 전쟁은 전체 군인 사망자가 76만여 명에 이를 정도로 엄청난 희생을 치렀다. 그럼에도 불구하고 그는 전쟁의 종결을 요구하는 일부 여론과 의회를 설득하면서, 역설적으로 가장 극단적인 갈등 형태인 전쟁을 통해 분열된 국가의 재통합을 이뤄냈다.

링컨은 노예제 폐지에 주저하는 의원들을 혼신을 다해 설득하고, 실정법과 관행이 허용되는 범위 내에서 다양한 정치적 수단과 방법을 동원해 수정헌법안을 관철시켰다. 이 과정에서 그는 '모든 것에 있어서의 평등' 대신에 '법 앞에서의 평등'이라는 차선책과 타협했다. 흔히 회자되기를 "진보는 생각보다 더디다"고 하는데, 맞는 말일지 모른다. 흑인 투표권은 종전 직후에 도입되었음에도 불구하고, 남부에서는 1965년에 가서야 실질적으로 보장되기 시작했다. 수정 헌법안이 통과된 직후 공화당의 급진파인 테디어스 스티븐스 하원의원(Thaddeus Stevens, 1792~1868)이 흑인 부인에게 "부패로 통과되고, 미국에서 가장 순수한 사람이 추진한 19세기의 가장 위대한 입법"이라고 말하는 장면이 이 영화의 압권이라는 생각이 든다. 이 말이 바로 정치의 본령에 대해 정곡을 찌른 것이라고 볼 수 있다.

여기서 우리는 정치의 본령이 무엇인가를 가늠해볼 수 있다. 정치의 본령이란 시대적 가치나 과제라는 공공선을 구현하는 것이라고 볼 수 있다. 이 본령을 수행하기 위해 정치행위자는 열정과 사려깊음, 또는 용기와 통찰이라는 미덕인 비르투스(Virtus)로 무장하고 운명의 여신인 포르투나(Fortuna)와 맞서야 한다. 나아가 정치행위자는 운명을 극복했더라도, 마키아벨리(Niccolò Machiavelli, 1469~1527)의 조언대로 정치적 성과가 역전되지 않도록 반드시 제도화인 '오르디니'(Ordini)를 관철시켜야 한다. 링컨은 이 같은 소명을 이루기 위해 투쟁과 전쟁도 불사하고, 차선과 타협하며 반대자들에게 양보했다. 그는 오르디니를 위해 한 걸음을 내딛기보다는 반걸음을 선택했다. 바로 이러한 선택이 통합정치의 요체가 아닌가 본다.

링컨은 진실과 관용에 기반해 용기와 통찰이라는 덕목을 발휘한 '위대한 정치지도자'(The Great Leader)라고 할 수 있다. 이처럼 불후의 명예를 남길 수 있었던 원천은 무엇이었을까? 그것은 낙관주의(optimism)가 아닌가 본다. 이 낙관주의는, 어린 링컨을 학교에 보내지 못할 정도로 가난했지만 지극한 정성과 헌신으로 링컨을 키운 새엄마의 사랑과, 새엄마가 구해준 책인 유클리드(Euclid, B. C. 4세기)의 『원론』(*Elements*)에서 발견한 "A = B이고 B = C이면, A = C다"라는 명제가 인간관계에서도 적용될 수 있다는 믿음에서 싹을 틔웠다고 본다. 영화는 링컨이 대통령 재선 취임 연설을 하는 장면으로 마무리된다. 연설 내용이 정치의 본령에 대해 성찰하는 것이어서 일부를 소개한다.

"신께서 250여 년간 노예들의 보답 없는 노동으로 쌓아 올린 모든 부가 없어질 때까지 이 전쟁이 계속되길 원하신다면, 3천 년 전 말씀하신 대로 채찍에 맞아 흘린 땀이 칼로써 갚아질 때까지 지속하길 원하신다면, 그 역시도 진실하고 의로운 신의 법일 것입니다. 아무에게도 악의를 갖지 말고, 모든 이에게 자비로운 마음으로 신께서 우리가 향하도록 이끄시는 정의를 굳게 믿고, 우리가 처해 있는 상황을 끝내기 위해, 이 나라의 상처를 달래기 위해, 이 전쟁을 참아낸 사람과 미망인과 고아를 돌보기 위해, 우리와 온 나라들과의 정의롭고도 영원한 평화를 이루기 위해, 함께 노력합시다."

이 장면 직전에 링컨의 암살 소식이 전해지는 화면에서 베토벤(Ludwig van Beethoven, 1770~1827)이 작곡한 오페라 「에그몬트」(Egmont, 1809)의 '서곡'(overture)이 배경음악으로 잠깐 울려 퍼진다. 이 곡 역시 정치의 본령을 음미하는 데 나름의 영감을 주는 것 같아, 외람되게 독자들께 감상(https://youtu.be/ChcrZX2rZ1M)[9]해 볼 것을 권해본다.

---

9 이 곡은 네덜란드 독립운동 지도자인 라모랄 에그몬트(Lamoral Egmont, 1522~1568)의

한국의 역대 대통령

잘 알다시피, 한국은 해방 이후부터 현재에 이르기까지 시대적 가치와 과제를
둘러싸고 사회집단 간에, 정치세력 간에, 그리고 이들 상호 간에 갈등하고
협력하면서 국가건설, 국민형성, 산업화, 민주화, 복지국가 진입 등 여러
발전단계를 거쳐 왔다. 이 과정에서 사회갈등은 정치갈등으로 전환되고, 정치
갈등은 사회갈등으로 재생산되어 왔다. 특히 국제관계와 사회경제적 구조의
변화는 새로운 사회갈등을 양산하고, 이 갈등은 곧바로 정치갈등에 투영되어
왔다. 이러한 일련의 과정 속에서 한국사회와 정치는 우여곡절을 겪으면서
발전해 왔다.

　대체로 정치갈등이 드러난 모습인 정치균열(political cleavage)은 '민족주의
대對 세계체제 편입주의', '반공주의 대 자유민주주의', '발전주의 대 민중주의',
'절차적 민주주의 대 실질적 민주주의', '신자유주의 대 복지국가주의' 등이
순차적으로 혹은 혼재된 상태로 전개되어 왔음을 볼 수 있다. 이 같은 균열
속에서 수많은 정치행위자들은 각자 시대적 가치와 과제를 실현하려고 노력했
다. 이들 가운데 가장 중요한 정치행위자는 선거를 통해 국민의 주권을 위임받아
국정을 책임지고 있는 정부수반(Head of Government)이라고 할 수 있다. 정부수
반은 대통령제 정부(presidential government) 하에서는 국가원수(Head of State)
를 겸직하고 있는 대통령이고, 의회제 정부(parliamentary government) 하에서는
총리인데, 제2공화국의 장면 국무총리(1899~1966, 재임 1960~1961)가 여기에
해당한다.

영웅적 희생을 기린 괴테(Johann Wolfgang von Goethe, 1749~1832)의 희곡 「에그몬트」
(1787)를 베토벤이 작품화한 오페라의 서곡이다. 연주곡은 라이프치히 게반트하우스 오케
스트라 지휘자인 쿠르트 마주어(Kurt Masur, 1927~2015)가 1989년 독일 통일의 시발점이
되었던 동독의 라이프치히 월요시위 20주년을 기념한 연주회에서 지휘했다. 마주어는
월요시위에서 평화협정을 촉구하는 연설을 한 적이 있었다.

〈표 I-1-1〉은 역대 정부수반의 취임사의 주요 주제어와 집권 기간 중에 제시한 대표적인 국정 모토를 정리한 것이다. 표와 같이 정부수반들이 제시하고 있는 국정 모토가 시대적으로 요구되는 가치와 과제를 제대로 반영하고 있는가의 여부는 논란이 될 수 있다. 그럼에도 불구하고 합법적이고 정당성 있는 선거 절차[10]를 통해 정부수반에게 국민의 주권이 위임되었다고 본다면, 다소의 차이가 있더라도 반영되어 있다고 전제할 수 있다.

〈표 I-1-1〉 한국 역대 정부수반의 취임사 주제어 및 국정 모토

시대과제	취임년	정부	취임사 주제어(3개)	통합*	국정 모토
국민형성	1948	이승만	합심합력, 애국성심, 남북통일	0	일민주의
산업화	1960	장면**	혁명정신, 경제건설, 남북통일	0	경제건설제일주의
산업화	1963	박정희	조국근대화, 대혁신운동, 민족통일	0	민족중흥
산업화	1979	최규하	국난타개, 사회안정, 헌법개정	0	위기관리정부
민주화	1981	전두환	국가안보, 안정과 화합, 평화통일	0	정의사회의 구현
민주화	1988	노태우	민주개혁, 국민화합, 평화와 통일	1	위대한 보통사람들
민주화	1993	김영삼	신한국창조, 변화와 개혁, 평화와 협력	0	문민민주주의
복지국가	1998	김대중	국난극복, 민주주의와 경제발전 병행, 화해와 협력	0	국민의정부
복지국가	2003	노무현	동북아시대, 개혁과 통합, 평화와 번영	4	참여민주주의
복지국가	2008	이명박	선진화, 실용정신, 남북협력	1	경제살리기
복지국가	2013	박근혜	제2의 한강의 기적, 국민행복, 한반도 신뢰	0	창조경제
복지국가	2017	문재인	통합과 공존, 일자리, 한반도 평화정착	2	정의로운 대한민국
복지국가	2022	윤석열	자유의 확대, 도약과 빠른 성장, 북한의 비핵화	0	다시 대한민국

* '통합' 용어 횟수.

** 장면 국무총리 시정연설.

---

10 한국정치사에서 비합법적 정부수반은 5·16 군사쿠데타 다음날 출범한 국가재건최고회의의 장도영 의장(1923-2012, 재임 1961. 5. 19-7. 3)과 박정희 의장(1917-1979, 재임 1961. 7. 3-1963. 12. 16)이다. 그리고 경쟁자가 없는 선거에 의해 선출되었기 때문에 정당성이 없는 것으로 간주되는 정부수반은 통일주체국민회의에서 선출된 박정희 대통령(재임 1972. 12. 22-1979. 10. 26), 최규하 대통령(1919-2006, 재임 1979. 12. 6-1980. 8. 16), 전두환 대통령(1931-2021, 재임 1980. 8. 27-1981. 2. 24)이다.

역대 정부수반은 시대적 가치와 과제를 실현하기 위해 나름의 국정수단과 운영방식을 강구했다. 대체로 국민형성 과제에서는 교육과 선거를, 산업화 과제에서는 자본과 과학기술을, 민주화 과제에서는 정치적 민주화와 사회경제적 민주화를, 복지국가 진입 과제에서는 복지제도와 복지재원을 주요한 수단으로 삼아 국정을 수행했다. 그리고 역대 정부마다 구조적 제약조건과 주체적 역량수준을 고려한 국정 과제와 전략을 마련하고, 국민의 신뢰와 지지를 제고시키는 방식으로 국정을 운영하려고 노력했다.

제2차 세계대전 종전 이후 일반적으로 공화주의와 민주주의의 담론이 확산되면서, 대부분의 국가에서 권력을 점한 정치지도자들은 국정 운영에서 국민의 지지가 매우 중요하다는 것을 본능적으로 인식하게 되었다. 자신이 권력을 얻은 관건이 동원투표이건 준봉遵奉투표이건 간에 적어도 국민의 지지였다는 점을 몸소 체험했기 때문이다. 특히 공정한 민주적 절차를 통해 선출된 정치지도자들은 이를 더욱 잘 이해하고 있다. 따라서 이들은 국민의 지지를 유지하거나 강화하기 위해 가시적인 국정 성과물을 도출하고, 기회가 있을 때마다 통합정치와 관련한 레토릭과 제스처를 취해야만 한다.

마찬가지로 한국에서도 정부수반들은 의욕이 넘칠 정도로 치적을 홍보하고, 온갖 미사여구를 동원해 통합을 강조해 왔다. 〈표 I-1-1〉에서 나타나듯이, 취임사에서 통합이라는 용어를 사용한 대통령은 노태우 대통령(1932~2021, 재임 1988~1993), 노무현 대통령(1946~2009, 재임 2003~2008), 이명박 대통령(1941~, 2008~2013), 문재인 대통령 등으로만 한정된다. 물론 다른 대통령들도 통합이라는 단어를 직접 사용하지는 않았지만, 유사한 의미나 뉘앙스를 지닌 합심, 단결, 단합, 화합, 화해, 협력 등의 용어를 사용했다.[11] 여담이지만,

---

11 필자는 역대 대통령 취임사 중 가장 수준이 높은 순으로 세 개를 들라면, 1순위 노태우 취임사, 2순위 김대중 취임사, 3순위 박정희 취임사를 들 수 있을 것이다. 아마 이들은 취약한 지지로 대통령에 당선되었기 때문에 열과 성을 다해 취임사를 준비한 것이 아닌가 본다. 노태우는 대선에서 36.6%를 득표했고, 김대중(1924~2009, 재임 1988~2003)은 40.2%

윤석열 대통령은 취임사에서 자유라는 단어를 35번이나 언급한 반면에, 통합이라는 단어를 언급하지 않은 것에 대해 "(통합은) 너무 당연한 것이기 때문"이라며 "우리 정치과정 자체가 국민통합의 과정이다. 통합을 어떤 가치를 지향하면서 할 것이냐를 이야기한 것"이라고 해명한 바 있었다.[12]

어쨌든 대부분의 정부수반들은 통합을 강조하는 정치적 언술과 통합정치라는 운영방식을 구사하면서, 국정 목표를 달성하기 위해 전심전력을 다한다. 이 과정에서 어떤 이는 괄목할 만한 업적을 내고, 어떤 이는 기대에 미치지 못하는 성적을 낸다. 또한 국민들로부터의 인기나 존경도 천차만별이다. 그리고 퇴임 이후에는 영예나 칭송을 받기도 하고, 오명汚名이나 응보應報에 직면하기도 한다. 특히 민주화 이후에도 재임 중에 있었던 시대착오적인 폭정(暴政, despotism)이나 퇴행적인 인치(人治, rule of man)로 인해[13] '신권위주의자'(neo-authoritarian)나 '공정하지 못한 리더'(unfair leader)로 평가받기도 한다.

〈표 I-1-2〉에서 볼 수 있듯이,[14] 역대 정부수반은 시대적 가치와 과제를

를 득표했으며, 박정희는 156,026표(1.55% 포인트) 차이로 신승했다.

12 「한겨레신문」(2022. 5. 12). 참고로 윤석열 대통령은 대선에서 247,077표(0.73% 포인트) 차이로 신승했다.

13 일반적으로 폭정은 최고권력자와 집권세력이 공직에 부여된 권력을 사유화하거나 남용하고, 반대세력에 대한 폭력 행사나 폭력적 위협을 통해 권력을 행사하는 것을 이르며, 인치는 법치(rule of law)에 반대되는 개념으로서 최고권력자와 집권세력이 권력을 법에 따라 행사하는 것이 아니라 자의적으로 행사하는 것을 이른다. 대체로 폭정과 인치는 권위주의체제의 통치행태이기 때문에 헌정주의에 기반한 민주주의체제에서는 수사적 차원에서 인용된다. 흥미로운 사실은 일찍이 폭정을 신랄하게 비판했던 공자(孔子, B.C. 551~479)와 플라톤은 덕치나 철인정치가 가능하다는 전제 하에서 인치를 옹호했지만, 『法經』(법경, B.C. 407)을 쓴 이회(李悝, B.C. 455~395)와 아리스토텔레스(Aristoteles, B.C. 384~322)는 인치를 반대하고 법치를 옹호했다는 점이다.

14 이 표는 김호진(1939~)의 『한국 대통령과 리더십』(2008)에 있는 '〈표〉 역대 국가경영자의 리더십 비교'를 필자가 수정하고 추가한 것이다. 김호진은 '위대한 정치인'은 자신의 운명 그 자체인 콤플렉스를 극복하고 승화한 인물이라는 테제를 갖고, 역대 정부수반이 처했던 권력욕망과 대의에의 열정 간의 모순, 이상주의와 현실주의 간의 괴리, 시대적

실현하기 위해 저마다의 역점과제를 추진했다. 이 과정에서 구조적 제약조건 속에서 최선이 안 되면 차선을, 최악을 피하기 위해 차악을 선택해야만 했다. 하지만 이들 중 어떤 이는 국민들의 높은 기대와 환호 속에서 출발했지만, 이렇다 할 성과를 내지 못했다. 이러한 배경에는 불가항력적인 요소들과 많은 장애 요인들도 있었을 것이다. 또한 추론이지만 통합정치가 제대로 작동하지 않은 것 역시 이들의 성과에 영향을 미쳤을 가능성이 있다.

〈표 I-1-2〉 역대 정부수반의 리더십 특성 비교

	콤플렉스	스타일	단점	역점과제	종합평가	응보
이승만	선지자적 우월 콤플렉스	가부장적 권위형	제왕적 군림	국민통합 한국전쟁	추방당한 건국의 아버지	4월혁명 망명
장면	기회주의 콤플렉스	민주적 표류형	우유부단	1공청산 경제건설	민주주의를 지키지 못한 민주론자	5·16정변 투옥
박정희	친일 및 좌익 콤플렉스	교도적 기업가형	관용의 빈곤	경제개발 자주국방	밥과 자유를 바꾼 근대화의 기수	부마항쟁 시해
전두환	주변인적 콤플렉스	저돌적 해결사형	군사적 전투주의	사회정화 정치안정	한다면 하는 무단론자	6월항쟁 투옥
노태우	편모 콤플렉스	소극적 상황적응형	정치적 보신주의	5공청산 북방정책	기대 이상의 성과를 낸 지역패권론자	투옥
김영삼	외아들 콤플렉스	공격적 승부사형	감각적 결정	과거청산 세계화	문민정치의 꿈을 이룬 국가경영의 실패자	–
김대중	출생 콤플렉스	계몽적 설교형	완벽주의	환란극복 햇볕정책	국가경영의 우등생이자 남북화해자	–
노무현	학력 콤플렉스	탈권위적 실험실습형	과도한 이상주의	개혁통합 균형발전	이념을 좇다가 실용을 놓친 개혁가	투신
이명박	비도덕 콤플렉스	독단적 CEO형	불도저식 독선	선진화 4대강	사익편취의 오명	투옥
박근혜	트라우마와 스티그마[15]	측근의존 과거회귀형	오만과 불통	국민행복 창조경제	국정농단의 오명	탄핵 투옥
문재인	노무현 죽음 트라우마	선한 군주형	좌고우면	적폐청산 포용국가	내로남불의 오명[16]	–

제약조건 속에서의 고뇌와 선택 등을 가감 없이 냉철하게 분석하고 있다. 최규하 대통령은 원래 〈표〉대로 추가하지 않았다. 윤석열 대통령은 임기 중이기 때문에 리더십 특성을 언급하는 것은 시기상조라고 보는데, 인상적으로 볼 때 '배반 콤플렉스'와 '반정치적 비타협형'의 특징을 지니고 있는 것이 아닌가 본다.

앞에서도 언급했지만, 시대적 가치와 과제를 실현하는 과정에서 사회갈등과 정치갈등은 필연적으로 발생한다. 문제는 이러한 갈등의 수위가 '국정수행력'(government capabilities)의 임계치를 넘어선다면, 정부수반은 정부를 제대로 이끌고 가기가 어려울 것이다. 따라서 정부수반은 사회집단과의 대화와 사회적 대타협을 통해 사회갈등을 관리하는 한편, 정치집단과의 대화와 협치, 나아가 권력분점을 통해 정치갈등을 완화해야 한다. 특히 정치갈등이 사회갈등을 재생산하고 확산시키는 한국적 '갈등 메커니즘(mechanism)'을 고려한다면, 통합정치는 단순한 언술을 넘어서서 적기에 실행에 옮겨져야 한다. 이를 통해 정부수반은 국정의 역점과제를 성공적으로 수행하고, 궁극적으로 시대적 가치와 과제를 위한 주춧돌을 놓을 수 있는 것이다.

흔히 "역사에는 가정假定이 없다"라는 언술이 존재하는데, 이는 상당히 일리가 있는 표현이다. 왜냐하면 역사는 과거와 사실을 다루기 때문이다. 하지만 정치는 미래와 상상을 다루기 때문에 가상의 시나리오를 생각해 볼 수 있다. 이러한 전제에서 역대 정부수반의 통합정치에 관한 단상斷想이 가능할 수 있다. 권위주의 시대에서의 통합정치는 그 자체가 형용모순이지만, 다음과 같은 단상도 가능할 것이다. 이승만 대통령(1875~1965, 재임 1948~1960)은 1956년 정부통령선거에서 부통령에 당선된 야당인 민주당의 장면에게 부통령의 권한과 역할을 부여했더라면, 85세의 노년에 하와이로 망명을 가지는 않았을 것이다. 박정희 대통령은 1978년 총선에서 야당인 신민당에게 1.1% 포인트

---

15 박근혜 대통령(1952-, 재임 2013-2017)의 트라우마(trauma)는 '부모의 불행한 죽음'에서, 스티그마(stigma)는 '독재자의 딸'에서 기인한 것으로 알려진다. 참고로 미국 주간지 「타임」(TIME)은 2012년 12월 7일 인터넷판 기사에서 당시 박근혜 대통령후보를 "The Dictator's Daughter"로 소개했다.

16 내로남불은 "내가 하면 로맨스, 남이 하면 불륜"이라는 말의 축약어로, 흔히 이중잣대나 위선적인 행태를 비판할 때 사용된다. 2021년 「뉴욕타임스」(NYT)가 한국 여당인 더불어민주당의 보궐선거 참패 직후 내로남불(Naeronambul)이 "If they do it, it's a romance; if others do it, they call it an extramarital affair"로 해석된다고 소개했다.

차이로 졌을 때 최소한의 자유화 조치를 취했거나 "정치를 좀 대국적大局的으로"[17] 했더라면, 비극적 결말은 피했을 것이다. 전두환 대통령은 1987년 6월민주항쟁이 발발했을 때 자유화 조치인 6·29선언을 여당인 민주정의당(이하 민정당)의 노태우 대통령후보 대신에 자신이 발표했더라면, 눈감기 전에 5·18민주화운동의 희생자들과 광주시민들에게 사죄할 수 있는 계제階梯를 만들 수 있었을 것이다.

한편 권력기반이 비교적 양호한 상태에서 출발했음에도 불구하고, 통합정치를 외면하는 바람에 재임 중이나 퇴임 후에 불명예를 안은 정부수반들의 사례가 적지 않다. 장면 국무총리는 4월혁명 이후 민의원에서 224명 중 117명의 찬성(52.2%)으로 총리 인준을 겨우 받았는데 만약 거국내각이나 여당인 민주당과 야당인 신민당과의 연립내각을 운영했더라면, 경제건설제일주의를 속도감 있게 추진했을 것이다. 김영삼 대통령(1928~2015, 재임 1993~1998)은 보수대연합인 민주자유당(이하 민자당)에서 김종필(1926~2018)을 축출하고 전두환·노태우 전 대통령을 구속함으로써 보수세력과의 단절을 시도한 만큼 인치가 아닌 민주적 시스템을 통해 국정을 운영했더라면, 정경유착이 견제되어 외환위기를 미연에 방지했을 것이다. 노무현 대통령은 야당인 한나라당에게 지역구도 해소를 위한 선거제도 개편이라는 조건을 달지 말고 국민통합이라는 대의에 입각해 조건 없는 대연정을 제안했더라면, 역사적 타협의 단초를 마련했을 것이다.

이명박 대통령은 대선에서 제1야당 후보보다 530만여 표(22.5% 포인트) 차이로 압승한 것을 기화로 정치보복의 악습을 끊었더라면, 사익편취의 오명에서 벗어났을 것이다. 박근혜 대통령은 2016년 총선에서 여당인 새누리당이 야당인 더불어민주당에게 1석 차이로 패배했을 때 국정쇄신과 여당 내 비주류와의 소통을 추진했더라면, 탄핵은 면했을 것이다. 문재인 대통령은 촛불집회[18]의

---

17 이 구절은 「동아일보」의 김충식 기자(1954~)가 쓴 취재기인 『남산의 부장들』(1992)을 영화화한 우민호 감독(1971~)의 영화 「남산의 부장들」(2020)에서 나오는 대사다.

성과에 힘입어 집권했기 때문에 박근혜 대통령의 탄핵에 찬성한 각 정파의 지도자나 대선 후보들을 내각에 포함시키거나 그들로부터 추천받은 인사를 기용했다면, 보다 뚜렷한 국정 성과를 거뒀을 것이다. 특히 헌법재판소의 탄핵심판 과정에서 국회탄핵심판소추위원장의 역할을 한 국회법제사법위원장을 삼고초려三顧草廬해서라도 법무부 장관에 기용했다면, 의미 있는 통합정치를 구현할 수 있었을 것이다. 이와 관련한 구체적인 내용과 분석은 3장의 통합정치의 방안 편과 4장의 통합정치를 실천한 리더 편에서 다룰 것이다.

이처럼 불명예스러운 정부수반들과 달리 통합정치를 성사시켜 비교적 안정적인 국정을 이끌었을 뿐만 아니라 주목할 만한 정치적 산물을 낳은 정부수반들도 있다. 노태우 대통령은 대선에서 36.6%를 득표할 정도로 취약한 권력기반을 반호남 지역연합인 3당합당(민정당 + 통일민주당 + 신민주공화당 = 민자당)을 통해 확대함으로써 주택 200만 호 건설과 재벌 부동산 개혁을 추진할 수 있었고, 사회주의권과의 수교와 「남북기본합의서」의 체결과 같은 외교적 업적을 이룰 수 있었다. 물론 나중에 전두환 전 대통령과 함께 반란죄, 내란죄, 뇌물죄 등으로 처벌받았지만, 그는 자신의 역사적 과오에 대해 사죄했다. 김대중 대통령은 민주화세력과 산업화세력의 연대인 DJT연대(김대중-김종필-박태준)를 통해 외환위기를 극복하고 국민기초생활보장제를 도입해 복지국가의 초석을 마련하는 한편, 민주주의와 인권을 발전시키고 역사상 최초의 남북정상회담을 개최함으로써 남북화해의 첫 걸음을 내디뎠다.

이상과 같은 단상은 역대 정부수반에 대한 평가를 다룬 것이라기보다는 통합정치와 관련한 시사점을 찾기 위한 상상의 단편에 지나지 않는다. 이를 통해 국정책임자로서의 정치지도자가 시대적 가치와 과제를 실현하기 위한 정치리더십을 어떻게 발휘해야 하는가에 대한 답을 찾을 수 있을지 모른다.

---

18 촛불집회와 관련해 문재인 대통령은 미국 대서양협의회가 수여하는 세계시민상을 수상하는 연설(2017. 9. 19)에서 자신은 "촛불혁명으로 태어난 대통령"이라고 언급했다. 대체로 '촛불시민항의'라는 명칭이 타당한 것 같다.

역대 정부수반은 봉건 군주의 두 가지 모델인 명군明君과 혼군昏君의 자질인 겸손과 교만, 혹은 영민함과 아둔함을 지니기도 하고, 절영지연絶纓之宴[19]이라는 아량과 '밴댕이 소갈머리' 같은 협량을 갖기도 하며, 업적과 성과에 따라 유능함(competence)과 무능함(incompetency), 혹은 노련함(veteran)과 미숙함(inexperience)과 같은 다양한 평가를 저마다 받고 있다. 아마 이 같은 평가 기준을 도식적으로 본다면, 권력 획득기에는 ①시대정신, ②정치력, ③공감력 등의 지표가, 국정 수행기에는 Ⓐ업적, Ⓑ지지도, Ⓒ권력승계 등의 지표가 적용될 것이라고 본다. 결국 정치지도자에 대한 평가는 궁극적으로 정치적 산물에 의해 결정되며, 정치적 산물은 정치리더십에 달려 있다. 물론 불가항력적인 구조적 요인이나 불운不運으로 정치적 산물에 대한 평가가 다소 공정하지 않을 수 있다. 그럼에도 불구하고 국정책임자의 정치리더십은 궁극적으로 공동체의 안위와 구성원의 행복을 좌지우지할 만큼 결정적으로 중요하다.

앞으로 통합정치와 관련한 정치리더십의 주제는 본격적으로 다뤄지겠지만, 일단 논의의 물꼬를 튼다는 차원에서 정부수반의 제1의 수칙에 대해서만 언급하고자 한다. 그것은 헌법에 명시된 '국가를 보위保衛하는 일'이다. 민주주의 체제에서 당연한 것으로 여겨지는 이 원칙을 새삼스럽게 언급하는 이유가 무엇인지 궁금할 것이다. 국가를 지키는 일은 비단 외침과 내란을 막는 것뿐만 아니라 국정수행력을 유지하는 것을 포함한다. 장면 국무총리는 군사쿠데타의 모의를 네 차례나 보고받고도 국군통수권자로서 적절한 조치를 취하지 않고 있다가, 결국 가장 신뢰했던 장도영 육군참모총장에게 배반을 당했다. 문재인 대통령은 자신이 임명한 윤석열 검찰총장의 항명적인 행태에 대해 정부수반으로서 경고해 시정토록 하지 않고 방치하다가, 그의 대선 행보로 인해 속수무책으

---

19 '갓끈을 끊는 연회'라는 뜻인 절영지연은 풍몽룡(馮夢龍, 1574~1646)의 소설 『동주열국지東周列國志』에 나오는 중국 춘추시대 초 장왕(楚 莊王, 미상~B.C. 591, 재위 B.C. 613~591)의 고사에서 유래하는데, 남의 잘못을 관대하게 용서하고 자신의 허물을 깨우친다는 의미를 담고 있다.

로 배반을 당할 수밖에 없었다. 국민의 주권을 위임받은 정부수반은 어떤 상황에서도 '사태 장악'을 해야 하는데, 만시지탄晚時之歎이 아닐 수 없다.

이 같은 유사한 사례는 동서고금에서 부지기수다. 대표적으로 회자되는 사례는 1973년 칠레의 살바도르 아옌데 대통령(Salvador Allende, 1908~1973, 재임 1970~1973)이 피노체트 육군총사령관(Augusto Pinochet, 1915~2006, 대통령 재임 1974~1990)의 쿠데타에 의해 죽음에 이르게 된 사건과 2016년 브라질의 지우마 호세프 대통령(Dilma Rousseff, 1947~, 재임 2011~2016)이 테메르 부통령(Michel Temer, 1940~, 대통령 재임 2016~2018)의 정치적 농간弄奸에 의해 탄핵당한 사건을 들 수 있다. 한국 사례는 두 정부수반이 민주항쟁이나 시민항의에 의해 출범한 정부의 책임자였기에 사안이 더욱 심각한 의미를 갖는다. 이들은 결과적으로 국정수행력을 유지하지 못했을 뿐만 아니라 민주주의의 성과도 지켜내지 못했다. 여기서 링컨과 비교하고자 하는 의도가 아니라는 양해 하에, 남부 11개 주의 연방정부 탈퇴로 국가가 분열되고 연방정부가 붕괴될 운명에 처했을 때 링컨이 전쟁을 불사했던 결기가 어디에서 기인했던지를 반추할 필요가 있다.

이제부터 통합정치의 구성개념에 관한 본격적인 논의를 시작하기에 앞서 정치체제와 통합 간의 관계를 공화주의와 민주주의의 관점에서 살펴보는 것이 필요하다. 이는 모든 정치적 논의의 출발점이자 통합정치의 구성개념을 도출하기 위한 사전 작업이기 때문이다.

공화주의와 민주주의 그리고 통합정치

인간이 정치공동체를 운영하는 데 있어서 직면하는 여러 문제 중 가장 큰 쟁점은 누가 결정(decision)하고, 어떻게 통치(governance)할 것인가 하는 폴리티(polity)[20]에 관한 것이다. 폴리티는 사전적 의미로 '식별가능한 정치적 실체'(an identifiable polity entity)로 정의되는데, 제도화된 정치적 관계의 형태로서 자원을 동원할 수 있는 집단적 정체성을 지닌 사람들의 조직이라는 의미를 지니고 있다. 통상 특정 정치공동체의 정체성이나 정치체제의 성격이라고 해도 무방하다. 정치공동체나 국가를 운영하는 과정에서 수많은 의사결정을 내려야 하는데 과연 누가 할 것인가, 그리고 어떤 방식으로 결정을 집행할 것인가 하는 문제는 정치공동체가 형성된 이래 갈등의 핵심 사안이자, 정치학이 출현한 이래 논쟁의 중심 주제다. 이것은 다름 아닌 정치공동체 내의 갈등과 통합과 밀접히 관련된 문제로서, 공화주의(republicanism)와 민주주의 (democracy)를 어떻게 구현할 것인가 하는 문제로 귀결된다.

대체로 공화주의와 민주주의의 개념에 접근할 때, 막스 베버(Max Weber, 1864~1920)가 사회과학 연구방법의 하나로 제시한 이념형(idealtypus)의 방법론이 사용되기도 한다. 그러나 공화주의와 민주주의 개념을 이해하는 데는 자본주의나 사회주의의 개념을 추상적으로 도출하는 데 사용되는 개념적 정의 (conceptual definition)보다는 경험적으로 확인되고 검증이 요구되는 조작적 정의(operational definition)를 적용하는 것이 훨씬 도움이 된다. 다시 말해, 역사적 경험과 실제 관찰에서 도출된 실재형(realtypus)에 기반을 두고 접근할 필요가 있다는 것이다. 이는 정치공동체가 출현한 이래 현재까지 두 실체가 시·공간적으로 끊임없이 상호작용하고 변화해 왔으며, 다양한 형태와 내용을 지녀 왔기 때문이다.

흔히 폴리티 내지 정치체제를 분류할 때, 두 가지 기준으로 분류한다. 첫 번째는 누가 통치하는가, 즉 주권의 소재에 따라 분류하는 것이다. 두 번째는 어떻게 통치하는가, 즉 주권의 행사방법에 따라 분류하는 것이다. 주권의 소재에 따라 국체國體라는 국가형태(forms of state)는 크게 '왕이 통치하는 국체' 인 군주제(monarchy)와 '왕이 없는 국체'인 공화제(republic)로 분류된다. 군주제 는 절대군주제(absolute monarchy)와 입헌군주제(constitutional monarchy)로 나

---

20 polity는 정체로 번역되는 경우가 있는데, 이 글에서는 정부형태(forms of government)를 정체政體로 약칭하기 때문에 이를 구분하기 위해 영어 발음 그대로 '폴리티'라고 사용한다.

뉘고, 입헌군주제는 다시 프로이센형 입헌군주제와 영국형 입헌군주제[21]로 나뉜다. 공화제는 대통령제, 준대통령제(semi-presidential government), 의회제로 구분된다. 그리고 주권의 행사방법에 따라 정체政體라는 정부형태(forms of government)는 크게 '소수가 통치하는 정체'인 과두정(oligarchy)과 '다수가 통치하는 정체'인 민주정(democracy)으로 분류된다. 이 두 정체 사이에는 수많은 정부형태들이 있지만, 온건과두정과 제한민주정으로 집약된다.

참고로 「대한민국 헌법」 제1조 제1항은 "대한민국은 민주공화국이다"라고 규정하고 있다. 민주공화국에서 '민주'는 정체를, '공화국'은 국체를 규정한 것이다. 또한 제1조 제2항은 "대한민국의 주권은 국민에게 있고, 모든 권력은 국민으로부터 나온다"라고 규정하고 있는데, 이는 국체가 공화제임을 다시 명시한 것이다.

이 같은 폴리티의 분류는 역사적 사례에 대한 고찰과 동시대의 정치현상에 대한 분석을 통해 이뤄진 것이다. 하지만 폴리티의 개념에 대해 검증이 요구되는 조작적 정의가 아닌 형식 요건을 충족한 개념적 정의로 접근할 경우 여러 논란들에 직면할 수 있다. 예를 들어, 군주제는 주권이 1인의 군주에게 소재하고, 공화제는 주권이 다수의 시민이나 전체 국민에게 소재하는 국체로 정의할 때, 〈표 Ⅰ-1-3〉에서 보듯이 1688년 영국 명예혁명으로 등장한 '의회에 속하는 국왕'이 통치하는 제한적 군주제[22]를 '왕이 통치하는 국체'의 범주에 포함하는

---

21 입헌군주제는 국왕이 헌법에서 정한 제한된 권력을 가지고 통치하는 국체로서, 국왕이 정부의 구성과 존속에 실질적 권한을 행사하면 프로이센형으로, 아니면 영국형으로 분류된다.

22 영국 국왕은 총리 임명 권한을 갖고 있지만, 1885년부터 하원의 다수당 대표를 총리로 임명하는 관습이 정착되면서 상징적인 통치자로만 군림君臨하고 있다. 일각에서 의회가 제안한 법안이 왕실의 이익에 영향을 미칠 때 왕실의 동의를 구해야 하는 '왕의 동의'(King's consent 또는 Queen's consent)에 대해 문제점을 제기하고 있지만, 2014년 하원 정치 및 헌법개혁위원회는 의회가 동의를 폐지하기를 원한다면 입법이 필요없이 결의안을 통해 그렇게 할 수 있다고 밝힘으로써 국왕은 상징적인 존재임이 분명해졌다.

것이 과연 타당한 것인가? 또한 1946년 일본헌법 개정으로 천황이 "일본국의 상징이며 일본국민통합의 상징으로서, 그 지위는 주권을 가지고 있는 일본국민의 총의에 기초한다"라고 그 위상이 상징적인 역할로 변모한 천황제 역시 마찬가지다. 이와는 정반대로 로마의 율리우스 카이사르 독재관(Dictator Julius Caesar, B.C. 100~44)이나 영국의 올리버 크롬웰 호국경(Lord Protector Oliver Cromwell, 1599~1658)과 프랑스의 나폴레옹 보나파르트 제1통령(Premier Consul Napoleon Bonaparte, 1769~1821)과 같이 종신終身 형태의 최고권력자가 통치했던 공화제를 '왕이 없는 국체'로 분류하는 것은 논란이 여지가 있다.

다른 예로, 민주정이 다수에 의해 주권이 행사되거나 의사결정이 이뤄지는 정체로 정의될 때, 투표의 권리와 가치가 재산, 교육, 젠더, 지역, 인종, 종교 등의 요인에 따라 제한되고 차등이 이뤄지는 '절반주권 민주정'(semisovereign democracy)이나, 선출된 최고통치자나 대표자들이 특정 집단의 가치와 이익을 위해 다수의 뜻에 반하는 의사결정을 내리는 '위임 민주정'(delegate democracy)을 다수결이 작동하는 정체로 분류하는 것이 과연 적절한 것인가? 이러한 논란들 때문에 폴리티나 정치체제를 다룰 때, 조작적 정의를 적용하는 것이 보다 유용하다. 조작적 정의는 〈표 Ⅰ-1-3〉과 같이 역사적 원형과 유사 사례의 기원과 형성, 그리고 변화 및 진화 속에서 추론하는 것이 객관적인 접근방법이라고 할 수 있다.

공화제는 표에서 알 수 있듯이, 고대 그리스의 도시국가(polis)에서 원초적 모습을 발견할 수 있다. 아테네나 스파르타는 기본적으로 군주제였지만, 정무기관, 원로원, 민회 등을 통해 왕의 권력을 견제했다. 이어 공화제는 로마 공화국이 정착되면서 그 원형을 갖췄다. 로마 공화국은 루크레티아(Lucretia) 능욕사건에 분노한 로마인들이 폭군을 축출하고 임기 1년의 두 명의 집정관을 선출해 각각 민정과 군정의 영역에서 국정을 맡기면서 수립되었다. 이후 공화제는 로마 제국의 등장으로 역사 속에서 자취를 감췄고, 영국 청교도혁명, 미국 독립혁명, 프랑스 대혁명 등과 같은 정치적 격변을 통해 군주의 폭정이 종식되고

⟨표 I-1-3⟩ 공화주의와 민주주의의 연혁

	공화주의 관련 주요 사건	민주주의 관련 주요 사건
B.C. 13세기 이후 아테네	B.C 13세기(테세우스) 건국: 군주제 B.C. 11세기 종신 정무관제 B.C. 8세기 임기 정무관제 B.C. 338 마케도니아 속국	B.C. 621(드라콘) 민회 도입 B.C. 594(솔론) 민회 최종 의사결정권 부여 B.C. 487(클레이스테네스) 관직추첨제, 도편추방제 B.C. 462(페리클레스) 모든 시민 민회 참여
B.C. 13세기 이후 스파르타	B.C. 13세기(라케다이몬) 건국: 2인 군주제 B.C. 8세기(리쿠르고스) 원로원 도입 B.C. 146 로마 속국	B.C. 8세기(리쿠르고스) 민회 도입
B.C. 8세기 이후 로마	B.C. 753(로물로스) 건국: 군주제 B.C. 509 루크레티아 능욕, 타르퀴니우스왕 축출, 2인 집정관제: 공화제 B.C. 44(카이사르) 종신 독재관제 B.C. 27(옥타비아누스) 군주제	B.C. 449 12표법(평민 보호 법률 성문화) B.C. 339 민회 평민 참여 확대 B.C. 287(호르텐시우스) 평민회 의결 법률 인정 B.C. 133~121(그라쿠스 형제) 토지개혁
B.C. 841 이후 주周	B.C. 841 여왕 축출, 2인 재상체제: '공화' B.C. 828(선왕) 군주제	–
697-1797	베체치아 공화국: 귀족명부 등재자	–
1115-1532	피렌체 공화국: 길드연합	–
1642 이후 영국	1642 청교도혁명 / 1649 찰스 1세 처형: 공화제 1653(크롬웰) 종신 호국경제 1660(찰스 2세) 군주제 1688 명예혁명: 입헌군주제	1867 남성 투표권 보장 1918 30세 이상 여성 투표권 보장 1928 남녀동등 투표권 보장(21세 이상)
1765 이후 미국	1765 독립전쟁 1766 독립선언 1787 연방헌법: 공화제	1870 남성 투표권 보장 1920 여성 투표권 보장 1965 흑인 투표권 보장
1789 이후 프랑스	1789 대혁명 / 1791 국민의회: 입헌군주제 1792 루이 16세 처형 / 1793 국민공회: 공화제 1804(나폴레옹) 군주제 1848 2공화국 / 1852 2제정 / 1871 3공화국	1791 능동적 시민 투표권 보장(수동적 시민 제외) 1793 세계 최초 남성 투표권 보장 1946 여성 투표권 보장
1890 이후 일본	1890 제국의회 설립 1946 평화헌법: 입헌군주제	1928 남성 투표권 보장 1946 여성 투표권 보장
1911 이후 중국	1911 신해혁명 1912 중화민국: 공화제 1954 중화인민공화국 헌법: 공화제	1912 남성 제한(재산 또는 학력) 투표권 보장 1954 신헌법: 18세 이상 남녀 투표권 보장 (지주, 반혁명분자 제외)
1948 분단한국	(남한) 대한민국 헌법: 공화제	21세 이상 남녀 투표권 보장
	(북한) 조선민주주의인민공화국 헌법: 공화제	17세 이상 남녀 투표권 보장

권력분립이 제도화하면서 현재의 형태와 내용으로 발전·진화해 왔다. 참고로 중국 주나라의 공화共和는 비록 14년간의 짧은 기간이었지만, 폭군을 축출하고

'왕이 없는 통치체제'로 운영되었다는 점뿐만 아니라 한자권에서 공화국 내지 공화제라는 용어가 이로부터 유래되었다는 점에서 역사적 상징성을 갖는다. 이 같은 연혁을 종합적으로 고려해 공화제의 본질을 공화주의라고 정의한다면, 그 주요 구성개념은 ①군주나 최고 국가통치자의 폭정이 없는 통치체제, ②통치자 및 통치기관 상호 간의 권력분립, ③통치자 및 대표자들의 선출과 그들에 대한 감독 등을 들 수 있다.

   마찬가지로 민주정도 표에서 볼 수 있듯이, 나름의 연혁을 지니고 있다. 민주정은 고대 아테네에서 그 원형을 찾아볼 수 있다. 아테네에서는 통치자나 대표자를 선출하고 정치공동체의 여론을 청취할 때, 민회에 참석한 사람들의 다수결로 정했다. 당시 민회 참석권은 성인남성 시민들로만 한정되었는데, B.C. 5세기경 대략 14만 명에서 18만 명으로 추정되는 거주민 중 여성과 노예, 그리고 이방인을 제외하고 인구의 10~30%인 3만 명에서 6만 명에 해당했다. 이러한 직접참여 방식은 정치공동체가 도시국가의 범위를 넘어서 방대한 영토와 인구를 지닌 로마 공화국과 같은 부족통합국가로 확대함에 따라 더 이상 유지할 수가 없었다. 더욱이 로마 민주정은 집단투표제로 선출된 대표들로 구성된 민회가 분산되고 시민들에 의해 선출되지 않은 원로원의 권한이 강화됨으로써 귀족과두정과 다름이 없게 되었다. 이처럼 아테네에서 출현한 민주정은 쇠퇴일로를 걷다가 역사에서 종적을 감춘 후, 프랑스 대혁명을 계기로 부활하고 수많은 시행착오와 파란만장한 역경을 극복하면서 오늘에 이르렀다. 잘 알다시피, 민주정은 근대 이후 인류가 발명한 가장 뛰어난 정치제도 중 하나로 평가받고 있고, 끊임없이 진화하는 정치적 의사결정의 핵심적 장치라고 해도 지나친 표현이 아닐 것이다. 민주정의 역사적이고 실체적인 본질을 민주주의라고 정의한다면, 그 주요 구성개념은 ①정치공동체의 의사결정에서 모든 구성원의 직접 참여, ②통치자 및 대표자의 선출과 그들에 의한 대의기능 수행, ③다수결주의의 원칙과 소수 의견의 존중 등을 포함한다.

   지금까지 공화제와 민주정의 연혁을 통해 도출된 공화주의와 민주주의의 구성개념을 살펴보았는데, 그 개념 하나하나가 구성되기까지는 장구한 세월 동안 수많은 사람들의 위대한 헌신과 숭고한 희생을 통해 획득한 것이라고 볼 수 있다. 이 같은 역사의 여정은 4장의 통합정치를 실천한 세계의 리더 편에서 일부나마 다뤄질 것이다.

한편 정치공동체 내의 갈등과 통합의 문제를 이해하기 위해 역사적 경험과 관찰된 현상에서 도출된 공화주의와 민주주의와의 관계를 보다 심층적으로 살펴볼 필요가 있다. 〈그림 I-1〉에서 볼 수 있듯이, 폴리티는 누가 통치하느냐 와 어떻게 통치하느냐, 즉 주권의 소재와 행사방법이라는 두 가지 기준에 따라 네 가지 유형의 정치체제를 상정해 볼 수 있다. I형은 군주제-과두정 유형으로 흔히 '군주전제정'을 가리키고, II형은 공화제-과두정 유형으로 귀족 과두정이나 일당과두정과 같은 '과두독재정'이 이에 해당되며, III형은 공화제- 민주정 유형으로 일반적으로 '민주공화정'이 이에 속한다. 마지막 IV형은 군주 제-민주정 유형으로 I형의 안티(anti)형이라고 볼 수 있는데, 요순堯舜의 성인 聖人정치, 플라톤의 철인정치, 아서왕(King Arthur, 6세기)의 원탁(round table)정 치 등과 같이 실재하지 않지만, 굳이 이름을 붙이자면 '유토피아정'이라고 불릴 수 있다.

이와 같이 주권의 소재와 행사방법 간의 관계는 친화적(affinitive)이거나 혹은 길항적(antagonistic) 조합의 형태를 이룬다는 것을 알 수 있다. I형과 III형은 친화적 조합을 이루는 반면에, IV형은 유토피아적 특성을 지니고 있어 논외로 할 수 있으며, II형은 길항적 형태를 띠고 있다고 볼 수 있다. 역사적으로 나 현상적으로 볼 때, 친화적인 폴리티는 갈등이나 분쟁보다는 안정이나 편안함 (comfort)이, 길항적인 폴리티는 안정보다는 갈등이 더 높게 나타났음을 볼 수 있다.

〈그림 I-1〉 국가형태와 정부형태에 따른 폴리티의 유형

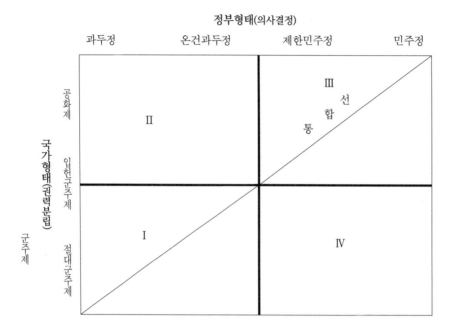

하지만 군주전제정이 군주의 전통적 권위나 카리스마(charisma)에 기반해
통치하는 것이 아니라 무력으로 통치하거나 폭정일 경우, 정치적 자아조차
없는 신민들로부터 반란이나 혁명에 직면하기도 한다. 반대로 과두독재정이
억압이나 담합이 아닌 지배이념을 통해 통치하거나 분할통치(divide and rule)를
구사할 경우, 신민들의 묵종과 신분적 수혜 간의 상호견제로 편안함까지는
아니더라도 질서를 유지하기도 한다. 이처럼 폴리티의 유형에 따라 나타나는
정치적 경향성은 항상 일관된 것은 아니다. 통념적으로 민주공화정은 공화주의
와 민주주의의 제도적 발전과 상호친화적 운영으로 정치공동체의 편안함과
구성원 개인들의 행복을 실현해 온 것으로 간주되고 있다. 하지만 이 과정을
자세히 들여다보면, 공화주의와 민주주의의 관계는 친화적 면모보다는 길항적
면모가 두드러져 왔음을 볼 수 있다.

대체로 공화주의와 민주주의의 관계는 각각의 개념을 구성하는 요소 중
권력분립과 통치자 및 대표자의 선출이라는 공통요소와 공통분모로 인해 친화

적일 것으로 간주된다. 그러나 이러한 공통분모가 왜곡되거나 변형되어 나타날 때, 그 관계는 길항적인 특성은 물론, 심지어 정치적 분쟁으로까지 전화轉化될 수 있다. 근대 이후 현재까지 폭정의 종식과 권력분립의 제도화를 통해 선출된 최고통치자의 정치행태가 새로운 형태의 폭정이나 전제정으로 나타나는 경우가 적지 않았다. 흔히 대중민주주의나 인민주권이라는 이름으로 견제와 균형(checks and balances)의 원칙에 따라 별도로 선출된 대표자들의 권력분립 기능이 형해화되고, 정치적 반대세력이나 집단이 억압당하기도 한다. 이와 유사하게 정치공동체의 의사결정이나 통치자 및 대표자의 선출이 소수에서 다수로 전환된 민주정에서 모든 구성원의 참여가 제대로 보장되지 않거나, 대표체제가 왜곡되는 사례도 빈번하게 나타난다. 이처럼 공화주의는 변형된 민주정에 의해, 역으로 민주주의는 왜곡된 공화제에 의해 끊임없이 도전을 받아 왔으며, 그 과정에서 사회갈등과 정치갈등은 필연적으로 발생할 수밖에 없다.

한편 입헌군주제는 형식논리상으로는 공화주의의 정의定義에 반하는 것이지만, 실제로는 공화주의의 개념구성과 상충하지 않는 경우가 많다. 군주가 "군림君臨하되, 통치하지 않는"(rule but not govern) 존재이거나 '국민통합의 상징'으로만 존재한다면, 이러한 입헌군주제는 민주주의의 측면에서 보면 공화제와 다름이 없다. 따라서 권위주의체제나 폭정에 놓여 있는 공화제는 민주주의의 원칙과 법의 지배에 의해 운영되는 입헌군주제보다도 더욱 나쁜 최악의 국가형태라고 볼 수 있다. 이는 〈표 Ⅰ-1-4〉를 살펴보면 단적으로 알 수 있다. 표의 「민주주의 지수」는 1843년 창간한 영국 주간지인 「이코노미스트」(The Economist)를 발행하는 이코노미스트 그룹의 '이코노미스트 인텔리전스 유닛'(Economist Intelligence Unit, 이하 EIU)이 2006년부터 매년 발표하는 민주주의에 대한 국가별 평가지수다. 이 지수는 ①선거 및 다원주의, ②정부기능, ③정치참여, ④민주적 정치문화, ⑤시민자유 등 5개 범주로 분류된 60개의 지표를 조사한 것이다. 표에서 보듯이, 입헌군주제인 캐나다, 호주, 영국, 일본 등은 수준 높은 '완전 민주주의국가'(full democracies)에 속해 있는 반면에,

혁혁한 공화주의 혁명의 역사를 지닌 멕시코, 튀르키예, 러시아, 중국 등은 민주주의의 범주에서 벗어나 있다. 물론 일부 정성적 지표는 '바이어스'(bias)가 있을 수 있음을 전제해야 하지만,[23] 경험적으로 볼 때 타당한 것으로 보인다.

〈표 I-1-4〉 G20 국가별 국가형태 및 민주주의 지수 현황

체제 유형*	국가** (형태)	종합지수 (세계순위)	선거 및 다원주의	정부기능	정치참여	민주적 정치문화	시민자유
완전 민주주의	독일 (공화제)	8.80 (12)	9.58	8.57	8.33	8.13	9.41
	캐나다 (입헌군주제)	8.69 (13)	10.00	8.21	8.89	7.50	8.82
	호주 (입헌군주제)	8.66 (15)	10.00	8.57	7.22	7.50	10.00
	일본 (입헌군주제)	8.40 (16)	9.17	8.93	6.67	8.13	9.12
	영국 (입헌군주제)	8.28 (18)	9.58	7.50	8.33	6.88	9.12
	한국 (공화제)	8.09 (22)	9.58	8.57	7.22	6.25	8.82
	프랑스 (공화제)	8.07 (23)	9.58	7.50	7.22	7.50	8.53
불완전 민주주의	미국 (공화제)	7.85 (29)	9.17	6.43	8.89	6.25	8.53
	이탈리아 (공화제)	7.69 (34)	9.58	6.79	7.22	7.50	7.35
	인도 (공화제)	7.18 (41)	8.67	7.86	7.22	6.25	5.88
	남아공 (공화제)	7.05 (47)	7.42	7.14	8.33	5.00	7.35
	브라질 (공화제)	6.68 (51)	9.58	5.36	6.11	5.00	7.35
	아르헨티나 (공화제)	6.62 (54)	9.17	4.64	7.78	4.38	7.35
	인도네시아 (공화제)	6.53 (56)	7.92	7.86	7.22	4.38	5.29
혼합주의	멕시코 (공화제)	5.14 (90)	6.92	4.64	6.67	1.88	5.59
	튀르키예 (공화제)	4.33 (102)	3.50	5.00	6.11	5.00	2.06
권위주의	러시아 (공화제)	2.22 (144)	0.92	2.14	2.22	3.75	2.06
	중국 (공화제)	2.12 (148)	0.00	3.57	3.33	3.13	0.59
	사우디아라비아 (군주제)	2.08 (150)	0.00	3.57	2.22	3.13	1.47

---

23 EIU는 다양한 전문가들에 대한 설문을 통해 「민주주의 지수」를 조사한다고 설명하고 있지만, 전문가의 규모와 조사방법을 구체적으로 밝히지 않고 있다.

출처: Democracy Index of Economist Intelligence Unit(2024. 2. 14).
* 척도 범위: 10-8.01 full democracies(완전 민주주의) / 8-6.01 flawed democracies(불완전
  민주주의) / 6-4.01 hybrid regimes(혼합주의) / 4-0 authoritarian regimes(권위주의).
** 유럽연합은 제외함.

대체로 역사적으로 형성된 공화주의와 민주주의의 친화적 관계는 최고통
치자가 전횡專橫을 일삼거나 특정 집단이나 정당이 독점적으로 지배할 때
파탄에 이르게 된다. 이 점에서 공화주의와 민주주의는 서로 길항적 성질을
지닌다고 해도 '2인3각二人三脚'이 되어, 정치공동체의 안녕과 구성원 개인
들의 행복에 기여하는 데 핵심적 기제로서 기능하는 것이 중요하다. 공화주
의와 민주주의는 마치 범선이 민심 또는 민의라는 바람과 물결에 의해 항해
할 때, 배의 방향과 속도를 잡아주는 쌍돛대 같은 역할을 하는 것이다. 물론
쌍돛대가 구비되어 있다고 해서 항해가 차질없이 순탄하게 이뤄지는 것은
아니다.[24] 여기에는 구성원들의 주인의식, 정치제도의 효과적 운영, 정치지
도자의 유능한 리더십 등에 기반한 통합정치가 필요한 것이다.

21세기 급변하는 세계 속에서 필자는 공화주의, 민주주의, 그리고 통합정치
는 새로운 관점으로 접근해야 한다고 생각한다. 이는 공화주의와 민주주의가
길항적이고 상충적인 관계를 넘어서 친화적이고 상보적인 관계로 재탄생하고
새롭게 정립하려는 시도(試圖, attempting)이자, 이를 통해 통합정치의 대안을
모색하고자 하는 도모(圖謀, designing)이기 때문이다.

---

24 플라톤은 『국가』에서 배는 도시국가(polis)로, 선주는 시민(demos)으로, 배를 선주들이
   원하는 목적지에 안전하게 이끌어가는 키잡이는 집정관(archon)으로, 배의 실무를 맡은
   선원들은 정치가(politikos)로, 그리고 키잡이의 조타술(kybernesis)은 집정관의 통치술
   (statecraft 또는 leadership)로 비유하고 있다.

2. 통합정치, 가능성의 예술

갈등과 통합의 다이내믹스

통합정치의 구성개념을 본격적으로 탐구하기 위한 첫 번째 작업으로 통합과 관련된 개념과 논의를 살펴볼 필요가 있다. 먼저 통합의 동기이자 원인인 갈등이란 행위와 현상에 대해 생각해 보자. 葛藤(갈등)이란 한자어는 불경인 『출요경出曜經』에 나오는 "칡과 등나무가 나무를 칭칭 얽어 끝내 전체를 감는 데 이르면, 나무는 말라 죽는다(葛藤纏樹 至末遍則樹枯)"라는 구절에서 유래하고 있다. 그리고 영어에서의 conflict는 라틴어 conflictus에서 유래했으며, '서로'를 뜻하는 con과 '때리다'라는 의미의 flictus가 합쳐져 '서로 싸우다'라는 뜻을 지니고 있다. 이 같은 어원을 지닌 갈등은 일단 "개인이나 집단 사이에 목표나 이해관계가 달라 서로 적대시하거나 충돌하는 행위나 그러한 상태"라고 정의할 수 있다.

잘 알다시피, 갈등은 인간 역사뿐만 아니라 이전의 신화의 세계에서도 깊숙이 자리잡고 있었다. 인도의 트리무르티(Trimurti)는 처음부터 창조자(Brahma), 유지자(Vishnu), 파괴자(Shiva) 등 삼주신三主神으로 구성되어 있어 그 자체가 갈등 덩어리라고 볼 수 있다. 그리스·로마의 제우스(Zeus)는 신탁의 예언대로 아버지 크로노스(Kronos)를 폐위시키고 신들의 왕이 되었지만, 감옥에 갇힌 아버지의 동조자들인 타이탄(Titan)의 12신들과 끊임없이 대결해야만 하는 숙명자宿命者였다. 이처럼 신들조차 벗어나지 못하는 갈등에서 인간이 벗어나는 것은 애당초 불가한 것이었다. 물론 갈등이 극락이나 천당에서는 없을 것이고, 태평성대나 황금시대에도 거의 없었을 것으로 상상할 수 있다. 하지만 우리가 살고 있는 이승이나 현실에서는 갈등은 늘 존재하고 있으며, 하나의 갈등이 사라지면 새로운 갈등이 생겨난다. 전분세락(轉糞世樂, 개똥밭에 굴러도 이승이 낫다)이라는 말에서 알 수 있듯이, 세상살이는 갈등을 안고 사는 것이니 푸쉬킨(Aleksandr Pushkin, 1799~1837)이 읊은 「삶이 그대를 속일지라도」(Если жизнь тебя обманет, 1825)의 시 구절처럼 "슬퍼하거나 노하지 말라."

갈등에 관한 논의는 두 개의 사회과학적 조류에 의해 진전되었다고 볼 수 있다. 하나는 카를 마르크스(Karl Marx, 1818~1883)와 프리드리히 엥겔스(Friedrich Engels, 1820~1895)가 『공산당 선언』(Manifest der Kommunistischen Partei, 1848)에서 "지금까지 존재한 모든 사회의 역사는 계급투쟁의 역사"라고 언명한 이래 태동한 사회주의적 전통이 있다. 대표적인 학자로는 갈등이 계급을 넘어 생활영역까지 엄습掩襲하고 있다고 분석한 게오르그 짐멜(Georg Simmel, 1858~1918), 자본주의 국가에서 권력은 지배계급에게 집중되어 있다고 분석한 랄프 밀리밴드(Ralph Miliband, 1924~1994), 자본주의에서 계급계층적 사회이동은 근본적인 한계를 지니고 있다고 분석한 존 골드소프(John Goldthorpe, 1935~) 등을 들 수 있다.[25] 대체로 이들은 자본주의 사회에서 자본의 소유 여부에 따른 계급 간의 불평등이 계급갈등을 낳으며, 이러한 갈등을 억누르기 위해 국가가 정치권력과 이데올로기를 통해 피지배계급을 통치한다고 분석한다. 그러면서 이들은 갈등이 사회적 모순을 극복해 새로운 더 나은 사회를 창출하기 때문에 사회발전에서 부정적이기보다는 긍정적인 측면을 지니고

---

25 이들의 대표 저서로는 짐멜의 『갈등론』("Der Streit", Soziologie, 1908), 밀리밴드의 The State in Capitalist Society(자본주의 사회의 국가, 1969), 골드소프의 Social Mobility and Class Structure in Modern Britain(현대 영국의 사회이동과 계급구조, 1980) 등을 들 수 있다.

있다고 보았다.

다른 하나는 막스 베버(Max Weber, 1864~1920)가 『경제와 사회』(*Wirtschaft und Gesellschaft*, 1922) 중 논문 「계급, 신분, 정당」(Classes, Staende, Parties)에서 "계급들, 신분집단들, 정당들은 한 공동체 안에서 이뤄진 권력 분배의 현상"이라고 진단한 것을 필두로 하는 자유주의적 전통을 들 수 있다. 여기에는 갈등이 권력과 자원의 불평등한 분배로 발생하는 것으로 보고 이를 줄이거나 해결할 수 있는 방안을 모색한 루이스 코저(Lewis Coser, 1913~2003)를 선두로, 갈등이 부富보다는 권위의 차별적 분배에서 결정적으로 기인한다고 분석한 랄프 다렌도르프(Ralf Dahrendorf, 1929~2009), 갈등은 인간의 상호작용에서 기인하는 의식과 그에 따른 감정적 행동에서 파생한다고 분석한 랜들 콜린스(Randall Collins, 1941~) 등의 학자들이 그 뒤를 따르고 있다.[26] 대체로 이들은 개인이나 집단 간의 갈등은 경제적으로 불평등한 관계뿐만 아니라 권위나 권력의 불평등한 분배로 생겨날 수밖에 없다고 분석한다. 그러면서 이들은 갈등이 항상 사회변화로 이어지는 것이 아니라 기존 권력관계의 강화로 이어지지만, 그 속에서 '자신의 삶을 개선할 수 있는 기회'(life chances)도 지닐 수 있다고 보았다.

물론 갈등에 관한 논의는 사회과학 분야에서만 있었던 것은 아니다. 철학, 심리학, 정신분석학 등 다양한 분야에서도 자본, 권력, 권위 등을 둘러싼 갈등 문제의 배후에서 영향을 미치고 있는 원인과 기제를 규명하기 위해 개인에 대한 사회적 억압, 개인 간의 심리적 갈등, 개인 정체성의 다양성과 모순 등과 같은 주제들을 탐구해 왔다. 이들 분야에서 주목할 만한 학자로 세 사람을 들면, 미셸 푸코(Michel Foucault, 1926~1984)와 악셀 호네트(Axel Honneth,

---

26 이들의 대표 저서로는 코저의 『갈등의 사회적 기능』(*The Functions of Social Conflict*, 1956), 다렌도르프의 『삶의 기회』(*Lebenschancen: Anläufe zur sozialen und politischen Theorie*, 1979), 콜린스의 『사회적 삶의 에너지』(*Sociological Insight: Non-Obvious Sociology*, 1982) 등을 들 수 있다.

1949~), 그리고 마사 누스바움(Martha Nussbaum, 1947~)을 들 수 있다. 푸코는 권력과 지식이 어떻게 개인을 억압하는 사회적 통제 메커니즘이 되었는가 하는 문제를 오랫동안 천착했고, 호네트는 무시와 모욕이 사람들의 분노와 갈등을 일으키는 문제와 그 해법을 나름대로 탐구했으며, 누스바움은 개인과 집단 간의 극단적인 증오와 혐오를 풀 수 있는 철학적·윤리적 접근을 시도했다.[27]

이처럼 학문적 입장에 따라 갈등 문제에 대한 접근이 다르기 때문에 해결 방안 역시 각각 다를 수밖에 없다. 다만 여기서는 논의의 진전을 위해 앤서니 기든스(Anthony Giddens, 1938~)가 절충적으로 종합한 견해를 기반으로 논의 를 전개해 나가고자 한다. 그는 선진자본주의 사회에서 재산과 권력의 분배에 따라 다양한 집단적 분할이 이뤄지고 있으며, 이러한 분할이 복합적인 사회갈 등을 발생시킨다고 보았다. 또한 사회구조가 인간행위의 조건이자 결과로서, 인간행위를 통해 구성되고 또 변형될 수 있다는 구조화 이론(structuration theory)[28]을 대안으로 제시했다. 이러한 견해를 받아들여 갈등의 영역과 유형을 〈그림 Ⅰ-2〉와 〈표 Ⅰ-2-1〉과 같이 시각적으로 도식화할 수 있으며, 이를 통해 갈등의 정치적 성격을 파악해 볼 수 있다.

〈그림 Ⅰ-2〉에서 제시된 Ⅰ의 영역은 한 공동체 내의 경제현상과 사회현상에 서 나타나는 모든 갈등 영역이라고 상정할 수 있는데, 자본이나 재산의 불평등이 라는 경제적 요인이 권위나 사회권력의 배분과 같은 사회적 요인과 맞물려서

---

27 이들의 대표 저서로는 푸코의 『광기의 역사』(*Histoire de la folie à l'âge classique*, 1961), 호네트의 『인정투쟁: 사회적 갈등과 도덕적 형식론』(*Kampf un Anerkennung*, 1992), 누스바움의 『혐오와 수치심: 인간다움을 파괴하는 감정들』(*Hiding from Humanity: Disgust, Shame, and the Law*, 2004) 등을 들 수 있다.

28 기든스는 『정치사회 이론연구』(*Studies in Social and Political Theory*, 1977), 『사회구성 론』(*The Constitution of Society: Outline of the Theory of Structuration*, 1984) 등을 통해 구조와 행위 간의 관계에 대한 기존 이론들, 즉 탤컷 파슨스(Talcott Parsons, 1902~1979)의 구조기능주의나 베버식 자원론의 한계를 지적하고, 개인의 행위가 사회의 구조를 '구조화 또는 재구조화하는 과정'이라고 파악했으며, 개인의 사회적 실천 문제를 주목했다.

복합적인 갈등으로 나타나기 때문에 '사회경제적 갈등 영역'이라고 불려도 무방할 것이다. 한편 II, III, IV의 영역은 '정치적인 것'(the political), 즉 ① 국가 (state): 하나의 정부에 의해 지배되는 특정 영토 내의 정치공동체, ② 권력 (power): 의도한 결과를 가져올 수 있는 강제적 형태의 영향력, ③ 사상(ideas): 정치공동체의 실제와 이상에 대한 견해 등과 같은 요소들이 각자 작동하거나 서로 긴밀하게 상호작용하는 과정에서 발생하는 정치갈등을 보여준다.

그리고 〈표 I-2-1〉과 같이 국제관계에서 발생하는 갈등과 사회경제적 갈등 을 기본 갈등이라고 한다면, 정치갈등은 '정치적인 것'의 상호 관련 정도와 수준에 따라 주요 갈등과 핵심 갈등과 같은 하위 유형으로 세분화될 수 있다. 이 같은 갈등구조에서 수많은 이해당사자들이나 정치행위자들은 가치와 이익 을 둘러싸고 서로 경쟁하고 대립하면서 이치에 맞지 않는 상반된 성질이 함께 존재하는 모순적 관계를 형성하기도 하고, 서로의 힘이 비슷해 서로 버티고 대치하는 길항적 관계를 나타내기도 한다.

이상과 같은 이론적 탐색을 통해 갈등이 갖는 정치적 의미를 정리하면 다음과 같다. 첫째, 갈등은 이해당사자들이나 정치행위자들이 자신들의 고유하고 특정한 가치와 이익을 추구하는 한 필연적이고 불가피하다. 둘째, 갈등은 순기능과 역기능을 동시에 지니고 있기 때문에, 해결 방안은 갈등의 성격과 정도 및 수준에 따라 다르게 나타난다. 셋째, 갈등은 사회경제적 갈등과 정치갈 등으로 나눠볼 수 있는데, 사회경제적 갈등이 국가, 권력, 사상 등과 같은 정치적 요소들과 맞물려질 때 정치갈등으로 변환된다. 이제부터 이 같은 정치적 의미를 지니고 있는 갈등과는 대척점에 있는 것으로 상정되는 통합(統合, integration)에 대한 논의로 넘어가 보자.

통합은 사전적 의미에서 둘 이상의 집단이나 조직이 하나로 합쳐지는 것을 뜻한다. 종종 분열되어 있던 것들이 합쳐서 하나가 되는 상태를 가리키는 통일(統一, unification 또는 unity)이라는 개념과 혼동되기도 하지만, 많은 학자들 은 통합과 통일을 구분한다. 즉 통합은 행위 주체들이 갈등 상태에서 벗어나

〈그림 I-2〉 갈등의 영역

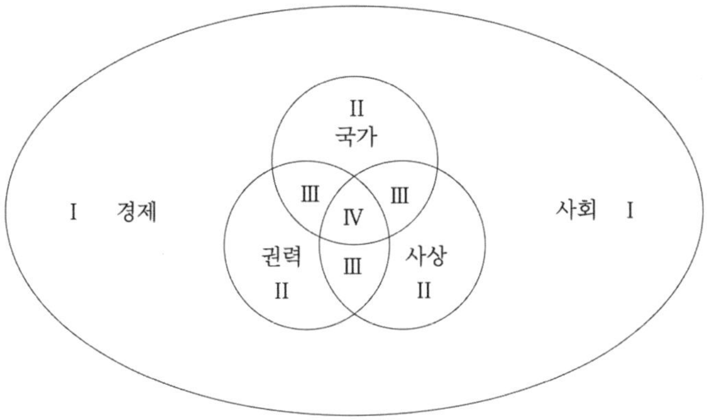

```
                    II
                   국가
            III          III
                  IV
           권력        사상
   I  경제    II   III   II    사회  I
```

〈표 I-2-1〉 갈등의 유형 및 사례

영역	유형	내용	대표적 사례
I	1차 기본 갈등	국가 간 갈등	한일갈등, 한중갈등
		남·북한 갈등	군사충돌, 외교대결
	2차 기본 갈등	사회경제적 갈등	빈부 및 계급갈등, 문화 및 젠더갈등
II	1차 주요 갈등	국가내 갈등	정부기구갈등, 행정갈등
		권력내 갈등	리더십갈등, 조직갈등
		사상간 갈등	사상갈등, 이념갈등
III	2차 주요 갈등	국가와 권력 영역 갈등	삼부권력갈등, 당정갈등
		국가와 사상 영역 갈등	정책갈등, 정부언론갈등
		권력과 사상 영역 갈등	노선갈등, 정치커뮤니케이션갈등
IV	핵심 갈등	국가-권력-사상 영역 갈등	정당갈등, 선거갈등, 정체政體갈등

공동의 가치나 이익을 추구하게 되는 일련의 과정이나 상태를, 통일은 통합이 완성된 상태나 결과를 가리킨다. 이렇듯 통합의 개념을 조작적 정의로 규정한다면, 통합은 행위주체들이 가치와 이익을 둘러싼 갈등과 투쟁을 줄이거나 그러한 상태를 해소하는 과정이라고 할 수 있다. 이렇게 본다면, 통합은 전쟁과 평화 사이에 수많은 과정과 단계가 있는 것처럼, 갈등의 성격과 상태에 따라 다양한 유형들이 존재한다고 볼 수 있다.

대체로 갈등과 통합에 관한 논의는 갈등이론, 이익집단이론, 합리적 선택이론, 국가통합이론 등에서 다뤄지고 있는데, 앞에서 살펴본 갈등이론 외에 나머지 이론들에 대해 간략히 살펴보도록 하겠다. 먼저 이익집단이론은 이익집단을 권력자의 행위나 정부의 정책에 영향을 미치기 위한 조직된 집단으로 보고, 이들의 행위 자체를 구조화된 갈등의 형태로 간주한다. 대표적인 학자로는 이익집단과 정치적 의사결정권자 간의 관계를 분석한 데이비드 트루먼 (David Truman, 1913~2003), 집단행동을 자극하는 동기(incentive)로서 개인적 이익과 공동의 이익 간의 관계를 분석한 맨슈어 올슨(Mancur Olson, 1932~1998), 정부와 이익집단들 간의 협력관계를 분석한 필립 슈미터(Philippe C. Schmitter, 1936~) 등을 들 수 있다.[29] 대체로 이들은 이익집단 간의 갈등이 추동되는 동시에 해결되는 기제로서 ① 다원주의(pluralism)와 ② 코포라티즘(corporatism)을 다루고 있다. 이들은 이들 기제가 각자 이상적으로 작동한다면, 정부를 포함한 이익집단들 간의 합의나 타협이 이뤄질 수 있다고 보고, 이를 통합정치의 한 형태라고 간주하고 있다.

다음으로 합리적 선택이론은 개별 행위자가 자신의 선호도와 제약조건에 따라 내린 결정이 사회적 행동을 산출한다는 경제학적 가정을 기반으로 정치행위의 합리성과 통합정치와 관련된 주제를 다루고 있다. 대표적인 학자로는 민주주의 국가에서 정당들의 중도지향적인 경향성을 분석한 앤서니 다운스 (Anthony Downs, 1930~2021), 정치행위자들이 연합을 형성하는 이유와 방법을 수학적 추론으로 분석한 윌리엄 라이커(William Riker, 1920~1993), 이성과 합리성 말고도 욕망과 신념을 지닌 인간의 합리적 행위를 설명하려고 한 욘 엘스터(Jon Elster, 1940~), 게임이론과 합리적 선택이론을 통해 정치행위와

---

29 이들의 대표 저서로는 트루먼의 *The Governmental Process: Political Interests and Public Opinion*(정부 과정: 정치적 이익과 여론, 1951), 올슨의 *The Logic of Collective Action: Public Goods and the Theory of Groups*(집단행동의 논리: 공공재와 집단이론, 1965), 슈미터의 *Interest Conflict and Political Change in Brazil*(브라질의 이해 갈등과 정치적 변화, 1971) 등을 들 수 있다.

민주적 제도와의 관련성을 분석한 데이비드 스미스(David Smith, 1953~)와 제프리 뱅크스(Jeffrey Banks, 1958~2000) 등을 들 수 있다.[30] 대체로 이들은 정치행위자의 선택이 제도적 및 상황적 메커니즘에 의해 크게 영향을 받고 있기 때문에 통합정치와 관련해 정치제도의 개선과 의사소통의 중요성을 강조하고 있다.

끝으로 국가통합이론은 국가 내의 통합과 국가 간의 통합이라는 관심 주제에 따라 국내적 접근법과 국제적 접근법으로 나눠진다. 전자는 통합을 한 국가가 제도적으로 하나의 공동체를 형성해 나가는 과정으로 보고, 사회통합, 경제통합, 정치통합 등을 위한 조건과 과제라는 문제영역을 다루고 있다. 후자는 통합을 두 개 이상의 국가들이 공동의 번영과 평화를 증진시키거나 유럽연합(EU)이나 독일 통일과 같은 일련의 협상과정으로 보고, 그 조건과 방안을 다루고 있다. 이러한 후자의 접근법은 사회적·경제적 범주에서의 협력이 우선적으로 추진되어야 한다는 입장인 기능주의와, 정치적 범주에서의 협력도 동시에 추진되어야 한다는 입장인 신기능주의로 나눠진다. 대표적인 학자로는 전자의 경우 민족주의의 형성과 분화과정을 분석한 칼 도이치(Karl Deutsch, 1912~1992)를, 후자는 경제적 협력을 포함한 국제협력이 국제관계에서 적대감을 완화하는 최선의 수단이라고 분석한 데이비드 미트라니(David Mitrany, 1888~1975)와 국제관계를 힘의 대결 측면뿐만 아니라 상호의존 측면에서 분석한 조지프 나이(Joseph Nye, 1937~)를 들 수 있다.[31]

---

30 이들의 대표 저서로는 다운스의 『경제 이론으로 본 민주주의: 민주주의에서 정당정치는 어떻게 이루어지는가』(*An Economic Theory of Democracy*, 1957), 라이커의 *The Theory of Political Coalitions*(정치연합의 이론, 1962), 엘스터의 *Logic and Society: Contradictions and Possible Worlds*(논리와 사회: 모순과 가능한 세계, 1978), 스미스와 뱅크스의 *Positive Political Theory I: Collective Preference*(실증 정치이론 I: 집단선호, 1999)와 *Positive Political Theory II: Strategy and Structure*(실증 정치이론 II: 전략과 구조, 2005) 등을 들 수 있다.

31 이들의 대표 저서로는 도이치의 *Nationalism and Social Communication: An Inquiry*

이상과 같은 논의를 바탕으로 통합을 〈표 Ⅰ-2-2〉와 같이 불간섭, 협력, 공존, 연대, 일체화 등의 유형들로 구분해 볼 수 있다. 물론 갈등을 회피하는 불간섭 유형이나 갈등의 원인 자체를 없애는 일체화 유형은 국가 간의 관계에서는 드물게 볼 수 있지만, 한 국가나 사회 내에서는 현실적으로 존재하는 형태는 아니다. 한 국가나 사회 내에서는 갈등을 인정하고 수용하는 협력 유형이나 갈등과 타협해 최소화하려는 공존 내지 연대 유형만 존재한다고 볼 수 있다.

〈표 Ⅰ-2-2〉 통합의 유형

유형	의미	동의어 및 유사어	비고
불간섭 (nonintervention)	남의 일에 부당하게 참견하지 않음.	불개입(noninvolvement 중립(neutrality)	갈등 회피
협력 (cooperation)	특정한 목적을 달성하기 위해 서로 힘을 합해 도움.	협조(coordination) 호혜(reciprocity) 상호의존(interdependence)	갈등 수용
공존 (coexistence)	서로 도와서 함께 존재함.	공생(symbiosis) 공동활동(coactivity) 동맹(alliance)	갈등 타협
연대 (solidarity)	한덩어리로 서로 굳게 뭉침.	연립(coalition) 연방(federation) 연합(confederation) 융합(convergence)	갈등 최소화
일체화 (unitization)	한몸이나 한덩어리가 됨.	단결(unity) 통일(unification)	갈등 부정

지금까지 살펴본 통합에 대한 개념화와 유형화를 통해 그것이 함의하고 있는 정치적 의미를 정리하면 다음과 같다. 첫째, 통합은 가치와 이익을 둘러싼 행위주체들 간의 갈등을 해결하려는 일련의 과정이며, 이로 인해 갈등과는 기본적으로 역逆관계 내지 길항적 성격을 지니고 있다. 둘째, 통합은 갈등의

---

into the Foundations of Nationality(민족주의와 사회적 커뮤니케이션, 1966), 미트라니의 The Functional Theory of Politics(정치의 기능적 이론, 1975), 나이의 『국제분쟁의 이해: 이론과 역사』(Understanding International Conflicts: An Introduction to Theory and History, 1993) 등을 들 수 있다.

원인이나 배경이 경제적이건 사회적이건 간에 그 과정에서 정치적 요소와 행위가 수반될 수밖에 없기 때문에 국가 내지 정부와 정치사회 내지 정치집단의 매개 역할이 매우 중요하다. 셋째, 통합은 갈등 당사자들이 자신의 기득권을 양보하고 새로운 이익체계를 수용할 수 있는 조건들이 충족되는 기제가 작동되거나 제도화가 이뤄져야 정치적 효과가 발휘된다.

어떻게 보면, 갈등과 통합은 개인과 공동체의 삶에서 끊임없이 반복되고 지속되는 여정 속에서 서로 다른 형태로 나타나는 인간의 선택적 행위라고 볼 수 있다. 이렇기 때문에 이 둘은 서로 마주하는 대척점에 있기보다는 '동전의 양면'(同體二面)을 이루고 있는 상태라고 볼 수 있으며, 서로 반대 방향으로 힘겨루기를 하는 가다오(Gadao)의 카누³²가 아니라 사람과 짐을 싣고 목적지를 향해 가는 '수레의 양 바퀴'(車之兩輪)와 같은 관계라고 볼 수 있다. 이 점에서 갈등은 통합과 병행하며, 통합은 갈등을 수용하는 본질을 지니고 있다고 추론해도 지나치지 않을 것이다.

사회균열과 정치균열

대체로 정치적 갈등현상을 접할 때, 〈표 Ⅰ-2-3〉과 같이 좌파, 중도, 우파 등으로 배열되는 정치적 스펙트럼(political spectrum)을 형상적으로 상정할 수 있다. 이 스펙트럼은 좌·우파 개념의 연원, 상반되는 정치이념들의 양상, 권력투쟁하는 정치집단 간의 상대적 거리 등을 개략적으로 파악하는 데 유용하다. 하지만 이 같은 배열에는 정치적 요인뿐만 아니라 사회경제적 요인과 문화적 요인이 기저(base)로 깔려 있음을 이해할 필요가 있다.³³ 이를 위해

---

32 괌 섬의 전설에 따르면, 가다오 추장이 이웃 추장과 서로 반대 방향으로 카누의 노를 저으며 힘겨루기를 하던 중 카누가 반으로 쪼개졌다고 한다. 괌에는 반으로 쪼개진 보트를 힘차게 젓고 있는 가다오 동상이 서 있다.

33 좌파(left)와 우파(right) 또는 좌익(left-wing)과 우익(right-wing)이라는 용어는 프랑스

사회갈등과 정치갈등 간의 관계를 다룬 균열(龜裂, cleavage) 현상에 대해 주목할
필요가 있다.

〈표 I-2-3〉 정치적 스펙트럼에 따른 좌·우파의 구분

구분	좌파	중도	우파
프랑스혁명	자코뱅파	–	지롱드파
미국	민주당	–	공화당
영국	노동당	자유당	보수당
성향	진보	중도	보수
사상	사회주의, 사회민주주의	자유주의	신자유주의, 보수주의
해방 직후	좌익	중간파	우익
민주화 이후	개혁	중도개혁	보수
주류언론	진보	중도	보수
비주류언론	진보좌파	중도	보수우파
여론조사	진보	중도	보수
의회정치	진보파	민주파	보수파

일찍이 세이무어 립셋(Seymour Lipset, 1922~2006)과 스테인 로칸(Stein
Rokkan, 1921~1979)은 한 사회의 갈등상태, 즉 균열구조가 어떻게 정당체계로
전환되는가를 밝힌 바 있다. 이들에 따르면, 한 사회의 발전과정에서 일반적으
로 ①지배적 문화 대 종속적 문화, ②교회 대 정부, ③1차산업 대 2차산업,
④노동자 대 고용주 및 소유자 간의 균열 등이 국민혁명과 산업혁명의 산물로
발생해 왔고, 각 균열의 행위주체인 다양한 사회집단들은 정치체제 내에서
자신의 요구를 관철시키기 위해 고유한 집단행동을 취해 왔다는 것이다. 이
시도를 통해 일련의 '4개의 관문들(thresholds)'[34]을 통과하게 된 사회집단은

혁명(1789~1799) 당시 의회에서 국왕의 지지자들은 의장석 오른쪽에, 반대자들은 왼쪽에
앉아 있었던 데서 유래한다.

34 4개의 관문은 ①정당화의 관문, ②통합의 관문, ③대표성의 관문, ④다수권력의 관문이다.
자세한 것은 립셋과 로칸의 다음 논문을 참조함. 「균열구조, 정당체계, 그리고 유권자

정당 간의 대립구조, 즉 특정한 정당체계에 편입된다는 것이다. 이러한 관점에서 볼 때 정치적 스펙트럼에서 논의되는 정치균열은 복잡하고도 유동적인 사회갈등 중 일부만을 반영하고 있다고 볼 수 있다.

한편 앞에서 언급한 앤서니 기든스도 균열이론에 기반해 '제3의 길'을 모색한 바 있다.[35] 그는 선진자본주의 사회에서는 대체로 경제적 균열축과 문화적 균열축에 따라 다양한 사회집단들이 중층적으로 균열되어 있다고 보았다. 먼저 모든 사회구성원은 경제적 균열축에 따라 크게 '국가개입적 생산-분배정책을 지지하는 집단'과 '국가불개입적(시장 주도적) 생산-분배정책을 선호하는 집단'으로 구분된다. 다음으로 이들 집단은 문화적 균열축에 따라 '국가개입적 문화를 우선시하는 집단'과 '국가불개입적(시민사회 중심적) 문화를 중시하는 집단'으로 각각 나눠볼 수 있다. 이렇게 나눠진 네 개 집단은 각각 사회민주주의, 보수주의, 권위주의, 자유주의 등의 특성을 갖게 되는 것이다. 이러한 진단에 입각해 기든스는 사회민주주의가 보수주의에 대해 승리하기 위해서는 자신만의 고유한 정치노선을 고수하기보다는 인접한 권위주의 집단뿐만 아니라 자유주의 집단과 연대하는 제3의 길이 필요하다고 주장했다.

이러한 기든스의 균열이론은 선진자본주의의 단계에 진입한 한국사회에 적용할 때 비록 갈등구조의 형성 및 변화 과정에서 차이가 있음에도 불구하고, 중요한 시사점을 제공한다. 이를 바탕으로 한국사회의 균열구조를 〈그림 Ⅰ-3〉과 같이 도출해 볼 수 있다. 두 개의 균열축과 강약고저의 정도에 따라 모든 사회구성원을 집단으로 나눠보면, 여덟 개로 세분해 볼 수 있다

편성: 서설」(Cleavage Structures, Party Systems and Voter Alignments: An Introduction). Lipset, Seymour Martin and Stein Rokkan. eds. 1967. *Party System and Voter Alignments: Cross-National Perspectives*(정당체계와 유권자 편성: 국가 간 관점).

35 이와 관련한 기든스의 대표적인 저서로는 『좌파와 우파를 넘어서』(*Beyond Left and Right: The Future of Radical Politics*, 1994), 『제3의 길』(*The Third Way: The Renewal of Social Democracy*, 1998), 『노동의 미래』(*Where Now for New Labour*, 2002) 등이 있다.

〈그림 I-3〉 한국의 사회균열

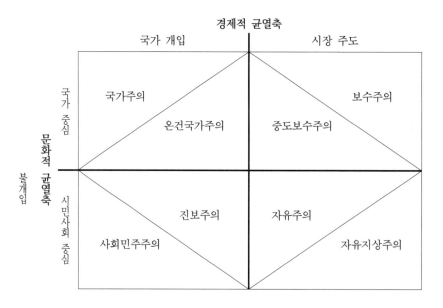

바로 이들 집단이 각자의 가치와 이해를 추구하려고 하는 과정에서 갈등은
필연적으로 발생할 수밖에 없게 된다. 물론 한국사회의 협애한 이념적 조건을
고려할 때 사회민주주의 집단과 자유지상주의 집단의 경우는 그 규모와 영향력
은 미약하다고 할 수 있다. 아마 이러한 이념적 제약은 한국전쟁의 상흔과
북한의 존재로부터 기인하는 반공주의 때문이 아닌가 본다. 물론 일본의 경우도
천황주의天皇主義에 의해, 미국도 예외주의(exceptionalism)에 의해 사회주의
또는 사회민주주의가 일정 정도 제한을 받는 것이 아닌가 본다.[36]

어쨌든 이들 사회집단은 4개의 관문을 통과해 정치균열로 전환되는데, 좌파,
중도좌파, 중도우파, 우파 등의 정당들로 편재되는 것이 일반적이라고 할
수 있다. 그러나 한국의 정치균열은 대표성의 관문과 다수권력의 관문이 높고

---

36 이 문제에 대해 이토 아키라(伊藤晃, 1941~)는 『天皇制と社會主義(新版)』(천황제와 사회주의,
   2002)에서, 세이무어 립셋은 『미국 예외주의: 미국에는 왜 사회주의 정당이 없는
   가』(American Exceptionalism: A Double-Edged Sword, 1997)에서 다룬 바 있다.

줍기 때문에, 〈그림 Ⅰ-4〉와 같이 정통적 좌파정당(그림 중 ①)이 실질적으로
배제된 채 중도좌파 정당과 우파 정당만이 경합하는 양상으로 나타난다. 즉
양당제로의 강한 경향성을 지닌 대통령제라는 권력구조와 빈약한 비례대표제
가 가미된 소선거구제로 인해 정치균열이 '진보정당 대 보수정당' 간의 양당구도
로 나타난다. 한국의 진보정당은 〈그림 Ⅰ-3〉의 사회균열 중 진보주의, 국가주
의 일부, 자유주의 일부를, 보수정당은 보수주의, 국가주의 일부, 자유주의
일부를 주요 지지기반으로 삼는 독특한 양상을 보여주고 있다.

〈그림 Ⅰ-4〉 한국의 정치균열

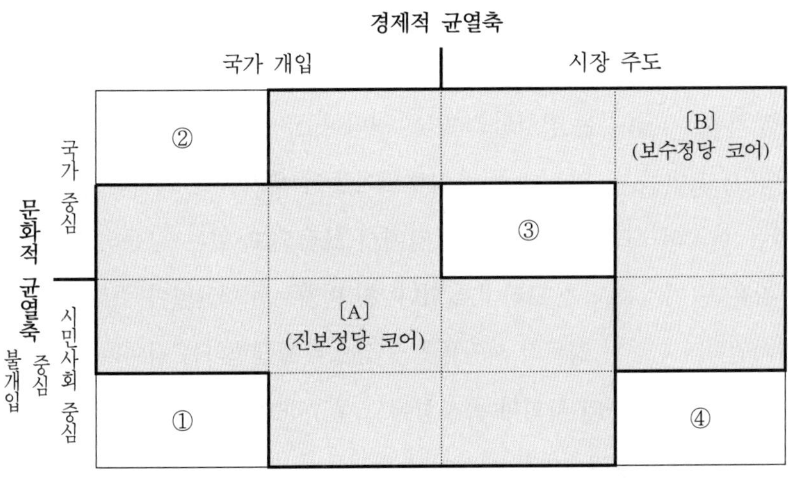

이 점에서 한국 정당은 모리스 뒤베르제의 분석에 따르면,[37] '다계급연합적
대중정당'(multiclass coalition mass party)의 특성을 갖고 있다. 실제로 한국의
정당정치는 〈그림 Ⅰ-4〉 중 ②친지역주의적 집단, ③친시장주의적 집단,

---

37 뒤베르제는 『정당론』(Les Parti Politiques, 1951)에서 정당을 당원의 특성(당의 규모나
　당원의 수가 아닌)에 따라, 소수의 자본가에게 재정을 의존하고 특권을 가진 명사들에
　의해 운영되는 '간부정당'(cadre party)과 대중으로부터 재정을 충당하고 다수 당원들에
　의해 민주적으로 운영되는 '대중정당'(mass party)으로 구분한다.

④친감성주의적 집단 등과 같은 중도적 집단들을 견인하고 포용하는 데 사활을 걸고 있다. 이러한 경향은 오토 키르크하이머(Otto Kirchheimer, 1905~1965)의 '포괄정당'(catch-all party) 개념과도 유사한데, 정당들이 다양한 사회집단들로부터 최대한의 표와 지지를 얻기 위해 이념과 정책을 중도적으로 수렴해 가는 경향을 보여주고 있다. 사실 정당이 각종 선거에서 승리하기 위해 정치노선뿐만 아니라 조직노선에서 중도적이고 통합적인 스탠스(stance)를 취하는 것은 많은 사례들을 볼 때 정치적 상식에 속한다. 한국정당사 연구의 대가인 심지연 선생(1948~)은 『한국정당정치사: 위기와 통합의 정치』(2004)에서 정당의 통합과 분열 현상을 각종 선거와 관련해 분석했는데, 분열하는 정치행위자는 실패하고 통합하는 정치행위자는 성공한다는 보편적 현상이 한국정치에서도 입증됨을 밝힌 바 있다. 또한 정당 대표, 국회의장, 국무총리 등을 두루 경험했던 정세균 정치원로(1950~)는 정당의 "분열은 최악이고, 연대는 차선이며, 통합은 최선"이라고 조언한 바 있는데,[38] 정치행위자들이 새겨들을 만하다고 본다.

이 같은 한국의 사회균열과 정치균열에서 표출되고 있는 갈등의 양상은 다음과 같은 두 가지 특징을 드러내고 있다. 첫 번째는 사회균열이 주로 국가권력과 정치권력과 관련된 정치적 사안들을 중심으로 발생한다는 점이다. 한국의 사회구조는 선진자본주의 사회와 유사함에도 불구하고, 사회균열이 경제문제나 노동문제와 같은 물질주의적 쟁점이나 환경문제, 성평등문제, 표현의 자유 문제와 같은 탈물질주의적 쟁점보다는 대통령의 리더십 스타일, 정부의 운영방식, 집권세력의 도덕성 문제나 개인적 이탈과 같은 정치행태적 사안을 중심으로 표출되고 있다. 이렇기 때문에 적지 않은 사회집단들이 선거국면이 아닌 일상적 국면에서도 양 진영으로 나뉘어 마치 총체적인 권력투쟁에 나서는 것처럼 대규모 집회와 시위를 촉발하고, 감정적인 이념대결도 불사한다. 이러한 갈등은 사회갈등이라고 하기에는 이슈가 애매하고, 정치갈등이라고 하기에는 이른

---

38 「한겨레신문」(2023. 12. 29).

바 TPO(Time, Place, Occasion)가 적합하지 않는 특성을 지니고 있다. 하지만 이처럼 정치지향성의 표출이 과잉될 경우, 사회경제적이거나 문화적인 수많은 문제들에 대한 표출과 집약이 중단되거나 차단되는 결과를 초래함으로써 궁극적으로는 사회갈등의 요인들을 내재적으로 증폭시킨다.

다음으로 정치균열이 사회균열을 제한적으로 반영하고 일부 사회갈등을 정치투쟁으로 전환시키면서 사생결단식 갈등을 낳고 있다는 것이 두 번째 특징이다. 정치집단인 정당들은 선거국면이 아닌 일상적 국면에서도 각 계층의 사회집단들의 요구를 반영해 의미 있는 정치적 산물을 도출하기보다는 국가권력에 대한 소모적인 '공격과 방어'에 치중하고 있다. 특히 정치적 파트너인 경쟁 정당이나 상대 정치인에 대한 괴멸에 목표를 두는 듯한 적대와 배제의 정치행태를 보이고 있다. 이러한 행태는 선거국면이 지나면 일시적으로 봉합되는 듯하지만, 사회갈등의 표출을 기화로 이내 재연되는 악순환을 가져온다. 이처럼 상궤에 벗어난 정치현상이 나타나는 원인은 정치문화, 정치제도, 정치리더십 등 여러 복합적인 요인들에서 기인하고 있다고 보는데, 이 문제에 대해서는 3장에서 심도 있게 다룰 것이다. 여기서는 통합정치의 의미에 대해서만 논의를 이어가고자 한다.

일반적으로 정치갈등은 일련의 정치과정 중에서 형성된 정치국면들(political situations)의 성격에 따라 그 양상과 정도가 다르게 나타난다. 이는 특정한 정치국면에 직면하고 그에 반응하는 정치행위자들의 정치행태 때문이다. 정치행위자의 가치, 태도, 행위패턴 등이 응축된 정치행태는 합리적이고 비합리적 성향을 모두 지니고 있다고 볼 수 있다. 이 두 성향은 정치국면의 성격에 따라 드러내기(expression)나 불러내기(interpellation)에서 상대적으로 비중을 달리하면서 반응한다.

〈그림 Ⅰ-5〉는 각종 정치국면에서 나타나는 정치갈등과 정치행위자들의 정치행태와의 관계를 도식화한 것이다. 이 그림을 통해 볼 때, 정치행위자들은 정상적 정치국면과 비정상적 정치국면에서 합리적 성향과 비합리적 성향을

복합적으로 드러낸다. 대체로 정상적 정치국면에서 일상정치가 작동되는 경우
에는 정치행위자들은 합리적 성향을 지배적으로 드러내지만, 비정상적 정치국
면과 인접하고 있는 대선과정에서는 합리적 성향과 비합리적 성향을 막상막하
로 드러낸다. 흔히 혁명, 내전, 전쟁 등과 같은 비정상적 정치국면에 처한
정치행위자들이 상상을 초월하는 광기와 증오와 살육과 같은 인간성을 상실하
는 행동을 하는 연유도 여기에 있다고 본다. 즉 인간의 비합리적 성향이 합리적
성향을 압도하기 때문인 것이다. 물론 사회경제적 위기국면에서도 정치행위자
들은 비합리적 성향을 상대적으로 많이 드러내지만, 정치적 결과는 국가와
사회에 따라 천차만별이다. 예를 들면, 장기간의 코로나19 팬데믹에 따른
경기 침체와 피로감 누적으로 시민들은 불안하고 우울한 현실을 타개하기
위해 무언가를 찾으려고 하는 상황에서 비합리적 성향을 불러내는 유혹에
빠질 가능성이 높았다. 이러한 상황에서 어떤 국가는 정치갈등을 완화함으로써
팬데믹에 따른 사회갈등을 줄인 반면에, 어떤 국가는 정치갈등을 폭증시켜
사회갈등을 확산시켰다. 대표적으로 독일과 호주가 전자에 해당한다면, 미국
과 브라질은 후자를 대표했다고 볼 수 있다. 이처럼 상반된 정치적 결과는
여러 요인들이 맞물려 나온 것이지만, 통합정치의 실행 유무와 정치지도자의
통합적 리더십의 여부가 큰 영향력을 미치지 않았나 하는 생각이 든다.

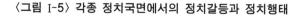

〈그림 I-5〉 각종 정치국면에서의 정치갈등과 정치행태

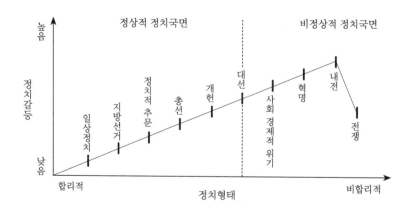

오케스트라와 통합정치

필자는 학기 초에 강의를 시작할 때, 첫 시간에 큰 사과 2개와 과도를 가지고 강의실에 들어간다. 먼저 칠판에 사과를 세로와 가로로 자른 모양을 그리고, 그림을 알아맞추는 질문을 낸다. 그림 솜씨가 별로라서 그런지 보통 이전에 필자의 강의를 수강했던 학생들만 정답을 맞추는 편이다. 그 다음 과도로 사과를 자르고, 사과 단면을 각각 보여준다. 그리고 사과 모양새에 빗대어 정치현상의 특성과 연구방법을 나름대로 설명한다. 강의가 끝날 무렵 원하는 수강생들에게 사과 조각을 나눠주곤 했다.

〈그림 Ⅰ-6〉은 필자의 머릿속으로 정치현상이라는 덩어리를 '자른' 단면을 그려본 것이다. 실제로는 둥근 모양이지만, 편의상 네모 모양으로 표현했다. 이 단면에는 수많은 정치행위자들이 존재하는데, 추구하는 이익과 수행하는 기능의 유사함과 차이에 따라 크게 국가(state), 정치사회(political society), 민간사회(civil society)[39] 등 세 범주로 묶을 수 있다. 대체로 국가는 대외적으로는 주권을 대표하고, 대내적으로는 안보와 번영과 같은 공공선을 구현하는 행위자로서, 공적 이익과 정치적 이익을 추구한다. 정치사회는 국가권력을 담당하거나 정치권력을 위해 경쟁하는 행위자로서, 사적 이익과 정치적 이익을 추구한다. 민간사회는 사적 이익이나 가치를 생산하는 행위자로서, 사적 이익과 물질적 이익 내지 비물질적 이익을 추구한다.

---

[39] 대체로 civil society는 민간사회나 시민사회로 번역된다. 민간사회의 개념에는 이익단체, 시민단체, 친교단체 등 모든 민간 부문이 포함되는데, 시민사회의 개념에는 이익단체가 배제된 의미로 사용된다.

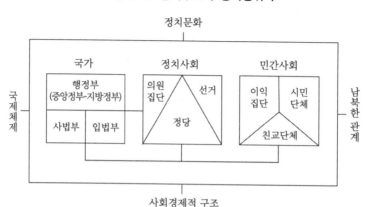

〈그림 I-6〉 정치구조와 정치행위자

이들 세 가지 정치행위자들은 추구하는 이익과 수행하는 기능에 따라 각각 하위 행위자들로 구성되어 있다. 국가는 국가권력의 분립으로 행정부, 사법부, 입법부 등 세 개의 기관으로 구성되어 있다. 일반적으로 행정부라는 용어는 정부(government)와 유사한 개념으로 혼용되어 사용되기도 하며, 「대한민국헌법」에 나오는 것처럼 정부의 한 파트로 간주되는 영어의 administration 또는 executive branch라는 개념으로 사용되기도 한다. 헌법에 따르면, 국가의 구체적 실체인 정부는 대통령과 행정부(국무총리, 국무위원, 행정각부, 감사원)로 구성되어 있다. 하지만 헌법이 아닌 「정부조직법」에 따라 제왕적 대통령제(Imperial Presidency)의 근원이 되고 있는 막강한 권력을 지닌 대통령비서실이 존재하고 있다.[40] 그리고 사법부는 법원과 헌법재판소를 포함하며, 입법부는 국회(National Assembly)로 명명된다.

정치사회는 사적 이익을 위해 정치권력을 추구하는 행위자로서, 제도화 수준과 활동 영역에 따라 제도권과 비제도권으로 구분해 볼 수 있다. 여기에는

---

40 대통령비서실의 법적 근거는 다음과 같은 「정부조직법」 제14조가 유일하다. "제14조(대통령비서실) ①대통령의 직무를 보좌하기 위하여 대통령비서실을 둔다. ②대통령비서실에 실장 1명을 두되, 실장은 정무직으로 한다." 대체로 인치人治가 심한 대통령 아래의 비서실장은 '권력의 2인자'로서 역할하기도 한다.

국회의 각 정파가 교섭단체로 등록해 활동을 하는 의원집단이 포함되고, 국가권력을 담당하거나 정치권력을 획득하기 위해 경쟁하는 정당들과 정치단체들이 있으며, 선거국면에서 활동하는 후보들과 선거운동원들이 있다. 국회의원의 경우 국가와 정치사회의 양 영역에서 각각 주어진 기능을 수행하고 있기 때문에 이른바 '이중적 정치행위자'인 셈이다.

민간사회는 국가와 정치사회를 제외한 나머지 영역에서 활동하는 행위자로서, 국가권력을 추구하기보다는 자신의 사적 이익과 가치를 극대화하기 위한 영향력을 추구한다. 여기에는 사적인 경제적 이익을 추구하는 기업, 노동조합, 의사, 변호사 등과 같은 상급 직능단체 내지 정상조직(peak association), 언론, 민간 싱크탱크(think-tank), 민간 교육기관 등이 포함된 이익단체가 있고, 공적 가치의 실현을 통해 심리적 만족감을 추구하는 비정부기구(NGO)나 비영리기관(NPO)과 같은 시민단체가 있으며, 사적 가치의 실현을 통해 심리적 만족감을 추구하는 종교, 친목모임, 취미서클 등과 같은 친교단체가 이에 속한다. 이들 단체는 자율성과 조직화의 크기에 따라 영향력의 범위와 정도가 다양하게 나타난다.

한편 세 정치행위자들은 상호작용을 하더라도, 똑같은 크기와 정도로 권력이나 영향력을 행사하거나 발휘하지 않는다. 국가는 일제 식민지배에 의해 과대성장해 왔고, 특히 산업화과정에서 국가주도 성장으로 다른 행위자들에 비해 압도적인 힘을 지녀 왔다. 정치사회는 조선사회의 문민우대 전통의 부침 속에서 민간사회의 저발전에 따른 독점적 지위로 인해 상대적인 자율성을 지녀 왔다. 민간사회는 오랫동안 다른 행위자들에 의해 통제되거나 종속되어 왔는데, 산업화과정과 민주화과정을 겪으면서 괄목할 만한 수준으로 급성장했다. 하지만 민간사회 내부에는 국가와 정치사회를 견제할 수 있는 힘을 지닌 행위자들과 자율성이나 조직화에 걸맞는 영향력을 제대로 발휘하지 못하는 행위자들이 혼재되어 있다.

이들 정치행위자는 국제체제, 남북한 관계, 사회경제적 구조, 정치문화라는

요소들이 만들어 내는 정치구조 내에서 활동한다. 마치 『서유기西遊記』에
나오는 손오공, 사오정, 저팔계가 부처님 손바닥에서 재주를 피우는 것처럼,
세 정치행위자들은 정치구조 내에서 각자 자신에게 주어진 역할을 수행하고
고유한 이익을 추구한다. 이 과정에서 서로 관계를 맺고, 분신이라고 할 수
있는 하위 행위자들 간에도 다층적인 상호작용이 이뤄진다. 물론 그 관계와
상호작용은 비대칭적이고 불균형적으로 이뤄지지만, 원활한 협력으로 나타나
기도 하고 부단히 갈등하는 양상으로 나타나기도 한다. 여기서 바로 정치행위가
발생하고, 말 그대로 정치가 이뤄진다.

이들 간의 정치행위는 가치와 이해관계의 차이로 인해 반목과 갈등으로
표출되는데, 이는 피할 수 없는 숙명이다. 그럼에도 불구하고 이들은 '합리적
선택'(rational choice)을 통해 협력하고 타협하며 상생의 길을 모색하면서 각자의
이익을 추구하고, 그 과정에서 예상했던 아니면 예상치 못했던 공적 이익을
만들어낸다. 이는 당면의 문제들을 해결하고, 나아가 시대적 가치와 과제를
실현하는 과정이다. 물론 주어진 정치구조라는 제약조건 때문에 시대에 앞선
가치와 과제를 실현하는 것은 쉽지 않다. 그런데 흥미로운 점은 정치구조가
고정불변하지 않다는 점이다. 손오공 등이 국민이라고 은유되는 삼장법사(三藏
法師, 玄奘, 602~664)를 잘 모시고 천축국에 가서 불경을 무사히 가져오는
일을 수행하게 되면, 즉 달리 표현해 시대적 가치와 과제를 이뤄내면 부처님은
온화한 미소를 지으며 손바닥을 크게 벌린다. 이 비유처럼 정치구조는 정치행위
자들의 합리적 선택에 의해 급조되는 것이 아닌, 조금씩 천천히 확장될 수
있다. 확장된 정치구조에서 이들은 자신의 이익뿐만 아니라 공적 이익을 더욱
창출할 수 있는 환경과 여건을 갖게 된다. 즉 새로운 시대적 가치와 과제를
실현하는 데로 나아갈 수 있는 것이다. 이는 마치 '실천의 간지奸智'[41]가 작용하고

---

41 게오르크 헤겔(Georg Hegel, 1770~1831)이 『역사철학 강의』(*Vorlesungen über die
Philosophie der Weltgeschichte*, 1837)에서 각 개인은 자신의 개인적 목적을 위해 행동하고
권력을 확장해간다고 생각하지만, 사실은 세계정신이 자신의 목적을 실현하기 위해

있는 것처럼 말이다.

부처님 손바닥에서는 뭐니 뭐니 해도 손오공이 첫 번째 주인공인 것처럼, 정치구조에서 가장 중요한 정치행위자는 국정책임자인 정부수반이다. 정부수반의 역할과 정치리더십에 따라 다른 정치행위자들의 역할이 결정되기도 하고 영향을 받기도 한다. 이 같은 메커니즘은 정부수반의 국정운영 스타일 내지 정치리더십의 행위패턴을 살펴보면 어느 정도 이해가 될 것이다. 이와 관련해 국정책임자의 유형을 다음과 같이 세 가지로 상정해 볼 수 있다.

첫 번째 유형은 북극성형北極星型이다. 이 유형은 『논어論語』 위정爲政 편의 첫머리에 나오는 "정치를 하되 덕으로써 하는 것은, 비유하면 북극성이 제자리에 머물러 있어도 나머지 모든 별이 그를 중심으로 고개 숙이고 도는 것과도 같다"라는 구절로부터 상정한 것이다. 이 구절에 대한 후대의 해석은 분분하지만, 대체로 국정책임자가 인仁이라는 덕성에 따라 통치를 하면 크건 작건 간에 갈등 사안들이 직접 관여하지 않더라도 잘 처리된다는 뉘앙스를 띠고 있다. 그리고 국정책임자가 해야 할 일은 자신의 일을 처리해 줄 수 있는 참모나 전문가를 잘 기용하는 것이라는 의미를 담고 있다. 아마 근래에 회자된 이른바 '선한 군주형'도 이와 유사한 것이 아닌가 본다.

이 유형은 정치현실에서 그 존재가 드물고, 실제로 찾아보기도 어렵다. 국정책임자도 권력이라는 이익을 추구하는 정치행위자인 까닭에 인치仁治의 레토릭이나 제스처만으로는 통치할 수 없다. 또한 좋은 참모나 능력 있는 전문가를 기용하더라도, 그들 역시 사적 이익을 추구하는 자들이거나 영혼이 없는 자들일 수 있기 때문에 그들에게 국정을 전적으로 맡기기에는 한계가 있다. 그런데 이 유형의 아류가 국내외의 국정책임자들에서도 간혹 발견된다. 이들은 시대적 가치와 과제를 실현하려는 의지나 노력도 없는 것처럼 보이고, 중요한 갈등 사안이 발생했는데도 불구하고 갈등 당사자들이 알아서 해결하도

'이성의 간지'를 이용하고 있음에 불과하다고 간주한 바 있는데, 이를 응용해 '실천의 간지'라고 표현한 것이다.

록 수수방관하거나 관료들이 임시방편으로 처리하도록 방임하는 태도를 취하곤 한다.

두 번째 유형은 단기필마형單騎匹馬型이다. 단기필마는 한자어로 혼자서 한 필의 말을 탄다는 것을 뜻하는데, 『삼국지연의三國志演義』에 나오는 장판교 전투에서 조운(趙雲, 자는 子龍, 미상~229)이 주군主君의 아들을 구하기 위해 한 필의 말을 타고 홀로 적진을 뛰어든 것과 같은 용감한 장면을 묘사할 때 흔히 인용되곤 한다. 이 유형은 국정책임자가 시대적 가치와 과제를 혼자서 과감하게 설정하고 국정을 의욕적으로 이끌고 가는 통치 스타일이라고 할 수 있다. 이러한 스타일은 카리스마(charisma)와 같은 재능으로 많은 사람들을 휘어잡거나 심복하게 하는 능력이나 자질을 지니고 있다고 자신만만하게 여기는 국정책임자의 행태에서 종종 발견된다.

이 유형은 과거 전쟁과 혁명, 가난과 질병, 억압과 수탈 등으로 생존이 위협받는 사회에서는 어느 정도 효과를 발휘했을 것이다. 하지만 대중을 열광시키고 국민의 마음을 사로잡았다는 오만과 착각 속에서 '밧세바 신드롬'(Bathsheba syndrome)이나 '무소불위無所不爲'[42]와 같은 자기도취에 빠지고, 봉건 군주처럼 군림하는 속성 때문에 국정을 위태롭게 하는 경우가 적지 않았다. 더욱이 민주화된 정보화 사회에서 이 유형은 시간이 경과하면서 국민과의 공감대가 약화되어 종국에는 국민의 실망과 반감에 직면하게 된다. 이 유형에 속하는 국정책임자는 북극성형과 정반대로 만기친람萬機親覽의 행태로 국정의 효율성을 저하시키고, 갈등 사안을 국정에 방해되는 것으로 간주함으로써

---

42 밧세바 신드롬은 이스라엘의 다윗 왕(David, B.C. 10세기경)이 부하 장군의 아내인 밧세바와 간음해 나중에 솔로몬 왕(Solomon, B.C. 990경~931, 재위 B.C. 970~931)이 되는 자식을 낳았다는 설화처럼 윤리적 타락으로 급기야 몰락하는 현상을 가리키며, 무소불위는 "하지 못하는 일이 없다"는 뜻으로, 중국 한나라의 거상인 여불위(呂不韋, 미상~B.C. 235)가 진시황제(秦始皇帝, B.C. 220~210, 재위 B.C. 259~210)의 부친인 자초를 진나라 왕으로 만든 후 승상의 자리에 올라 온갖 권력을 휘둘렀다는 고사에서 유래한다.

국민과의 소통을 멀리한다.

세 번째 유형은 오케스트라(orchestra)형이다. 일반적으로 오케스트라는 관악기, 현악기, 타악기 등의 악기를 각자 다루는 60~100명의 연주자들로 구성된 교향악단이 지휘자의 지휘를 받아 연주하는 것을 가리킨다. 이 오케스트라가 인간 내면의 소리뿐만 아니라 천상의 음성에 이르기까지 가장 아름답고 마음을 정화(淨化, catharsis)시키는 화음을 내서 청중에게 전달하기 위해서는 훌륭한 곡과 뛰어난 연주가들, 그리고 연주가 조화롭게 합주될 수 있도록 하는 지휘자 등 세 가지 요소가 삼위일체를 이뤄야 한다. 물론 이 중에서 지휘자의 역할이 가장 중요한데, 연주곡을 예술감독과 상의해 선정하고 선정된 곡을 어떻게 해석해 연주할 것인가를 정하는 예술적 능력과, 개별 악기의 연주가 악단 전체의 연주와 어떻게 어울리게 할 것인가를 판단하는 기술적 능력을 지녀야 한다. 바로 이 같은 지휘자의 역할과 같은 국정운영 스타일을 오케스트라형이라고 할 수 있다.

이 유형에 속하는 국정책임자는 마치 지휘자가 연주곡을 선정할 때 청중의 취향과 선호를 숙고해 선택하듯이, 선거과정에서 합의한 시대적 가치와 과제를 기꺼이 받아들인다. 그리고 열정과 사려깊음을 다해 화음의 국정을 펼쳐나간다. 이 과정에서 무대 밖에서 공연 지원을 맡고 있는 스태프와 같은 정부 구성원들의 창의적 제안뿐만 아니라 공연 평가를 하는 평론가와 기자, 심지어 잠재적인 경쟁 지휘자와 같은 지식인, 언론, 야당 등의 건설적인 비판을 겸허하게 경청한다. 특히 세계적 명지휘자인 클라우디오 아바도(Claudio Abbado, 1933~2014)가 『음악의 집』(La casa del suoni, 1986)에서 "음악을 한다는 것은 다른 사람의 소리를 주의 깊게 듣는 것을 뜻합니다"라고 말한 바와 같이, 국정을 수행할 때 우선적으로 국민의 목소리에 귀 기울이도록 노력한다. 이를 통해 국정책임사는 갈등 당사자들을 만나 설득하고 이해를 구하기도 하며, 필요하다면 국정의 우선순위와 완급을 조정하기도 한다.

이상과 같은 유형들의 도출은 비록 작위적이지만, 정치의 본령과 관련한 통합정치의 구성개념이 무엇인가를 숙고하고, 국정책임자가 어떤 방식으로 국정을 운영하는 것이 바람직한가를 성찰하는 데 나름대로 시사점을 준다고 할 수 있다. 물론 통합정치에 대한 새로운 의미를 부여하는 작업은 이제부터 본격적으로 시작한다. 다만 지금까지의 논의를 통해 그 구성개념의 초석을 놓을 수 있었는지 모르겠다. 필자는 통합정치란 "정치공동체 내에서 시대적 가치와 과제라는 공공선을 구현하기 위해 경쟁과 협력의 두 축을 바탕으로 정치행위자들이 합리적으로 선택하는 행위"라고 잠정적으로 정의하고 싶다. 이 같은 언술은 『손자병법孫子兵法』에서 "싸우지 않고 굴복시키는 것이 최상이 다(不戰而屈人之兵, 善之善者也)"라고 언명한 손무(孫武, B.C. 545~470)의 혜안, 『군사학 논고』(De Re Militari, 378~395)에서 "평화를 원하거든 전쟁을 준비하라 (Si vis pacem, para bellum)"라고 언명한 플라비우스 베게티우스(Flavius Vegetius, 4세기경)의 통찰, 그리고 『갈등의 전략』(The Strategy of Conflict, 1960)에서 세상은 제로섬이 아닌 '넌 제로섬'(non zero-sum)도 있다는 명제를 과학적으로 증명한 토머스 셸링(Thomas Schelling, 1921~2016)의 문제의식 등을 염두에 둔 천학비재 淺學菲才의 소산이다.

흔히 철혈재상으로 불리는 독일 제국의 비스마르크 총리(Otto von Bismarck, 1815~1898, 재임 1871~1890)의 "정치는 가능성에 대한 가르침이다(Die Politik ist die Lehre vom Möglichen)"라는 말은,[43] 정치의 긍정적인 측면과 실용주의적인 측면을 부각시켰다고 평가되고 있다. 그는 '철과 피'(Eisen und Blut)를 통해 독일 통일을 이뤘지만, 통합은 이루지 못했다. 이후 그의 후예들에 의한 독일의

---

43 이 언술은 독일 역사가이자 정치가인 프리드리히 달만(Friedrich Dahlmann, 1785~1860)이 "정치는 가능성의 예술이다(Politik ist die Kunst des Möglichen)"라고 말한 격언을 비스마르 크가 1867년 「상트페테르부르크 신문」(St. Petersburgische Zeitung)과의 인터뷰에서 응용해 한 말이다. 하지만 달만의 격언은 나중에 비스마르크가 말한 것으로 간주되었고, "Politics is the art of the possible, the attainable, the art of the next best(정치는 가능한 것, 얻을 수 있는 것, 차선책의 예술이다)"라고 각색되었다.

두 번째 통일과 그에 이은 통합은 '말과 다수결'(Reden und Majoritätsbeschlüsse), 즉 설득과 민주주의를 통해 이뤄졌다. 앞으로 "정치는 가능성의 예술"이라는 테제는 "통합정치는 불가능을 가능하게 만드는 예술(Integrative politics is the art of making the impossible possible)"이라는 테제로 바뀔 시점이 되지 않았나 본다.

II.
통합의
정치학

1. 통합에 대한 역사적 관조

통합이라는 정치행위는 갈등과 더불어 인류가 군집생활을 시작하면서부터 존속해 왔다. 인류의 역사는 인류학과 역사학에서 밝히듯이, 갈등과 투쟁 속에서도 협력과 통합을 끊임없이 모색하고 추구해 왔다. 이 같은 역사에 대해 성찰적으로 관조한 역사서와 인간 중심의 정치를 대안적으로 사유한 정치사상을 통합의 관점에서 다시 음미해 보는 것은 통합정치의 구성개념을 풍부하게 하는 데 필요한 작업이라고 볼 수 있다. 따라서 이 절에서는 인간공동체의 갈등과 통합, 나아가 통합정치의 주제에 천착했던 역사가들이 무엇을 반추했고, 어떻게 관조했는지를 개략적으로 살펴보려고 한다. 여기서 다룰 역사서는 인간과 정치에 관한 문제를 균형 있게 관찰하고 진실되게 성찰해 후대에 많은 지적 영감과 역사적 교훈을 주었다고 판단되는 책들이다. 그리고 이러한 탐색을 마친 후 한국정치사에서 나타난 통합정치에 대한 필자의 단상斷想을 정치적 상상력과 함께 피력하고자 한다.

고전의 산책

일반적으로 '고전'(古典, Classics)이라 함은 시대와 국가를 초월해 변함없는 가치를 지닌 책을 가리키는데, 한번 손에 잡으면 빠져들기 쉽지만 끝까지다 읽으려면 시간이 많이 걸린다. 그렇다고 윤장대(輪藏臺, Manicha)[1]를 돌릴 수는 없는 일이다. 일단 고전 가운데 인간공동체의 갈등과 통합이라는 주제를 다룬 대표적인 역사서로는 다음을 들 수 있다. 헤로도토스(Herodotos, B.C. 485경~425경)의 『역사』(Histories Apodexis, B.C. 424경), 투퀴디데스(Thucydides, B.C. 460경~400경)의 『펠로폰네소스 전쟁사』(Ho Polemos Ton Peloponnesion Kal Athenaion, B.C. 400경), 리비우스(Titus Livius, B.C. 59~A.D. 17)의 『로마사』(Ab Urbe Condita Libri, History of Rome from its Foundation, 17), 플루타르코스(Ploutarchos, 46경~120경)의 『영웅전』(Bioi Paralléloi, The Lives of the Noble Grecians and Romans, 115경), 에드워드 기번(Edward Gibbon, 1737~1794)의 『로마제국 쇠망사』(The History of the Decline and Fall of the Roman Empire, 1788), 사마천(司馬遷, B.C. 145~90)의 『사기』(太史公記, B.C. 93), 사마광(司馬光, 1019~1086)의 『자치통감』(資治通鑑, 1084), 필원(畢沅, 1730~1797)의 『속자치통감』(續資治通鑑, 1801) 등이다.

헤로도토스는 최초의 역사서를 남겼기 때문에 '역사의 아버지'로 불린다. 그는 저작 『역사』에서 기원전 492년부터 479년까지 세 차례 벌어진 일명 '페르시아 전쟁'이라고 불리는 그리스와 페르시아 간의 대규모 문명전쟁의 원인과 과정을 흥미진진하게 다뤘다. 그는 서문에서 "이 글은 할리카르낫소스 출신 헤로도토스가 제출하는 탐사 보고서다. 그 목적은 인간의 행적들이 시간이 지나면서 망각되고 헬라스인(그리스인)과 비非헬라스인의 위대하고도 놀라운 업적들이 사라지는 것을 막고, 무엇보다도 헬라스인과 비헬라스인이 서로 전쟁을 하게 된 원인을 밝히는 데 있다"고 저술 목적을 명확하게 제시하고 있다.

헤로도토스는 그리스-페르시아 전쟁의 원인을 신화시대부터 이어진 양측의

---

1 윤장대는 티베트 불교의 법구로서, 경전이 들어 있는 통을 한 바퀴 돌리면 해당 경전을 읽는 것과 같이 지혜를 얻거나 죄업이 하나씩 없어진다고 한다.

반목과 적대감으로 보고 있다. 그리스 본토인과 소아시아인이 서로 상대방의 여신과 여자를 납치한 결과 트로이 전쟁이 발발했고, 이를 기점으로 그리스와 페르시아 간의 숙명적인 전쟁들이 발생했다고 본 것이다. 전반적으로 그에 따르면, 전쟁은 덧없는 인간사의 일부이며, 인간의 운명은 정해져 있는 듯하다. 그러면서도 그는 인간적 동기와 결정도 적잖은 역할을 한다고 지적한다. 이는 전쟁의 와중에서 드러나고 있는 그리스와 페르시아의 결점과 약점을 분석하는 데서 나타난다. 그는 그리스에 대해서는 의견의 불일치, 지나친 경쟁과 반목, 지역 간의 분열 등을, 페르시아에 대해서는 왕의 오만함과 어리석음을 결점으로 지적했다.

투퀴디데스는 『펠로폰네소스 전쟁사』에서 기원전 431년부터 404년까지 총 세 차례에 걸친 아테네 중심의 델로스 동맹과 스파르타 중심의 펠로폰네소스 동맹 간의 그리스 패권전쟁 중 B.C. 411년까지의 과정을 다뤘다. 그는 전쟁을 둘러싼 인간사를 헤로도토스가 신의 섭리에 따른 것이라고 관조했던 것과는 달리, 모든 것은 인간관계의 상호작용 속에서 벌어진다고 간파했다. 그는 자신의 전쟁 체험과 다른 사람들의 진술에 대한 엄격한 검증을 바탕으로 전쟁의 전 과정을 상세하게 기록함으로써 역사 기술의 객관성을 높였다. 그리고 그는 인간 본성과 감성을 파고드는 명연설을 적절히 녹여내 독자의 감흥을 북돋기도 했다. 대표적인 예로 아테네의 황금시대를 열었던 페리클레스 집정관(Perikles, B.C. 490경~429)의 전사자 추도사를 들 수 있다. 이 연설은 아테네의 정체인 민주정의 우수성과 국민통합을 호소력 있게 설득했으며, 후대에 명연설의 전형으로 여겨지고 있다.

잘 알다시피, 미국 남북전쟁의 전사자를 추도한 링컨 대통령의 "국민의, 국민에 의한, 국민을 위한 정부(government of the people, by the people, for the people)"라는 구절이 나오는 게티즈버그 연설(1863), 대통령 취임과 동시에 경제대공황을 극복해야만 하는 프랭클린 루스벨트(Franklin Roosevelt,

1882~1945, 재임 1933~1945)의 "두려움 그 자체가 두려움이다(The only thing we have to fear is fear itself)"라는 구절이 나오는 취임사(1933), 제2차 세계대전에 직면한 윈스턴 처칠 총리(Winston Churchill, 1874~1965, 재임 1940~1945, 1951~1955)의 "피, 땀, 눈물, 그리고 노력(blood, toil, tears and sweat)"이라는 구절이 나오는 첫 전시연설(1940) 등이 대표적인 예이다. 이러한 연설들은 지도자의 진정성과 의지, 그리고 비전을 국민들이 공감하는 데 있어서 주효했다.

리비우스는 『로마사』를 통해 기원전 753년 로마 건국부터 9년 아우구스투스 황제(Augustus, B.C. 63~A.D. 14, 재위 B.C. 27~A.D. 14) 재위 18년까지의 역사를 43년 동안 집필해 총 142권에 담았다. 다만 현재 남아 있는 것은 1권부터 10권과 21권부터 45권까지 35권뿐이다. 그는 "역사 연구는 병든 사람을 치료하는 가장 좋은 약이다. 역사서는 모든 사람이 뚜렷이 볼 수 있는 무한히 다양한 인간 경험을 기록하기 때문이다"라는 문제의식을 갖고, 고난과 역경의 연속이었던 로마 건국부터 고유한 공화제의 정착과정과 지중해의 패권제국으로 부상하게 되는 전쟁과정을 생생하게 기술했다. 그는 자유와 권력 사이의 갈등, 즉 자유에 대한 평민들의 갈구와 권력에 대한 귀족들의 욕망 간의 충돌을 중심 테마로 잡고, 정치갈등과 혼란, 내부의 분열과 상잔相殘, 도덕과 공화국 정신의 쇠퇴, 그리고 시대의 음울함과 부도덕함을 성찰적 태도와 우아한 문체로 다뤘다.

리비우스의 『로마사』가 정치학에서 주목을 받는 이유 중 하나는 마키아벨리의 『로마사 논고』(Discorsi sopra la prima deca di Tito Livio, Discouses on the First Ten Books of Titus Livius, 1519) 때문이다. 다음 절에서 자세히 다루겠지만, 마키아벨리는 『로마사 논고』에서 리비우스의 『로마사』의 첫 열 권에 대해 논평했다. 마키아벨리는 "무엇이 로마로 하여금 위대함을 성취하게 했는가?"라는 질문에 대해, "도시들은 자유로운 상태에서만 영토나 부를 증가시킬 수

있었다"고 답했다. 이처럼 역사와 정치학을 융합한 마키아벨리가 정치사상가의
대열에 들어서게 된 것은 리비우스의 『로마사』 덕분이었다고 할 수 있다.

한편 리비우스의 『로마사』 중 분실된 107권에 해당되는 역사 부분은 다행스
럽게 테오도어 몸젠(Theodor Mommsen, 1817~1903)의 『로마사』(*Römische
Geschichte*, 1854~1885)에 의해 어느 정도 보충될 수 있을 것이다. 몸젠은 "가장
위대한 역사 기술의 대가"로 인정받으며 1902년 노벨문학상을 수상하기도
했다. 그는 로마 건국부터 로마제국의 디오클레티아누스 황제(Diocletianus,
244~311, 재위 284~305) 시대까지의 역사를 고증학적 방법과 독특한 필치로
방대하게 서술했다. 그의 『로마사』에서 가장 흥미로운 부분은 공화제를 지키려
는 마르쿠스 키케로(Marcus Cicero, B.C. 106~43)보다는 그것을 붕괴시키려는
율리우스 카이사르(Julius Caesar, B.C. 100~44)가 몰락해 가는 국가를 구하려고
했던 인물로 묘사하고 있는 점이다. 아마도 당시 독일 사회의 근저에 깔려
있던 자유주의와 국가주의 간의 긴장관계가 투영된 것이 아닌가 본다.[2]

플루타르코스는 『영웅전』에서 그리스의 영웅 24명과 로마의 영웅 25명,
그리고 페르시아의 아르타크세르크세스 2세(Artaxerxes II, B.C. 435~358, 재위
B.C. 404~358)의 전기를 하나씩 다뤘다. 그는 이들 인물의 드라마틱하고 영웅적
인 생애를 통해 정의와 불의, 선과 악, 진리와 허위, 박애와 증오, 사랑과
미움 등 인간적인 덕성과 결함이 어떻게 드러나고 있는지를 흥미진진하게
묘사했다. 특히 흥미로운 지점은 서로 비슷한 면모를 지니고 있는 그리스

---

2 몸젠의 손자 빌헬름(Wilhelm Mommsen, 1892~1966)과 쌍둥이 증손자인 한스(Hans
  Mommsen, 1930~2015)와 볼프강(Wolfgang Mommsen, 1930~2004)도 저명한 역사학자들인
  데, 학문적 및 정치적 성향이 서로 크게 다르다. 이들의 대표 저서를 소개하면, 빌헬름은
  『비스마르크』(*Bismarck und seine Zeit*, 1937), 한스는 *Der Nationalsozialismus und die
  deutsche Gesellschaft*(trans. *From Weimar to Auschwitz*, 국가사회주의와 독일 사회, 1991),
  그리고 볼프강은 『원치 않은 혁명 1848』(*1848, Die ungewollte Revolution*, 1998)을 들
  수 있다.

인물과 로마 인물을 대비시켜 그들의 성격, 품성, 업적 등을 비교 평가하고 있는 부분이다. 전체 22조組 중 비교적 많이 회자되고 있는 인물조人物組는 도시국가인 아테네를 세운 테세우스 왕(Theseus, 신화와 전설의 시대)과 도시국가인 로마를 창건한 로물루스 왕(Romulus, B.C. 771경~716, 재위 B.C. 753~716), 아테네 최고의 정치가로 평가받는 페리클레스 집정관과 로마 최고의 정치가로 여겨지는 퀸투스 파비우스 집정관(Quintus Fabius, B.C. 270~203), 헬레니즘(Hellenism) 제국을 건설한 알렉산드로스 대왕(Alexandros Ⅲ, B.C. 356~323, 재위 B.C. 336~323)과 로마의 판도를 크게 확장시킨 카이사르 독재관 등이다.

플루타르코스가 다뤘던 영웅 중 필자가 가장 깊은 인상을 받은 인물을 들라면, 파비우스를 들고 싶다. 그는 로마 집정관을 다섯 번이나 재직한 인물로, 카르타고의 한니발 장군(Hannibal, B.C. 247~183)이 로마를 침범한 제2차 포에니 전쟁(B.C. 218~201)을 지구전을 통해 승리로 이끌었다. 그는 전쟁 와중에서 '둔하고 멍청스러운 늙은이'나 '굼뜬 사람'(Cunctator)이라는 조롱과 멸시를 받았지만, 기다림과 인내 끝에 패기가 넘치고 지략이 뛰어난 무적의 한니발을 물리쳤다. 그의 유명한 금언인 "운명의 여신은 변덕이 심해 한 사람을 오래 좋아하지 않으며, 반드시 곧 싫증을 낸다"는 말은 정치행위자들이 귀담아들을 만하다는 생각이 든다. 영국 노동당 창당(1906)의 한 축이었던, 점진적 사회주의를 추구한 지식인 모임인 '페이비언 협회'(Fabian Society, 1884)는 그의 이름에서 유래하고 있는데, 서두르지도 않고 쉬지도 않는 거북이를 협회의 로고(logo)로 채택하고 있어 흥미롭다. 이와 관련해서는 다음 절에서 다룰 비어트리스 웹(Beatrice Webb, 1858~1943)의 정치사상 편에서 다시 언급할 것이다.

기번은 그의 대표작 『로마제국 쇠망사』를 통해 로마제국의 도미티아누스 황제(Domitianus, 51~96, 재위 81~96)의 사망 이후인 2세기부터 '동로마제국'(Byzantium)의 몰락(1453)까지 1,300여 년의 장구한 역사를 20여 년에 걸쳐 집필했다. 그는 로마제국의 쇠퇴와 몰락이라는 흥미롭고 매우 교훈적인 주제를 다뤘지만, 다양하고 복잡한 역사적 사건들을 이해하고 설명하려는 데 치중했다. 그의 저술은 풍부한 사료와 균형 잡힌 서술로 지적 충족감을 줄 뿐만 아니라 정교하고 유려한 문체로 문학적 즐거움을 주고 있다. 그는 로마제국 쇠퇴의 직접적인 원인들로 황제의 전제정치, 자유의 상실, 배움의 후퇴, 군사적 기율의 나태, 내부의 분열 등을 들고 있다. 그러면서 그 근저에는 인간적 정념과 어리석음, 즉 전쟁에 대한 욕망, 물질적 탐욕, 신앙의 광기, 성적 탐닉과 같은 불완전한 인간성이 깔려 있다고 보았다.

기번의 『로마제국 쇠망사』는 방대한 지식정보와 무궁무진한 에피소드를 담고 있는데, 그중에서 필자에게 가장 큰 호기심을 준 정보는 페르시아의 현자로 알려진 부주르그 미히르(Buzurg Mihir, 6세기경)에 관한 것이다. 기번은 주석을 통해 미히르를 다음과 같이 소개하고 있는데, 서구의 오리엔탈리즘(orientalism)에 대한 비판적 관점을 엿볼 수 있다. "미히르는 그 품성과 위상 면에서 동방의 세네카(Seneca, B.C. 4~A.D. 65)로 간주되었다. 그러나 그의 덕성과 아마도 그의 단점은, 훨씬 말이 많았던 듯한 저 로마인에 비해 잘 알려져 있지 않다. 이 페르시아의 현자가 바로 인도에서 체스 게임과 필페이의 우화[3]를 들여온 사람이다. 그의 지혜와 덕성은 어찌나 명성이 자자한지 그리스도 교도들은 그가 복음의 신봉자라고 주장했으며, 이슬람 교도들은 그를 초기 무슬림으로 숭앙했다." 이러한 서술만으로도 역사에 대한 기번의 균형 잡힌 시각과 열린 자세를 엿보는 데 충분하다.

사마천은 중국 전설인 황제시대로부터 한漢나라의 무제(武帝, B.C. 156~87, 재위 B.C. 141~87) 때까지 무려 2,000년이 넘는 역사를 『사기』에 담았다. 그는 역모사건으로 궁형宮刑을 당하는 치욕을 극복하기 위해 20년 동안 집필에 몰두했다.[4] 이러한 연유로 그의 지술은 관변 연구임에도 불구하고, 도덕적

---

3 필페이(Pilpay, B.C. 3세기경)는 인도 전통 우화인 판차탄트라(Pañcatantra)를 편찬했는데, 그의 우화집은 이솝(Aesop, B.C. 620경~564경)의 우화집과 함께 쌍벽을 이루고 있다.

규범서의 수준을 넘어 인간의 본성과 본능, 도리와 욕망이라는 양자택일의 기로에 선 실존적 문제를 다루고 있어 "살아 있다"는 평가를 받고 있다. 그는 "믿을 수 있는 것은 믿는 대로 전하고, 의문나는 것은 의문나는 대로 전한다"라는 실증주의적 서술 원칙을 따랐다. 또한 그는 『사기』의 편찬체계를 통상 연대순으로 서술하는 편년체 대신에, 제왕의 언행과 행적을 먼저 다룬 다음 제왕이나 제후를 보좌한 인물들, 제도, 연표 등을 다루는 기전체紀傳體를 채택했다. 이를 통해 그는 역사를 보다 입체적이고 총체적으로 다뤄 공정하고 균형잡힌 기록을 남겼다는 평가를 받는다.

　　대체로 『사기』를 접하고 나면 사람들이 안빈낙도安貧樂道나 자연으로의 귀환을 그리워하고 꿈꾸지만, 인간의 본성과 그 대척점에 있는 욕망 때문에 서로 다투고 배신하며 싸우는 세상에서 살아가야만 한다는 허무주의적 관조를 한 자락 깔고 있는 것이 아닌가 하는 인상이 든다. 세상을 헤쳐 나가는 방식은 사람마다 제각각일 텐데, 운명에 맞서는 자, 시대를 거스르는 자, 운명과 시대를 비껴가는 자 등이 있을 것이다. 『사기』의 백미는 『초한지楚漢志』(원제: 『西漢演義』)의 골격을 이루고 있는 「항우본기項羽本紀」와 「고조본기高祖本紀」 라고 할 수 있다. 천하패권을 놓고 항우(項羽, B.C. 232~202)와 유방(劉邦, B.C. 256~195, 재위 B.C. 202~195)은 대의동심大義同心과 의형제였음에도 불구하고 숙명적인 싸움을 할 수밖에 없었고, 그 결과 유방이 승리한다. 어찌 보면 필자의 유씨 시조라고 할 수 있는 건달乾達 출신의 유방은 낙천적 기질과 타고난 천운, 후흑학厚黑學과 토사구팽兎死狗烹을 구사할 수 있는 권력의지,

---

4 박지원(1787~1805)은 「답경지答京之」에서 사마천의 심경을 다음과 같이 묘사했다. "아이가 나비 잡는 것을 보면 사마천의 마음을 알 수 있지요. 앞다리는 반쯤 꿇고 뒷다리는 비스듬히 발꿈치를 들고 손가락을 집게 모양으로 만들어 다가가는데, 잡을까 말까 망설이는 사이에 나비가 그만 날아가 버립니다. 사방을 둘러보아도 아무도 없기에 어이없어 웃다가 얼굴을 붉히기도 하고 성을 내기도 하지요. 이것이 사마천이 『사기』를 저술할 때의 마음일 것입니다 (見小兒捕蝶, 可以得馬遷之心矣. 前股半跪, 後脚斜翹, ㄚ指以前, 手猶然疑, 蝶則去矣. 四顧無人, 哦然而笑, 將羞將怒, 此馬遷著書時也)."

천하민심을 얻을 수 있는 관용과 촌탁忖度의 리더십 등을 지니고 운명에 맞선 독보적인 인물이라고 볼 수 있다. 반면, 그의 먼 후손인『삼국지연의三國志演義』의 주인공인 촉한蜀漢의 유비(劉備, 161~223, 재위 221~223)는 운명과 시대를 비껴갔던 안타까운 인물이 아닌가라는 생각이 든다.

사마광은『자치통감』을 통해 중국 주周나라의 봉건체제가 지속된 춘추春秋시대가 종식되고 제후 간의 패권이 벌어지는 전국戰國시대가 개막되는 B.C. 403년부터 송宋나라 태조인 조광윤(趙匡胤, 927~976, 재위 960~976)이 황제로 등극하기 직전인 959년까지 1,362년 동안의 역사를 편년체로 기록했다. 이 방대한 역사서는 치도治道에 지침이 되고 역대歷代에 걸쳐 거울이 된다는 뜻으로『자치통감』으로 명명되었는데, 편찬 의도는 역대 왕조의 흥망성쇠의 원인을 밝혀 타산지석으로 삼으려고 한 데 있었다. 그러나 사실을 객관적으로 정리하고자 했음에도 불구하고, 황제나 집정자에게 교육시키고 감계鑑戒시키기 위해 때로는 사료를 취사선택하거나 인물에 대한 묘사가 지나치게 주관적이라는 평가를 받고 있다. 이러한 문제점은 주희(朱熹, 1130~1200)와 그의 제자인 조사연(趙師淵, 1150~1210)이『자치통감』의 내용을 축약하고 첨삭해 재편찬한『자치통감강목資治通鑑綱目』에서 한층 더 두드러진다. 그런데 주자학朱子學을 정통 정치이념으로 받아들였던 조선의 사대부들은 이 책을 정사正史로 간주했다.

사마광은 송나라 신종(神宗, 1048~1085, 재위 1067~1085) 때 급진적 개혁세력인 신법파新法派의 수장인 왕안석(王安石, 1021~1086)과 사생결단식 당파투쟁을 치른 구법파舊法派의 수장이었다. 사마광은 유학에서 혁명적 논리를 담고 있는 맹자(孟子, B.C. 372~289)보다는 공자(孔子, B.C. 551~479)로 회귀해 점진석 개혁을 시행할 것을 주장했다. 당시 신법파-구법파의 대결 명분은 성선설과 왕도정치를 기본 테제로 하고 있는 맹자의 논리에 비수匕首처럼 꽂혀 있는 항산항심恒産恒心과 역성혁명易姓革命에 대한 해석 차이와 수용 여부에 있었던 것으로 짐작된다. 당시 횡행했던 목불인견目不忍見식 붕당정치의 폐단 때문에 사려깊은 많은 지식인과 관료들이 낙향하거나 인접 국가로 이주하곤 했는데, 그중에는 당시 병부상서(兵部尙書, 현 국방부 장관에 해당)였던 필자의 유씨 한국 시조인 문양공 유전(文襄公 劉筌, 1051~1122)도 1082년 고려에 귀화했다. 이후 송나라는 1127년 금金나라에 의해 북송北宋이 멸망했고, 1279년 원元나라에 의해 남송南宋이 멸망했다.

필원은 청淸나라의 건륭제(乾隆帝, 1711~1799, 재위 1735~1796) 시절 병부상 서를 지낸 학자로, 『속자치통감』을 통해 960년 송나라 건국부터 1367년 원나라 멸망까지 송, 요遼, 금, 원 등 네 왕조의 역사를 편찬했다. 『속자치통감』은 시간적으로 사마광의 『자치통감』에 이은 후속작으로 간주될 수 있지만, 편찬의 도나 연구방법을 고려할 때 전혀 다른 독창적인 역사서였다. 필원은 일찍이 청동기나 비석에 새겨진 글자인 금석문金石文에 조예가 깊었는데, 상대적으로 정확한 사료인 금석문을 접하면서 규범적인 기록보다는 불편부당한 기록의 중요성을 인식하고 관변의 도움 없이 자력으로 20년 동안 편찬했다. 참고로 당시 청나라는 역대 고적古籍을 전부 수록한 『사고전서』(四庫全書, 1782)의 편찬 작업을 진행하고 있었다.

또한 필원의 역사 연구는 한漢·당唐 시대의 훈고학訓詁學이나 송宋·명明 시대의 심성학心性學이 아닌, 당시 실학의 부류에 속하는 고증학考證學의 실증 적 방법을 사용했다는 점에서 높게 평가받고 있다. 그는 당대 고증학의 대가였던 소진함(邵晋涵, 1743~1796), 전대흔(錢大昕, 1728~1804), 장학성(章學誠, 1738~ 1801) 등에게 편수 작업을 위촉하거나 자문을 받았다고 한다. 이러한 연유로 『속자치통감』은 비교적 객관성이 높은 역사서라고 평가받는다. 더욱이 편찬 대상을 중국의 주류인 한족을 넘어 북방족인 거란족, 여진족, 몽골족까지 포괄함으로써 중국 최초의 통합사라고 평가되고 있다. 이를 통해 필원은 중국 내부의 민족 간 갈등을 극복하고 중국인의 정체성을 확장하는 데 기여한 역사가로 높이 인정받고 있다.

근현대사의 편력

다음으로 통합의 주제와 관련해 근대 이후의 역사나 인물을 다룬 대표적인 명저로는 다음을 들 수 있다. 토머스 칼라일(Thomas Carlyle, 1795~1881)의 『영웅숭배론』(*On Heroes, Hero-Worship, and the Heroic in History*, 1841), 앙드레 모루아(André Maurois, 1885~1967)의 『영국사』(*Histoire d'Angleterre*, 1937)·『미국사』(*Histoire des Etats-Unis, 1492~1946*, 1947)·『프랑스사』(*Histoire de la France*, 1947), 에드먼드 윌슨(Edmund Wilson Jr., 1895~1972)의 『핀란드 역으로』(*To the Finland Station: A Study in the Writing and Acting of History*, 1940), 에릭 홉스봄 (Eric Hobsbawm, 1917~2012)의 『혁명의 시대』(*The Age of Revolution: Europe 1789~1848*, 1962)·『자본의 시대』(*The Age of Capital: 1848~1875*, 1975)·『제국의 시대』(*The Age of Empire: 1875~1914*, 1987)·『극단의 시대: 20세기 역사』(*The Age of Extremes: The Short Twentieth Century, 1914~1991*, 1994), 조너선 스펜스 (Jonathan Spence, 1936~2021)의 『현대중국을 찾아서』(*The Search for Modern China 2nd*, 1990) 등이다.

칼라일은 평범한 작가에서 출발해 일약 영국의 빅토리아 여왕(Alexandrina Victoria, 1819~1901, 재위 1837~1901) 시대를 대표하는 최고의 지성 중 한 사람이자 베스트셀러 작가로서, 마치 장삼이사張三李四가 지성계의 영웅이 되는 화젯거리를 지녔던 문필가다. 그는 앞에서 살펴본 기번의 『로마제국 쇠망사』를 통해 계몽주의 사관에 매료되었고, 『의상철학』(*Sartor Resartus: The Life and Opinions of Herr Teufelsdröckh in Three Books*, 1836), *The French Revolution: A History*(프랑스혁명사, 1837), 『영웅숭배론』(1841), *Oliver Cromwell's Letters and Speeches: with Elucidations*(올리버 크롬웰의 편지와 연설: 해명과 함께, 1845), *History* of Friedrich II of Prussia, Called Frederick the Great(프리드리히 대왕전, 1865) 등의 주옥같은 명작을 저술했다.

이 가운데 『영웅숭배론』은 11인 영웅의 숭고함과 위대함을 화려한 문체와 특유의 열정으로 흥미롭게 소개하고 있다. 이들은 북유럽 신화의 주인공인 오딘(Odin)[5], 예언자로서의 영웅인 무함마드(Muhammad, 570~632), 시인으로서의 영웅인 단테(Alighieri Dante, 1265~1321)와 셰익스피어, 성직자로서의 영웅인 루터(Martin Luther, 1483~1546)와 녹스(John Knox, 1514~1572), 문인으로서의 영웅인 영국의 존슨(Samuel Johnson, 1709~1784)과 프랑스의 루소(Jean-Jacques Rousseau, 1712~1778)와 스코틀랜드의 번스(Robert Burns, 1759~1796), 왕으로서의 영웅인 크롬웰(Oliver Cromwell, 1599~1658)과 나폴레옹(Napoleon Bonaparte, 1769~1821) 등이다. 다만 '여성 영웅'(heroine)도 함께 다뤘으면 좋았겠다는 아쉬움이 남는다.[6]

칼라일은 『영웅숭배론』에서 영웅을 단순히 군사적 인물이 아닌, 인격적 성실성과 도덕적 통찰력, 그리고 정신적 위대성을 지닌 '위인'(great people)으로 정의[7]하고, 숭배를 '존경'(respect)과 유사한 의미로 사용한다. 그에 따르면,

---

5 『영웅숭배론』은 칼라일이 런던에서 명사들을 대상으로 여섯 차례 강연한 내용을 정리해 출간한 것이다. 그가 첫 강연에서 인간이 아닌 스칸디나비아 신화의 주신主神인 오딘을 다룬 것은 오딘이 종교적 영웅정신을 가장 대표한다고 보았기 때문이다. 물론 그는 예수가 "모든 영웅 중 가장 위대한 영웅, 우리가 감히 그 이름을 말하지 않는 바로 그분"이라고 전제하고 있다.

6 필자가 보건대, 칼라일의 영웅 기준에 맞는 군주로서의 여성은 다음과 같이 들 수 있다. 구약성서와 쿠란에서 지혜를 찾는 이로 전승된 에티오피아 시바 왕국의 시바 여왕(Queen of Sheba, B.C. 10세기경), 로마의 침략으로부터 이집트를 구하려고 했던 클레오파트라 7세(Cleopatra VII, B.C. 69~30), 로마제국의 지배에 저항했던 영국 아케니 부족의 부디카 여왕(Boudicca, 미상~80), 로마제국에 대항했던 시리아 팔미라 왕국의 제노비아 여왕(Zenobia, 미상~274), 대영제국의 건설과 종교간 화해(Via Media)를 이룬 엘리자베스 1세(Elizabeth I, 1533~1603, 재위 1558~1603), 포르투갈의 지배에 저항했던 앙골라의 응둥고 왕국과 마탐바 왕국의 은징가 여왕(Njinga, 1583~1663, 재위 1624~1663) 등이다.

영웅은 무엇보다도 진실하다. 그러나 자신의 진실성을 의식하지 못한다. 오히려 자신이 '진실치 못함'을 예민하게(sensitive) 느낀다. 영웅은 진실한 사람을 의미하기 때문에, 영웅이 될 수 있는 길은 모든 사람에게 열려 있다. 진실성을 갖는다는 것은 평범한 사람에게도, 하물며 비천卑賤한 사람이더라도 가능한 일이기 때문이다.

이러한 영웅관은 프리드리히 니체(Friedrich Nietzsche, 1844~1900)가 『짜라투스트라는 이렇게 말했다』(*Also sprach Zarathustra: Ein Buch für Alle und Keinen*, 1885)에서 제시한 초인(超人, Übermensch) 개념과 다르기 때문에 통합의 담론에서 중요한 시사점을 준다. 니체는 초인과 범인凡人의 특징을 의지와 무無의지로 구분하고 양자를 상반된 속성을 지닌 존재로 간주하고 있는데 반해, 칼라일은 영웅과 추종자의 차이가 다만 '정도'(degree)의 차이에 불과하다고 보고 있다. 칼라일이 주는 메시지는 간단한데, 우리 모두가 '진실한 작은 영웅'이 될 때 위대한 지도자를 선택할 수 있다는 것이다. 즉 영웅은 대중이 그 존재를 인정해야만 가능하기 때문에 갈등과 분열을 이겨내고 통합과 결속을 향해 나갈 때 등장한다는 것이다. 아마도 이 같은 존재는 나대니얼 호손(Nathaniel Hawthorne, 1804~1864)이 『큰 바위 얼굴』(*The Great Stone Face*, 1850)에서 그린 수전노, 전쟁광, 정치꾼, 현실과 타협한 시인과 같은 인물이 아니라 큰 바위 얼굴을 닮은 위대한 인물을 기다렸다던 진실한 목수일지 모른다.

칼라일의 『영웅숭배론』은 다소 도덕적이고 주관적임에도 불구하고, 출간 이래 유럽에서 플루타르코스의 『영웅전』을 넘어서 최고의 베스트셀러로 자리 잡았으며, 세계 각국의 정치가와 정치지망생들 사이에서 필독서로 꼽히고 있다. 칼라일이 『영웅숭배론』에서 셰익스피어와 인도를 바꿀 수 없다는 말로 인도를 폄하했다고 알려져 있는데, 이는 역사상 대표적인 곡해 사례 중 하나다. 실제로 칼라일은 책에서 농군 출신에서 최고의 통찰력을 지닌 시인이 된 셰익스

---

7 이 책에서 언급된 '영웅'이라는 개념은 칼라일이 설명한 정의를 따른 것이다.

피어의 진실성을 밝히는 동시에, 인도는 언젠가는 독립할 것이라는 점을 언급했다. 참고로 원문 구절을 소개하면 다음과 같다. "인도는 언젠가는 잃고 말 것이다. 그러나 셰익스피어는 결코 잃을 수 없다. 그는 영원히 우리와 함께 있다(Indian Empire will go, at any rate, some day; but this Shakespeare does not go, he lasts forever with us)."

모루아는 20세기에 해박한 인문학적 지식과 수려한 문학적 필치를 지닌 문필가 중 한 사람으로 평가받고 있다. 그는 시민혁명과 산업혁명을 거쳐 선진국가군群의 선두를 차지한 영국, 미국, 프랑스의 통사를 각각 집필했다. 그는 시차를 두고 세 나라의 역사를 집필했는데도 불구하고, 마치 세 나라를 동시에 비교·분석하는 듯한 인상을 준다. 세 나라의 역사에 대한 그의 평가를 도식적으로 정리하는 것은 그의 역사관을 곡해할 우려가 있겠지만, 역사를 관조한다는 차원에서 짧게 음미해 보면 다음과 같다. 영국에 대해서 그는 "진정한 의미의 혁명은 한 번도 없었다"고 하면서, 역사의 특성을 지속성과 순응성, 그리고 타협으로 보고 있다. 그리고 미국에 대해서는 "어느 인류사회의 발전보다 굉장히 신속했다"고 평가하고, 개척, 통합, 그리고 창의성을 역사의 특성으로 보고 있다. 이어 프랑스에 대해서는 "그들만큼 위대한 인물을 태연히 부당하게 처단하고, 또다시 같은 사람을 높은 자리에 앉히는 국민은 별로 없다"고 평가하고, 역사의 특성을 당파성, 저항, 그리고 지성이라고 보고 있다.

잠시 환기하는 차원에서 보면, 그의 촌철살인寸鐵殺人적인 문구들을 접할 때마다 그가 역사와 인간에 대한 깊은 이해와 애정을 가진 지식인이라고 느껴진다. 재미있는 경구 하나를 『프랑스사』에서 소개하면 다음과 같다. "합리적인 사람은 항상 다른 사람이 자신과 생각이 비슷할 거라는, 즉 합리적이지 않게 생각하는 경향이 있는데, 그 오류는 삶의 경험으로만 깨닫는 법이다."

한편 모루아는 영국의 대표적인 낭만파 시인인 조지 바이런(George Byron, 1788~1824), 프랑스의 빅토르 위고(Victor Hugo, 1802~1885), 프랑스의 선구적인 여성주의 소설가인 조르주 상드(George Sand, 1804~1876), 프랑스의 20세기 최고의 소설가로 평가받는 마르셀 프루스트(Marcel Proust, 1871~1922) 등 당대 최고의 문인들에 대한 소설류 전기의 집필을 통해, 격동과 변혁의 시대 속에서 드러난 시대의 부조리와 인간의 위대함을 담담하게 그려냈다. 그중 가장 압권은 시 「올랭피오의 슬픔」(Tristesse d'Olympio, 1837)과 소설 『레 미제라블』(*Les Misérable*, 1862)이라는 대작을 집필한 위고의 전기인 『빅토르 위고』(*Olympio ou la vie de Victor Hugo*, 1954)가 아닌가 본다. 잘 알다시피, 위고는 중국에서는 두보(杜甫, 712~770), 이탈리아에서는 단테(Dante Alighieri, 1265~1321), 영국 에서는 셰익스피어, 독일에서는 괴테, 러시아에서는 푸쉬킨, 인도에서는 타고 르(Rabindranath Tagore, 1861~1941)가 그 나라 문화의 자부심 그 자체인 것처럼 프랑스에서도 동일하게 평가되고 있다. 모루아가 경외심과 균형감을 갖고 밝히고 있듯이, 위고는 1789년 프랑스 대혁명부터 1875년 제3공화국 수립까지 근 100년에 걸친 프랑스 혁명사에서 빠트릴 수 없는, 행동하는 지식인 (intelligentsia)이자 현대판 인플루언서(influencer)였다. 특히 그는 통합정치의 주제와 밀접히 관련된 역사적이고 상징적인 인물이었다.

위고는 나이가 들면서 문학적 성숙과 함께 정치적 인식과 실천 영역에서 지행합일知行合一의 모습을 보였던 아주 보기 드문 지식인이었다. 그는 급변하는 시대와 맞물리면서 왕당파, 보나파르트주의자(Bonapartist, 나폴레옹 1세 황제 지지자), 공화주의자, 자유주의자, 친사회주의자 등으로 변화하면서 시대와 함께했다. 그는 1848년 2월혁명을 계기로 등장한 제2공화국에서 국회의원으로 활동했으나, 루이 나폴레옹 보나파르트 대통령(Louis Napoléon Bonaparte, 1808~1873, 재임 1848~1852)이 '무월霧月 18일 쿠데타'(coup d'état of 18 Brumaire) 로 나폴레옹 3세 황제(재위 1852~1870)가 된 제2제정에 저항하는 바람에 15년 동안 영국령 섬에서 망명생활을 했다. 귀국 후 그는 다시 국회의원이 되었지만, 1871년 파리꼼뮌의 혁명과정에서 사회주의자들을 옹호하고 그들에게 피난처 를 제공했다는 이유로 추방당했다. 이처럼 한 나라의 자부심 그 자체인 인물이 매우 극적이고 기구한 삶을 살았다는 사실은 당시 연이어 반복되고 있는 혁명과 반동, 열정과 증오, 공포와 보복이 정치와 사회를 얼마나 분열시키고 적대적으로 만들었는지를 가늠하는 데에 충분할 것이다. 그는 문학과 행동을 통해 가난하고 억압받는 사람들을 위무하고 희망을 주며 시대의 아픔을 치유하려고 했다. 국장으로 치러진 그의 장례식에 200만 명이 넘는 시민들이 참석해 추모했다는 사실만으로도 그의 위대함과 통합의 상징성을 단적으로 보여준다.

위고를 떠올리면 생각나는 한 사람이 있다. 바로 마르크스인데, 그는 위고처럼 무산계급(proletariat)을 위해 행동했던 지식인이었을 뿐만 아니라 위고가 경험했던 일련의 정치적 사건들을 정치精緻하게 분석했기 때문이다. 그는 프랑스 혁명사 3부작이라고 불리는 『프랑스에서의 계급투쟁』(*The Class Struggles in France*, 1850), 『루이 나폴레옹의 브뤼메르 18일』(*The Eighteenth Brumaire of Louis Napoleon*, 1852), 『프랑스 내전』(*The Civil War in France*, 1871)을 저술했다. 마르크스는 1849년부터 죽을 때까지 34년 동안 런던에 망명하고 있어 위고와 조우한 적이 없었지만, 위고의 작품인 *Napoléon le Petit*(작은 나폴레옹, 1852)를 통해 그의 시대인식을 이해하게 된다. 마르크스는『루이 나폴레옹의 브뤼메르 18일』에서 "헤겔은 어느 부분에선가 세계사에서 막대한 중요성을 지닌 모든 사건과 인물들은 되풀이된다고 지적했다. 그러나 그는 다음과 같은 사실을 첨언하는 것을 잊었다. 즉 처음은 비극으로, 두 번째는 희극으로 끝난다는 사실이다. … 인간은 자신의 역사를 만들어가지만, 그들이 바라는 꼭 그대로 역사를 형성하는 것이 아니다. 인간은 스스로 선택한 환경 하에서가 아니라, 과거로부터 곧바로 맞닥뜨리게 되거나 그로부터 조건 지워지고 넘겨받은 환경 하에서 역사를 만들어 가는 것이다"라고 언급한 것처럼, 역사적 인간의 영향력과 한계를 관조했다.

어쩌면 마르크스는 위고를 경멸했을 것이고, 위고는 마르크스를 외면했으리라. 그럼에도 한 사람은 숙명적인 삶을 살아야만 했던 학자로서, 다른 한 사람은 격정적인 삶을 살았던 문인으로서 당대 최고의 휴머니즘 지식인이었다는 점만은 분명하다. 한 사람이 신에게 불을 뺏겨 고통을 겪고 있는 인간을 위해 불을 훔친 프로메테우스(Prometheus)의 분신이었다면, 다른 한 사람은 절망 속에서도 인간에게 희망을 준 판도라(Pandora)와 같은 존재였다.

  윌슨은 『핀란드 역으로』에서 1848년 프랑스와 독일의 혁명부터 1917년 러시아 혁명까지 사회주의를 향해 쉼없이 달려갔던 사람들, 즉 '더 좋은 세상'을 만들기 위해 생각하면서 행동했던 혁명가들의 질풍노도와 같은 삶을 생생하게 되살아나도록 집필했다. 그가 탐구한 인물은 프랑스 역사학자인 미슐레(Jules Michelet, 1798~1874)로 시작해 프랑스 혁명가인 바뵈프(François Babeuf, 1760~1797), 프랑스 사회주의자인 생시몽(Saint-Simon, 1760~1825), 프랑스 사회주의자인 푸리에(Joseph Fourier, 1768~1830), 영국 사회주의자인 오언(Robert Owen, 1771~1858), 마르크스, 엥겔스(Friedrich Engels, 1820~1895), 독일 사회주의자인 라살레(Ferdinand Lassalle, 1825~1864), 러시아 혁명가인 바쿠닌(Mikhail Bakunin, 1814~1876), 레닌(Vladimir Ulyanov, 필명: Lenin, 1870~1924), 트로츠키(Lev Bronstein, 필명: Trotsky, 1879~1940) 등으로 끝맺는다. 다만 윌슨의 책에서 '여성 사회주의자'도 다뤘으면 좋으련만 하는 아쉬움이 남는다.[8]
  윌슨은 이들의 사상과 대의, 열정과 헌신, 약점과 한계에 대해 존경과 연민으로 대하면서도 회의감과 안타까움을 잃지 않는다. 그래서 그런지 그는 1932년 미국 대선에서 공산당 후보인 윌리엄 포스트(William Foster, 1881~1961)를

---

8 필자가 보건대, 대표적인 여성 사회주의자로는 프랑스 혁명가인 올랭프 드 구주(Olympe de Gouges, 1748~1793), 프랑스 혁명가인 테루아뉴 드 메리쿠르(Théroigne de Méricourt, 1762~1817), 파리 코뮌의 여웅女雄인 루이즈 미셸(Louise Michel, 1830~1905), 러시아 혁명가인 베라 자술리치(Vera Zasulich, 1849~1919), 독일 사회주의자인 클라라 제트킨(Clara Zetkin, 1857~1933), 영국 사회주의자인 비어트리스 웹(Beatrice Webb, 1858~1943), 독일 혁명가인 로자 룩셈부르크(Rosa Luxemburg, 1871~1919), 레닌의 부인인 나데즈다 크룹스카야(Nadezhda Krupskaya, 1869~1939), 미국 사회주의자이자 시청각장애인인 헬런 켈러(Helen Keller, 1880~1968) 등을 들 수 있다.

지지하기도 했지만, 1963년에는 존 케네디 대통령(John Kennedy, 1917~1963, 재임 1961~1963)으로부터 자유훈장을 수상하기도 했다. 그리고 그는 1972년 개정판 서문에서 현실 사회주의의 본 모습이라고 할 수 있는 소련의 문제점을 마르크스와 레닌의 격정적인 인간적 면모에 이르기까지 연관시켜 지나치리만큼 비판하기도 했다. 이는 자료를 더 보완하고 상상력을 배가시킨 점도 있지만, 책이 팔려야만 생계를 꾸려나갈 수밖에 없는 문필가의 실존 때문이었을지도 모른다.

윌슨은 마르크스주의의 치명적인 한계가 프롤레타리아트 독재라는 신조에 있다고 진단했다. 즉 당시 권위주의 국가였던 독일 출신인 마르크스는 사회주의를 권위주의적 견지에서 생각하는 경향이 있었고, 레닌 역시 전제정치밖에는 경험해 보지 못한 러시아 출신인 까닭에 당연히 사회주의의 권위주의적 측면을 강조할 수밖에 없었던 것이 아닌가라고 지적한다. 일견 타당한 지적이라고 본다. 하지만 필자가 보건대, 본질적으로는 "계급 없는 사회를 가능하게 할 생산수단의 사회적 소유"를 실현하려는 시도는 사람의 본성과 본능의 다른 한 측면을 간과했기 때문에 실패할 수밖에 없었고, 이상과 공상으로 남을 수밖에 없었던 것이다. 결국 이들은 마치 신에 반기를 든 루치페르(Lucifer)처럼 악마의 분신으로 귀결될 수밖에 없었던 것이 아닌가 본다.

필자는 다미아노 다미아니 감독(Damiano Damiani, 1923~2013)의 영화 「레닌의 혁명으로 가는 기차」(Lenin: the Train, 1988)를 수강생들과 함께 감상한 후 세계지도를 보면서 역사적 상상의 나래를 펴곤 했다. 16년 동안 망명생활을 한 레닌을 비롯한 30여 명의 혁명가들은 1917년 러시아 2월혁명(2월 23일) 직후인 4월 3일 독일제국이 제공한 봉인기차(sealed train)를 타고 망명지인 스위스에서 출발해 독일을 지나 배로 갈아타고 스웨덴으로 가서, 다시 기차를 타고 핀란드를 거쳐 마침내 4월 16일 페트로그라드의 북쪽 역인 핀란드역에 도착했다. 이와 비슷한 사례로 16년 동안 일본에서 망명생활을 하던 중 1911년 잠시 방문한 미국 덴버에서 신해혁명(10월 10일)의 발발 소식을 들은 쑨원(孫文,

1866~1925)이 중국혁명의 국제적 지지를 얻기 위해 런던을 방문하는 대신에 조기에 샌프란시스코에서 배를 타고 상하이를 거쳐 난징에 있는 임시혁명정부 청사에 도착했더라면, 중국 현대사는 어떻게 되었을까? 쑨원은 하루하루가 급한데 신해혁명이 발발한 후 76일만에 혁명의 사령부에 도착했다. 마찬가지로 26년 동안 중국에서 망명생활을 한 임시정부의 김구 주석(1876~1949)과 1940년 창설한 한국광복군의 500여 명 부대원들이 해방 직후 소련군(8월 25일 평양 진주)과 미국군(9월 9일 서울 진주)이 한반도에 들어오기 전에 중화민국의 장제스 주석(蔣介石, 1887~1975)이나 미국의 전략사무국(Office of Strategic Service, OSS) 의 귀국 허용 여부와 관계없이 신속히 충칭重慶에서 출발해 베이징을 지나 평양을 거쳐 서울역에 도착했더라면, 역사는 어떻게 되었을까? 안타깝게도 김구는 11월 3일 개인 자격으로 귀국했다.

홉스봄은 1789년 프랑스 대혁명의 발발부터 1991년 소비에트 시대의 종식에 이르기까지를 4부작으로 다뤘다. 그는 '장기(long) 19세기'를 시기별 특징에 따라 혁명의 시대(1789~1848), 자본의 시대(1848~1875), 제국의 시대(1875~1914)로 나눠 다뤘고, '단기(short) 20세기'를 극단의 시대로 명명하고, 파국의 시대(1914~1945), 황금시대(1945~1973), 위기의 몇십 년(The Crisis Decades, 1973~1991)으로 구분해 다뤘다. 특히 20세기의 역사는 사료와 선행연구의 부족에도 불구하고, 그가 살았던 시기의 전부였기에 동시대인에 대한 애정과 인류의 미래에 대한 통찰을 기저로 삼아 집필했다. 그는 참혹한 전쟁과 학살로 점철되고 격동의 사회혁명과 문화혁명을 겪었던 20세기를 "가장 별스럽고 끔찍한 한 세기"라고 인상적으로 표현하면서, 본인이 죽는 날까지 인류에 대한 장기적인 전망은 "암울하다(bleak)"고 진단했다. 그는 두 세기에 걸친 파란만장하고 격정적인 근현대사를 세계주의자(cosmopolitan)로서의 지적 유산과 천재적인 박학다식을 바탕으로 '참여 관찰'함으로써 보편주의를 일관되게 추구한 역사가였다고 평가받고 있다.

필자는 그의 강연을 들은 적이 있다. 그가 1987년 6월 민주항쟁 직전인 5월에 한 출판사의 초청으로 한국을 방문해 「최초의 산업국가의 흥망: 영국 1780~1980」이라는 주제로 강연했던 것으로 기억한다. 강연 내용 중 영국의 문맹률이 20%가 넘는다고 언급해 적이 놀랐는데, 당시 '철의 여인'(Iron Lady)으로 불리는 보수당의 마거릿 대처 총리(Margaret Thatcher, 1925~2013, 재임 1979~1990)의 신보수주의 정책을 에둘러 비판한 것이라는 점을 나중에 알았다.

홉스봄과 관련해 가장 흥미로운 점은 그가 영국 공산당에서 활동했다는 사실일 것이다. 그는 1936년 입당한 이래 1991년 당 해체 직전 당원 자격이 상실되기 전까지 자기 원칙과 소신에 투철한 사회주의자였다. 아마 이러한 이력 때문에 한때 영국 정보기관인 MI 5(Military Intelligence Section 5)의 사찰 대상이 되었다고 한다. 간혹 일부에서, 사회주의자라고 하면 경직된 관념과 사유의 소유자로 경시하거나 폄하하는 경우가 있다. 그도 예외가 아닐 것이라는 짐작이 가능하지만, 그의 현실을 보는 눈은 더없이 균형잡힌 시각을 내보이며, 또한 실천을 겸비한 유연한 지식인이었다고 평가받고 있다. 그는 일찍이 헝가리, 체코 등의 자유화 운동을 탄압하는 소련을 비판했으며, 통합주의자인 토니 블레어(Tony Blair, 1953~, 총리 재임 1997~2007)의 노동당 집권을 가로막는 비타협적인 노조 지도부와 당내 강경파의 행태를 비판하기도 했다.

스펜스는 『현대중국을 찾아서』에서 1600년대 초 명나라의 쇠퇴부터 1989년 천안문 민주화운동까지 파란과 기복의 중국 근현대사를 탐구했다. 그는 중국을

---

9 홉스봄은 1917년 이집트 알렉산드리아에서 태어났는데, 부친은 런던 폴란드계 유대인이었고, 모친은 오스트리아 유대인 출신이었다. 그는 어린 시절 오스트리아 비엔나와 독일 베를린에서 보냈는데, 영어를 모국어로 사용하며 자랐다. 그는 12살 때 부친의 사망으로 영어교사로 일하면서 가족을 부양했고, 14살 때 모친의 사망으로 모친 남매에게 입양되었다, 1933년 나치가 집권하자, 그의 가족은 런던으로 이사했다. 그는 독일에서 이주했지만, 부친 국적 때문에 영국인이었다.

끊임없이 바꾸려는 서구인과 중국인의 시도와 좌절을 연구주제로 잡고, 중국인이 절망적인 상황에서도 어떻게 자신의 운명을 직시하고 제국주의와 국가권력에 대항해 왔는지를 광범위한 사료와 철저한 고증, 그리고 중국 중심의 역사적 상상력과 독특한 문학적 감수성을 바탕으로 마치 한 편의 소설을 쓰는 것처럼 기술했다. 특히 그는 중국사 연구에서 전통적인 형식론적 객관성에만 치우친 기존의 서술을 넘어서 중국인의 주관성을 존중하는 중국 중심의 역사적 관점을 받아들이고 '문화'라는 창을 통해 민중의 삶을 중시하는 서술을 시도했다.

대체로 스펜스는 *The United States and China*(미국과 중국, 1948)를 대표 저술로 한 존 페어뱅크(John Fairbank, 1907~1991)와 『중국의 붉은 별』(*Red Star Over China*, 1937)을 대표 저술로 한 에드거 스노(Edgar Snow, 1905~1972)와 같은 중국 전문가 1세대의 한계를 뛰어 넘어섰다는 평가를 받는다. 이는 그가 2000년 미국 시민권을 얻기 전까지 오랫동안 영국 국적을 지닌 채 연구자로서 생활했기 때문에 미국 주류의 대중국 인식으로부터 어느 정도 자유로운 데에서 기인한 것이라고 유추해 볼 수 있다. 잘 알다시피, 한국전쟁은 전체 기간 37개월 중 초기 4개월을 제외하고는 중국과 미국이 중심이 된 국제적 전쟁이었고, 그에 따르면 70~90만 명의 중국 사상자와 16만여 명의 미국 사상자를 낳은 오판과 증오의 전쟁이었다. 이처럼 참혹한 전쟁에 대한 경험과 기억에서 미국이건 중국이건 간에 거리를 둘 수 있는 연구자가 과연 몇 명이나 되었겠는가?

스펜스는 많은 연구들에서 개별 인물과 사건에 초점을 두고 전체의 맥락을 파악해 가는 독특한 서술방식을 채택하고 있는데, 대표적인 연구로는 『천안문, 근대중국을 만든 사람들』(*The Gate of Heavenly Peace: The Chinese and Their Revolution*, 1981)을 들 수 있다. 이 연구는 중국에 대한 일반적 관념을 결정지을 만한 주요 정치적 인물은 아니지만, 한 사람의 인생 역경이 바로 시대의 성격을 규정짓고 있다고 판단되는 인물들을 다뤘다. 즉 개혁주의적 유학자인 캉유웨이(康有爲, 1856~1927), 변혁주의적 작가인 루쉰(魯迅, 1881~1936), 정치행동주의적 작가인 딩링(丁玲, 1905~1986) 등 세 사람 각각의 애환, 좌절, 고난을 드러내면서 중국혁명의 내밀한 모순성을 포착하고 있다. 이 중 중국 현대사의 드라마틱한 여정이 가장 잘 드러난 인물이 딩링이 아닌가 본다.

딩링은 1905년 태어나 정규교육을 제대로 받지 못했지만, 1927년 봉건 인습에 얽매이지 않고 출세하려는 젊은 여성의 세태를 그린 소설『멍커夢珂』로 일약 명성을 얻게 되고, 이후 여성주의(feminism) 작품 활동과 국민당 정부의 남편 처형을 계기로 공산당에 입당해 혁명 대열에 뛰어든다. 그녀는 1930년대 국민당 정부에 체포돼 3년간 연금을 당하고, 1940년대에는 공산당의 정풍운동으로 2년간 농촌에서 이른바 '학습' 생활을 경험한다. 그녀는 1949년 중화인민공화국이 수립된 후에는 1951년 스탈린 문학상을 받을 정도로 상승일로에 있었지만, 1960년대 마오쩌둥(毛澤東, 1893~1976)이 벌인 문화대혁명(1966~1976)의 와중에서 또다시 노동개조를 당하고, 1970년대에는 5년간 감옥생활을 한다. 1979년 개혁·개방을 추진한 덩샤오핑(鄧小平, 1904~1997)에 의해 복권되었고, 전국문예종사자대표대회에서 연설하기도 한다. 이처럼 한 여성의 곡절과 역경의 삶은 중국의 지난하고 미완인 역사의 여정을 이해하는 데 통찰을 제공한다. 또한 딩링의 경험은 여성해방 문제가 사장死藏된 현존 사회주의체제의 평등담론과 사회통합이 얼마나 빛좋은 개살구인지를 엿볼 수 있게 한다.

지금까지 근현대사와 관련한 명저들을 살펴보았는데, 아마 세계 현대사에서 가장 인상이 깊은 동·서양 인물 중 한 사람씩 들라면, 마하트마 간디(Mahatma Gandhi, 1869~1948)와 버트런드 러셀(Bertrand Russell, 1872~1970)이 아닌가 싶다. 간디는 런던대학교에서 법학을 수학하고 인권변호사로서 활동하며, 남아프리카공화국에서 민권운동을 벌였다. 그리고 인도로 돌아와 인도국민회의의 지도자로서 스와라지(Swaraj, 자치) 운동을 이끌었다. 그는 수 차례의 투옥과 단식을 통해 반反식민주의의 역량을 결집시키고 산화散花한 인도의 국부國父로서, 별칭 그대로 '위대한 영혼'(Mahatma)을 지닌 인물이었다. 그는 신념과 실천의 원칙을 인도의 다양한 종교와 철학의 보편적 가치에서 찾았고, 진리를 사랑하고 평등을 지향하는 사탸그라하(satyagraha, 진리의 파지把持)와 모든 생명체에 대해 불살생不殺生을 준수해야 하는 계율인 아힘사(Ahimsa, 비폭력)를 도덕적 기반으로 삼았다. 특히 그는 모든 인간이 신성한 존재라는 신념에 따라 인간들의 관계에서 사랑만이 유일하게 참된 원리라고 믿었다. 사랑은 타인에 대한 배려와 존중, 그리고 "모든 이의 눈에서 모든 눈물을 거두어갈" 대의에 대한 사심 없는 헌신이라고 보았다. 그에 대한 찬사는 어떤 말을 해도 부족할 수 있겠지만, 그는 어떤 제국주의자[10]도 감히 범접할 수 없는 인도의 자존심이자 20세기 불멸의 사상가라고 불러도 지나치지 않다. 필자는 가끔 정치인의 윤리에 관해 설명할 적에, 그의 『자서전』(*The Story of My Experiments with Truth*, 1929)에 나오는 "세상에는 일곱 가지 죄가 있다. 원칙 없는 정치(Politics without Principle), 노동 없는 부, 양심 없는 쾌락, 인격 없는 지식, 도덕 없는 상업, 인간성 없는 과학, 희생 없는 기도가 그것이다"라는 구절을 인용하곤 한다.

러셀은 다재다능한 인물로, 케임브리지대학교에서 수학한 수리논리학자이자 두 차례 총리를 역임했던 자유당 출신의 존 러셀(John Russell, 1792~1878, 재임 1846~1852, 1865~1866)의 손자이며, 두 차례 노동당 후보 총선 낙선자, 평화운동가, 세 차례의 투옥자, 인도독립 지지자, 노벨문학상 수상자(1950), 보편적 기본소득 주창자 등으로 알려진 팔방미인八方美人이다. 또한 '자유로운 영혼'(free spirit)을 지닌 행동하는 지식인의 전형이라고 평가받으며, 인류 진화에 대한 관조와 지식의 유한함에 대한 통찰에서 기인하는, 역설적으로 강력한 낙관주의(optimism)를 지니고 있었다. 또한 인간의 고통에 대한 깊은 연민을

---

10 대표적으로 윈스턴 처칠은 간디를 "악의에 가득 찬 파괴적인 광신자(malignant subversive fanatic)"라고 비난하고, "반쯤 벗은 채로 총독궁 계단을 올라가면서 동양에서 잘 알려진 탁발승 행세를 하는 선동적인 변호사"라고 조롱했다. Arthur Herman. 2008. *Gandhi & Churchill: The Epic Rivalry that Destroyed an Empire and Forged Our Age*.

바탕으로 실천적 휴머니즘을 추구하는 진실한 사람이라고 생각한다. 흔히 학생들은 물론 일반인들에게 이해시키는 데 다소 쉽지 않은 '진보'라든지 '권력' 이라는 개념을 설명할 경우, 그가 『행복의 정복』(*Conquest of Happiness*, 1930)과 『권력』(*Power: A New Social Analysis*, 1938)에서 언급하고 있는 대목들을 인용하 곤 했다. "내가 어렸을 때는 집안에 하녀가 두 명 있었는데, 나와 부인이 교수인 지금은 하녀가 없다. 그들은 비록 어렵게 살지 모르지만, 자유롭게 살아갈 것이다", "권력이란 좋든 나쁘든 간에 타인들에게 뜻한 바의 결과를 발생시키는 능력인데, 반드시 길들여져야 한다. 가혹한 정치는 호랑이보다 더 무섭기[11] 때문이다."

한국정치사에 대한 단상

한국정치사를 다룰 때 반드시 염두에 둬야 할 점은 한국사를 세계사 속에서 바라보는 열린 자세가 아닌가 본다. 역사적 관점이 종말론이든 유물사관이든, 인류 역사는 자유, 평등, 우애가 진전되는 발전의 패턴을 실증적으로 보여주고 있다. 또한 근대 이후 세계사는 각국의 보편성과 특수성이 복잡하게 얽혀 있는 저마다의 발전과정을 보여준다. 즉 국가건설, 국민형성, 산업화, 민주화, 복지국가 진입, 국가 간 통합 등의 발전단계로 나아가는 과정에서 다양한 지역들과 수많은 국가들이 길항관계를 형성하면서 전개되어 왔다. 이 같은 전개에서 한국사는 세계사에 의해 상당 정도 규정되면서 그 과정이 굴절되거나 변형되어 왔을 뿐만 아니라 세계적인 흐름과 한국의 독특한 상황 사이에 존재하 는 시간적 괴리도 드러나고 있다.

　사실 세계사와 국제관계가 한 국가의 역사에 미치는 영향은 제국주의체제나 세계경제체제에서 가장 압도적으로 나타난다. 이렇기 때문에 한국정치사를

---

11 러셀의 이 언급은 『논어論語』에 포함되지 않은 공자의 일화를 편찬한 왕숙(王肅, 195~256)의 『공자가어孔子家語』에 나오는 "가정맹어호苛政猛於虎"를 인용한 것이다.

살펴볼 때, 제국주의나 세계경제의 도전과 이에 대한 응전을 주요 프레임(frame)으로 설정하고 접근할 필요가 있다. 하지만 한국전쟁 이후의 정치사에 들어가면, 특히 현재와 가까울수록 이러한 프레임이 고려되지 않는다는 인상이 든다. 물론 경제규모와 시민사회의 성장에 따른 한국의 자율성이 상대적으로 커진 것은 분명하다. 하지만 미국 패권체제가 규정하고 있는 동아시아체제의 범위(The Limit of East Asian System)나 미국의 경계(The Boundary of America)는 한국전쟁 와중인 1951년 제2차 세계대전 연합국의 대일 강화조약에 의해 성립된 '샌프란시스코 체제'와 한국전쟁 직후에 체결된 '한미상호방위조약'에 따른 미군주둔 체제에 여전히 놓여 있다. 더욱이 최근 미·중 갈등의 심화에 따른 신냉전의 도래, 북한 핵과 미사일 개발의 고도화, 일본의 군사중심국가화 기류 등으로 미국의 경계는 오히려 축소되는 듯하다.

필자는 한국정치사를 성찰적으로 다룰 때, 해당 시기의 세계적 추세와 국제적 정세뿐만 아니라 직접적으로 대면해 관계하고 있는 주요 국가들의 동향과 변화를 비교사적으로 살펴보아야 한다고 생각한다. 다음 〈표 Ⅱ-1〉은 이 같은 문제의식 하에서 전후 세계사 속의 한국사 주요 연표를 작성해 본 것이다.

한편 한국정치사를 다룰 때 통합정치와 관련한 주제도 염두에 두고 살펴보는 것은 큰 의미가 있다. 통합의 주제는 갈등의 역사적 인과관계와 정치적, 사회적 맥락 속에서 다루는 것이 중요하다. 이 과정에서 단순히 결과의 외양이나 진영 논리에 빠져 무리수를 두는 수석침류(漱石枕流, 돌로 양치질하고 흐르는 물을 베개로 삼는다)할 수 있다. 필자는 통합정치의 구성개념에는 갈등의 근원을 파악하고 그것을 해결해 나가는 일련의 과정이 핵심 요소이기 때문에 정치사 탐구에서도 이러한 과정을 기승전결식 사필귀정事必歸正이라든지, 정반합正反合식 역사주의이라든지 간에 추적해 살펴보아야 한다고 생각한다. 이 같은 문제의식을 제기했던 대표적인 지식인이나 학자로는 『해방전후사의 인식 1』(1979)을 편저한 송건호 선생(1927~2001)[12]과 한국전쟁을 성찰적으로 분석한 브루스 커밍스(Bruce Cumings, 1943~)[13]를 들 수 있다.

〈표 II-1〉 전후 세계사 속의 한국사 주요 연표

세계 주요 사건	미국(한미관계)	북한(남북관계)	남한
1945 일본 항복	1945 미군정 설치	1945 김일성 귀국	1945 건국준비위원회
1946 그리스 내전	1946 미군정 조공 불법화	1946 북조선임시인민위원회	1946 좌우합작운동
1949 모택동 베이징 점령	1948 UN 남한만 총선거	1948 소련군 철수	1948 국가보안법 제정
1951 샌프란시스코 조약	1950 맥아더 인천상륙작전	1950 인민군 남침	1952 부산정치파동
1953 스탈린 사망	1953 한미상호방위조약	1953 휴전협정 체결	1954 사사오입 개헌
1954 베트남 남북분단	1958 미군 전술핵무기 배치	1955 박헌영 사형 선고	1960 4월 민주항쟁
1959 쿠바혁명	1961 미국무성 5·16 지지	1960 주체사상 체계화	1961 5·16 군사쿠데타
1968 68혁명	1965 한국군 베트남 파병	1962 소련 연구원자로 도입	1965 한일협정 조인
1979 이란혁명	1976 한미팀스피리트 훈련	1972 남북공동성명	1972 유신 비상계엄령
1979 미·중국교 수립	1979 카터-박정희 회담	1976 판문점 도끼사건	1979 부마 민주항쟁
1981 레이건 대소전략	1980 미국 전두환 지지	1983 아웅산 묘역 폭파	1980 5·18민주화운동
1981 중국 실용주의 노선	1985 서울 미문화원 점거	1991 남북한 UN 동시가입	1987 6월 민주항쟁
1981 IBM PC 등장	1994 카터-김일성 회담	1993 핵확산금지조약 탈퇴	1990 전노협 결성
1989 베를린 장벽 붕괴	1996 전시작전권 환수 논의	1994 김일성 사망	1995 전두환, 노태우 구속
1991 소련 해체	1997 북한경수로 착공 지원	1997 기아飢餓 사태	1997 IMF 관리체제
2001 미국 9·11테러	2002 미장갑차 여학생 압사	2003 개성공단 착공	1999 기초생활보장법 제정
2008 세계 금융위기	2007 한미FTA 타결	2011 김정은체제 등장	2003 주5일 근무제 실시
2011 후쿠시마 원전사고	2017 미군 사드 배치	2013 경제·핵무기 병진	2008 광우병 촛불시위
2015 유럽 난민사태	2018 1차 북미정상회담	2017 대륙간탄도미사일 개발	2017 박근혜 탄핵
2020 코로나 팬데믹	2019 2-3차 북미정상회담	2020 남북연락사무소 폭파	2022 윤석열 대통령 당선

---

12 송건호는 한겨레신문의 초대와 2대 사장(1988~1993)을 역임했다. 필자는 국회도서관장으로 근무할 때 기증 서가에 특별히 비치된 그의 기증 도서를 살펴보기도 했고, 트레킹을 하러 옥천 비야골에 갈 때마다 그의 생가터를 들리기도 했다. 그는 천관우(1925~1991)와 남재희(1934~)와 함께 소나무를 교목으로 삼고 있는 청주고 출신의 3대 언론인으로 알려지고 있는데, 선비의 덕목이 지조와 청빈이라는 점을 일깨워 주는 김정희(1786~1856)가 그린 '세한송백歲寒松柏'과 같은 지식인이라고 본다.

13 커밍스는 면밀한 역사 탐구가 진실에 다가감으로써 사람들을 자유롭게 할 뿐만 아니라 화해를 이룰 수 있을 것이라는 성찰적 자세로 한국현대사를 연구해 왔는데, 대표적인 저서들로는 『한국전쟁의 기원 1』(The Origins of The Korean War, Vol. 1, 1981), 『한국전쟁의 기원 2-1, 2-2』(The Origins of The Korean War, Vol. 2, 1991), 『한국현대사』(Korea's Place in the Sun: a modern history, 1997), 『한국전쟁』(The Korean War: A History, 2010) 등을 들 수 있다.

한국정치사에서 통합정치와 관련한 역사적 가정, 즉 정치적 상상력은 단순히 역사적 인과관계를 분석하는 데 그치지 않고 역사적 교훈을 도출하는 데도 유용하다. 예를 들면, 조선에서 왕도정치를 중심으로 삼는 성리학에 항산항심恒産恒心과 역성혁명을 정당화하는 맹자의 논리가 가미되었더라면, 국왕들의 통치방식은 어떻게 달라졌을까? 1884년 갑신정변의 개혁세력이 1894년 동학농민혁명의 변혁세력과 결합할 때까지 은인자중隱忍自重할 수 있는 사려깊음이라는 정치적 안목을 갖췄더라면, 조선의 운명은 어떻게 변화했을까? 일제 강점기에 임시정부 운동, 국내 기층민중 운동, 만주에서의 무장투쟁 운동 등으로 분화된 민족해방운동이 좌우 통일전선을 구축했더라면, 전후 미국과 소련의 한반도 정책은 어떻게 달라졌을까? 해방 직후 좌우합작운동이 성사되어 신탁통치 하의 임시정부가 수립되었더라면, 통일국가로의 진전이 가능했을까? 산업화, 민주화, 복지국가 진입 등의 단계마다 역사적, 계급적 타협을 통해 정치적 협치와 사회적 협약이 이뤄졌더라면, 세계시간과 한국시간 간의 격차가 줄어들지 않았을까?

잘 알다시피, 한국정치사에서 가장 흥미로운 영역 중 하나는 특정 인물에 대한 역사적 평가라고 할 수 있다. 일반적으로 정치행위자들은 역할과 비중에 따라 연극 무대의 출연자처럼 주연(leading actor), 조연(supporting actor), 보조출연(extra), 특별출연(special guest) 등으로 나눠볼 수 있다. 주연은 당연히 국가원수나 정부수반과 같은 중요한 정치행위자라고 할 수 있고, 조연은 주연의 최측근 보조자이거나 최대의 정치적 라이벌 내지 반대자라고 할 수 있으며, 보조출연은 짧은 기간 내 잠시 출연하는 단역임에도 불구하고 정치적, 사회적 영향을 끼친 정치행위자라고 할 수 있다. 그리고 특별출연은 특정 국면에서 특별한 역할을 위해 잠시 찬조하거나 개입하는 외세를 대행하는 정치행위자로서 위안스카이(袁世凱, 1859~1916) 주찰조선총리교섭통상사의, 이토 히로부미(伊藤博文, 1841~1909) 조선통감, 존 하지(John Hodge, 1893~1963) 재조선미국육군사령부군정청 군정장관, 이반 치스차코프(Ivan Chistiakov, 1900~1979) 소

비에트민정청 민정장관, 더글러스 맥아더(Douglas MacArthur, 1880~1964) 유엔
사령부 총사령관, 펑더화이(彭德懷, 1898~1974) 중국인민지원군 사령관 등이
이에 해당한다고 볼 수 있다. 이들 정치행위자에 대한 역사적 평가를 본격적으로
다루는 것은 주제가 아니기 때문에 논외로 하되, 주연급은 앞 장에서 약간
다뤘고 앞으로도 다룰 것이기 때문에 제외할 것이다. 여기서는 한국정치사에서
중요한 역할로 회자되는 조연과, 정반대로 거론되지 않거나 잊혀진 여성 정치행
위자에 대해서만 통합정치와 관련해 간략히 언급하고자 한다.

　필자는 한국정치사에서 나오는 조연급 정치행위자 중 대표적인 세 인물을
들라면, 김옥균(1851~1894)과 박헌영(1900~1956), 그리고 김종필(1926~
2018)을 들고 싶다. 이들이 풍운의 정객이거나 비운의 히어로(hero) 때문만이
아니라 난세의 주역이기 때문이다. 잘 알다시피, 이들은 각기 조선 말 근대국가
의 수립이라는 과제, 해방 직후 국가건설 과제, 전후 산업화 과제에 직면해
사생결단적 고뇌와 비상한 선택을 통해 시대적 가치와 과제를 실현하려고
했던 주역들이다.

　김옥균은 1884년 갑신정변을 주동했던 인물로서 '잃어버린 혁명'의 영웅이거
나 외세의존주의자라는 세평을 받고 있다. 그에 대한 역사적 평가는 여전히
논란거리지만, 도움이 될 만한 몇 개의 프로필을 통해 추론해 볼 수 있다.

　《1872년 문과 장원급제로 관리가 된 후, 개화사상의 대부인 유홍기(1831~
1884)를 만나 개화파의 일원이 되다. 1882년 일본수신사의 대표로 방일 중
메이지 유신(明治維新, 1867)의 사상적 기획자인 후쿠자와 유키치(福澤諭吉,
1835~1901)를 만나다. 1884년 홍영식(1855~1884), 박영효(1861~1939), 서재
필(1864~1951) 등과 함께 무력거사를 통해 삼일천하의 개화파 정부를 수립하지
만, 청나라의 개입과 일본의 지원 철회로 실패하자 일본으로 망명하다. 1894년
청일전쟁 발발 4개월 전, 청의 북양함대 책임자인 리홍장 대신(李鴻章,
1823~1901)을 만나 한·중·일 세 나라가 힘을 합쳐 서양의 침략에 맞서자는
삼화주의三和主義를 설득시키기 위해 상하이에 방문하던 중 조선의 근왕파로부

터 사주받은 홍종우(1850~1913)에게 암살당하다.》

이 같은 이력을 보더라도 그에 대한 평가에는 정치적 선택의 문제, 즉 외세의 존 문제가 뒤따를 수밖에 없다. 다만 미국 독립전쟁(1775~1783) 당시 영국의 숙적인 절대군주국인 프랑스로부터 군사적 지원을 얻어낸 미국의 벤저민 프랭클린 대사(Benjamin Franklin, 1706~1790)의 시운時運이나, 중국 광저우 봉기(1895), 후이저우 봉기(1900), 신해혁명(1911)의 좌절로 세 차례나 19년 동안 일본에서 절치부심했던 쑨원(孫文, 1866~1925)의 천하삼분지계天下三分之計와 견주어 볼 수 있을 것이다. 그의 묘비명 역시 안타깝게도 상징적으로 그의 삶을 요약하고 있다. "嗚呼 抱非常之才 遇非常之時 無非常之功 有非常之死(아아, 비상한 재주를 가지고 비상한 시대를 만났지만, 비상한 공적도 없이 비상한 죽음만 얻었도다)."

박헌영은 해방공간에서 미군정에 대항했던 인물로서 남한에서는 한국전쟁의 원흉 중 두 번째 책임자로, 북한에서는 미제의 간첩으로 규정되고 있다. 그에 대한 역사적 평가 역시 미완이다. 주요 프로필을 통해 다소나마 그를 객관적으로 이해할지도 모른다.

《1925년 김재봉(1891~1944), 김약수(1890~1964), 조봉암(1898~1959) 등 19명이 참가한 조선공산당 창립대회에 당원으로 참석하다. 1929년 모스크바 소재의 국제레닌학교 영어반에서 3년간 수학하다. 1946년 미군정이 체포하려고 하자 월북한 직후 남조선노동당(남로당)을 창당하다. 1948년 북한의 조선민주주의인민공화국 최고인민회의에서 부수상 겸 외무상에 선임되다. 1953년 간첩 혐의로 체포되고, 1956년 총살당하다.》

하지만 그의 삶과 역할을 이 같은 이력만을 가지고 이해하기는 쉽지 않다. 그는 스탈린의 정적이었던 트로츠키나 마오쩌둥의 정적이었던 류사오치(劉少奇, 1898~1969)와 같이 비극적 운명이거나 권력무상이라는 세간의 동정도 받지 못했다. 다만 1920년 창당한 중국공산당의 지도자인 천두슈(陳獨秀, 1879~1942), 1922년 창당한 일본공산당의 지도자인 도쿠다 규이치(德田球一,

1894~1953), 1925년 창당한 인도공산당의 지도자인 사티아박타(Satyabhakta, 1897~1985), 1930년 창당한 베트남공산당의 지도자인 호치민(Ho Chi Minh, 1890~1969) 등과 비교하면, 사회주의자로서의 진면목을 엿볼 수 있을지 모른다. 아마 남·북한 간의 역사적 이해와 화해가 이뤄진다면, 시신 흔적조차 없는 그가 저 세상에서 해원解冤하리.

김종필은 5·16 군사정변을 기획했던 인물로서 영원한 권력의 2인자 혹은 합리적 보수의 로맨티스트라는 세평을 얻고 있다. 그에 대한 역사적 평가는 앞의 두 인물과 달리 극단적으로 나뉘지 않는 것 같다. 아마 그가 지론으로 삼고 있는 맹자의 항산항심恒産恒心이 적지 않은 이들에게 일리가 있는 것으로 받아들여졌기 때문이 아닌가 본다. 그의 주요 프로필은 다음과 같다.

《1944년 대전사범학교에서 1년 수학한 후 초등학교 교사생활을 하다가, 1946년 서울대학교 사대에서 한 학기 수학한 후 1949년 육사에 입학하다. 1951년 박정희 대통령의 셋째 형인 사회주의자였던 박상희(1905~1946)의 딸 박영옥(1929~2015)과 결혼하다. 1961년 군부 내 하극상 사건으로 예편당한 후 군사정변을 기획하다. 1971년 국무총리에 취임하고 4년 6개월 만에 퇴임하다. 1997년 김대중과의 후보단일화로 수평적 정권교체가 성사되자, 이듬해 국무총리가 되고 1년 5개월 만에 퇴임하다. 2004년 정계를 은퇴하고, 2018년 눈을 감다.》

민주화 이후 유신 본당을 자칭한 그의 정치적 행보는 3김정치의 틀에 머물고 있어 권력 확장 측면에서 근본적인 한계를 지니고 있었지만, 대화와 타협을 중시한 의회주의 노선은 통합정치의 관점에서 나름 의미가 있다고 본다. 가까이는 일본 자민당의 파벌정치에 능숙했던 오히라 마사요시 총리(大平正芳, 1910~1980, 제68~69대 총리 재임 1978~1980)[14]나 나카소네 야스히로 총리(中曾根康弘, 1918~2019, 제71~73대 총리 재임 1983~1987)의 처세술을 보면, 김종필의

---

14 1962년 당시 중앙정보부장인 김종필은 오히라 마사요시 외무대신과 회동해 한일 청구권 문제를 타결짓는 이른바 '김종필·오히라 메모'에 사인했다.

의회제에 대한 꿈을 이해할 수 있다. 그의 정치적 운치는 정평이 나 있는데, 그중 압권은 그가 김영삼 대통령과 결별한 후 1996년 국회 교섭단체 대표연설에서 아서 힐러 감독(Arthur Hiller, 1923~2016)의 영화 「러브 스토리」(1970)에 나오는 "사랑에는 후회가 없습니다"라는 대사를 인용한 것이 아닌가 생각한다. 당시 학생들과 함께 국회를 견학해 방청석에서 연설을 지켜보았던 장면이 아련히 떠오른다.

한편 세상 사람의 절반이 여성인데도 불구하고, 정치행위자로서 맡은 역할 면에서 주연은 고사하고 조연조차 찾아보기 어려운 현실은 부조리하고 안타까운 상황이다. 이 문제에 대해서는 다음 장에서 다룰 것이다. 물론 삼국통일의 기반을 쌓은 신라의 선덕여왕(본명: 김덕만, 580경~647, 재위 632~647)과 진덕여왕(김승만, 590경~654, 재위 647~654), 통일신라 말기에 자진 퇴위한 진성여왕(김만, 865~897, 재위 887~897), 박근혜 대통령 등 여성 통치자들이 존재해 중국이나 일본에 비해 낫다고 할 수 있지만, 그들의 정치적 영향력에 대한 평가는 논란의 여지가 있다. 조연급 여성 정치행위자들 역시 많지는 않지만, 정당 대표를 맡았거나 의회 경력이 상대적으로 많은 인물도 있는데, 대표적인 세 명을 들라면 1964년 민중당의 박순천 총재(1898~1983, 5선 국회의원), 2012년 민주통합당의 한명숙 대표(1944~, 3선 국회의원, 국무총리 역임), 2015년과 2019년 정의당의 심상정 대표(1959~, 4선 국회의원)를 들 수 있다. 이들이 유리천장(glass ceiling)의 장벽을 뚫었던 것은 분명해 보이지만, 남성 중심의 정당문화가 지배적인 현실을 직시하면 유리절벽(glass cliff)에 직면해 좌절했던 측면도 있었을 것이다.

한국정치에서 걸출한 여성 정치인을 찾아보기 어렵지만, 동시대와 한국사회에 지대한 영향을 끼친 조연급 보조출연 인물들은 적지 않다. 이 중 세 인물을 들면, 일찍이 중국과 일본에서 시집 『난설헌시집』(蘭雪軒詩集, 1711)이 널리 알려질 정도로 재능이 뛰어난 시인으로서 봉건적 굴레인 '삼한'(三恨: 조선에서 태어난 것, 여성으로 태어난 것, 남편의 바람으로 금슬이 좋지 못한 것)을 통탄했다고 하는 허난설헌(1563~1589), 조선 여성해방운동의 대표적 선구자로서 '조선의 콜론타이'[15]로 불렸던 허정숙(1902~1991)[16], 한국 여성운동의 이론과 실천의 양 영역에서 헌신했으며 여성의 권익 향상을 위해 선두에 섰던 이효재(1924~2020) 등을 들 수 있다. 이들을 필두로 수많은 여성들이 부조리한 세상을 향해 나비의 날개짓을 하기도 하고, 재만 남는다는 것을 알면서도 타오르는 불꽃이 되기도 했으며, 칠흑같이 어두운 밤하늘에 멀리서 반짝이는 별이 되기도 했다. 언젠가는 이들의 꿈과 헌신이 거역할 수 없는 역사의 태풍으로, 진주처럼 영롱한 사랑의 성화聖火로, 삼라만상의 조화를 주재하는 자미성紫微星으로 나타날 것이라고 믿는다.

지금까지 통합정치와 관련한 역사적 관조가 다소 장황스럽게 전개된 듯해 잠깐 한숨을 돌릴 필요가 있을지도 모르겠다. 잠시의 쉼을 위해 문승현(1958~) 작사·작곡의 「사계」(1982)를 부른 '노래를 찾는 사람들'의 합창곡 동영상(https://youtu.be/8mTefWWXR1M)을 감상해 볼 것을 추천한다. 넓은 장소에서 볼륨을 높이고 음미하면, 일하는 사람들의 애환과 꿈이 경쾌하면서도 애잔하게 표현되었음을 느낄 것이다.

---

15 알렉산드라 콜론타이(Aleksandra Kollontai, 1872~1952)는 러시아 여성해방운동의 선구자로서 러시아 혁명에 참여했고, 소련 정부가 출범하자 여성의 지위 향상을 목표로 한 제노델(Zhenotdel)의 설립을 주도한 지식인이다.

16 조선희(1960~)는 1925년 허정숙, 주세죽(1901~1953), 고명자(1904~1950경) 등 단발한 세 여성의 트로이카(troika)가 개울가에서 물놀이하는 장면을 찍은 한 장의 사진을 모티브로 삼아 소설 『세 여자』(2017)를 썼다.

2. 통합정치에 관한 정치학적 재탐색

이 절에서는 통합정치의 구성개념에 대한 지평을 넓히기 위해 역대 정치사상가 중 통합의 관점에서 정치공동체의 문제점과 그 해법을 개진했다고 판단되는 7인의 정치적 사유를 재탐색해 보려고 한다. 즉 아리스토텔레스(Arisoteles, B.C. 384~322)의 혼합정체, 마키아벨리(Niccolò Machiavelli, 1469~1527)의 공화주의, 로크(John Locke, 1632~1704)와 루소(Jean-Jacques Rousseau, 1712~1778)의 사회계약, 존 스튜어트 밀(John Stuart Mill, 1806~1873)의 개인적 자유, 비어트리스 웹(Beatrice Webb, 1858~1943)의 사회복지, 시몬 드 보부아르(Simone de Beauvoir, 1908~1986)의 자유로운 선택 등의 키워드(key word)를 지닌 정치적 사유가 통합정치의 구성개념을 풍부하게 하는 데 어떤 시사점을 제공할 수 있는지를 살펴보고자 한다. 다만 널리 알려진 정치사상가들에 대해서는 '텍스트 중심주의'(textualism)로 접근하고, 아마도 정치학에서 거의 다루지 않았던 비어트리스 웹과 시몬 드 보부아르는 '맥락주의'(contextualism)로 접근하려고 한다.[17]

---

17 '텍스트 중심주의'는 문헌을 독해할 때 저자의 상황이나 역사적 배경을 배제하고 문자 그대로 독해하는 것을 중시하는 입장이라면, '맥락주의'는 저자의 상황이나 저술의 역사적 맥락을 고려해 독해할 필요가 있다는 상대주의적 입장이다.

아리스토텔레스의 혼합정체

아리스토텔레스(Arisoteles, B.C. 384~322)는 고대 서양의 학문을 체계적으로 정립한 '학문의 아버지'이자, 경험과학으로서의 정치학의 시조始祖로 추앙받고 있다.[18] 통합정치에 관한 그의 정치적 사유를 음미하기 위해서는 그의 수많은 저술 중 사회과학 분야에서 독보적 저작인 『정치학』(Politica)을 정밀하게 독해하는 데에서 시작할 필요가 있다.

아리스토텔레스는 『정치학』 제1권 서두에서 "모든 국가(polis)는 분명 일종의 공동체이며, 모든 공동체는 어떤 선(善, agathon)을 실현하기 위해 구성된다. … 모든 공동체 중에서도 으뜸가며 다른 공동체를 모두 포괄하는 공동체야말로 분명 으뜸가는 선을 가장 훌륭하게 추구할 것인데, 이것이 이른바 국가 또는 국가공동체(politike koinōnia)이다"라고 국가의 본질을 논하면서, 인간은 '정치적 동물'이라는 유명한 테제를 언명했다. 그 대목을 소개하면 다음과 같다. "이로 미루어 국가는 자연의 산물이며, 인간은 본성적으로 '국가공동체를 구성하는 동물'(zōion politikon)임이 분명하다. 따라서 어떤 사고가 아니라 본성으로 인해 국가가 없는 자는 인간 이하거나 인간 이상이다."[19]

이어 아리스토텔레스는 이 같은 국가의 본질, 즉 으뜸가는 선을 실현하기

---

[18] 아리스토텔레스의 정치사상을 이해하는 데 도움을 주는 참고문헌으로는 윌리엄 로스 (William Ross, 1877~1971)의 『아리스토텔레스: 그의 저술과 사상에 대한 총설』(Aristotle, 1923), 조너선 반스(Jonathan Barnes, 1942~)의 Aristotle: A Very Short Introduction(아리스토텔레스에 대한 짧은 소개, 2000), 주디스 스완슨(Judith Swanson)과 데이비드 코빈(David Corbin)의 『아리스토텔레스의 정치학 입문』(Aristotle's Politics, 2009), 손병석(1965~)의 『아리스토텔레스 '정치학' 연구: 플라톤과의 대화』(2019) 등을 들 수 있다.

[19] 이 구절은 The Text of Bekker(1877) 본을 번역한 천병희(1939~2022)의 『정치학』(2009)에서 인용했다. 천병희는 zōion politikon이 흔히 '정치적 동물' 또는 '사회적 동물'이라고 번역되지만, politikon이 polis의 파생어인 만큼 본디의 뜻을 살려 '국가공동체를 구성하는 동물'이라고 번역했다.

위한 올바른 정체 혹은 정부의 중요성을 강조했다. 이와 같은 맥락에서 그는 국가 구성원의 재산공유와 국가에 대한 지나친 통일성을 전제로 하고 있는 플라톤의 이상국가론을 비현실적이라고 지적했다. 그리고 현실적으로 가능한 올바른 정체인 '혼합정'(mixed constitution)의 필요성과 가능성에 대해 다음과 같이 주장했다.

"정체(politeia)와 정부(politeuma)는 사실상 같은 뜻이다. 정부는 국가의 최고 권력기구인데, 최고 권력기구는 필연적으로 한 사람, 소수 또는 다수에 의해 대표된다. 한 사람, 소수 또는 다수가 공동의 이익을 위해 통치하는 정부는 올바른 정부다. 그러나 사적인 이익을 위해 통치하는 정부는 잘못된 정부이다. 한 사람이 통치하는 정부들 가운데 공동의 이익을 고려하는 정부를 보통 군주정(monarchia)이라고 칭하며, 한 사람 이상의 소수가 통치하는 정부를 귀족정(aristokratia)이라고 칭한다. 그리고 다수가 공동의 이익을 위해 통치할 경우, 정부는 모든 정체에 공통된 명칭인 '폴리테이아'(politeia) 또는 '혼합정'이라고 불린다. 이들 정체 중 군주정이 왜곡된 것이 참주정(tyrannis)이고, 귀족정이 왜곡된 것이 과두정(oligarkhia)이며, 혼합정이 왜곡된 것이 민주정(democratia)이다. 참주정은 독재자의 이익을 추구하는 1인 지배정이고, 과두정은 부자들(hoi plousioi)의 이익을 추구하며, 민주정은 빈민(hoi penētes)의 이익을 추구하는데, 이들 정체는 시민 전체의 이익을 추구하지 않기 때문에 왜곡된 것이다. 이들 세 가지 왜곡된 정체 가운데 참주정체가 최악이고, 과두정체가 그 다음으로 나쁘며, 민주정체가 가장 견딜 만하다."(『정치학』 제3권 제7장 중)

아리스토텔레스는 군주정과 귀족정이 민주정보다 공동의 이익을 위한 통치에 더 적합하다고 보았지만, 법(nomos)이 올바르게 제정되지 않거나 집행되지 않으면 참주정이나 과두정으로 타락하기 쉽다고 파악했다. 그는 군주나 귀족이 이상적으로 통치할 자격을 갖고 있어야 하지만, 이들이 항상 통치 자격을 갖추라는 법은 없다고 보고 있다. 즉 이들이 다른 모든 사람의 탁월함을 능가할 때만 국가의 최고권력을 갖는 것은 정당하다. 그런데 이들이 훌륭하고 걸출한 탁월함을 갖추려면 좋은 교육을 받고 좋은 습관을 길러야 하는데, 이러한 것까지 지속적으로 세습되고 계승되지 않을 수 있다. 따라서 군주정이나 귀족정은 현실적으로 존재하기 쉽지 않다. 다만, 민중(dēmos)을 고려하거나 민주정과 혼합한다면, 다양한 유형과 변형을 가질 수 있다.

따라서 아리스토텔레스는 빈민의 이익을 추구하는 민주정이 올바른 정체에서는 벗어나 있지만, 공동의 이익을 위한 정체로 바뀐다면 현실적으로 받아들일 수 있다는 결론에 다다른다. 그는 민주정을 다섯 가지 유형으로 분류하는데, ①무엇보다도 평등의 원칙에 근거하는 유형, ②재산등급에 따라 공직을 배분하되 낮은 재산등급을 요구하는 유형, ③결격 사유가 없는 시민이면 누구나 다 공직에 참여하되 법이 지배하는 유형, ④시민이면 누구나 공직에 참여하되 법이 지배하는 유형, ⑤법이 아닌 민중의 결의가 최고권력을 가질 때 발생하는 유형 등을 들고 있다. 이 가운데 다섯 번째 유형이 부작용이 발생할 수 있는 극단적인 민주정이다. 이 민주정은 법 대신 민중의 결의가 최고권력을 갖기에, 민중은 다수로 구성된 독재자(monarchos)가 되고 민중선동가들(dēmagōgos)의 영향력 하에 놓이게 된다는 것이다. 이는 '빈민 참주정'(hoi penētes tyrannis)과 다름이 없다고 할 수 있다.

이에 대해 아리스토텔레스는 현실적인 차선책으로 민주정과 과두정을 결합하는 혼합정을 제시한다. 그의 혼합정은 첫째, 민주정과 과두정을 전체적으로 혼합하고, 둘째, 양자 중간의 형태를 취하고, 셋째, 일부는 과두정에서 일부는 민주정에서 취하는 방식을 제시한다. 구체적인 방법을 인용하면 다음과 같다.

"그중 하나는 민주정의 법규와 과두정의 법규를 동시에 받아들이는 것이다. 예컨대 재판 업무에 관해 말하자면, 과두정에서는 부자가 법정에 배심원으로 출석하지 않으면 벌과금을 부과하고, 빈민은 배심원으로서 출석해도 수당을 지급하지 않는다. 그러나 민주정에서는 빈민이 출석하면 수당을 지급하고, 부자는 배심원으로서 출석하지 않아도 벌과금을 부과하지 않는다. 이 두 가지 법규를 합하는 것은 양자에게 공통된 중도를 취하는 것이다. 두 번째 방법은 두 가지 상이한 법규의 평균 또는 중간을 취하는 것이다. 예컨대 민주정은 민회에 참석하는 데 재산자격 요건을 전혀 요구하지 않거나 낮은 자격 요건을 요구하지만, 과두정은 높은 자격 요건을 요구한다. 이 경우 양자에게 공통된 것은 둘 중 어느 한쪽을 취하는 것이 아니라 양자의 중간을 취하는 것이다. 세 번째 방법은 일부는 과두정의 법규에서, 일부는 민주정의 법규에서 취하는 것이다. 예컨대 공직자를 추첨으로 임명하면 민주정으로, 선거로 임명하면 과두정으로 간주된다. 귀족정과 혼합정에서는 두 정체에서 한 가지씩을 취하는데, 말하자면 과두정에서는 공직자 선출 법규를 취하고, 민주정에서는 재산자격 요건을 무시하는 법규를 취한다."(『정치학』 제4권 제9장 중)

나아가 아리스토텔레스는 혼합정을 잘 유지하고, 최선의 정체로 가능하게 하는 조건과 방안을 제시하는데, 다음 세 가지 요소가 핵심이라고 본다. 첫째, '법의 지배'(rule of law)다. 아무리 좋은 법이 있어도 지켜지지 않으면 법의 지배란 있을 수 없다. 따라서 법의 지배는 먼저 사람들이 기존의 법을 준수할 때 가능하고, 다음으로 사람들이 준수하는 법이 좋을 때 가능하다. 둘째, '중간계급'(hoi mesoi, 중산계급)의 확대다. 중간계급으로 주류를 형성하는 정체가 최선의 국가공동체이고, 중간계급이 다수로서 다른 두 계급(부자와 빈민)을 합한 것보다, 아니면 적어도 어느 한쪽보다 더 강한 국가는 이점을 지닌 정체임이 분명하다. 왜냐하면 이 경우 중간계급이 어느 한쪽에 가담하게 되면 그쪽의 비중이 더 높아져 양극단 가운데 어느 한쪽이 우세해지는 것을 막을 수 있기 때문이다. 따라서 그 구성원이 중간 규모의 적당한 재산을 갖고 있다는 것은 국가에는 큰 행운이다. 셋째, '중용'(mesotēs)의 덕목이다. 시민과 통치자는 성격적으로나 지적으로나 탁월성(aretē)을 지녀야 이성(logos)에 가장 잘 복종하고 순응하기 때문이다. 성격적 탁월성은 시민과 통치자에게 공통으로 요구되는 것으로서 지나침과 모자람이 아닌 '중용'[20]을 가리키며, 지적 탁월성은 특히 통치자에게 요구되는 것으로서 '전문적 앎'(epistēmē)을 의미한다. 이상의 논의를 〈그림 II-1〉과 같이 도식화할 수 있을 것이다.

〈그림 II-1〉 아리스토텔레스의 정체 분류

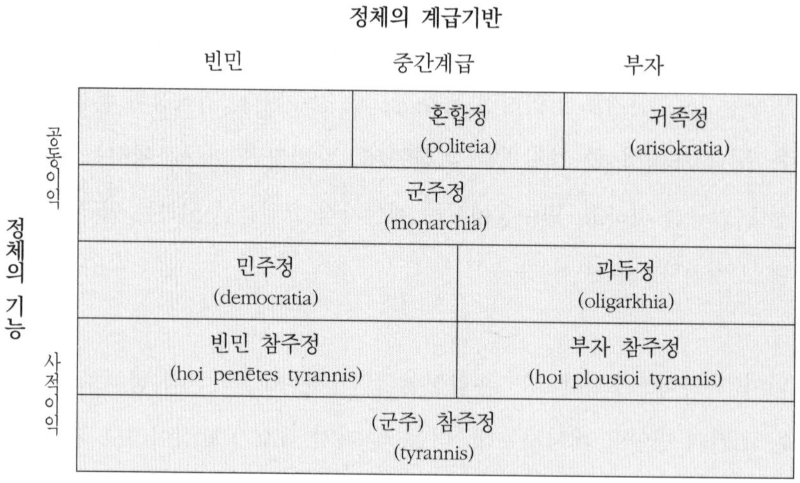

정체의 계급기반

	빈민	중간계급	부자
공통이익		혼합정 (politeia)	귀족정 (arisokratia)
	군주정 (monarchia)		
	민주정 (democratia)		과두정 (oligarkhia)
사적이익	빈민 참주정 (hoi penētes tyrannis)		부자 참주정 (hoi plousioi tyrannis)
	(군주) 참주정 (tyrannis)		

(정체의 기능)

가끔 주위에서 아리스토텔레스의 혼합정체론을 오해하는 경우가 있다. 일부는 혼합정을 군주정, 귀족정, 민주정 등 세 가지 정체의 장점을 결합한 정체로 제시한 것으로 오해하곤 한다. 그러나 아리스토텔레스는 혼합정을 민주정과 과두정을 결합한 정체로 명확하게 설명했다. 이 같은 정의와 다르게 군주정, 귀족정, 민주정의 장점을 결합한 혼합정체론은 그리스 도시국가가 아닌 로마

---

20 아리스토텔레스는 『니코마코스 윤리학』(*Ethica Nicomachea*)에서 사람의 감정과 행위를 12개 영역으로 나누고, 성격적 탁월성인 중용과 성격적 악덕인 지나침 및 모자람을 설명한 바 있다. 다음 장 정치리더십 편에서 자세히 살펴볼 것이다.

공화국의 역사와 정치를 다룬 폴리비오스(Polybios, B.C. 203~120)의 *Historiai* (역사, B.C. 146)와 키케로의 『국가론』(*De re publica*, B.C. 51)에서 언급된 것이다. 실제로 로마 공화국은 군주를 대체한 2명의 집정관과 귀족정을 대신한 원로원, 그리고 민주정을 대표한 민회로 구성된 혼합정으로 운영되었다.

이상에서 살펴보았듯이, 아리스토텔레스의 혼합정체론은 통합정치에 관한 다양한 담론 중에서 논리성과 적합성에 있어서 오늘날까지 타의 추종을 불허하고 있다. 그는 사회갈등과 정치갈등이 계급 간의 불평등에서 기원하고 있다고 진단하고, 정치권력을 각 계급에게 분배하거나 통합된 계급인 중간계급에 부여함으로써 계급 간의 조화를 꾀하려고 했다. 그는 법의 지배와 중용에 기반한 '시민 전체의 이익을 위한 민주정'을 실현가능한 대안으로 제시했다. 물론 플라톤의 이상국가론 역시 군주정과 민주정이 한데 어우러진 혼합정으로 제시했지만, 자의적이거나 정의롭지 못한 인치나 폭정을 막기 위한 입법, 사법, 행정 간의 상호 견제와 균형이 이뤄지는 제도적 대안에만 국한되어 있다. 반면, 아리스토텔레스는 계급 문제의 해결 없이는 "완전하고 자족적인 삶 = 행복하고 훌륭하게 사는 것"이 불가하다는 점을 간파하고, 이에 대한 매우 현실주의적인 접근을 시도했다는 점에서 플라톤을 뛰어넘는다고 할 수 있다. 오늘날 갈등과 통합의 문제를 다룰 때, 아리스토텔레스는 어느 누구 못지않게 지적 자극과 통찰, 그리고 대안적 아이디어를 여전히 주고 있는 대학자라고 외람되게 말할 수 있다.

잘 알다시피, 역사 속의 수많은 지식인들과 마찬가지로 아리스토텔레스도 시대적 한계에서 벗어나지 못했음은 분명하다. 그는 으뜸가는 선이 실현된다고 상정한 도시국가가 운명을 다하는 것을 목격하지 못했을 수도 있고, 혹은 외면했을지도 모른다. 기원전 338년 그의 지인인 마케도니아의 필리포스 2세 (Philippos II, B.C. 382~335)가 그리스를 제패했고, 기원전 331년에는 제자인 알렉산드로스 대왕이 페르시아를 정복해 헬레니즘(Hellenism) 제국을 수립했다. 이러한 사건들은 도시국가의 몰락과 제국의 등장이 불가역적이었음을 보여준다. 이 같은 대전환기에 직면한 학자라면 누구라도 제국의 본질과 지속성에 대해 궁금해 하고 이를 밝혀보려고 했을 것이다. 하지만 아리스토텔레스는 이를 다루지 않았다. 기원전 146년 그리스와 마케도니아는 로마의 속주가 되었다. 세상의 이치를 잘 아는 아리스토텔레스라도 그러한 사태를 예측하기는 쉽지 않았을 것이다. 그리고 그는 로마 공화국이 지중해를 제패하게 된 원천이자 바탕인 자유의 가치와 공화주의의 원리를 살펴보지 않았다. 아리스토텔레스가 관용의 가치와 세계주의를 내포하고 있던 헬레니즘의 시발점인 알렉산드로스의 동방정책, 즉 비헬라스인(비그리스인), 여성, 노예 등에 대한 포용정책을 외면하지 않았더라면, 그리스 역사는 많이 달라졌을 것이다. 그리스는 로마의 속주가 된 이후 세계사에서 사라졌다가 1830년에 가서야 독립했다.

마키아벨리의 공화주의

니콜로 마키아벨리(Niccolò di Bernardo dei Machiavelli, 1469~1527)는 정치현상을 윤리나 종교 등과 구분되는 독자영역으로서 객관적이고 과학적으로 조명했기에 근대 정치학의 기원을 연 정치사상가로 평가받는다. 또한 그는 바람직하지 않은 것으로 간주되는 인간 본성을 자비로운 사회적 특성으로 바꾸는 국가통치술(statecraft)을 모색했던 가장 대표적인 정치적 현실주의자로 회자되고 있다. 이 같은 평가를 받는 마키아벨리가 통합정치와 관련해 오늘날 어떤 시사점을 주고 있는지를 그의 정치적 사유의 핵심 주제인 '공화주의'(republicanism)를 중심으로 살펴보도록 하자.[21]

---

21 마키아벨리의 정치사상을 이해하는 데 도움을 주는 참고문헌으로는 로베르토 리돌피 (Roberto Ridolfi, 1899~1991)의 『마키아벨리 평전』(*Vita Di Niccolo Machiavelli*, 1978), 퀜틴 스키너(Quentin Skinner, 1940~)의 『마키아벨리의 네 얼굴』(*A Very Short Introduction: Machiavelli*, 1981), 로저 마스터스(Roger Masters, 1933~)의 『레오나르도 다 빈치와 마키아벨리』(*Fortune is a River: Leonardo da Vinci and Niccolò Machiavelli's Magnificent Dream to Change the Course of Florentine History*, 1998), 강정인(1954~)·엄관용의 『군주론:

잘 알다시피, 마키아벨리는 1513년에 군주제를 옹호한『군주론』(*Il Principe*)을, 1518년에 공화주의를 천착한『로마사 논고』를 집필했다. 이처럼 거의 같은 시기에 빙탄불용氷炭不容인 두 저서를 집필한 이른바 '마키아벨리의 모순'을 어떻게 이해해야 하는가? 강정인의『로마사 논고』해제(2009)에 따르면, 대부분의 학자들은『군주론』보다는『로마사 논고』가 마키아벨리의 본래 사상을 대변한다고 보고, 그의 공화주의자로서의 면모에 이의를 제기하지 않는다. 공화주의에 대한 마키아벨리의 논지는『군주론』과 『피렌체사』(*Istorie Fiorentine*, 1526)에서도 일부 다뤄지고 있지만,『로마사 논고』에서 본격적으로 전개되고 있다.

『로마사 논고』는 앞 절에서 살펴본『리비우스 로마사』중 기원전 753년 건국부터 기원전 293년 해외 정복시대 직전까지의 역사를 다룬 첫 10권에 대한 주석서 형식을 취하는데, 세 권으로 구성되어 있다. 제1권은 자유로운 정체에 관한 주제를 다루고 있고, 제2권은 군사력의 효과적 유지 방안, 제3권은 리더십에 관한 주제를 다루고 있다. 대체로『로마사 논고』는 통치이론에 대해 마키아벨리가 남긴 가장 방대한 분량의 저술이며, 동시에 그의 독창적인 면모가 가장 돋보이는 저작으로 평가받고 있다.

마키아벨리가 로마 초기의 역사를 고찰하며 가장 매료된 주제는 무엇이었을까? 그것은 로마가 비할 바 없는 위대함과 힘을 성취할 수 있었던 원천에 대한 궁금증이었다. 이 궁금증은 단순히 역사를 이해하는 차원을 넘어서 어떤 실천적 지침을 얻는 데 목적을 둔 것이었다. 마키아벨리는 "누구나 현재의 사건과 고대의 사건을 고려해 보면, 모든 도시와 인민들이 같은 소망과 기질을 갖고 있다는 사실을 쉽게 이해하게 된다"는 인문주의적 가정을 받아들이고 있다. 이는 "과거의 사건들을 열심히 연구한 사람은 미래의 사건을 쉽게 예측할

강한 국가를 위한 냉혹한 통치론』(2005), 폴커 라인하르트(Volker Reinhardt, 1954~)의 『마키아벨리: 권력의 기술자, 시대의 조롱꾼』(*Machiavelli oder Die Kunst der Macht: Biographie*, 2012) 등을 들 수 있다.

수 있고, 과거의 사건에 사용했던 치유책을 미래의 사건에 적용할 수 있다"라고 판단했던 것이다. 이 같은 마키아벨리의 문제의식은, 고대 로마의 성공과 영광의 원인을 찾아낼 수 있다면 현재 피렌체는 물론이고 이탈리아에서도 위대한 성취를 재현할 수 있으리라는 절박한 시도이자 희망의 싹을 찾으려는 발로였다. 어쩌면 역사에서 사라진 지 천 년이 넘은 로마를 소환한 것이 현명한 온고지신溫故知新이라기보다는 미련한 각주구검刻舟求劍이라는 지적이 있을 수 있지만, 고대 로마만 비교한 것이 아니라 당대 여러 나라들의 특성과 정세도 비교해 다뤘기 때문에 그러한 지적은 쓸데없는 화사첨족畫蛇添足에 지나지 않는다.

마키아벨리는 '로마의 위대성', 다시 말하면 로마가 "위대함을 성취하기 위해 필요로 한 방법"(the methods needed for attaining to greatness)을 중점적으로 논의하고 있다. 그의 논의가 다소 산만하게 느껴질 수 있지만, 이는 아마도 그가 연구와 교육에 전념했던 아리스토텔레스와 같은 전통적 학자가 아니었기 때문일 수 있다. 어쨌든 그는 로마가 위대함을 성취하게 된 원인 중 첫 번째 요인으로 '자유'(libertà)를 들고 있다. 그는 『로마사 논고』 제2권 제2장에서 "왜 인민들 사이에 자유로운 정부에 대한 애착심이 생기는지를 알아내기란 매우 쉬운 일이다. 경험이 말해주듯이, 도시들은 오직 자유로운 상태에서만 영토나 부의 증대를 이룩하기 때문이다. … 그러나 무엇보다도 놀라운 것은 로마가 왕의 속박으로부터 해방된 후 커다란 번영에 이르게 된 과정"이라고 설명하면서, 「자유는 번영을 가져온다」[22]고 강조하고 있다. 즉 위대함을 지닌 도시는 전제군주의 지배에 의해 내적으로 부과된 것이든, 아니면 제국주의 세력에 의해 외적으로 부과된 것이든, 어떤 종류의 정치적 예속으로부터 자유로워야 한다는 것이다.

두 번째로, 마키아벨리는 '공화국'(republics)의 장점을 강조하고 있다. 그는

---

22 1965년 『로마사 논고』를 영역 편집한 앨런 길버트(Allan Gilbert)가 독자의 편의를 위해 장 아래에 소제목을 붙였다.

"이러한 번영의 이유는 이해하기 쉬운데, 도시를 위대하게 만든 것은 개별적인 선이 아니라 공공선(common good)이기 때문이다. 하지만 오늘날 이러한 공공선은 의심할 여지 없이 공화국에서만 중요한 것으로 간주된다. 왜냐하면 공화국은 공공선을 증진하는 일이라면 무엇이든지 실행하기 때문"이라고 설명하면서, 군주제와 공화제를 비교하고 있다. 즉 군주제 하의 도시들은 거의 발전할 수 없는 반면에, 세계 어느 곳에서나 자유롭게 사는 모든 도시와 지방들은 언제나 큰 번영을 누리고 있다는 것이다. 물론 그는 군주제 자체를 완전히 부정한 것은 아니다. 군주제라고 하더라도 도시가 자유로운 상태에 있거나 민중의 지배가 지속된다면, 불가피하게 용인할 수 있다고 보고 있다. 그러나 그는 군주제는 본질적으로 "군주에게 이로운 것은 대부분 그 도시에는 해가 되며, 도시에 이로운 것은 대부분 군주에게 해가 된다"고 인식하고 있다. 이 점에서 그는 아리스토텔레스와 달리 군주정은 처음부터 잘못된 정체라고 간주하고 있음을 알 수 있다.

세 번째로, 마키아벨리는 공화국의 덕목인 '비르투'(virtù)를 들고 있다. 그는 로마인이 "운명의 여신이 로마를 더욱 강력하고 위대하게 만들기 위해 내린 여러 고난들"로부터 이익을 얻었다는 점을 받아들이면서도, 로마인이 자유를 유지하고 궁극적으로 세계를 제패하게 된 것은 "자신들의 운명을 최상의 비르투와 결합시켰기" 때문이라고 분석하고 있다. 퀜틴 스키너에 따르면, 마키아벨리의 비르투는 불운을 차분하게 견딜 수 있게 해주는 동시에, 운명의 여신에게서 호의적인 관심을 이끌어낼 수 있도록 하는 자질이라는 것이다. 그리고 대부분의 학자들은 그것을 열정과 사려깊음, 또는 용기와 통찰력으로 주석을 붙이고 있다. 마키아벨리는 『군주론』에서 다룬 것과 달리 비르투는 위대한 정치지도자나 군지휘관은 말할 것 없고, 시민(남성) 전체가 갖춰야 할 자질이라고 주장하고 있다. 비르투를 소유한 정치지도자라면, 시민적 영광과 위대함을 획득하기 위해 필요한 일이라면 그 행위들이 본질적으로 선하든 악하든 기꺼이 수행하는 마음가짐을 표상하게 된다. 마찬가지로 비르투를 지닌 시민이라면, 공동체의 선을 모든 사적 이익과 도덕성에 대한 통상적인 고려보다 우선시하는 의지를 드러낸다는 것이다.

네 번째로, 마키아벨리는 '좋은 법률과 제도'(good laws and ordini)를 들고 있다. 그는 로마 시민이 비르투를 획득하고 자신들의 자유를 유지할 수 있었던 것은 잘 조직된 사회구조 덕분이라고 분석하면서, 로마의 위대함을 이해하기 위해서는 로마의 '오르디니'(ordini), 즉 로마의 법령, 헌법상의 제도, 시민들에게 명령을 내리고 그들을 조직하는 방법 등에 주목할 필요가 있다고 역설한다. 나아가 그는 모든 시민에게 비르투의 자질을 고양시키는 수단으로서 도시의 업무를 조직하는 두 가지 필수적 방법을 제시한다. 하나는 종교의 교화 기능을 활용하는 것이고, 다른 하나는 시민들이 이기적 이익보다 공동체의 이익을 우선시하도록 추동하기 위해 법률의 강제력을 사용하는 것이다. 특히 그는 시민적 비르투의 가장 좋은 본보기는 훌륭한 교육이며, 이러한 교육은 다시 좋은 법률에서 유래한다고 보고 입법자 역할의 중요성을 강조하고 있다.

한편 마키아벨리는 시민적 자유와 공화주의에 치명적 위협이 될 수 있는 정치적 파벌이나 갈등 문제에 대해 나름의 해법을 제시하고 있다. 그는 이 문제에 대해 "모든 공화국에는 두 개의 대립하는 파벌, 즉 부자 파벌과 평민 파벌이 있다. … 만일 부자 파벌에서 누군가가 군주 자리를 차지하게 되면, 곧바로 전제정치의 위험이 나타난다. 그리고 부자들이 정부 형태로 귀족정을 수립하면, 그들은 자기 이익에 따라 통치하기 십상이다. 또한 민주정이 수립된다고 해도, 같은 논리가 평민에게 적용될 것이다. 모든 경우에 일반적 선은 당파적 충성심에 종속될 것이며, 그 결과 비르투와 공화국의 자유는 상실되는 것이다"라고 인식하고 있다. 그런데 그는 정치적 파벌이나 갈등 자체를 문제로 보기보다는 이를 해결할 방안이 있느냐의 여부가 중요하다고 지적한다. 이에 그는 대립하는 두 사회세력이 팽팽하게 균형잡힌 평형상태를 유지할 수 있는 '혼합정체'(mixed constitution)와 그와 관련된 법률을 제정하고, 이러한 평형상태 안에서 모든 파벌이 정부의 업무에 참여하도록 하며, 부자의 거만함과 평민의 방종을 예방하기 위해 각자 상대방을 지속적으로 감시할 필요가 있다고 주장한다. 이러한 제도화는 갈등을 제거해 자유를 지키는 것이 아니라, 오히려 그것을 균형상태로 유지해 자유를 신장시키는 것을 의미한다.

이처럼 마키아벨리는 자유와 법치에 기반한 공화주의의 제도화를 통해 '피렌체 공화국'(1115~1533)의 존립을 도모하고, 나아가 이탈리아 통일을 염원했다. 그의 공화주의 개념은 앞서 살펴본 현대적 정의의 구성개념에 가장 근접해 있다고 볼 수 있다. 즉 ①군주나 최고 국가통치자의 폭정이 없는 통치체제, ②통치자 및 통치기관 상호 간의 권력분립, ③통치자 및 대표자들의 선출과 그들에 대한 감독 등을 담고 있다. 물론 그는 이 같은 공화주의의 필요조건 이외 충분조건이라고 할 수 있는 정치지도자의 비르투와 시민의 공공정신이라는 독창적인 요소를 추가함으로써 공화주의 사상가 중 최고의 대가로서 인정받고 있다. 또한 통합정치에 대한 그의 정치적 사유는 여전히 지적 영감과 실천적 혜안을 제공하고 있다. 하지만 그는 로마의 공화주의에 집중한 만큼 아테네의 민주주의에 대해서는 상대적으로 주목하지 않았다. 아마도 시대적 조건과 상황적 요인이 크게 작용한 것이 아닌가 본다.

마키아벨리는 르네상스 전성기의 시작(1490), 종교개혁의 시작(1490), 콜럼버스(Christophorus Columbus, 1450~1506)의 신대륙 발견(1492) 등과 같은 세계사적 격변기에 살았다. 또한 그는 피렌체 도시국가의 다양한 정치적 격변, 즉 '메디치 가문'(House of Medici)에 의한 참주정(1435~1494), 급진적 민중혁명에 의한 신정神政체제(1494~1498), 시민혁명에 의한 공화정(1498~1512), 메디치 가문의 귀환에 따른 참주정(1512~1527), 급진적 민중혁명에 의한 신정체제적 공화정(1527~1530) 등과 같은 기복에 생사를 맡기고 있었다. 이 같은 비상한 상황에서 모든 구성원이 직접 참여해 공동체의 의사결정을 하는 민주주의 원리를 적극적으로 채택하기는 쉽지 않았을 것이다. 피렌체라는 도시국가의 운명은 현실적으로 민중적 동력과 같은 내부적 요인보다는 외부적 요인에 전적으로 달려 있었기에, 외세와 로마 교황청을 이용하거나 대응할 수 있는

정치지도자의 비르투와 공화주의자들의 헌신이 무엇보다도 중요하다고 간주
했을 것이다. 이러한 상황은 약소국가의 숙명을 반영하며, 그가 민주주의를
불가피하게 유루(遺漏, omission)할 수밖에 없었던 이유가 아닌가 짐작해 본다.
피렌체의 베키오 궁전 박물관에 있는 산티 디 티토(Santi di Tito, 1536~1603)의
마키아벨리의 초상화에 그려져 있는 부드럽지만 냉소적인 미소가 이를 말해
주는 것 같다. 하지만 그의 유루는 이후 로크 및 루소의 사회계약론에 의해
보완되었다. 이는 마키아벨리의 사상이 그의 시대를 넘어서 여전히 영향력을
미치고 있음을 보여준다.

로크 및 루소의 사회계약

존 로크(John Locke, 1632~1704)와 장 자크 루소(Jean-Jacques Rousseau, 1712~
1778)는 '사회계약'(social contract)이라는 정치적 사유를 통해 근대 시민혁명의
당위성과 통합정치의 논리를 제공했던 정치사상가이다. 통합정치와 관련한
이들의 정치적 사유를 이해하기 위해서는 이들의 학문 및 정치 관련 이력을
자세히 살펴볼 필요가 있지만,[23] 대표 저서들을 소개하는 것으로서 갈음하고자
한다.

　　로크는 영국 명예혁명(1688)의 성공을 계기로 네덜란드에서의 망명생활
중 집필한 『관용에 관한 편지』(A Letter Concerning Toleration, 1689), 『인간지성

---

23 로크의 정치사상을 이해하는 데 도움을 주는 참고문헌으로는 모리스 크랜스턴(Maurice
　　Cranston, 1920~1993)의 John Locke: A Biography(존 로크: 전기, 1957), 존 던(John Dunn,
　　1940~)의 Locke: A Very Short Introduction(로크에 대한 짧은 소개, 2003), 송규범(1945~)의
　　『존 로크의 정치사상』(2015) 등을 들 수 있으며, 루소에 대해서는 로버트 워클러(Robert
　　Wokler, 1942~2006)의 Rousseau: A Very Short Introduction(루소에 대한 짧은 소개, 2001),
　　레오 담로쉬(Leo Damrosch, 1941~)의 『루소: 인간 불평등의 발견자』(Jean-Jacques Rous-
　　seau: Restless Genius, 2005), 김용민(1956~)의 편저 『루소, 정치를 논하다』(2017) 등을
　　들 수 있다.

론』(*An Essay Concerning Human Understanding*, 1689), 『통치론: 시민정부의 참된 기원, 범위 및 그 목적에 관한 시론』(*Two Treatises of Government: The Second Treatise of Government - An Essay Concerning the True Original, Extent, and End of Civil-Government*, 1689) 등을 출간했으며, 평생 독신으로 살아 자녀가 없지만 『교육론: 귀한 자식 이렇게 가르쳐라』(*Some Thoughts Concerning Education*, 1693)를 저술하기도 했다.

루소는 생계를 위해 저술활동을 하면서 1754년 당시 가장 혁명적인 저작인 『인간불평등 기원론』(*Discours sur l'origine et les fondements de l'inégalité parmi les hommes*)과 1762년 그 후속작인 『사회계약론: 정치적 권리의 여러 원리』(*Du Contract Social, ou Principes Du Droit Politique*)를 출간했고, 베스트셀러인 『신 엘로이즈』(*Julie, ou la nouvelle Héloïse*, 1761)와 『에밀』(*Émile, ou De l'éducation*, 1762)[24]을 출간했으며, 자전적 3부작인 『고백』(*Les Confessions*, 1770), 『루소, 장자크를 심판하다: 대화』(*Dialogues: Rousseau, Judge of Jean-Jacques*, 1782), 『고독한 산책자의 몽상』(*Rêveries du Promeneur Solitaire*, 1782) 등을 저술했다.

로크와 루소는 근대 시민혁명의 논리를 미국과 프랑스에 각각 제공했던 마치 '이란성 쌍둥이'(dizygotic twins)와 같은 정치사상가들이라고 할 수 있다. 물론 두 사람이 같은 시대와 같은 장소에서 살았던 것은 아니기 때문에 직접 비교하는 것은 적절치 않을 수 있다. 그럼에도 불구하고 이들의 삶 자체가 근대 시민혁명의 논리를 체화하고 있었고, 정치사상적 영향이 지대했다는 점에서 이들의 정치적 사유를 비교해 보는 것은 통합정치의 담론 차원에서 나름 중요한 의미를 지닐 수 있다고 본다.

로크는 저술과 정치활동을 통해 명예혁명을 옹호했으며, 휘그파[25]의 정치적

---

24 루소는 경제적 어려움으로 당시의 사회적 관행대로 다섯 명의 자녀들을 차례로 고아원으로 보낸 데 대해 후회와 성찰로 어린이의 자유와 교육 문제를 다룬 『에밀』을 저술했다.

25 1670년대 말 영국 의회와 사회는 가톨릭교도인 제임스 2세(James Ⅱ, 1633~1701, 재위 1685~1688)의 즉위를 허용하자는 측과 허용하지 말자는 측으로 분열되어 다툼을 벌였는데,

입장을 대변했다는 점에서 제한적 시민혁명론자이자 영국형 자유주의의 시조라고 할 수 있다. 그의 정치적 사유는 여러 저술들의 논지에 따라 다음과 같이 정리해 볼 수 있는데, 첫 번째로 '관용론'(toleration)을 들 수 있다. 이 주제는 로크가 평생 매진한 중요한 관심사 중 하나였다. 이와 관련해 그가 살던 시대는 마녀사냥(witch-hunt)[26]의 악습이 남아 있던 시대임을 염두에 둘 필요가 있다. 그의 저작『관용에 관한 편지』에서는 "종교적 관용은 예수 그리스도의 복음과도, 인류의 진정한 이성과도 너무나 부합하기 때문에 사람들이 그토록 분명한 빛 속에서도 관용의 필요성과 이점을 깨닫지 못할 만큼 눈이 멀었다는 것은 기괴해 보일 정도다"라고 주장하면서, 관용의 근거를 정부와 종교의 기능을 명확히 구분하는 것을 통해, 나아가 국가권력과 교회권력의 고유한 영역을 구획하는 데에서 찾고자 했다. 그는 유대교인, 이슬람교인, 여타 이교도에 대한 종교의 자유와 관용을 허용할 것을 주장했다. 물론 무신론자, 아메리카 식민지의 노예, 여성 등에 대한 관용까지는 나아가지 못했다. 그럼에도 그의 관용론은 양심의 자유를 포함한 사상적, 학문예술적 영역뿐만 아니라 신분 및 계급과 관련된 사회경제적 영역에서도 인권과 관용에 대한 논의의 물꼬를 트는 데 크게 기여했다.

두 번째는 '생명·자유·재산에 대한 권리론'(the right to life, liberty, and propert)이다. 이는 자연법을 기반으로 한 개념으로, 자연법은 신으로부터 나오고, 인간 이성에 의해 확인될 수 있는 객관적인 규칙이자 척도로 여겼다. 그렇기 때문에 자연법은 인간이 불가양不可讓한 권리를 향유하는 데 있어서 자유롭고 독립적이며 평등한 상태를 보장한다. 또한 그는 개인의 권리와 관련해 생명, 자유, 재산에 대한 권리를 중시하고, 그중에서 재산권에 대해 가장 많은 관심을

전자를 보수당의 전신인 토리(Tory, 불량 또는 도적)로, 후자를 자유당의 전신인 휘그(Whig, 모반자 또는 말도둑)로 불렸다.

26 1727년 영국에서 자넷 혼(Janet Horne)이 재판, 고문, 자백 등의 합법적인 절차로 화형을 당한 것이 공식적으로 마지막 마녀사냥이라고 알려져 있다.

두었다. 그는 '재산'(property)의 개념에 대해 두 가지 의미로 혼용해 사용하고 있는데, 좁은 의미로는 보통 재산이라고 부르는 물질적 재화를 의미하는 것으로, 넓은 의미로는 생명과 자유를 포함하는 것으로 사용한다. 그는 사유재산제의 근거를 '노동에 의한 전유화(專有化, appropriation)'라는 개념으로 설명했다. 이를 루소의 사유재산관觀과 대비되는 부분인데, 이를 소개하면 다음과 같다.

"27. 비록 대지와 모든 열등한 피조물은 만인의 고유물이지만, 그러나 모든 사람은 자신의 인신(person)에 대해서는 소유권을 가지고 있다. 이것에 관해서는 그 사람 자신을 제외한 어느 누구도 권리를 가지고 있지 않다. 그의 신체의 노동과 손의 작업은 당연히 그의 것이라고 말할 수 있다. 그렇다면 그가 자연이 제공하고 그 안에 놓아둔 것을 그 상태에서 꺼내어 거기에 자신의 노동을 섞고 무엇인가 그 자신의 것을 보태면, 그럼으로써 그것은 그의 소유가 된다. 그것은 그에 의해서 자연이 놓아둔 공유의 상태에서 벗어나, 그의 노동이 부가한 무엇인가를 가지게 되며, 그 부가된 것으로 인해서 그것에 대한 타인의 공통된 권리가 배제된다. 왜냐하면 그 노동은 노동을 한 자의 소유물인 것이 분명하므로, 타인이 아닌 오직 그만이, 적어도 그것 이외에도 다른 사람들을 위한 공유물들이 충분히 남아 있는 한, 노동이 첨가된 것에 대한 권리를 가질 수 있기 때문이다."(『통치론』 제5장 중)

로크는 노동이론을 끌어들임으로써 어떻게 공유에서 사유재산이 생기게 되었는지를 설명했다. 그는 두 개의 서로 다른 명제, 즉 사람은 누구나 자기 보전의 권리를 갖는다는 명제와 누구나 자기 인신人身의 재산을 갖고 있다는 명제를 하나로 결합함으로써 재산권을 자연권의 일부로 설정했다. 이처럼 사유재산제가 사회와 무관하게 개인에서 출발한다는 논리는 그의 정치이론에서 두드러진 개인주의적 특성을 잘 나타내고 있다.

세 번째는 '사회계약론'이다. 로크는 인간의 초기 상태와 본성을 바로 직전에 사회계약론을 통해 절대군주제를 옹호했던 토머스 홉스(Thomas Hobbes, 1588~1679)와는 다르게 해석했다. 로크에 따르면, 태초에 모든 사람은 평등하고 자신의 행동을 스스로 자유롭게 결정했다고 본다. 그러나 사람들이 자신의 자유를 속박할지도 모르는 정치공동체를 결성한 것은 단지 자연상태가 불편했기 때문이다. 홉스는 사람들이 자기보호에 최우선을 두고 권력을 극대화하기 위해 행동한다고 보았던 반면, 로크는 자연상태에서 사람들이 이성을 따르며 관대하게 행동할 수 있다고 주장했다. 따라서 자연상태라고 해서 갈등이 꼭 발생하는 것은 아니다. 하지만 인구가 늘어나 자원이 부족해지고 경제적 불평등이 생겨 갈등이 불가피해지면서, 인간사회는 분쟁을 객관적으로 해결할 수 있는 정부와 법이 필요하다고 느끼게 되었다고 로크는 설명한다.

로크는 정당한 정부란 사회계약에 기초해야 한다고 주장하면서, 사회계약에는 두 가지 조건이 충족되어야 한다고 보았다. 하나는 사회계약이 가능한 자연적 자유를 최대한 보존하기 위해 사용되어야 한다는 것이다. 사람들은 단지 자연법을 집행할 수 있는 권리만을 양도할 뿐이며, 그밖에 다른 모든 권리는 여전히 그들이 과거와 마찬가지로 보유한다는 것을 의미한다. 따라서 정부는 권력을 사용하는 데 있어 제한되고 동의에 기초해 운영되어야 한다. 다른 하나는 사회계약이 통치자와 피치자 간이 아니라 자유로운 개인 간에 체결된다는 것이다. 통치자에게는 단지 신탁적 성격의 권력만이 주어지며, 그 권력은 오직 공동체의 선을 위해서만 행사된다는 것이다. 물론 신탁자(통치자)는 의무를 충실히 수행한 만큼 자유롭게 활동할 수 있는 광범위한 재량을 가질 수 있다. 이러한 로크의 사회계약론은 절대군주제에 대한 강한 거부와 제한정부에 대한 절대적 선호가 핵심적인 골자라고 할 수 있다.

네 번째는 '제한정부론'(limited government)이다. 로크는 "내 동의 없이 나를 자기 권력에 예속시키려는 사람은 일단 그렇게 되면 나를 제멋대로 이용할 것이고, 마음이 내키면 나를 해치기도 할 것이다"라고 절대군주의 위험성을 지적하면서, 전적인 예속이 아니고 법에 의해 통치된다면 설사 공화제가 아니더라도 입헌군주제를 받아들일 수 있음을 밝히고 있다. 따라서 그는 정부의 제한된 역할을 선호하는 편이다. 정부는 국민의 사유재산을 보호하고, 평화를 유지하고, 국민 전체를 위해 공공 물품을 확보하고, 외부의 위협으로부터 국민을 보호해야 한다는 것이다. 이러한 목적에 부합하기 위해 정부의 권한에 명확한 한계가 필요하며, 권력분립이 이뤄져야 한다는 것이다. 예를 들면, 정부는 국민이나 그 대표자의 동의 없이는 세금을 부과해서는 안 된다. 그리고 정부의 권력은 입법권, 집행권, 연합권이라는 세 개의 상이한 기능으로 구분해 각각 상호 균형이 이뤄져야 한다고 보았다.

이 같은 로크의 제한정부론은 부당한 정부와 그 통치에 대한 저항이 정당하다는 논리로까지 확장되고 있다. 즉 ①통치자나 군주가 입법부에 의해 선언된, 사회의 의지인 법을 자신의 자의적인 의지로 대체할 때, ②입법부가 정해진 시기에 집회를 가지는 것, 또는 설립 목적에 따라 활동하는 것을 군주가 방해할 때, ③군주가 자의적 권력으로 인민의 동의 없이, 또는 인민의 공통된 이익에 반해 선거인단이나 선거방법을 변경할 때, ④군주나 입법부가 인민을 외국세력에 넘겨서 예속시킬 때, 인민은 정당하게 반란을 일으킬 수 있다는 것이다. 이 같은 다소 급진적인 주장은 결과적으로 1688년 명예혁명의 정당성을 확보하기 위한 타협점과 이론적 토대가 되었을 뿐만 아니라, 이후 정치적 자유주의의 시련과 위기를 극복하는 데 버팀목이 되었다.

다음으로, 루소는 시종일관 인간의 자유를 추구했으며, 나아가 그것을 해치려는 악으로부터 인간을 해방시키는 해법을 모색했다는 점에서 근본주의적 시민혁명론자이자 프랑스형 자유주의의 시조라고 할 수 있다. 그의 정치적 사유는 여러 저작의 집필 순서대로 전체 논지가 수미일관하게 전개되고 있는 특징을 지니고 있다. 그 첫 번째는 '인간불평등 기원론'(l'origine de l'inégalité parmi les hommes)이다. 『인간불평등 기원론』은 1753년 디종 아카데미(Académie de Dijon)가 "인간불평등의 기원은 무엇인가, 그리고 그것은 자연법에 의해 인정되는가?"라는 문제로 현상공모를 할 때 응모했던 논문인데, 낙선한 후 많은 주석을 달아 출간한 책이다. 루소는 먼저 상상에 의한 인간의 자연상태를 홉스와 로크와 다르게 개념 짓고 있다. 자연상태에 놓인 인간은 고립되어 생활을 영위하고, 자기보존의 본능밖에 없는 자연인이라고 본다. 자연인의 감정은 순수한 자연감정이며, 자기보존의 욕망인 자기애(l'amour de soi)도 역시 그러하다. 이러한 자연상태 아래서는 불평등이란 존재하지 않으며, 자연인은 완전히 자유롭고 평등하다. 그러나 루소는 사람들은 집단생활을 통해 이익을 발견하게 되고, 사유재산을 소유하게 되면서 불평등이 시작된다고 지적한다. 이 같은 그의 논지는 로크의 사유재산에 대한 관점과는 다른데, 그 차이를 살펴본다는 차원에서 아래의 대목을 소개한다.

"사람들이 혼자서 할 수 있는 일이나 몇 사람의 협력만을 필요로 하는 기술에만 관심을 기울이는 동안, 그들은 그 본성이 허락하는 대로 자유롭고 건강하고 선량하게 살면서, 서로 독립상태에서 교류의 즐거움을 계속 누렸다. 그런데 한 사람의 인간이 다른 인간의 도움을 필요로 하자, 또 단 한 사람을 위해 두 사람의 협력이 더 효과적이라는 것을 알게 되자, 평등은 사라지고 사유관념이 개입되어 노동이 필요하게 되었다. 그리고 광대한 삼림은 아름다운 들판으로 바뀌어 그 들판을 사람들의 땀으로 적셔야만 했고, 마침내 그 곳에는 수확과 함께 노예제와 빈곤이 싹터, 그것이 커져가는 것을 보게 되었다. 야금과 농업의 발명이 이 커다란 혁명을 만들어 낸 기술이었다. 인간이 문명화하고 인류를 타락시킨 것은 시인에 의하면 금과 은이라고 하지만, 철학자에 의하면 쇠와 밀이다."(『인간불평등 기원론』 제2부 중)

이처럼 루소는 인간불평등을 사유재산에서 기원하는 것으로 보고 있는데, 이 사유재산제는 타인을 희생해 이익을 얻고 싶어 하는 숨겨진 욕망이 사회적으로, 정치적으로 구현된 제도로 본다. 즉 그는 부자들은 재산을 지키기 위해 자신들의 이익에 부합하고 공동의 적을 격퇴하며 자신들을 일치단결시키는 어떤 행태의 결사(국가) 내지 최고 권력을 만들었고, 사유와 불평등의 법을 영구히 확정했다고 본다. 그 결과 몇몇 야심가들의 이익을 위해 모든 인류는 노동과 예속과 비참함에 복종하게 되었다고 비판한다. 루소는 사유재산을 맹렬히 비난하고 있지만, 사회주의자는 아니었다. 그는 사유재산제를 완전히 폐지하면 자유와 평등이 충돌하게 되지만, 재산을 적당히 공평하게 분배하면 자유를 증진시킬 수 있다고 믿었다. 사실 그는 소규모 자작농들에 의한 공화국을 지지했다. 이처럼 그의 정치적 사유는 시대를 훨씬 앞서간 급진적인 성격을 지니고 있었다.

두 번째는 '사회계약론'이다. 루소는 부자들이 빈자들을 대상으로 현혹해 거짓계약을 맺었기 때문에 인간의 자유와 해방을 위해 진정한 사회계약을 맺어야 한다는 점을 『사회계약론』에서 피력했다. 그는 『사회계약론』의 첫머리에서 "사람은 자유롭게 태어났다. 하지만 여기저기 쇠사슬에 묶여 있다. 스스로가 남의 주인이라고 생각하는 자도 사실은 그 사람들보다 더한 쇠사슬에 묶인 노예이다. … 무엇이 그것을 정당하게 만들 수 있는가? 나는 이 문제를 해결할 수 있다고 믿는다"고 말하면서, 사회질서의 정당성은 폭력이나 관습이 아닌, 합의에 바탕을 둔 자유의 양도에 있다고 주장한다. 하지만 대가 없는 자유의 양도는 성립할 수 없으며, 무조건 자유를 포기하는 것은 인간의 자격과 권리와 의무를 포기하는 것이라고 보았다. 따라서 사회계약을 통해 자신의 힘과 자유를 타인이 유용할 수 있게 양도하는 것이 필요하다는 것이다.

그렇다면 새로운 사회계약은 어떻게 성립되고, 또한 유지되는가? 루소는 이 문제에 대해 국가와 자유의 관계, 일반의지의 개념, 주권의 개념 등을 다루면서 접근한다. 즉 ①"우리는 저마다 신체와 모든 힘을 공동의 것으로 삼아 일반의지의 최고 권위 아래에 둔다. 그리고 우리는 구성원 하나하나를 전체와 분리될 수 없는 일부로서 받아들이는" 방식에 따라 계약으로 탄생된 국가는 자유를 위한 강제를 지니고 있으며, 이를 통해 국민(또는 시민)은 사회적 자유 또는 시민적 자유를 얻을 수 있다. ②법은 보편적인 주체, 즉 민중의 이익을 대변하는 일반의지(la volonté générale)에 따라야 하며, 국가는 일반의지가 지향하는 공공선을 실현해야 한다. ③계약에 의해 정치체제(또는 국가)가 부여받은 모든 구성원에 대한 절대적인 힘인 주권(souveraineté)은 일반의지의 능동적 주체이며, 그 구체적인 표현은 법이다. 주권은 양도할 수 없고 분할할 수 없으며 일반적 약속의 범위를 벗어날 수 없다는 것이다.

세 번째는 '직접민주제론'(démocratie directe)이다. 루소는 『사회계약론』의 마무리 단계에서 세 가지 정체를 분석하며, 이를 통해 이상적인 정치체제로서 민중주권의 직접민주제를 제안했다. 민주정은 만일 신들로 이뤄진 집단이 있다면 그들이 택했을 정체이지만, 그렇게 완전한 체제는 인간에게는 적합하지 않다고 본다. 그리고 그것은 입법권과 집행권이 구별되지 않고, 또다시 당파를 만들어 내분을 일으킬 수 있다고 보았다. 이에 비해 귀족정은 주권과 정부가 분리되어 있으나, 엄밀하게 볼 때 평등이 부재한다고 비판하면서도 가장 현명한 자가 자신의 이익이 아닌 민중의 이익을 위해 통치한다는 보장만 있다면, 그러한 사람이 통치하는 것이 가장 좋으며 또 이상적일 수 있다는 것이다. 마지막으로 군주정은 민중의 의지, 지배자의 의지 및 국가의 공적인 힘과 정부의 특수한 힘이 모두 동일한 추동력에 따라 움직인다. 즉 그곳에서는 국가기관의 추진력이 한 사람의 손에 있고, 모든 것은 동일한 목적으로 나아간다. 그러나 군주가 자신의 이익을 위해 절대적인 권력을 행사할 때 민중은 더욱 불행해진다.

루소는 이처럼 모든 정체는 각자의 장점과 결함을 지니고 있기 때문에 어떤 것이 가장 이상적인 정체인지 단정짓기 어렵다고 보았다. 하지만 민중이 처한 절대적 상황과 상대적 상황 사이에서 정체가 결정된다고 보고, 건강한 정체를 유지하기 위해 두 가지 조건을 제시한다. 하나는 집행권과 입법권의 분리이며, 다른 하나는 정기적 집회를 통해 정부를 바꿀 수 있는 가능성이다. 이러한 논지는 그가 일찍이, 군주제를 부정하고 삼권분립에 입각한 공화제를 착안한 바롱 몽테스키외(Baron Montesquieu, 1689~1755)의 『법의 정신』(*Esprit des Lois*, 1748)으로부터 적지 않은 영향을 받은 데 따른 것이라고 볼 수 있다. 또한 정기적 집회에 의거한 직접민주제의 중요성을 강조한 것은 평소에 자신의 고향인 주네브(Genève) 공화국이 "사랑으로 가득 찬 자유롭고 평화로운 작은 국가"라고 상정한 데서 나온 것이라고 볼 수 있다. 하지만 주네브 시민들은 그의 책을 불태웠고, 결국 그는 주네브의 시민권을 포기할 수밖에 없었으며, 죽은 후에도 고향에 묻히지 못했다.[27]

지금까지 로크와 루소의 정치사상을 통합정치의 담론과 관련해 살펴보았다.

로크의 정치사상은 관용과 타협의 정신을 핵심으로 삼고 있으며, 이는 생명, 자유, 재산이라는 가치에 근거를 두고 있다. 그는 비록 시대와 혁명을 주도적으로 이끌고 통합사상과 통합정치를 능동적으로 실천한 것은 아니었지만, 학자와 책사, 때로는 관료로서의 주어진 역할과 소명 속에서 종교적 관용을 확장하고 정치적 타협을 제도화하는 데 헌신적으로 기여한 인물이다. 그의 정치사상은 미국의 「독립선언서」와 「연방헌법」에 반영될 정도로 미국혁명의 이론적 초석이 되었다.

루소의 정치사상은 자유와 공화주의의 정신을 핵심으로 하고 있으며, 그 정신은 자유, 평등 우애라는 가치에 기반을 두고 있다. 그는 천재성과 청빈한 삶에 바탕을 둔 문학적 접근으로 '앙시앵 레짐'(Ancien Régime, 구체제)에 대해 사상적 도발을 했던 인물이다. 분노와 열정과 연민을 자유, 평등, 우애로 승화시켰고, 인간해방이라는 담론을 최초로 대담하고 거의 완전하게 제시했던

---

[27] 루소는 죽은 지 16년만에 프랑스 제1공화국의 국민공회 의장인 로베스피에르(Maximilien de Robespierre, 1758~1794, 재임 1793~1794)에 의해 프랑스 영웅들의 안식처인 파리 팡테옹(Panthéon de Paris)에 묻힌 볼테르(Voltaire는 필명, François-Marie Arouet, 1694~1778)의 옆에 묻혔다.

정치사상가였다. 그의 정치사상은 보편적 인간 이성과 정치적 민주주의를 추구한 프랑스 혁명의 안내서로서 역할을 했으며, 이후에는 노동해방이라는 사회주의적 상상력과 "자연으로 돌아가자"(Revenons à la nature)라는 인류의 영원한 희구를 불러일으키는 데 커다란 영향을 미쳤다.

존 스튜어트 밀의 개인적 자유

존 스튜어트 밀(John Stuart Mill, 1806~1873)은 '개인적 자유'(individual liberty)와 사회적 가치 간의 적절한 균형점을 추구하는 정치적 사유를 펼쳤고, 이를 통해 개인적 자유와 개성이 건전한 사회통합에 기여한다는 자유주의의 신념을 설파했던 정치사상가이다. 통합정치의 담론과 관련한 밀의 정치적 사유를 이해하는 데 있어서 여타 정치사상가들과 달리 그의 개인적 상황과 시대적 맥락을 불가피하게 고려하지 않을 수 없다.[28]

밀은 1806년 런던에서 동인도회사(East India Company)의 간부로 있는 공리주의자(Utilitarianist)인 아버지 제임스 밀(James Mill, 1773~1836)과 밀의 『자서전』에서조차 언급되지 않아 신상이 알려지지 않고 단지 정신병원 운영으로 부를 축적한 미망인의 딸로 알려진 어머니 해리엇 버로우(Harriet Burrow, 1782~1854)[29] 사이에서 9남매 중 장남으로 태어났다. 그는 부친으로부터 17세 때까지 재택학습(homeschooling)을 받으며 성장했으며, 1823년 동인도회사에서 부친의 조수로 시작해 1858년까지 근무했는데, 이 기간에 영국 고전경제학의 완결판이라고 할 수 있는 『정치경제학 원리』(*The Principles of Political Economy:*

---

28 밀의 정치사상을 이해하는 데 도움을 주는 참고문헌으로는 그의 『자서전』(*Autobiography*, 1873), 박홍규(1952~)의 『존 스튜어트 밀: 엘리트 자유주의와 제국주의의 기원을 찾아서』(2019), 그레고리 클레이스(Gregory Claeys, 1953~)의 *John Stuart Mill: A Very Short Introduction*(존 스튜어트 밀에 대한 짧은 소개, 2022) 등을 들 수 있다.

29 여성 인명 중 성姓은 남편 성 대신에 원래 성인 Burrow를 표기했는데, 앞으로 가급적 이와 같이 표기한다.

with some of their applications to social philosophy, 1848)를 출간했다. 그는 1830년 세 아이를 둔 유부녀인 해리엇 테일러(Harriet Taylor, 1807~1858)를 만나 소울메이트(soulmate) 내지 플라토닉 러버(platonic lover)의 관계를 유지하다가, 테일러의 남편이 죽은 뒤 2년 후인 1851년에 결혼했다. 참고로 테일러는 문필가로 *The Enfranchisement of Women*(여성의 참정권, 1851)을 저술했는데, 밀의 중요한 저작 대부분이 그의 손을 거쳐 출간될 정도로 밀의 지적 동반자였다.

밀은 1859년 지성계에 자신을 자유주의의 대부로 자리매김하게 한『자유론』(*On Liberty*)을 출간했고, 이후『대의정부론』(*Considerations on Representative Government*, 1861),『공리주의』(*Utilitarianism*, 1863),『여성의 종속』(*The Subjection of Women*, 1869),『종교론』(*Three Essays on Religion: Nature, the Utility of Religion, and Theism*, 1874),『사회주의론』(*Socialism*, 1879) 등의 저서를 출간했다. 그는 1865년 총선에서 자유당 소속의 하원의원에 당선되어 3년간 의회정치를 경험했고, 1867년 세인트 앤드류스대학교의 총장을 역임했다. 1873년 프랑스 아비뇽에 묻힌 부인의 묘소 옆에 잠들었다.

이 같은 이력을 보면, 밀은 시대의 제약을 극복하려는 여타 정치사상가들에서 흔히 볼 수 있는 고난이나 박해의 경험보다는 평온하고 대기만성大器晩成적인 삶을 살아 온 것처럼 보여진다. 그러나 자세히 들여다보면, 매우 독특하고 범상치 않은 삶을 살았음을 알 수 있다. 일단 그는 정규학교의 교육 대신 공리주의자인 부친에 의해 영재교육을 받았다. 부친은 효용(utility)이 최고 기준이라는 공리주의자답게 아들을 자신의 대의를 수행할 천재적 지성으로 창조하려 했던 것으로 알려진다. 이러한 환경에서 밀은 엄격히 양육되었고, 형제자매 이외의 또래 아이들과의 교제도 제대로 하지 못했다. 그는 17세부터 영국 제국주의의 선봉대였던 동인도회사 내의 '인도 통신심사부'에서 무려 35년 동안 근무했다. 그는 어릴 때 부친이 저술한 *History of British India*(영국령 인도의 역사, 1818)로부터 많은 영향을 받았다고 밝힌 바 있는데, 영국의 인도 지배를 '선의의 제국주의'라고 주장하기도 했다. 그는 정치활동을 통해 휘그파

가 신흥산업 부문의 중간계급으로 지지기반을 확대하고자 창당한 자유당(1859)
의 정책을 적극적으로 뒷받침했다.

이처럼 밀의 삶은 그가 절대적인 이상으로 여겼던 자유롭고 개성적인 삶
그 자체를 실현하는 것이었다고 볼 수 있다. 그는 '해가 지지 않는 제국'이
완성되었던 빅토리아(Alexandrina Victoria, 1819~1901, 재위 1837~1901) 시대의
혜택을 가장 많이 받았던 체제순응적인 지식인 중 한 사람이었던 것은 분명하다.
물론 당시 영국은 황금시대였지만, 과거와 질적으로 전혀 다른 사회경제적
문제와 정치적 갈등을 겪고 있었다. 공장노동자와 도시빈민의 비참한 실상은
산업혁명의 어두운 치부를 드러내고 있었다. 그리고 1840년대 내내 정치적
급진주의와 노동조합운동이 연합한 차티스트 운동(Chartist Movement)[30]과 같은
대중운동이 펼쳐지고 있었다. 하지만 일부 계급계층을 제외하면 전반적으로는
산업의 팽창, 식민지로부터의 막대한 이윤 유입, 자유주의적 정치의 확대
등으로 안락하고 낙관적인 희망이 가득찬 대중사회로 진입하고 있었다. 이
같은 시대와 사회는 밀에게는 무사안일하고 붕어빵같이 유사한 생각과 삶의
방식을 강요하는 것으로 인식되었다. 그는 "파격적으로 행동하려는 사람이
그토록 적다는 것이 이 시대의 중대한 위기를 말해준다"고 비판하면서, 개인적
자유와 개성의 절실함을 외쳤다.

밀의 정치이론은 그 자체가 통합과 밀접하게 관련되어 있다고 볼 수 있는데,
크게 '자유론'과 '대의정부론'으로 나눠볼 수 있다. 먼저 자유에 대한 밀의
정치적 사유는 그의 대표 저술인 『자유론』을 통해 정곡을 찌르는 듯한 논리정연
함을 보이고 있다. 그는 시민의 자유를 지배자와 인민 간의 관계에서 지배자의

---

30 차티스트 운동(1839~1849)은 1832년 선거법 개정이 노동대중에게 미흡하다고 판단한
사회개혁주의자들이 노동조합원들과 함께 성인남성의 보통선거 보장, 비밀투표 실시,
하원의원의 재산자격 폐지, 의원선거의 매년 실시, 하원의원에 대한 세비 지급, 평등한
선거구 설치 등 6개 항의 요구를 담은 '인민헌장'(People's Charter)을 입법으로 관철시키기
위해 서명작업을 벌였던 대중운동이다.

권력에 제한을 가하는 '정치적 자유'와, 사회와 개인 간의 관계에서 사회적 통제에서 벗어나는 '사회적 자유'로 구분하는 데서 논의를 출발한다. 그는 정치적 자유는 민주정을 운영하는 나라라면 당연히 보장되는 것이 일반적이지만, 사회적 자유는 '다수의 횡포'(tyranny of the majority)에 의해 대부분 위협을 받는다고 지적한다. 즉 "사회가 그릇된 목표를 위해 또는 관여해서는 안 될 일을 위해 권력을 휘두를 때, 그 횡포는 다른 어떤 형태의 정치적 탄압보다 훨씬 더 가공할 만한 것이 된다. 정치적 탄압을 가하는 사람들과는 달리 웬만해서는 극형을 내리지 않는 대신, 개인의 사사로운 삶 구석구석에 침투해 마침내 그 영혼까지 통제하면서 도저히 빠져나갈 틈을 주지 않기 때문"이라는 것이다. 그리고 다수의 횡포에는 법률적 제재 이외에 여론, 관습, 통설, 종교 등을 통해 가하는 유형의 압박뿐만 아니라 다수의 '민주적 시민'이 비주류, 소수 의견, 이설異說 등에 대해 가하는 무형의 압력이 포함된다. 그는 자신이 이 같은 횡포를 오랫동안 뼈저리게 겪었던 경험을 토대로, 자유의 '기본 원리'(one very simple principle)를 다음과 같이 단호하게 천명했다.

"인간사회에서 누구든 - 개인이든 집단이든 - 다른 사람의 행동의 자유를 침해할 수 있는 경우는 오직 한 가지, 자기보호를 위해 필요할 때뿐이다. 다른 사람에게 해(harm)를 끼치는 것을 막기 위한 목적이라면, 당사자의 의지에 반해 권력이 사용되는 것도 정당하다고 할 수 있다. 이 유일한 경우를 제외하고는, 문명사회에서 구성원의 자유를 침해하는 그 어떤 권력의 행사도 정당화할 수 없다. … 당사자에게 더 좋은 결과를 가져다주거나 더 행복하게 만든다고, 또는 다른 사람이 볼 때 그렇게 하는 것이 현명하거나 옳은 일이라는 이유에서, 그 자신의 의사와 관계없이 무슨 일을 시키거나 금지해서는 안 된다. 이런 선한 목적에서라면 그 사람에게 충고하고, 논리적으로 따지며, 설득하면 된다. 그것도 아니면 간청할 수도 있다. 그러나 말을 듣지 않는다고 강제하거나 위협을 가해서는 안 된다. 그런 행동을 억지로라도 막지 않으면 다른 사람에게 나쁜 일을 하고 말 것이라는 분명한 근거가 없는 한, 결코 개인적 자유를 침해해서는 안 되는 것이다. 다른 사람에게 영향을 주는 행위에 한해서만 사회가 간섭할 수 있다. 이에 반해 당사자에게만 영향을 끼치는 행위에 대해서는 개인이 당연히 절대적인 자유를 누려야 한다. 자기 자신, 즉 자신의 몸이나 정신에 대해서는 각자가 주권자인 것이다."(『자유론』 제1장 중)

이 같은 밀의 자유관은 인간의 '개별성'(individuality)의 중요성을 인식하는 데 기반을 둔다. 즉 인간은 누구든지 최소한의 상식과 경험만 있다면, 자신의 삶을 스스로의 방식대로 설정하는 것이 바람직하다고 본다. 다만 그 방식 자체가 최선이기 때문에 그런 것은 아니다. 오히려 자기 방식대로 살다 보면 손해를 보거나 실패할 때도 있다. 그래도 그렇게 살아야 한다. 그래야 참된 행복을 누릴 수 있다는 것이다. 물론 밀은 인간이 사회적 감정을 가지고 태어나며 사회적 관계를 맺으면서 살아야 하기 때문에, '타인으로부터의 자유'를 요구하는 개별성과 '이웃에 대한 개입'을 전제하는 사회성(sociality)이 동시에 발양發揚되는 자유의 궁극적인 방향을 제시하고 있다. 이처럼 인간의 개별성에 대한 밀의 관심은 모든 윤리적 문제의 근본적인 기준이 '효용'(utility, 또는 功利)이라고 보는 공리주의에서 시작되었다.

잘 알다시피, 제러미 벤담(Jeremy Bentham, 1748~1832)은 『도덕과 입법의 원리 서설』(An Introduction to the Principles of Morals and Legislation, 1789)에서 '최대 다수의 최대 행복'(the greatest happiness of the greatest number)을 실현하기 위한 공리의 원리를 제시한 바 있다. 이에 대해 밀은 젊은 시절부터 공리주의의 도덕적 기반에 대해 깊이 사유하며 벤담의 논지를 격상시키고자 했다. 그는 인간의 행위가 최대한의 행복을 산출해야 한다는 공리도 중요하지만, 그 과정에서 나타나는 품성(character)이나 품위(sense of dignity)와 같은 내적 자율성뿐만 아니라 양심과 의무와 같은 도덕적 동기도 중요하다고 이해하게 되었다. 그는 이를 "결국 만족해하는 돼지보다 불만족스러운 인간이 되는 것이 더 낫다. 만족해하는 바보보다 불만을 느끼는 소크라테스가 더 나은 것이다"라는 익히 알려진 구절로 비유했다. 이는 내적 자율성과 자기 발전이 궁극적으로 도덕적 근거가 되며, 여기서 인간의 개별성과 개인적 자유가 도출된다는 것이다. 이 같은 논지에 따라 밀은 다음과 같이 자유의 세 가지 기본 영역을 제시하고, 이러한 자유가 "절대적으로, 무조건적으로 누릴 수 있는 완벽한 자유로운 사회"를 추구했다.

> "첫째, 내면적 의식의 영역이 있다. 이것은 우리가 실제적이거나 사변적인 것, 과학·도덕·신학 등 모든 주제에 대해 가장 넓은 의미에서의 양심의 자유, 생각과 감정의 자유, 그리고 절대적인 의견과 주장의 자유를 누려야 한다는 말이다. 의견을 표현하고 출판하는 일은 타인과 관련이 있기 때문에 다른 원칙에 의해 규제를 받아야 할지도 모른다. 그러나 이것도 생각의 자유만큼이나 중요하고 또 생각의 자유를 보호해야 하는 것과 똑같은 이유에서 보호되어야 하므로, 이 둘을 떼어놓는 것은 실질적으로 어렵다. 둘째, 사람들은 자신의 기호를 즐기고 자기가 희망하는 것을 추구할 자유를 지녀야 한다. 각각의 개성에 맞게 자기 삶을 설계하고 자기 좋은 대로 살아갈 자유를 누려야 한다. 이러한 일이 남에게 해를 주지 않는 한, 설령 다른 사람의 눈에 어리석거나 잘못되거나 또는 틀린 것으로 보일지라도 그런 이유를 내세워 간섭해서는 안 된다. 셋째, 이러한 개인적 자유에서 이와 똑같은 원리의 적용을 받는 결사의 자유가 도출된다. 다시 말해 타인에게 해가 되지 않는 한, 그리고 강제나 속임수에 의해 억지로 끌려온 경우가 아니라면, 모든 성인이 어떤 목적의 모임이든 자유롭게 결성할 수 있어야 하는 것이다."(『자유론』 제1장 중)

다음으로 밀은 『대의정부론』을 통해 통합정치의 중요성을 강조하면서도 시대를 바꾸려는 의도보다는 시대질서를 반영하려는 의도와 성격이 분명한 정치적 아이디어들을 제시하고 있다. 그는 이미 『자유론』에서 "정치에서도 질서 또는 안정을 추구하는 정당과 진보 또는 개혁을 주장하는 정당 둘 다 존재하는 것이 건전한 정치적 삶을 위해 중요하다는 생각이 거의 상식이 되다시피 하고 있다. 이 두 가지 상반된 인식틀은 각기 상대방이 지닌 한계 때문에 존재이유가 있다. 그러나 분명한 것은 바로 상대방이 존재하기 때문에 양쪽 모두가 이성과 건강한 정신상태를 유지할 수 있다는 점이다"라고 언급하면서 정당정치에 기반한 대의정부를 "가장 완벽한 정체의 이상적 유형"이라고 간주했다. 그는 대의정부를 "전체 인민 또는 그들 중 다수가 주기적 선거에서 뽑은 대표를 통해 최고 통치권력을 행사하는 정부형태"라고 정의하고, 그 장점으로는 첫 번째로 지성과 덕성이 뛰어난 사람들이 보다 큰 영향력을 행사할 수 있어서, '뛰어난 소수'가 평범한 다수에 묻히지 않고 제 능력을 발휘해 체제 전체가 발전을 도모할 수 있다는 점을 들었다. 두 번째는 의회가 국가의 당면과제를 부각시키고 인민의 요구사항을 접수하며, 크고 작은 공공문제를 둘러싼 온갖 생각을 주고받는 '토론의 장'이기 때문이라고 보았다. 특히 의회는 여러 사람으로 구성되어 심의를 하기 때문에 어느 한 개인보다 더 나은 결정을 내릴 수 있다는 점을 강조했다.

이처럼 무언가 특별하고 색다르다고 보기가 어려운, '이상적인 정부'에 대한 밀의 구상은 '거짓 민주주의'의 폐해를 극복하려는 문제의식에서 출발하고 있다. 그는 국민들이 전반적으로 조야한 지적 수준에 머무르거나 같은 계급으로 구성된 다수파가 당파적 이익에 따라 '계급입법'(class legislation)을 시도할 때, '거짓 민주주의'가 확산되고 대의정부가 심각한 위험에 빠지게 된다고 진단했다. 이러한 문제의식에서 출발해 그는 보통교육의 확대, 여성 보통선거권의 확대, 비례대표제의 도입 등을 제안했다. 나아가 그는 우려가 지나친 나머지 지적 능력을 뛰어난 사람에게 투표권을 더 주는 '복수투표권'(plural voting) 내지 '차등투표제'를 추가로 제안하기도 했다.

밀의 이 같은 논지는 통합정치와 관련한 담론의 진정성과 효능 여부를 떠나 정치적 엘리트주의나 사이비적(pseudo) 민주주의와 같은 색채를 띨 수 있다는 우려를 낳을 수 있다. 어쩌면 그 이면에는 당시 산업혁명과 제국주의의 필연적 산물인 급진적 노동계급의 출현, 식민지에서의 민족주의적 저항, 이들을 대변하고 있는 진보적 정치세력의 등장 등에 대한 우려가 있었던 것이 아닌가 하는 생각이 든다. 특히 그는 「사회주의의 어려움」(The Difficulties of Socialism, 그의 사후인 1879년 출간한 『사회주의론』에 수록)이라는 논문에서 "스스로를 사회주의자라고 부르는 사람 중에는 두 종류가 있다. … 모든 사회에서 다수에 의한 개성의 압박은 거대하고 점점 커져가는 악이다. 이런 악은 공산주의 체제하에서는 훨씬 더 클 것이다"고 말할 정도로 혁명주의적 사회주의의 유령에 대해 두려워했던 것 같다.

밀의 이러한 견해는 마르크스가 1849년부터 죽을 때까지 34년 동안 망명생활을 하며 대영박물관의 열람실을 배회하고 있었기 때문일지 모른다. 이후 역사는 밀이 우려한 대로 1924년 노동자들과 사회주의자들이 연합해 창당(1906)한 노동당이 연립정부의 구성을 통해 대의정부를 맡게 되었다. 노동당은 그의 예측과 달리 대의정부의 운영원리에 따라 남녀동등 투표권 보장(1928)과 각종 사회복지 정책을 통해 민주주의를 확장하고 공공이익을 확대하는 방향으로 나아갔다.

하늘이나 신이 자신의 위대함과 권능을 위해 사람에게 완벽한 재능을 주지 않는 것처럼 밀의 정치적 사유는 다소 소극적이고 불안한 측면을 노정하고 있다. 어쩌면 그의 재능과 독창성은 그가 겪었던 사회심리적 압박에서 벗어나려는 노력에서 비롯된 것일지 모른다. 그럼에도 불구하고 개인적 자유에 대한 밀의 담론은 그에 앞선 사람이건 뒤에 온 사람이건 추종을 불허한다. 그의 자유론은 적지 않은 오해를 사기도 하고, 논란을 빚기도 한다. 그의 자유론은 개인적 자유에서 출발하고 있다. 그에게서 개인적 자유는 절대적이며, 개인은 자유의 유일한 주권자이다. 그는 개인적 자유 가운데 가장 중요한 첫 번째

자유를 '표현의 자유'라고 여겼으며, 이는 다른 개인적 자유들과 마찬가지로 "절대적으로, 무조건적으로 누릴 수 있는 자유"로 본 것이다.

이러한 자유의 원칙을 따르면, 사람은 자유주의뿐만 아니라 사회주의에 대해서도 자유롭게 논할 수 있다. 이 점에서 자유주의와 민주주의의 결합인 '자유민주주의'는 이미 사회주의와 민주주의의 결합인 '사회민주주의'를 내포하고 있는 것이다. 물론 사회민주주의는 민주주의의 원리에 따라 사회적 가치들을 구현할 때 자유주의적 가치들과 충돌할 수도 있다. 하지만 자유주의적 가치들 가운데 밀이 제시한 자유의 세 가지 기본 영역에 포함되지 않는 것이라면 절대적이지는 않다. 여기서 우리는 개인적 자유에 대한 절대성을 인정하면 할수록 개인적 자유와 사회적 가치 간의 균형점을 찾아가는 통합의 여정이 얼마나 중요한지를 깨닫게 된다.

밀은 45세 나이에 남에게 해를 끼치지 않는 기다림 속에서 '사랑하는 자유'를 획득한 행복한 사람이었다. 이 점에서 그는 개인적 자유 중 첫 번째로 중요한 자유인 '표현의 자유'를 실천한 사람이었다고 볼 수 있다.

비어트리스 웹의 사회복지

비어트리스 웹(Beatrice Webb, 본명: Martha Beatrice Potter, 1858~1943, 이하 비어트리스)은 산업자본주의 사회에서 필연적으로 발생하는 빈곤과 실업이 개인의 탓이 아닌 사회제도의 문제에서 비롯된다고 보았으며, 모든 사람에게 최선의 이익이 되는 '사회복지'(social welfare)를 통해 이를 해결할 수 있다고 주장했다. 또한 그녀(이하 그)는 스스로 실천하는 지식인이기도 했다. 흔히 그를 소개할 때 사회학자나 경제학자로 한정하는데, 필자는 일찍이 복지국가를 선창했던 그의 사상사적 위상을 고려해 정치사상가의 범주에 포함시켰다. 사실 사회복지는 전통적으로 정치학의 고유한 문제영역이다. 통합정치의 담론과 관련한 비어트리스의 정치적 사유를 이해하기 위해 그의 학문 및 정치 관련 이력을

살펴볼 필요가 있다.[31]

비어트리스는 1858년 영국 글로스터에서 철도사업가인 아버지 리처드 포터
(Richard Potter, 1817~1892)와 대大상인의 딸인 어머니 로렌시나 헤이워스
(Laurencina Heyworth, 1821~1882) 사이에서 9녀1남 중 여덟째로 태어났다.
그는 집에서 독서와 부친 방문객들과의 대화를 통해 지식을 쌓았으며, 특히
방문객 중 『개인 대 국가』(*The Man Versus the State*, 1884)라는 저술을 통해
자유방임주의를 옹호한 사회진화론자 허버트 스펜서(Herbert Spencer,
1820~1903)로부터 많은 지적 영향을 받았다. 스무 살 넘어 한때 스펜서 밑에서
도제생활을 하기도 했다. 1883년 노동조합과 협동조합의 활동가들을 만나면서
사회문제에 대해 관심을 갖기 시작했다. 1886년 사회개혁가인 찰스 부스
(Charles Booth, 1840~1916)의 사회조사 저술인 *The Life and Labour of the
People in London*(런던 시민의 삶과 노동, 1903)의 집필을 도와준 것을 계기로
빈곤과 여성노동 문제에 관한 연구를 본격적으로 시작했다. 1889년 비어트리스
는 나중에 노벨문학상(1925)을 수상한 극작가 조지 버나드 쇼(George Bernard
Shaw, 1856~1950), 나중에 총리가 된 램지 맥도날드(Ramsay McDonald, 1866~
1937, 재임 1924, 1929~1931, 1931~1935), 나중에 반려자가 된 시드니 웹(Sidney
James Webb, 1859~1947, 이하 시드니) 등 페이비언 협회(Fabien Society) 회원들의
강연집인 『페이비언 사회주의』(*Fabian Socialism*)를 접하고, 이듬해 시드니를
만나 사회주의에 대한 동지적 관계를 맺게 되었다. 이 관계가 연인관계로
발전되어 1892년 두 사람은 결혼했다. 비어트리스는 결혼 직전에 부친 사망에
따른 유산으로 매년 1,000파운드씩 상속받았다.

1891년 비어트리스는 자신의 경험을 바탕으로 *The Co-Operative Movement
in Great Britain*(영국의 협동조합운동)을 출간했고, 이후 *Women and the Factory*

---

[31] 이를 위해 비어트리스의 자서전인 『나의 도제시절』(*My Apprenticeship*, 1926), 마가렛
콜(Margaret Cole, 1893~1980)의 『비어트리스 웹의 생애와 사상』(*Beatrice Webb*, 1946),
박홍규의 『복지국가의 탄생: 사회민주주의자 웹 부부의 삶과 생각』(2018) 등을 참고했다.

Acts(여성과 공장법, 1896), *The Abolition of the Poor Law*(빈민법의 폐지, 1918), *Wages of Men and Women: Should They be Equal?*(남성과 여성의 임금: 평등해야 하는가?, 1919), *A New Reform Bill*(새로운 개혁 법안, 1931) 등을 출간했다. 그리고 그는 시드니와 함께 『영국노동조합운동사』(*History of Trade Union-ism*, 1894), 『산업민주주의』(*Industrial Democracy*, 1897), *English Local Government*(영국 지방정부, 1906~1929) 등 불후의 공저들을 출간했다.

1893년 비어트리스는 페이비안 협회에 가입해 본격적으로 사회주의운동을 시작했고, 협회 활동의 일환으로 런던정경대학의 설립(1895)에 참여하면서 교육문제에도 많은 관심을 갖게 되었다. 1914년 시드니와 함께 노동당에 가입해 자문위원으로 활동했고, 1920년부터 여성당원 교육을 위한 반원클럽(Half-Circle Club)을 지도했다. 1932년 시드니와 함께 소련을 두 달간 방문했고, 이를 계기로 나중에 소련에 대한 평가 논란을 불러일으켰던 *Soviet Commun-ism: A New Civilization?*(소비에트 공산주의: 새로운 문명?, 1935)을 공동 저술했다. 1939년 페이비언 협회의 회장을 역임했다. 1943년 비어트리스는 자녀 없이 시드니보다 먼저 세상을 떠났으며, 나중에 시드니와 함께 영국의 위대한 자들의 안식처인 웨스트민스터 사원(Westminster Abbey)에 안장되었다.

이 같은 이력에서 알 수 있듯이, 비어트리스는 당시 대부분 교육을 받지 못하는 여성들과 달리 부유한 집안 출신이었기 때문에 재택교육과 도제생활을 통해 지식을 습득할 수 있었다. 이 과정에서 그는 협동조합과 도시빈민의 실태를 조사하면서 사회의식을 형성했지만, 사회주의에 대해 다소 부정적인 인식을 갖고 있었다. 그러나 32세에 당시로서는 만혼에 가까웠던 그는 장차 평생 반려자인 시드니를 운명적으로 만난 후, 두 달 만에 일기를 통해 내면적으로 사회주의자임을 선언하기에 이른다.

"나는 이런 개인주의 체제의 꼭대기에 있는 사람들로 이뤄진 호화로운 집에서 나와서 이 문명의 부랑자, 노숙자, 폐인이 우글거리는 이스트 엔드의 군중 사이에서 씨름하거나 노동자들의 논쟁에 뛰어들어 명석하지만 단조로운 육체노동을 하도록 운명지워진 사람들의 차츰 더 커지는 아우성, 지적인 활동을 할 수 있는 직업을 달라는 아우성, 즉 19세기 노동자와 19세기 여성들의 원한에 찬 아우성을 듣는다. 그리고 이 모두 서로 갈등하는 행동과 열망과 목적의 소용돌이처럼 보인다. 나는 그 가운데 희미하게 사회주의 공동체를 향해 나가는 경향을 감지한다. 사회주의 공동체 안에서는 계급 노예제나 전 국민의 생존수단의 사적 소유 대신 개인의 자유와 공공 재산이 보장될 것이다. 마침내 나는 사회주의자다!"(『나의 도제시절』 제7장 중 '1890년 2월 1일 일기')

이러한 내면적 고백은 비어트리스 자신이 사회주의자의 길로 가겠다는 각오를 다짐한 것이라고 볼 수 있지만, 어쩌면 사회주의자인 시드니를 사랑하고 그의 생각을 존중하겠다는 속마음을 우회적으로 드러낸 것이 아닌가 하는 생각도 든다. 비어트리스는 "사랑에 빠지면 눈에 콩깍지가 씐다"라는 속담이 빈말이 아닌 것처럼 시드니에게 푹 빠졌다. 시드니는 비어트리스보다 작은 키에 두 살이 적은 중하층 출신의 공무원이었다. 당시 이들의 결혼에 대해 부잣집 딸이 쓰레기통에서 남자를 주워 억지로 결혼했다는 풍문이 돌 정도였다. 하지만 시드니는 비어트리스에게 '구원의 남성'이었다. 시드니는 공무원 생활을 하면서 런던대학교와 킹스칼리지(King's College)를 마치고 변호사 자격을 취득할 정도로 성실했고, 따뜻한 심성과 불굴의 신념을 지닌 진보적 지식인의 전형이었다. 비어트리스가 죽을 때까지 실천적 삶을 영위할 수 있었던 데는 학문적 동료이자 사회주의의 동지였던 시드니의 사랑과 배려 때문이었다고 말해도 지나치지 않을 것이다. 시드니는 페이비언 협회와 노동당의 핵심 인물이었고, 런던정경대학에서 15년간 교수생활을 했으며, 1924년 노동당 소속의 램지 맥도널드 총리의 1차 내각에서 상무부 장관을, 1929년 2차 내각에서 자치부와 식민부 장관을 지냈다.

비어트리스의 정치적 사유의 요체는 사회주의이며, 그 핵심 키워드는 사회복지라고 할 수 있다. 대체로 사회주의라는 개념에는 사적 소유를 사회적으로 제한하자는 소극적인 의미에서부터 생산수단을 사회적으로 소유 또는 관리하자는 적극적인 의미에 이르기까지 다양한 의미들이 포괄되어 있다. 영어로 사회주의(socialism)는 결합 또는 공유를 의미하는 라틴어 sociare/societas에서 기원한 영어 social의 파생어인데, 그 개념은 본질적으로 역사적이라고 할 수 있다. 사회주의가 묵자(墨子, B.C. 470경~391경)나 플라톤에 기원을 두었다고 나름대로 주장하는 견해도 있지만, 이는 그들의 사상이 사회주의가 지향하는 바를 일부 다룬 것에 불과하다고 생각한다. 사회주의는 산업자본주의 사회의 산물이기 때문에 1820년대에 들어서 영국에서는 로버트 오언(Robert Owen, 1771~1858)에 의해, 프랑스에서는 앙리 드 생시몽(Henri de Saint-Simon, 1760~1825)에 의해 처음으로 제시되었다.

잘 알다시피, 사회주의는 시대와 지역에 따라 그 유형과 형태가 매우 다양하다. 특히 각 국가의 산업자본주의의 발전 수준, 국제체제에서의 위상, 노동자계급의 역량 수준, 국가의 성격 등에 따라 차이가 있다. 그럼에도 불구하고 이념의 지향 목표와 실현 방법에 따라 크게 세 가지 유형으로 나눠 볼 수 있는데, 첫째, 무정부주의적 사회주의, 둘째, 사회민주주의, 셋째, 혁명주의적 사회주의 등이다. 이들 유형의 특성에 대한 논의는 각각에 속한 대표적인 여성을 소개하는 것으로서 갈음하고자 한다.

파리코뮌(1871)의 여웅女雄으로 국제 아나키스트(Anarchist) 운동을 이끌었던 문필가인 루이즈 미셸(Louise Michel, 1830~1905)은 무정부주의적 사회주의자로, 시청각 장애에도 불구하고 미국 사회당에 입당해 "나는 어떻게 사회주의자가 되었나?"(How I Became a Socialist?)를 공개 선언하는 등 사회개혁과 노동운동에 헌신했던 문필가인 헬런 켈러(Helen Keller, 1880~1968)는 사회민주주의자로, 독일 사회민주당의 개량주의를 비판하고 독일 공산당을 창당해 '스파르타쿠스단 봉기'(1919)라는 혁명의 길을 선택했던 로자 룩셈부르크(Rosa Luxemburg,

1871~1919)는 혁명주의적 사회주의자로 분류해 볼 수 있다. 이 같은 사회주의의 유형 가운데 비어트리스가 선택하고 추구했던 사회주의는 사회민주주의였다.

사회민주주의 역시 시대와 지역에 따라 그 내용과 형태가 다양하지만, 대체로 그 개념구성에 대해서는 어느 정도 합의가 이뤄져 있다. 즉 정치적으로는 의회민주주의를, 경제적으로는 혼합경제를, 사회적으로는 완전고용과 사회보장제도의 실현이 주요 요소들이다. 사회민주주의는 무정부주의적 사회주의와 혁명주의적 사회주의와 달리 정치적 민주주의의 확대로 국가의 중립성이 보장될 수 있다는 믿음에 기초하고 있다. 자유주의 국가는 자유방임주의(laissez-faire) 국가 내지 야경국가(night-watchman state, Nachtwächterstaat)[32]에 지나지 않지만, 민주주의 국가에서는 의회를 통한 사회입법을 체계화해 점진적으로 사회주의에 다가갈 수 있다고 본 것이다. 그리고 그 구체적인 현실태는 국민의 공공복리와 행복의 증진이 국가의 중요한 기능으로 하는 '복지국가'(welfare state)[33]로 상정했던 것이다. 비어트리스는 복지국가라는 용어가 등장하기 전에 활동했기 때문에 복지국가 대신 사회복지를 키워드로 사용했다. 그의 정치적 사유와 관련한 주요 논지를 살펴보면, 다음과 같다.

첫 번째는 '사회복지론'을 들 수 있다. 영국의 사회복지는 1601년 엘리자베스 1세(Elizabeth Ⅰ, 1533~1603, 재위 1558~1603) 때 제정된 「빈민법」(Poor Law, 구빈법)으로 시작해 1834년 휘그파의 주도로 제정된 「신빈민법」의 운영체제에 놓여 있었다. 16세기부터 19세기에 이르기까지 빈곤 문제가 사회문제의 핵심이었음에도 불구하고 개인의 책임이자 죄악이라는 생각이 지배적이었다. 특히

---

32 이 용어는 1862년 독일 사회주의자인 페르디난트 라살레((Ferdinand Lassalle, 1825~1864)가 부르주아-자유주의적 제한된 정부국가를 비판하면서, 도둑질을 막는 것이 유일한 의무인 야간경비원에 비유하면서 유래되었다.

33 이 용어는 켄터베리 주교인 윌리엄 템플(Wiliam Temple, 1881~1944)이 저술한 『기독시민의 사회적 책임』(*Christianity and the Social Order*, 1942)에서 처음 사용된 것인데, 이후 대중적으로 학술적으로 받아들여졌다.

일부에서는 찰스 다윈(Charles Darwin, 1809~1882)의 진화론을 악용해 공공기금에서 약자를 지원하는 것은 반우생학적이고 국가복지에 유해하다고 주장하기도 했다. 비어트리스는 이 같은 상황 뒤에는 '억압을 통한 구제'라는 한계를 지닌 빈민법이 주요 장애물로 작용하고 있다고 인식했다. 그는 이미 빈민조사를 경험하기도 했고, 시드니와 함께 빈민문제를 포함한 여성노동에 대한 연구를 수행한 바가 있었다.

비어트리스는 1905년 자유당이 집권하면서 설치된 '왕립빈민위원회'에서 3년간 조사활동을 하면서 빈민법 정책, 빈민위원회의 기능, 빈민을 위한 교구연합 활동, 의료서비스, 아동구제 등의 실태를 연구했다. 그는 1907년 「빈민법의 철폐」라는 제목의 중간보고서를 제출했다. 그 핵심 내용은 기존 「빈민법」과 빈민위원회를 철폐한 후 빈민 업무를 자치단체의 여러 위원회들에 이양해야 한다는 것이었다. 즉 병자는 공중보건위원회, 정신병자는 정신병원위원회, 아동은 교육위원회, 노인은 연금위원회에 맡겨야 한다는 내용이 그 주요 내용이었다. 이어 그는 직업소개소의 설치를 통한 실업대책을 제안한 「실업자에 관한 보고서」를 제출했다. 그는 1909년 최종보고서가 제출될 때, 다수파 보고서인 「빈민법과 실업구제에 관한 왕립위원회 보고서」와 별도로 작성된 '소수파 보고서'(Minority Report)인 「분리보고서」(Separate Report)를 제출했다.

비어트리스가 주도해 작성한 소수파 보고서의 제1부는 '빈민법의 철폐', 제2부는 '노동시장의 공적 조직화'로 구성되어 있다. 제1부에서는 '죄 없는 자의 감옥'이라고 불리는 혼합작업장의 실태, 다수의 노동불능자를 수용해 빈민들에게는 공포의 대상이 된 교구연합 빈민위원회에 의한 빈민소 운영, 아동·병자·정신장애인에 대한 구제의 중복과 혼란 등을 지적하면서, 궁극적으로 「빈민법」을 폐지하고 종합적인 사회복지 대책을 마련해야 한다고 제안하고 있다. 제2부에서는 노동능력자의 빈곤과 그 대책을 논의한 것으로, 종래의 실업자 구제방법이던 「빈민법」, 사적 자선, 「실업노동자법」이 적절하지 못했음을 지적하고, 실업자 궁핍의 원인이 무엇이든 간에 그것이 생산력의 낭비와 함께 다수의 고통과 육체적·정신적 타락을 초래했다고 비판한 후, 전국적 직업소개소 설치, 노동력 과잉 흡수, 국민적 노동수요 조절, 실업보험과 공적 부조, 노동부 창설 등을 제안하고 있다. 이 같은 제안들은 실효성 측면에서 타당성이 있었음에도 불구하고, 야경국가관에 머물고 있었던 자유당 정부에서는 받아들일 수 없는 것들이었다.

이후 비어트리스는 시드니와 함께 *The Break-Up of the Poor Law*(빈민법의 해체, 1909), *English Poor-Law Policy*(영국 빈민법 정책, 1910)를, 단독으로 *The Abolition of the Poor Law*(빈민법의 폐지, 1918)를 출간하는 한편, 「빈민법」 철폐운동을 펼쳐 나갔다. 그의 소수파 보고서는 1924년 노동당 정부 출범 이후 상당 부분 반영되었고, 30여 년 뒤인 1942년 윌리엄 베버리지(William Beveridge, 1879~1963)가 처칠 총리의 전시내각에 제출했던 '베버리지 보고서'(Beveridge Report, 정식 명칭: Social Insurance and Allied Services)에 전적으로 반영되었다. 이 보고서는 '요람에서 무덤까지'(From Cradle To Grave)라는 복지국가의 청사진으로 평가받고 있다. 1948년 빈민법 제도는 「국가보조법」(National Assistance Act)의 제정으로 마침내 폐지되었다. 이러한 업적에 비춰볼 때, 비어트리스가 영국 복지국가의 초석을 놓았다는 평가는 오히려 인색하다고 볼 수 있다. 아마 제대로 평가한다면, 그는 인류역사상 최초로 사회복지와 복지국가의 기틀을 마련한 인물로 평가해야 맞을 것이다.

두 번째는 노동자가 산업조직에서 의사결정에 참여하는 주제를 다룬 '산업민주주의론'이다. 비어트리스와 시드니는 1897년에 출간한 『산업민주주의』(*Industrial Democracy*)에서 노동조합의 운영에 관한 모든 주제와 문제를 총괄하면서 자세하게 다뤘다. 이들은 노동조합이 정치적 민주화의 출발이자 산업민주주의의 근간이며, 경영민주화의 견인차라고 보았다. 이러한 인식은 이들이 노동조합의 역사와 실태를 오랫동안 천착해 온 결과라고 볼 수 있다. 비어트리스는 이전에 *The Co-Operative Movement in Great Britain*(영국의 협동조합운동, 1891)을 연구했으며, 시드니와 함께 『영국노동조합운동사』(*History of Trade*

Unionism, 1894)[34]를 연구한 바 있다. 참고로 『영국노동조합운동사』는 2세기에 걸친 역사를 다루고 있는데, ① 1720~1798년: 재봉업에서부터 시작된 노동운동의 여명기, ② 1799~1825년: 생존을 위한 투쟁, ③ 1829~1842년: 혁명적 시대, ④ 1843~1875년: 새로운 정신과 새로운 유형의 노동조합, ⑤ 1876~ 1880년대 말: 새로운 노동조합주의의 대두 등으로 시기를 구분해 다루고 있다. 이 같은 연구 역량이 축적되어 있었기 때문에 이들은 노동조합과 관련된 모든 영역과 사안을 다룰 수 있었다.

『산업민주주의』는 3부로 구성되어 있는데, 제1부에서는 노동자가 어떻게 노동조합을 효율적으로 운영하면서 조합원의 민주적 통제를 조화시켜 왔는가를 분석하고 있다. 제2부에서는 상호보험, 단체교섭, 입법조치, 직무규제, 다양한 운동방법 등을 설명하면서, 노동조합의 기능에 대해 상세히 분석하고 있다. 마지막으로 제3부에서는 다양한 운동방법이 갖는 경제적 의미를 평가하고, 특히 노동조합운동과 민주주의 간의 관계를 분석하고 있다.

참고로 에릭 홉스봄은 『산업민주주의』를 "영국 노동조합에 대해 기술한 최고의 책"으로, "민주주의, 국가, 사회주의로의 이행의 모든 이론을 포함"하고 있다고 평가한 바 있다. 1888년부터 1901년까지 영국에 망명 중인 독일 수정사회주의의 창시자인 에두아르트 베른슈타인(Eduard Bernstein, 1850~1932)은 웹 부부와의 교류를 통해 노동조합의 민주성과 노동조합-노동정당 연대의 중요성에 대해 큰 영향을 받았다. 특히 그의 부인인 레기네(Regine Bernstein, 1849~1923)는 『영국노동조합운동사』와 『산업민주주의』를 독일어로 번역했

---

34 참고로 영국 노동운동과 관련된 대표적 저술로는 G.D.H. 콜(George Douglas Howard Cole, 1889~1959)의 『영국노동운동의 역사』(*A Short History of the British Working Class Movement 1789~1947,* 1947), 헨리 펠링(Henry Pelling, 1920~1997)의 『영국 노동운동의 역사』(*A History of British Trade Unionism,* 1963), E.P. 톰슨(Edward Palmer Thompson, 1924~1993)의 『영국노동계급의 형성』(*The Making of the English Working Class,* 1966) 등을 들 수 있다.

고, 베른슈타인은 이에 후기와 주석을 덧붙이기도 했다. 또한 혁명주의적 사회주의를 주창한 레닌과 그의 부인인 나데즈다 크룹스카야(Nadezhda Krupskaya, 1869~1939)도 1897년부터 1900년까지 시베리아 유형 중에 『산업민주주의』를 러시아어로 번역하기도 했다.

이 같은 내용 가운데 통합정치의 담론과 연관성을 갖고 있는 산업민주주의의 발전 방안을 살펴볼 필요가 있다. 먼저, 산업민주주의는 정치적 민주주의와 마찬가지로 합의와 효율성이 상호 보완되어야 한다. 노동조합이 총회와 윤번제 임원회를 중심으로 운영될 때 적대적인 고용인이나 억압적인 공권력에 대응할 수 없을 뿐만 아니라 조직의 성장에도 장애가 된다는 것이다. 따라서 민주적 구조 하에서 대의원제와 전문화가 불가피하다고 보는 이른바 '잔인한 아이러니'(cruel irony)를 받아들일 필요가 있다. 다음으로, 노동조합은 고용인과의 단체교섭에만 매몰되는 조합주의에서 벗어나 사회적 역할을 수행해야 한다. 즉 노동조합은 민주화 과정에서 트러스트(trust)의 압력을 제어하고, 독립성과 자주성을 지닌 사회세력으로 존속해야 한다는 것이다. 그리고 국가는 노동자들에게 최저소득, 즉 '내셔널 미니멈'(National Minimum)[35]을 보장해야 한다. 이를 위해 노동력 상품의 가격 및 판매조건의 최저 한도를 법률로 정할 필요가 있다. 물론 조직화가 어려운 노동자에게는 공권력이 노동조합을 대신하고, 노동력이 없는 사람들에게는 생활보장을 해야 한다는 것이다. 이러한 방안들은 논란의 여지가 있음에도 불구하고, 사회적 진보가 계급투쟁이나 혁명이 아닌 노동조합의 발전과 노동자들에 대한 사회복지를 통해 실현될 수 있다는 경험과 신념에서 나온 것임은 분명하다. 이 점에서 비어트리스와 시드니는 사회민주주의자이자 통합주의자라고 할 수 있다.

세 번째는 '남녀 동일임금론'(equal pay for men and women)이다. 이 주제는

---

35 '내셔널 미니멈'은 한 나라 전체 국민의 생활복지상 필수불가결한 최저 수준을 나타내는 지표를 의미한다. 즉 한 나라의 경제규모, 1인당 국민소득에 비춰 임금·영양·주거·생활환경 등이 '최저' 또는 '표준'으로서 어느 정도가 되어야 하는가를 수치로 나타낸 것이다.

비어트리스의 젠더 관점(gender perspective)이 가장 드러나는 영역이다. 그는 일찍부터 여성노동에 대한 차별적 관행과 제도를 개선하기 위해 많은 연구와 실천 활동을 해왔다. 1896년에는 팸플릿 *Women and the Factory Acts*(여성과 공장법)를 통해 여성노동을 보호하기 위해 공장에서 여성의 노동 시간과 조건을 규제할 것을 제안한 바 있었고, 1909년 왕립빈민위원회에 제출한 소수파 보고서를 통해 "남녀와 모든 계급에게 동일하게 문명화된 삶을 위한 내셔널 미니멈, 즉 젊었을 때는 충분한 영양과 교육을, 건강할 때는 생활임금을, 아플 때는 치료를, 장애가 있거나 노인일 때는 적절한 안정적 생계를 보장"할 것을 요구한 바 있었다.

비어트리스는 1915년 '전국전쟁비상근로자위원회'의 활동을 통해 제1차 세계대전으로 노동시장에서 남성 대신 종사하게 된 여성들에게 '동일노동 동일임금의 원칙'(the principle of equal pay for equal work)이 적용되어야 한다고 주장했다. 이 주장은 1918년 전쟁내각 여성위원회에 제출된 그의 소수 보고서에도 담겨 있었는데, 1919년 *Wages of Men and Women: Should They be Equal?*(남성과 여성의 임금: 평등해야 하는가?)이라는 저술을 통해 공론화되었다. 그는 우선 남성은 가족을 부양해야 하고, 여성은 가족에 대한 책임이 없기 때문에 남성의 최저임금이 여성보다 높아야 한다는 통념에 대해 비판했다. 그는 일부 여성도 부양할 자녀가 있고, 경우에 따라 일할 수 없는 병든 남편을 부양해야 하는 상황을 지적했다. 그는 대안으로 가족에 대한 책임은 남성에 대한 더 높은 최저임금으로 해결하기보다는 국가가 '가족수당'과 같은 직접적인 재정지원을 통해 해결해야 한다고 제안했다. 이러한 제안은 제2차 세계대전 이후 많은 복지국가들에서 성평등 정책으로 채택되었다. 비어트리스의 이러한 족적과 공헌은 지대하다고 평가할 만하다. 물론 남녀 동일임금 정책은 사용자의 편법이나 사용자와 남성 중심의 노동조합 간에 흔히 이뤄지고 있는 '희석稀釋 협약'(dilution agreements)에 의해 제대로 지켜지지 않는 한계를 여전히 지니고 있다.

잘 알다시피, 영국은 비어트리스의 바람과 달리 요스타 에스핑-안데르센(Gøsta Esping-Andersen, 1947~)이 『복지 자본주의의 세 가지 세계』(*The Three Worlds of Welfare Capitalism*, 1990)에서 구분한 복지국가의 유형들, 즉 자유주의적 복지국가, 보수주의적 복지국가, 사회민주주의적 복지국가 가운데 첫 번째 유형인 자유주의적 복지국가에 속하고 있다. 그럼에도 불구하고 비어트리스의 사회복지에 대한 정치적 담론은 오늘날 영국뿐만 아니라 세계의 많은 사람들에게 진보적 가치와 사회적 실천을 성찰하고 회복하는 데 적지 않은 지혜와 용기를 주고 있다.

필자가 페미니즘이나 여성운동에 관심 있는 학생들에게 비어트리스의 문제 의식과 접근방법에 대해 관심을 가질 것을 권했던 기억이 나는데, 더불어 그가 사회적 진보를 위해 힘없고 차별받는 이들과의 연대를 왜 그렇게 중요하게 여겼는지를, 그리고 지혜와 전쟁의 여신인 아테나(Athena, 라틴어: Minerva)가 사랑한 올빼미와 페이비언 협회의 상징인 거북이가 무엇을 의미하는지를 되새겨 볼 것도 조언해준 것 같다. 또한 여전히 한국은 '성별 임금격차'가 1996년 경제협력개발기구(OECD)에 가입한 이래 줄곧 30% 정도로 39개 국가 중 1위를 기록해 왔다는 점도 덧붙였다.

시몬 드 보부아르의 자유로운 선택

시몬 드 보부아르(Simone Lucie Ernestine Marie Bertrand de Beauvoir, 1908~1986)는 여성이 스스로 선택할 수 있는 자유를 획득해야만 진정한 남녀협력을 이룰 수 있을 뿐만 아니라 보다 평등한 사회통합을 실현할 수 있다고 보았다. 그리고 그녀(이하 그)는 이러한 믿음에 따라 인습과 편견과 위선에 맞서는 일과 삶을 실천하고 영위했다. 흔히 그를 소개할 때 페미니스트로만 알려져 있는데, 그가 정치학 패러다임의 변화에 끼친 획기적이고 지대한 영향을 고려한다면 정치사상가의 범주에 포함하는 것이 당연하다. 통합정치의 담론과 관련한

보부아르의 정치적 사유를 이해하기 위해 그의 저술과 활동 이력을 간략히 살펴보자.[36]

보부아르는 1908년 한때 배우가 되기를 열망했던 변호사인 아버지 조르주 드 보부아르(Georges de Beauvoir, 1878~1941)와 부유한 은행가의 딸인 어머니 프랑수아즈 브라쇠르(Françoise Brasseur, 1887~1963) 사이에서 두 자매 중 맏딸로 태어났지만, 제1차 세계대전을 거치면서 집안의 가세가 기울기 시작했다. 1925년 당시 엘리트 코스였던 고등사범학교가 여학생을 받지 않아 소르본대학교에 입학했고, 1929년 졸업한 후 고등학교에서 교사를 시작해 1943년까지 근무했다. 이때 그는 장 폴 사르트르(Jean-Paul Sartre, 1905~1980)를 만나 공부모임을 함께 하면서 "서로를 가장 중요한 상대로 여기되, 자유로운 연애를 허용하는 계약"을 2년간 맺었다. 이 구두계약은 갱신되어 사르트르가 세상을 떠날 때까지 이어졌다. 1942년 사르트르와 함께 반나치 레지스탕스 지하조직인 '사회주의와 자유'(Socialisme et Liberté)를 조직했지만, 이렇다 할 성과는 없었다.

보부아르는 1943년 『초대받은 여자』(L'Invitée)를 출간해 작가로서 이름을 알렸다. 1945년 사르트르와 함께 「레 탕 모데른」(Les Temps Modernes, 현대)이라는 정치저널을 창간했고, 죽을 때까지 그 저널의 편집자로 활동했다. 특히 그의 정치적 사유를 널리 알린 저서로 1949년 6월에 『제2의 성』(Le Deuxième Sexe, 1949) 제1권(사실과 신화)을, 11월에 제2권(체험)을 출간했다. 이후에 『레 망다랭』(Les Mandarins, 1954), 『노년』(La Vieillesse, 1970), 『위기의 여자』(La

---

36 보부아르의 정치사상을 이해하는 데 도움을 주는 참고문헌으로는 자서전 중 『처녀시절 여자 한창때』(Mémoires d'une jeune fille rangée, 1958)와 자전소설 『편안한 죽음』(Une Mort Très Douce, 1964), 디어드리 베어(Deirdre Bair, 1935~2020)의 『시몬느 보부아르』(Simone de Beauvoir: A Biography, 1990), 알리스 슈바르처(Alice Sophie Schwarzer, 1942~)의 『보부아르의 말』(Simone de Beauvoir: Weggefährtinnen im Gespräch, 1983), 우르슬라 티드(Ursula Tidd)의 『시몬드 보부아르 익숙한 타자』(Simone de Beauvoir, 2003), 케이트 커크패트릭(Kate Kirkpatrick)의 『보부아르, 여성의 탄생』(Becoming Beauvoir: A Life, 2019) 등을 들 수 있다.

Femme Rompue, 1976) 등 수많은 베스트셀러의 소설과 에세이를 저술했다.
그는 뒤에서 자세히 살펴보겠지만, 오랫동안 프랑스 지식인의 전범典範인
'앙가주망'(engagement)[37]을 열정적으로 실천했다. 그는 1986년 사르트르 무덤
바로 옆에 묻혔다.

이상과 같은 이력을 통해서도 알 수 있듯이, 보부아르는 여성의 자유를
향한 이론과 실천을 겸비한 독보적인 지식인이었다. 여성주의에 대한 이해가
일천한 필자가 통합정치에 관한 논의의 진전을 위해 그의 정치적 사유를 학습하
는 자세로 살펴보는 것에 대해 독자들에게 너그러운 이해를 구하고자 한다.

보부아르의 정치적 사유를 이해하기 위해서는 그가 경험한 시대의 배경과
개인적 상황을 고려할 필요가 있다. 우선 보부아르는 모순적이고 모호한 '프랑
스 시대'를 겪었다. 즉 프랑스 대혁명(1789) 이후 150여 년간 지속된 좌우갈등,
무모하고 참혹한 제1차와 제2차 세계대전, 독일 치하에서 파리를 포함한 북부의
나치 통치와 남부의 비시 괴뢰정부(Régime de Vichy)의 수립, 전후 재연된
좌우갈등과 세계적 차원의 냉전의 와중에서도 알제리와 인도차이나에 대한
식민지배의 지속 등 '부조리'(absurdité)[38]한 상황이 지속되었다.

이 시기는 개인이 역사와 사회 속에서 휩쓸려 갈 수밖에 없는 무의미한
존재에 지나지 않음을 적나라하게 드러낸 시대였다. 인류역사상 가장 먼저

---

37 앙가주망은 약속, 책임 등을 뜻하는 프랑스어에서 나온 말로, 지식인의 적극적 사회참여를
   뜻한다. 사르트르가 『존재와 무』(*L'Être et le néant: Essai d'ontologie phénoménologique,*
   1943)에서 스스로를 사회 속에 던져 넣는 '자기구속'으로 지성의 역할을 다하는 것을
   앙가주망이라고 규정했다.

38 부조리不條理는 불합리·배리背理·모순·불가해不可解 등을 뜻하는 용어로서 실존주의
   철학에서 중요한 의미를 지닌다. 사르트르는 소설 『구토』(*La nausée,* 1938)에서 "마로니에
   나무의 뿌리와 같은 '사물 그 자체'를 직시할 때에 그 우연한 사실성 그것이 부조리이며,
   그런 때에 인간은 불안을 느낀다"라고 말했고, 알베르 카뮈(Albert Camus, 1913~1960)는
   에세이 『시지프의 신화』(*Le mythe de Sisyphe,* 1942)에서 "부조리란 본질적인 관념이고,
   제1의 진리이다. … 삶의 끝이 결국 죽음이라면, 인생은 부조리한 것이다"라고 말했다.

자유, 평등, 우애의 기치를 내건 프랑스 공화국이 여성에게 투표권을 부여한 시기는 독일(1918), 미국(1920), 영국(1928) 등보다 한참 뒤인, 전쟁 와중인 1944년으로 매우 늦었다. 그것도 프랑스 런던임시정부가 주권자가 아닌 여성들에게 항독 레지스탕스의 동참을 요청하기에는 면목이 없었기에 실효성 없는 포고령에 의해 선언되었다. 이 같은 단적인 사례에서 볼 수 있듯이, 프랑스에서는 전혀 이해되지 않는 '부끄러운 역사'가 지속되고 있었다. 하지만 보부아르는 젊은 시절 개인적이고 내면적인 문제에만 관심을 두고 있었다. 그는 1933년 히틀러(Adolf Hitler, 1889~1945)가 독일 총리가 되자 파리 곳곳에 나치를 환영하는 깃발이 걸렸음에도 사회적, 정치적 문제에 관심을 기울이지 않았다.

보부아르가 사유의 주제를 개인적 문제에서 사회적 문제로 관심을 확장한 결정적인 전환점 중 하나는 사르트르와의 만남이었다. 그는 1939년 '자유로운 결합'의 연인인 사르트르가 징집되었을 때 정치에 무관심한 방관자로 남아 있을 수 없음을 깨달았다. 하지만 그는 소르본대학교의 여성 동창생으로 노동운동과 레지스탕스 활동을 통해 '불꽃 같은 삶'을 살았던, 『시몬 베유 노동일지』(Simone Weil, Œuvres complètes, 1989~2006)를 대표작으로 하는 문필가인 시몬 웨일(Simone Weil, 1909~1943)과는 사유와 삶의 결이 달랐다. 보부아르는 파리가 해방되자마자 사르트르와 함께 시대적 목소리를 담은 정치저널인 「레탕 모데른」을 창간하고, 사회적 주제를 다룬 소설과 에세이를 저술하는 데 몰두했다. 그리고 그는 사르트르와 많은 영역에서 사유를 함께했다. 특히 사르트르가 『존재와 무』(1943)에서 문제제기하고, 『실존주의는 휴머니즘이다』(L'existentialisme est un humanisme, 1946)에서 구체화한 "실존은 본질에 앞선다(l'existence précède l'essence)"라는 실존주의 테제[39]에 대해 의견을 같이했다.

---

39 실존주의에 대한 사르트르의 대표적인 언술을 소개하면 다음과 같다. "'인간은 스스로 만들어 가는 것 이외에는 아무것도 아니다.' 이것이 실존주의의 제1원칙이다. 사람들은 이것을 주체성이라고 부른다. … 실존주의의 첫걸음은 모든 사람으로 하여금 그 자신의 실존에 대해 주인이 되게 하고 자신의 실존에 대해 전적으로 책임을 지게 하는 것이다.

그러나 보부아르는 자신의 회고록에서 여태껏 자신이 사르트르의 분신 취급을 당해온 것에 대해 언급하면서, "자신은 단순히 누군가의 제자가 아니며, 타인의 관점을 전개하고 분석하는 데 만족하지 않는다"고 밝혔다.

이 같은 시대적, 실존적 상황에서 출발한 보부아르의 정치적 사유는 전복, 도전, 실천 등으로 각각 특징지을 수 있는 단계들로 고양되어 나아갔다. 그의 첫 번째 정치적 사유는 '자유로운 선택론'(choix libre) 혹은 '선택의 자유론'(liberté de choix)으로 표현될 수 있다. 이 사유는 보부아르의 *Pyrrhus et Cinéas*(피뤼스와 시네아스, 1944)와 『그러나 혼자만은 아니다: 애매성의 윤리학』(*Pour une Morale de l'ambiguïté*, 1947)에서 신중하게 다뤄졌으며, 1949년 『제2의 성』을 통해 파격적이고 전복적인 형태로 전개되었다.

우선 보부아르는 인간 개인의 자유에 대한 절대성을 주장했다. 자유의 목적은 언제나 인간 자체에 있다. 인간은 자신을 매 순간 자기 자신으로서 존재하게 하는 것, 그것이 인간에게 있어 자유의 의미이다. '위마니테'(humanité, 인간성)란 초월적으로 어떤 신성한 것이 아니라 "뼈와 살로 이뤄진 인간"으로 구성되어 있다. 따라서 인간은 자기 이외의 어떤 절대적인 것을 위해 행동하지는 않고, 자유로운 행동 자체가 자신의 목적이 된다고 주장한다. 자유롭기 때문에 우리는 우리 자신에 주목하고 무엇을 할지 선택할 수 있는 능력이 있다. 자유로운 인간은 유한한 미래 속에서 매 순간 자유롭게 삶의 가치들을 발견해 나갈 줄 아는 인간이다. 설령 삶에 남아 있는 시간이 별로 없는 사람이라도 자기의 자유를 발견해 나가는 것이 자유의 창조인 것이다. 보부아르의 결론은 우리 존재의 근본적인 진실을 깨닫고, 그에 따라 행동하라는 것이다. 이처럼 개인적 자유에 대해 절대적 가치를 부여한 그가 여성의 자유로운 선택을 주장하는 논지로 나아가는 것은 지극히 자연스럽고 당연했다.

보부아르는 자신을 스스로 규정하려고 할 때 가장 먼저 "나는 여성이다"라는

_____

사람이 자기 자신에 대해 책임이 있다고 말할 때, 그는 자기 자신에 대해서만 책임이 있는 것이 아니라, 다른 모든 사람에 대해 책임을 진다는 뜻이다."

문구가 떠오른다는 사실을 깨달았다. 그는 자기도 모르게 떠오르는 이 정의와 그 심층적 의미를 검토할 필요성을 느껴, 이 논제를 연구의 출발점으로 삼았다. 『제2의 성』에서 그는 "여성이란 무엇인가?"라는 질문으로 시작한다. 그는 여성은 인간사회, 즉 남성 중심 사회에서는 '쓸모없는 자' 혹은 '다른 곳에 있는 자'라는 의미에서 '타자'(他者, autrui)라고 보았다. 남성 중심 사회에서는 모든 가치의 기준은 남성에게서 나오기 때문에 여성은 본질적인 것에 대해 비본질적인 존재가 된다고 설명한다. 남성은 주체이고 절대이며, 여성은 '타자' 곧 '상대적인 존재'가 되는 것이다. 타자인 여성은 남성사회가 만들어낸 여자라는 이미지, 여자라는 역할 속에 매몰된 존재가 되는 것이다. 이는 "여성은 태어나는 것이 아니라 여자로 만들어지는 것"이라는 보부아르의 유명한 논지로 이어진다.

보부아르는 『제2의 성』에서 여성의 타자성에 대한 본질을 탐구하고, 그 해석을 이끌어내기 위해 다음과 같은 주제를 다루고 있다. ①여자는 이렇게 만들어진다, ②여자는 어떻게 사는가?, ③여자의 역사와 운명, ④자유로운 여자, ⑤문학에 나타난 여자 등으로 논의를 전개해 나갔다. 논의의 요지를 정리하면, "여성은 무엇인가?" → "여성인 것과 여성적인 것은 다른 상태다." → "여성은 사회의 기대에 의해 만들어진다." → "여성은 선택을 통해 이런 한계를 초월할 수 있다" 등이다. 그는 궁극적으로 여성이 사랑, 결혼, 가정생활, 사회생활 등에서 스스로 선택할 수 있어야 하며, 사회는 이러한 자유로운 선택을 보장해야 한다고 주장했다. 또한 그는 오로지 여성이 스스로를 해방시킬 수 있을 뿐, 남성을 통해서는 해방될 수 없다고 주장했다. 즉 "우리는 여자로 태어나는 것이 아니라 여자가 되는 것이다." 물론 이러한 선택에는 책임이 따르며, 이는 여성이 자유로운 존재이기를 바라는 인간의 속성 때문이라고 강조했다. 그는 『제2의 성』의 「해방」 편에서 다음과 같이 부연 설명했다.

"여자의 정신세계가 남자의 정신세계와 다른지는 확실하지 않다. 왜냐하면 여자는 자기를 남자와 같은 위치에 세움으로써 해방되기 때문이다. 여자가 얼마나 개별적인 존재로 머무는가, 그 개성이 어느 정도의 중요성을 얻는가를 알기 위해서는 매우 대담한 예측들을 받아들여야만 한다. 확실한 것은, 이제까지는 여자의 가능성이 억압되어 인류의 손실을 불러왔다는 것이다. 그리고 지금이야말로 여자 자신을 위해서, 모두를 위해서, 여자에게 모든 기회를 잡을 수 있도록 허락할 때라는 것이다."(『제2의 성』 제2부 제4편 제1장 중)

보부아르의 두 번째 정치적 사유는 '남녀협력론'(coopération des genders)이다. 흔히 『제2의 성』을 제대로 이해하지 못한 일각에서는 여성이 남성과 같아져야 한다고 주장하는, 즉 여성이 스스로에게 강요된 '여성성'을 멀리하고, 남성과의 본질적 차이도 무시해야 한다고 주장하는 것으로 해석한다. 하지만 실제로 보부아르는 남성과 여성의 협력을 통해서만 남성은 주체이고, 여성은 객체라는 사회적 통념에 내재된 갈등을 근절할 수 있다고 분명히 주장했다. 그는 사르트르와의 관계에서 이러한 가능성을 타진했고, 자신의 글에서 옹호했던 자질들을 대부분 자신의 삶에서 직접 실천했다. 그는 하나의 인간이라는 사실은 인간적 존재들을 서로 구별하는 어떤 특이성보다 더 중요하다고 보았다. 즉 우월성은 결코 처음부터 정해진 것이 아니다. 남녀 양성 모두에서 육체와 정신, 유한과 초월의 연극이 같은 방식으로 연출되며, 남녀 모두 시간에 의해 침식당하고 죽음을 맞이하며, 타자에 대해 똑같은 본질적인 욕구를 지니고 있다. 또 그들은 자신들의 자유로부터 동일한 영광을 이끌어낼 수 있다. 이 영광을 누릴 수 있다면, 그들은 더 이상 가짜 특권을 가지고 다투려고 하지 않을 것이다. 그리고 그때는 남녀 사이에는 진정한 우정도 싹틀 수 있다고 주장했다.

이 같은 논지에 이어 보부아르는 남녀 간의 평등에 대해 낙관적으로 전망했다. 이미 사회는 때로는 피압박자의 반항, 또 때로는 특권계층의 진화 자체를 통해 새로운 상황을 만들어 내는 과정에서 남성들이 자신들의 이익을 위해서라도 여성을 부분적으로 해방하게 되었다고 보았다. 이제 여성들은 이미 이룬 성과를 바탕으로 용기를 얻고 이 상승세를 지속해 나가야 한다고 강조했다. 지금부터 얼마나 시간이 걸릴지는 알 수 없지만, 아무튼 장래에 여성이 경제적·사회적으로 완전한 평등을 얻게 될 것이라고 보부아르는 확신했다. 그는 자연스러운 남녀관계가 가장 인간적인 관계라고 결론을 맺으면서, 다음과 같이 마무리했다.

"여자를 자유롭게 해방하는 것은 여자와 남자의 관계 속에 여자를 가두어 두지 않는 것인데, 그렇다고 해서 그러한 관계를 부인하는 것은 아니다. 비록 여자가 자기를 위해 살아간다고 하더라도 역시 남자를 위해 살아가는 것을 멈추지는 않을 것이다. 서로를 주체로 인정한다 해도 저마다 상대에 대해 어디까지나 타자로 머물러 있을 것이다. 남녀관계의 교환성은 인간을 두 종류로 분할함으로써 생기는 기적, 즉 욕망, 소유, 연애, 꿈, 모험 등을 없앨 수는 없다. 그리고 우리를 감동시켜 주는 말―준다, 정복한다, 결합한다 ―은 언제까지나 그 의미를 잃지 않을 것이다. 반대로 인류의 절반이 노예인 상태와 그에 따른 모든 위선적 체계가 폐지될 때야말로, 인류라는 '구분'이 그 진정한 의미를 드러낼 것이다. 그리고 한 쌍의 인간 남녀가 그 진정한 모습을 발견하게 될 것이다. … 이 주어진 현실세계에서 자유의 승리를 가져 오느냐 마느냐는 우리 인간에게 달려 있다. 이 지고한 승리를 쟁취하기 위해서는 무엇보다도 먼저 남녀가 자연의 구별을 초월해서 사로에게 마음을 열고 형제애를 나눠야 할 것이다."(『제2의 성』 제2부 결론 중)

보부아르의 세 번째 정치적 사유는 '참여와 연대론'(participation et solidarité)이다. 그는 일찍부터 각종 저술과 정치저널인 「레 탕 모테른」을 통해 부조리한 현실에 대해 비판적 목소리를 내고, 지식인으로서 사회참여, 즉 '앙가주망'을 꾸준히 실천해 왔다. 특히 그는 '알제리 전쟁'(1954~1962)에 대해 알제리 독립을 지지하는 입장을 표명했다. 그리고 그는 1958년 소르본대학교에서 당시 총리였던 샤를 드골(Charles de Gaulle, 1890~1970, 총리 재임 1958~1959, 대통령 재임 1959~1969)의 헌법개정 국민투표에 반대하는 연설을 한 계기로, 1960년대 내내 프랑스의 보수체제와 국가폭력에 대항하는 저항자로 활동했다. 특히 그는 1968년 권위주의적 기성체제에 저항한 학생 시위로 시작해 노동자 대파업으로 확산된 '5월혁명'(Mai 68), 즉 '68혁명'을 적극적으로 지지했다. 잘 알다시피, 68혁명은 소로본대학교에서 시작해 서유럽, 동유럽, 미국, 중남미, 일본 등으로 확산된 세계적인 사회운동으로서, 비록 실패로 끝났지만 사람들의 인식과 사유에 일대 전복을 가져온 문화혁명적인 사건이었다.

　'68혁명'을 계기로 국내외적으로 여성운동이 본격화되자, 보부아르는 1970년 창립한 '여성해방운동'(Mouvement de libération des femmes, MLF)에 합류하면서 자연스럽게 대중운동에 나서기 시작했다. 그는 1971년 낙태 합법화를 요구하는 '343인 선언'(Manifeste des 343)[40]을 발표하고, 서명운동을 주도하면서 여성운동의 선두에 섰다. 이후 그는 "①여성에게 성과 피임법을 교육한다, ②1920년에 제정된 낙태 관련 법을 개정한다, ③이미 낙태를 한 여성들을 무상 변론한다"는 목표로 결성된 '슈아지르'(choisir, 선택하다) 운동의 공동의장도 맡았다. 그리고 1973년 '여성권리동맹'을 창설해 「성차별금지법」의 제정을 위한 대중운동을 펼쳤다. 이 운동은 부르주아와 가부장적인 법제에 협력하는 행위로서 일종의 항복이라는 거센 비판도 있었지만, 여성의 권리를 위해 사회전복의 길 대신에 '사회개혁의 길'로 나아가야 한다는 현실주의적 전략과 지식인의 책임의식에서 비롯된 것이라고 볼 수 있다. 물론 보부아르는 '모든 타협의 거부 원칙'은 끝까지 견지했다. 이 같은 그의 현실참여와 연대활동은 이후 세계 여성운동을

---

40 참고로 선언문은 다음과 같다. "프랑스에서 매년 1백만 명의 여성이 낙태를 한다. 의료시설에서는 낙태가 비교적 간단한 시술이지만 법으로 금지되어 있기 때문에, 여성들은 열악하고 미심쩍은 조건을 감수하면서까지 비밀리에 낙태를 해야 한다. 우리는 이 1백만 명에 대해 침묵해 왔다. 나도 그 1백만 명 중 하나임을 선언한다. 나도 낙태를 한 여성임을 선언한다."

포함한 사회운동에 중요한 시사점을 제공했으며, 타의 추종을 불허하는 귀감이
되었다.

다소 냉소적인 시각을 갖고 보면, '자유로운 선택'을 얻은 세 사람의 헤로인
(heroine, 여주인공)의 운명에 대해 궁금해질 수 있다. 즉 현대 시민연극의
장을 연 헨리크 입센(Henrik Ibsen, 1828~1906)의 희곡 『인형의 집』(*Et
Dukkehjem, A Doll's House*, 1879)에서 집을 나가는 노라, 페이비언 협회의
창립회원이자 노벨문학상을 수상(1925)한 조지 버나드 쇼의 희곡 『피그말리
온』(*Pygmalion*, 1912)에서 화려한 대역을 벗어버리는 엘리자, 비극적 사실주의
문학의 대가이자 노벨문학상을 수상(1936)한 유진 오닐(Eugene O'Neill,
1888~1953)의 희곡 『애나 크리스티』(*Anna Christie*, 1921)에서 굴곡진 삶을 벗어
나려는 애나 등이 대표적이다. 이들은 돈도 없고, 교육도 제대로 받지 못했으며,
변변한 기술도 없는데, 자유로운 선택에 따른 결과나 대가를 어떻게 마주하는지
궁금한 것이다.

어떤 헤로인은 바이올렛 르뒥((Violette Leduc, 1907~1972)처럼 기구한 삶을
극복하고 보부아르를 만나 '글쓰기'를 통해 진정한 자아를 찾아가는 여정처럼
행복을 누릴 수도 있겠고, 반면 울리케 마인호프(Ulrike Meinhof, 1934~1976)와
같이 적군파(赤軍派, Rote Armee Fraktion, 1970~1998)에서 활동하며 세계혁명을
위해 총을 들 수밖에 없는 비극적인 운명을 맞이할지도 모른다.[41] 하지만 세
헤로인은 자신이 가져야 할 자유를 선택했고, 그에 따른 결과 혹은 대가를
온전히 감수할 것이라고 믿는다. 그럼에도 불구하고 자유로운 선택에 따른
결과가 우연적 요인에 의해 정해진다든지, 아니면 개인의 책임으로만 돌려진다

---

[41] 두 사람에 관한 영화가 각각 있는데, 르뒥의 회고록인 *La Bâtarde*(바스타드 검, 1964)를
각색해 영화화한 마틴 프로보스트 감독(Martin Provost, 1957~)의 「바이올렛: 그녀의 뜨거운
삶」(Violette, 2013)과 스테판 아우스트(Stefan Aust, 1946~)의 논픽션 소설인 『신화의 시
간』(Der Baader Meinhof Komplex, 1985)을 영화화한 울리 에델 감독(Uli Edel, 1947~)의
「바더 마인호프」(The Baader Meinhof Complex, 2008)다.

면, 선택의 자유는 형해화되든지 사상누각에 지나지 않게 될 수 있다. 이러한 상황에서 자유로운 선택은 개별적 수준에서만 허용되는 것이 아니라 사회적 차원에서 보장되어야 하는 것이다.

이러한 사회적 권리는 누군가의 시혜로 주어지는 것이 아니라 공동의 가치와 이해를 가진 사람들이 함께 요구하고 쟁취할 때 보장되는 것이다. 사실 여성이 교육과 직업적, 사회적 영역에 접근하는 최소한의 혜택을 받을 수 있었던 것은 자신들의 자유가 제한되어 있다는 점을 자각하고, 집단적으로 연대해 행동했기 때문에 가능했을 것이다. 이렇게 본다면, 앞서 냉소적인 궁금증은 "여성들이 진정으로, 근본적으로 사태를 변화시키고자 한다면 외부에서 싸워야만 한다"라는 보부아르의 주장이 실제로 구체화될수록 한갓 기우에 지나지 않게 될 것이다.

1970년대 프랑스는 보부아르의 여성운동과 더불어 진보적 정당운동도 활발했던 시기였다. 당시 사회주의 진영은 1905년 창립된 노동자인터내셔널 프랑스지부(SFIO)의 후신으로 1969년 창당한 사회당과 1920년 창당한 프랑스공산당으로 분열되어 첨예하게 대립해 왔다. 이러한 상황에서 보부아르와 사르트르는 한때 프랑스공산당을 지지했던 것으로 알려져 있다. 아마 그들은 소련의 사회주의가 '성차별주의'(sexism) 문제를 해결할 것이라고 기대했을 것이다. 그러나 스탈린주의와 스탈린 이후의 현실 사회주의의 위선에 실망해 그들을 포함해 많은 사람들이 환상을 버리게 되었다. 특히 보부아르는 "모스크바에 대해 복종"하는 프랑스공산당에게 격분했고, 나아가 권력을 통한 사회적 진보에 대해 회의적이었다. 이처럼 정당과 정치에 대해 일정한 거리를 둔 그의 태도는 여성운동의 분열을 막는 데 크게 기여했다. 결과적으로 여성운동 세력은 1981년 사회당 후보인 프랑수아 미테랑(François Mitterrand, 1916~1996, 재임 1981~1995)을 대통령으로 당선시키는 데 일등 공신과 같은 역할을 했다. 보부아르는 나중에 "나는 기권하지 않았다. 미테랑을 지지했고, 그에게 투표했다"고 밝혔다. 그는 미테랑 정부 출범 후 여성권리부의 이베트 루디(Yvette Roudy, 1929~)

초대 장관이 신설한 '여성과 문화위원회'의 명예의장을 맡았다.

보부아르는 프랑스 지성사에서 루소 이후에 등장한 최고의 천재형 지식인으로 평가받을 자격이 충분하다. 그가 전후 사람들에게 미친 지적 영향력뿐만 아니라 무지를 깨닫게 하려는 실천적 용기를 고려한다면, 이러한 평가는 지나치지 않을 것이다. 그는 프랑스 남성들이 자유, 평등, 우애라는 프랑스의 가치를 의인화한 마리안(Marianne)의 닉네임을 넘어 진실한 인간인 영웅(Héroïne)이라는 찬사와 명예를 받을 만하다. 필자는 그에 대한 최고의 수식어를 찾기 어려웠지만, 외람되게도 '인간 아테나'(Athena d'humaine)라는 별칭을 붙이고 싶다. 아테나는 지혜와 용맹으로 무지와 야만과 어리석음의 상징인 거인족 기간테스(Gigantes)를 퇴치한 지혜와 전쟁의 여신이기 때문이다. 그리고 '인간 아테나'라는 표현은 결코 신들의 주사위 놀이나 운명의 여신인 포르투나(Fortuna)가 변덕스럽게 돌리는 수레바퀴(Rota Fortunae)의 대상이 아니라 운명과 맞서는 주체적 인간이라는 의미를 담고 있어 보부아르에게 적합하지 않나 생각한다.

근대 이후의 역사는 인종, 계급, 젠더 등의 요인에 따른 장벽이나 운명을 하나, 둘 타파하고, 자유, 평등, 우애의 방향으로 나아가고 있다. 이 같은 진보의 가치는 수많은 사람들이 함께하고 연대함으로써 쟁취한 것들이다. 이 과정에서 적지 않은 영웅들의 노고와 헌신도 자리하고 있다. 예를 들면, 링컨은 노예해방을 위해 산화했고, 비어트리스 웹은 노동자의 삶을 향상시키기 위해 일생을 바쳤으며, 보부아르는 여성이 자유로운 선택을 할 수 있도록 몸소 실천했다. 필자가 아는 한, 보부아르는 진실과 용기와 관용이라는 미덕을 지녔으며, 소탈하고 기품이 있는 인물이라는 인상이 든다.

하지만 영웅은 칭송을 받기도 하지만, 가끔은 시샘의 대상이 되기도 한다. 일각에서는 보부아르가 자유로운 선택이 계급과 상관없이 모든 여성에게, 사실상 모든 사람에게 부여되어야 한다는 주장을 들어 부르주아적 여성주의에 머물러 있다고 비판한다. 마찬가지로 다른 일각에서는 그가 여성해방운동을 계급투쟁의 일부로 보는 관점이 사회주의적 여성주의에 매몰되었다고 비판하

고 있다. 혹은 그의 핵심 개념인 '자유로운 선택'이라는 표현이 신자유주의자의
대부인 밀턴 프리드먼(Milton Friedman, 1912~2006)과 그의 부인인 로즈 디렉터
(Rose Director, 1910~2009)의 공동 저작인 『선택할 자유』(*Free to Choose: A
Personal Statement*, 1980)의 제목과 유사하다고 해서 보부아르와 프리드먼 부부
와의 연관성을 억지로 끄집어내기도 한다. 이 같은 오해는 시기심에서 비롯된
것일 수도 있고, 단순히 책을 '읽지 않은 결과'에 따른 것일지도 모른다.

　『제2의 성』은 미국에서는 1953년 한 동물학자에 의해 오역된 채 출간되었으
며, 정확한 번역본은 2009년에야 나왔다. 필자가 국립중앙도서관에서 조사한
바에 따르면, 한국에서는 1979년 처음으로 번역된 후 2021년에야 전공자에
의한 새로운 번역이 이뤄졌다. 그래도 1979년 번역판은 당시 출판물에 대한
검열 관행이 있던 때임에도 불구하고, 책의 마지막 페이지에 있는 마르크스의
『1844년의 경제학 철학 초고』(*Ökonomisch-philosophische Manuskripte aus dem
Jahre 1844*, 또는 *Paris Manuscripts*)에서 언급한 "인간이 인간에 대한 직접적·자연
적·필연적인 관계는 남자의 여자에 대한 관계다"라는 문구를 그대로 번역해
실었다는 점에서 한국판이 미국판보다 원문에 더 충실했음을 알 수 있다.

　필자는 젊은 시절 절반은 실존을 찾아, 반절은 실존주의를 탐구하기 위해
파리에 방문한 적이 있다. 당연히 보부아르와 사르트르의 발자취가 남아 있는
명소들을 찾았다. 그들이 다녔던 소로본대학교와 학교 근처의 노천카페, 그들
의 이름을 딴 공원, 그들이 묻힌 공동묘지 등을 방문했고, 지인인 주재원과
유학생도 만났다. 이 여정에서 필자는 보부아르가 프랑스 최고 명예훈장인
'레지옹도뇌르'(ordre national de la Légion d'honneur)를 사양했다는 말을 듣고
의아했다. 그 훈장이 비록 나폴레옹 1세에 의해 제정되었더라도, 미테랑 대통령
이 국가를 대표해 수여하는 것이기에 세간의 자신에 대한 오해를 불식시키기
위한 실존적 차원에서라도 명예롭게 받을 만했다. 하지만 보부아르는 자신이
'참여하는 지식인'이라는 이유로 이를 사양했다. 물론 사르트르도 이전부터
여러 차례 사양했고, 심지어 1964년에는 노벨문학상을 거절하기도 했다. 당시

필자는 보부아르의 선택이 다소 지나친 것이 아닌가 생각했다. 하지만 이제는 그의 선택을 이해할 수 있다. 그의 자유로운 선택이 후대에 진실한 성찰과 인간 중심적 사유를 주고, 지식인의 역할을 환기시켜 주기 위한 것이 아니었을까 이해해 본다.

III.

통합정치를
위한 방안

일반적으로 정치현상을 객관적이고 과학적으로 이해하기 위해서는 정치가 이뤄지는 과정과 그 과정에서 나타나는 인과관계를 탐색하는 일이 필수적이다. 이 과정에서 정치학자들은 경향성과 규칙성을 발견하고자 노력했다. 그들이 탐구해 온 다양한 접근방법 중에서 데이비드 이스턴(David Easton, 1917~2014)이 제시한 '정치체계이론'(political system theory)은 특히 주목할 만하다. 이 이론은 정치학에서 인접 사회과학 분야처럼[1] '일반이론'(general theory)의 수립을 최초로 시도했다는 점뿐만 아니라 정치현상에 대한 과학적 인식 수준을 격상시켰다는 점에서 독보적인 위상을 차지하고 있다.

이스턴은 일련의 연구[2]를 통해 '정치과정'(political process)을 '투입(input) → 정치체계(political system) → 산출(output) → 환류(feedback)' 등과 같이 시계열적으로 순환하는 과정으로 개념화했다. 그리고 이 과정에서 상호작용하는 정치행위자들의 행위를 조명했는데, 그는 정치를 "사회적 가치의 권위적 배분(authoritative allocation of values)", 또는 "부, 권력, 지위에 대한 보상의

---

[1] 대체로 경제학에서는 존 케인스(John Keynes, 1883~1946)가 1936년 『고용, 이자 및 화폐의 일반이론』(*The General Theory of Employment, Interest, and Money*)에서, 법학에서는 한스 켈젠(Hans Kelsen, 1881~1973)이 1945년 『법과 국가의 일반이론』(*General Theory of Law and State*)에서, 사회학에서는 탤컷 파슨스(Talcott Parsons, 1902~1979)가 1951년에 편집한 *Toward a General Theory of Action*(일반 행동이론을 향하여)에서 해당 학문의 일반이론 수립을 시도한 것으로 알려진다.

[2] 정치체계이론과 관련한 이스턴의 주요 연구서로는 *The Political System: An Inquiry into the State of Political Science*(정치체계: 정치학 상태에 대한 탐구, 1953), *A Framework for Political Analysis*(정치분석을 위한 기본틀, 1965), 『정치생활의 체계분석』(*A Systems Analysis of Political Life*, 1965) 등을 들 수 있다.

분배(distribution of rewards in wealth, power, and status)"로 보는 합리적 선택행위로 해석했다. 대체로 이스턴의 정치체계이론은 정치학의 일반화(generalization)를 위한 노력에 커다란 지적 자극과 통찰력을 제공했으며, 비교정치 연구의 범위를 확장하는 데 크게 기여했다고 평가받고 있다.

필자는 이 장에서 통합정치의 방안을 탐색하기 위해 정치체계이론의 트레이드마크(trademark)인 '투입-산출 모델'을 기본 틀로 삼고, 이 모델을 〈그림 Ⅲ-1〉과 같은 형태로 변용해 적용하려고 한다. 물론 이러한 시도는 필립스 쉬블리(Phillips Shively, 1942~)가 『정치학 개론: 권력과 선택』(*Power and Choice: An Introduction to Political Science*, 2018)에서 "정치학은 반만 채워진 유리잔의 과학"이라고 묘사한 바와 같이, 복잡다단한 정치의 갈등과 통합 현상을 분석하는 데 제한적일 수 있다는 점을 인정한다. 또한 재소학천才疏學淺한 필자는 세상과 현실을 제대로 보는 데 한계를 지니고 있다. 다만 주관적인 인식에 객관적인 현실을 작위적으로 적용하는 것은 항상 경계하면서, 통합정치의 방안과 관련한 정치문화, 정치제도, 정치리더십 등의 다양한 문제 영역들을 차례로 다뤄보려고 한다.

〈그림 Ⅲ-1〉 정치체계에서의 갈등과 통합의 정치과정

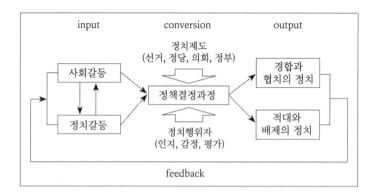

〈그림 Ⅲ-1〉은 정치과정에서의 산물(output)로서 서로 대립되는 '경합과 협치의 정치'(politics of agonism and governance)와 '적대와 배제의 정치'(politics of antagonism and exclusion)를 제시하고 있다. 이는 실재형(realtypus)의 개념이 라기보다는 이념형(idealtypus)의 개념이라고 볼 수 있다. 그리고 '경합'과 '적대' 라는 개념은 오래 전부터 자유민주주의가 지니고 있는 다원주의의 한계를 인식하고 실천적 대안 연구에 천착해 왔던 샹탈 무페(Chantal Moffe, 1943~)의 정치적 사유[3]에서 차용한 것인데, 일단 그 의미를 각각 "경쟁자 내지 대립자의 정당성을 인정하는 관계"와 "화해 불가능한 행위자 간의 관계"로 잠정적으로 정의할 수 있다. 또한 '협치'의 개념은 정치적 협력(political cooperation)을 의미하 며, 이는 '배제'와 반대되는 포용(inclution)이나 상생(co-existence)의 의미를 포함한 개념으로 받아들일 필요가 있다. 이들 개념에 대해서는 정치문화와 관련한 논의에서 자세히 살펴볼 것이다.

---

3 무페는 『정치적인 것의 귀환』(*The Return of the Political*, 1993), 『민주주의의 역설』(*The Democratic Paradox*, 2000), *On the Political*(정치적인 것에 대해, 2005), 『경합들: 갈등과 적대의 세계를 정치적으로 사유하기』(*Agonistics: Thinking The World Politically*, 2013) 등을 통해 '경합적 정치'(agonistic politics)의 개념과 가능성을 모색해 왔다.

1. 정치문화

정치문화의 야누스

우리가 어쩌면 통합정치의 필요성을 느끼고 고민을 시작하는 이유는 정치가 갈등과 분열의 속성을 갖고 있음을 염두에 두기 때문이다. 갈등과 분열의 정치는 공동체의 가치와 이익을 둘러싸고 필연적으로 발생한다. 다만 그 양상과 정도에 있어서 차이가 있지만 공동체의 안전과 번영에 지장을 초래하느냐, 아니냐에 따라 그 심각성이 결정된다. 일반적으로 사회구성원이나 정치행위자들은 정치와 정치체제에 대한 개인적인 가치와 규범을 지니고, 일련의 정치과정에서 직간접적으로 관여하고 갈등적이거나 협력적인 상호관계를 형성한다. 이 같은 개인의 인식과 행태 가운데 집단적인 정치적 행위의 기저를 형성하면서 공통된 정치적 의미를 부여하고 있는 주관적인 영역을 개념화해 '정치문화'(political culture)라고 부른다.

정치문화는 단순히 국민성이나 문화사조와는 다르게 한 공동체 내에서 사회발전의 수준과 균열구조의 성격에 따라 여러 유형들이 나타날 수 있다. 이러한 맥락에서 정치문화 개념을 창안한 가브리엘 알몬드(Gabriel Almond, 1911~2002)와 시드니 버바(Sidney Verba, 1932~2019)는 정치문화를 구성하는 인지적 정향(cognitive orientations), 감정적 정향(affective orientations), 평가적 정향(evaluative orientations) 등에 따라 향리형(parochial), 신민형(subject), 참여형

(participant) 등 세 가지 유형을 제시한 바 있다.[4] 이처럼 하위 유형들을 지닌 정치문화는 서로 길항적인 관계를 형성하면서 정치와 정치체제의 유지와 변화에 많건 적건 간에 영향을 미친다. 더 나아가 하위 정치문화들은 정치와 정치체제의 변화에 따라 쇠퇴와 발흥과 같은 역동적인 변동을 겪기도 한다.

가끔 한국정치사를 대할 때, 정치문화와 관련한 에피소드에서 안타까움 내지 페이소스(pathos)를 느낄 때가 종종 있다. 몇 가지 대표적인 사례를 들면 다음과 같다. 첫 번째로는 그레고리 헨더슨(Gregory Henderson, 1922~1988)[5]이 『소용돌이의 한국정치』(*Korea: The Politics of the Vortex*, 1968)에서 한국정치의 병리를 "원자화한(atomized) 정치적 개체가 중앙으로 몰리는 소용돌이 정치"라고 지적한 경우를 들 수 있다. 이 견해는 모래알과 같은 지사志士, 학자, 민중의 권력지향성과 이를 이용하려는 정치엘리트의 기회주의 속성을 밝힌 것으로서 나름대로 설득력을 갖고 있다고 볼 수 있다. 두 번째는 1982년 MBC 드라마인 「거부실록」에서 반민족행위 혐의가 있는 김갑순(1872~1960)이 일본어로 "민나

---

4 정치문화에 관한 알몬드와 버바의 저서로는 *The Civic Culture: Political Attitudes and Democracy in Five Nations*(시민문화: 5개 국가의 정치적 태도와 민주주의, 1963)와 *The Civic Culture Revisited*(eds., 다시 찾은 시민문화, 1980)를 들 수 있다. 이들은 인지적 정향은 정치체제, 지도자들, 정부 운영에 관한 지식 및 신념과 관계된 것으로, 감정적 정향은 정치체제에 대한 애착심이나 소외감과 같은 감정들로, 평가적 정향은 정치체제에 대한 판단이나 의견으로 보았다. 그리고 이들은 향리형은 개인들이 정치에 대한 기대와 인식이 낮고 일반적으로 정치에 참여하고 있지 않는 정치문화로, 신민형은 개인들이 정치적 산출에 대해서는 인식하고 있으나 정책결정에 이르는 과정에는 참여하지 않는 정치문화로, 참여형은 개인들이 정치체제 전반에 걸쳐 관계하며 투입과 산출 과정 모두에서 적극적으로 참여하는 정치문화로 개념화했다.

5 헨더슨은 주한 미국대사관의 외교관(1948~1950, 1958~1963)으로 근무하면서 격동의 한국정치에 직간접적으로 관여하고 한국정치사를 탐구한 결과를 바탕으로『소용돌이의 한국정치』를 집필했다. 이 책은 루스 베네딕트(Ruth Benedict, 1887~1948)의 『국화와 칼』(*The Chrysanthemum and the Sword: Patterns of Japanese Culture*, 1946)과 존 페어뱅크(John Fairbank, 1907~1991)의 *The United States and China*(미국과 중국, 1948)와 함께 미국에서 한·중·일의 역사와 정치문화를 이해하려고 할 때 필독서 중 하나다.

도로보데스(みんな泥棒です, 모두가 도둑놈이다)"라고 말한 유명한 대사이다. 이 대사는 해방 직후부터 회자되어 온 것으로서 지도층의 부패상을 조롱하는 카타르시스(catharsis)적인 측면도 있지만, 적나라한 수단과 방법을 용인하는 세태를 반영한 것이라고 볼 수 있다. 세 번째는 2007년 노무현 대통령이 임기 일년을 앞두고 개헌 논의를 제안하자, 박근혜 전 한나라당 대표가 "참 나쁜 대통령"이라고 비판한 경우를 들 수 있다. 이 말은 이후 야당이 대통령을 비난할 때마다 사용되었고, 일상에서도 사람들이 상대방과 더 이상의 대화를 하지 않겠다는 의미로 패러디(parody)되어 사용되곤 한다.

하지만 이러한 페이소스가 있는 장면들과 대비되게, 때로는 정치문화적 측면에서 볼 때 '경이로움'(marvel)이라고 표현할 수 있는 의외의 일도 있다. 1987년 민주화 이후 가장 경이로운 사건 중 세 개를 들라면 다음을 들 수 있다. 첫 번째로는 1988년에 있었던 「한겨레신문」의 창간을 들 수 있다. 「한겨레신문」은 권위주의 시절 언론자유를 지키려는 과정에서 해직된 기자들에 의해 시민 모금으로 창간되었는데, 기존의 신문과 달리 지면을 오른쪽에서 왼쪽으로 넘기는 방식과 가로쓰기, 순한글 편집을 도입했다. 이처럼 파격적이지만 정상적인 매체의 등장은 새로운 정치문화를 형성하는 '커뮤니케이션 과정'(communication process)에서 가히 문화혁명적 사건이라고 볼 수 있다. 두 번째는 1998년 수평적 정권교체에 따른 김대중 정부의 등장을 들 수 있다. 김대중 정부는 1961년 5·16 군사정변 이래 38년만에 야당이 집권한 정부로서, 오랫동안 영남 출신자들이 주도한 정부들과 달리 비영남 출신자들이 주도한 정부였다. 이러한 상황은 여야 간의 정권교체가 없는 민주화를 관성적으로 용인하는 행태와 지역주의에 대한 편향적 태도를 불식시키는 데 의미 있는 영향력을 발휘했다. 세 번째는 2017년 박근혜 대통령의 탄핵을 들 수 있다. 현직 대통령을 물러나게 한 것은 헌법재판소의 결정이었지만, 국정농단에 대한 시민들의 항의와 그에 대한 국회의 동의가 있었기 때문에 가능한 일이었다. 이 사건은 헌법을 위반한 최고권력자에게 정치적 책임을 물을 수 있다는 헌정주의에 대한 국민들의 신뢰를 강화하는 이정표가 되었다.

이렇게 본다면, 한국 정치문화는 통합정치의 담론에 비춰볼 때 부정적인 측면과 긍정적인 측면을 동시에 지니고 있다고 볼 수 있다. 이는 한국 정치문화도 대부분의 선진국이 지니고 있는 정치문화의 '야뉴스'(Janus)적인 얼굴, 즉 이중성(dualism)을 지니고 있다는 것을 의미한다. 이 점에서 통합정치와 관련한 정치문화를 다룰 때, 다음과 같은 두 가지 논쟁 지점을 염두에 둘 필요가 있다. 우선 정치문화와 정치체제의 관계에서 "닭이 먼저냐 달걀이 먼저냐"라는 물음처럼 인과관계에서 딜레마가 발생한다는 점이다. 즉 새로운 정치문화 내지 대안적 정치문화의 출현이 궁극적으로 정치체제의 변화를 이끌어낸다는 입장과 정치체제의 변화가 기존의 정치문화를 쇠퇴시키고 대안적 정치문화를 창출한다는 입장으로 나눠진다. 이 같은 쟁점에 대한 해답은 정치문화 이론가들 사이에서도 합의되지 않았다. 다만 정치사회화와 커뮤니케이션 과정의 내용과 영향력에 따라 '변화된 정치문화'(changed political culture)가 정치체제에 영향을 미친다는 점까지는 잠정적으로 합의를 보고 있다. 그러나 여기서 문제는 정치사회화와 커뮤니케이션 과정 자체가 정치체제의 구성요소라는 점이다.

다음으로 정치문화가 공동체 내의 다양한 정향(orientations)이나 가치(values)에 따라 여러 유형들로 표출되고 있는데, 일반대중의 정치문화와 엘리트층의 정치문화가 각각 구분되어 존재하는가 하는 점이다. 대체로 정치문화 이론가들은 양 집단의 정치문화를 구분하지 않고 분석하는 경향을 띠고 있다. 아마도 양 집단을 구분해 다루기 시작한다면, 사회학에서 계급, 인종, 젠더 등 하위집단의 문화를 각 독립변수로 두어 분석하고 있는 것처럼 정치학도 하위집단의 정치문화를 구분해 분석해야 하는데, 이는 많은 어려움이 따르는 과제일 수 있다. 하지만 연구방법의 어려움 때문에 '엘리트 정치문화'(elite political culture)의 존재를 부정할 수는 없는 일이다. 대체로 엘리트라고 불리는 사람들은 정치권력 중심에 가장 가까이에 있는 사람들로서, 선출된 정치인, 고위 관료, 민간사회의 각 영역에 있는 지도적 인사 등이 포함되는데, 정치적 정향과 가치는 일반대중보다 체계적이고 명시적일 것으로 예상되곤 한다. 또한 이들은 고등교육을 통해 공통의 경험이라고 할 수 있는 정치사회화로 일반대중의 분열적인 가치나 감정적 행태와 다르게, 공동체의 이익에 대해 암묵적으로 합의하거나 자신과 다른 가치와 이익을 추구하는 상대방을 불가피하게 인정하는 경향을 갖고 있다. 하지만 이들은 좌파와 우파를 가릴 것 없이 칼 슈미트(Carl Schmitt, 1888~1985)가 『정치적인 것의 개념』(Der Begriff des Politischen, 1932)에서 언명한 "정치는 적과 동지의 구분"이라는 그럴 듯하지만 극단적인 논리를 잘 알고 있을 것이다.

이처럼 정치문화에 내재된 한계에도 불구하고, 역사적 사례들은 새로운 정치문화가 정치체제에 변화를 가져올 수 있다는 점을 시사하고 있다. 〈표 Ⅲ-1-1〉은 1980~2000년대 대표적인 선진 민주국가인 프랑스, 미국, 일본, 영국, 독일 등에서 순차적으로 진보주의적 정부가 들어선 상황을 나타낸 것이다. 민주주의 체제라면 여·야 간의 정권교체가 자연스러운 것이지만, 진보적 정당이 오랜 시간의 '광야의 세월'(The Wilderness years)[6]을 거쳐 집권하게 된 것은 예사로운 일이 아니었다. 일각에서는 이를 우연의 일치라고 치부하기도 하고, 좌파의 광풍이라고 폄하하기도 했다. 일본 사회당의 사례와 같이 선거에서 승리하지 않고도 집권한 예외적인 경우를 제외하면, 정당들이 '변화'(change)나 '새로운(new) 비전'을 요구하고 있는 유권자들에게 다가간 선거전략의 산물이었다고 보는 것이 보다 설득력을 갖는다.

---

6 광야의 세월은 영국 노동당이 1979년 보수당의 마거릿 대처(Margaret Thatcher, 1925~2013, 총리 재임 1979~1990)에게 패배한 이후부터 1994년 토니 블레어(Tony Blair, 1953~, 총리 재임 1997~2007)가 당 대표로 선출되기까지 정치리더십의 부재에 따른 절망스러운 기간을 가리키는데, 모세(Moses)가 이스라엘 백성과 함께 40년 동안 광야에서 방황했다는 성서의 내용에서 원용한 것이다.

〈표 Ⅲ-1-1〉 1980~2000년대 6개 국가의 진보주의적 정부 현황

국가	국정책임자 (소속 정당)	집권 기간	야당 기간	선거 슬로건	정부형태
프랑스	미테랑 대통령 (사회당*)	1981~1995	27년	Changer la vie (삶을 변화하라)	연립정부 동거정부
미국	클린턴 대통령 (민주당)	1993~2001	12년	Change vs. More of the Same(변화 대 더 많은 것)	단독정부
일본	무라야마 총리 (사회당)	1994~1996	46년	人にやさしい政治 (사람 친화적인 정치**)	연립정부
영국	블레어 총리 (노동당)	1997~2007	18년	New Life for Britain (영국을 위한 새로운 삶)	단독정부
영국	브라운 총리*** (노동당)	2007~2010	정부 승계	New Style of Politics (새로운 스타일의 정치)	단독정부
독일	슈뢰더 총리 (사회민주당)	1998~2005	16년	Neues Zentrum (새로운 센터)	연립정부
한국	김대중 대통령 (국민회의)	1998~2003	37년	경제를 살립시다	연립정부
한국	노무현 대통령 (민주당)	2003~2008	정부 교대	새로운 대한민국	단독정부

* 1947~1954년 대통령에 재임한 뱅상 오리올(Vincent Auriol, 1884~1966)의 소속당은 1905년 창당한 사회주의인터내셔널 프랑스지부(SFIO)인데, SFIO는 1969년 사회당(PS)으로 재창당됨.

** '사람 친화적인 정치'라는 표현은 무라야마 도미이치(村山富市, 1924~)가 총리에 취임한 직후 국회에서 연설한 시정방침에서 밝힌 것임.

*** 고든 브라운 총리(Gordon Brown, 1951~)는 블레어 총리가 중도 퇴진을 밝힘에 따라 노동당 대표선거에서 대표로 선출되어 총리에 취임했다. 참고로 선거 슬로건은 브라운이 대표 출마 때 사용한 것임.

일찍이 로널드 잉글하트(Ronald Inglehart, 1934~)는 사람들의 "조용히, 그리고 확실히 진행되는 가치관의 변화"를 관찰한 바 있다. 그는 1977년 『조용한 혁명』(The Silent Revolution: Changing Values and Political Styles Among Western Publics)에서 서구 산업사회에서 나타나고 있는 가치관을 물질상의 복지나 신체의 안전을 강조하는 물질주의(materialism)와 자기표현이나 삶의 질을 중시하는 탈물질주의(post-materialism)로 구분하고, 개인 가치관이 물질주의에서 탈물질주의로 점진적으로 변화하고 있음을 주목했다. 그는 이러한 개인 가치관

의 변화가 정치기능의 변화와 맞물리면서 새로운 정치균열을 가져왔다고 진단했다. 여기서 정치기능의 변화는 엘리트들이 정당, 노동조합, 종교단체 등의 기성 조직을 통해 대중의 지지를 동원하는 '엘리트 지도형'에서, 대중이 복수의 엘리트 그룹을 놓고 선택함과 동시에 자신들의 역할을 중요하게 자리매김하는 '엘리트 도전형'으로 전환한 것을 의미한다.

물론 잉글하트는 개인 가치관과 정치기능의 변화에 따른 정치균열이 반드시 정치체제의 변화를 가져온다고 단정 짓지는 않았다. 이는 특정 국가에 고유한 정치제도들이 정치체제의 변화를 촉진하기도 하고 억제하기도 하기 때문이다. 하지만 그는 오랫동안 경험적인 분석을 통해 자신의 유명한 테제인, "①사회경제적 발전이 유리한 존재적 환경을 가져오고, ②이는 대중의 자기표현 가치의 등장을 불러오는데, 이 가치는 인간의 자유와 선택에 우선권을 부여하며, ③이 가치는 민주주의가 아직 존재하지 않는다면, 민주주의의 도입을 추구하고, ④민주주의가 이미 존재한다면, 민주주의의 생존과 심화를 추구하는 사회세력을 동원한다"라는 가설을 검증해 왔다.[7] 이 테제가 나름 의미가 있다면, 정치체제의 변화는 "①개인 가치관의 변화 + ②정치기능의 변화 + ③정치제도의 개혁"이라는 세 가지 요인이 맞물려야 이뤄지며, 그 시작 지점은 개인 가치관의 변화라고 할 수 있다. 어쩌면 표에서 사례로 든 6개 국가의 진보적 정당의 부침이나 현재 각 국가에서 벌어지고 있는 극단적인 정치갈등은 이 세 요인 간의 어긋남(discrepancy) 내지 부조화(discordance) 때문이 아닌가 본다.

---

7 『조용한 혁명』(1977) 이후 잉글하트의 대표적인 연구서로는 *Culture Shift in Advanced Industrial Society*(선진 산업사회의 문화변동, 1990), *Modernization and Postmodernization: Cultural, Economic, and Political Change in 43 Societies*(근대화와 탈근대화: 43개 사회의 문화적, 경제적, 정치적 변화, 1997), 『민주주의는 어떻게 오는가: 근대화, 문화적 이동, 가치관의 변화로 읽는 민주주의의 발전지도』(Christian Welzel과 공저, *Modernization, Cultural Change, and Democracy: The Human Development Sequence*, 2005) 등을 들 수 있다.

한국 정치문화의 이모저모

정치문화에 대한 접근은 방대한 '구조화된 설문조사'와 세밀하고 심층적인 '인터뷰 기법'이 수반되어야 가능하기 때문에 애초부터 난이도가 높은 연구영역이다. 현재의 학문적 환경에서는 이 문제가 해결되기는 쉽지 않다. 그럼에도 불구하고 이를 극복하려는 방안들이 다각적으로 모색되고 있다. 필자가 보건대, 통합정치와 관련한 정치문화를 다룰 때 다음과 같은 몇 가지 방안을 고려한다면 나름대로 유용할 것이라고 본다. 첫째, 정치문화에 접근할 때, 가급적 가치판단을 유보하고 사실판단에 집중할 필요가 있다. 그동안 정치문화 연구가 사람들의 관심에서 멀어지고 그에 따라 침체된 것은 정책적 목적의식을 앞세우는 바람에 서구 가치관에 편향[8]된 것으로 오해한 측면이 있었기 때문이다. 둘째, 정치문화를 조사할 때, 현실적으로 모든 영역을 조사할 수 없기 때문에 제한된 영역이더라도 주기적인 지속성을 갖는 것이 중요하다. 특히 정치문화의 기저라고 할 수 있는 구성원들의 가치나 의식의 점진적이고 미세한 변화를 추적하는 것이 보다 유의미하다. 셋째, 정치문화를 이해할 때, 다른 나라들과의 비교를 통해 상대주의적 입장에서 바라보는 것이 필요하다. 정치문화는 당위적 의미를 지니는 정의定義적 개념이라기보다는 정치현상을 객관적이고 경험적으로 기술하기 위한 조작적 개념이기 때문에 '국가 간 비교연구'(cross-national studies)를 통한 이해가 중요하다.

이러한 점들을 염두에 두고 한국 정치문화를 살펴볼 때, '세계가치설문조사'(World Values Survey, 이하 WVS)에서 수행한 연구결과를 기초 데이터로

---

8 흔히 특정 국가나 사회의 문화적 특성을 동·서양의 구분을 통해 찾으려는 접근이 있는데, 이는 서구의 전통적 가치나 제국주의적 이념에서 벗어나지 못하는 한계를 지닐 수 있다. 이러한 문제에 대해 대표적으로 에드워드 사이드(Edward Said, 1935~2003)는 『오리엔탈리즘』(Orientalism, 1978), 『문화와 제국주의』(Culture and Imperialism, 1993), 『권력과 지성인』(Representations of the Intelletual: The 1993 Reith Lectures, 1994) 등을 통해 강도 높게 비판했다.

활용한다면 상당히 유용할 것이다. WVS는 1981년 각국의 가치관 조사를 위해 세계의 사회과학자들이 조직한 비영리 네트워크기구로서, 빈(Wien)에 비교조사연구소와 사무국을, 스톡홀름에 대외관계사무소를, 마드리드에 아카 이브센터를 두고 지금까지 일곱 차례 조사를 실시해 그 결과를 웹 사이트를 통해 공개해 왔다. WVS는 2023년 「제7차 웨이브」(Wave 7, 2017~2022) 조사결 과를 발표했는데, 169개 국가의 가치관을 14개 분야의 294개 설문문항과 인터뷰를 통해 조사했다. 이러한 조사결과는 서구중심주의에 입각한 것이라는 일각의 비판이 있지만,[9] 유엔(UN) 산하의 각종 기관과 공신력이 있는 국제기구, 연구기관, 언론 등에서 인정받고 있다.

한편 WVS는 조사결과 공개시 가치관 연구의 선구자인 로널드 잉글하트와 제자인 크리스티안 벨첼(Christian Welzel, 1964~)이 조사내용의 요점을 시각적 으로 보여주기 위해 개발한 「잉글하트-벨첼의 세계문화지도」(The Inglehart -Welzel World Cultural Map)를 함께 발표한다. 〈그림 Ⅲ-2〉는 1997년 잉글하트가 작성한 지도이며, 〈그림 Ⅲ-3〉은 2023년 잉글하트와 벨첼이 공동으로 작성한 지도다. 물론 이 기간 사이에 3개의 지도가 발표되었다. 이들 지도 간의 비교에서 정치문화와 관련한 여러 변화상과 시사점을 발견할 수 있다.

잉글하트와 벨첼은 오랜 기간에 걸친 사람들의 신념이 경제발전, 민주주의의 발전, 성평등의 진전, 효과적인 정부의 출현 등을 가져오는 데 지대한 역할을 해 왔다고 인식했다. 이들의 연구에 따르면, 각기 다양한 문화권에는 두 가지 주요 차원(dimensions)이 존재한다고 보았다. 즉 하나는 '전통적 가치'(traditional values) 대 '세속적 가치'(secular values) 차원이고, 다른 하나는 '생존 가치' (survival values) 대 '자기표현 가치'(self-expression values) 차원이다. 전통적

---

9 WVS의 운영 비용은 스웨덴은행 300주년 재단, 스웨덴 국제개발협력국, 미국 국립과학재단, 독일 과학재단, 네덜란드 교육문화과학부, 폭스바겐 재단 등으로부터 지원받고 있으며, 조사 비용은 각 국가의 조사팀에서 자체 조달하되, 여의치 않을 경우에는 운영 비용으로 충당하고 있다. 현재 「제8차 웨이브」(Wave 8, 2023~2028)가 진행 중이다.

가치는 종교의 중요성, 권위에 대한 복종, 전통적 가족가치 등을 중시하는데, 이러한 가치를 받아들이는 사람들은 대체로 이혼, 낙태, 안락사 및 자살 등을 거부하고, 사회는 강한 국가적 자부심과 민족주의적 성향을 지니고 있다. 반면에 세속적 가치는 전통적 가치와 정반대의 선호도를 갖는데, 이러한 사회는 종교, 권위, 전통적 가족가치 등을 덜 중시하며, 이혼, 낙태, 안락사 및 자살 등을 상대적으로 용인한다. 그리고 생존 가치는 경제적 및 물리적 안전을 강조하는데, 상대적으로 자민족중심적(ethnocentric) 관점과 낮은 수준의 신뢰와 관용을 나타낸다. 반면에 자기표현 가치는 환경보호, 양성평등, 외국인 및 성소수자에 대한 관용, 경제 및 정치 생활에서의 의사결정 참여에 우선순위를 부여한다.

〈그림 Ⅲ-2〉 1997년 잉글하트의 세계문화지도

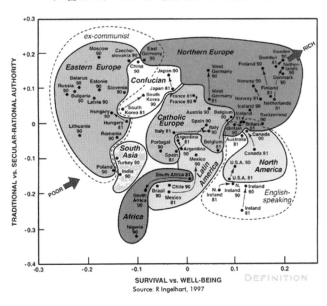

출처: Mapping Authority and Survival or Well Being. Inglehart, Ronald. 1997. *Modernization and Postmodernization: Cultural, Economic, and Political Change in 43 Societies.*

〈그림 Ⅲ-3〉 2023년 잉글하트-벨첼의 세계문화지도

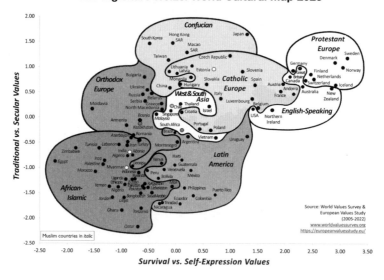

출처: CulturalMapFinalEVSWVS_2023.xlsx.

　잉글하트와 벨첼은 그림처럼 국가별로 두 차원의 가치를 지리적 근접성이 아닌 공유된 가치로 구획된 '국가군 클러스트'(clusters of countries)에 위치시키고, 국가 간의 비교와 가치관의 변화 추세를 통해 가치관과 경제발전 및 민주주의 발전 간의 상관관계를 밝히고 있다. 이 지도에서 특정 국가가 위쪽으로 옮겨가면 전통적 가치에서 세속적 가치로 이동한 것으로, 오른쪽으로 옮겨가면 생존 가치에서 자기표현 가치로 이동한 것으로 간주된다. 이들의 연구에 따르면, 전통적 가치에서 세속적 가치로의 전환은 국가경제의 산업적 요인과 강한 상관관계를 갖으며, 생존 가치에서 자기표현 가치로의 전환은 국가서비스 부문의 규모와 강한 상관관계를 갖는다. 그리고 세속적 가치와 자기표현 가치는 서로 '긍정적 상관관계'(positive correlation)를 나타내는 것으로 볼 수 있다.

　〈표 Ⅲ-1-2〉는 「2023년 잉글하트-벨첼의 세계문화지도」에서 미국, 프랑스, 영국, 독일, 일본, 한국 등 6개 국가[10]의 가치관들이 위치하고 있는 좌표를 나타낸 것이다. 한국은 세속적 가치에서 일본보다 다소 낮지만, 종교의 영향이

많은 미국, 프랑스, 영국, 독일에 비해 높다. 또한 한국의 자기표현 가치는 6개 국가 중 가장 적은데, 〈그림 Ⅲ-3〉에서 보듯이 유교권의 중국, 몽골, 대만 등보다도 적은 것으로 나타난다.

〈표 Ⅲ-1-2〉 6개 국가의 가치관 좌표 현황

국가	클러스트	전통적 가치 vs 세속적 가치 (범위 -2.50 ↔ 2.00)	생존 가치 vs 자기표현 가치 (범위 -2.50 ↔ 3.50)
미국	영어사용권	0.15	1.45
프랑스	가톨릭유럽권	0.50	1.95
영국	영어사용권	1.00	2.30
독일	기독교유럽권	0.95	2.20
일본	유교권	1.60	1.40
한국	유교권	1.45	-0.45

출처: The Inglehart-Welzel World Cultural Map 2023.

이제부터 이러한 가치관의 변화 속에서 나타나고 있는 한국 정치문화의 면면을 심도 있게 살펴보자. 이를 위해 첫 번째로 WVS의 「제7차 웨이브」(Wave 7, 2017~2022) 조사결과 중 정치문화와 관련한 현황을 살펴볼 필요가 있다. 〈표 Ⅲ-1-3〉에서 보듯이, 한국인은 정치가 삶의 영역에서 비교적 중요하다고 여기고 있다. 한국인의 이념성향은 평균적으로 중도보다 약간 보수적이되, 일본과 미국에 비해 덜 보수적인 것으로 나타난다. 또한 표에 기재되지 않은

---

10 '국가간 비교연구' 방법은 한국의 정치현상을 객관적으로 진단하고 현실가능한 대안을 모색하는 데 있어서 가장 필수적인 접근법이라고 본다. 이를 위해 머리말에서 제시한 'G20 국가군' 중 가급적 미국, 프랑스, 영국, 독일, 일본 등 다섯 국가들과 비교하려고 한다. G20 중 이탈리아가 GDP 규모, 1인당 GDP 수준, 민주주의 지수 등에서 한국과 유사하지만, 의회제를 채택하고 있는 영국, 독일, 일본과 비교하기 때문에 제외하고자 한다. 참고로 G20 중 캐나다, 호주, 브라질, 멕시코 등과의 비교는 1인당 GDP 수준에서의 격차가 한국과 너무나 크기 때문에 처음부터 상정되지 않는다. 또한 흔히 거론되고 있는 스웨덴과 핀란드도 인구(각각 1,061만 명, 554만 명)와 1인당 GDP(각각 US$ 55,395, 54,351) 수준에서의 격차가 한국과 너무나 크기 때문에 비교 대상에서 제외한다.

〈표 III-1-3〉 6개 국가의 정치문화 현황

	미국	프랑스	영국	독일	일본	한국
조사대상	2,596명	자료 없음*	2,609명	1,200명	1,353명	1,245명
조사년도	2017	–	2021	2018	2019	2018
정치관심 (Q4)	당신의 삶에서 정치가 얼마나 중요한가요? (중요함 ↔ 중요하지 않음)					
	56.5- 42.3	–	55.0- 44.3	69.9- 30.0	64.3- 31.2	60.1- 40.0
이념성향 (Q240)	당신의 견해는 좌파와 우파 사이에서 어디에 위치하는가요? (좌 1 ↔ 10 우)					
	5.32	–	5.01	4.76	5.75	5.27
민주주의 인식 (Q241- Q248)	1. 정부는 부자들에게 세금을 걷고 가난한 자들에게 보조해 준다. (민주주의의 본질적 특성이 아님 1 ↔ 10 민주주의의 본질적 특성임, 이하 같음)					
	5.71	–	6.36	7.54	6.92	6.81
	2. 종교적 권위기관은 궁극적으로 법을 따른다.					
	3.06	–	2.47	1.37	1.83	3.98
	3. 사람들은 지도자를 자유선거로 선출한다.					
	8.36	–	8.85	9.54	8.12	7.73
	4. 사람들은 실업자가 되었을 때 국가의 지원을 받는다.					
	5.75	–	6.97	8.51	7.20	6.91
	5. 군대는 정부가 무능할 경우 정부를 전복시킬 수 있다.					
	3.89	–	3.44	1.82	1.87	3.86
	6. 시민적 권리는 국가의 억압으로부터 사람들을 보호한다.					
	7.67	–	7.78	8.67	7.88	7.21
	7. 국가는 사람들의 소득을 동등하게 한다.					
	4.14	–	4.51	5.31	4.16	6.01
	8. 사람들은 통치자를 따른다.					
	5.39	–	5.04	2.34	2.71	4.53
체제평가 (Q250- Q252)	1. 당신은 민주적으로 통치하는 나라에서 사는 것이 얼마나 중요하다고 생각하는가요? (중요하지 않음 1 ↔ 10 중요함)					
	8.28	–	8.89	9.46	8.70	7.90
	2. 당신이 살고 있는 나라가 얼마나 민주적이라고 생각하는가요? (Not at all democratic 1 ↔ 10 Completely democratict)					
	6.05	–	6.56	7.58	7.13	6.88
	3. 당신의 나라에서 작동하는 정치체제에 대해 얼마나 만족하는가요? (Not at all satisfied 1 ↔ 10 Completely satisfied)					
	4.49	–	4.95	6.34	5.61	6.78

출처: World Values Survey Wave 7(2017~2022).

* 프랑스는 조사대상국인데, 조사결과가 나와 있지 않음.

'표준편차'(standard deviation)[11]를 보면, 한국인의 이념적 양극화 수준은 미국과 일본에 비해 낮은 편으로 보인다. 이와 관련해 한국인이 민주주의의 본질로서 다른 나라들보다 중요하게 평가하는 영역은 복지, 법치, 소득분배 등의 영역으로, 반면에 덜 중요하게 여기는 영역은 자유선거, 인권, 양성평등 등의 영역으로 나타난다. 그리고 한국인이 민주주의 체제의 중요성에 대한 인식은 다른 나라들보다 낮지만, 정치체제에 대한 만족도가 다른 나라들, 특히 독일과 일본보다 높은 것은 의외이다. 이는 한국인이 현직 대통령의 탄핵을 추동시켜 새로운 정부를 출범시킨 데 대한 정치적 효능감을 최고조로 느꼈을 시점인 2018년에 설문조사가 이뤄진 것과 관련이 있는 것으로 짐작된다.

한편 실제 사회생활 및 정치생활에서 이와 같은 정치문화가 반영된 개념으로서 '사회적 자본'(social capital)과 '정치적 신뢰'(political trust)와 관련한 현황도 살펴볼 필요가 있다. 잘 알다시피, 사회적 자본은 로버트 퍼트남(Robert Putnam, 1941~)이 1993년 『사회적 자본과 민주주의』(*Making Democracy Work: Civic Traditions in Modern Italy*)에서 실증적으로 분석한 사회적 네트워크와 사람들 간의 신뢰에서 생성되는 집단적 가치로서, 공동체 간의 정치문화의 서로 다름을 이해하는 데 도움을 주는 개념이다. 한편 정치적 신뢰는 퍼트남과 피파 노리스(Pippa Norris, 1953~)가[12] 실증적으로 분석한 정부의 체제와 공적 기관들에

---

11 Q240 이념성향에 대한 표준편차는 미국 2.50, 영국 1.87, 독일 1.74, 일본 2.00, 한국 1.76으로 나타난다.

12 퍼트남의 대표적인 저서로는 『나 홀로 볼링』(*Bowling Alone: The Collapse and Revival of American Community*, 2000), *Democracies in Flux: The Evolution of Social Capital in Contemporary Society*(ed., 유동적 민주주의: 현대 사회에서 사회적 자본의 진화, 2002), 『우리 아이들』(*Our Kids: The American Dream in Crisis*, 2015), 『업스윙』(Shaylyn Garret와 공저, *The Upswing: How America came together a century ago and how we can do it again*, 2020) 등을 들 수 있으며, 노리스의 대표적인 저서로는 *Political Recruitment: Gender, Race and Class*(Joni Lovenduski와 공저, 정치적 충원: 젠더, 인종, 그리고 계급, 1995), *A Virtuous Circle: Political Communications in Postindustrial Societies*(선순환: 포스트 산업사회에서의 정치커뮤니케이션, 2000), 『디지털 시대의 민주주의: 정보불평등과

대한 사람들의 믿음을 의미한다. 이 개념은 정치문화의 기능과 영향을 이해하는
데 큰 도움이 된다.

〈표 III-1-4〉에서 보듯이, 한국인의 사회적 자본 지수와 정치적 신뢰도는
프랑스, 영국, 독일, 일본보다 낮으며, 전반적으로 미국과 유사하다는 인상이
든다. 참고로 일본인의 경우 속마음을 잘 드러내지 않는 기질 때문인지, 설문
응답에서 "모른다"(Don't know)나 "응답 없음"(No answer)이 상대적으로 많다.
흥미로운 패턴으로 한국인은 가족에 대한 신뢰는 가장 강하지만, 다른 사람들에
대한 신뢰는 가장 낮으며, 특히 다른 종교를 믿는 사람이나 다른 국적을 가진
사람들에 대한 신뢰는 매우 낮다. 그리고 한국인은 정부와 선거를 제외하고,
군대, 경찰, 법원, 정당, 국회 등에 대한 신뢰는 미국처럼 낮다. 참고로 선진
민주국가들도 정부, 정당, 국회에 대한 신뢰가 낮은 것은 설문조사 당시의
정치적 상황에서 기인한 측면도 있지만, 선거과정에서 기대와 열망이 큰 만큼
선거 이후의 정치과정에 대한 실망이 크게 느껴지는 '기대-실망 사이
클'(expectation-disappointment cycle)과 같은 심리적 기제가 있는 것이 아닌가
본다.

두 번째는 정치문화의 특성을 형성하는 데 영향을 미치고 있는 정치제도화의
수준을 보여주고 있는 「자유 지수」(Freedom Index)와 「언론자유 지수」(Press
Freedom Index), 그리고 「민주주의 지수」(Democracy Index)를 살펴볼 필요가
있다. 잘 알다시피, 「자유 지수」는 1941년 미국의 프랭클린 루스벨트 대통령
(Franklin Roosevelt, 1882~1945, 재임 1933~1945)의 후원으로 설립된 비영리기구
인 '프리덤 하우스'(Freedom House)가 1973년부터 매년 발표하는 Freedom
in the World(세계의 자유)에 나오는 국가별 평가지수다. 이 지수는 '정치적
권리'(political rights) 부문(40점 만점)과 '시민자유'(civil liberties) 부문(60점 만점)

시민참여』(Digital Divide: Civic Engagement, Information Poverty and the Internet
Worldwide, 2001), Democratic Deficit: Critical Citizens Revisited(민주적 결손: 다시 찾은
비판적 시민들, 2011) 등을 들 수 있다.

〈표 Ⅲ-1-4〉 6개 국가의 사회적 자본과 정치적 신뢰 현황

	미국	프랑스	영국	독일	일본	한국
조사대상	2,596명	자료 없음*	2,609명	1,200명	1,353명	1,245명
조사년도	2017	-	2021	2018	2019	2018
개관 (Q57)	당신은 대부분의 사람을 신뢰하는 편인가, 아니면 경계하는 편인가요? (신뢰하는 편 ↔ 경계하는 편)					
	37.0- 62.5	-	45.4- 53.1	44.6- 52.4	33.7-61.0	32.9- 67.1
사회적 자본 (Q58-Q63 중)	1. 당신은 가족을 신뢰하는가요? (신뢰 편 ↔ 신뢰하지 않는 편, 이하 같음)					
	94.2- 5.6	-	97.9- 1.9	98.3- 1.3	97.4- 1.2	99.3- 0.7
	2. 당신은 이웃을 신뢰하는가요?					
	71.4- 28.2	-	83.9- 15.0	80.0- 18.6	60.0- 32.8	76.3- 23.6
	3. 당신은 개인적으로 아는 사람을 신뢰하는가요?					
	89.6- 9.7	-	97.2- 2.4	93.8- 5.2	83.7- 13.1	81.4- 18.6
	4. 당신은 다른 종교를 믿는 사람을 신뢰하는가요?					
	74.2- 24.8	-	81.0- 14.2	55.4- 33.0	13.1- 47.9	26.0- 72.1
	5. 당신은 다른 국적을 가진 사람을 신뢰하는가요?					
	73.2- 25.6	-	83.7- 12.0	58.1- 32.4	15.9- 44.6	19.1- 80.5
정치적 신뢰 (Q64-Q89 중)	1. 당신은 군대를 얼마나 신뢰하는가요?					
	80.3- 18.5	-	79.5- 18.2	53.4- 38.6	80.6- 12.0	53.9- 46.1
	2. 당신은 경찰을 얼마나 신뢰하는가요?					
	68.2- 31.0	-	66.7- 32.5	85.9- 13.1	78.6- 17.6	56.6- 43.5
	3. 당신은 법원을 얼마나 신뢰하는가요?					
	57.1- 41.7	-	65.6- 31.6	72.3- 24.2	77.9- 13.1	61.5- 38.4
	4. 당신은 정부를 얼마나 신뢰하는가요?					
	33.4- 65.7	-	24.1-74.9	44.2- 53.0	39.9- 52.1	51.3- 48.7
	5. 당신은 정당을 얼마나 신뢰하는가요?					
	11.1- 83.7	-	13.2- 75.2	23.2- 72.5	25.6- 62.6	24.5- 79.3
	6. 당신은 국회를 얼마나 신뢰하는가요?					
	14.8- 83.7	-	22.6- 75.2	42.3- 53.3	31.1- 58.4	20.7- 79.3
	7. 당신은 선거를 얼마나 신뢰하는가요?					
	38.7- 59.7	-	52.7- 45.4	69.5- 28.0	41.4- 48.5	64.3- 35.7

출처: World Values Survey Wave 7(2017~2022).

* 프랑스는 조사대상국인데, 조사결과가 나와 있지 않음.

의 점수를 합산한 것인데, 정치적 권리 부문은 ①선거과정, ②정치의 다원성과 정치참여, ③정부기능 등의 지표에 대해, 시민자유 부문에서는 ①표현의 자유 및 신뢰, ②사회·시민단체의 조직화와 자율성, ③법치주의, ④개인의 자율성 및 권리 등의 지표로 이뤄진다. 〈표 Ⅲ-1-5〉의 좌측은 2023년 프리덤 하우스가 발표한 「자유 지수」 중 6개 국가의 현황이다. 표에서 보듯이, 일본의 자유지수는 6개 국가 중 가장 높게 나타나고 있는데, 이는 다음에 살펴볼 「언론자유 지수」와 비교해 보면 오차가 있는 것이 아닌가라는 의구심이 들 정도이다.[13] 어쨌든 한국은 '자유국가'(Free countries)로 판정받고 있지만, 실망스럽게도 자유지수는 미국과 같은 점수인 83점과 세계 순위 59위를 점하고 있다.

「언론자유 지수」는 1985년 위험에 처한 언론인과 언론자유를 지킨다는 취지로 파리에서 설립한 비영리기구인 '국경없는기자회'(Reporters sans frontières)가 매년 발표하는 180개 국가의 언론자유에 대한 평가지수다. 이 지수는 ①정량적 데이터(quantitative data): 평가 기간 동안 언론인에 대한 학대와 폭력 행위, ②정성적 분석(qualitative analysis): 다원주의, 미디어 독립성, 미디어 환경과 자기검열, 입법체계, 투명성, 뉴스 및 정보 인프라 등을 결합해 언론인이 사용할 수 있는 자유도(degree of freedom)를 측정한 것이다. 〈표 Ⅲ-1-5〉의 우측은 2023년 국경없는기자회에서 발표한 「언론자유 지수」 중 6개 국가의 현황이다. 한국의 경우 언론자유가 턱걸이로 '만족'(satisfactory) 상태에 있는 것으로 나타났다. 더 우려되는 점은 2020년과 2021년 발표 점수가 76.30점과 76.57점이었는데, 2022년과 2023년 발표에는 72.11점과 70.83점으로 떨어졌다는 점이다. 참고로 국가마다 일부 언론들에 의한 가짜뉴스(fake news) 요인은 언론자유와 관련해서는 변수라기보다는 상수이기 때문에 논외로

---

[13] 프리덤 하우스는 미국 정부의 보조금과 국제기구, 기업, 개인 등의 기부금으로 운영되는데, 2018년에는 예산의 88%를 정부 보조금으로 충당하고 있다. 이러한 연유로 보고서가 미국의 외교정책에 이용되고 있다는 우려가 제기되고 있다.

해도 무방하다고 본다.

〈표 Ⅲ-1-5〉 6개 국가의 자유 지수 및 언론자유 지수 현황

( ) 안은 세계순위

국가	정치적 권리		시민자유		전체등급	총점	판정**	언론자유 지수***
	점수	등급*	점수	등급*				
미국	33	2	50	2	2.0	83 (59)	자유	71.22 (45)
프랑스	38	1	51	2	1.5	89 (48)	자유	78.72 (24)
영국	39	1	54	1	1.0	93 (27)	자유	78.51 (26)
독일	39	1	55	1	1.0	94 (18)	자유	81.91 (21)
일본	40	1	56	1	1.0	96 (14)	자유	63.95 (68)
한국	33	2	50	2	2.0	83 (59)	자유	70.83 (47)

출처: Freedom in the World 2023, 2023 World Press Freedom Index.

* 정치적 권리 부문 7등급: 36~40 1등급, 30~35 2등급, 24~29 3등급, 이하 생략.

  시민자유 부문 7등급: 53~60 1등급, 44~52 2등급, 35~43 3등급, 이하 생략.

** 척도 범위: 1.0~2.5 자유, 3.0~5.0 부분적 자유, 5.5~7.0 자유 아님.

*** 척도 범위: 85~100 양호, 70~85 만족, 55~70 문제 있음, 40~55 어려움, 40 이하 매우 심각함.

「민주주의 지수」는 1장에서 소개했듯이, '이코노미스트 인텔리전스 유닛'(이하 EIU)이 2006년부터 매년 발표하는 국가별 민주주의 수준을 평가하는 지수이다. 이 지수는 ①선거 및 다원주의, ②정부기능, ③정치참여, ④민주적 정치문화, ⑤시민자유 등 5개 범주로 분류된 60개의 지표로 이뤄져 있다. 이 가운데 '민주적 정치문화' 범주에는 ①민주주의를 추구하기 위한 사회적 합의와 결집 정도, ②의회와 선거를 무시하는 강력한 지도자를 열망하는 국민의 비율, ③군부에 의한 통치를 선호하는 국민의 비율, ④전문가/기술관료에 의한 통치를 선호하는 국민의 비율, ⑤민주주의가 공공질서 유지에 좋지 않다고 믿는 비율, ⑥민주주의가 경제에 이롭다고 믿는 비율, ⑦민주주의에 대한 대중적 지지 정도, ⑧엄격한 정교분리 전통 등이 포함된다. 〈표 Ⅲ-1-6〉은 2024년 EIU가 발표한 167개 국가의 「민주주의 지수」 중 6개 국가의 현황이다.

표에서 보듯이, 한국은 '완전한 민주주의국가'(full democracies)에 속해 있다. 다만 2022년 「민주주의 지수」가 8.16점과 세계 순위 16위로 껑충 뛰고, 2024년 '시민자유 지수'가 2023년에 비해 높게 나타나는 바람에 프리덤 하우스의 「자유 지수」처럼 바이어스(bias)가 있는 것이 아닌가라는 인상이 든다. 어쨌든 한국의 2024년 '민주적 정치문화 지수'가 미국과 같이 가장 낮은 6.25점으로 나타난 것을 보면, 민주주의에 대한 인식 격차가 생각보다 크다는 점을 짐작할 수 있다.

〈표 III-1-6〉 6개 국가의 민주주의 지수 현황

( ) 안은 세계순위

국가	민주주의 지수(종합)*	선거 및 다원주의	정부기능	정치참여	민주적 정치문화	시민자유
미국	7.85 (29)	9.17	6.43	8.89	6.25	8.53
프랑스	8.07 (23)	9.58	7.50	7.22	7.50	8.53
영국	8.28 (18)	9.58	7.50	8.33	6.88	9.12
독일	8.80 (12)	9.58	8.57	8.33	8.13	9.41
일본	8.40 (16)	9.17	8.93	6.67	8.13	9.12
한국	8.09 (22)	9.58	8.57	7.22	6.25	8.82
2023 한국	8.03 (24)	9.58	8.57	7.22	6.25	8.53
2022 한국	8.16 (16)	9.58	8.57	7.22	7.50	7.94
2021 한국	8.01 (23)	9.17	8.21	7.22	7.50	7.94

출처: Democracy Index of Economist Intelligence Unit(2021, 2022, 2023, 2024).

* 척도 범위: 10-8.01 full democracies(완전 민주주의) / 8-6.01 flawed democracies(불완전 민주주의) / 6-4.01 hybrid regimes(혼합주의) / 4-0 authoritarian regimes(권위주의).

세 번째는 사람들이 일상생활 속에서 소모적인 인정투쟁을 일으키고 인간다움을 파괴시키는 감정인 각종 차별 및 혐오의 정서(emotion) 현황을 살펴볼 필요가 있다. 이 정서는 정치문화의 기저(base)를 이루고 있는 경제적 불평등에 따른 인식과 함께 불러일으켜진다. 물론 이와 관련한 국가 간 비교조사가 체계적으로 이뤄지지 않아 관련 자료들을 수집하는 데 어려움이 있다. 물론 1919년 창립한 국제노동기구(International Labour Organization, ILO)와 2006년 창립한 유엔인권이사회(United Nations Human Rights Council, UNHRC)는 각국의
불평등 및 인권 상황을 조사해 발표[14]하고 있지만, 프리덤 하우스의 「자유
지수」처럼 지수화하고 있지는 않다. 이러한 사정으로 2006년 국제자유노동조
합연합과 세계노동연맹이 합병해 세계 최대 노동단체로 결성한 '국제노동조합
총연맹'(International Trade Union Confederation, ITUC)이 발표하고 있는 「노동권
지수」(ITUC Global Rights Index)[15], '경제협력개발기구'(OECD)가 발표하고 있는
「지니계수」(Gini coefficient), 학술지인 『세계인구 리뷰』(*World Population
Review*)에서 발표하고 있는 「최저임금」(Minimum wage), 그리고 WVS의 「제7차
웨이브」 조사결과 중 여성, 타종교인, 타인종 및 외국인, 성소수자 등에 대한
인식과 태도를 통해 각종 현황[16]을 우회적으로 추론해 볼 수 있다.

　이를 위해 국가 간 비교분석 대상 국가에 G20 국가군 중 미국, 프랑스,
영국, 독일, 일본 등 다섯 나라를 '제1군'이라 칭하고, '제2군'에는 중국, 러시아,
브라질, 멕시코, 튀르키예, 인도 등 여섯 나라를 추가해 〈표 Ⅲ-1-7〉과 〈표
Ⅲ-1-8〉과 같이 조사결과를 정리했다. 참고로 표에서 여성에 대한 인식과
태도에 대해서는 '혐오'(hate) 표현 대신에 '차별'(discrimination)이라는 용어를
사용했다. 그 이유는 차별 정서는 혐오 정서에서 시작됨에도 불구하고, 여성에

---

14 ILO와 UNHRC는 유엔 산하기구 중 상대적으로 진보적 성향을 띠고 있는 것으로 알려지지만,
　누리집의 조사항목이나 정보공개에 대한 제한을 보면 그렇지 않다는 인상도 든다. ILO는
　사용자 단체, 노동조합, 정부 간의 협력을 지향하는 '삼자주의'(tripartism)에 입각하고
　있고, UNHRC는 권위주의 국가군뿐만 아니라 미국으로부터 활동의 제약을 받고 있다.
15 「노동권 지수」는 수치를 나타낸 것이 아니고, 노동권이 침해되는 수준에 따라 5개 국가군으
　로 나눈 것이다. 1등급: 노동권 침해가 간헐적으로 일어나는(sporadic) 국가, 2등급: 노동권
　침해가 반복적으로 일어나는(repeated) 국가, 3등급: 노동권 침해가 정기적으로 일어나는
　(regular) 국가, 4등급: 노동권 침해가 체계적으로 일어나는(systematic) 국가, 5등급: 노동권
　이 전혀 보장되지 않는(no guarantee) 국가.
16 장애인에 대한 차별 및 혐오 현황은 조사되지 않았기 때문에 여기서는 다루지 않지만,
　이 사안도 중요한 문제영역 중 하나라고 본다. 그리고 한국에서는 타지역인과 탈북인에
　대한 차별과 혐오도 타인종 및 외국인에 대하는 것에 못지않게 존재하고 있다.

대한 차별 정서는 즉자적인 감정보다는 제도화된 문화에서 기인하는 측면이 크다고 판단했기 때문이다. 물론 혐오 정서는 행위로 반드시 직결되는 것은 아니지만, 즉자성 때문에 개연성(probability)이 높을 것으로 예상된다.

〈표 Ⅲ-1-7〉 6개 국가의 경제적 불평등 인식과 차별 및 혐오 정서 현황

	미국	프랑스	영국	독일	일본	한국
조사대상	2,596명	자료 없음*	2,609명	1,200명	1,353명	1,245명
조사년도	2017	–	2021	2018	2019	2018
경제 및 노동 불평등	1. (Q50) 당신 집안의 재정상태에 얼마나 만족하는지요?(불만족 1 ↔ 10 만족)					
	6.21	–	6.73	7.11	6.09	6.08
	2. (Q106) 당신은 소득이 균등해야 한다고 생각하는지요?(네 1 ↔ 10 아니오)					
	4.93	–	5.90	5.81	5.36	6.66
	3. 노동권 지수(상대적으로 나음 1등급 ↔ 5등급 나쁨)					
	4등급	2등급	4등급	1등급	2등급	5등급
	4. 지니계수(완전 평등 0 ↔ 1 완전 불평등)**					
	0.375	0.292	0.355	0.296	0.334	0.331
	5. 최저임금(괄호 안은 1인당 GDP, 단위: US달러)***					
	7.25 (80,034)	11.66 (44,408)	10.34 (46,371)	10.37 (51,383)	7.52 (35,385)	6.84 (33,393)
여성 차별	1. (Q33) 일자리가 부족할 시, 남성은 여성 보다 일자리 권리가 많아야 한다. (동의하지 않음 ↔ 동의함, 이하 같음)					
	77.5- 5.2	–	85.7- 4.6	78.0- 9.2	27.2- 25.0	19.8- 52.9
	2. (Q35) 여성이 남편 보다 소득이 높으면, 대부분 문제가 발생한다.					
	65.5- 10.0	–	75.6- 8.3	71.8- 15.2	28.8- 12.4	32.1- 32.5
	3. (Q233) 여성은 공직에서 남성과 똑같은 기회를 가져야 한다.(네 ↔ 아니오)					
	71.9- 25.2	–	80.5- 16.5	88.5- 8.6	74.5- 11.6	69.5- 30.5
	4. (Q249) 여성은 남성과 똑같은 권리를 가져야 한다.(아닌 편 1 ↔ 10 그런 편)					
	8.39	–	9.08	9.58	8.61	7.46
타종교인 혐오	1. (Q23) 타종교인을 이웃으로 여길 수 있는지요? (네 ↔ 아니오, 이하 같음)					
	91.2- 2.6	–	97.8- 1.3	96.9- 2.8	78.2- 18.7	94.5- 5.5
	2. (Q62) 당신은 타종교인을 신뢰하는가요?					
	74.2- 24.8	–	81.0- 14.2	55.4- 33.0	13.1- 47.9	26.0- 74.1
타인종· 외국인 혐오	1. (Q19) 다른 인종의 사람을 이웃으로 여길 수 있는지요?					
	90.8- 3.0	–	97.6- 1.5	96.9- 2.7	82.9- 14.3	84.8- 15.2

	2. (Q21) 이민자나 외국인 노동자를 이웃으로 여길 수 있는지요?					
	85.8- 8.0	–	94.4- 4.7	95.7- 3.9	67.8- 29.1	78.0- 22.0
	3. (Q26) 다른 언어를 사용하는 사람을 이웃으로 여길 수 있는지요?					
	85.1- 8.7	–	95.6- 3.5	94.8- 4.9	89.6- 8.4	87.1- 12.9
성소수자 혐오	1. (Q22) 동성애자를 이웃으로 여길 수 있는지요?					
	81.1- 12.7	–	95.5- 3.6	93.3- 6.4	70.8- 26.4	20.4- 79.6
	2. (Q25) 함께 사는 미혼자 커플을 이웃으로 여길 수 있는지요?					
	88.7- 5.1	–	98.2- 0.8	99.0-0.7	77.2- 19.9	92.0-8.0
	3. (Q182) 당신은 동성애가 정당하다고 여기는지요? (아니오 1 ↔ 10 네)					
	6.19	–	7.85	7.86	6.71	3.23

출처: World Values Survey Wave 7(2017~2022), ITUC-Global Rights Index(2023), OECD(2023), *World Population Review*(2023), World Economic Outlook Database of IMF(2023. 10).

* 프랑스는 조사대상국인데, 조사결과가 나와 있지 않음.

** 지니계수: OECD 자료 중 미국 2021, 프랑스 2019, 영국 2020, 독일 2019, 일본 2018, 한국 2020.

*** 최저임금: *World Population Review*(2023).

한국의 경제적 불평등 상황은 지니계수나 최저임금 수준에 한정해 본다면, 선진 5개 국가들과 유사하다고 볼 수 있다. 하지만 한국의 최저임금 수준은 1인당 GDP 수준에 비춰보더라도 미국을 제외하고 가장 낮은 편이다. 그리고 한국인은 집안의 재정상태에 대한 만족도에서 6개 국가 중 가장 낮으며, 소득균등에 대한 선호도가 교차분석 11개 국가 중 사회주의 체제를 경험한 러시아를 제외하고 월등히 높다. 이러한 점에 비춰볼 때, 한국인은 경제적 불평등 문제를 심각하게 인식하고 있다고 볼 수 있다. 한편 경제적 불평등 문제와 노동자의 권리 등급을 살펴볼 때, 인간의 어두운 본성 내지 편견 중 하나인 '빈곤층'(貧者)과 비정규직 노동자에 대한 차별 및 혐오 정서와 관련해 한국은 11개 국가 중 비교적 낮은 편에 속하는 것으로 추정할 수 있다. 대체로 '빈곤층 혐오' 정서에 대한 구체적인 조사연구는 거의 전무하지만, 노동윤리의 문제점과 능력주의의 한계를 연구한 학자들에 따르면, 불평등과 경쟁이 심할수록 혐오

〈표 Ⅲ-1-8〉 G20 중 제2군 국가의 경제적 불평등 인식과 차별 및 혐오 정서 현황

	중국	러시아	브라질	멕시코	튀르키예	인도
조사대상	3,036명	1,810명	1,762명	1,741명	2,415명	자료 없음*
조사년도	2018	2017	2018	2018	2018	-
경제 및 노동 불평등	1. (Q50) 당신 집안의 재정상태에 얼마나 만족하는지요?(불만족 1 ↔ 10 만족)					
	6.46	5.53	6.06	6.83	5.86	-
	2. (Q106) 당신은 소득이 균등해야 한다고 생각하는지요?(네 1 ↔ 10 아니오)					
	5.53	6.70	5.16	5.74	5.21	-
	3. 노동권 지수(상대적으로 나음 1등급 ↔ 5등급 나쁨)					
	5등급	3등급**	5등급	3등급	5등급	5등급
	4. 지니계수(완전 평등 0 ↔ 1 완전 불평등)***					
	-	-	-	0.420	0.415	-
	5. 최저임금(괄호 안은 1인당 GDP, 단위: US달러)****					
	- (13,721)	2.27 (14,403)	2.18 (9,673)	1.05 (12,673)	1.98 (11,931)	- # (2,601)
여성 차별	1. (Q33) 일자리가 부족할 시, 남성은 여성 보다 일자리 권리가 많아야 한다. (동의하지 않음 ↔ 동의함, 이하 같음)					
	47.6- 45.5	34.4- 40.4	68.8- 18.6	52.3- 25.0	25.2- 51.2	-
	2. (Q35) 여성이 남편 보다 소득이 높으면, 대부분 문제가 발생한다.					
	61.3- 27.2	32.9- 34.5	47.7- 35.5	27.2- 53.0	25.2- 42.4	-
	3. (Q233) 여성은 공직에서 남성과 똑같은 기회를 가져야 한다. (네 ↔ 아니오)					
	- ##	66.3- 24.1	58.9- 34.6	57.0- 41.0	66.5- 26.9	-
	4. (Q249) 여성은 남성과 똑같은 권리를 가져야 한다.(아닌 편 1 ↔ 10 그런 편)					
	8.89	8.25	8.15	7.00	7.76	-
타종교인 혐오	1. (Q23) 타종교인을 이웃으로 여길 수 있는지요? (네 ↔ 아니오, 이하 같음)					
	67.2- 30.7	88.7- 11.3	97.5- 2.5	85.8- 14.0	56.4- 41.4	-
	2. (Q62) 당신은 타종교인을 신뢰하는가요?					
	19.9- 78.8	35.4- 55.0	51.3- 39.7	30.2- 68.7	32.8- 62.8	-
타인종· 외국인 혐오	1. (Q19) 다른 인종의 사람을 이웃으로 여길 수 있는지요?					
	79.8- 18.0	84.3- 15.7	98.6- 1.4	88.4- 11.4	57.2- 41.2	-
	2. (Q21) 이민자나 외국인 노동자를 이웃으로 여길 수 있는지요?					
	72.2- 25.6	67.7- 32.3	97.4- 2.6	86.2- 13.6	49.2- 48.1	-
	3. (Q26) 다른 언어를 사용하는 사람을 이웃으로 여길 수 있는지요?					
	79.0-18.8	87.4- 12.6	93.5- 6.5	87.4- 12.5	61.3- 35.9	-
성소수자 혐오	1. (Q22) 동성애자를 이웃으로 여길 수 있는지요?					
	27.7- 70.8	33.8- 66.2	93.2- 6.8	77.1- 22.7	20.7- 75.8	

2. (Q25) 함께 사는 미혼자 커플을 이웃으로 여길 수 있는지요?					
58.7- 39.2	95.9- 4.1	98.7- 1.3	88.7- 11.1	40.5- 55.4	–
3. (Q182) 당신은 동성애가 정당하다고 여기는지요? (아니오 1 ↔ 10 네)					
2.28	2.58	4.38	4.97	2.08	–

출처: World Values Survey Wave 7(2017~2022), ITUC-Global Rights Index(2023), OECD(2023), *World Population Review*(2023), World Economic Outlook Database of IMF(2023. 10).

* 인도는 조사대상국인데, 조사결과가 나와 있지 않음.

** 러시아 등급은 2021년 보고서 자료임.

*** 지니계수: OECD 자료 중 멕시코 2020, 튀르키예 2019. 중국, 러시아, 브라질, 인도는 OECD 회원국이 아니라 나와 있지 않음.

**** 최저임금: *World Population Review*(2023).

\# 인도는 「임금법」(2019)에서 최저임금의 지급을 규정하고 있지만, 지역, 산업, 숙련도 등에 따라 천차만별임.

\#\# Q233에 대한 중국의 조사결과는 나와 있지 않음.

정서의 수준이 높다고 지적한다.[17] 이러한 전제 하에서 보면, 한국은 미국과 중국에 비해 혐오 정서가 상대적으로 낮다고 추론할 수 있다. 하지만 경험적으로 볼 때, 혐오 정서는 관용이나 인권 수준이 낮은 국가들에서는 거의 차이가 없는 오십보백보五十步百步가 아닌가 본다.

하지만 성불평등 문제에 있어서 한국은 국제적으로 보면 두드러지는 국가로 분류된다. 표에서 보듯이, 한국인은 교차분석 11개 국가 중 빈부격차가 심한 멕시코나 종교의 영향력이 강한 튀르키예를 제외하고 성별 불평등을 가장 많이 용인하고 있다. 이러한 인식은 여성 차별을 온존시키고 있는 차별적

---

17 이 문제와 관련한 대표적인 학자와 저서로는 마이클 영(Michael Young, 1915~2002)의 『능력주의』(*The Rise of the Meritocracy*, 1958), 지그문트 바우만(Zygmunt Bauman, 1925~2017)의 『왜 우리는 계속 가난한가』(*Work, Consummerism, and the New Poor*, 1998), 리차드 윌킨슨(Richard Wilkinson, 1943~)과 케이트 피킷(Kate Pickett, 1965~)의 『평등이 답이다: 왜 평등한 사회는 늘 바람직한가?』(*The Spirit Level: Why Greater Equality Makes Societies Stronger*, 2009) 등을 들 수 있다.

제도와 관행에서 기인한다고 추론된다. 각국의 성평등(혹은 성불평등)의 제도화 수준과 현황은 다음과 같은 몇 가지 성평등(혹은 성불평등) 지수를 통해 살펴볼 수 있다. 현재 국제적으로 공신력이 있는 세 기관이 서로 다른 평가지표를 적용해 조사하고 있는데, 유엔 산하기구 유엔개발계획(United Nations Development Programme)은 「성불평등 지수」(Gender Inequality Index, GII)를, 세계경제포럼(World Economic Forum)은 「성격차 지수」(Gender Gap Index, GGI)를, 세계은행(World Bank)은 「여성·기업·법 지수」(Women, Business and the Law Index, WBLI)를 발표하고 있다.[18]

〈표 Ⅲ-1-9〉에서 보듯이 한국의 「성불평등 지수」가 다른 나라들보다 낮은 수준으로 나타나지만, 기초적인 보건 및 복지 분야만 반영되고, 가사노동, 성별 임금격차, 성별 비정규직-정규직 고용격차 등 경제적 불평등 현황은 반영하고 있지 않기 때문에 근본적인 한계를 지닌다고 볼 수 있다. 한국의 「성격차 지수」가 세계 105위로 평가되는 것은 여성의 경제적 참여 및 기회, 교육적 성취, 정치적 권한 부여 수준이 대단히 낮기 때문이다. 한국의 「여성·기업·법 지수」가 세계 65위로 평가되는 것은 한국이 1996년 OECD에 가입한 이래 성별 임금격차가 줄곧 30% 정도로 39개 국가 중 1위를 기록해 왔다는 점에서 당연한 결과라고 볼 수 있다.

참고로, 표에서 흥미로운 점은 일본의 경우 여성의 정치적, 경제적 지위에 대한 불평등이 심한 데도 불구하고, 「행복 지수」(Happiness Index)[19]가 상대적으로 높게 나온다는 것이다. 이는 2016년 미국 대선에서 힐러리 클린턴 후보

---

18 세 지수의 평가 영역을 보면, 「성불평등 지수」는 임신 건강, 권한 부여, 노동 참여 등을, 「성격차 지수」는 경제적 참여 및 기회, 교육적 성취, 건강과 생존, 정치적 권한 부여 등을, 「여성·기업·법 지수」는 임금, 기업가 활동, 출산, 이동의 자유, 취업, 결혼, 자산, 연금 등을 대상으로 하고 있다.

19 「행복 지수」는 2012년 유엔 자문기구로 설립한 '지속가능발전해법네트워크'(Sustainable Development Solutions Network)에서 각국의 행복한 삶의 수준과 웰빙에 대한 인식을 조사해 발표한 지수다.

(Hillary Clinton, 1947~)가 유권자 득표율에서 도널드 트럼프 후보(Donald Trump, 1946~)보다 2.1%를 앞섰음에도 불구하고 패배한 이유와, 유엔개발계획과 세계경제포럼이 한국의 「성불평등 지수」와 「성격차 지수」가 각각 세계 15위(2021년)와 105위(2023년)로 극단적으로 상반되게 발표했음에도 불구하고 한국 정부가 '구조적 성차별'(structural sexism) 여부에 대해 입을 다물고 있는 이유와 함께 이른바 '3대 수수께끼' 중 하나가 아닌가 본다. 물론 수수께끼는 결국 풀리기 때문에 불가사의不可思議한 것이라고 볼 필요는 없다.

〈표 Ⅲ-1-9〉 G20 중 12개 국가의 성평등 지수 및 행복 지수 현황

( ) 안은 세계 순위

국가	성평등 / 성불평등 지수			행복지수	출산율
	성불평등 지수	성격차 지수	여성·기업·법 지수		
미국	0.179 (44)	0.748 (43)	91.3	6.894 (15)	1.7
프랑스	0.083 (22)	0.756 (40)	100 (1)	6.661 (21)	1.8
영국	0.098 (27)	0.792 (15)	97.5	6.796 (19)	1.6
독일	0.073 (19)	0.815 (6)	100 (1)	6.892 (16)	1.5
일본	0.083 (22)	0.647 (125)	78.8 (104)	6.129 (47)	1.3
중국	0.192 (48)	0.678 (107)	78.1	5.339 (82)	1.2
러시아	0.203 (50)	0.708 *	73.1	5.477 (74)	1.5
브라질	0.390 (94)	0.726 (57)	85.0	6.330 (34)	1.6
멕시코	0.309 (75)	0.765 (33)	88.8	6.317 (35)	1.8
튀르키예	0.272 (65)	0.638 (129)	82.5	4.948 (102)	1.9
인도	0.490 (122)	0.643 (127)	74.4	4.036 (126)	2.0
한국	0.067 (15)	0.680 (105)	85.0 (65)	5.951 (57)	0.8**

출처: Gender Inequality Index(GII) of United Nations Development Programme(2021), 조사 대상: 191개 국가 / The Global Gender Gap Report 2023 of World Economic Forum, 조사 대상: 146개 국가 / Women, Business and the Law 2023 of World Bank, 조사 대상: 190개 국가 / World Happiness Report of Sustainable Development Solutions Network(2023), 조사 대상: 137개 국가 / United Nations Population Fund의 World Population Dashboard(Total fertility rate per woman, 2023).

* 러시아의 「성격차 지수」는 2023년 보고서에는 나와 있지 않아 2022년에서 인용함.

** 2022년 한국 합계출산율(통계청 2023. 8. 30. 확정): 0.78명.

한국은 성차별은 말할 것도 없고 타종교인, 타인종 및 외국인, 성소수자 및 '제3의 성'(Non-binary gender) 등에 대한 혐오 정서가 유별난 국가다. 앞서 표에서 보듯이, 한국인은 종교가 다른 사람들과 같이 생활하는 것은 기꺼이 받아들이지만, 그들과 일정한 심리적 거리를 두는 이중적인 태도를 취하고 있는 것으로 나타난다. 이는 한국이 정교분리의 원칙을 오랫동안 지켜왔음에도 불구하고, 전통종교와 외래종교 간의 역사적 긴장과 문화적 배타성이 남아 있고, 타종교에 대한 이해와 관용이 부족한 데서 기인하는 것이 아닌가 본다. 최근에는 일각에서 불교도와 기독교도 간의 갈등을 넘어서 이슬람교도에 대한 편견과 혐오 정서를 불러내는 일들이 종종 발생하고 있다. 이 같은 타종교인에 대한 거리두기는 타인종과 외국인들에 대한 차별과 나아가 성소수자에 대한 혐오 정서를 확장하는 배경이 되기도 한다. 한국인은 타인종이나 외국인에 대해 개방적인 태도를 취하는 것으로 보이지만, 일각에서 사회경제적 신분이 낮은 조선족이나 탈북민, 결혼이주민이나 이주노동자 등에 대해 보이지 않는 무시와 차별을 하고 있는 점에서 이중적이다. 그리고 한국인은 성소수자에 대한 편견과 혐오 정서가 생각보다 심각한 것으로 유추된다. 한국은 "동성애자를 이웃으로 여길 수 있는가?"라는 설문에 대해 대부분의 선진국가들과 달리 「혼인평등법」을 받아들이지 않고 있는 일본보다 50%나 뒤쳐진 부정적 인식을 지니고 있는 것으로 조사되고 있다.

이와 같은 국제적인 비교 이면에 한편으로 이슈가 되는 전망을 잠시 돌아보고자 한다. 한국인이 「행복 지수」가 낮고 차별과 혐오 정서가 높은 상황인 만큼 미래 전망도 그에 상응할 것이라고 짐작해도 지나치지 않을 것이다. 대체로 미래를 전망하는 데 있어서 가장 기본적인 요소 중 하나가 인구라고 볼 수 있는데, 인구에 관한 영역에서 핵심 지점은 '합계출산율'(total fertility rate)이다. 한국의 출산율은 통계청의 2023년 8월 30일 확정 통계결과에 따르면 0.78명이고, '유엔인구기금'(United Nations Population Fund)의 2023년 국가별 출산율 자료(World Population Dashboard)에 따르면 0.8명이다. 이 같은 수치는 미국

1.7명, 프랑스 1.8명, 영국 1.6명, 독일 1.5명, 일본 1.3명, 북한 1.8명 등과 비교하면, 한국의 '정해진 미래'가 암울할 것이라는 점이 예상되고도 남는다. 물론 다양한 해법들이 강구되고 정책화되고 있지만, 대부분 미봉책에 지니지 않는 것으로 알려진다. 다만 해외인력의 유입과 다문화 사회가 차선책으로 논의되고 있지만, 이 방안마저도 차별과 혐오 의식 및 관행이 변화되지 않는 한 실효성을 갖기가 어려울 것이다.

지금까지 한국 정치문화와 특성을 이해하기 위해 국가 간 교차방법을 통해 다양한 측면들을 살펴보았는데, 명쾌한 결론을 내리기는 쉽지 않다. 다만 주목할 만한 사항들을 정리해 볼 수 있다. 첫째로 한국 정치문화는 역동적인 특성을 나타내는데, 전통적 가치와 생존 가치를 기반으로 하는 물질주의적 정치문화에서 세속적 가치와 자기표현 가치를 기반으로 하는 탈물질주의적 정치문화로 급변하고 있다. 이 과정에서 많은 한국인은 다른 선진국들의 국민처럼 삶의 질과 개인의 개성을 중시하고, 공동체의 관심사와 정치에 적극적으로 참여하는 '주체적 존재'로 변모하고 있다. 둘째로 한국 정치문화는 민주주의 발전과 더불어 정치적 다원주의라는 긍정적 측면과 정치적 양극화라는 부정적 측면을 동시에 내포하고 있다. 이 같은 모순적 양상은 그에 걸맞는 정치적 제도와 운영이 뒷받침하지 않은 데에서 기인하는데, 이는 정치의 통합적 기능이 원활히 작동하는 데 지장을 주고 있다. 셋째로 한국 정치문화 중 일부 하위문화는 서구 정치문화의 이중성처럼 각종 차별과 혐오 정서에 기반하는 경향성을 띠고 있다. 이는 통합정치의 필수조건이라고 할 수 있는 사회적 자본과 정치적 신뢰를 약화시키는 근원적 요인으로 작용하고 있다. 일부 한국인은 변화에 따른 긴장을 해소하거나 무한의 욕망을 정당화하기 위해 과거의 경험이나 무의식적 충동에 지배받는 한편, 사회적 약자나 정치적 반대자에 대해 샤덴프로이데(Schadenfreude) 심리나 몰가치적沒價値的 분노[20]를 불러일으키는 포퓰리스트들(populists)을 추종하는 '수동적 존재'[21]로 전락하고 있음을 부정하기가 어렵다.

관용적 시민문화와 정치적 다원주의

이 장 서두에서 정치과정은 정치문화의 성격과 정치제도의 기능에 따라 '경합과 협치의 정치' 혹은 그와 대비되는 '적대와 배제의 정치'라는 산물로 결과한다고 상정한 바 있다. 그렇다면 이처럼 상반된 정치적 산물을 결과하는 데 결정적인 영향을 미치고 있는 정치문화가 어떻게 하면 통합정치가 이뤄지는 데 선순환적 기능을 할 수 있는가? 아니면 그러한 기능을 하기 위해 어떻게 변모되어야 하는가? 이 같은 질문은 해답을 찾기 위한 것이라기보다는 문제의식을 공유하기 위한 것이라고 이해할 필요가 있다. 이는 정치문화와 정치적 산물과의 인과관계를 규명하는 것이 자칫 잘못하면 환원론적 오류에 빠질 수 있기 때문이기도 하지만, 사람의 마음과 머리 속에 들어있는 것이 손바닥 뒤집듯이 쉽게 바뀔 수 있는 것이 아니기 때문이다. 이러한 전제 하에서 정치문화와 관련한 통합정치를 위한 방안을 다음과 같은 두 가지 문제영역을 중심으로 살펴볼 필요가 있다. 하나는 '적대와 배제의 정치'를 추동하는 차별과 혐오를 극복하기 위한 관용적 시민문화와 관련한 영역이고, 다른 하나는 '경합과 협치의 정치'를 추동하는 정치적 다원주의와 관련한 영역이다.

첫 번째 문제영역과 관련해 통합정치의 실현 가능성은 한 사회의 차별과 혐오의 정도에 따라 다르게 나타난다는 점을 주목할 필요가 있다. 2장에서 살펴보았듯이,

---

20 'Schadenfreude'는 독일어로 남의 불행을 보았을 때 기쁨을 느끼는 심리 상태를 뜻하는데, 반대로 남의 행복을 보고 기쁨을 느끼는 심리 상태는 산스크리트어로 무디타(Muditā)라고 한다. 그리고 '몰가치적'이란 용어는 인간이나 그 삶이 지니는 중요성이나 의의 따위에 대한 고려가 없는 것을 뜻한다.

21 인간의 수동성(passivity)에 대해 지그문트 프로이트(Sigmund Freud, 1856~1939)는 아동의 성장과정에서 나타나는 자연스러운 현상이라고 진단했는데, 불안한 자아를 방어하고 있는 측면을 고려한다면 자유의지에 따른 것이라고 볼 수 있다. 이 문제에 대해 뒤에서 다룰 파시즘에 관한 연구의 대가인 로버트 팩스턴(Robert Paxton, 1932~)도 『파시즘』(*The Anatomy of Fascism*, 2004)에서 거의 동일한 입장을 갖고 있다.

인류가 추구해 온 공화주의와 민주주의의 가치인 자유와 평등과 우애의 구현은 차별과 혐오를 극복하는 데서 출발한다. 특히 근대 이후 시민과 노동자들에 대한 정치적 자유와 경제적 권리의 보장은 차별과 혐오에 대한 투쟁의 산물이라고 볼 수 있다. 문제는 사회마다 뿌리 깊게 온존해 온 차별과 혐오가 정치적, 사회적 약자인 비조직화된 노동자와 여성, 그리고 소수자 집단들에게 여전히 가해지고 있다는 점이다. 물론 나라마다 민권운동과 사회운동의 성과로 차별과 혐오를 금지하거나 제한하는 법적 제도가 구축되어 왔다. 〈표 Ⅲ-1-10〉에서 보듯이, 국가마다 지난한 과정을 통해 차별과 혐오를 개선해 왔던 것이다.

대체로 차별과 혐오에 관한 인식·관습·문화 등의 변화는 한 공동체 내에서 연민(sympathy)이나 관용(tolerance)에 대한 자각이나 의식에서의 변화가 수반되고, 이어 차별과 혐오에 대한 사회적 합의에 따른 법적 규제와 제도적 개선이 마련됨으로써 이뤄지기 시작한다. 이 과정에서 법적 성문화는 최소한의 장치라고 볼 수 있는데, 과거 「민권법」(Civil rights law) 내지 「차별금지법」(Anti-discrimination law)으로 불렸던 「평등법」(Equality law)과 「혐오표현금지법」(Hate speech law)으로 집약된다.

최근 차별과 혐오와 관련한 6개 국가의 현황을 살펴보면, 프랑스, 영국, 독일 등은 헌법 개정이나 「평등법」과 「혐오표현금지법」의 제정을 통해 차별과 혐오를 법적으로 철저히 금지하거나 제한하고 있다. 이와 반해 미국은 2022년 동성결혼을 합법화하는 「결혼존중법」(Respect for Marriage Act)의 제정이 이뤄졌지만, 성소수자에 대한 사회경제적 평등을 보장하는 「평등법」은 공화당의 반대로 입법화하지 못하고 있으며, 혐오표현은 「수정헌법」 제1조(종교, 언론, 출판, 집회의 자유 및 청원의 권리)에 의해 용인되고 있는 실정이다. 그리고 일본의 경우 「헤이트스피치해소법」의 제정을 통해 혐오표현을 제한하고 있지만,[22]

---

22 이 법은 「일본 밖 출신자에 대한 부당한 차별적 언동 해소를 위한 시책 추진에 관한 법률」(本邦外出身者に對する不當な差別的言動の解消に向けた取組の推進に關する法律)이라는 명칭에 알 수 있듯이 처벌조항이나 강제규정이 없는 요식성이 짙은 법으로서,

〈표 III-1-10〉 6개 국가의 평등법 및 혐오표현금지법 현황

국가	주요 관계법	비고
미국	- 1964 민권법(차별 금지) - 1968 민권법(증오범죄 금지) - 1972 평등고용기회법 - 1978 임신차별금지법 - 1990 장애인법 - 2009 공정임금법 - 2020 결혼존중법	- 평등법(Equality Act: 성별, 성정체성, 성적 취향 및 기타 목적에 근거한 차별을 금지하는 법) 안은 2019년과 2021년 하원에서 통과되었지만, 상원에서 폐기되었음. - 22개 주에서는 공공고용, 민간고용, 주택, 상품 및 서비스 제공에서 성적 지향 및 정체성에 근거한 차별을 금지하는 주법을 제정함.
프랑스	- 1972 평등임금법 - 1975 낙태합법화기본법 - 1983 직업평등법 - 2008 차별퇴치를 위한 공동권리 적용법 - 2016 (통합)평등법 - 2020 인터넷상의 혐오콘텐츠금지법 - 2021 경제적 및 전문적 성평등법 - 2024 낙태권 헌법 보장	- 2023년 이민법 개정(이주민 규제 강화)
영국	- 1970 평등임금법 - 1975 성차별금지법 - 1976 인종관계법 - 1995 장애인차별금지법 - 2006 인종 및 종교적 증오금지법 - 2010 (통합)평등법	- 2016년 이민법 개정(불법 이민자에 대한 제재 강화)
독일	- 1994 남녀평등법 - 2006 일반평등대우법 - 2009 연방공화국기본법(헌법) 개정 - 2017 네트워크시행법(SNS 증오금지)	- 2023 이민자 수용을 반대하는 극우정당인 '독일을위한대안'이 한때 사민당 연립정부보다 지지가 높음.
일본	- 1985 남녀고용기회평등법 - 1999 남녀평등사회기본법 - 2013 장애인차별철폐법 - 2016 헤이트스피치해소법 - 2020 남녀고용기회평등법 개정	- 입헌민주당은 2019년 사회민주당과 일본공산당과 함께 중의원에 민법(혼인평등법) 개정안을 제출했으나, 보수정당들의 반대로 폐기되어 2023년 다시 제출함.
한국	- 1988 남녀고용평등법 - 1999 남녀차별금지 및 구제법 - 2001 국가인권위원회법 - 2003 외국인근로자고용법 - 2007 장애인차별금지법 - 2019 근로기준법 개정(직장내 괴롭힘 금지)	- 2007 노무현 정부 차별금지법안 발의 - 2013 박근혜 정부 차별금지법 추진 발표 - 2017 문재인 대선후보 차별금지법 반대 - 2020 국가인권위 국회에 입법 권고 - 2020 10인 국회의원 차별금지법안 발의 - 2021 24인 국회의원 평등법안 발의

출처: 국회도서관의 「각국의 차별금지법 관련 사법지원 현황」(2022),

https://www.google.com/search에서 재구성(2023. 11. 30. 기준).

동성결혼을 합법화하는 「혼인평등법」은 자유민주당(이하 자민당)의 반대로

2020년 도쿄올림픽의 이미지를 개선하기 위한 배경에서 제정된 것이다.

제정되지 못하고 있다.

　한국 역시 헌법의 관련 규정[23]과 높은 민주주의 지수에도 불구하고 「평등법(안)」은 거대정당들의 반대로 국회에서 제대로 논의되지 않고 있으며, 혐오표현은 "명예훼손에 해당하지 않는 한 처벌 대상이 아니다"라는 대법원의 판례에 의해 용인되고 있다. 물론 혐오표현 금지는 유엔에서 지속적으로 요구하고 있기 때문에 대법원도 온라인 혐오댓글에 대해 "표현의 자유로 볼 수 없다"는 판결(2022. 12. 29)을 내리는 추세에 있다. 이처럼 한국은 다른 선진국가들에 비해 차별과 혐오가 심한 데도 불구하고, 법적 장치가 제대로 마련되어 있지 않는 실정이다. 이 같은 실정에서 사회적 자본과 정치적 신뢰를 공언한다는 것은 연목구어緣木求魚라고 하지 않을 수 없다

　차별과 혐오를 극복하기 위해서는 여러 정치행위자들의 자각과 노력이 뒤따라야 함은 당연하다. 우선 정치사회와 국가는 사회적 합의에 기반한 법적 장치를 마련하고 관련 정책들을 제대로 추진하는 것이 무엇보다도 중요하다. 특히 통합정치를 위한 필수조건이라고 할 수 있는 「평등법」과 「혐오표현금지법」의 제정은 시급하다. 「평등법」은 〈표 Ⅲ-1-10〉에서 보듯이, 진보적 성향의 노무현 정부와 보수적 성향의 박근혜 정부에서도 「차별금지법」이라는 명칭으로 입법화를 추진한 적이 있었다. 이후 문재인 정부의 반대 입장에도 불구하고 일부 여야 국회의원들에 의해 「평등법(안)」이 발의된 상태이고, 역시 반대 입장인 윤석열 정부 하에서도 국가인권위원회는 「평등법」의 제정을 지속적으로 촉구하고 있다. 그리고 「혐오표현금지법」은 단독 법안으로 발의되지 않고 발의 중인 「평등법」에 포함되어 있다. 「평등법」은 대체로 종교계에서 제정을

---

23 한국 헌법은 "제10조 ① 모든 국민은 법 앞에 평등하다. 누구든지 성별·종교 또는 사회적 신분에 의하여 정치적·경제적·사회적·문화적 생활의 모든 영역에 있어서 차별을 받지 아니한다"라고 평등권을 보장하고 있다. 하지만 일각에서는 동성결혼에 대해 "제36조 ① 혼인과 가족생활은 개인의 존엄과 양성의 평등을 기초로 성립되고 유지되어야 하며, 국가는 이를 보장한다"라는 조항에 의해 보장되지 않는다면서 반대하고 있다.

반대하고 있고, 혐오표현금지 조항은 기업에서 반대하고 있는 것으로 알려진
다. 이러한 점을 고려한다면, 다른 선진국가들의 사례처럼 두 사안을 분리해
단계적으로 추진하는 것이 현명할지 모른다.

한편 정치지도자와 정부는 다양성과 공존의 가치를 중시하는 메시지나 상징
적 행위를 표출하는 것이 중요하다. 예를 들면, 정부를 구성할 때 각료의 다양성
을 통해 메시지를 보여줄 수 있다. 〈표 Ⅲ-1-11〉은 6개 국가의 각료 구성의
다양성 수준을 보여주는 것인데, 차별과 혐오를 극복하려는 정치지도자와
정부의 의지와 노력 수준을 엿볼 수 있다. 미국의 조 바이든 대통령(Joe Biden,
1942~, 재임 2021~), 프랑스의 에마뉘엘 마크롱 대통령(Emmanuel Macron, 1977~,
재임 2017~), 독일의 올라프 숄츠 총리(Olaf Scholz, 1958~, 재임 2021~) 등은
'남녀동수 내각'(gender equal cabinet)을 모범적으로 실천하고 있는 중이다.

〈표 Ⅲ-1-11〉 6개 국가의 내각 다양성 현황[24]

국가	정부수반	출범	내각 현황(정부수반 포함)*
미국	바이든	2021	인원: 26명(비서실장 포함) - 여성 13명(부통령, 재무부, 상무부, 내무부, 국가정보국 등), 아프리카계 6명, 유대계 5명, 히스패닉계 4명, 중국계 2명, 원주민계 1명, 인도계 1명, 동성애자 1명
프랑스	보른*	2022	18명 - 여성 10명(총리, 내무부, 유럽외무부 등), 아프리카계 1명, 아랍계 1명, 장애인 1명
영국	수낵	2022	23명 - 여성 6명(내무부, 하원의장 등), 인도계 2명, 아프리카계 2명, 아랍계 1명
독일	숄츠	2021	17명 - 여성 8명(외무부, 내무부, 국방부 등)
일본	기시다	2021	21명 - 여성 3명(규제개혁, 저출산, 올림픽 업무 담당)
한국	윤석열	2022	20명 - 여성 3명(환경부, 여성가족부, 중소벤처기업부)

출처: https://www.google.com/search에서 재구성(2023. 11. 30. 기준).

* 일부 여성은 비백인계로 중복됨.

** 프랑스의 정부수반은 2022년 마크롱 대통령이 임명한 엘리자베트 보른 총리(Élisabeth
Borne, 1961~)임.

---

24 특정 각료가 국방, 외교, 경제, 재정과 같은 경성(hard) 분야에 배치되느냐, 아니면 교육,
복지, 문화, 환경과 같은 연성(soft) 분야에 배치되느냐에 따라 그 함의가 크게 달라진다.

다음으로 민간사회에서는 시민교육, 의사소통, 정보공개 등의 강화를 통해 차별과 혐오의 문제점을 공유하고, 개선 방안에 대한 사회적 합의를 도출할 필요가 있다. 특히 차별과 혐오 정서가 '적대와 배제의 정치'를 양산하는 기저이자 온상이라고 볼 때, 시민문화(civil culture)가 보다 성숙될 필요가 있다. 시민문화는 앞서 언급한 가브리엘 알몬드와 시드니 버바가 *The Civic Culture: Political Attitudes and Democracy in Five Nations*(시민문화: 5개 국가의 정치적 태도와 민주주의, 1963)에서 처음 제시한 개념인데, 미국, 영국, 독일, 이탈리아, 멕시코 등의 정치체제에서 발견되는 정치문화를 이른다. 이 정치문화는 대부분의 시민들이 국가의 권위를 받아들이고 정치에 참여하는 민주적 정치체제에서 나타나는 것으로서, ①정부 당국의 공정한 대우 기대, ②정치에 관해 자유롭게 말할 수 있는 능력, ③반대자에 대한 관용과 포용, ④지방자치단체, 정당, 시민단체 등에의 적극적 참여, ⑤정치참여 능력에 대한 자신감, ⑥시민들 간의 협력과 신뢰 등을 특징으로 하고 있다. 물론 시민문화의 개념은 1960년대 초반의 상대적으로 풍요롭고 안정적인 미국과 영국 사회[25]를 암묵적으로 상정하고 있었기 때문에 적실성 측면에서 적지 않은 비판을 받아 왔다. 그럼에도 불구하고 이 개념은 차별과 혐오의 사회, 나아가 '적대와 배제의 정치'가 지속되는 한 온고지신溫故知新으로서 효력을 지니고 있다고 볼 수 있다. 특히 사회적 관용과 정치적 포용이 절실할수록, 시민문화의 실천적 담론은 어떤 종교 교리나 윤리보다 통합문화 형성에 크게 이바지할 것으로 예상된다.

두 번째 문제영역으로 통합정치의 충분조건이라고 할 수 있는 정치적 다원주의(political pluralism)가 하위 정치문화인 극단주의에 의해 부정되거나 저해되는

---

25 당시 미국에는 민주당 소속으로 '뉴프런티어'(New Frontier)라는 새로운 기풍을 불러일으킨 존 케네디 대통령(John Kennedy, 1917~1963, 재임 1961~1963)이 집권하고 있었고, 영국에는 보수당 소속으로 '풍요의 시대'(Age of Affluence)와 사회개혁의 아이콘이자 총리 재임 중 옥스퍼드대학교 총장을 역임(1960~1986)한 스타일리스트(stylist)인 해럴드 맥밀런 총리(Harold Macmillan, 1894~1986, 재임 1957~1963)가 집권하고 있었다.

현상을 관찰할 수 있다. 정치적 다원주의는 다양한 사회집단들이 자신의 가치와 이익을 추구하기 위해 정치결사체를 구성하는 것을 받아들이고, 정치세력들 간의 공존을 존중하겠다는 입장이라고 할 수 있는데, 극우(far-right), 극좌 (far-left), 테러리즘(terrorism) 등과 같은 극단주의나 폭력주의로부터 항상 위협을 받고 있으며, 때로는 기본 원칙이 손상될 정도로 훼손되고 있다.

대체로 19세기 산업혁명 이후 계급혁명이나 프롤레타리아트 독재를 추구해온 극좌는 1980년대 후반 동구 사회주의체제의 몰락으로 거의 소멸되었다고 볼 수 있다. 그리고 정치적 변화를 이루겠다는 목적을 가지고 공포를 불러일으키기 위해 폭력을 사용하는 테러리즘은 가장 오래된 역사를 지니고 있지만, 안전 우려에 대한 경각심이 높아진 최근에는 과거처럼 위력을 떨치지 못하고 있다. 하지만 1789년 프랑스 대혁명의 산물인 자유주의와 민주주의에 대한 반발로 등장한 극우는 극좌에 대응한다는 명분으로 테러리즘과 결합해 한때 맹위를 떨쳤다. 그러다가 제2차 세계대전으로 붕괴된 이후 잠복하거나 주변화된 채 명맥을 이어오다가 극좌의 몰락과 민주주의의 기능 이상異狀에 기대어 2000년 이후 새로운 내용과 형태로 등장한 이래 최근에는 각국에서 기승을 부리고 있다.

극우의 유래나 기원에 관한 논의는 분분한데, 대체로 극우는 고대 제국주의로부터 전승된 노예식민주의, 중세 신분제도에 의해 형성되어 온 반反평등주의, 근대 시민혁명과 산업혁명에서 출현한 제3의 계급인 신흥 자본가와 제4의 계급인 노동자 및 농민의 영향력을 저지하려는 반자유주의와 반사회주의로부터 배태된 것이라고 볼 수 있다. 또한 근대 민족국가의 형성과정에서 부작용으로 나타난 인종주의 등의 '극우 계보'(lineage of far-right)를 지니기도 하며, 차별과 혐오를 바탕으로 유사한 이념이나 정신습속을 구성개념으로 하고 있다. 그렇지만 극우의 원조는 누가 뭐라 해도 제1차 세계대전과 러시아 혁명에 대한 반동으로 출현한 파시즘(Fascism)이라고 할 수 있다. 파시즘의 가장 순수한 형태는 이탈리아의 무솔리니(Benito Mussolini, 1883~1945)가 창설한 파시즘 국가

(1922~1943)와 독일의 히틀러(Adolf Hitler, 1889~1945)가 주도한 국가사회주의 나치 국가(1933~1945)에서 찾아볼 수 있다. 물론 그 아류도 무수히 많은데, 스페인의 프랑코(Francisco Franco, 1892~1975)가 가톨릭의 종교적 권위를 이용해 지배한 팔랑헤체제(Falangismo, 1936~1975)와 일본의 쇼와 천황(昭和, 1901~1989, 재위 1926~1989) 치하의 천황제파시즘(1937~1945)[26]을 대표적으로 들 수 있다. 이들 극우는 이전의 반동적인 이념과 퇴행적인 정신습속을 국가사회주의나 국가지상주의라는 외형으로 치장했는데, 이념적 및 행태적으로 자유주의와 사회주의에 대한 반대, 민주주의의 부정, 엘리트주의, 인종주의, 테러리즘 등 '5대 속성'을 특징으로 하고 있다. 하지만 이들은 제2차 세계대전에서의 패망과 전후 민주화 물결 속에서 자취를 감추는 듯했지만, 〈표 Ⅲ-1-12〉에서와 같이 이내 재등장했다.

〈표 Ⅲ-1-12〉 제2차 세계대전 이후 5개 국가의 극우 동향

국가	신파시즘 (1945~1955)	우익포퓰리즘의 등장 (1955~1980)	급진우익의 도전 (1980~2000)	제4의 물결의 시작 (2000~현재)
미국	KKK, 존버치협회	미국독립당	민병대 운동	티파티운동, 대안우파
프랑스	프랑스조합과협회	국민전선	국민전선	국민전선, 국민집회
영국	유럽해방전선	국민전선	영국독립당	영국민주당
독일	SS 공제조합	독일국가민주당	공화당	독일을위한대안
일본	대일본애국당	일수회	일본회의	재일특권반대시민연합

위 표는 일찍이 극우 연구의 대가인 클라우스 폰 바이메(Klaus von Beyme, 1934~2021)가 *Right Wing Extremism in Western Europe*(서유럽의 우익 극단주의, 1988)에서 밝힌 극우의 변천과정과, 포퓰리즘(populism) 연구의 대가인

---

26 일본은 1937년 '국민정신총동원운동'을 통해 천황 절대주의체제를 수립했으며, 1940년 '신체제운동'을 통해 일국일당체제를 확립했다. 이 같은 체제전환은 군부 중심의 군국주의 체제를 넘어선 천황 중심의 파시즘체제가 등장한 것이라고 볼 필요가 있다. 아시오 나오히로(朝尾直弘, 1931~2022) 편의 『새로 쓴 일본사』(『要說日本歷史』, 2000) 참조.

카스 무데(Cas Mudde, 1967~)가 『혐오와 차별은 어떻게 정치가 되는가』(*The Far Right Today*, 2019)에서 분석한 2000년 이후 5개 국가의 극우 동향에서 정리한 것이다. 이들에 따르면, 현재 극우는 2000년 이후 새롭게 출발한 '제4의 물결' 단계에 있다. 참고로 한국은 분석 대상에 포함되지 않았지만, 역사적으로 보면 이승만체제 하의 일민주의와 자유당, 박정희체제 하의 국가개발 담론과 관제단체들, 전두환체제 하의 정의사회론과 민주정의당, 그리고 1987년 민주화 이후부터 싹을 키워 온 '뉴라이트'(New right) 이념과 관련 단체들이 이에 해당하는 것이 아닌가 본다.

잘 알다시피, 2000년 이후부터 준동하고 있는 제4의 물결의 극우는 새로운 내용과 형태를 지닌 극우라고 할 수 있다. 〈표 Ⅲ-1-13〉에서 보듯이, 2000년 이후의 극우는 '극단 우익'(extreme right)과 '급진 우익'(radical right)으로 분화되는 특징을 띠고 있다. 극단 우익은 과거 파시즘과 같이 자유주의와 사회주의에 대한 반대, 민주주의의 부정, 엘리트주의, 인종민족주의, 테러리즘 등의 '5대 속성'에 바탕을 두고 있지만, 급진 우익은 국제규범의 강화와 민주주의의 발전이라는 현실적 여건을 고려해 상대적으로 온건한 입장을 취하고 있다. 급진 우익은 기본적으로 자유주의와 사회주의에 대한 반대 입장을 고수하는 반면에, 유권자의 힘과 표를 중시하기 때문에 다수통치의 논리인 민주주의를 부정하지 않고 엘리트주의와 형식상 거리를 두되, 인종민족주의 대신에 소수자 집단을 배제하는 방식으로 탈바꿈한다. 특히 이들은 극단 우익이 테러리즘에 의존해 사람들에게 두려움을 주는 방식처럼 극도의 혐오 선동을 통해 사람들에게 두려움을 넘어서 분노를 불러일으키기 위해 소셜미디어(social media)[27]와 이벤

---

27 안젤라 네이글(Angela Nagle, 1984~)은 『인싸를 죽여라: 온라인 극우주의』(*Kill All Normies: Online Culture Wars From 4Chan And Tumblr To Trump And The Alt-Right*, 2017)에서 2010년대 초 미국에서 발생한 '온라인 문화전쟁'(online culture wars)과 그것이 트럼프의 대통령 당선에 중요한 역할을 한 극우 인터넷네트워크인 '대안우파'(Alt-right)의 발전으로 어떻게 이어졌는지를 분석했다.

트 시위를 최대한 활용하고 있으며, 각종 선거 캠페인마다 직간접으로 개입하고 있다. 대체로 반자유적·반민주적인 극단 우익은 일부 국가의 반체제 집단이나 정당들에서 간헐적으로 발견되지만, 반자유적·친민주적인 급진 우익은 대부분의 국가들, 특히 선진국가들에서도 맹위를 떨치고 있으며, 심지어 중요 정치세력으로 부상하고 있고 국가권력의 영역까지 침투하고 있는 실정이다.

〈표 III-1-13〉 2000년 이후 극우의 특성과 G20 국가별 준동 현황

구분	특성 및 현황		
개념	자유민주주의와 사회민주주의에 대한 적대적인 반체제 성향의 우익 정치운동		
별칭	네오파시스트, 라이트포퓰리스트, 레이시스트(racist) 등		
변천	①1945~1955: 신파시즘 → ②1955~1980: 우익포퓰리즘 → ③1980~2000: 급진우익 → ④2000~현재: 극우		
유형	①극단 우익(extreme right), ②급진 우익(radical right)		
조직	①정당, ②사회운동, ③지적 조직, ④미디어 조직, ⑤정치 조직, ⑥하위문화		
인물	①다양한 형태의 지도자들, ②운동가들과 열성 회원들, ③각계각층의 유권자들		
활동	①선거운동, ②이벤트 및 시위, ③폭력, ④국제네트워크		
G20 국가군 현황*	국가별	조직	정부 및 의회 관련성
	미국	티파티운동, 대안우파	트럼프 대통령(2017~2021) 지원
	프랑스	국민전선, 국민집회	르펜 2022 대선 결선투표 41.4%
	영국	영국민주당, 브리튼퍼스트	영국민주당 2023 지방선거 의원 5명
	독일	독일을위한대안, 페기다	독일대안 2021 총선 하원의원 83석(12.6%)
	일본	일본회의, 재일특권반대회	일본회의 2023 간담회원 중의원 147명(31.6%)
	인도	인도인민당, 상파리바르	모디 총리(재임 2014~) 배출
	캐나다	오딘의 전사, 3퍼센트	선거 불참
	러시아	자유민주당, 로디나당	자유민주당 2021 총선 하원의원 21명(4.6%)
	이탈리아	이탈리아의 형제들	멜로니 총리(재임 2022~) 배출
	브라질	브라질동맹, 더많은브라질	보우소나루 대통령(재임 2019~2022) 지원
	호주	호주제일당	선거 당선자 없음
	멕시코	신나키스트, 반암로전선	선거 불참
	인도네시아	대인도네시아운동당	수비안토 대통령(재임 2024~) 배출
	튀르키예	민족주의행동당, 좋은정당	민족주의행동당 2023 총선 의원 50명(8.3%)
	아르헨티나	자유당	밀레이 대통령(재임 2023~) 배출
	남아공	아프리카너결당	선거 당선자 없음
	한국	태극기부대, 극우지식조직	개별적으로 국회 및 정부 진입

출처: 카스 무데의『혐오와 차별은 어떻게 정치가 되는가』, 마크 세지윅(Mark Sedgwick, 1960~)의 *Key Thinkers of the Radical Right: Behind the New Threat to Liberal Democracy* (급진 우익의 주요 사상가, 2019), 신시아 이드리스(Cynthia Miller-Idriss)의 *Hate in the Homeland: The New Global Far Right*(조국의 증오, 2022), 히구치 나오토(樋口直人, 1969~)의『폭주하는 일본의 극우주의』(日本型排外主義:在特會・外國人參政權・東アジア地政學, 2014), https://www.google.com/search?q=far+right+politics&oq(2023. 11. 30. 기준), 「연합뉴스」(2024. 3. 18) 등.

* 중국과 사우디아라비아는 유의미한 반체제적 극우조직이 드러나 있지 않음.

위 표에서 보듯이, 극우는 G20 국가군 중 미국, 인도, 이탈리아, 브라질, 인도네시아, 아르헨티나 등에서 집권했거나 집권 중이다.[28] 프랑스와 독일에서는 극우 정당의 집권 가능성이 거론되거나 우려되고 있는 것으로 알려진다.[29] 일본에서는 집권당으로서 극우 단체들과 우호적인 자민당이 극우 노선을 표방하고 있지는 않지만, 얼마 전까지 총리를 지낸 아베 신조(安倍晉三, 1954~2022, 재임 2006~2007, 2012~2020)의 언술과 행태를 보면 대체로 극우와 유사성을 보이고 있다고 할 수 있다. 영국, 캐나다, 호주, 멕시코, 남아공 등에서는 극우가 제도 정치권에 진입하지 못한 채 사이버 정치나 선동적인 인물에 의존하고 있다. 민주주의 체제와 권위주의 체제를 혼합한 일명 '하이브리드 체

---

28 이들은 미국 공화당 소속의 트럼프 전 대통령(1946~, 재임 2017~2021), 인도인민당의 나렌드라 모디 총리(Narendra Modi, 1950~, 재임 2014~), 이탈리아의 형제들의 조르지아 멜로니 총리(Giorgia Melon, 1977~, 재임 2022~), 브라질 자유당의 자이르 보오소나루 전 대통령(Jair Bolsonaro, 1955~, 재임 2019~2022), 대인도네시아운동당의 프라보워 수비안토(Prabowo Subianto, 1951~, 재임 2023~), 아르헨티나 자유당의 하비에르 밀레이 대통령(Javier Milei, 1970~, 재임 2023~) 등이다.

29 프랑스 국민집회 소속의 마린 르펜 대표(Marine Le Pen, 1968~)는 2022년 대선 결선투표에서 41.4%를 득표했고, 티노 크루팔라(Tino Chrupalla, 1975~)와 앨리스 바이델(Alice Weidel, 1979~)이 공동대표를 맡고 있는 '독일을위한대안'은 2021년 총선에서 연방하원 83석 (12.6%)을 획득했는데, 이후 2023년 9월 여론조사에서는 20% 지지를 받는 것으로 나타났다.

제'(hybrid regime)인 러시아, 튀르키예 등에서도 극우가 다원주의적 메커니즘을 통해 제도 정치권에 진입하고 있다. 그리고 민주주의가 작동하지 않는 중국과 사우디아라비아에서는 극우가 수면에 드러나지 않지만, 자유주의와 민주주의를 반대한다는 점에서 현존 체제와 친화적이기 때문에 정부 내에서 비공식적으로 활약하는 것으로 추론된다. 물론 한국도 극우가 민주화 이후 오랫동안 수면 아래에서 잠복하고 있다가, 최근 들어 정치적 양극화를 토양으로 활성화한 이래 정치권력의 중심부로 진입하고 있는 것으로 알려지고 있다.

21세기의 극우, 즉 제4의 물결은 이념적 및 행태적 차원에서 국가마다 다소간 차이가 있지만, 기본적으로 자유민주주의와 사회민주주의에 대한 반대, 자본주의와 국가주의의 절대화, 소수자 집단에 대한 혐오 및 권리 부정 등을 핵심 내용으로 하고 있다. 물론 이들은 자유주의와 민주주의, 그리고 민중주의라는 화려한 외피를 쓰고 있지만, 오히려 그러한 가치들을 본질적으로 부정하고 있다. 이와 관련해 카스 무테는 극우의 특성을 밝히고 대응 방향을 제시한 바 있는데, 나름 설득력이 있다고 본다. 그가 밝힌 특성 중 주목되는 점은 ①극우는 대단히 이질적이다, ②극우는 정상적 병리 상태이며, 우익 포퓰리즘은 병리학적 정상 상태다, ③극우 정치에 면역력을 갖고 있는 나라는 없다는 것이다. 그리고 대응 방안으로 ①극우에 대응하는 가장 좋은 한 가지 방법은 없다, ②자유민주주의를 강화하는 데 중점을 둬야 한다고 조언하고 있다.

여기서 논의의 진전을 위해 극우와 우익 포퓰리즘 간의 차이를 살펴볼 필요가 있다. 카스 무테와 크리스토발 칼트워서(Cristóbal Kaltwasser)의 공저인『포퓰리즘』(*Populism: A Very Short Introduction*, 2017)과 카스 무테의 *The Far Right Today*(2019)에 따르면, 포퓰리즘은 사회가 궁극적으로 상호 적대하는 동질적인 두 진영, 즉 순수한 민중과 부패한 엘리트로 이분화한다고 보고, 정치란 민중의 일반의지의 표현이어야 한다고 주장한다. 이러한 입장은 중심이 '얇은 이데올로기'(Tin Ideology)로서 규정된다. 대체로 포퓰리즘은 주류 이념에 기생하기 때문에 가변성이 큰 특징을 지니고 있다. 즉 우익 포퓰리즘은 자유주의를,

좌익 포퓰리즘은 사회주의를 숙주로 삼아 기생하는데, 이념적 성향과 관계없이 정치권력의 중심에 다가갈수록 이념지향적 행태에서 권력지향적 행태로 변모한다. 이에 반해 극우는 '두터운 이데올로기'(Thick Ideology)이기 때문에, 보수적 자유주의의 면모를 띠다가 국가권력을 장악하는 순간부터 순수이념의 수호자(guardians)로서의 역할을 수행하는 특징을 지니고 있다.

예를 들면, 뉴라이트의 추종자로 알려진 미국의 조지 워커 부시 대통령(George Walker Bush, 1946~, 재임 2001~2009), 공개적으로 무솔리니를 지지하고 여성혐오주의자로 유명한 이탈리아의 실비오 베를루스코니 총리(Silvio Berlusconi, 1936~2023, 재임 1994~1995, 2001~2006, 2008~2011), 브라질의 전설적인 정상배政商輩로서 재임 중 934%의 인플레이션을 기록한 주제 사르네이 대통령(José Sarney, 1930~, 재임 1985~1990), 힌두 민족주의(Hindutva)를 내세운 인도인민당에서 최초로 총리가 된 아탈 바지파이(Atal Vajpayee, 1924~2018, 재임 1998~2004), 원프레이즈(one phrase)와 극장식 정치[30]로 선풍을 일으킨 일본의 고이즈미 준이치로 총리(小泉純一郎, 1942~, 재임 2001~2006) 등은 자유주의를 숙주로 삼아 기생하는 우익 포퓰리스트였다고 할 수 있다. 이들은 이념지향적 인물이라기보다는 권력지향적 인물에 가깝다고 볼 수 있다. 이에 반해 미국의 트럼프 대통령, 이탈리아의 멜로니 총리, 브라질의 보오소나루 대통령, 인도의 모디 총리, 일본의 아베 총리 등은 자유주의와 민주주의에 적대적인 '극단 우익'(extreme right)은 아니더라도, 자유주의에는 반대하지만 국가권력의 장악을 위해 민주주의를 받아들이는 상대적으로 유연한 '급진 우익'(radical right)이라고 할 수 있다. 이들은 정치영역에서 권력뿐만 아니라 이념을 동시에 추구하는 이른바 '슈퍼빌런'(supervillain)을 자임하고 있는 인물들이다.

---

30 고이즈미는 짧은 적대 용어와 독설을 사용해 여론의 인기를 얻었는데, 대표적으로 자민당 내의 반대세력을 "파괴한다"(ぶっ壊す)라는 대결 자세를 연출함으로써 '고이즈미 붐'을 일으켰다.

어쨌든 그동안 하위 정치문화 가운데 하나였던 극우가 민주주의와 정치발전의 산물인 정치적 다원주의라는 기제에 의해 정치권력의 영역뿐만 아니라 국가권력의 영역에까지 진입하고 있다는 사실은 분명하다. 이 같은 사태의 원인으로는 잠정적으로 볼 때 차별과 혐오를 온존시키는 정치문화, 민주주의의 기능이 제대로 발휘되지 못하는 정치제도, 사회통합과 통합정치의 성과를 내지 못하는 정치리더십 등에 있다고 지적할 수 있다. 문제는 역설적으로 극우가 자신들의 '생존 기제'(mechanism of life)인 정치적 다원주의를 공격하고 무력화하려고 한다는 점이다. 이는 자유와 평등과 우애의 가치를 지키려는 사람들의 '방어 기제'(defense mechanism)와 충돌할 수밖에 없다는 것을 의미한다. 그렇다면 이처럼 공존불가한 형국에서 정치적 다원주의를 지켜내면서 극우의 준동에 대응할 수 있는 정치적 해법이나 방안을 찾는 것이 과연 가능한가?

대부분의 민주주의 국가에서는 우파와 좌파는 극단주의와 달리 정치적 다원주의 하에서 자신들의 가치와 이해를 추구하기 위해 서로 경쟁하면서도 공공선과 사회통합을 증대시키기 위해 상호 협력한다. 특히 이들이 국가적 위기나 극단주의의 위협에 직면할 때 초당적으로 협력하거나 담대한 타협을 시도했던 사례들이 적지 않다. 예를 들면, 제2차 세계대전에 직면했던 영국은 보수당과 노동당과 자유당이 거국적으로 참여한 '전시연정'(wartime coalition government)의 구성을 통해 파시스트 국가들에 대항했다. 1966년 서독은 나치 전범의 공소시효를 제한하는 「행정범죄법」의 제정을 추진하고 있었던 기독교민주연합/기독교사회연합(CDU/CSU)과 동서독 간의 화해를 위한 신동방(Neue Ostpolitik) 정책을 모색하고 있었던 사회민주당(SPD)이 '대연정'(Große Koalition)을 수립해 국가적 난제를 풀어 나갔다. 1960년대와 1970년대 이탈리아에서는 기독교민주주의(Democrazia Cristiana) 중심의 우파와 이탈리아사회당 중심의 좌파가 '중도좌파연정'(Centro-sinistra Organico)을 구축해 파시스트 세력의 준동과 경제위기를 타개해 나갔다. 이처럼 양립불가할 것으로 여겼던 우파와 좌파 간의 공존은 오랜 반목과 대립을 불식시키고, 공공의 적(public enemy)이자 공동의 적(common enemy)인 극우에 대항하기 위한 '역사적 타협'(historic compromise)의 결과물이라고 할 수 있다. 물론 이 같은 타협은 관용적 정치문화와 과거사에 대한 성찰이 있었기 때문에 가능했겠지만, 뒤에서 살펴보듯이 용기와 통찰이라는 덕목을 바탕에 둔 정치리더십이 있었기 때문에 이뤄진 측면도 간과할 수 없다.

참고로 '역사적 타협'(Compromesso storico)이라는 표현은 소련의 사회주의체제를 비판한 유로코뮤니즘(Eurocommunism)의 선두주자였던 이탈리아 공산당의 엔리코 베를링거 총서기(Enrico Berlinguer, 1922~1984, 재임 1972~1984)가 1973년 「이탈리아의 성찰」이라는 언론 기고문에서 '칠레 쿠데타'(1973 Chilean coup d'état)를 회고하면서 처음 사용되었다. 그는 1970년 칠레 대선에서 36.6%를 얻은 사회당 후보인 살바도르 아옌데(Salvador Allende, 1908~1973, 재임 1970~1973)를 대통령으로 배출한 좌파연합이 1973년 의회선거에서 설사 51%의 득표율(실제 44.2%)과 의회대표성(실제 42%)을 얻었더라도 정부의 존속이 보장되었을 것이라는 믿음은 환상에 불과했다고 지적하고, 이러한 맥락에서 '좌파적 대안' 대신에 사회민주주의자, 공산주의자, 기독교민주주의자들 간의 협력을 가져올 수 있는 '민주적 대안'을 모색할 것을 제안했다. 여담이지만, 2017년 대선에서 41.08%를 득표한 문재인 대통령의 집권 초반에 일부 식자들은 여소야대의 의회구도[31] 하에서 '적폐개혁적 대안'보다는 '통합적 대안'이 필요하다고 지적했지만, 집권세력은 시대착오적이라고 외면했던 것으로 알려진다.

한편 앞서 언급했던 샹탈 무페(Chantal Moffe, 1943~)가 제시하고 있는 '경합적 민주주의'(agonistic democracy)라는 개념은 정치적 다원주의 상황에서 극우에

---

31 2016년 총선 결과 정당별 의석수는 전체 300석 중 더불어민주당 123석, 새누리당 122석, 국민의당 38석, 정의당 6석, 무소속 11석이었고, 제20대 국회 개원 직후 의석수는 새누리당 126석, 더불어민주당 122석, 국민의당 38석, 정의당 6석, 무소속 8석으로 변동되었고, 2017년 조기 대선 당시 의석수는 더불어민주당 122석(40.6%), 자유한국당 93석, 국민의힘 38석, 바른미래당 33석, 정의당 6석, 무소속 8석으로 알려진다.

대응하는 정치적 사유와 방안과 관련해 나름 대안으로 적합할 듯하다. 그녀는 극우의 부활과 극단주의의 범람 속에서 민주주의 정치 내지 정치적 다원주의가 '적'과 '우리' 사이의 근본적 화해, 즉 서로 간에 차이를 제거하는 것이 불가능하다고 해서, '적'을 반민주적인 방법으로 배제하는 것은 적대적 전선을 팽창할 뿐만 아니라 반자유·반민주적인 질서를 확장하는 사태를 초래한다고 보고 있다. 이 같은 진단은 단지 지적 사변에서 나온 것이 아니라 냉엄한 현실에서 출발하고 있다.

한때 위르겐 하버마스(Jürgen Habermas, 1929~)는 『의사소통행위이론』 (*Theorie des kommunikativen Handelns*, 1981)을 통해 인간의 합리성과 이성을 전제로 하는 공론장의 형성이나 공적 의사소통을 통해 사회와 정치의 적대적 관계를 해소할 수 있다고 주장해 지적 선풍을 일으킨 바 있다. 하지만 하버마스는 "이성을 지닌 인간은 합리적이다"라는 명제와 "사적 인간은 이성적이지 않을 수 있다"라는 경험 간의 괴리를 해소할 만한 논의를 전개하지 못해, 그의 제안은 실현불가한 것으로 판명될 수밖에 없었다.[32] 이에 대한 대안으로 피에르 레비(Pierre Lévy, 1956~)는 『집단지성: 사이버 공간의 인류학을 위하여』 (*L'intelligence collective: Pour une anthropologie du cyberspace*, 1994)와 *Cyber-démocratie*(사이버민주주의, 2002)에서 사이버상의 상호작용을 통해 집단지성을 형성함으로써 문제해결을 위한 의사결정을 할 수 있다고 주장해 적지 않은 지지를 받아 왔다. 하지만 집단지성에 대한 과도한 경사는 인간 인지의 한계인 확증편향(confirmation bias)을 가중시키거나 가변적인 군중의 지혜(wisdom of crowds)[33]에 대한 지나친 의미를 부여한 결과, 사회와 정치의 적대적 관계를

---

32 이시윤은 『하버마스 스캔들: 화려한 실패의 지식사회학』(2022)에서 1980년대에서 1990년대 사이에 있었던 하버마스 이론에 대한 한국 사회과학계의 열풍과 쇠퇴의 과정과 원인을 흥미롭게 분석했다.

33 '군중의 지혜'라는 표현은 언론인 제임스 서로위키(James Surowiecki, 1967~)가 저술한 『대중의 지혜: 시장과 사회를 움직이는 힘』(*The Wisdom of Crowds*, 2004)의 제목이다.

해소하는 데 기여하기보다는 '적'을 압박하고 배제하는 촉매 역할을 하는 부작용을 낳을 수 있다.

무페는 이처럼 실현불가한 의사소통이나 상대방을 제압하는 집단지성을 통해 접근하는 대신에 상대방을 적이 아닌 경쟁자로 간주할 필요가 있다는 현실주의적 접근을 제시하고 있다. 그녀는 인간공동체에서 영구히 도모할 수 없는 '적대의 소멸'을 추구하기보다는 민주주의의 강화를 통해 '적대와의 공존'을 모색할 수 있다고 보고 있다. 즉 민주주의의 강화를 통해 원칙적으로 화해불가한 적대적 관계인 안티고니즘(antigonism)을 정당한 상대자들이나 서로가 서로를 고무하는 경쟁자들의 관계라는 의미의 아고니즘(agonism)으로 전환할 수 있다는 것이다. 그녀는 이를 '경합적 민주주의'라고 개념화하고 있는데, 이를 통해 민주주의를 강화하기 위한 제도적 개선이나 국내외의 위기적 문제를 타개하기 위한 정책적 경쟁이 가능할 수 있다고 제언하고 있다. 이 같은 무페의 사유는 통합정치를 위한 혜안으로서 그 단초를 주기에 충분하다고 본다.

앞서 극우가 활성화하게 되는 원인으로 차별과 혐오의 정치문화, 정치제도의 한계, 정치리더십의 문제 등에 있다고 지적한 바 있는데, 그 구체적인 원인은 국가별로 처한 조건과 상황에 따라 다양하다. 하지만 공통되는 원인 중 하나는 민주적 정부의 실패에 있다고 할 수 있다. 국민의 민주적 선택으로 들어선 정부의 통치가 부지불식 간에 인치(rule of man)나 폭정(despotism)으로 비춰지고 우려되는 순간에 극우가 자유와 민주주의의 기치를 내세우고 준동하게 된다. 대체로 인치와 폭정은 권위주의 체제의 통치행태이기 때문에 헌정주의에 기반한 민주주의 체제에서는 레토릭 성격만 지니고 있다. 하지만 이 같은 통치행태가 개혁을 원하는 국민의 요구를 반영한다는 미명 아래, 또한 극우의

그는 군중심리에 기반한 것이 아닌 독립적인 개인의 집합인 다수가 소수보다 더 똑똑한 이유와 '집단적 지혜'(collective wisdom)가 비즈니스, 경제, 사회 및 국가에 미치는 영향을 분석했다.

준동을 저지해야 한다는 명분 하에 나타나는 경우, 민주적 정부가 비록 국제정치적 영역에서나 경제적 영역에서 성과가 있더라도 극우의 도전은 정당성을 갖게 된다. 앞으로 이 주제에 관해 정치제도와 정치리더십 편에서 심도 있게 다뤄볼 것이다.

2. 정치제도

정치제도의 딜레마

흔히 정치영역에서 잘못 알려지거나 과장되게 알려져 자못 흥미를 자아내게 하는 사례들은 많지만, 대표적으로 다음과 같은 세 가지 에피소드를 들 수 있을 것이다. 첫 번째는 많은 이들이 미국 대통령은 두 번만 임기를 수행할 수 있다고 알고 있지만, 프랭클린 루스벨트 대통령(1882~1945, 재임 1933~1945)은 국민이 원해서 네 번이나 하게 되었다고 잘못 알려진 경우다. 원래 미국 헌법은 1947년 대통령 4년 임기를 2회로 제한하는 「수정헌법 제22조」가 추가되기 전까지는 3선 이상 연임을 제한하지 않았다. 다만 역대 대통령이 두 번째 임기를 마치고 더 이상 출마를 하지 않고 정계를 은퇴하는 것이 관행으로 되어 있었다. 하지만 루스벨트는 자신의 대통령 재임과 함께 한 존 가너 부통령(John Garner, 1868~1967, 재임 1933~1941)의 반발과 경선 도전을 물리치고 세 번째 대통령이 되었고, 이후 건강이 좋지 않았음에도 불구하고 네 번째 대통령이 되었다. 이처럼 관행을 깨고 대통령 출마를 계속하게 된 데에는 제2차 세계대전이라는 시대적 상황과 루스벨트의 대중적 인기에 편승하려고 한 민주당의 주지사 및 상·하원 후보들의 정략이 맞물린 측면이 컸다고 볼 수 있다. 물론 불가피한 상황이건 정략적 목적이건 간에 루스벨트 자신의 권력의지와 정치적 선택이 결정적이었음은 분명하다. 그가 네 번째 대통령에 취임한 지 불과 3개월 만에 병환으로 세상을 떠나게 되자, 판사 출신인 해리 트루먼 부통령(Harry Truman, 1884~1972, 대통령 재임 1945~1953)이 대통령직을 승계했다.

루스벨트의 죽음은 독일이 패망하기 바로 직전에 있었던 일로, 전쟁이 한창일 때였다면 심각한 상황을 낳았을지 모른다. 왜냐하면 통상적으로 부통령의 지명은 능력보다는 인기를 고려해서 이뤄졌기 때문이다.[34] 이 같은 일을 겪은 상·하원 의원들이 정치적 성찰을 통해 제도적 개혁에 나선 결과 「수정헌법 제22조」가 탄생하게 된 것이다. 이 조항은 대통령의 4년 임기를 두 번으로 제한하고 있다. 아마 로널드 트럼프 전임 대통령이 2024년 미국에서 최초의 중임 대통령이 된다면, 중임제를 둘러싼 논란이 불거질지 모른다.

두 번째는 인도의 자와할랄 네루 총리(Jawaharlal Nehru, 1889~1964, 재임 1950~1964)의 무남독녀로서 두 차례 총리를 지낸 인디라 간디(Indira Gandhi, 1917~1984, 재임 1966~1977, 1980~1984)를 '간디'라는 성이 같다는 점을 들어 인도의 '위대한 영혼'인 마하트마 간디(Mahatma Gandhi, 1869~1948)의 친척으로 오인하는 경우이다. 인디라의 성 '간디'는 남편으로부터 온 것으로 마하트마 간디와는 아무런 친척관계가 없다. 인디라는 암살을 당했고, 그의 아들인 라지브 간디 총리(Rajiv Gandhi, 1944~1991, 재임 1984~1989)도 불행하게 암살되었는데, 인디라의 자부인 소니아 간디(Sonia Gandhi, 1946~)와 손자인 라훌 간디(Rahul Gandhi, 1970~)가 번갈아 가면서 한때 인도 최대의 정당인 국민회의를 좌지우지함으로써 '네루–간디 가문'(Nehru - Gandhi family)이라는 정치적 세력을 의도치 않게 형성했다. 이처럼 인도 독립운동과 근대화의 산실인 공당公黨을 한 집안이 지배하는 행태는 현대인도의 정신적 지주인 네루주의(Nehruism)를 훼손함은 물론, 힌두 극우주의를 발호하게 하는 데 결정적인 악영향을

---

[34] 트루먼 대통령은 판사 경력(1923~1935)을 지닌 상원의원 출신(1935~1945)으로 능력면에서나 인기면에서 특출나지 않았다. 그가 일본 패망 직전에 원폭 투여를 결정한 것은 이와 무관하다고 보기 어렵다.

끼치고 있다. 물론 이는 네루의 정치적 사부인 마하트마에게도 오해를 불러일으켰다. 이러한 점에 비춰보면, 인도의 정치발전은 어쩌면 국민회의의 개혁이 첫걸음일지 모른다.

세 번째는 "개혁이 혁명보다 어렵다"라는 말이다. 이 말은 김영삼 대통령이 퇴임하기 직전의 기자회견에서 했던 발언에서 비롯된 것으로,[35] 외환위기를 초래한 데 대한 회한悔恨에서 나온 것으로 보인다. 문제는 이 말은 이후의 대통령들이나 그들의 참모들, 심지어 야당 정치인들까지, 발언이 나오게 된 맥락을 고려하지 않고 상투적으로 인용되고 있다는 점이다. 아마 개혁의 어려움을 토로하거나 개혁을 제대로 하지 못한 데 대한 변명을 하고 싶은 측면에서 나온 것으로 이해할 수도 있다. 그럼에도 불구하고 이 언술이 시도 때도 없이 언급되는 것은 부적절하다는 느낌을 지울 수 없다.

잘 알다시피, 혁명(revolution)이 한 국가가 정치적 영역뿐만 아니라 사회경제적 영역에 이르기까지 근본적인 변화를 이룬 상태를 뜻한다면, 개혁(reform)은 제한적인 변화를 이룬 상태라고 할 수 있다. 이 점에서 한국 현대사에서 진정한 의미로서 혁명이라고 할 수 있는 정치적 사건은 '1948년 정부수립'이 유일하다고 볼 수 있다. 1948년 정부수립은 비록 좌익 세력이 배제가 되었지만, 미군정의 지원을 받아 국민의 대표인 제헌 국회의원들이 합의한 「제헌 헌법」을 통해 '농지의 농민 분배',[36] '사회적 특수계급제의 불인정', '민주공화국의 제도화'를 지향하고 있었고, 실제로 토지개혁의 단행과 신분제의 폐지, 그리고 왕이

---

35 김영삼 대통령은 "재임기간 중 고뇌의 시간이 길었다고 했는데 언제였으며, 가장 보람이 있었던 일을 든다면 무엇인가?"라는 질문에 대해, "금융실명제를 단행할 때 어려웠으며 고뇌했다. 그때 국민의 90% 이상이 지지를 했던 걸 생각해 보면 개혁은 참 어렵다고 느꼈다. 국민들이 개혁에 손뼉을 치면서도 자기 문제가 될 때는 반대한다. '개혁이 혁명보다 어렵다'는 말을 실감했다"고 답변했다. 「매일경제」(1998. 2. 21).

36 「제헌 헌법」은 농사를 짓는 사람만 농지를 소유할 수 있다는 '경자유전耕者有田의 원칙'에 대해 "제86조 농지는 농민에게 분배하며 그 분배의 방법, 소유의 한도, 소유권의 내용과 한계는 법률로써 정한다"라고 우회적으로 규정했다.

아닌 임기직 대통령의 선출과 보통선거의 실시와 같은 구체적인 변화로 이어졌다. 그리고 사전적 의미에서의 개혁이라고 할 수 있는 정치적 사건은 주요 격동기마다 있어 왔는데, 명실상부한 개혁이 이뤄진 정치적 사건은 1987년에 있었던 '제6공화국 수립'이 아닌가 본다. 제6공화국 수립은 민주화 세력과 권위주의 세력 간의 역사적 타협의 산물이라고 할 수 있는 헌법 개정으로 사회경제적 민주주의를 담보하는 데에는 미흡했지만, 개인의 자유와 정치적 민주주의를 확장시켰고, 이후 한국 민주주의 수준을 세계적 수준으로 높이는 계기가 되었기 때문이다. 물론 이 같은 혁명과 개혁이 이뤄지는 과정에서 무수한 역경과 시련이 있었다는 점을 염두에 둘 필요가 있다. 이 점에서 한국 현대정치사의 산 증인인 김영삼 대통령의 언술은 절반은 맞고 반절은 맞지 않다고 보는 것이 무리가 없을 듯하다.

　이 같은 에피소드를 꺼낸 까닭은 정치제도의 의미를 환기시키고자 하는 것인데, 일반적으로 개인이건 집단이건 간에 정치행위자의 합리적 선택을 주조하는 정치제도는 사회경제적 변화와 중대한 정치적 국면을 계기로 변화하고 진화한다. 특히 혁명적 상황이나 정치적 격변은 종래의 법과 제도에 대한 근본적인 변화를 촉발한다. 근대 시민혁명이나 식민지배로부터 독립을 이룬 국가들은 새로운 국가의 틀과 운영방식을 마련하기 위해 제헌 헌법을 제정하고 각종 정치제도를 구축했다. 이러한 정초定礎 작업은 헌정체제의 '대설계'(Grand design)라고 불린다. 그리고 국가건설 이후 국가적 위기나 정치적 격변을 겪은 국가들은 기존의 헌법과 정치제도를 전면적으로 수정함으로써 위기에 대처하고자 했다. 이러한 재설계(redesign) 작업은 헌정체제의 '대개혁'(Grand reform)이라고 불릴 만하다. 이 같은 대설계나 대개혁은 〈표 Ⅲ-2-1〉에서 보듯이, 국가마다 다양하게 이뤄져 왔으며 정치체제의 고유한 특성을 형성하게 된다.

〈표 III-2-1〉 G20 국가별 제헌 헌법과 주요 정치제도 현황

	국가	제헌 헌법				정치제도	
		제정	주도	국가형태 및 정부형태	주요 특징	하원선거제도	정당설립원리
1	미국	1787	우파	연방 / 대통령제	연방의회에 금지된 권한 명시	단순 소선거구제	다원주의
2	중국	1954	좌파	단방 / 의회제	인민민주의 독재의 사회주의	선거인단	국가다원주의
3	일본	1946	외세	단방 / 의회제	천황 존치, 교전권의 부인 명시	중대선거구제	다원주의
4	독일	1949	외세	연방 / 의회제	헌법 대신 기본법, 저항권 명시	혼합제	국가다원주의
5	인도	1949	중도	연방 / 의회제	달리트 신분 특별대우 명시	혼합 선거구제	다원주의
6	영국	1689	우파	단방 / 의회제	헌법 대신 권리장전, 입헌군주제	단순 소선거구제	다원주의
7	프랑스	1958	우파	단방 / 준대통령제	총리 정부, 대통령의 의회해산권	혼합제	다원주의
8	캐나다	1982	우파	연방 / 의회제	영어와 불어 공용어, 총독 존치	단순 소선거구제	다원주의
9	러시아	1993	우파	연방 / 대통령제	총리제 도입, 사회적 국가 명시	혼합제	국가다원주의
10	이탈리아	1948	외세	단방 / 의회제	노동에 기초한 민주공화국 명시	혼합제	다원주의
11	브라질	1988	중도	연방 / 대통령제	시민헌법, 정치적 다원주의 명시	권역 비례대표제	다원주의
12	한국	1948	우파	단방 / 대통령제	총리제 도입, 농지의 농민 분배	단순 소선거구제	국가다원주의
13	호주	1901	우파	연방 / 의회제	영국 대연방과 연합, 총독 존치	우선투표제*	다원주의
14	멕시코	1917	중도	연방 / 대통령제	민주주의를 생활방식으로 명시	혼합제	다원주의
15	인도네시아	1999	중도	단방 / 대통령제	대통령 임기 2회 제한	권역 비례대표제	다원주의
16	사우디 아라비아	1992	우파	단방 / 군주제	코란과 순나의 국가 헌법 명시	의회 없음	불법화
17	튀르키예	1982	우파	단방 / 의회제	아타튀르크의 민족주의 명시	권역 비례대표제	국가다원주의
18	아르헨티나	1853	우파	단방 / 대통령제	대통령의 가톨릭 신자 조건	권역 비례대표제	다원주의
19	남아공	1996	중도	연방 / 대통령제	11개 공용어, 성평등 명시	권역 비례대표제	다원주의
20	유럽연합	2007	중도	연합 / 의회제	리스본 조약 대체	국가별 비례대표	다원주의
참고	북한	1948	좌파	단방 / 의회제	소작제 폐지, 수부(수도) 서울시	단순 소선거구제	국가다원주의

출처: 신명순의 『비교정치』(2006) 중 부록3. 세계 각국의 주요 정치 현황, 국회도서관의

『세계의 헌법』(2018), https://www.google.com/search에서 재구성(2023. 11. 30. 기준).

위 표에서 흥미로운 몇 가지 지점을 살펴볼 수 있다. 영국(1689)[37], 미국(1787), 아르헨티나(1853) 등은 근대국가의 수립 시에 제정된 권리장전(Bill of Rights)이나 제헌 헌법을 지금까지 헌정체제의 골격으로 삼고 있다. 이와 달리 일본(1946), 이탈리아(1948), 독일(1949) 등은 제2차 세계대전 승전국가들의 점령정책에 의해 이식된 헌정체제를 지속하고 있다. 프랑스(1958), 캐나다(1982), 튀르키예(1982), 브라질(1988)[38], 러시아(1993), 남아프리카공화국(1996), 인도네시아(1999) 등은 정치적 위기를 타개하거나 민주화의 성과를 제도화하기 위해 헌정체제를 대폭 개혁한 경우라고 볼 수 있다. 한국(1987)도 여기에 해당한다고 볼 수 있지만, 분단체제라는 특수한 상황 때문에 국가와 정치체제의 연속성을 중시한다는 측면에서 '제헌'보다는 '개헌'이라는 표현을 사용하고 있다. 그리고 국가마다 독특한 선거제도와 정당제도를 채택하고 있는데, 그에 따라 정당체계와 정치적 경합구도가 정해진다고 볼 수 있다. 물론 일부 국가는 반체제나 반국가라는 이유로 특정의 정당이나 사회단체의 '집회와 결사의 자유'를 제한하는 국가다원주의(state pluralism)의 원리를 적용하고 있다. 중국, 독일, 러시아, 튀르키예와 한국이 이에 해당한다고 볼 수 있다.

대체로 사우디아라비아를 제외하고 G20 국가들은 국가의 틀과 운영방식을 공화주의와 민주주의의 원칙에 두고 있으며, 개인의 자유와 정치적 권리의 신장과 확대를 위해 나름 노력하고 있다. 하지만 현실의 실상은 천양지차다.

---

37 영국은 헌법이 별도로 성문화되어 있지 않지만, 1215년의 대헌장(Magna Carta), 1628년의 권리청원(Petition of Right), 1679년의 인신보호법(Habeas Corpus Act 1679), 1689년의 권리장전(Bill of Rights 1689), 1911년과 1949년의 의회법(Parliament Acts 1911 and 1949) 등이 대법원에 의해 헌법적 기본 문서로 간주되고 있다.

38 군부권위주의 체제에서 민주주의 체제로 이행한 브라질은 1988년 '시민헌법'이라고 불리는 새로운 헌법을 제정했다. 이 헌법은 인종 차별을 포함해 시민의 자유와 권리를 침해하는 데 엄중한 처벌을 담고 있는 세계 최초의 헌법으로, 모든 국가 사안들을 지나칠 정도로 자세히 규정하고 있어 250조와 114개의 부칙을 지녔는데, 395조의 인도 제헌헌법(1949) 다음으로 가장 긴 헌법이다. 참고로 한국의 현행 헌법은 130조로 구성되어 있다.

일부 국가는 시민혁명의 전통과 강대국의 위상에 걸맞지 않게 낮은 수준의 민주주의에 머물고 있다. 특히 중국, 멕시코, 튀르키예 등은 국민혁명을 통해 국가를 수립한 혁혁한 역사를 지니고 있으며, 러시아는 시민혁명을 통해 민주화를 이룩한 문화국가의 저력을 지니고 있다. 하지만 이들 국가들은 정치발전의 보편적인 경로에서 이탈하거나 뒤처지고 있는 듯하다. 이 같은 문제의 근원에는 역사구조적이고 복잡다단한 요인들이 있겠지만, 그 원인을 들면 정치제도의 미비나 어긋난 설계를 꼽을 수 있을 것이다. 물론 정치제도가 제대로 작동하려면 시민적 정치문화가 뒷받침되어야 할 뿐만 아니라 그것을 원활히 운영할 수 있는 정치행위자들의 합리적 행위가 뒤따라야 함은 당연하다. 새삼스럽지만 헌정체제이건 정치제도이건 간에 좋은 헌법이나 제도를 지녔다고 해서 정치나 민주주의가 바람직한 방향으로 작동하는 것이 아닌 사례는 너무나 많다. 아마 히틀러 나치세력에 의해 붕괴된 독일국(일명 바이마르 공화국, 1918~1933)과 박정희의 군부 쿠데타에 의해 붕괴된 제2공화국처럼 매우 민주적인 헌법을 지녔음에도 불구하고, 두 체제 모두 민주주의를 지켜내지 못했던 아이러니가 대표적이다. 어쨌든 이러한 배경 하에서 통합정치를 위한 정치제도의 개혁 문제를 생각해 볼 수 있다.

　정치제도의 개혁 문제와 관련해 어떤 것이 올바르고, 어떤 것이 바람직한가라는 질문에 대한 정답은 있을 수 없다. 이는 국가마다 고유한 정치적 특성과 처해 있는 정치적 상황이 다르기 때문이다. 다만 개혁의 방향성과 특정한 제도에 대한 장단점을 검토하는 선에서 사회구성원의 합의와 정치행위자의 선택에 의해 정치제도의 개혁이 이뤄진다고 볼 수 있다. 이 점에서 정치제도의 개혁은 결코 만만한 작업이 아니며, 모든 정치적 현안을 해결할 수 있는 마스터키(master key)가 아니다. 이는 정치제도가 헌정체제와 직결되어 있어 사안에 따라서는 개혁 자체가 헌정체제의 변화를 요구하기 때문이다. 또한 정치제도의 개혁은 의도한 만큼 효과가 나타나지 않을 뿐만 아니라 오히려 역효과나 또 다른 문제점을 낳기도 한다. 이 같은 사례는 선진국가들에서도 흔히 발견되지만, 이해의 폭을 넓히는 차원에서 한국 사례 몇 가지를 들어보고자 한다.

첫 번째로 중앙정부와 지방정부 간의 협력 사안을 심의하기 위해 2021년 「중앙지방협력회의의 구성 및 운영에 관한 법률」의 제정을 통해 이른바 '제2의 국무회의'를 도입한 사례를 들 수 있다. 중앙과 지방 간의 권력문제를 담당하는 상원제도(제2공화국 하의 참의원)가 5·16 군사정변에 의해 폐지된 이래 현재까지 복원될 기미가 없는 상황에서 중앙지방협력회의는 중앙-지방 간의 협치를 도모하기 위한 차선책으로 바람직하다고 볼 수 있다. 문제는 국민의 주권행사로 선출된 대통령이 회의체의 의장이 되어 시·도민의 주권행사로 선출된 시·도지사들을 소집해, 중앙-지방 간의 사안을 심의는 하되 결정하지 않는 운영방식이 과연 중앙과 지방 간의 누적된 갈등구조를 완화하는 데 도움이 되겠는가 하는 점이다. 여당 소속의 시·도지사는 협력회의가 대통령에게 지역 현안을 건의할 수 있는 호기이겠지만, 야당 소속의 시·도지사에게는 결정 없는 단순한 심의가 중앙-지방 간의 협치라기보다는 대통령의 다른 형태의 통치행위라고 느낄 것이다.[39] 더군다나 대통령의 레임덕(lame duck)이나 정부교체기에는 회의조차 제대로 이뤄지기가 어렵기 마련이다. 실제로 이 제도가 시행된 2022년에는 두 번 회의를 개최했으며, 2023년에는 세 번 회의를 개최했다.

두 번째는 국회의원선거의 대표성과 비례성을 제고하기 위해 2019년에 개정된 「공직선거법」에 의해 도입된 '준연동형 비례대표제'가 이른바 위성정당(satellite party)을 초래한 사례다. 당시 준연동제 선거제도는 고위공직자비리수사처의 신설과 검경수사권 조정안의 처리를 국정과제의 핵심으로 설정한 여당

---

39 참고로 다음과 같은 조항을 보면 야당 소속의 시·도지사가 느낄 불편함을 짐작할 수 있다. "제4조(심의 결과의 활용) ①국가 및 지방자치단체는 협력회의의 심의 결과를 존중하고 성실히 이행하여야 한다. ②국가 및 지방자치단체는 심의 결과에 따른 조치 계획 및 이행 결과를 협력회의에 보고하여야 한다. ③국가 또는 지방자치단체는 제1항에도 불구하고 심의 결과를 이행하기 어려운 특별한 사유가 있는 경우에는 그 사유와 향후 조치 계획을 협력회의에 보고하여야 한다."

인 더불어민주당과 비례대표 의석 배정이 소수 정당에게 유리한 방향으로 선거제도가 개혁되기를 원하는 정의당이 이른바 '법률 거래'를 합의해 성사되었다는 견해가 지배적이다. 하지만 이 제도는 제1야당인 미래통합당이 마치 "나는 자者 위에 타는 자者 있다(飛者上有跨者, Talent above talent)"라는 속담처럼 위성정당인 미래한국당을 급조하고 나서자, 이에 비례대표 의석에서 상대적으로 손해를 볼 것으로 여긴 여당도 위성정당인 더불어시민당을 만들어 그 취지를 무력화한 바 있다. 이처럼 단순한 해프닝으로 치부될 수 없는 사태가 발생한 데에는 정치행위자들의 독선과 미숙과 오만이 작용한 것이 아닌가 본다. 선거제도는 통상 '게임의 규칙'(rules of the game)이기 때문에, 그 변경은 모든 이해당사자들의 합의가 뒤따라야 함은 상식적이다. 당시 전문가들은 준연동제 선거제도를 잘못 설계할 경우 위성정당이 출현할 것이라고 경고했다. 여기에 정치제도의 개혁이 성공하기 위해서는 우선적으로 국민들에게 그 취지를 충분히 설득하고 납득시켜야 했다.[40] 하지만 정치행위 당사자들은 이 같은 경고와 설득을 무시하고 외면했다. 그 결과 정치개혁에 관한 논의는 희화화되었고, 당시 거대 양당 간의 대립과 선거개혁을 추진한 정당 간의 불신은 현재의 '적대와 배제의 정치'가 출현하게 된 원인 중 하나가 아닌가 본다.

세 번째는 대통령이 지명한 일부 고위공직자에 대한 인사청문회가 유명무실해지고 있는 경우다. 인사청문회는 미국이 헌법 제2조에 따라 대통령의 고위

---

[40] 2019년 개정된 「공직선거법」은 국회의원 전체 300석 가운데 47석을 차지하는 비례대표의 원 중 17석에 대해서는 기존의 병립형제를, 30석에 대해서는 지역구 의석과 연동해 배분하되, 100%가 아닌 50%를 배분하는 준연동형제를 채택했다. 의석 배분방식은 세 개의 공식에 의해 이뤄지는데, 그 중 하나를 소개하면 다음과 같다. 연동배분의석수 = {(국회의원정수 − 의석할당정당이 추천하지 않은 지역구 국회의원당선인수) × 해당정당의 비례대표국회의원선거 득표비율 − 해당정당의 지역구국회의원당선인 수} ÷ 2. 이처럼 난해한 의석 배분방식이 논란이 되자, 당시 국회정치개혁특별위원장은 "계산식이 굉장히 복잡해서 나중에 컴퓨터로 처리하면 되잖아요"라고 언급했다. 참고로 2021년 대법원은 위성정당이 총선에 참여한 것은 위법으로 볼 수 없다고 판결했다.

공직자 지명에 대해 상원의 권고와 동의를 얻도록 한 인준청문회(confirmation hearing)에서 유래한 제도인데, 2000년 야당인 한나라당의 주도로 「인사청문회법」이 제정됨으로써 도입되었다. 이 제도를 도입할 당시 인사청문 대상은 헌법에 따라 국회의 동의가 필요한 대법원장, 헌법재판소장, 국무총리, 감사원장, 대법관, 그리고 국회에서 선출하는 헌법재판관 3인과 중앙선거관리위원 3인에 국한했다. 그런데 인사청문회가 2003년에 이어 2005년에 인사청문 대상을 국회의 동의가 필요 없는 장관급 공직자에 지명된 인사들까지 확대함으로써 정치갈등을 촉발시키는 요인이 되었다. 이는 국회의 동의가 필요 없는 청문대상자에 대한 청문위원들의 의견 불일치로 '청문경과보고서'를 채택하지 못하더라도 일정기간이 지나면 대통령이 임명할 수 있기 때문이다. 그동안 청문보고서의 채택 없이 임명된 장관은 노무현 정부 3명, 이명박 정부 12명, 박근혜 정부 9명, 문재인 정부 25명, 윤석열 정부(2023. 12. 30. 기준) 24명 등이다.[41] 이 같이 '제도의 실효성'을 지니지 못한 인사청문회는 시급히 개선되어야 함은 물론이고, 더욱이 외국의 정치제도를 정교한 설계나 치밀한 준비 없이 대중영합적으로 도입한 문제점을 지적하지 않을 수 없다.

이처럼 몇몇 사례에도 불구하고, 정치제도의 설계나 개혁이 의도하는 대로 제도적 효과나 정치적 결과를 가져오는 것이 아님은 이들 사례는 시사하고 있다. 오히려 이러한 시도들이 자칫 잘못하면 새로운 정치갈등을 양산하거나 종래의 정치균열을 증폭시키는 결과를 초래할 수 있다. 정치제도는 양지가 있으면 음지가 있듯이 장단점이 공존해 '두더지 잡기 게임'(whack-a-mole game)처럼 하나의 문제를 해결하는 순간에 다른 문제를 유발한다. 이 점에서 정치제도의 개혁은 본질적으로 딜레마(dilemma)적 속성을 지니고 있다고 할 수 있다. 이러한 문제는 정치제도의 개혁이 궁극적으로 입법을 결정하는 국회의원이나 최고권력자의 정치적 계산과 의지에 따라 그 향배가 다르게 나타나기 때문이다.

---

41 「한겨레」(2023. 12. 30).

다시 말해, 정치개혁은 기득권을 유지하기 위한 '적대와 배제의 정치'를 '경로 의존성'(path dependence)으로 삼고 있는 정치행위자들이 그러한 정치에서 벗어나 '경합과 협치의 정치'로 전환해야 하는 모순적 상황에 처하게 된다. 아마 이들 행위주체는 '생선가게를 맡은 고양이'나 '닭장을 맡은 여우'일 개연성 이 크다. 이처럼 정치제도의 설계나 개혁은 처음부터 딜레마일 수밖에 없다.

대체로 정치제도의 개혁은 생각보다 쉽지 않고, 만약 이뤄진다고 해도 당초 기대한 만큼 최선의 형태로 나타나지 않는 경우가 많다. 이렇기 때문에 최고권력 자의 선의를 기대하거나 정치행위자들의 윤리에 호소하는 길 이외 별다른 대안이 없는 것이 현실이다. 최고권력자의 선의에 따른 정치개혁의 대표적인 사례로는 프랑스의 자크 시라크 대통령(Jacques Chirac, 1932~2019, 재임 1997~2007)이 현직에 있을 때, 대선 직후 곧바로 국회의원선거를 실시할 수 있도록 2000년 개헌을 통해 대통령 임기를 7년에서 5년으로 단축한 경우를 들 수 있다. 당시 프랑스는 1958년 샤를 드골 총리(Charles de Gaulle, 1890~1970, 대통령 재임 1959~1969)의 쿠데타에 의해 제정된 제5공화국의 헌법에 따라 대통령 7년 연임제와 국회의원 5년 임기제를 채택하고 있어 대통령과 총리의 소속 정당이 다른 '동거정부'(Cohabitation)가 프랑수아 미테랑 대통령(François Mitterrand, 1916~1996, 재임 1981~1995) 때부터 출현하는 바람에 국정의 난맥상 을 초래하고 있었다. 이에 '젊은 늑대'(jeune loup)에서 '늙은 늑대'(vieux loup)로 성숙한 시라크가 프랑스의 정치발전을 위해 자신의 손해를 감수하는 결단을 내렸던 것이다. 아마 이 같은 행동은 역사상 극히 드문 사례가 아닌가 본다. 그렇다면 정치개혁은 결국 정치행위자들의 윤리에 호소하는 길 밖에 없는 상황에 직면하는 것일까?

미국 정치는 '예외주의'(exceptionalism)와 '적대와 배제의 정치'로 잘 알려져 있다. 일찍이 세이무어 립셋(Seymour Lipset, 1922~2006)은 『미국 예외주의: 미국에는 왜 사회주의 정당이 없는가』(American Exceptionalism: A Double-Edged Sword, 1997)에서 미국 정치의 특징을 이중성과 폐쇄성이라고 지적한 바 있다.

그리고 브루스 케인(Bruce E. Cain, 1948~)은 *Democracy More or Less: America's Political Reform Quandary*(민주주의의 정도: 미국의 정치개혁 난제, 2014)에서 미국의 정치개혁은 비현실적인 시민적 이상과 정치행위자들의 당파성 간의 괴리 때문에 논의는 풍성하지만, 결코 실행되기 어렵다고 분석한다. 이렇기 때문에 한때 한국의 정치담론에서 회자되었던 스티븐 레비츠키(Steven Levitsky, 1968~)와 다니엘 지블라트(Daniel Ziblatt, 1972~)가 『어떻게 민주주의는 무너지는가』(*How Democracies Die*, 2018)에서 트럼프 대통령의 통치 행태를 비판하면서 상호 관용과 제도적 관용이라는 환원주의적 처방책을 제시하고 있듯이, 미국에서 '적대와 배제의 정치'에 대한 해법은 애국심과 도덕에 호소하는 것 말고는 딱히 없는 것이 실상이 아닌가 본다. 어쩌면 미국 정치는 아직 파국의 임계치에 이르지 않았을 수도 있다. 그렇지만 현재의 정치적 대립과 분열은 심각한 우려를 낳고 있다.

이러한 딜레마와 모순에 놓인 정치제도의 개혁은 통합정치라는 취지에 부합하기 위해서는 '경로 의존성', 즉 기득권이 유지되고 온존되는 과정에서 탈피하는 것이 무엇보다도 중요하다. 이를 위해서는 민중적 동력(popular power)이나 국민적 여론의 지지가 뒷받침되어야 한다. 최근 독일에서 이뤄진 선거제도 개혁은 이러한 변화의 좋은 사례이다. 독일은 연동형 비례대표제 하에서 실시하고 있는 초과의석제(Überhangmandat)와 보정의석제(Ausgleichsmandat)를 폐지했다. 이들 제도는 한때 한국 일부에서도 선호되었던 비례대표 의석배분 방식으로, 하원의원 정수 598석(지역구 의석 299석 + 비례대표 의석 299석)이 736석까지 늘어날 정도로 기성 정당들과 의원들의 정치적 담합에 의해 유지되어 온 병폐였다. 2021년 집권한 사회민주당(빨간색), 녹색당, 자유민주당(노란색)의 신호등 연정(Ampelkoalition, Traffic light coalition)은 일부 야당의 반발에도 불구하고 2023년 의원 정수를 630석(지역구 299석 + 비례대표 331석)으로 고정시키는 선거개혁을 단행했다. 이처럼 수십 년 동안 관성적으로 유지되어 온 병폐가 혁파될 수 있었던 데는 개혁에 대한 국민의 높은 여론 지지가 있었기 때문에 가능했다고 볼 수 있다. 이러한 점을 염두에 두고 통합정치를 위한 정치제도의 개혁 문제를 접근할 필요가 있다.

협의제 민주주의와 권력분립

일반적으로 '적대와 배제의 정치'에 직면한 국가에서는 통합정치에 관한 논의가 자연스럽게 제기된다. 미국도 예외는 아니다. 특히 트럼프 대통령의 재임기간 동안 있었던 극단적인 '적대와 배제의 정치'를 경험한 많은 지식인들이라면 이구동성으로 민주주의의 위기와 통합정치의 당위성을 강조할 것이다. 이와 유사한 사고의 흐름은 워터게이트 스캔들(Watergate scandal)로 대통령직을 사임한 리처드 닉슨(Richard Nixon, 1913~1994, 재임 1969~1974) 시절의 '추악한 정치'(ugly politics)를 겪은 후에도 있었다. 하지만 정치에 대한 심도 있는 성찰에도 불구하고 앞서 언급했듯이, 정치행위자의 윤리와 관용에 호소하는 것 말고는 이렇다 할 처방책을 제시하지 못하고 있는 것 같다. 미국의 정치체제는 건국의 아버지들(Founding Fathers)이 설계한 대통령 선거인단 제도와 상·하원의 단순 소선거구제를 개혁하지 않는 이상 '적대와 배제의 정치'에서 한 발자국도 벗어날 수 없는 숙명을 안고 있다고 볼 수 있다.

그렇다면 '적대와 배제의 정치'의 초기 단계에 접어들고 있는 한국의 상황은 어떠한가? 한국의 헌정체제는 미군정의 지배에 동일하게 있었던 일본과 다르게 미국의 헌정체제를 거의 모방하면서 미국의 정치제도를 대폭 이식했다. 미국은 자유정신, 평등주의, 개인주의, 포퓰리즘, 자유방임주의 등을 특징으로 하는 '미국적 신조'(American creed)[42]에 기반해 헌정체제를 설계하고 운영해 왔다.

---

42 일반적으로 미국적 신조는 「미국독립선언서」에 나오는 내용을 말하는데, 립셋은 『미국 예외주의: 미국에는 왜 사회주의 정당이 없는가』(1997)에서 미국인이 지니고 있는 위에서 거론한 다섯 가지의 가치체계를 미국적 신조라고 정의하고 있다. 참고로 새뮤얼 헌팅턴 (Samuel Huntington, 1927~2008)은 『새뮤얼 헌팅턴의 미국』(Who Are We?: The Challenges

반면 한국은 해방 직후 좌우갈등과 민족상잔으로 인해 '한국적 신조'를 합의하지 못하는 바람에 개문발차開門發車식으로 헌정체제를 설계하고 운영해 왔다. 물론 제헌 헌법에서 3·1운동을 대한민국 건립의 시작으로 명시하고 있기 때문에 그 운동이 지향하는 자주정신, 자유정신, 인도주의 등을 한국적 신조로 받아들일 수 있지만, 미완 상태인 것은 분명했다. 하지만 한국적 신조는 기존의 3·1운동 정신에 산업화와 민주화를 통해 형성된 새로운 신조인 평등주의와 개인주의가 추가되면서 점차 정립되어 왔다고 볼 수 있다. 다소 견강부회일지 모르지만, 자주정신, 자유정신, 인도주의, 평등주의, 개인주의 등을 특징으로 하는 한국적 신조는 자유정신, 평등주의, 개인주의, 포퓰리즘, 자유방임주의 등을 특징으로 하는 미국적 신조와 같은 점도 있고, 다른 점도 있다고 할 수 있다. 이 점에서 한국은 미국과 다른 방식으로 '적대와 배제의 정치'를 넘어서서, '경합과 협치의 정치'를 모색할 수 있는 가능성을 지니고 있다.

미국의 정치체제는 통합과 협치를 지향하는 연방제라는 국가형태와 대통령 일인에 의한 정부권력의 독점을 특징으로 하는 대통령제를 '뼈와 살'(bone and flesh)로 삼고 있다. 또한 국민의 민주적 의사가 왜곡될 수 있는 대통령 선거인단 제도와 정치적 다원주의가 제한되는 상·하원의 단순 소선거구제를 '심장과 머리'(heart and head)로 하고 있다. 이러한 정치체제는 다수자 지배의 원칙을 따르는 민주주의의 이상에 부합하지만, 실제로는 다수자 지배의 주체인 국민이 의사결정에 참여할 기회를 제약한다. 2016년 동시선거(대통령, 상·하원 의원, 주지사 등 선출)의 결과는 이를 잘 보여주고 있다. 60.1%의 투표율을 기록한 대선에서 공화당의 트럼프 후보는 민주당의 힐러리 후보에게 '일반투표'(popular vote)에서는 46.1% 대 48.2%로 패했지만, '선거인단 투표'(electoral vote)에서 304 대 227로 승리해 당선되었다.[43] 또한 동시선거였지만 투표율이

___

to America's National Identity, 2004)에서 미국적 신조와 유사한 개념인 '미국의 국가 정체성'이 영어, 개신교, 개인주의, 종교적 헌신, 법 존중 등의 전통과 가치관에 기반하고 있다고 설명한 바 있다.

54.7%로 낮았던 하원의원선거에서 공화당은 일반투표 전체에서는 49.1%를 얻었음에도 불구하고, 전체 435석 중 241석(55.4%)을 차지했다. 이처럼 민의가 제대로 반영되지 않는 미국의 정치체제는 의사결정에 참여하는 다수자의 규모를 확대하는 '협의제 민주주의'(consociational democracy)의 모델이 아니라 다수자의 규모를 제한하는 '다수제 민주주의'(majoritarian democracy)의 모델의 원형이라고 볼 수 있다. 이러한 민주주의의 모델은 산업혁명과 대규모 이민 유입으로 인해 다양해진 새로운 유권자층을 포용하지 못하는 것은 물론, 승자독식의 권력 메커니즘으로 인해 '적대와 배제의 정치'에 쉽게 노출될 위험성을 지니고 있다.

한국의 정치체제는 미국 정치체제의 골격인 대통령제를 채택하고 있기 때문에 다수제 민주주의의 모델에 속한다고 할 수 있다. 물론 한국 선거제도는 미국과는 다르게 대선에서는 직선제를, 총선에서는 비례대표의원선거가 일부 포함된 혼합제를 실시하고 있어 외형상 다수제 민주주의의 모델에서 다소 벗어난 것처럼 보인다. 하지만 오랫동안 분열된 사회에서 협의제 민주주의의 가능성과 모델을 탐구해 온 아렌트 레이프하르트(Arend Lijphart, 1936~)의 연구[44]에 따르면, 한국의 정치체제는 미국의 유형과 다소 다르지만 다수제

---

43 미국 대선에서 일반투표에서 패배한 후보가 당선된 경우는 1824년, 1876년, 1888년, 2000년, 2016년 등 다섯 차례 있었다.

44 레이프하르트는 협의제 민주주의의 개념을 확대해 '합의제 민주주의'(consensus democracy)라는 개념을 도입하고 있는데, 이 책에서는 다수제 민주주의의 개념과 비교하기 위해 협의제 민주주의로 통일해 사용한다. 그의 주요 연구로는 *The Politics of Accommodation: Pluralism and Democracy in the Netherlands.*(조정의 정치: 네덜란드에서의 다원주의와 민주주의, 1968), *Democracies: Patterns of Majoritarian & Consensus Government in Twenty-one Countries*(민주주의: 21개 국가에서의 다수제 및 합의제 정부의 패턴, 1984), *Electoral Systems and Party Systems: A Study of Twenty-Seven Democracies, 1945~1990*(선거체계와 정당체계: 1945~1990 27개 민주주의 국가에 관한 연구, 1994), *Patterns of Democracy: Government Forms and Performance in Thirty-Six Countries*(민주주의의 패턴: 36개 국가에서의 정부의 형태와 성과, 1999), *Thinking about Democracy: Power Sharing and Majority Rule in*

민주주의의 모델이라는 본질에서는 한치도 벗어나 있지 않음을 알 수 있다. 레이프하르트는 〈표 Ⅲ-2-2〉와 같이 다수제와 협의제라는 두 개의 민주주의 모델을 상정하는데, 모든 민주주의 체제는 '다수결주의'와 '협의주의'를 각각 양극으로 하는 연속선상의 어딘가에 위치한다고 간주한다. 한국은, 정치제도의 수평적 차원인 정당-정부 영역과 수직적 차원인 단방제-연방제 영역에 대한 다섯 가지의 변수를 살펴보면, 다수결 민주주의의 모델 중에서 가장 왼쪽에 위치한다고 볼 수 있다.

〈표 Ⅲ-2-2〉 다수제 민주주의 모델과 협의제 민주주의 모델의 특징

클러스터	제도 영역	다수제 민주주의	협의제 민주주의
정당-정부 영역	선거제도	다수대표제	비례대표제
	정당제도	양당체계	(온건)다당체계
	내각 구성	단일 다수파 정당 내각	다수정당 연정 내각
	정부-의회	정부 우위	균형적 관계
	이익집단 정치	다원주의적 이익대표체제	사회합의주의적 코포라티즘
단방제-연방제 영역	중앙-지방	중앙집권적 단방정부	지방분권적 연방정부
	의회 수	단원제	양원제
	헌법 개정	특별 다수 개정의 경성헌법	단순 다수 개정의 연성헌법
	의회-법원	법률 합헌성의 의회 판단권	법원의 사법적 심사권
	중앙은행	정부의 통제	정부로부터 독립

물론 한국은 다수대표제와 비례대표제를 혼합한 선거제도를 채택하고, 그에 따라 다당제가 형성되어 있으며, 정부 산하에 노사정 대화기구인 경제사회노동위원회가 설치되어 있고, 헌법재판소가 법률의 합헌성에 관한 사법적 심사권을 행사하고 있으며, 중앙은행인 한국은행이 법적으로 독립성을 유지하고 있다. 하지만 이 같은 협의주의적 제도와 운영은 자세히 들여다보면, 다수결주의의 단점을 보완하기에는 무언가 효과성이 부족하고 한계가 있다고 할 수 있다.

Theory and Practice(민주주의에 대한 생각: 이론과 실제에서의 권력분배와 다수결 원칙, 2008) 등을 들 수 있다.

이는 2020년 총선 결과에서도 잘 나타나고 있다. 지역구 투표율에서 집권당인 더불어민주당은 49.9%를 득표했고, 제1야당인 미래통합당은 41.4%를 득표했지만, 지역구 의석은 전체 257석 중 각각 163석(64.4%)과 84석(33.2%)을 차지했다. 이러한 제1당의 과잉 의석배분은 다수결주의의 산물이라고 할 수 있다. 더군다나 이어서 살펴보겠지만, 다수결주의는 정부-의회 관계뿐만 아니라 중앙-지방 관계에서도 협의주의적 요소를 압도하는 경향을 보인다. 이 점에서 한국의 정치체제는 미국보다 정도가 심한 다수제 민주주의의 모델의 독특한 형태라고 할 수 있다.

한국의 헌정체제는 〈표 III-2-3〉에서와 같이 단방제 국가형태, 대통령제 정부형태, 단원제 입법부, 이원적 사법부 등을 특징으로 하고 있다. 그리고 한국의 대통령제 정부형태는 대통령과 총리가 정부권력을 분담하는 이원정부제(duai executive system) 또는 준대통령제(semi-presidential system)라고 불리는 프랑스형 대통령제와는 다르게 대통령 개인이 정부권력을 독점하는 미국형 대통령제에 가깝다. 물론 한국의 대통령제는 대통령이 국회의 동의를 얻어 국무총리를 임명한다는 점에서 프랑스의 이원정부제 요소를 지니고 있으며, 국회의원을 국무위원에 임명할 수 있다는 점에서 의회제 요소 또한 지니고 있다. 하지만 한국의 국무총리는 프랑스처럼 정부수반이 아니라 대통령을 보좌하고 행정부를 통할하는 기능만 수행한다. 그리고 내각은 의회제처럼 국회에 의해 불신임되지 않고, 내각 구성원에 대해서만 국회로부터 해임건의를 받는다.

대통령제는 기본적으로 다음과 같은 세 가지의 제도적 특성을 지닌 정부형태라고 할 수 있다. 즉 ①정부의 최고집정관인 대통령이 국민에 의해 직접 또는 선거인단을 통해 선출된다. ②대통령의 임기가 고정되어 있다. ③대통령이 정부 관료를 임명하고 지휘·감독한다. 한편 미국 대통령제는 국가권력의 구성 원칙을 '3권분립'(Separation of powers into the three branches of government, Trias Politica)에 두고, 권력을 행정부,[45] 입법부, 사법부 등의 독립된 기관이 나눠

〈표 Ⅲ-2-3〉 6개 국가의 헌정체제 현황

국가	국가형태 / 정부형태	권력구조			
		대통령	총리	의회	법원
미국	연방제 / 대통령제 정부	·주별 선거인단 선출 ·4년 연임제 ·국가원수 겸 정부수반 ·법률안 재의요구권 ·부통령: 대통령 승계, 상원 의장 겸직	·없음	·양원제 ·탄핵권 ·예산편성권	연방대법원
프랑스	단방제 / 준대통령제 정부	·국민직선(결선투표) 선출 ·5년 연임제 ·국가원수 ·국민의회해산권(1년 이상) ·법률안 재의요구권	·대통령 임명: 관례상 다수당 협의 ·정부수반 ·각료 임명제청권	·양원제, ·탄핵소추권 ·내각불신임권	파기破棄원, 국사원, 관할법원, 헌법위원회
영국	단방제 / 의회제 정부	·없음 ·국가원수: 세습제 국왕	·국왕 임명: 하원 다수당 대표 ·정부수반 ·하원 해산건의권	·양원제 ·내각불신임결의	대법원
독일	연방제 / 의회제 정부	·연방대회(연방하원의원, 주 의회 동수 의원) 선출 ·5년 연임제 ·국가원수	·연방하원 선출 ·정부수반 ·연방하원 해산권	·양원제 ·내각불신임권	5원 연방최고법원, 연방헌법재판소
일본	단방제 / 의회제 정부	·없음 ·국가원수: 세습제 천황	·중의원 및 참의원 의결: 중의원 우선 ·정부수반 ·중의원 해산권	·양원제 ·중의원: 내각불신임권	최고재판소
한국	단방제 / 대통령제 정부	·국민직선 선출 ·5년 단임제 ·국가원수 겸 정부수반 ·법률안 재의요구권	·대통령 임명: 국회 동의 ·대통령 보좌 ·국무위원 제청권	·단원제 ·탄핵소추권 ·국무위원 해임건의	대법원, 헌법재판소

출처: 국회도서관의 『세계의 헌법』(2018),
https://www.google.com/search에서 재구성(2023. 11. 30. 기준).

---

45 일반적으로 행정부(administration)는 정부(government)와 같은 의미로 사용된다. 하지만 미국은 정부라는 용어가 행정부와 의회가 포함된 의미로 사용되고 있어, 예를 들면 바이든 정부라는 표현 대신에 '바이든 행정부'라는 표현을 사용한다. 반면에 한국은 헌법에 따르면, 정부가 대통령과 행정부로, 행정부는 국무총리와 국무위원, 행정각부, 감사원으로 구성되어 있어, 예를 들면 윤석열 행정부라는 표현 대신에 '윤석열 정부'라는 표현을 사용한다.

갖도록 함으로써 상호 간에 '견제와 균형'(check and balance)을 유지하는 것이 가장 큰 특징이다. 이 점에서 미국 대통령제는 대통령 일인에게 권력이 집중되고 또한 무제한적으로 행사되는 권위주의적 통치체제가 아니라, 국민의 주권을 위임받은 의회와 전문가적 자율성을 지닌 법원에 의해 대통령 권력이 견제되기 때문에 원칙적으로 민주주의적 통치체제인 것이다.

미국 대통령제의 3권분립의 원칙을 살펴보면, 법의 제정 기능을 맡는 의회는 대통령에 대해서는 대통령이 원하는 법률안 거부권, 대통령의 법률안 재의요구권(再議要求權, Right of reconsideration request)[46]에 대한 재의결권, 공직자 임명 비준권, 공직자 탄핵권, 예산 편성권 등을 통해, 법원에 대해서는 법관 임명 비준권, 법관 탄핵권, 법원 설립 및 폐지 권한 등을 통해 견제한다. 그리고 법의 집행 기능을 맡는 대통령은 의회에 대해서는 법률안 추진 권한, 법률안 재의요구권 등을 통해, 법원에 대해서는 법관 임명, 사면권 등을 통해 견제한다. 또한 법의 해석 기능을 맡는 법원은 의회에 대해서는 법률 위헌판결권을 통해, 대통령에 대해서는 대통령 및 행정부서 행위에 대한 위헌판결권, 법적 권한 금지권 등을 통해 견제한다. 이처럼 미국 대통령제는 국민의 의사결정 참여가 제한되는 다수제 민주주의에 기반하고 있지만, 3권분립을 통해 헌법기관 간의 균형을 도모하고, 특히 대통령 일인의 자의적인 권력행사에 대한 통제를 가능하게 함으로써 공화주의의 원칙을 철저히 관철하고 있다.

한편 한국 대통령제는 미군정 하에서 미국 대통령제를 원형으로 삼아 설계되었지만,[47] 대통령 권력과 의회 권력 간의 균형이 비대칭적으로 변형되면서

---

46 재의요구권은 흔히 '대통령 거부권'(presidential veto)으로 불리는데, 의회 법률안을 과거 군주제에서 있었던 것처럼 절대적으로 거부하는 것이 아니라 의원 3분의 2 이상의 찬성을 요구하는 것이다. 대통령이 거부한 법률안은 의회에서 3분의 2 이상으로 재가결되면 자동으로 법률이 되는데, 이를 '번복된 거부권'(vetoes overridden)이라고 부른다. 대표적 사례로 미국의 프랭클린 루스벨트 대통령은 재임 중 635건 법률안 재의요구권을 행사했고, 이 중 9건이 번복되었다.

47 미군정은 1946년 초에 법률고문인 에머리 우드월(Emery Woodall, 1891~1963)을 통해

'대통령중심제'(president-centered system) 혹은 '강력한 대통령제'(strong presidency)로 전환되었다. 이로 인해 권위주의 체제의 온상이 되어 '적대와 분열의 정치'의 주된 요인으로 작용하고 있다. 한국 대통령은 미국과 같이 국회에 대해 법률안 재의요구권을 행사할 수 있는 반면에, 국회는 미국과 달리 공직자 임명 비준권은 극히 한정된 대상에게만 행사할 수 있고, 탄핵권은 직접 행사하는 것이 아니라 사법부에 탄핵 심리를 요청하는 탄핵소추권으로 대체해 행사할 수밖에 없으며, 예산 편성권은 없고 예산을 심의·결정만 할 수 있다. 이처럼 헌정체제에서 명시적으로 드러나고 있는 대통령 권력과 국회 권력 간의 불균형은, 다음 절에서 살펴보겠지만, 대통령의 비정상적인 권력행사나 비민주적인 정치리더십으로 인해 더욱 심화되고 있다. 이러한 맥락에서 한국의 대통령제는 이른바 '제왕적 대통령제'(Imperial Presidency)로 불리고 있는 것이다.

'제왕적 대통령제'라는 용어는 프랭클린 루스벨트 대통령에 관한 연구의 대가인 아서 슐레진저(Arthur Schlesinger, Jr., 1917~2007)가 조지 워싱턴부터 조지 워커 부시에 이르기까지 대통령 권력의 비대화와 위헌적 행태를 비판한 *The Imperial Presidency*(1973, 2nd 2004)에서 유래한 것인데, 흔히 대통령제의 문제점을 지적할 때 빗대어 사용되어 왔다. 최근 수잔 메틀러(Suzanne Mettler)와 로버트 리버먼(Robert Lieberman, 1964~)은 *Four Threats: The Recurring Crises of American Democracy*(네 가지 위협: 미국 민주주의의 반복되는 위기, 2020)에서 미국 민주주의를 위협하는 네 가지 요인으로 정치적 양극화, 인종주의, 경제적 불평등, 과도한 행정권을 지적한 바 있는데, 이 중 '과도한 행정권'(excessive executive power)이 제왕적 대통령제를 뜻하는 것이라고 볼 수 있다. 물론 제왕적 대통령제라는 용어에는 대통령 권력의 비대화와 위헌적 행사라는 두

Constitution of Korea라는 제헌헌법안을 준비했으며, 1947년에 수립한 남조선과도정부 산하의 조선법전편찬위원회의 헌법기초분과위원회에서 준비 중인 제헌헌법 초안을 파악 하고 있었다. 유진오의 『헌법기초회고록』(1966)과 고려대학교박물관의 『현민 유진오 제헌헌법 관계 자료집』(2009) 참고.

차원이 있음을 염두에 둘 필요가 있다.

현대 국가에서 대통령제이건 의회제이건 간에 정부 조직의 비대화는 변화무쌍한 국제관계에 대한 대응, 전방위적 경제정책의 기획과 추진, 국민의 삶과 관련한 서비스의 확대를 위해 불가피한 현상이다. 이러한 비대화는 행정 부처뿐만 아니라 대통령이나 총리를 보좌하는 기구에까지 확대되고 있으며, 〈표 Ⅲ-2-4〉에서 보듯이, 한국을 포함한 선진국가들의 권력 핵심부 비대화는 상상을 초월할 정도다. 이 비대화는 행정부처 간의 정책조정 기능을 넘어서 행정부처의 주요 기능 중 하나인 정책집행 기능을 대체할 정도여서, 마치 정부 내에 또다른 정부가 존재하는 것과 유사하다고 볼 수 있다. 이러한 문제에 대해 영국과 일본에서는 총리 직속기관인 내각부의 업무와 행정부처의 업무가 중복된다는 문제점이 지속적으로 제기되고 있다. 한국 역시 비슷한 문제가 있지만, 이는 대다수 국가들에서 공통적으로 나타나는 현상이라고 볼 수 있다. 문제는 대통령이나 총리의 보좌기구의 비대화가 진행될수록 3권분립의 원칙이 훼손된다는 점과 권력행사의 위헌적 위험이 증가할 개연성이 크다는 것이다.

한국 대통령제에서 대통령에 의한 3권분립 원칙의 훼손과 위헌적 행태의 사례는 민주화 이후에도 적지 않다. 이 가운데 정치제도와 관련된 사례를 찾아볼 수 있는데, 먼저 2015년 박근혜 정부에서 현역 국회의원 3인을 '대통령 정무특별보좌관'으로 겸직 임명한 사례를 들 수 있다. 이는 3권분립 원칙을 훼손한 것은 말할 것도 없고, 국회의원 겸직을 금지한 「헌법」과 「국회법」를 위배한 것이라고 볼 수 있다. 참고로 「헌법」 제43조는 "국회의원은 법률이 정하는 직을 겸할 수 없다"라고 규정하고 있고, 「국회법」 제29조는 "① 의원은 국무총리 또는 국무위원 직 외의 다른 직을 겸할 수 없다. 다만, 다음 각 호의 어느 하나에 해당하는 경우에는 그러하지 아니하다. 1. 공익 목적의 명예직, 2. 다른 법률에서 의원이 임명·위촉되도록 정한 직, 3. 「정당법」에 따른 정당의 직"이라고 규정하고 있다. 당시 대통령실은 정무특별보좌관이 국가공무원도 아니고 무보수 명예직이기 때문에 그 임명이 적법하다고 주장했

〈표 Ⅲ-2-4〉 6개 국가의 대통령 또는 총리 보좌기구 현황

국가	비서실	직속기구
미국	·명칭: White House Office(백악관사무실) ·상원 승인 없음 ·비서실장 → 부실장(2명), 수석보좌관(22명), 부보좌관, 특별보좌관, 법률자문역, 비서관 등 ·영부인비서실: 비서(12명) ·비서실 + 직속기구 직원: 4,000여 명 * 비밀경호국: 국토안보부 소속	·법률에 의거해 설치, 일부 기관장 상원 승인 ·바이든 정부: 7개 council, 10개 office ·주요 coucil: 국가안보회의, 경제자문협의회, 국내정책협의회, 젠더정책협의회, 기후품질협의회 등 ·주요 office: 관리예산국, 미국무역대표실, 과학기술정책실, 행정실, 부통령실 등
프랑스	·명칭: Cabinet du président(대통령실) ·일부 기구 법령에 의거해 설치 ·사무처: 사무총장 → 군참모총장, 외교고문, 사무차장, 개인사무실장(비서실장), 분야별 상임고문(40명) ·영부인사무실 없음: 특별보좌관(2명) ·사무처 + 직속기구 직원: 1,000여 명 * 대통령 서비스국(경호)	·일부 기구 법령에 의거해 설치 ·마크롱 정부: 대통령 군사참모 신설 ·국가정보 및 대테러 조정관실
영국	·명칭: Office of the Prime Minister(총리사무실) ·내각부(Cabinet Office)의 일부 ·비서실장 → 부실장, 비서 및 담당관 등 * 보호사령부: 런던경찰청 소속	·법률에 의거해 설치 ·내각부(Cabinet Office) 직원: 10,000여 명 ·수낵 정부: 10개 내각위원회 - 국가안보회의, 경제위원회, 국가과학기술협의회 등
독일	·명칭: Amt des Premierministers(총리사무실) ·비서실장 → 부실장, 비서 및 담당관 등 * 연방경찰보호청	·법률에 의거해 설치 ·연방총리실(Bundeskanzleramt) 직원: 600여 명
일본	·명칭: 내각관방內閣官房 ·내각관방장관 → 부장관, 비서 및 담당관, 총리대신관저사무소장 등 * 경찰청	·법률에 의거해 설치 ·내각부內閣府 직원: 1,000여 명
한국	·명칭: 대통령비서실 ·「정부조직법」에 의거해 설치(비서실장 1명만 명시) ·비서실장 → 수석비서관(6명), 비서관(40명) 등 ·영부인비서실 없음: 비서관 ·비서실 + 안보실 직원: 433명 * 대통령경호실	·「정부조직법」에 명시되어 있지 않음. ·대통령안보실: 실장, 차장(2명), 비서관(7명) 등 ·각종 자문위원회

출처: https://www.google.com/search에서 재구성(2023. 11. 30. 기준).

다. 하지만 국민의 주권을 위임받은 국회의원이 대통령 비서에 준하는 직책을 공식적으로 맡는 것은 헌정사상 이례적인 일로, 법 해석 이전에 정치적 상궤에서 벗어난 것이 아닌가 본다.

다음으로 대통령의 배우자 및 4촌 이내 친족, 대통령비서실의 수석비서관 이상 공무원의 비위 행위에 대한 감찰을 담당하는 '특별감찰관' 제도가 사문화되고 있는 사례를 들 수 있다. 이 제도는 2014년 박근혜 정부에서 도입한 일종의 대통령 권력 감시장치라고 볼 수 있는데, 역대 대통령과 측근의 잦은 비위 사례에 비춰본다면 안성맞춤인 제도였다. 하지만 이 제도는 2016년 특별감찰관이 대통령 민정수석비서관과의 갈등을 빚은 끝에 사직한 후, 국회에서의 합의 추천이 이뤄지지 않았다는 이유를 들어 문재인 정부와 윤석열 정부가 후임자를 임명하지 않음으로써 유야무야되고 있다. 결과적으로 특별감찰관은 2024년 현재까지 8년째 공석 상태를 지속하고 있고, 법적으로 폐지되지 않았기 때문에 매년 10억 원 이상의 정부 예산과 인원이 투입되고 있는 실정이다. 이처럼 대명천지에서 있을 수 없는 일이 벌어지는 것은 대통령의 부작위에 의한 위헌적 행태에서 기인한다고 볼 수 있다. 뒤늦은 복기는 부질없겠지만, 박근혜 대통령이 자신이 임명한 특별감찰관의 보고를 외면하지 않았더라면 국정농단 사건으로 탄핵을 당하지 않았을지도 모른다. 마찬가지로 현직 대통령의 경우에도 특별감찰관의 부재는 당장은 사탕발림이겠지만, 나중에는 만시지탄晩時之歎이 될지도 모르는 일이다.

이 같은 대통령 권력의 자의성은 필연적으로 '적대와 배제의 정치'를 낳는 근원이 되고 있다. 물론 '적대와 배제의 정치'는 실효성 없는 인사청문회 제도나 빈번한 법률안 재의요구권 행사에 의해서도 촉발되고 있다. 특히 여소야대의 의회구도 하에서는 더욱 증폭되고 있다. 미국은 여소야대의 국면에서 여당·야당 간의 갈등이 심한 경우, 예산안의 통과가 지연되어 연방정부의 운영이 중단되는 '셧다운'(shutdown) 사태를 겪기도 한다. 한국은 이 같은 심각한 상황에 이르지는 않지만, 새로운 국가과제의 추진이나 특정 정책의 집행을 뒷받침할 수 있는 법률이 국회에서 의결되기 어려운 경우 대통령의 행정명령인 대통령령令을 통해 임시방편으로 처리하고 있다.[48] 하지만 이러한 편법은 위헌 논란과 의회·정당정치의 파행을 초래할 수 있다. 특히 과반 의석을 차지한 야당이나 과반을 넘긴 야당연합(野大)이 해당 대통령령을 무력화시킬 수 있는 법률안을 의결하고, 이에 대해 대통령이 법률안 재의요구권을 행사하는 경우, '경합과 협치의 정치'를 모토로 하는 의회정치의 파탄은 말할 것도 없고, 여·야의 갈등은 '적대와 배제의 정치'의 종착역인 '길거리 정치'(street politics)와 '죽기 아니면 살기 식 정치'(life or death politics)로 치달을 수 있는 위험을 내포하고 있다. 이 같은 정치의 파국은 민주주의 체제에서는 거의 벌어지지는 않았지만, 위험 신호들이 도처에서 감지되고 있다. 상대방 정치인에 대한 혐오스러운 모욕과 고소고발의 남발, 지지자들 간의 '맞불집회'(counter rally)와 '댓글전쟁'(comment war), 심지어 정치지도자에 대한 테러와 그의 가족에 대한 위해(危害) 등이 이에 해당한다고 볼 수 있다.

헌법 개정의 방향과 과제

한국정치의 문제점에 대한 근원을 놓고 여러 가지 논란이 있는데, 아무래도 정치체제의 구조와 기제를 결정짓는 헌정체제의 한계가 그중 하나라고 보는 것이 논리적으로나 실제적으로 타당하다고 볼 수 있다. 그렇기 때문에 통합정치를 모색하기 위해서는 개헌은 당장 현실화되기가 어렵더라도, 반드시 고려해야 할 사항이라고 생각한다. 대체로 개헌논의는 1987년 개헌부터 현재에 이르기까지 역대 대통령들의 응보를 불러오는 불행이 거듭되고, '적대와 배제의 정치'가 고조될 때마다 역설적으로 헌법 준수라는 이슈보다 활발하게 개진되어 왔다. 잘 알다시피, 현행의 제6공화국 헌법은 1987년 민주화과정에서 민주화세력과

---

48 대표적인 사례로 검찰수사와 관련한 사법정책을 들 수 있다. 2022년 5월 국회는 「검찰청법」과 「형사소송법」의 개정을 통해 검사의 직접수사 개시범위를 축소했는데, 9월 법무부는 대통령령인 「검사의 수사개시 범위에 관한 규정」의 개정을 통해 검찰의 수사범위를 확대했고, 그 직전에 대검찰청은 비공개인 「검사의 수사개시에 대한 지침」의 개정을 통해 자의적인 수사범위를 확대했다. 이 같은 상위법의 취지를 거스르는 행태는 이른바 '사법 쿠데타'라는 비판을 받을 만하다. 「한겨레」(2022. 9. 8, 2023. 11. 6).

권위주의세력 간에 이뤄진 타협의 산물로서, 국민 기본권의 확대, 정치제도의 정상화, 대통령 권력의 부분적 제한 등을 통해 '민주주의로의 이행'(transition to democracy)을 제도화하는 '민주주의의 공고화'(democratic consolidation)라는 아젠다들을 담고 있었다. 하지만 개헌된 지 30여 년이 지난 현행 헌법은 역동적이고 급격한 정치 변화에 부응하고 사회 영역에서 발생한 여러 난제들을 해결하기에는 역부족하다는 점이 점차 드러났다. 이러한 문제의식은 민주주의의 질적 발전을 의미하는 '민주주의의 심화'(democratic deepening)와 관련된 아젠다들, 특히 권력구조의 수평적·수직적 책임성의 강화와 시민의 정치적 효능감 증대에 부응하는 개헌의 필요성에 대한 국민적 공감대를 형성하기에 이르렀다. 이러한 와중에 국회가 2016년 박근혜 대통령을 탄핵 소추하게 된 계기로 30여 년 만에 개헌을 추진하고 나섰다. 하지만 천재일우의 기회를 안타깝게 놓쳐 버리는 결과로 이어졌다.

2016년 12월 9일 대통령 탄핵소추안이 가결된 후, 국회는 2017년 연말에 예정된 대선 전까지 개헌을 추진할 요량으로 '헌법개정특별위원회'(2017. 1. 5~12. 31. 이하 개헌특위)를 설치해 개헌논의를 본격화했다. 그러나 개헌특위는 〈표 III-2-5〉와 같이 권력구조에 대한 입장 차이로 활동 마감일까지 「국회 헌법개정안」을 마련하지 못했다. 여기에는 헌법재판소가 박근혜 대통령의 탄핵소추를 인용함에 따라 조기 대선이 실시되고 문재인 정부가 출범하는 등 당초 예정한 정치일정이 바뀌자, 개헌이 당장 시급하지 않다는 정세인식도 한몫하고 있었다. 개헌특위의 활동이 마감되자, 국회는 개헌이 정치제도의 개혁과 맞물리는 사안이라고 판단하고 '헌법개정및정치개혁특별위원회'(2018. 1. 15~6. 30. 이하 헌정특위)를 신설해 개헌논의를 이어갔다. 하지만 국회가 문재인 대통령이 발의한 「대통령 헌법개정안」을 폐기하게 되면서 개헌논의는 한순간에 사라졌고, 현재까지 재론되지 않고 있다. 필자는 당시 개헌특위 자문위원과 국회의장 자문위원으로 활동하면서 개헌논의 과정을 일종의 '참여관찰'(participant observation)의 방식으로 지켜본 바 있다.

〈표 Ⅲ-2-5〉 한국 권력구조 개편 논의

구분	현행 대통령중심제의 개선	혼합정부제(이원정부제)의 도입
목표	엄격한 삼권분립 구현 (대통령의 권한 분산)	대통령과 총리의 권한 분점
대통령 지위	집행부 수반	집행 권한 일부 행사
총리 선임	대통령의 총리 지명	의회에서 추천 / 지명 / 선출
집행권의 행사	대통령 행사(총리 및 각료는 보좌)	대통령과 총리 분점
집행부의 책임	대통령 책임	업무에 따라 대통령과 총리가 책임
장점	대통령 임기 내 안정적 국정운영, 의회와 대통령 상호 균형체제	집행부 내부의 권한 분점 구현, 내각제적 책임정치 구현
단점	집행부와 의회 간의 갈등 심화 우려, 대통령 임기 보장으로 책임정치 한계	대통령과 총리 동일정당시 권한 과도 집중, 대통령과 총리 간의 갈등으로 정국 불안정 우려

　　당시 개헌논의 과정은 정치행위자들의 아집과 근시안, 무책임한 태도로 인해 지난하고 복잡한 상황이었다. 문재인 대통령은 2018년 2월 11일 개헌논의가 지지부진하다고 판단하고 대선 공약대로 6월 13일에 치러질 지방선거에서 국민투표에 붙일 수 있는 「대통령 헌법개정안」을 마련하겠다고 밝혔다. 이는 의회정치가 기본적으로 협상과 타협의 과정이자 '밀고 당김'(pull and push)의 정수라는 상식에 대한 기본적인 이해 부족이나 의회 무시에서 기인한 것이 아닌가 본다. 당시 헌정특위가 권력구조 개편에 대한 이견으로 교착상태에 빠져 있더라도 시간에 구애받지 않고 충분한 숙의를 이어가고, 정당 지도부 간의 협상과 타협을 통해 「국회 헌법개정안」의 도출이 가능했을 것이다. 3월 26일 문재인 대통령이 「대통령 헌법개정안」을 발의하자, 헌정특위와 각 정당의 지도부는 심각한 우려와 유감을 표명했지만, 대통령이 발의를 철회하지 않는 이상 어쩔 수 없는 상황이었다. 물론 헌정특위는 간사협의체의 가동을 통해 〈표 Ⅲ-2-6〉과 같은 각 당의 개헌안을 토대로 한 "대통령 4년 연임제와 국무총리의 국회 선출 내지 추천안"을 최종적으로 제안했으며, 국회 원내대표단은 고위 협상을 통해 "정부형태의 사안이 합의가 이뤄지지 않는다면, 기본권 확대와 지방분권 강화만이라도 담은 개헌안"을 마련한다는 선에서 합의를

보았다. 그러나 이러한 시도는 「대통령 헌법개정안」이 민의를 수렴한 개헌안이라고 독단적으로 생각하는 대통령을 납득시키에는 역부족이었다. 결국 5월 24일 「대통령 헌법개정안」은 국회 본회의에 상정되었지만, 야당 의원들이 표결에 불참함에 따라 의결정족수의 부족으로 투표불성립이 되어 폐기되었다.

〈표 Ⅲ-2-6〉 2018년 국회교섭단체별 헌법개정안 중 권력구조 및 지방분권 비교

영역	의제	더불어민주당	자유한국당	바른미래당	민주평화당	정의당
권력 구조	정부형태	대통령 4년 연임제	분권대통령 ·책임총리	–	총리추천제	총리추천제
	국가원수 규정	대통령의 국가원수 표현 삭제	–	–	–	–
	대통령 선출방법	결선투표제 도입			결선투표제	결선투표제
	국무총리 임명방법	–	국회 선출	국회 선출	국회 추천	국회 추천
	대통령 사면권	일반사면: 국회 동의, 특별사면: 사면심사	국회 동의	특별사면: 사면심사	–	특별사면 제한
	대통령 소속 감사원	독립기구화	–	–	독립기구화	독립기구화
지방 분권	지역대표성 상원	–	–	–	–	–
	지방정부 입법권	보장	보장	보장	보장	보장
	중앙–지방 사무배분	보장	보장	보장	보장	보장
	지방정부 재정권	보장	–	보장	보장	보장
	직접민주주의 제도	명시	–	–	–	명시
	주민자치권· 지방분권국가	명시	–	명시	명시	명시

출처: 「국회헌법개정 및 정치개혁특별위원회 활동결과보고서」(2018)에서 정리함.

돌이켜보건대, 2018년 개헌의 실패는 그동안 적지 않았던 헌정사의 시련이나 정치적 불행의 강도가 미약했던 것일 수도 있고, 국민의 정치적 감수성이 부족해졌기 때문일 수도 있다. 하지만 정치행위자들의 '적대와 배제의 정치'의 정도가 헌정체제의 한계를 극복하려는 온갖 성찰과 노력을 능가한 것이 아닌가 하는 점은 분명하다. 대통령 권력을 견제하는 방안 없이 현행 '대통령 5년

단임제'를 '대통령 4년 연임제'로 변경해 오히려 대통령 권력을 강화하려 하고, 단지 대통령을 '국가의 원수'라고 지칭하는 용어를 삭제해 "대통령은 국가를 대표한다"고 간단하게 표현하는 것을 대안이라고 내놓는 집권당인 더불어민주당이 과연 개헌할 의지가 있었다고 볼 수 있는지 의문이다. 또한 분권대통령제로의 개헌이 현직 대통령에게는 적용되지 않더라도 현직 대통령의 임기 초반에 대통령 권력을 제한하는 개헌이 이뤄진다면, 그것이 어떤 식으로든 대통령의 국정 운영에 영향을 미칠 것으로 예상되는 상황에서 제1야당인 자유한국당의 비타협적인 태도가 개헌이 이뤄지는 데 어떤 역할을 할 수 있었는지 의문이다. 물론 당시 정치행위자들은 서로 정치적 가치와 이해가 달랐기 때문에 개헌논의에 있어서 동상이몽일 수밖에 없었지만, 개헌에 대한 국민들의 강한 요구가 있었다는 점을 잘 인지하고 있었을 것이다.

이러한 상황에서 문재인 대통령이 개헌을 위해 국민투표를 지방선거와 동시에 실시한다는 대선 공약에 집착하기보다는 국회에서 개헌안이 합의될 수 있는 정치적 여건을 조성하거나 정치적 대화를 촉진하는 '조정의 정치'(politics of accommodation)를 펼쳤더라면, 개헌논의에 대한 생산적 숙의가 더 가능했을지도 모를 일이다. 아니면 문재인 대통령이 권력구조 때문에 합의를 보지 못하는 개헌논의를 자신의 임기 후반부에 치루는 2020년 총선에 의해 새롭게 구성되는 제21대 국회에서 개헌을 추진하도록 하겠다고 선언하는 '사려깊은 리더십'(thoughtful leadership)을 보였더라면, 개헌의 성사 가능성이 높았을 것으로 보인다. 그러나 당시 정부·여당의 입장은 "국민의 나라 정의로운 대한민국"을 구현하려고 노력했지만, 국회의 비협조, 특히 야당의 정략과 무책임으로 개헌이 수포로 돌아갔다는 이른바 '무책임 부재증명'인 알리바이(alibi)를 갖고자 한 것이 아닌가 하는 합리적 의심이 든다. 이 점에서 안도현(1961~)이 「너에게 묻는다」(1994)에서 읊은 "연탄재 함부로 차지 마라 / 너는 / 누구에게 한번이라도 뜨거운 사람이었느냐"라는 세 줄 시는 당시 정치행위자들의 태도와 상황을 빗대는 데 적절한 비유로 인용될 수 있을 것 같다.

앞으로 국회에서의 개헌논의는 난망할 것으로 예상된다. 왜냐하면 현재의 헌정체제가 또다시 위기에 직면한다든지, 아니면 2027년 대선 전까지 개헌을 둘러싼 이해당사자인 유력 대선주자들이 부상하지 않는다면 개헌논의는 가능하겠지만, 그렇지 않다면 어려울 것이기 때문이다. 그렇다고 통합정치를 추구해야 하는 상황에서 개헌논의가 재개되기를 하염없이 무작정 기다릴 수는 없을 것이다. 최근의 '적대와 배제의 정치'의 정도를 고려해 보면 개헌논의가 쉽지 않겠지만, 선거가 갈등과 통합의 메커니즘이라고 본다면 2024년 총선을 통해 새롭게 구성될 제22대 국회에서 개헌이 추진되기를 기대해 본다. 이러한 전망을 바탕으로 지난 개헌논의를 반면교사 삼아 향후 개헌논의에서 염두에 둘 지점들을 나름대로 생각해 볼 수 있다.

첫째, 개헌논의가 '민주주의의 심화'를 위해 헌정체제의 기제와 제도를 디자인하려는 '그랜드 개혁'이라는 취지에 부합하려면, 제도화 관점뿐만 아니라 시민효능성 관점에서 균형감 있게 접근할 필요가 있다. 대체로 제도화 관점은 경제적 평등의 구현이나 사회적 차별의 철폐와 같은 비정치적 영역에서의 민주화보다는 정치적으로 보다 안정적이고 질적으로 향상된 민주주의를 위한 조건을 모색하는 데 논의의 초점을 맞추고 있다. 따라서 권력구조의 책임성 제고, 협의제 민주주의의 제고와 이를 위한 선거제도의 개혁, 사법제도의 개혁 등을 개헌의 주요 아젠다로 삼고 있다. 이에 비해 시민효능성 관점은 시민참여의 활성화와 이를 통한 시민의 정치적 효능감의 증대를 민주주의의 질적 진화라고 보고, 이를 위해 시민권의 강화, 시민정치의 제도화, 정당제도의 개혁, 지방자치의 개혁 등을 개헌의 주요 아젠다로 보고 있다. 이 같은 두 가지 관점을 개헌논의에서 균형적이고 상호 보완적으로 반영하는 것이 무엇보다도 중요하다고 본다. 개헌논의가 국회의원을 중심으로 이뤄지기 때문에 자칫 잘못하면 제도적 관점에 치우칠 수 있다. 개헌논의에서는 각계각층의 의견을 경청하고 수렴하는 과정 역시 중요하다. 그리고 전문가의 자문이 필요할 경우, 가급적 각 정당이 추천하는 사람을 지양하고, 정당들의 합의에 의한 사계斯界의 전문가들에게 자문을 구할 필요가 있다. 과거 개별 정당 추천으로 구성된 자문위원회가 합의된 자문의견을 내지 못했던 점을 반면교사로 삼을 필요가 있다는 것이다.

둘째, 개헌논의가 권력구조의 책임성 강화와 시민의 정치적 효능감의 증대에 방점을 두고 있다면, 이 논의가 여러 영역들로 분산되는 것을 방지하고 권력구조의 개편과 시민권의 강화라는 두 개의 영역으로 집중되어야 한다. 따라서 유기적이고 통합적인 접근을 통해 보다 효과적인 개헌논의를 이끌어낼 수 있다. 특히 권력구조에 대한 논의에서는 대통령-의회 간의 견제와 균형이 이뤄지는 정부형태로의 변화와 중앙-지방 간의 권력분립을 통한 지방분권의 확대라는 각각의 아젠다가 별개의 사안이 아니라 동일한 사안이라는 문제의식을 공유하는 것이 중요하다. 이러한 맥락에서 개헌논의와 관련한 언술에서 정부형태의 변경이라는 협소한 표현보다는 '권력구조의 개편'이라는 광의의 표현을 사용하는 것이 바람직하다.

〈표 Ⅲ-2-7〉은 정부형태에 따른 권력구조의 수평적 및 수직적 특성을 보여준다. 표를 보면, 프랑스의 '준대통령제' 같은 경우에는 여소야대 의회구조에서는 대통령과 총리의 정당 소속이 다른 '동거정부'(Cohabitation) 현상이 발생하기 때문에 대통령 권력이 극히 제한된다. 순수대통령제의 모태인 미국 경우에서도 여소야대 의회구조에서는 대통령의 권한 행사가 부분적으로 제한을 받지만, 본질적으로 대통령 권력은 의회 권력에 비해 상대적으로 강한 편이다.

이러한 특성은 개헌논의에서 협상과 타협의 지렛대로 작용할 수 있는 기회를 제공한다. 예를 들면, '대통령 4년 연임제'를 도입해 대통령 권력이 강화되면, 국민이 직접 선출한 지역대표자로 구성한 상원을 도입해 대통령 권력을 견제할 수 있다. 반면 '분권대통령제'를 채택해 대통령 권력이 약화되는 경우에는 지방선거를 통해 주민주권을 위임받은 광역자치단체장과 광역지방의회에서 추천하는 지역대표원을 도입해 상대적으로 강화된 의회 권력의 균형추를 바로잡는 역할을 할 수 있다.[49] 이러한 접근은 개헌논의를 제로섬 게임에서 벗어나

'넌 제로섬 게임'(non zero-sum game)으로 전환해 개헌을 성사시킬 가능성을 높일 뿐만 아니라 권력구조의 변화와 지방분권의 강화라는 일석이조의 성과를 낼 수 있다.

〈표 Ⅲ-2-7〉권력구조의 성격과 지방분권의 수준

권력구조	순수대통령제	준대통령제	의회제	민주화 이전 대통령제	현행 대통령제
대통령 권력	강함	강하거나 약함	거의 없음	매우 강함	강함
의회 권력	약함	균형	매우 강함	매우 약함	약함
중앙정부 권력	균형	강함	균형	매우 강함	매우 강함
지방분권 수준	매우 높음	보통	매우 높음	매우 낮음	매우 낮음

셋째, 개헌논의에서 대통령의 관여는 가능한 한 최소화될수록 바람직하다고 볼 수 있다. 대통령이 정치영역의 중심에 있고 개헌 발의권을 가지고 있으므로 개헌논의에 대한 관여가 당연해 보일 수 있다. 그러나 정부형태의 변경이나 대통령 권력의 견제와 같은 사안을 다루는 개헌논의에서, 비록 개헌이 현직 대통령에게는 적용되지 않더라도 어떤 식으로든 이해당사자인 대통령의 개입과 관여는 개헌과정을 방해하거나 왜곡시킬 가능성이 크다. 물론 오지랖이 넓은 대통령이라면, 개헌논의에 관여하고 싶은 것이 인지상정일 것이다. 그렇다 하더라도 대통령은 개헌논의의 주체 중 하나인 자신의 소속 정당과의 의사소통을 통해 자신의 의견을 개진하는 선에서 머물 필요가 있다. 오히려 대통령은 개헌논의가 교착상태에 빠질 경우 개헌기구의 대표자들이나 정당들의 지도부를 만나 합의안의 도출을 촉구하는 역할을 하는 것이 더 적합하다. 민주주의

---

49 G20 국가군 중 상원이 없는 국가는 왕정인 사우디아라비아, 신권위주의체제인 튀르키예, 일당체제인 중국, 그리고 제2공화국에서 양원제를 도입했던 한국뿐이다. 한편 지역대표원은 이른바 '제2의 국무회의'라고 불리는 현행의 중앙지방협력회의를 확대한 개념으로 이해할 수 있는데, 지역대표자는 광역자치단체와 광역지방의회로부터 추천을 받아 구성하고, 의장은 국무총리가 맡을 수 있다.

체제에서 대통령은 현행 헌법을 준수하는 입장을 갖되, 개헌이 성사되도록 여건을 조성하는 '조정자'(coordinator)로서의 역할을 수행하는 것이 바람직하다. 이와 더불어 차제에 정치적 실효성이 없는 대통령의 '헌법개정 발의권'은 폐지될 필요가 있다.[50]

선거제도와 정당제도의 개혁

대체로 통합정치를 위한 협의제 민주주의를 모색하는 데 있어서 헌정체제의 개혁은 필요조건(necessary condition)이라고 할 수 있으며, 정치제도의 개혁, 특히 선거제도의 개혁은 충분조건(sufficient condition)이라고 할 수 있다. '경성 헌법'(rigid constitution)을 가진 국가에서는 개헌과정이 복잡하고 지난하다는 특성을 갖고 있어 차선책으로 선거제도의 개혁이 고려되어야 한다. 일반적으로 정부와 의회를 구성하는 선거제도에는 〈표 Ⅲ-2-8〉과 같이 대통령제를 실시하는 국가에서는 대선과 상·하원 선거, 그리고 지방선거가 포함되며, 대통령이 있는 독일은 물론 의회제를 채택한 국가에서는 상·하원 선거와 지방선거가 주요 선거로 채택된다.

---

50 헌법개정의 발의자는 헌법 제128조 ①항에 따르면, "국회재적의원 과반수 또는 대통령"으로 되어 있다. 역대 개헌 발의는 제2공화국과 제6공화국의 헌법을 제외하고는 장기집권이나 권위주의 통치를 하려는 대통령에 의해 이뤄졌다. 이러한 개헌의 수난사를 염두에 둘 필요도 있지만, 대통령의 개헌 발의는 국회에서 재적의원 3분의 2 이상의 찬성을 얻어야 의결되고 국민투표에 붙여지기 때문에 여야합의 없이는 확정되기가 거의 불가능하다. 이 점에서 개헌이 이뤄진다면, 대통령의 발의권은 삭제될 필요가 있다고 본다. 참고로 미국은 대통령의 발의권을 두지 않고 있는 반면에, 프랑스는 대통령의 발의권을 인정하고 있다.

〈표 Ⅲ-2-8〉 6개 국가의 정부 및 의회 구성 선거제도 현황

국가	정부구성 선거제도		의회구성 선거제도	
	정부수반	내각(각료)	하원	상원
미국	·대통령: 4년 연임, 주별 선거인단 선출	·대통령 임명: 의원 배제	·임기 2년: 435명 ·단순 소선거구제	·임기 6년: 100명(주별 2명, 2년마다 1/3 선출) ·단순 소선거구제 ·의장: 부통령
프랑스	·총리: 대통령 임명(관례상 다수당 협의)	·대통령 임명: 총리 제청, 국민의회의원 배제	·명칭: 국민의회 ·임기 5년마다 선출: 대통령에 의해 1년 이후 해산 가능 ·577명 결선투표 소선거구제	·임기 6년: 348명 ·3년마다 1/2 선출 ·혼합선거제: 선거인단 + 비례대표
영국	·총리: 하원 다수당 대표	·총리 임명	·임기 4년마다 선출: 총리에 의해 해산 가능 ·650명 단순 소선거구제	·종신제: 780명(정원 없음) ·총리 추천 및 하원 의결
독일	·총리: 연방 하원 선출	·총리 임명	·임기 4년마다 선출: 총리에 의해 해산 가능 ·630명: 299명 소선거구제 + 331명 권역별 비례대표제	·비고정 임기(주별 단체투표): 69명 ·주정부 임명: 최소 3명 + 인구수에 따라 3~6명
일본	·총리: 중의원 및 참의원 의결	·총리 임명	·명칭: 중의원 ·임기 4년마다 선출: 총리에 의해 해산 가능 ·465명: 289명 소선거구제 + 176명 권역별 비례대표제	·명칭: 참의원 ·임기 6년: 245명 ·3년마다 1/2 선출 ·147명 1~4인 선거구제 + 98명 비례대표제
한국	·대통령: 5년 단임, 직선제	·대통령 임명: 총리 국회 동의	·명칭: 국회 ·임기 4년: 300명 ·253명 소선거구제 + 47명 준연동형 비례대표제	·없음

출처: 국회도서관의 『세계의 헌법』(2018),
　　　https://www.google.com/search에서 재구성(2023. 11. 30. 기준).

앞서 1장에서 소개한 바 있는 모리스 뒤베르제(Maurice Duverger, 1917~2014)
는 일찍이 자신의 대표 저서인 『정당론』(*Les Parti Politiques*, 1951)에서 선거제도
가 정당체계에 미치는 영향을 설명하면서, "단순다수대표제는 양당제(또는
양당체계)를 촉진하는 경향이 있고, 비례대표제와 결선투표제는 다당제(또는
다당체계)를 유도하는 경향이 있다"라는 '뒤베르제의 법칙'(Duverger's law)을
제시했다. 그는 단순다수대표 소선거구제와 양당제가 친화적인 이유로 소수정

당을 흡수하려는 거대정당의 관성과 유권자의 사표死票방지 심리를 들고 있다. 반면에 그는 결선투표제나 의미 있는 비례대표제를 실시하는 경우, 소수정당이 거대정당과 선거연합을 통해 생존할 수 있게 되고, 유권자는 자신의 표가 사표가 되지 않고 의석 배분에 반영될 것이라고 보기 때문에 소수정당에 투표할 가능성이 높아져 다당제를 낳는다고 보았다. 물론 〈표 Ⅲ-2-9〉에서 보듯이, "예외 없는 규칙은 없다(There is no rule without exceptions)"라는 속담처럼 영국의 선거제도의 경우 미국과 똑같이 단순다수대표 소선거구제를 채택함에도 불구하고 정당체계가 다당제로 나타나고 있다. 이는 특정지역 연고 정당이나 지역당이 의석을 얻었기 때문이며, 특히 11석의 자유민주당은 과거 여러 차례 집권했던 자유당의 역사적 후광을 통해 겨우 명맥을 이어오기 때문이다.

하지만 대선과 하원선거 모두에서 결선투표제를 실시하고 있는 프랑스에서는 '뒤베르제의 법칙'대로 다당제가 나타나고 있다. 하원선거에서 비례대표제를 실시하는 독일과 일본 역시 다당제 체계를 보여준다. 한국의 경우 총선에서 전체 300석 중 47석(15.6%)을 비례대표제로 선출한 결과 다당제의 모습을 나타내고 있다. 참고로 2022년 대선과 하원선거를 각각 결선투표제와 100% 비례대표제로 실시했던 브라질은 19개 정당이 의회에 진출했는데, 집권당인 노동자당은 전체 513석 중 56석(10.9%)을 얻어 제3당이 되었고, 야당인 자유당은 76석(14.8%)을 얻어 제1당이 되었다. 이러한 정당체계는 정당 연구의 대가인 조반니 사르토리(Giovanni Sartori, 1924~2017)가 『현대정당론』(Parties and Party Systems: A Framwork for Analysis, 1976)에서 지적한 것처럼 '분극적 다당체계'(extreme multiparty system)를 넘어서는 '원자화체계'(atomized system)의 사례로 볼 수 있는데, 제도적 효과가 극단적으로 나쁘게 반영된 것이 아닌가 본다.

다음 표를 보면, 2020년 총선 이후 한국 정당체계는 위성정당인 미래한국당과 더불어시민당을 제외하더라도 다당제의 형태를 보이고 있다. 이는 더불어민주당, 미래통합당, 정의당, 국민의당 등 4당체제에서 2022년 대선을 거치면서 더불어민주당, 국민의힘, 정의당 등 3당체제로 재편된 '온건한 다당체계'

〈표 III-2-9〉 6개 국가의 선거제도와 참여정당 및 의석분포 현황

국가	하원선거제도 및 의석수	선거 참여정당	의석 분포
미국	·소선거구제 ·435석(2022년)	·21개 (전국당)	·2개 정당: 공화당 222(51%), 민주당 213
프랑스	·소선거구제(결선투표) ·577석(2022년)	·42개 (전국당)	·11개 선거연합: 앙상블* 245(42.4%), 신생태사회 민중동맹** 131, 국민집회 89, 우파중도연합 64, 좌파무소속 21, 우파무소속 10, 지방자치 10, 중도 무소속 4, 데뷔 4, 무소속연합 1, 좌파급진당 1
영국	·소선거구제 ·650석(2019)	·48개 (지역당 포함)	·10개 정당: 보수당 365(56.1%), 노동당 202, 스코틀 랜드국민당 48, 자유민주당 11, 민주연합당 8, 신페인 7, 플레이트심루 4, 사회민주노동당 2, 잉글랜드와 웨일스의 녹색당 1, 북아일랜드동맹 당 1 ·하원의장 1
독일	·소선거구제(299석) + 권역별 비례대표제 (437석) ·736석(2021)	·94개(전국 당) + 2개(지 역당: 당선 자 배출)	·7개 정당: 사회민주당 206(27.9%), 기독교민주연 합 152, 바이에른기독교사회연합 45, 녹색당 118, 독일을위한대안 83, 좌파 39, 남부슐레스비히유 권자협회 1
일본	·소선거구제(289석) + 권역별 비례대표제 (176석) ·465석(2021)	·19개 (전국당)	·8개 정당: 자유민주당 259(55.6%), 입헌민주당 96, 혁신당 41, 공명당 32, 공산당 10, 국민민주당 11, 레이와신선조 3, 사회민주당 1 ·무소속 14
한국	·소선거구제(253석) + 준연동형 비례대표제 (47석) ·300석(2020)	·51개 (전국당)***	·7개 정당: 더불어민주당 163(54.3%), 미래통합당 84, 미래한국당 19, 더불어시민당 17, 정의당 6, 국민의당 3, 열린민주당 3 ·무소속 5

출처: https://www.google.com/search에서 재구성(2023. 11. 30. 기준), 중앙선거관리위원회
　　의 「제21대 국회의원선거 정당현황 및 정책」.

* 앙상블(Ensemble): 르네상스(Renaissance), 민주화운동, 지평선, 급진당, 앙 코뮨(En
　Commun), 진보동맹 등.

** 신생태사회민중동맹: 앙수미즈(Insoumise), 사회당, 공산당, 유럽생태당·녹색당, 제네라
　시옹·S(Génération·s) 등.

*** 제21대 국회의원선거 당시 등록 정당수(원내정당 12개 + 원외정당 39개).

(moderate multiparty system)로 해석해 볼 수 있다. 그러나 정당체계의 분류를
정당의 수와 정당 간의 경쟁관계로 분석한 더글러스 레이(Douglas Rae, 1939~)
의 *The Political Consequences of Electoral Laws*(선거법의 정치적 결과, 1967)에
따르면, 한국 정당체계는 양당제로 분류될 수밖에 없다. 레이는 미국의 정당수

는 2개 이상이지만, 제3당 이하의 정당들이 제2당과 연합해도 제1당을 견제하지 못하기 때문에 제3당 이하의 정당들은 경쟁관계에서 무의미한 존재일 수밖에 없다고 보았다. 따라서 미국 정당체계는 정당수를 기준으로 하는 전통적 분류라면 다당제라고 부를 수 있지만, 정당 간의 실질적인 경쟁관계에서 보면 양당제로 볼 수 있다. 동일한 맥락에서 보면, 한국 정당체계는 정의당과 수십 개가 되는 원외정당들이 부인하고 싶겠지만 양당제임이 분명하다. 물론 영국 정당체계도 보수당과 노동당이 중심인 양당제에 지나지 않으며, 일본의 경우에도 자민당과 입헌민주당만이 실질적으로 경쟁하는 양당제라고 보는 것이 일리가 있다.

이 같은 정당체계의 분류에 따르면, '뒤베르제의 법칙'은 여전히 유효하다고 볼 수 있다. 단순다수대표 소선거구제를 실시하고 있는 영국의 경우 양당제의 경향성이 나타날 수밖에 없다. 비례대표제를 혼용해 실시하고 있는 한국에서는 '뒤베르제의 법칙'이 효력을 발휘하기에는 비례대표 의석이 15.6%로서 너무 낮은 수치인 데다가 그나마 위성정당의 출현으로 비례대표제의 효과가 희석되고 있는 상황이다. 일본도 중의원 비례대표 의석이 37.8%로서 상대적으로 높지만, 소선거구제 지역구에서 '애석'하게 당선되지 못한 후보를 비례대표 의원으로 올리는 이른바 좀비(zombi) 제도인 '석패율제惜敗率制'의 도입(1996)으로 비례대표제의 본래 의미가 왜곡되고 있다. 이러한 석패율제는 기득권 중시와 온정주의라는 일본의 독특한 정치문화가 반영된 제도로서, 상식 있는 지구촌 사람들에게 흥미와 비웃음을 주고 있다. 심지어 한국에서도 간헐적으로 이 제도에 대한 논의가 나오고 있는데, 2004년 노무현 대통령도 지역주의를 완화해야 한다고 답답한 심정에서 이 제도를 제안한 바 있었다.

한국 정당체계는 〈표 Ⅲ-2-10〉에서 보듯이, 다당제에서 양당제로 전환되는 과정에 있다고 볼 수 있다. 이러한 변화는 정치적 지역주의에 기반한 정당들이 더 이상 생존하기 어려운 상황이 영향을 미친 것으로 보이지만, 근본적으로는 양당제를 결과하는 선거제도를 지속해 온 것이 주요 원인이라고 할 수 있다.

어쩌면 한국정치의 병폐라고 지적되어 온 지역주의 정당체계가 해소된 만큼 정치적 다원주의와 협의제 민주주의가 확대되지 않고 오히려 축소되고 있다는 느낌을 주는 것은 한국정치의 아이러니라고 할 수 있다. 문제는 양당제가 미국처럼 정치적 양극화의 진원지일 뿐만 아니라 '적대와 배제의 정치'의 온상이 되고 있다는 점이다. 물론 승자독식의 대통령제 하에서 양당제가 불가피한 현상이라고 치부할 수 있지만, 선거제도의 개혁을 통해 이러한 양당제의 고착화 상황을 개선하려는 시도는 결코 무모한 일이 아닐 것이다.

〈표 Ⅲ-2-10〉 민주화 이후 역대 총선 결과와 정당체계 현황*

총선 (의석수)	제1당	제2당	제3당	제4당	정당체계**
1988 (299)	민주정의당 125	평화민주당 70	통일민주당 59	신민주공화당 35	다당제
1992 (299)	민주자유당 149	민주당 97	통일국민당 31	신정치개혁당 1	다당제
1996 (299)	신한국당 139	새정치국민회의 79	자유민주연합 50	통합민주당 15	다당제
2000 (273)	한나라당 133	새천년민주당 115	자유민주연합 17	민주국민당 2	준다당제
2004 (299)	열린우리당 152	한나라당 121	민주노동당 10	새천년민주당 9	준다당제
2008 (300)	한나라당 153	통합민주당 81	자유선진당 18	친박연대 14	준다당제
2012 (300)	새누리당 152	민주통합당 127	통합진보당 13	자유선진당 5	준다당제
2016 (300)	더불어민주당 123	새누리당 122	국민의당 38	정의당 6	다당제
(2020 (300)	더불어민주당 163	미래통합당 84	정의당 6	국민의당 3	양당제

* 제5당 이하의 정당들과 무소속은 제외함.
** 다당제의 기준은 편의상 제3당이 국회교섭단체(20석 이상)에 등록한 경우로, 준다당제는 제3당이 10~19석을 얻은 경우로 설정함.

일단 현행 정당체계에서 양당제를 벗어나 다당제를 모색하기 위해서는 뒤베르제의 통찰을 참고할 필요가 있다. 그는 결선투표제와 비례대표제의 효과를 실증적인 조사를 통해 입증했다. 그는 1958년 드골의 쿠데타에 의해 등장한 프랑스의 제5공화국 대통령제를 대통령과 총리 간의 권력분점 때문에 미국의 대통령제와 근본적으로 다르다는 의미에서 '준대통령제'(système semi-présidentiel)라고 명명했는데, 이 정부형태에서 정당체계가 어떻게 변화하는지를 주목했다. 즉 비례대표 선거제도에 기반한 의회제(1946)에서 선거인단 대통령제(1958)를 거쳐 국민직선 결선투표제에 기반한 대통령제(1965)로 전환하는 일련의 과정에서 정당체계의 변화를 관찰했다. 이는 프랑스의 정치체제가 혁명의 역사와 좌우 간의 갈등에 비춰볼 때, 정치적 다원주의로 운영되고 협의제 민주주의로 나아가지 않는다면 정치적 위기에 직면하게 되는 상황이 지속될 것이라고 보았기 때문이다. 다행히도 정당체계는 비례대표제가 점차 축소되다가 결국 폐지되었음에도 불구하고, 대선과 총선에 결선투표제가 채택됨으로써 양당제로 귀결되지 않고 다당제로 유지할 수 있었다. 더욱 다행스러운 것은 비례대표제와 결선투표제 중 하나만 채택함으로써 '원자화체계'로 빠지는 위험을 피했다는 점이다. 이처럼 선거제도의 개혁을 통해 정당체계의 변화를 모색하는 과정에서 발상의 전환도 중요하지만, 신중한 접근 역시 필요함을 보여준다.

대체로 결선투표제의 도입 논의에서는, 대선에 대해서는 긍정적이지만 총선에 대해서는 부정적인 시각이 있는 것으로 알려져 있다. 흔히 결선투표제는 2차 투표과정에서 정당 간, 후보 간의 선거연합을 촉진해 말 그대로 정치의 본령이라고 할 수 있는 통합정치가 이뤄지는데, 이를 '정당의 이합집산'(vicissitudes in alignment of political parties) 또는 '권력 나눠먹기'(sharing power)로 폄하하는 경향이 있다. 따라서 결선투표제의 적용은 국가별 정치문화의 특성에 따라 달라지며, 한국은 당분간 대선에만 도입하는 수준에서 공론화하는 것이 필요하다고 보여진다. 그러나 이러한 변화는 개헌을 통해서만 가능한 사안이다. 이러한 맥락에서 보면, 개헌논의가 단순히 정부형태의 변경에만 국한되지 않고 보다 광범위한 정치개혁을 고려해야 한다는 것을 시사한다.

그렇다면 차선책은 비례대표제를 확대하는 방안만 남아 있다. 이 문제는 국회와 정당들에서 오랫동안 고민하고 논의해 온 사안으로, 적지 않은 방안들이 제안된 것으로 알려진다. 대략적으로 두 가지 주요 방안이 제시되고 있다. ①비례대표제 의석을 전체 의석의 3분의 1로 확대하는 방안(지역구 대 비례대표 = 200석 대 100석), ②전체 의석을 늘려 비례대표 의석을 확대하는 방안(지역구 대 비례대표 = 현행 253석 대 현행 47석 + 30~50석 증석) 등이다. 결국 해결책은 정치행위자들이 이 두 방안 중 어느 지점에서 합의하느냐에 달려 있다. 이는 정치적 협상의 산물로서 국민의 의사가 어떻게 반영되고, 정치지도자들의 리더십이 얼마만큼 발휘되는가에 달려 있다고 할 수 있다. 물론 위성정당을 포함한 '1회용 정당'의 난립을 초래하는 준연동형 비례대표제는 2024년 총선 이후 새롭게 구성될 제22회 국회에서 반드시 개선되어야 할 것이다.

그리고 차제에 비례대표 의원 선출방식을 전국구에서 권역별로 전환하는 문제를 국민통합 차원에서 진지하게 논의할 필요가 있다. 2020년 총선에서 47명 비례대표 의원이 더불어민주당의 위성정당인 더불어시민당 17명, 미래통합당의 위성정당인 미래한국당 19명, 정의당 5명, 국민의당 3명, 열린민주당 3명 등으로 배분되었다.[51] 이중 수도권 소재(서울시, 인천시, 경기도)의 의원이 38명으로 80.8%에 달했고, 비수도권 소재의 의원이 9명(교수 4명, 국회의원 출신 2명, 지방의원 출신 2명, 의료직능인 1명)에 지나지 않았다. 만약 비례대표제가 인구비례에 따른 권역별 선출방식을 채택했더라면, 전체 인구[52] 중 각각 50.5%

---

51 당시 비례대표 의원을 배분받은 정당의 득표율은 위성정당인 더불어시민당 33.35%, 위성정당인 미래한국당 33.84%, 76개 지역구에 후보를 낸 정의당 9.67%, 지역구 후보를 내지 않은 국민의당 6.79%, 지역구 후보를 내지 않은 비례대표용 급조정당인 열린민주당 5.42% 등이다. 이들 정당이 종전의 병립형 방식으로 비례대표 의원을 배분받았다면, 각각 15명, 16명, 4명, 3명, 2명을 배분받았을 것이다.

인 수도권 24명, 11.8%인 충청권 5명, 9.7%인 호남권 4명, 24.6%인 영남권 11명 등으로 배분되었을 것이다. 이 점에서 비례대표제를 도입하고 있는 독일과 일본을 포함한 대부분의 국가들이 권역별 선출방식을 채택하고 있는 연유를 충분히 수긍할 수 있을 것이다.

선거제도의 개혁과 관련해 대통령은 개헌논의와 마찬가지로 가급적 관여하지 않는 것이 바람직하다. 설령 대통령 재임 전에 선거제도에 대해 언급했더라도, 재임 중에는 이와 관련된 발언을 자제할 필요가 있다. 이는 대통령이 선거제도의 개혁 아젠다를 정략적으로 이용하고 집권당에 유리한 선거결과를 도모하려고 한다는 의심과 불신을 초래할 수 있어 당연히 될 일도 되지 않게 할 수 있기 때문이다. 특히 대통령이 야당과 반대세력을 개혁이라는 명분으로 압박하는 국면에서 '게임의 룰'인 선거제도를 언급하는 것은 이성적 논의보다는 '반대를 위한 반대'나 '비토크라시'(vetocracy)를 조장할 가능성이 높다. 만약 대통령이 국정운영 차원에서 선거제도의 개혁을 추진해야만 하는 경우라면, 정당 간의 대화와 타협을 촉진하는 정치적 환경을 조성하는 일이 우선이며, 이는 사전에 철저히 준비하고 진정성을 갖고 임해야 함은 당연하다.

잘 알다시피, 문재인 대통령은 2018년 「대통령 헌법개정안」을 발의할 때, "국회의 의석은 투표자의 의사에 비례하여 배분해야 한다"라는 문구를 삽입해 연동형 비례대표에 대한 지지를 표명했다. 일반적으로 국회의원 선거제도에 대한 구체적인 사항은 제도 변경이 용이하고 정치적 합의가 필수적이기 때문에 헌법에 명시하기보다는 법률에 위임한다. 하지만 이 같은 지지 표명으로 제1야당인 미래통합당이 국회법을 위반할 정도로 거세게 반발했고, 결과적으로 미래통합당이 위성정당을 만드는 빌미를 제공하게 되었다. 윤석열 대통령은 2023년 「조선일보」와의 신년 인터뷰에서 "중대선거구제를 통해 대표성을 좀 더 강화하는 방안을 검토해볼 필요가 있다"라고 선거제도의 개혁 방향을 밝혔

---

52 2022년 통계청 자료(자료 갱신일 2023. 8. 9)에 따르면, 전국 인구수는 51,439,038명이다.

다.[53] 한 선거구에서 2명의 국회의원을 선출하는 중선거구제는 이미 유신체제와 전두환체제에서 실시한 바가 있는데, 한 선거구에서 2~4명을 선출하는 중대선 거구제는 역대 대통령 중 공식적으로 최초 제안한 것이다. 하지만 이 제안은 이후 관련 논의의 진행과정을 고려할 때, 충분한 준비 없이 나온 것이 아닌가라 는 의구심을 갖게 한다. 이어지는 절에서 다뤄보겠지만, 이는 대통령이 정치리 더십을 제대로 발휘하기 위해서는 신중한 발언과 접근이 필요함을 보여준다.

한국 정당체계의 양당제화가 '적대와 배제의 정치'의 촉매 역할을 하고 있는 상황에서 그것을 제한적이나마 치유할 수 있게 하는 선거제도의 개혁이 당분간 난망하다고 본다면, 제도적 차원에서 다른 대안을 찾을 수 있을까? "궁하면 길이 있다"라는 말[54]처럼, 그동안 전문가와 정치관계자들이 여러 가지 대안들을 제시해 왔는데, 그중에서 정당과 지방자치의 개혁이 실현 가능성이 높은 방안으 로 제안되고 있다. 우선 정당제도와 관련해서 지역정당제의 도입을 '풀뿌리 민주주의'(grassroots democracy)의 발전 차원에서뿐만 아니라 협의제 민주주의 를 강화하는 차원에서 전향적으로 추진할 필요가 있다.

앞에서 언급했듯이, 한국의 정당제도는 국가다원주의의 원리에 근거해 반체 제 혹은 반국가라는 이유와 정당 난립에 따른 정치적 불안을 빌미로 해당 정당이나 사회단체의 '결사의 자유'를 제한하는 경향이 나타난다. 이는 국가가 국민의 자유권 중 결사의 자유에 해당하는 정당의 존립을 좌지우지한다는 것을 의미한다. 물론 이러한 일은 헌법과 「국가보안법」(1948), 그리고 「정당법」 (1962)에 의해 이뤄진다. 독일도 헌법인 「기본법」(1949)과 「정당법」(1967)에 의해 국가가 정당의 존립을 결정짓지만, 반체제라는 이유로 정당활동을 금지[55]

---

53 「조선일보」(2023. 1. 2).

54 이 말은 『주역 계사전周易繫辭傳』에 나오는 "窮則變 變則通 通則久(궁하면 변하고, 변하면 통하고, 통하면 오래간다)"라는 구절을 차용한 것이다.

55 독일 헌법재판소는 1952년 국가사회주의독일노동자당(Nazi당)과 1956년 독일공산당의

하더라도 난립을 이유로 금지하지는 않는다. 〈표 Ⅲ-2-11〉에서 보듯이, 한국과 독일을 제외한 미국, 프랑스, 영국, 일본 등은 선거업무의 효율성과 정치자금의 투명성을 제고하기 위해 정당등록제를 실시하고 있으나, 기본적으로 정당다원주의의 원칙을 따르고 있어 정당허가제를 채택하고 있지 않다. 이렇기 때문에 6개 국가 중 한국을 제외하고 모든 국가에서 지역정당이 지방선거뿐만 아니라 총선에도 후보를 내고, 대선에서도 선거캠페인 활동을 한다. 그야말로 이들 국가들은 국민의 자유를 존중하고 민주주의가 충만한 정치공동체를 지향하고 있다는 인상을 갖게 한다. 또한 법이나 제도는 국가가 일방적으로 제정하는 것이 아니라 언제든지 국민이 원할 경우 국민의 대표에 의해 만들어지게 된다는 사실을 새삼스럽게 확인시켜 준다.

지금까지 다당제의 의의에 대해 충분히 다뤘기 때문에 재차 설명하지는 않겠지만, 중앙정치의 층위에서 만연한 '적대와 배제의 정치'가 지역 및 지방 층위까지 이어지고 있는 현상을 완화하기 위해서는 지역정당의 설립을 허용하는 것이 중요한 대안이 될 수 있다. 현행 「정당법」은 정당 등록 요건으로 ①중앙당의 수도(서울) 소재, ②1천 명 이상의 당원을 가진 5개 이상의 시·도당의 결성, ③4년간 총선 또는 지방자치단체장선거나 광역지방의원선거에의 참여 등을 규정하고 있어 지역정당 설립을 원천적으로 봉쇄하고 있다. 사실 지역정당의 허용이란 표현에는 어폐가 있다. 국민의 대표인 국회의원이나 국민과 국회를 매개하고 있는 정당들이 「정당법」의 개정에 합의하면, 지역민들의 요구에 따라 지역정당이 설립될 수 있다.

해산을 결정했으나, 2003년과 2017년 두 차례 극우정당인 국가민주당의 해산을 기각했다. 한국 정부는 1958년 진보당을 당수의 간첩 혐의로 등록을 취소했으며, 헌법재판소는 2014년 통합진보당을 위헌정당이라는 이유로 해산한 바 있다.

〈표 III-2-11〉 6개 국가 정당의 법적 근거와 등록 요건

국가 (형태)	법적 근거		등록 요건	
	헌법	법률	전국정당	지역정당
미국 (연방)	수정헌법 제1조 중 집회의 자유	주헌법, 주선거법	·자유롭게 결성 ·주별 선거법의 전국정당 최소득표 규정 ·조직활동 및 기부금 사항 제출	·자유롭게 결성 ·주별 선거법의 지역정당 최소득표 규정 ·조직활동 및 기부금 사항 제출 ·90여 개(전국당 포함)
프랑스 (단방)	헌법 제4조 정당 조항	선거법	·자유롭게 결성: 전국정당 과 지역정당 간의 구분 없음. ·하위 법률 규제*	·전국정당과 동일함. ·450여 개(전국당 포함)
영국 (단방)	권리장전 중 자유선거	정당·선거 및 국민투표법	·정당 등록에 필요한 당원 수, 조직, 지부 수에 대한 규정 없음.	·지방선거 참여가능한 정 당 등록 ·400여 개(전국당 포함)
독일 (연방)	기본법 제21조 정당 조항	정당법	·정당의 당헌과 정강, 정당 및 주지구당 이사의 명단 및 직책 제출	·전국정당의 등록 요건과 같음. ·100여 개(전국당 포함)
일본 (단방)	헌법 제21조 중 결사의 자유	정당조성법**	·국회의원 5인 이상 ·국정선거 득표율 2% 이상 ·비례대표 명부등재자 수가 해당 선거구성원의 10분 의 2 이상	·지방선거 출마 후보자수 일정 이상인 경우 확인단 체 지위 부여 ·30여 개
한국 (단방)	헌법 제8조 정당 조항	정당법	·5개 이상 시·도당 조직 ·각 시·도당 1,000명 이상 당원 ·중앙당은 수도에 둠. ·총선에서 의석 획득 또는 총선 유효투표 총수의 2% 이상	(금지)

출처: 국회도서관의 『세계의 헌법』(2018), 중앙선거관리위원회 선거연구원의 「정당의 구성 및 활동 등에 대한 제도 및 운영 실태」(2015), 고선규·이정진의 "지역정당 활성화를 위한 제도개선 방안"(2018), 차재권 외의 "지역정치 활성화를 위한 지역정당 설립 방안 연구: 해외 주요국 지역정당 사례의 비교분석"(2021), https://www.google.com/search 에서 재구성(2023. 11. 30. 기준).

* 프랑스는 「선거법」과 「정치생활의 재정투명성에 관한 법률」에 따라 선거캠페인과 관련한 정보를 제공하고 재정 기부자의 신원을 공개해야 함.

** 일본의 정당조성법政党助成法은 정당을 만드는 데(造成) 관련한 법이 아니라 정당을 지원하는 '정당교부금'을 관리하는 데(助成) 관련한 법임.

만약에 지역정당제가 도입된다면, 차제에 지구당의 부활 문제도 한국 민주주의의 발전 수준에 따라 긍정적으로 재검토될 필요가 있다. 선거구마다 존립했던 지구당이 2004년 '고비용·저효율'과 '사당화'의 주범으로 몰려 폐지되었는데, 이는 당시 정당문화와 제도의 수준을 고려하면 일면 타당하다고도 볼 수 있다. 그러나 민주주의를 표방하는 국가치고 지구당이 없는 정당정치를 하는 국가는 한국이 유일하다는 점을 주목할 필요가 있다. 현재 여러 반론들이 있겠지만, 정당의 후보선출이나 당론 결정에서 당원들의 의사결정권이 확대되고 있는 추세에 비춰볼 때 사당화와 비효율 문제는 더 이상 중요한 쟁점이 아니며, 고비용 문제도 정당민주주의를 위해 당원들이 감내할 수 있을 정도의 사안이라고 볼 수 있다. 어쨌든 20년이 되어가는 시점에서 설사 고비용 문제가 있다 하더라도, '적대와 배제의 정치'에 따른 정치적·사회적 손실에 비하면 지구당의 고비용 문제는 조족지혈鳥足之血에 지나지 않을 것이다.

지역정당제의 도입과 지구당의 부활이라는 정당제도의 개혁은 '적대와 배제의 정치'의 파생물인 '팬덤(fandom) 정치'의 부작용이나 병폐를 완화하는 데 도움이 될 수 있을 것이다. 팬덤 정치는 특정 정치인에 대해 열광적인 지지를 보내는 정치현상으로서, 최근에는 한류韓流와 같은 하위정치문화라고 지칭될 정도로 회자되고 있는데, 때로는 자신이 지지하는 정치인에 대해 반대하는 사람이나 정치집단을 소셜 네트워크를 통해 비난하거나 시위를 통해 공격하는 현상을 포함한다.

이러한 행태는 정당 내부의 갈등을 유발시키고 정당민주주의를 약화시켜 정당의 궁극적 목표인 선거 승리나 정권 획득에 부정적 영향을 미칠 뿐만 아니라 '적대와 배제의 정치'를 심화시키는 진앙지가 될 수 있다. 이렇기 때문에 지역정당이 존재하고 지구당이 활성화된다면, 전국정당-지역정당 간의 선거연합이나 정책연합이 진전되고, 당원들 간의 대면(face-to-face) 교류와 유권자와의 만남이 상시적으로 이뤄져 폐쇄적이고 전투적인 정당문화가 개방적이고 책임성을 지닌 정당문화로 전환할 수 있다. 물론 정당제도의 개혁은 팬덤 정치의 극복 차원을 넘어 협의제 민주주의를 추구하는 데에도 매우 중요한 과제라는 점을 염두에 둘 필요가 있다.

흔히 정당제도의 문제점과 관련해서 가장 논란이 되는 지점은 당원들의 의사결정권의 범주와 정도에 관한 것이다. 잘 알다시피, 정당은 '1인1표'(one-man one-vote)라는 원칙에 따라 운영되는 인적 결사체이며, 원칙적으로 당원들이 정책 결정, 대표 선출 등을 수행한다. 그러나 현실 정당정치에서는 국가의 운영방식처럼 대의제 민주주의의 형태로 운영될 수밖에 없다. 물론 정당마다 당헌당규에 따른 의사결정 방식에서 차이가 있지만, 대체로 당원들을 대표하는 대의원들의 회의체인 전국대의원대회에서 중요한 의제를 결정하는 것이 관례다. 그러나 평당원 입장에서는 '1인1표'의 원칙이 지켜지기를 원하며, 특히 자신이 정당의 주인이라는 자각 속에서 중요한 선거의 후보나 대표를 직접 선출하려고 한다. 이 같은 당원들의 요구를 반영하고 유권자의 관심을 끌기 위해 〈표 III-2-12〉와 같이 주요 국가의 정당마다 경선제도를 마련하고 있다. 한국도 정당마다 특색 있는 경선제도를 채택하고 있는데, 모든 당원의 의사를 반영하고 지지 유권자들의 참여를 보장하는 방식으로 제도적 수렴이 이뤄지고 있다.

정당의 경선제도는 기본적으로 정당의 자율성과 정치적 판단에 의해 정해질 사안이라는 점을 전제로 정당민주주의의 발전 측면에서 바람직한 방안을 검토할 필요가 있다. 일단 대표 선출은 '1인1표'의 원칙에 따라 당원투표에 의해서만 이뤄지는 것이 바람직하다. 반면에 대통령후보 선출 시에는 자당 후보를 지지하는 유권자가 등록을 통해 경선 참여를 보장하는 '등록제'를 채택하되, '역선택'에 대한 시비가 발생할 수 있는 여론조사 결과를 과도하게 반영하는 것은 피해야 한다. 한국 민주주의는 이제 '적대와 배제의 정치'를 동원하고 양산하는 정당들의 행태에 대해 더 이상 감내하지 않는 수준에 도달했다. 따라서 정당의 경선과정에 국민의 활발한 참여를 보장하는 것이 가능하며, 이는 민주주의의 건강한 발전을 위해 반드시 필요한 조치라고 할 수 있다.

〈표 Ⅲ-2-12〉 6개 국가의 주요 정당 경선제도

국가	정당	대통령 또는 총리 후보 선출	정당 대표 선출
미국	민주당	·정·부통령 후보: 지명 전당대회 대의원(주별 예비선거 및 당원대회 선출) 투표	·전국위원장(당대표): 전국위원회(주위원회 대의원으로 구성, 400여 명) 투표
	공화당	·정·부통령 후보: 지명 전당대회 대의원(주별 예비선거 및 코커스회의) 투표	·전국위원장(당대표): 전국위원회(주위원회 대의원으로 구성, 160여 명) 투표
프랑스	르네상스	·대통령 후보: 당원 1인1표 투표	·전당대회 대의원(800여 명) 투표
	사회당	·대통령 후보: 당원 및 지지 등록자 1인1표 투표	·당원 및 지지 등록자 1인1표 투표
영국	보수당	·총리 후보: 당대표 ·총리 신임: 당소속 하원의원 투표	·당소속 하원의원 100명 이상 지지, 하원의원 투표 → 2명 후보: 당원 1인1표 투표
	노동당	·총리 후보: 당대표	·당소속 하원의원 10% 이상 지지, 의원 부문, 당원 부문, 노조 및 가맹단체 부문별 1인1표 득표율 3분의 1씩 배분 합계
독일	사회민주당	·총리 예비후보: 당대표 또는 당원 투표	·당원 1인1표 투표
	기독교민주연합	·기독교민주연합/기독교사회연합 총리 예비후보: 기독교사회연합과 사전 협의, 전당대회 대의원(1,000여 명) 투표	·전당대회 대의원(1,000여 명) 투표
일본	자유민주당	·총리 후보: 당대표	·당소속 중·참의원 20명 이상 추천, 당원 및 중참의원, 당 연계단체 대표 1인1표 투표 → 결선투표: 중·참의원, 47개 현 대표 1인씩
	입헌민주당	·총리 후보: 당대표	·당소속 중·참의원 20~25 추천, 당원 및 협력당원, 중·참의원 및 공인후보예정자 1인1표 투표 → 결선투표: 중·참의원(2배), 공인후보예정자, 당 임원
한국	더불어민주당	·대통령 후보: 선거인단(당원 및 지지 등록자) 투표 → 결선투표: 선거인단(좌동)	·대의원 30%, 권리당원 40%, 국민여론조사 25%, 당원여론조사 5% → 결선투표
	국민의힘	·대통령 후보: 1차 경선 선거인단(책임당원) 20%, 여론조사 30% → 2차 경선 각각 30%, 70% → 결선 각각 50%, 50%	·당원 1인1표 투표 → 결선투표

출처: 중앙선거관리위원회 선거연구원의 「정당의 구성 및 활동 등에 대한 제도 및 운영 실태」(2015), 국가별 주요 정당 홈페이지, https://www.google.com/search에서 재구성 (2023. 11. 30. 기준).

지방자치의 개혁

다음으로 지방선거제도의 개선을 통해 지방자치가 정상화될 필요가 있다. 잘 알다시피, 한국 지방자치는 1991년 지방의회의 출범과 1995년 자치단체장선거의 도입으로 30년이 넘는 발전의 역사를 가지고 있다. 그동안 적지 않은 우여곡절과 시행착오를 겪었지만, 이제는 공고화 단계를 넘어서서 심화 단계에 들어섰다고 볼 수 있다. 이 과정에서 지방자치의 행위주체가 전통적인 행위자인 지방의원, 자치단체장, 일반 시민뿐만 아니라 지방정당, 지방이익단체와 시민단체, 지방언론 등으로 확대되었다. 이를 통해 지방정치라는 개념과 지역거버넌스(governance)라는 메커니즘을 형성하는 데 기여했다. 미국 하원의원 17선을 기록하며 10년간 하원의장(1977~1987)을 지낸 팁 오닐(Tip O'Neill, 1912~1994, 재임 1953~1987)이 "모든 정치는 지방에서 시작한다"[56]라고 말한 것처럼, 지방자치가 정치의 근간으로 자리잡고 있다.

〈표 III-2-13〉에서 볼 수 있듯이, 선진국가들에서 높은 수준의 민주주의를 발전시키고 지방경쟁력을 키워 온 원동력이 지방자치에서 비롯된 것을 확인할 수 있다. 이들 국가는 자치조직이 한국의 읍·면·동 단위에 해당하는 마을까지 구성되어 있어 상당한 수준과 규모를 갖추고 있음을 알 수 있다. 물론 한국도 2022년 '주민자치회'의 시범적 도입을 통해 자치조직을 확대하고 있으나, 자율적인 조직으로 정착하려면 상당한 시간이 걸릴 것으로 보인다. 어떻게 보면 영국 자유주의의 대표적인 학자이자 하원의원(1874~1906)을 지낸 제임스 브라이스(James Bryce, 1838~1922)가 "지방자치는 '최고의 민주주의 학교'(the best school of democracy)이며, 민주주의의 성공은 지방자치의 실천에 달려 있다"[57]라

---

[56] 이 말은 오닐과 게리 하이멜(Gary Hymel, 1933~)의 공저인 *All Politics Is Local: Other Rules of the Game*(정치는 지방이다: 게임의 다른 규칙, 1993)의 제목을 의역한 것이다.

[57] 이 말은 브라이스가 미국과 유럽 국가들의 민주주의의 장단점을 분석한 *Modern Democracies*, Vol. 1, 2(현대 민주주의, 1921)에 나온다.

고 칭한 것처럼, 한국 민주주의의 질적 발전도 지방자치에 달려 있을지도
모른다.

〈표 Ⅲ-2-13〉 6개 국가의 지방자치제도와 지방선거제도

국가 (형태)	광역지방정부		기초지방정부	
	광역집행기관	광역지방의회	기초집행기관	기초지방의회
미국 (연방)	·50개 주정부 ·주지사: 임기 다양, 직선제	·주의회: 양원제 (상원, 하원)* ·소선거구제	·9만여 개 지방정부: 카운티, 시티, 타운·타운십, 특별구 등 ·단체장: 직선제, 지방의회 선출 및 의장 겸임 등	·해당 지방의회, 단 인구가 적은 경우는 없음. ·소선거구제
프랑스 (단방)	·13개 지역(région): 협의 체 ·지역장: 지역의회 의장 겸임	·지역의회 ·혼합제	·96개 도**, 6만여 개 코뮌 ·도지사: 도의회 의장 ·코뮌장: 직선제, 지방의회 선출 및 의회 의장 겸임 등	·해당 지방의회, 단 인구가 적은 경우는 없음. ·다양한 선거방식
영국 (단방)	·잉글랜드: 런던광역시, 8 개 지역협의회 ·3개 자치정부: 스코틀랜 드, 웨일즈, 북아일랜드 ·런던시장: 직선제 ·자치정부 총리: 자치의회 선출	·런던시의회: 혼 합제 ·3개 자치의회: 혼합제, 비례 대표제(북아일 랜드)	·10개 통합당국, 62개 지역당 국, 36개 광역 카운티, 317 개 지방당국, 1만여 개 시민 교구 등 ·단체장: 직선제, 지방의회 선출 및 의회 의장 겸임 등	·해당 지방의회, 단 인구가 적은 경우는 없음. ·다양한 선거방식
독일 (연방)	·16개 주정부 ·주총리: 주의회 선출	·주의회: 단원제 *** ·혼합제	·107개 자치시, 294개 크라이 스, 1만여 개 게마인데 등 ·단체장: 직선제, 지방의회 선출 및 의회 의장 겸임 등	·해당 지방의회, 단 인구가 적은 경우는 없음. ·다양한 선거방식
일본 (단방)	·47개 도도부都道府현 ·지사: 직선제	·도도부현 의회 ·혼합제	·1,718개 시정촌市町村 ·시정촌장: 직선제	·해당 지방의회 ·혼합제
한국 (단방)	·17개 광역지방자치단체 ·시장·도지사: 직선제	·시·도의회 ·혼합제	·75개 자치시, 82개 자치군, 69개 자치구 ·시장·군수·구청장: 직선제	·해당 지방의회 ·혼합제(비례대표: 중대선거구제)

출처: 한국법제연구원의 『주요 외국의 지방자치제도 연구』 시리즈(2018),

　　　https://www.google.com/search에서 재구성(2023. 11. 30. 기준).

* 　미국 네브래스카 주의 의회는 단원제이며, 의원은 상원의원으로 호칭됨.

** 　프랑스의 파리시는 코뮌이면서 도의 지위를 겸하고 있는데, 시장은 시의회에서 선출함.

*** 독일 바이에른 주는 양원제를 채택하고 있음.

   이처럼 한국 지방자치는 짧은 역사를 가지고 있음에도 불구하고 지방경쟁력을 견인하는 역할을 하면서 나름대로 발전해 왔지만, 적지 않은 문제점을 노정하고 있다. 그중 가장 큰 문제 중 하나는 지방자치가 일부 지역에서 특정 정당이 독점하는 방식으로 인해 '풀뿌리 민주주의'의 원칙인 공공성과 자율성, 다양성이 훼손되고 있다는 점이다. 그 결과 일부 시·도지사는 지방의회로부터 아무런 견제를 받지 않고, 무소불위의 권력을 행사하거나 이른바 '소통령'(little President) 흉내를 내기도 한다. 그리고 일부 지방의회는 특정 정당이나 지역구 국회의원에 종속되어 '적대와 배제의 정치'를 재생산하는 온상이 되기도 한다. 이 같은 실정은 자치기구인 지방정부와 지방의회의 일당화―黨化 현상에 따른 필연적인 산물인데, 이는 일부 지역에서 여전히 위력을 떨치고 있는 정치적 지역주의와 대선-총선-지방선거 실시 시점의 불일치와도 관련이 있을 것이다.

   〈표 Ⅲ-2-14〉에서 볼 수 있듯이 2022년 지방선거 결과를 보면, 서울, 인천, 세종의 광역의회를 제외한 5개 대도시의 광역의회는 특정 정당이 거의 완벽히 지배하는 의회구도로 나타났다. 물론 이는 2018년 지방선거에서 서울(지역구 당선자: 더불어민주당 97명 대 자유한국당 3명), 인천(32 대 1), 세종(16 대 0)의 광역의회에서도 유사한 일당화 현상이 나타난 것에 비하면, 상대적으로 양호한 결과라고 볼 수 있다. 흥미로운 점은 대구(2018: 더불어민주당 4 대 자유한국당 23 → 2022: 더불어민주당 0 대 국민의당 29)와 광주(20 대 0 → 20 대 0)의 광역의회는 지배정당(dominant party)의 변화가 없었던 반면에, 부산(38 대 4 → 0 대 42), 대전(19 대 0 → 3 대 16), 울산(15 대 4 → 0 대 19)의 광역의회는 지배정당이 바뀌는 '오르락내리락'(roller-coaster) 현상을 보여주고 있다는 점이다. 2022년 기초의원선거의 경우 광주(자치구 당선자 2018: 더불어민주당 46, 민주평화당 1, 정의당 1, 민중당 3 → 2022: 더불어민주당 48, 정의당 1, 진보당 6, 무소속 5)를 제외한 다른 대도시에서는 제1당과 제2당이 의석을 얻어 양당제로 구성된 기초의회를 형성하게 되었다.

〈표 Ⅲ-2-14〉 2022년 지방선거 대도시별 지방의원 당선자 현황

지역 (투표율)	광역의회 의원				기초의회 의원			
	의원유형	더불어 민주당	국민의당	기타	의원유형	더불어 민주당	국민의당	기타*
서울시 (53.2%)	지역 101	31	70	0	지역 373	188	183	2
	비례 11	5	6	0	비례 54	24	30	0
부산시 (49.1)	지역 42	0	42	0	지역 157	68	88	1
	비례 5	2	3	0	비례 25	9	16	0
대구시 (43.2)	지역 29	0	29	0	지역 105	24	80	1
	비례 3	1	2	0	비례 16	4	12	0
인천시 (48.9)	지역 36	12	24	0	지역 108	56	50	2
	비례 4	2	2	0	비례 15	6	9	0
광주시 (37.7)	지역 20	20	0	0	지역 60	48	0	12
	비례 3	2	1	0	비례 9	9	0	0
대전시 (49.7)	지역 19	3	16	0	지역 55	28	27	0
	비례 3	1	2	0	비례 8	3	5	0
울산시 (52.3)	지역 19	0	19	0	지역 44	17	25	2
	비례 3	1	2	0	비례 6	1	5	0
세종시 (51.2)	지역 18	12	6	0	선거 없음			
	비례 2	1	1	0				

출처: 중앙선거관리위원회 누리집 중 '정보공간'.

* 기타 기초의원 – 서울: 진보당 1, 무소속 1 / 부산: 무소속 1 / 대구: 무소속 1 / 인천: 정의당 1, 무소속 1 / 광주: 정의당 1, 진보당 6, 무소속 5 / 울산: 진보당 2.

한편 대구와 광주에서의 지방선거의 결과는 정치적 지역주의가 결정적으로 영향을 미친 데 따른 것이라고 볼 수 있다. 이는 이들 대도시에서 무투표 당선자가 적지 않게 나왔다는 점에서 충분히 유추해 볼 수 있다. 2022년 지방선 거의 무투표 당선자는 대구의 경우는 시의원 29명 중 20명, 구청장 8명 중 2명, 구의원 105명 중 3명이고, 광주는 시의원 20명 중 11명, 구청장 5명 중 1명이었다. 시의원 무투표 당선자가 각각 68.9%와 55%에 달하게 된 배경에 는 소선거구제라는 메커니즘이 작용하고 있기 때문이다. 반면에 구의원 무투표 당선자가 거의 없는 것은 한 선거구에서 2명을 뽑는 중선거구제가 채택되었기

때문이라고 볼 수 있다.

다른 한편 부산, 대전, 울산에서 지배정당의 부침이 심한 것은 2022년 지방선거(6월 1일)가 대선(3월 9일)을 치른 지 3개월이 채 안 되어 실시된 점과 밀접한 연관이 있다. 이는 전국 모든 지역에서 나타나고 있는 대선 투표율(전체 77.1%)과 지방선거 투표율(전체 50.9%) 간의 격차에서 유추해 볼 수 있다. 2018 지방선거의 전체 투표율이 60.2%인 점을 감안하면, 대선에 투표한 유권자 중 10% 정도가 선거 결과에 실망해서 지방선거에 참여하지 않았음을 시사한다. 부산이나 울산의 지방선거 결과는 정치적 지역주의와 맞물린 측면이 있었다고 볼 수 있지만, 대전의 경우는 전적으로 대선 직후에 치러진 지방선거의 속성 때문이 아닌가 추측된다.

아마도 많은 사람들은 지방의회가 단일 정당이 독점적으로 지배되는 현상으로 인해 '민주주의의 학교'라고 불리는 지방자치가 굴절되고 왜곡되는 슬픈 현실을 마주하고 겪을 때마다 안타까움을 금치 못할 것이다. 하지만 이러한 현실을 개선하는 것은 그리 어려운 일이 아니다. 현행 「공직선거법」에 따르면, 광역의원의 90%는 소선구제로, 10%는 비례대표제로 선출하며, 기초의원의 90%는 한 선거구에서 2~4명을 뽑는 중대선거구제로, 10%는 비례대표제로 선출한다. 물론 기초의원선거는 실제로는 2명만 뽑는 중선거구제로 실시하고 있다. 이 같은 선거제도는 거대정당들이 지방의회를 독점하거나 양분하는 데 결정적으로 영향을 미치고 있다. 따라서 지방선거제도의 개혁이 시급히 이뤄져야 한다는 국민적 요구는 어쩌면 당연한 일일지 모른다.

즉시 시행 가능한 개혁 방안으로는 ①비례대표 의원을 전체 의석의 30~50%로 증석하고, ②기초의원선거에서 중선거구제와 중대선거구제를 1 대 1로 실시하는 방안이 있다. 물론 가장 확실한 방안은 앞에서 살펴본 지역정당제의 도입이라고 볼 수 있다. 이밖에 대선-총선-지방선거의 시점을 일치시키는 방안도 고려해 볼 수 있는데, 이는 개헌 사안이기 때문에 당장 논의하기는 어려울 것이다. 차제에 지방의원 선거제도의 개혁과 관련한 논의에서 '남녀동수 후보 공천제'의 시범적 도입을 고려할 필요가 있을 것이다.[58] '여성친화도시'임을 자랑스럽게 여기는 지방자치단체에서는 "시작은 반이다"라는 말대로 이를 기꺼이 받아들일 가능성이 높다고 본다.

이상으로 통합정치를 모색하기 위한 정치제도의 개혁 문제를 살펴보았다. 대체로 이 문제는 적합한 제도적 방안의 부재로 해결되지 못하는 것이 아니라 개혁 당사자들의 기득권 고수와 실행 의지의 부족 때문에 해결되지 못하는 것이 아닌가 한다. 미국의 분열과 적대의 정치나 영국의 불공정 정치[59]는 소선거구제의 특성에서 기인한 것으로 볼 수 있다. 그러나 두 나라는 전통과 관행에 얽매여 한 발자국도 나가지 못하고 있다. 반면에 프랑스, 독일, 일본 등은 여러 모로 미흡하지만, 국민들의 요구를 반영해 상당히 실용적으로 접근하고 있다. 이러한 선진국의 사례는 반면교사 내지 타산지석이 되기에 충분하다. 이 점에서 국민의 자각과 정치행위자들의 성찰이 절실히 요구된다는 것을 다시 한번 강조하고 싶다.

---

58 프랑스는 2000년 여성과 남성이 선거권과 선출직에 동등하게 접근할 수 있도록 장려하는 '동등(parity)법'인 「여성과 남성의 선거 명령 및 선택 기능에 대한 평등한 접근을 촉진하는 법률」을 제정했다. 이 법은 정당이 지방자치단체장선거, 지방의회선거, 상원의원선거, 유럽선거 등에서 동일한 수의 남성과 여성을 선출하도록 강제한다. 다만 국민의회의원(하원)선거에 대해서는 재정 할당 인센티브제를 통해 남녀동수 공천을 유도하고 있다.

59 영국에서 10번이나 집권했던 자유당의 후신인 자유민주당은 소선거구제 때문에 가장 많은 피해를 본 대표적인 경우다. 2005년 총선에서 전체 22%를 득표했지만, 650석 중 9.5%에 해당하는 62석만 얻었다. 이후 총선 결과를 보면, 2010년 득표율 23.1% 대 의석률 8.7%, 2015년 15.1% 대 1.2%, 2017년 7.4% 대 1.8%, 2019년 11.6% 대 1.6%를 얻었다.

3. 정치리더십

정치리더십의 어려움

이 책 1장에서 소개한 바 있는 영화 「링컨」은 좋은(good) 정치지도자에 관한 화두를 꺼내기 위한 것이었다. 좋은 정치지도자의 존재는 나쁜(bad) 정치지도자와의 대비를 통해 더욱 두드러진다. 이러한 대표적인 사례가 미국의 존 케네디 대통령(John Kennedy, 1917~1963, 재임 1961~1963)과 리처드 닉슨 대통령(Richard Nixon, 1913~1994, 재임 1969~1974)이다. 아카데미 감독상을 두 차례나 수상한 올리버 스톤(Oliver Stone, 1946~)의 영화 「닉슨」(Nixon, 1995)을 보면, 닉슨은 스스로 비주류 출신이라는 태생의 한계와 1960년 대선에서 케네디에 패배한 아픈 경험 때문에 케네디에 대한 열등 콤플렉스(inferiority complex)를 지니게 되었는데, 이 열등감이 '워터게이트 스캔들'(Watergate scandal, 1972~1974)을 비롯한 '추악한 정치'(ugly politics)에 이르게 된 원인 중 하나였다는 것이다.

당연히 영화는 의도치 않게 케네디를 괜찮은 사람으로 각인시킨다. 그러나 케네디 역시 "일등을 하면 무시당하지 않는다"라는 억만장자인 부친의 훈육과 영향력 하에서 우월 콤플렉스(superiority complex)에 사로잡혔는데, 이 우월감이 제2차 인도차이나 전쟁(베트남 전쟁)의 계기가 되는 남베트남의 응오딘디엠 대통령(Ngo Dinh Diem, 1901~1963, 재임 1995~1963) 암살 사건과 같은

'더러운 공작'(dirty operation)의 논란에 연루되거나 은막의 스타인 마릴린 먼로
(Marilyn Monroe, 1926~1962)의 죽음 등 부도덕한 사생활에 빠져들게 한 심리적
배경이 되었던 것으로 알려져 있다.[60]

또한 케네디의 행적 이외에도, 그의 후임자인 린든 존슨 대통령(Lyndon
Johnson, 1908~1973, 재임 1963~1969)이 베트남 전쟁의 개입을 위해 '통킹만
사건'(Gulf of Tonkin Incident, 1964)을 조작한 것에 대해 여러 정보기관들로부터
보고를 받아 알고 있었을 가능성이 있는 닉슨은 의회의 탄핵에 직면했을 때
억울한 심정을 가졌을 것이다. 닉슨은 자신이 비록 전임 대통령들이 자행했던
불법 도청과 거짓말을 똑같이 일삼긴 했지만, 다른 한편으론 미·중 정상회담을
통해 베트남 전쟁을 종식시키려고 노력했고, 미·소 전략무기제한협정을 성사
시킴으로써 세계평화에 나름대로 기여했다고 자부하고 있었다. 하지만 그는
"태양에 바래면 역사가 되고, 월광에 물들면 신화가 된다"[61]는 세상사의 이치를
받아들일 수밖에 없었다. 결국 그는 대통령 사임 직후 국민들에게 자신의
잘못을 사과했다. 이에 반해 케네디는 재임 중에 암살을 당해 세상을 떠나는
바람에 각종 의혹에 대해 해명할 기회를 갖지 못했다. 또한 존슨은 1971년
회고록을 출간했지만, 베트남 전쟁의 와중이었기 때문에 전쟁의 전후사정에
대해 해명할 수가 없었다. 그러나 그는 사후에 케네디 정부와 자신의 정부
하에서 국방장관을 역임한 로버트 맥나마라(Robert McNamara, 1916~2009, 재임
1961~1968)가 1995년 출간한 회고록을 통해 베트남 전쟁에 대해 사죄하는

---

60 이 같은 분석은 정치리더십 연구의 대가인 제임스 번스(James Burns, 1918~2014)의 *Running
    Alone: Presidential Leadership from JFK to Bush II*(혼자 달리기: JFK에서 부시 2세까지의
    대통령 리더십, 2006), 탐사 저널리스트인 팀 와이너(Tim Weiner, 1956~)의 『잿더미의
    유산: 한국전쟁에서 이라크전쟁까지 세계 역사를 조종한 CIA의 모든 것』(*Legacy of Ashes:
    The History of the CIA*, 2007), 다큐멘터리 영화 감독인 엠마 쿠퍼(Emma Cooper)의 「마릴린
    먼로 미스터리: 비공개 테이프」(The Mystery of Marilyn Monroe: The Unheard Tapes,
    2022) 등에서 잘 나와 있다.

61 이 말은 이병주(1918~2014)의 소설 『산하』(1979)에 나오는 에피그램(epigram)이다.

바람에 이상한 사람이 되고 말았다.

이 같은 에피소드[62]를 소개하는 것은 두 가지 점 때문이다. 하나는 어떤 인물이 좋은 정치지도자냐, 아니면 나쁜 정치지도자냐라는 평가는 그 기준이 무엇이냐에 따라 달라질 수 있다는 점이다. 닉슨은 추악한 정치인이라는 오명 때문에 국내정치 차원에서 보면, 나쁜 정치지도자임에 틀림이 없다. 하지만 국제정치 차원에서 보면, 데탕트(Détente, 긴장 완화) 시대를 열고 냉전적 양극체제를 협력적 다극체제로 전환시키는 데 크게 기여했다는 점에서 "통합과 공존의 세계지도자"[63]라고 불릴 만하다. 반면에 케네디와 존슨은 각각 뉴프런티어(New Frontier)와 위대한 사회(Great Society)를 주창해 미국 사회에 새로운 변화의 바람을 불러일으켰고, 인권과 복지 분야에서 괄목할 만한 개선을 가져 왔다. 하지만 이들은 국가를 전쟁의 수렁에 빠지게 했고, 냉전 시대의 국제질서를 고수하려고 했다. 이 점에서 이들은 국내정치에서는 좋은 정치지도자일지 모르지만, 국제정치에서는 높은 점수를 받지 못한다.

흥미롭게도 케네디와 존슨은 닉슨과 달리 미국보다 한국에서 높은 점수를 얻고 있는데, 한국에서 비교적 진보적 성향의 사람들은 케네디를, 보수적 성향의 사람들은 존슨을 존경하는 경향이 있다. 이처럼 정치지도자에 대한 평가는 국내외 영역에 따라 다르기 때문에 균형되게 접근하는 것이 중요하다.

---

62 이외에도 프랑스 주간지 「렉스프레스」(L'Express)의 의료담당 기자인 피에르 아코스(Pierre Accoce, 1928~2020)와 의학박사인 피에르 렌쉬니크(Pierr Rentchnick, 1923~2018)는 1977년 공저 『거인의 그늘』(Ces malades qui nous gouvernent)에서 20세기의 정치지도자 24명에 대해 정신적·육체적 건강 이상異狀이 통치과정에 미친 영향을 흥미롭게 분석한 바 있다. 이들은 케네디 경우는 심한 애디슨병(Addison's disease)이 있었고, 존슨과 닉슨은 각각 편집광과 강박신경증을 지니고 있었다고 주장했다.

63 헨리 키신저(Henry Kissinger, 1923~2023)는 『리더십: 현대사를 만든 6인의 세계전략 연구』(Leadership: Six Studies in World Strategy, 2022)에서 닉슨을 국제정치적 맥락에서 통합과 공존의 정치지도자로서 다룬 바 있다. 물론 키신저가 닉슨 행정부와 제럴드 포드 대통령(Gerald Ford Jr., 1913~2006, 재임 1974~1977) 행정부에서 국가안보보좌관(1969~1975)과 국무장관(1973~1977)을 역임했던 점을 감안할 필요가 있다.

특히 국제관계에서 자율성이 적은 한국이나 일본과 같은 국가의 정치지도자에 대해서는 국내외의 영역을 종합적으로 살펴볼 필요가 있다.

다른 하나는 특정 정치지도자에 대한 평가나 정치리더십(political leadership)의 특성을 객관적으로 분석하고 이해하기 위해서는 적어도 세 명의 인물을 비교하는 것이 바람직하다는 점이다. 일반적으로 정치리더십을 다룰 때 가장 어려운 지점은 해당 정치지도자의 행적에 대한 문헌과 정보가 과연 얼마만큼 진실에 부합하느냐 하는 문제일 것이다. 특히 회고록이나 미화한 전기에 의존해 한 인물을 평가할 때, 사실성 문제뿐만 아니라 편향성 문제가 발생할 수 있다. 이러한 문제를 피할 수 있는 길은 여러 인물들을 비교해 보는 것이다. 예를 들면, '철의 여인'(Iron Lady)[64]이라고 불릴 정도로 논쟁적인 인물인 영국의 마거릿 대처 총리(Margaret Thatcher, 1925~2013, 재임 1979~1990)의 보수주의적 개혁리더십을 다룰 때, 국정 실패로 평가받는 전임 총리인 노동당 소속의 제임스 캘러헌(James Callaghan, 1912~2005, 재임 1976~1979)과 비교하는 것을 넘어서 실용주의적 개혁주의자로 알려진 보수당 소속의 해럴드 맥밀런 총리(Harold Macmillan, 1894~1986, 재임 1957~1963)나 사회민주주의적 개혁을 추진한 노동당 소속의 토니 블레어 총리(Tony Blair, 1953~, 재임 1997~2007)와 비교하면 어느 정도 객관적으로 접근할 수 있다. 물론 세 인물만 놓고 비교할 경우에도 이념적 편향성에서 벗어나기는 쉽지 않다. 다양한 관점에서 여러 인물들을 비교 분석하는 것이 편향성에서 벗어나는 데 도움이 될 것이다.

대체로 과거의 소련과 현재의 러시아를 제대로 이해하기 위해서는 이오시프

---

64 '철의 여인'이라는 별명은 원래 이스라엘 노동당을 창당한 골다 메이어 총리(Golda Meir, 1898~1978, 재임 1969~1974)와 두 차례 인도 총리를 지낸 인디라 간디(Indira Gandhi, 1917~1984, 재임 1966~1977, 1980~1984)에 대해 불려진 것이다. 이 별명은 1976년 야당인 보수당 대표였던 대처가 한 연설에서 반소노선을 표명하자, 소련공산당의 기관지인 프라우다(Pravda)가 그를 "철의 여인"이라고 기사함으로써 회자되기 시작했다. 참고로 필리다 로이드 감독(Phyllida Lloyd, 1957~)의 영화 「철의 여인」(The Iron Lady, 2011)은 대처의 부침을 잘 그리고 있다.

스탈린 공산당 서기장(Iosif Stalin, 1878~1953, 재임 1922~1952)의 정치리더십의 특성과 유산을 파악하는 것이 중요하다. 하지만 이념적 편견과 연구 부족[65]으로 인해 객관적으로 평가하는 데 어려움이 있다. 그렇지만 스탈린을 제2차 세계대전을 승전으로 함께 이끈 미국의 프랭클린 루스벨트 대통령과 영국의 윈스턴 처칠 총리와 비교하면, 그의 진면목과 한계를 보다 명확히 이해할 수 있을 것이다. 이처럼 특정 인물의 정치리더십을 다룰 때, 많은 인물들과 비교하면 할수록 그 특성을 더욱 객관적으로 파악할 수 있을 것이다. 아마 닉슨의 경우가 대표적인 사례라고 할 수 있다.

한편 정치리더십의 주제를 다룰 때 또다른 어려운 점은 연구접근법과 관련한 영역이다. 정치지도자는 정치행위자 내지 정치인의 범주에 속하며, 이는 그들이 정치리더십을 발휘하는 사람이기 전에 권력을 추구하는 사람, 즉 '정치인'(political person)임을 전제해야 한다. 새삼스럽지만 역사를 거슬러 올라가면, 로마 도시국가를 창건(B.C. 753)한 로물루스(Romulus, B.C. 771경~716, 재위 B.C. 753~716)나 중국 한나라를 수립(B.C. 202)한 유방(劉邦, B.C. 256~195, 재위 B.C. 202~195)이 매우 전형적인 정치인이 아닌가 본다. 2장에서 살펴본 플루타르코스의 『영웅전』과 사마천의 『사기』에 각각 따르면, 노예신분의 목동인 로물루스는 쌍둥이 동생인 레무스(Remus)와 친구들을 이끌고(leading) 왕의 소를 훔치다가 잡혀 죽을 상황이 되자 거꾸로 왕을 죽여 로마를 건국했고, 주색酒色을 좋아한 정장亭長인 유방은 만리장성의 노역자로 차출된 마을 사람들을 인솔하고(guiding) 가던 중 함께 도망쳐 도적질하다가 거병해 한나라를 세웠다. 이 같은 서사를 볼 때, 이들은 대의나 명분이 아닌 생존 본능에 의해

---

65 스탈린에 관한 대표적인 연구로는 아이작 도이처(Isaac Deutscher, 1907~1967)의 *Stalin: A Political Biography*(스탈린: 정치 전기, 1949, 1966 2nd Edition), 에드워드 카(Edward Carr, 1892~1982)의 『나폴레옹에서 스탈린까지』(*From Napoleon to Stalin and Other Essays*, 1980), 로버트 서비스(Robert Service, 1947~)의 『스탈린, 강철 권력』(*Stalin: A Biography*, 2004) 등을 들 수 있다.

국가를 창건한 인물들이라고 볼 수 있다. 하지만 이들이 권력을 무력이나 폭력을 통해서만 얻은 것이 아니라 무언가, 즉 권력을 얻기 위한 특별한 능력이나 전략이 있었던 것이 아닌가 추론하는 것은 당연하다고 할 수 있다.

일찍이 해롤드 라스웰(Harold Lasswell, 1902~1978)[66]은 정치심리학적 접근을 통해 권력을 추구하는 정치적 인간, 즉 정치인의 행태와 속성을 오랫동안 천착해 왔는데, 정치인에 대해 타의 추종을 불허할 정도로 정교하게 개념화했다. 그는 정치인의 '정치적 인격'(political personality)이 ①존경에 대한 생득적인 욕망, ②존경에의 갈망이 충족되지 못한 데 따른 가치박탈에 대한 보상으로서의 권력욕, ③권력욕을 비롯한 사적 동기를 공적 목표에로 전위轉位시키는 정당화, ④정치적 투쟁에 필요한 기능과 능력의 구비 등의 요건들에 의해 형성된다고 보았다. 이러한 정치인은 정치를 할 때 마치 빌리 엘리어트[67]가 춤추며 느끼는 '전기 같은 짜릿함'(electricity)을 느끼지 않을까 짐작해 본다. 그리고 정치인은 권력을 얻었을 때 '생에 대한 의지'(Wille zum Leben)를 확인할 것이고, 특히 '선한 권력'(power as a force for good)이 주어졌을 때는 이루 말할 수 없는 큰 희열과 행복감을 느낄 것이다.[68] 이처럼 정치인에 대한 개념이 나름대로

---

66 라스웰은 정치심리학의 창시자와 형태주의 정치학의 대가로 평가를 받는데, 이와 관련한 그의 대표적 저서로는 *Psychopathology and Politics*(정신병리학과 정치, 1930), *Politics: Who Gets What, When, and How*(정치: 누가 무엇을, 언제, 어떻게 얻는가, 1936), 『권력과 인간』(*Power and Personality*, 1948), 『권력과 사회』(Abraham Kaplan과 공저, *Power and Society: A Framwork of Political Inquiring*, 1950) 등을 들 수 있다.

67 빌리 엘리어트는 스티븐 달드리 감독(Stephen Daldry, 1960~)의 영화 Billy Elliot(2000)에서 탄광촌 소년으로 나오는 주인공인데, 영화에서 영국 왕립발레단의 오디션 면접관이 "춤을 출 때 어떤 느낌이예요?"라고 묻자, "그냥 기분이 좋아요. … 마침 전기처럼요"라고 대답한다.

68 '생에 대한 의지'는 철학자인 아르투어 쇼펜하우어(Arthur Schopenhauer, 1788~1860)가 그의 대표작인 『의지와 표상으로서의 세계』(*Die Welt als Wille und Vorstellung*, 1859)에서 다뤘던 주제이고, '선한 권력'은 심리학자인 대커 켈트너(Dacher Keltner, 1962~)가 『선한 권력의 탄생: 1%가 아닌 '우리 모두'를 위한 권력 사용법』(*The Power Paradox: How*

논리적 타당성과 경험적 적실성을 지니고 있다면, 정치지도자는 명예심, 권력의지, 공사구분(distinction between public and private), 정치기술(political craft)[69] 등의 자질을 지닌 정치인 중에 정치리더십의 덕목을 지닌 사람이라고 규정할 수 있을 것이다. 이 점에서 정치지도자는 자질 면에서 행정, 기업, 사회, 문화, 종교 등과 같은 분야에서 활동하고 있는 비정치적 지도자와 다를 수밖에 없다.

가끔 주위에서 보면, 계몽주의적인 지식인들이 정치지도자들에게 로버트 그린리프(Robert Greenleaf, 1904~1990)의 『서번트 리더십 원전: 리더는 머슴이다』(The Servant as Leader, 1970)에서 제시하고 있는 10개 자질들, 즉 경청, 공감, 치유, 인식, 설득, 개념화, 예지력, 청지기직, 사람 성장에 대한 헌신, 공동체 구축 등과 같은 자질의 중요성을 설파하는 것을 볼 수 있다. 이러한 자질들은 정치지도자들에게 금상첨화이지만, 필요조건도 아니고 충분조건도 아니다. 필요조건은 권력을 추구하는 정치인으로서 지녀야 할 네 가지의 자질, 즉 ①명예심, ②권력의지, ③공사구분, ④정치기술 등이며, 충분조건은 일단 정치지도자의 품성과 능력으로 잠정적으로 정의되는 정치리더십을 구성하는 덕목 내지 미덕이라고 할 수 있다. 아마 이러한 필요조건과 충분조건을 골고루 갖춘 사람이 진정한 정치지도자가 아닌가 생각한다. 그렇다면 이제 정치리더십이 구체적으로 무엇이지, 그 구성요소는 무엇인지 살펴보는 것이 중요하다.

대체로 모든 정치사상가나 정치학자들이 권력과 정치지도자라는 주제를 중요하게 다뤄 왔지만, 1964년 줄리어스 굴드(Julius Gould, 1924~2019)와 윌리엄 콜브(William L. Kolb)가 편찬한 A Dictionary of the Social Sciences(사회과학사전)에서 '정치리더십'이라는 항목을 수록하기 전까지는 이 개념은 거의 사용되

We Gain and Lose Influence, 2016)에서 논의했던 개념이다.

69 정치기술은 권력을 획득, 유지, 강화하는 art 또는 skill을 의미하는데, 필자가 관찰하건대 이 기술이 발휘되기 위해서는 ①스피치 및 커뮤니케이션 능력, ②인적 조직화 및 자원동원 능력, ③투쟁 및 협상 능력 등이 구비될 필요가 있다.

지 않은 것으로 알려진다. 이처럼 정치학에서 정치리더십에 대한 연구가 제대로 이뤄지지 않았던 것은 의외라고 볼 수 있다. 아마 정치리더십 연구가 현상의 다양성과 인식의 주관성 때문에 사회과학의 기본 요소라고 할 수 있는 일반화와 객관화를 도출하기가 어려웠던 데 그 원인이 있었던 것이 아닌가 본다. 어쨌든 라스웰 이후의 정치리더십 연구는 중요한 발전을 이뤘다. 특히 해리 트루먼 대통령(Harry Truman, 1884~1972, 재임 1945~1953)의 한국전쟁 참전 결정과정을 연구한 글렌 페이지(Glenn Paige, 1929~2017)[70]는 1977년 *The Scientific Study of Political Leadership*(정치리더십에 관한 과학적 연구)에서 정치리더십 연구의 중요성을 주창했고, 프랭클린 루스벨트 대통령의 정치리더십 연구의 대가인 제임스 번스(James Burns, 1918~2014)는 1978년 *Leadership*을 출간한 것을 계기로 새로운 이정표를 세우는 데 기여했다.

흥미로운 점은 번스가 정치영역을 넘어서는 리더십에 관한 일반이론을 제시한 바 있는데, 리더십의 유형을 '거래적 리더십'(transactional leadership)과 '변혁적 리더십'(transformational leadership)으로 구분했다. 이후 지도자의 신념, 도덕성, 성취의지 등을 강조하는 '변혁적 리더십'에 대한 관심이 경영·심리학계를 중심으로 유행되기도 했다. 이 이론은 경영학자인 버나드 배스(Bernard Bass, 1925~2007)에 의해 *Leadership and Performance Beyond Expectations*(기대 이상의 리더십과 성과, 1985)에서 더 발전되어 경영 및 행정 영역으로까지 확대되었다. 나중에 번스도 『역사를 바꾸는 리더십』(*Transforming Leadership*, 2003)에서 리더십에 관한 일반이론을 재차 시도했다. 그러나 정치리더십은 경영리더십이나 행정리더십과는 본질적으로 다른 것이다. 이후 정치리더십 연구는 정치학

---

70 페이지는 한국전쟁 때 장교로 참전한 이력이 있는데, 1968년 *The Korean Decision, June 24~30, 1950*(한국의 결정, 1968)을 출간해 주목을 받았다. 이후 그는 한국전쟁의 정당성과 폭력 문제를 성찰하는 학문적·실천적 활동을 해 왔는데, 그 일환으로 『비폭력과 한국정치』(*To Nonviolent Political Science From Seasons of Violence*, 1993)를 출간하기도 했다.

에서 비중 있게 다뤄져 왔고, 2014년에는 46명의 학자들이 참여한, 정치리더십 연구의 바이블로 알려지고 있는 *The Oxford Handbook of Political Leadership* (정치리더십에 관한 옥스퍼드 핸드북, 2014)이 로데릭 로즈(Roderick Rhodes, 1944~) 와 폴 하트(Paul't Hart, 1963~)의 편집에 의해 출간되기에 이르렀다.

이 같은 연구 덕분에 학자들이 각자 정의해 온 정치리더십의 개념은 "집단적 목표를 성취하기 위해 사람들을 동원·조직하는 과정", 또는 "사람들이 바라는 특정 목표를 성취하도록 행동에 영향력을 미치는 정치지도자의 자질과 능력"으로 공유되고 있다. 문제는 정치지도자가 추종자들에게 성취감과 만족감을 주는 자질과 덕목이 무엇인가에 대한 의견이 다양하다는 점이다. 이는 정치리더십의 구성요소나 조건이 정치적 환경이나 상황에 따라 상당히 다르게 나타날 수 있음을 의미한다. 우선 정치리더십은 국가유형과 정부형태에 따라 그 구성요소가 천차만별이다. 군주제나 공화제, 권위주의체제나 민주주의체제, 연방체제나 단방체제, 대통령제나 의회제 등과 같은 정치체제의 특성에 따라 정치리더십의 구성요소가 다를 수밖에 없다.

또한 정치리더십은 정치지도자가 활동하는 영역에 따라 그 구성요소가 다양하다. 시민사회, 사회집단, 정당, 의회, 정부, 사이버 네트워크 등과 같은 활동영역에 따라 정치리더십의 구성요소가 다양할 수밖에 없다. 그리고 사회발전 수준과 정치적 상황에 따라 정치리더십의 구성요소가 정치지도자들에 대한 무용담이나 일화만큼 무수하다. 또한 국가건설, 산업화, 민주화, 복지국가 진입, 국가 간 통합 등과 같은 시대적 과제와 전쟁이나 분열과 같은 위기적 상황에 따라 정치리더십의 구성요소가 미치는 영향이 다를 수밖에 없다.

예를 들어, 입헌군주제 하에서 의회제 민주주의와 복지국가로 발전해 온 영국에서의 총리, 영국 식민지체제(1858~1947)에서 벗어나 의회제 민주주의와 산업국가로 발전해 온 인도의 총리, 또한 230여 년의 역사를 지닌 연방공화제 하에서 대통령제 민주주의와 세계패권국가로 발전해 온 미국에서의 대통령, 100여 년의 전통을 지닌 공화제 하에서 의회제 인민민주주의와 산업국가로 발전해 온 중국의 국가주석(President)은 각각의 독특한 정치리더십을 나타내며, 서로 다른 구성요소의 특성을 보일 수밖에 없다. 이렇게 본다면, 정치지도자의 충분조건이라고 할 수 있는 정치리더십의 덕목을 일반화하는 작업은 결코 만만치 않음을 알 수 있다. 특히 통합정치의 개념에 부합하는 정치리더십의 조건을 탐구하는 작업은 더욱 난망하다고 볼 수 있다.

흔히 정치리더십의 조건을 다룰 때, 니콜로 마키아벨리와 막스 베버가 제시한 정치지도자의 덕목을 가장 많이 참고하는데, 마키아벨리는 앞서 2장에서 살펴보았듯이, 『군주론』(Il Principe, 1513)에서 정치지도자의 미덕으로 사나운 사자와 교활한 여우의 자질인 대의에 대한 열정과 사려깊음, 또는 용기와 통찰력을 제시했다. 베버는 『소명으로서의 정치』(Politik als Beruf, 1919)에서 정치지도자의 덕목으로 열정과 책임감과 균형적 판단을 제시했다. 이 같은 통찰과 혜안은 정치리더십의 구성요소를 일반화하는 데 지적 영감과 적실성을 보여주고 있다. 하지만 마키아벨리는 정치지도자를 군주로 상정하고 그와 관련한 미덕을 논했으며, 베버는 직업정치가인 국회의원을 분석 대상으로 삼고 그와 관련한 덕목을 논했다. 이 점에서 정치리더십의 조건에 관한 마키아벨리와 베버의 조언은 현재 시점에서 보면 적용되는 데 제한적이라고 할 수 있다.

정치리더십의 조건

흔히 "어떤 사람이 좋은 정치지도자냐?"라는 문제의식을 접했을 때, 대체로 성격적 탁월성과 보편적 윤리를 지닌 인물을 떠올리곤 한다. 그러한 생각은 비록 주관적일지라도, 그렇다고 해서 틀린 것은 아니다. 동서고금을 보면, 사람들과 친밀하며 공적 마인드를 가진 정치인이 상대적으로 정치리더십을 크게 발휘하고 업적을 많이 쌓았음을 볼 수 있다. 물론 성격이 좋고 모범적인 인물이라고 하더라도 특정 목표를 성취하고자 하는 사람들을 동원하고 조직하는 데 반드시 유능한 것은 아니다. 하지만 사람들은 정치적 자질과 능력을 갖춘 인물이 인격과 덕목에서 다른 인물보다 뛰어나다면, "보기 좋은 떡이 먹기도 좋다"라는 속담이나 수외혜중(秀外惠中, 외모가 좋으면 마음씨도 좋다)이라는 고사처럼 그에게 더욱 몰려들고 따를 것이다. 고대 이래로부터 현재에 이르까지 이러한 점을 착안한 대부분의 학자들은 바람직한 정치지도자의 성격적 탁월성과 보편적 덕목에 관한 기준을 나름대로 강구하고 주창해 왔다고 볼 수 있다.

여기서 이들의 주장을 모두 살펴보는 것 대신, 이들 주장의 원천이 되고 있는 유학과 아리스토텔레스의 논의를 살펴볼 필요가 있다. 〈표 Ⅲ-3-1〉은 유학에서 논의되어 왔던 정치지도자의 최고 덕목인 '중용中庸'의 개념적 발전과정을 정리한 것이다. 중용의 개념은 공자와 그의 제자들이 편찬한『예기禮記』와 자사(子思, B.C. 483~402)가 편집한『중용中庸』을 거쳐, 맹자(孟子, B.C. 372~289)에 의해 정립되었다고 알려져 있다. 〈표 Ⅲ-3-2〉는 아리스토텔레스가 아들인 니코마코스(Nicomacos)를 위해 쓴 책으로 알려진『니코마코스 윤리학』(Ethica Nicomachea)의 한글 번역본에 '성격적 탁월성과 악덕의 도표'라는 제목으로 부록에서 추가된 표로, 중용(mesotēs)이라는 이름으로 정리한 것이다. 물론 이들 표에 대한 자세한 설명보다는 정치리더십과 관련해 참고할 점을 언급하는 것이 더 필요한 작업이 될 것이다.

위의 두 표를 보면, 맹자와 아리스토텔레스는 동시대인으로서 만난 적도 없고 텔레파시(telepathy)로 대화한 적도 없지만, 세상 이치와 인간 본성에 대한 유사한 통찰을 보여준 정치사상가들이라고 할 수 있다. 맹자가 중용이라고 본 첫 번째 덕목인 인덕仁德은 아리스토텔레스가 중용으로 분류한 '온화'라는 감정(pathos)과 유사하다. 또한 맹자가 두 번째 중용이라고 본 의덕義德은 아리스토텔레스의 '용기'와 '부끄러워할 줄 앎'이나 '의분'과 밀접히 연관되며, 맹자의 예덕禮德과 지덕智德은 아리스토텔레스의 '절제'와 '재치'와 '친애', 그리고 '진실성'과 연결된다. 그리고 아리스토텔레스의 중용 중 '외적으로 좋은 것'인 자유인다움, 통이 큼, 명예, 포부 등은 정치리더십의 덕목이라기보다는

〈표 Ⅲ-3-1〉 유학에서의 중용

출처	감정(中, 端)	中庸	反中庸
禮記 (예기)	喜(희, 기쁨)	中節(중절, 절도에 맞음)	不中節(부중절, 절도에 맞지 않음) 無忌憚(무기탄, 거리낌이 없음)
	怒(노, 노여움)		
	哀(애, 슬픔)		
	懼(구, 두려움)		
	愛(애, 사랑)		
	惡(오, 싫어함)		
	欲(욕, 바람)		
中庸 (중용)	喜(희, 기쁨)	中節	不中節 無忌憚
	怒(노, 노여움)		
	哀(애, 슬픔)		
	樂(락, 즐거움)		
孟子 (맹자)	惻隱之心(측은지심, 측은히 여기는 마음)	仁德(인덕, 어진 덕)	不德(부덕, 덕이 없거나 부족함)
	羞惡之心(수호지심, 부끄러워하고 미워하는 마음)	義德(의덕, 의로운 덕)	
	辭讓之心(사양지심, 사양하는 마음)	禮德(예덕, 예절바른 덕)	
	是非之心(시비지심, 옳고 그름을 가려내는 마음)	智德(지덕, 지혜로운 덕)	

〈표 Ⅲ-3-2〉 아리스토텔레스의 중용

영역	관련 감정-행위	지나침	중용	모자람
감정(pathos) 영역	두려움과 대담함	무모	용기	비겁
	즐거움과 고통	무절제	절제	목석 같음
	노여움	성마름	온화	화낼 줄 모름
외적인 좋음	재물(보통)	낭비	자유인다움	인색
	재물(큰 규모)	품위 없음	통이 큼	좀스러움
	명예(보통)	명예욕	[이름 없음]	명예에 무관심
	명예(큰 규모)	허영심	포부의 큼	소심함
사회적 삶	진실	허풍	진실성	자기 비하
	즐거움(놀이)	[저급] 익살	재치	촌스러움
	즐거움(일상)	아첨	친애	뿌루퉁함
탁월성이 아닌 감정	부끄러움	숫기 없음	부끄러워할 줄 앎	파렴치
	이웃의 상황	시샘	의분	심술

정치지도자의 자질에 해당한다.

일반적으로 사람의 본능과 본성이 이기심과 이타심의 양면으로 이뤄졌다고 본다면, 정치지도자가 보다 많은 이타심을 갖고 이기심에 기울어진 추종자들을 이끌 때 정치리더십을 더 잘 발휘할 수 있을 것이다. 또한 인간의 주된 욕망이 재물, 권력, 명예, '두려움으로부터의 회피' 등이라고 본다면, 정치지도자가 욕망을 자제하며 두려움을 불사하고 용기를 낼 때 자연스럽게 추종자들의 신뢰와 지지를 얻게 될 것이다. 이러한 점을 고려한다면, 역사상 뛰어난 정치지도자들이 중용적 성격이나 윤리적 행동에서 남달랐다고 볼 수 있다. 앞서 제기했던 로물루스와 유방에 관한 궁금증은 여기에서 풀어본다면, 플루타르코스의『영웅전』에서 로물루스는 자유에 대한 신념, 용기, 포용와 같은 미덕을 지녔고, 사마천의『사기』에서 유방은 낙천주의, 용기, 도량과 같은 덕목을 지니고 있었다고 답할 수 있을 것이다.[71]

아마도 일부 독자들은 필자가 통합정치를 위한 정치리더십의 조건을 도출하려는 시도로서 먼 과거의 논의와 사례를 인용하는 것이 시대착오적이거나 학문적 자세와는 무관한 것으로 생각할 수도 있다. 그러나 "시대가 어려울수록 기본이나 고전으로 돌아가라"는 말이 있듯이, 정치리더십에 대한 사람들의 생각은 신화, 역사, 전통, 문화, 정신습속 등을 통해 형성되고 전승되어 왔기 때문에 그 기원이 되는 논의와 사례를 살펴보는 것이 연구접근법으로서 유용하다고 볼 수 있다. 물론 먼 과거의 논의와 사례를 현재의 맥락과 관계 없이 살펴보는 것은 아니다. 이러한 점에서 〈표 Ⅲ-3-3〉과 〈표 Ⅲ-3-4〉와 같이 고대 인물들의 정치리더십에 대해 살펴보는 것은 결코 시대착오적인 일이 아니다. 〈표 Ⅲ-3-3〉에 나타난 인물들은 사마천의『사기』에 나오는 춘추시대의

---

71 로물루스와 유방의 일대기에 대해 미셸 알하이케 감독(Michele Alhaique, 1979~) 등 4인이 만든 TV 시리즈물인「로물루스」(Romulus, 2020~2022, 18편)와 가오시시 감독(高希希, 1962~)이 만든 TV 시리즈물인「초한전기」(楚漢傳奇, 2012~2013, 80부)에서 각각 흥미롭게 그려져 있다.

오패五覇와 전국시대의 사군자四君子로 칭송되었던 정치지도자들이며, 절대군
주인 천자가 아니라 그에 종속된 제후나 영주로서, 서로 다른 제약조건 속에서
다양한 정치리더십의 덕목을 발휘해야 했을 것이다. 〈표 Ⅲ-3-4〉의 인물들은
플루타르코스의 『영웅전』에 소개된 로마인 25명 가운데 진정한 영웅으로
선별한 7명과 『리비우스 로마사』에 나오는 푸블리우스 스키피오(Publius Scipio)
로, 군주제가 아닌 공화제에서 활동한 정치지도자이기에 정치리더십의 덕목이
현재의 체제와 비슷한 측면이 있을 것으로 보인다.

〈표 Ⅲ-3-3〉 중국 춘추시대의 오패와 전국시대의 사군자

	호칭	관련 고사성어
1	제齊 환공 (B.C. 720~643)	庭燎之光(정료지광): 마당에 횃불을 매달아 밝혀놓고, 인재가 찾아오기를 기다린다.
2	진秦 목공 (B.C. 미상~621)	甘拜下風(감배하풍): 바람 불어가는 쪽으로 절을 하듯이, 남만 못함을 스스로 인정한다.
3	송宋 양공 (B.C. 미상~637)	宋襄之仁(송양지인): 송양이 어질지만, 지나치게 착하기만 해 쓸데없는 아량을 베풀어 실속이 없다.
4	진晉 문공 (B.C. 697~628)	退避三舍(퇴피삼사): 3사(90리)를 물러나듯이, 앞날을 깊이 헤아려서 양보한다
5	초楚 장왕 (B.C. 미상~591)	絶纓之宴(절영지연): 갓끈을 끊는 연회에 있었던 일처럼, 남의 잘못을 관대하게 용서하고 자신의 허물을 깨우친다.
6	제齊 맹상군 (B.C. 미상~279)	鷄鳴狗盜(계명구도): 닭의 울음소리와 개 짖는 소리를 내는 하찮은 능력이라도 어딘가 쓸모가 있다.
7	조趙 평원군 (B.C. 미상~250)	囊中之錐(낭중지추): 주머니 속의 송곳처럼, 재능이 뛰어난 사람은 숨어 있어도 남의 눈에 저절로 드러난다.
8	위魏 신릉군 (B.C. 미상~244)	虛左以待(허좌이대): 왼쪽 좌석(상석)을 비워놓고 기다리는 것처럼, 현자를 공들여 모신다.
9	초楚 춘신군 (B.C. 미상~238)	毋望之禍(무망지화): 뜻하지 않게 화가 닥쳐오니 매사 조심하고, 현자의 조언을 듣는다.

출처: 사마천司馬遷의 『사기』(太史公記, B.C. 93), 풍몽룡(馮夢龍, 1574~1646)의 『동주 열국
　　지』(東周列國志, 1736).

〈표 Ⅲ-3-4〉 로마 공화국의 8대 영웅

	성명 및 직위명	어록 또는 평가
1	포플리콜라 집정관 (B.C. 500경)	- 현명한 정치가는 모든 일에 있어서 현상태에 가장 적합한 행동을 취한다. 그래서 종종 한 부분을 버림으로써 전체를 구해내고 작은 일에 양보함으로써 더 큰 이득을 취하는 것이다. 그때에 포플리콜라(백성을 사랑하는 이)가 한 일이 바로 그것이다.
2	카밀루스 군정관 (B.C. 446~365)	- 원로원은 기회가 있을 때마다 그를 집정관으로 선출하려 했지만, 그는 국민의 의사에 반하는 집정관이 되고 싶지 않았다. 그는 매사에 신중하게 행동해 전권이 자기에게 위임되었을 때도 늘 다른 사람과 권력을 나누었다.
3	파비우스 집정관 (B.C. 270~203)	"사람들의 중상과 조소가 두려워 이미 결심한 전략을 버린다면, 나는 더 나약한 사람이 되어버리는 것이오. 나라의 안전 때문에 몸을 사리는 것은 수치가 아니지만, 사람들의 그릇된 비난에 자기 뜻을 굽힌다면 중책을 맡을 만한 사람이라고 할 수 없소."
4	푸블리우스 스키피오 집정관* (B.C. 235~183)	"스페인인들이 나의 아버지와 삼촌에 대하는 것처럼 그대가 나를 훌륭한 사람이라고 생각한다면, 나는 그대에게 로마엔 우리와 같은 사람이 많으며, 오늘날 세상의 그 어떤 나라보다도 로마를 적이 아닌 친구로 둬야 한다는 것을 알려주겠오."
5	아이밀리우스 파울루스 집정관 (B.C. 229~160)	- 사람들은 파울루스의 다른 덕목에 못지않게 너그러운 마음씨와 큰 아량을 높이 찬양했다. 왜냐하면 그는 마케도니아 왕궁에서 꺼낸 많은 금은보화를 보지도 않고서, 재정관을 시켜 그것을 고스란히 국고에 넣게 했기 때문이었다.
6	티베리우스 그라쿠스 호민관 (B.C. 163~133)	"이탈리아에서는 들짐승들도 그들 나름대로 굴이 있어서 쉬거나 몸을 숨길 수 있습니다. 그러나 이탈리아를 위해 전쟁터에 나가서 목숨을 걸고 싸운 인간들이 가진 것이라곤 공기와 햇빛뿐입니다. … 그들은 내 것이라고 말할 수 있는 땅 한 평 갖지 못했습니다."
7	가이우스 그라쿠스 호민관 (B.C. 153~121)	- 가이우스는 다음을 제안했다. "시민들에게 공유토지를 분배해 준다. 17세 미만에게는 군복무를 강요하지 않는다. 이탈리아 사람 모두에게 로마 시민과 똑같이 선거권을 준다. 가난한 사람에게는 종전보다 싼 값에 곡식을 판매한다. 법원의 규정을 고쳐 원로원의 권리를 줄인다."
8	키케로 집정관 (B.C. 106~43)	"폼페이우스가 싸우는 목적은 명예롭고 정당하다. 그러나 카이사르는 뜻하는 일을 이룩했다. … 카이사르는 인도주의로서 폼페이우스의 동상을 다시 일으켜 세웠다. 그러나 카이사르는 이렇게 함으로써 자기 자신의 상을 굳게 확립했다."

출처: 플루타르코스(Ploutarchos)의 『영웅전』(*Bioi Parallēloi, The Lives of the Noble Grecians and Romans*, 115), 리비우스(Titus Livius)의 『리비우스 로마사』(*Ab Urbe Condita Libri, History of Rome from its Foundation*, 17).

* 플루타르코스의 『영웅전』에는 원고의 분실로 푸블리우스 스키피오 아프리카누스(Publius Scipio Africanus)의 전기가 빠져 있어, 리비우스의 『리비우스 로마사』에서 참고함.

위의 두 표에서 나오는 인물들의 정치리더십을 살펴보면, 진실, 절제, 용기, 인내, 관용, 포용, 지혜, 통찰 등과 같은 요소들을 발견할 수 있다. 이러한 요소들은 바람직한 정치리더십의 충분조건이며, 통합정치와 관련해서 어느 하나도 소홀히 취급될 수 없는 정치지도자의 덕목이다. 이러한 덕목들을 대표하는 인물로 제 환공과 푸블리우스 스키피오 집정관을 들 수 있다. 제 환공은 '관포지교管鮑之交' 고사의 주인공인 관중(管仲, B.C. 725~645)을 재상으로 등용해 춘추시대의 첫 번째 패자霸者가 되었던 인물로, 용인술의 달인으로 칭송받아 왔다. 스키피오는 포에니 전쟁에서 승리하고 북부 아프리카를 정복한 영웅으로, 현재 이탈리아의 국가國歌에서 칭송될 정도로 용감한 사람의 상징이 되었다.

하지만 통합정치라는 관점에서 본다면, 가장 주목할 만한 정치지도자는 초 장왕과 파비우스 집정관이라고 할 수 있다. 초 장왕은 원래 혼군昏君이었지만 신하의 간언을 받아들여 명군明君이 된 제후인데, '절영지연絕纓之宴' 고사의 주인공이자 너그러움의 대명사다. 그는 연회에서 갑자기 촛불이 꺼지는 바람에 술에 취한 신하 한 명이 자신의 애첩을 희롱하자, 애첩이 신하의 갓끈을 뜯어 알렸는데도 연회에 참석한 모든 신하의 갓끈을 끊게 함으로써 희롱한 당사자를 찾아내지 못하게 했다. 파비우스는 2장에서 소개한 바 있는데, '굼뜬 사람'(Cunctator)이라는 조롱을 받았지만, 참고 기다림 끝에 포에니 전쟁에서 승리했고, 겸손과 설득과 청렴으로 집정관을 다섯 차례나 지냈다. 그는 로마 공화국의 역사에서 최고로 존경받는 정치지도자로 알려졌는데, 점진적 사회주의를 추구한 영국의 지식인 모임인 페이비언 협회(Fabian Society, 1884)의 이름은 그에게서 유래한 것이다.

이처럼 고대 인물들에서 발견되는 정치리더십의 덕목은 정치지도자의 특성과 정치적 상황에 따라 다양하게 나타나지만, 〈표 Ⅲ-3-5〉에 나와 있는 각국의 근현대 인물들에서도 그 조건이 별반 다르지 않다. 이들은 국민적 존경을 받는 인물과 뛰어난 정치리더십을 발휘하는 인물로서, 그 선별 기준이 엄밀하게 보면 서로 다르지만, 논의를 위해 동일하게 간주해도 큰 무리는 없을 듯하다.

이들 중에는 군주, 정부수반, 정치운동가 등이 포함되어 있으며, 국가형성, 산업화, 민주화, 복지국가 진입 등과 같은 국가적 과제를 실현한 정치지도자들이다. 참고로 이들 중 여성은 독일의 앙겔라 메르켈 총리(Angela Merkel), 일본의 이치카와 후시에 참의원(市川房枝), 멕시코의 독립 운동가 호세파 도밍게스(Josefa de Domingez), 러시아의 예카테리나 2세(Yekaterina Ⅱ), 유럽연합의 시몬 베유 유럽의회 의장(Simone Veil) 등이 있고, 노벨평화상 수상자는 독일의 빌리 브란트 총리(Willy Brand), 남아공의 앨버트 루툴리 국민회의 의장(Albert Lutuli)과 넬슨 만델라 대통령(Nelson Mandela), 김대중 대통령 등이 있다.

잘 알다시피, 국가별로 존경을 받는 정치지도자 중 화폐 도안에 등장하는 인물을 제외하고는 모든 구성원들로부터 존경받는 정치지도자를 찾기란 쉽지 않다. 특히 국가형성 과정에서 혁명과 전쟁을 겪었던 국가의 경우, 그 후유증과 유산으로 존경받는 정치지도자에 대한 국민적 합의에 이르기 어려운 경우가 발생한다. 한국의 이승만 대통령이 대표적인 사례라고 할 수 있다. 이에 반해 사회경제체제나 정치체제가 근본적으로 변화했음에도 불구하고, 프랑스의 나폴레옹 1세, 일본의 메이지 천황, 러시아의 예카테리나 2세와 스탈린 소련공산당 서기장 등은 여전히 국민적 존경을 받고 있다. 이러한 사례들에 비춰본다면, 한국 사회의 갈등구조와 '적대와 배제의 정치'의 근원이 생각보다 크고 깊음을 알 수 있다. 어떻게 보면, 통합정치를 실현하는 데 있어서 가장 필요한 일은 역사적 화해와 타협이 아닌가 생각이 든다.

〈표 Ⅲ-3-5〉 G20 국가별 정치지도자에 대한 자국민 선호 및 화폐 도안 현황*

	국가	1순위	2순위	3순위
1	미국	링컨(1809~1865) 대통령 재선, 흑인노예 해방, 〈화폐〉	워싱턴(1732~1799) 초대 대통령, 독립전쟁, 〈화폐〉	프랭클린 루스벨트(1882~1945) 대통령 4선, 대공황 극복, 〈화폐〉
2	중국	마오쩌둥(1893~1976) 초대 국가주석, 중국혁명, 〈화폐〉	덩샤오핑(1904~1997) 중국공산당 군사위원회 주석, 개혁개방	저우언라이(1898~1976) 최장기 국무원 총리, 〈화폐〉
3	일본	메이지(1852~1912) 천황, 근대화 개혁	요시다 시게루(1878~1967) 총리 4회, 전후 재건	이치카와 후사에(1841~1909) 참의원 4선, 여성참정권 운동

4	독일	아데나워(1876~1967) 초대 총리, 전후 재건, 라인강의 기적	브란트(1913~1992) 대연정 총리, 동방정책, 노벨평화상 수상 (1971)	메르켈(1954~) 대연정 총리, 독일의 유럽 최강국화
5	인도	간디(1869~1948) 국민회의 의장, 독립운동, 〈화폐〉	네루(1889~1964) 초대 총리, 현대인도 건설	만모한 싱(1932~) 시크교도 출신 총리, 실용주의적 개혁
6	영국	글래드스턴(1809~1898) 총리 4회, 자유주의적 개혁	처칠(1874~1965) 총리 2회, 제2차 세계대전 승전, 〈화폐〉	윌슨(1916~1995) 총리 2회, 복지국가 도약, 부드러운 좌파맨
7	프랑스	나폴레옹 1세(1769~1821) 제1공화국 제1통령, 제1제국 황제	드골(1890~1996) 대통령 재선, 제5공화국 수립, 프랑스의 영광	미테랑(1916~1996) 대통령 재선, 사민주의적 개혁, 유럽연합 건설
8	캐나다	매켄지 킹(1874~1950) 총리 3회, 자유주의적 개혁, 〈화폐〉	로리에(1841~1919) 총리(15년), 영국계-프랑스계 통합, 〈화폐〉	피에르 트뤼도(1919~2000) 총리 2회, 퀘벡주 통합
9	러시아	스톨리핀(1862~1911) 러시아제국 총리, 자유주의적 개혁	스탈린(1878~1953) 소련공산당 초대 서기장, 제2차 세계대전 승전	예카테리나 2세(1729~1796) 대제, 대러시아 및 러시안 아메리카 건설
10	이탈리아	가리발디(1807~1882) 통일운동, 하원의원(21년)	가스페리(1881~1954) 초대 총리, 전후 재건	프로디(1939~) 총리 2회, 중도좌파 실용주의적 개혁
11	브라질	치라덴치스(1746~1792) 혁명운동 순교자	카르도주(1931~) 대통령 재선, 민주화운동, 2023 대선 룰라 지지	바르가스(1882~1954) 대통령 중임, 가난한 이들의 아버지
12	한국**	노무현(1946~2009) 대통령, 탈권위주의화	박정희(1917~1979) 대통령, 산업화	김대중(1924~2009) 대통령, 노벨평화상 수상(2000)
13	호주	에디스 코완(1861~1932) 최초 여성의원, 여성·아동운동, 〈화폐〉	호크(1929~2019) 총리, 사민주의적 개혁	프레이저(1930~2015) 총리, 자유주의적 개혁
14	멕시코	후아레스(1806~1872) 대통령 중임, 공화운동, 〈화폐〉	까르데나스(1895~1970) 대통령, 혁명운동, 토지개혁, 〈화폐〉	도밍게스(1768~1829) 독립운동, 조국의 어머니, 〈화폐〉
15	인도네시아	수카르노(1901~1970) 초대 대통령, 독립운동, 〈화폐〉	하타(1902~1980) 초대 부통령, 독립운동, 〈화폐〉	하비비(1998~1999) 민주화 이행기 대통령, 과학기술의 아버지
16	사우디아라비아	압둘아지즈 1세(1875~1953) 초대 국왕, 왕국 건설, 〈화폐〉	파이살(1906~1975) 3대 국왕, 근대화 개혁, 〈화폐〉	파흐드(1921~2005) 5대 국왕, 정치 개혁, 〈화폐〉
17	튀르키예	케말(1881~1938) 초대 대통령, 근대화 개혁, 〈화폐〉	데미렐(1924~2015) 총리 5회, 대통령, 자유주의적 개혁	에세비트(1925~2006) 총리 5회, 시인, 사민주의적 개혁
18	아르헨티나	산 마르틴(1778~1850) 독립운동, 나라의 아버지, 〈화폐〉	사르미엔토(1811~1888) 작가 출신 대통령, 교육개혁, 〈화폐〉	후안 페론(1895~1974) 대통령 중임, 민중주의적 개혁
19	남아공	만델라(1918~2013) 대통령, 노벨평화상 수상(1993), 〈화폐〉	루툴리(1898~1967) 국민회의 의장, 노벨평화상(1960)	샤카(1787~1828) 줄루왕, 반제국주의 투쟁
20	유럽연합	장 모네(1888~1979) 유럽석탄철강공동체 회장, 유럽의 아버지	할슈타인(1901~1982) 초대 집행위원장	시몬 베유(1927~2017) 유럽의회 직선제 초대 의장

출처: https://www.google.com/search(2023. 11. 30. 기준), 「연합뉴스」(2023. 11. 30. 기준).

알파고 시나씨(1988-)의 『누구를 기억할 것인가: 화폐 인물로 만나는 시대의 도전자들』(2016).

* 근대 이전의 인물과 현직 정치인은 제외함.

** 한국갤럽 조사(2004, 2014, 2019): 설문 문항 "가장 좋아하는 역대 대통령".

위 표에 나와 있는 인물들의 정치적 업적과 정치리더십의 특성을 살펴보면, 시대와 지역을 막론하고 좋은 정치지도자들은 공통적으로 진실, 절제, 용기, 인내, 관용, 포용, 지혜, 통찰 등과 같은 덕목들을 지니고 있음을 발견할 수 있다. 물론 이러한 덕목들과 반대되는 악덕들도 일부 존재한다. 하지만 '미숙'(inexperience)이라는 최고의 악덕은 드물게 나타나는 것으로 보인다. 이들 8개 덕목은 논의의 진전을 위해 의미가 유사한 것끼리 묶어서 볼 수가 있는데, Ⓐ진실, Ⓑ용기, Ⓒ관용, Ⓓ통찰 등의 4개 덕목으로 집약해 볼 수 있다. 이들 4개 덕목에 대한 정의나 의미는 앞서 살펴본 중용 논의에서 어느 정도 다뤘다고 볼 수 있다. 사실 이들 덕목은 정치현실에서 개념적 정의뿐만 아니라 조작적 정의가 그다지 유용하지 못할 정도로 다양하고 주관적이며 변화무쌍하게 나타난다. 예를 들면 진실이라는 덕목 하나만 보더라도, 정치지도자의 진정성이나 마음 상태에서부터 말이나 얼굴 표정에서까지 무수히 다양한 형태로 나타날 수 있다. 이처럼 정치리더십의 덕목 역시 정치지도자의 자질과 마찬가지로 객관화하기 어려운 속성을 지니고 있다. 그럼에도 불구하고 역사상 귀감이 되거나 회자되는 인물들, 이를테면 〈표 Ⅲ-3-5〉에 나오는 60명 인물들의 행적과 업적만 살펴보더라도 정치리더십의 덕목이 구체적으로 무엇인지를 충분히 간파할 수 있을 것이다. 물론 다음과 같이 덕목별로 특정 인물들의 사례를 살펴보면, 그 윤곽을 더 명확히 파악할 수 있을 것이다.

먼저 진실이라는 덕목은 다음 장에서 다룰 인도의 자와할랄 네루 총리나 해방 직후 조선건국준비위원장을 지낸 여운형(1886~1947, 재임 1945)의 사례에서 확인해 볼 수 있다. 네루 총리는 영국 식민지배에 대항하는 독립운동으로 9번 투옥되었고 근 10년간 옥고를 겪었는데, 마지막 3년간의 옥고

(1942~1945)는 제2차 세계대전에 직면한 윈스턴 처칠 총리의 전시내각 하에서 겪었다. 당시 처칠은 영국군이 아시아에서 패주하고 있는데도 불구하고, 전후에 인도를 분할하기 위해 무슬림연맹에게는 독립을 보장하겠다는 조건으로 참전할 명분을 준 반면에, 국민회의에 대해서는 독립보장 조건을 거부했다. 이러한 처칠의 인도분할 책략에 대해 네루는 영국인들에게 "인도를 떠나라"(Quit India)고 요구하고, 인도인들에게 "죽을 각오로 투쟁하라"(Do or Die)고 호소하는 한편, 스스로는 영어囹圄의 몸이 되기를 주저하지 않았다. 그는 이전에 옥고를 치르면서 쓴 『자서전』(1936)에서 "얼마나 많은 나의 청춘의 세월이 여기에 묻혔는가? … 때로는 이들 죽어 버린 지난날이 유령이 되어 벌떡 일어서서 사무치는 기억을 일깨우며 속삭인다. '이렇게 할 가치가 있을까?' 하고"라는 인간적 고통과 투쟁에 대한 솔직한 감정을 토로한 바 있었지만, 사랑하는 조국을 위해 옥고를 기꺼이 받아들였다.

여운형은 해방 직후 미·소의 군사점령과 좌우갈등으로 남북이 분단될 위기에 처했을 때 미국과 소련이 모스크바 3상회의에서 '신탁통치 하에서의 임시정부 수립' 방안을 제안하자, 이 방안이 자주적 통일정부를 수립하는 데 있어서 최선책은 아니지만 불가피한 차선책이라고 판단하고 이를 성사시키기 위해 '좌우합작운동'(1946~1947)을 추진했다. 이 과정에서 그는 좌우익 양측으로부터 여러 차례의 테러를 당했고, 마침내 극우단체인 백의사白衣社의 테러에 산화했다. 그는 처음 한두 차례 테러를 당할 때 죽음을 예감했지만, 남북분단으로 치닫고 있는 조국을 누란(累卵)의 위기에서 구하기 위해 "나누면 무너지고 합하면 이룬다"라는 통합정치의 대의와 신념을 포기하지 않았다. 여운형의 「추모가」처럼 "민족의 나라 길이 지키소서"라는 사람들의 염원을 외면할 수가 없었던 것이다.

진실의 덕목은 이처럼 대의를 위한 헌신이라고 볼 수 있다. 하지만 진실은 거창한 것에만 해당하는 것은 아니다. 정치지도자의 진실은 앞서 2장에서 살펴본 토머스 칼라일이 말한 것처럼, '진실치 못함'을 성찰하고 진실되고자 노력하는 크고 작은 모든 행위가 포함된다고 볼 수 있다. 국회에서 정치적 입장이 다른 동료 의원이 눈물에 젖어 있을 때, 그에게 손수건을 건네주는 행위[72]는 진실한 것이라고 볼 수 있다. 물론 행동이 수반되지 않는 진정성만 가지고는 진실하다고 볼 수는 없다. 이 점에서 정치지도자는 보통 사람들과 다를 수밖에 없다. 마찬가지로 용기, 관용, 통찰 등의 덕목도 행동이 수반되지 않는다면, 정치지도자가 그러한 덕목을 지니고 있다고 말할 수는 없다.

용기의 덕목과 관련한 사례로는 다음 장에서 다룰 영국의 토니 블레어 총리나 현재 서울시장에 재임 중인 오세훈 국회의원(1961~, 2000~2004)을 들 수 있다. 블레어는 41세의 나이에 노동당 대표로 선출(1994)된 직후 1918년부터 당의 신조가 되어 온 '국유화' 정책을 원로 및 간부들의 집요한 반대와 가맹조직인 노동조합의 거센 저항에도 불구하고, 정치생명을 걸고 당원들의 지지를 얻어 폐지했고, '새로운 노동당'(New Labour)을 이끌었다. 노동당은 마침내 블레어의 용기와 실용주의로 18년 만에 집권할 수 있었다.

오세훈은 국회의원 초선임에도 불구하고 자신이 속한 한나라당의 '제왕적 총재제'를 폐지할 것을 주장했고, 「정치자금법」의 개정(2004), 즉 일명 '오세훈법'을 주도해 입법화했다. 그는 정치개혁에 대한 자신의 진정성을 확인시켜 주기 위해 2004년 총선에서 당선이 확실함에도 불구하고 불출마를 선언하고 이를 실천했다. 당시 그의 강단 있는 정치개혁은 한국 정치에서 난공불락難攻不落인 사당화된 정당제도와 비리의 온상인 정치자금제도를 혁파함으로써 한국 민주주의의 수준을 올리는 데 중요한 역할을 했다고 평가받고 있다.

관용의 덕목과 관련해 다음 장에서 다룰 남아공의 넬슨 만델라 대통령이나 이승만 정부 하에서 부통령을 지낸 김성수(1891~1955, 재임 1951~1952)를 예로 들 수 있다. 만델라가 대통령 취임 직후 '진실과 화해위원회'를 출범시켜 용서와 화해를 통한 국민통합을 추진한 사실은 익히 잘 알려져 있다. 한편 김성수는

---

72 2009년 국회 예산안을 둘러싼 여야대치 중 한나라당의 홍정욱 국회의원(1970~)이 민주노동당의 이정희 국회의원(1969~)에게 손수건을 건네준 일화다. 「한겨레」(2010. 1. 13).

1954년 이승만 대통령의 독재에 대항하기 위해 범야권의 '민주대동'을 추진하면서 조봉암(1898~1959)과의 합작을 추진했다. 당시 보수적인 정치인들이 이승만 정부 하에서 농지개혁을 추진했던 농림부 장관(1948~1949)과 두 차례 국회부의장(1948~1950, 1952~1954)을 지낸 조봉암을 과거 조선공산당의 활동을 했다는 이유로 신당 합류를 반대하자, 병환 중임에도 불구하고 조봉암과의 합작을 위해 고군분투했다. 그러나 김성수의 타계로 민주당의 통합정당화는 실패했고, 조봉암은 진보당 창당을 통해 독자적 세력화를 모색했지만 정치적 고립으로 인해 비극적인 법살法殺을 맞이했다. 김성수가 보여준 정치적 관용은 비록 결실을 맺지 못했지만, 친일 문제로 비난을 받았던 그가 보여준 미래지향적이고 포용적인 정치리더십은 당시의 조봉암을 거부했던 일부 독립운동가 출신 정치인들과 다르게 특별한 의미를 갖는다.

마지막으로 통찰과 관련해 역시 다음 장에서 다룰 프랑스의 프랑수아 미테랑 대통령과 김대중 대통령의 사례를 살펴볼 수 있다. 미테랑은 일찍부터 단일시장의 형성과 유럽연합(1993)의 건설이 이뤄지더라도, 유럽화폐(Euro, 1999)의 발행이 되지 않는다면 유럽통합이 사상누각沙上樓閣에 불과할 것이라는 점을 꿰뚫어 보고 있었다. 그는 독일의 헬무트 콜 총리(Helmut Kohl, 1930~2017, 서독 재임 1982~1990, 통독 재임 1990~1998)를 10년 동안 지속적으로 만나면서 유럽통합을 논의할 때마다 유럽통화의 발행에 합의할 것을 무던히 설득했다. 하지만 콜은 독일이 프랑스와 영국처럼 핵무기를 보유하지 않고 있기 때문에 환율 가격이 높은 마르크화가 독일의 핵무기라고 보고, 요지부동의 자세로 유럽통화의 발행을 거부해 왔다. 이처럼 유럽통합이 지체되고 있는 와중에서 미테랑은 동독이 붕괴되고 독일통일이 임박한 국면을 천재일우의 기회로 삼고, '전승 4대 강국의 독일 점령권'을 앞세워 "유럽통합이 없는 독일통일은 없다"라는 강경한 입장으로 콜을 압박해 양보를 이끌어냈다. 이 때문에 미테랑은 한때 독일통일 반대주의자로 오해받기도 했다.

김대중은 자신을 핍박했던 박정희 대통령과 전두환 대통령을 용서하고,

증오와 적대 관계의 북한과 화해한 실행력을 두고 독일의 빌리 브란트 총리와 남아공의 만델라 대통령과 함께 '용서와 화해의 사도'로 평가받고 있다. 그러나 김대중의 진정한 업적 중 하나는 "가난은 나라님도 구제하지 못한다"라는 오랜 편견을 불식시키고 '국민기초생활보장제'를 도입해 복지국가의 초석을 놓은 것이며, 이는 타의 추종을 불허하는 용기와 통찰의 발현이라고 하지 않을 수 없다. 그는 하루 세 끼를 채우지 못하고 편한 잠자리에 들지 못하는 약 150만 명의 국민을 두고 민주와 인권을 주장하고 용서와 화해를 외친들 무슨 소용이겠느냐는 생각을 가졌던 것으로 보인다. 한때 영국에서 '요람에서 무덤까지'(From Cradle To Grave)라는 복지국가의 틀을 만든 클레멘트 애틀리 총리(Clement Attlee, 1883~1967, 재임 1945~1951)처럼, 그도 포퓰리스트라고 오해받은 적이 있다.

한편 최고 권력을 지닌 정치지도자가 현직에서 물러난 이후의 행보와 처신도 그에 대한 평판과 통합정치의 향방에 결정적으로 중요하다는 점을 주목할 필요가 있다. 이는 '살아 있는 권력'(living power)을 지니고 있지 않다고 해서 정치적 영향력이나 상징적인 권위가 사라진 것이 아니기 때문이다. 일반적으로 정치적 상황에 따라 퇴임 이후에 활동하는 여건들이 다르기 때문에 어떤 행보나 처신이 바람직하다고 일률적으로 말하기는 어렵다. 다만 회자되는 인물 중 정부수반에서 물러난 이후에도 한동안 정치활동을 왕성하게 했던 정치지도자들의 사례를 살펴보면, 나름대로 가늠해 볼 수 있다.

영국의 윈스턴 처칠 총리는 건강 때문에 1955년 두 번째 총리직을 사임했지만, 1964년까지 하원의원으로 남아 보수당의 '말 많은 원로' 역할을 다했다. 독일의 헬무트 콜 총리는 2002년 정계은퇴를 선언했지만, 건강 때문에 정신이 맑지 않았음에도 불구하고 그의 정치적 제자인 앙겔라 메르켈 총리를 무던히 괴롭혔다. 일본의 나카소네 야스히로 총리(中曾根康弘, 1918~2019, 재임 1983~1987)는 1987년 세 번째 총리직를 사임하고 2003년까지 중의원을 지내 20선을 기록했지만, 당 지도부의 은퇴 요구로 불명예스럽게 정계를 떠났다. 이들은 괴테의

『파우스트』(*Faust*, 1832)가 겨우 도달한 진실한 행위의 순간이나 "자유스러운 땅에 자유스러운 사람들과 더불어 살고 싶은" 순간에 "멈춰라"[73]라고 외치는 바람에 악마인 메피스토펠레스(Mephistopheles)와의 약속대로 쓰러져 죽었지만, 천사들에 의해 천상으로 인도되었다는 이야기를 잊어버린 것 같다.

이러한 사례들과 반대로 현직에 있을 때 평판이 좋지 않았지만, 퇴임 이후의 행적으로 좋은 평가를 받은 정치지도자도 있다. 대표적으로 미국의 지미 카터 대통령(Jimmy Carter, 1924~, 재임 1977~1981)은 '이란 인질사태'(Iran hostage crisis)로 재선에 실패했지만, 퇴임 후 '카터 센터'를 설립(1982)해 세계평화와 인권 증진 활동을 하며, 인도주의적 봉사를 수행함으로써 귀감이 되었다. 또한 현직에 있을 때 좋은 평판을 받고 퇴임한 후에도 활발한 봉사활동과 인권 및 평화운동을 펼친 정치지도자들도 있는데, 4장에서 다룰 남아공의 넬슨 만델라 대통령과 일본의 무라야마 도미이치 총리가 이에 해당한다고 볼 수 있다.

물론 퇴임 이후 제2의 직업을 가진 정치지도자들도 있다. 영국의 역대 총리 중 멋쟁이 스타일리스트(stylist)로 알려진 보수당의 해럴드 맥밀런 총리(1894~1986, 재임 1957~1963)는 퇴임 이후 옥스퍼드대학교 총장직(1960~1986)을 계속 맡으면서 혁신과 변화의 바람을 불러일으켰고, 영국에서 다섯 번째로 큰 맥밀런 출판사(Macmillan Publishers)의 회장직(1964~1974)을 맡아 어린이와 직장인이 좋아하는 책들을 저렴하게 출판해 많은 존경과 사랑을 받았다. 그리고 '철의 여인'으로 불리던 보수당의 마거릿 대처 총리는 퇴임 이후 2003년 치매에

---

73 파우스트는 우여곡절 끝에 바다에 연한 넓은 토지를 얻어 병마가 깃들고 있는 그 땅을 매립해 수백만의 사람들이 일하면서 자유스럽게 살 수 있는 일을 하는 데서 비로소 인생의 의의를 찾는다. 이러한 진실한 상황이 변하지 말라는 바람에서 그는 "멈춰라, 너는 참으로 아름답다!라고, 지상에서의 나의 생애의 발자취는 영구히 사라지지 않으리라. 그와 같은 드높은 행복을 예감하고 나는 지금 최고의 순간을 맛보는 것이다"라고 말하고 나서 죽는다.

걸려 대중연설이 금지되기 전까지 버킹엄대학교 총장직(1992~1998)을 수행하고 미국 담배회사인 필립 모리스의 고문직을 맡았으며, 때때로 국내외에서 보수적인 언행을 하기도 했다. 하지만 비교적 이른 나이에 퇴임한 미국의 빌 클린턴 대통령과 영국의 토니 블레어 총리, 그리고 미국의 버락 오바마 대통령(Barack Obama, 1961~, 재임 2009~2017)은 진보적 성향 때문에 무언가 의미 있는 활동을 할 것이라는 기대와 달리, 베스트셀러가 되었던 회고록을 연이어 집필하거나 부인을 뒷바라지하는 아름다운 일을 하는 것으로 알려진다. 물론 2021년 퇴임한 독일의 앙겔라 메르켈 총리는 베를린에 있는 전세 아파트에서 여생을 조용하게 보내는 것으로 알려지는데, 조만간에 회고록이 출간되지 않을까 싶다.

대체로 퇴임한 정치지도자가 많은 사람들로부터 존엄을 인정받거나 존경을 받는 데에는 권력정치와 일정한 거리를 두는 것이 필수조건인 것 같다. 또한 충분조건으로는 진실되고 성찰적인 회고록을 집필하거나 의미 있는 공적 봉사 활동을 하는 것이 아닌가 본다. 특히 회고록 경우는 사후에 공개하는 것이 바람직하다고 본다. 이는 정치 후예와 미래 동량에게 귀중한 통찰과 소중한 교훈을 줄 수 있기 때문이다. 4장에서 살펴보겠지만, 프랑스의 미테랑 대통령은 자신보다 국민을 너무나 사랑했기 때문에 스스로의 한계와 결점이 있는 그대로 드러날 수 있도록 회고록을 사후에 공개하도록 했다. 어떻게 보면 인간적 한계를 지닌 영웅의 영혼이 단테의 『신곡』(*La Divina Commedia*, 1472)에 나오는 연옥 속에서 참회해야 구원을 받을 수 있는 것처럼, 퇴임한 정치지도자가 자신의 업적과 과오를 성찰한 '사후 출간 회고록'을 남기는 것은 국민에게 마지막으로 긍정적인 기억을 선사하는 일일 수 있다.

정치지도자는 정치의 장場을 떠나 자연인으로 돌아갔더라도 존엄과 품격을 유지해야 하는 숙명을 안고 있을 수밖에 없다. 이러한 상황을 두고 두보(杜甫, 712~770)는 시 「군불견간소혜」(君不見簡蘇徯, 너는 보지 못했느냐? 소혜에게 보내는 편지)에서 "장부는 관 뚜껑이 덮여야 비로소 평가가 내려진다(丈夫蓋棺事始

定)"라고 읊었던 것이 아닌가 본다. 이는 정치지도자의 진정한 가치와 평가는 그들의 삶이 마무리된 후에야 완전히 드러난다는 의미를 담고 있다.

정치리더십의 디서플린

지금까지 살펴본 바를 간략하게 정리하자면, 좋은 정치지도자는 정치리더십의 필요조건인 4개 자질, 즉 ①명예심, ②권력의지, ③공사구분, ④정치기술, 그리고 충분조건인 4개 덕목, 즉 Ⓐ진실, Ⓑ용기, Ⓒ관용, Ⓓ통찰을 지니고 있다. 정치지도자의 자질은 생득적인 기질과 성장과정에서 정치사회화를 통해 체득한 기질이 상호작용해 형성되고 성숙하는 것으로 보인다. 일반적으로 정치인을 평가할 때, 그 기준으로서 비전과 철학, 그리고 정치력을 기준으로 삼는다. 그러나 그에 못지 않게 중요한 요소가 언제, 어떤 계기로 정치를 하겠다고 마음을 먹었는가 하는 점이다. 필자의 제한된 지식과 관찰로 보건대, 어릴 적부터 정치를 하겠다고 마음먹은 사람들, 특히 그 동기가 '사양하는 마음'이나 '옳고 그름을 가려내는 마음'보다는 '어려움에 처한 사람을 측은히 여기는 마음'이나 '불의를 부끄러워하고 착하지 못함을 미워하는 마음'일수록, 그런 정치인이 좋은 정치지도자로 성장하면서 그에 부합하는 역할을 하게 될 가능성이 높다. 아마 그는 어릴 적부터 타인을 배려하고 절제할 수 있어야 주변으로부터 인정과 칭찬을 받게 된다는 사실을 누구의 가르침에 의해서가 아니라 스스로 깨닫게 된다고 본다.

일반적으로 정치인의 고유한 자질을 제대로 갖춘 정치지도자들은 '정치하는 것'을 정말로 좋아하고 자랑스럽게 여기며, 정치를 통해 무언가를 만들고자 하는 강한 열정과 욕구를 지닌다. 따라서 이들은 정치적 이념이나 원칙을 중요하게 여기지만, 때론 무언가를 만드는 데 필요한 수단으로 간주한다. 앞으로 4장에서 다루겠지만, 통합정치를 실천한 10명의 정치지도자 중 정치를 가장 좋아한 첫 번째 인물로는 프랑스의 미테랑 대통령을 들 수 있다. 그는 정치에 본능적으로 매료되었고, 권력을 진정으로 사랑했던 것 같다. 그는 시간과 장소를 가리지 않고 사람들과 허심탄회하게 대화하며 정성을 다해 설득하고, 온갖 집회에 참석해 연설로 사람들의 마음을 휘어잡고, TV의 토론프로그램에 나와서 반대당 소속의 출연자와 격렬하게 토론하고, 의회에서 법안을 관철시키기 위해 호소하기도 하고 싸우기도 하며 타협해 나갔다. 이렇게 그가 정치에 몰입하게 된 주된 원인은 정치적 천성天性 때문이라고 볼 수 있는데, 이 천성에는 정치를 통해 세상을 바꾸고 사람들의 꿈을 이뤄보겠다는 정치인으로서의 자긍심이 자리잡고 있었을 것이다. 이는 그의 트레이드마크(trademark)인 엷은 미소를 통해 짐작하고도 남는다.

　마찬가지로 정치를 좋아했던 또 다른 인물로는 김대중 대통령이 아닌가 본다. 그는 지나치게 도덕적이고 다소 위선적인 한국 정치문화에서 정치를 좋아한다는 점을 내색할 수 없었지만, 대통령 퇴임 이후에 쓴 자서전에서 이를 고백하고 있다. 물론 그 역시 좋은 세상을 만들고 사람들의 한恨을 풀어주는 길이 정치라고 확신했을 것이다.

　이와 같은 사례와 다르게 정치가가 '정치하는 것'을 좋아하지 않는다면, 달리 말하면 정치적 천성에 맞지 않는다면 어떤 상황이 벌어질까? 이러한 인물이 막스 베버가 말한 '직업정치가'(Berufspolitiker)[74]라면, 직업을 잘못 선택한 것일 수 있다. 정치를 직업으로 선택한 이유가 대의나 생계가 아닌 권력의 추억[75]이나 운명에 의한 것이라면, 그는 행복한 사람이 아닐 수 있

---

74 베버는 『소명으로서의 정치』(1919)에서 정치를 자신의 직업으로 삼는 두 가지 방식을 대해, "하나는 정치를 '위해'(für) 사는 것이고, 다른 하나는 정치에 '의해'(von) 사는 것이다. 그러나 이 두 방식이 결코 서로 배타적인 것은 아니다"라고 설명했다. 그에 따르면, 전자 유형의 직업정치가는 자기가 행사하는 권력을 소유하는 것 자체를 즐기거나 아니면 어떤 대의에 대한 헌신을 통해 자신의 삶에 의미를 부여하는 사람으로, 후자는 정치를 지속적 소득원으로 삼고자 하는 사람이다.

75 박근혜 대통령은 육영수 여사(1925~1974)의 서거 이후부터 박정희 대통령(1917~1976)의 서거 직전까지 퍼스트 레이디(First Lady)의 역할을 했으며, 문재인 대통령은 노무현 대통령

다. 또한 정치에 입문하게 된 계기가 주체적 선택이나 스스로의 발광체가 아닌 상황적 떠밀림이나 전임자의 후광에 의한 것이라면, 그는 정치의 본령을 깨닫지 못한 것일 수 있다. 특히 전임자가 비극의 주인공이라면, 후임자인 그는 희극의 주인공이 될 공산이 크다. 물론 어떤 이는 순자(荀子, B.C. 298경~238경)가 말한 청출어람靑出於藍이나 "될성부른 나무는 떡잎부터 안다"라는 속담에 해당할 수도 있다. 그럼에도 불구하고 그가 수많은 직업정치가 중 한 사람이라면 별 문제가 되지 않겠지만, 국가 운영을 최종적으로 책임지는 정치지도자인 경우는 사정이 다를 수 있다. 이와 관련해 다음과 같은 기록은 정치인의 태생적 조건에 대해 많은 점을 생각하게 한다. 행정의 달인이라고 알려진 고건 국무총리(1938~, 재임 1997~1998, 2003~2004)는 『회고록: 공인의 길』(2017)에서 탄핵당한 박근혜 대통령에 대해 "정말 답답했지요. 오만, 불통, 무능… 하시지 말았어야 해요. 아버지 기념사업이나 하셨어야지요"[76] 라고 안타까움을 표했다. 또한 노무현 대통령의 급서 이후 정계의 신데렐라로 떠오른 문재인 노무현재단 이사장은 『운명』(2011)에서 "대통령은 유서에서 '운명이다'라고 했다. 속으로 생각했다. 나야말로 운명이다. 당신은 이제 운명에서 해방됐지만, 나는 당신이 남긴 숙제에서 꼼짝하지 못하게 됐다"고 밝히면서 이른바 '자의반 타의반'으로 정계에 입문했다.

　대체로 정치인의 자질이 풍부한 정치지도자는 이미 정치리더십의 충분조건인 덕목들을 자연스럽게 갖추게 되므로 정치리더십을 발휘하는 데 별다른 어려움이 없을 것이다. 하지만 정치인의 기질이나 특성이 미약하고 정치리더십의 충분조건인 덕목들이 부족한 정치지도자는 이를 '디서플린'(disciplin)[77]하지

의 민정수석비서관, 시민사회수석비서관, 정무특별보좌관, 비서실장(2007~2008) 등을 지냈다.

76 이 언술은 원래 고건이 중앙일보와의 인터뷰에서 한 말이다. 「중앙일보」(2017. 8. 17).

77 영어 disciplin은 수련, 훈육, 규율 등으로 번역되는데, 「케임브리지 사전」(Cambridge Dictionary)에 따르면 사람을 규칙이나 행동강령에 따르도록 훈련시키는 것을 의미한다.

않으면, 정치리더십을 원활히 발휘할 수 없을 것으로 보인다. 특히 비정상적인 정치상황이나 운명의 여신이 준 우연한 행운에 의해 권력을 잡은 정치지도자가 덕목들을 제대로 갖추지 못하면, 그는 정치리더십을 발휘하지 못함으로써 이렇다 할 업적을 내지도 못할 뿐만 아니라, "내가 이러려고 대통령을 했나"라든지 "내가 무슨 잘못을 했냐"라고 한탄할 것이다. 따라서 이 같은 가능성이 농후한 인물은 셰익스피어의 희곡 「햄릿」(Hamlet, 1603)에 나오는 "덕을 갖추지 못했으면, 있는 척이라도 하라"[78]라는 말처럼, 최소한의 덕목이라도 지닌 듯한 제스처라도 취해야 정치리더십을 발휘할 수 있을 것이다.

동서고금을 보면, 진실이란 덕목이 결여된 정치지도자는 권력을 사익추구의 수단으로 사용하고 국민의 삶에 대해 관심이 없다. 용기가 없는 정치지도자는 결정을 제때 내리지 못하고 국민을 설득하지 못한다. 관용이 없는 정치지도자는 정적을 억압하고 생각이 다른 국민을 받아들이지 못한다. 통찰이 없는 정치지도자는 앞날을 보지 못하고 국민의 창의적인 아이디어에 귀기울이지 못한다. 이러한 유형들의 정치지도자는 국가와 국민을 불행하게 만들고, 결국 자신도 불행하게 된다. 따라서 "사랑하기 때문에 헤어진다"라는 말이 있듯이, 그가 국민을 사랑하기 때문에 자리에서 물러난다든지, 아니면 국민이 원하는 다른 정치지도자에게 직책을 물려주면 좋겠지만, 이처럼 '생에 대한 의지'의 근원이자 '인정투쟁'의 수단이라고 할 수 있는 권력을 포기하는 경우는 소설이나 드라마에서만 가능한 일일 것이다. 그렇다면 정치리더십의 덕목들을 어떻게 하면 '디서플린'할 수 있을까?

정치인은 사회운동에 참여하거나 정당에 입당하게 된 계기로 선거에 출마해

---

https://dictionary.cambridge.org/dictionary/english/discipline(2023. 9. 30). 이 용어에 대한 적합한 한글 번역어를 찾기 어려워 이 책에서는 영어 발음대로 사용한다.

[78] 이 말은 햄릿이 숙부의 아내가 된 모친인 거트루드(Gertrude)에게 "정조가 없더라도 있는 척은 하세요(Assume a virtue, if you have it not)"라고 한 말로, 유사한 상황에 빗대어 흔히 인용된다.

정치에 입문하게 되고, 이후 정당활동과 의회참여, 나아가 정부에서 행정경험을 쌓아가면서 정치지도자로 성장하게 된다. 이러한 경로는 단순히 성공적인 경험만을 포함하는 것이 아니라, 시대적 제약조건과 정치적 상황에 따라 투옥이나 망명과 같은 고난과 시련을 겪기도 하고, 선거에서 낙선하거나 당내 경쟁에서 패배하는 수치와 좌절을 경험하기도 한다. 이처럼 다양한 영역에서의 경험과 시련을 통해 정치인은 자연스럽게 정치리더십의 덕목을 수련하고 몸소 실천함으로써 정치지도자의 반열에 들어서게 된다. 아마 다음 장에서 통합정치를 실천했던 정치지도자들의 면면을 접하다보면, "하늘은 사람을 쓰기 전에 반드시 큰 시련을 준다(天將降大任於斯人也 必先勞其心志)"라는 맹자의 경구나 "실패는 성공의 어머니다(Failure is the Mother of Success)"라는 토머스 에디슨(Thomas Edison, 1847~1931)의 금언이 실감나게 될 것이다.

〈표 III-3-6〉을 보면, 통합정치를 실천한 정치지도자들이 최고 국정책임자가 되기 전의 정치 경력과 정치리더십의 덕목 간에 상관관계가 있음을 볼 수 있다. 예를 들면, 정당, 의회, 정부의 영역에서 정치경험을 쌓았던 미국의 루스벨트 대통령, 인도의 네루 총리, 프랑스의 미테랑 대통령, 독일의 메르켈 총리 등은 통찰의 덕목에서 뛰어난 것으로 평가된다. 그리고 오랜 세월 옥고나 망명을 겪었던 중국의 쑨원 대총통, 인도의 네루 총리, 남아공의 만델라 대통령, 김대중 대통령 등은 진실의 덕목에서 출중하다. 물론 진실의 덕목은 국민에게 항상 겸손했던 일본의 무라야마 총리, 브라질의 룰라 대통령, 독일의 메르켈 총리도 두드러진다. 영국의 블레어 총리와 독일의 메르켈 총리는 젊었던 기세만큼 용기의 덕목에서 뛰어나며, 만델라 대통령과 김대중 대통령은 반인륜적인 고초를 몸소 겪었기 때문에 누구보다도 관용의 덕목에서[79] 두드러진다. 이러한

---

[79] 〈표 III-3-6〉에서 쑨원, 루스벨트, 네루 등이 상대적으로 관용의 지수가 낮은 것은 다음 장에서 살펴보겠지만, 시대적 제약조건 때문이라고 볼 수 있다. 쑨원은 반청운동을 종족적 민족주의로 접근했고, 루스벨트는 제2차 세계대전 당시 일본계 미국인들을 강제 격리시켰으며, 네루 역시 인도-중국 전쟁 당시 중국계 인도인들을 강제 격리시켰다.

사례들에 비춰본다면, 정치리더십의 덕목을 함양하기 위한 디서플린은 주어진 상황과 조건에서 자신의 삶과 일을 진실되게 최선을 다하는 것 이외 달리 특별한 것이 없다고 해도 무방할 것이다.

〈표 III-3-6〉 통합정치를 실천한 10인 리더의 정치 경력 및 정치리더십 덕목 현황

	리더	정치 경력					정치리더십 덕목			
		운동·정당	옥고·망명	낙선	의회	정부	진실	용기	관용	통찰
1	중국의 쑨원	○	○		○	○	S	A0	B+	B+
2	미국의 루스벨트	○		○	○	○	A0	A+	B+	A+
3	인도의 네루	○	○		○	○	S	A+	B+	A+
4	프랑스의 미테랑	○	○	○	○	○	A0	A0	A+	S
5	남아공의 만델라	○	○				S	S	S	B+
6	영국의 블레어	○		○	○		A0	A+	A0	B+
7	일본의 무라야마	○		○	○		A+	B+	A+	B+
8	한국의 김대중	○	○	○	○		A+	A+	S	A+
9	독일의 메르켈	○			○	○	A+	S	A+	A+
10	브라질의 룰라	○	○	○	○		A+	A+	A+	B+

　필자는 최근 해병대 상병 사망사고의 수사과정에서 외압을 거부한 데 대해 항명과 명예훼손 혐의로 입건된 전 수사단장인 박정훈 대령(1972~)이 고려대학교 민주동우회에서 '민주동우활동가상'을 수상하는 자리에서 "자신이 자랑스럽다"고 소감을 밝히는 것을 보면서, 토머스 칼라일이 말한 '진실한 작은 영웅들'이 많을수록 정치지도자들의 자성과 각성이 분발될 것이라고 생각했다. 물론 "관용과 잔인함이 내기하면 항상 관용 쪽이 승리한다"라는 헨리 5세의 말처럼[80] 상식적인 일들이 이뤄지기를 바랐다. 그럼에도 불구하고 정치리더십이 불가능한 것을 가능케 하는 통합정치를 위한 중요한 매개수단이자 차선의 방안이라고 본다면, 의식적이고 목적지향적인 디서플린은 필요하다. 이러한 관점에서 이번 장을 마무리하기 전에 몇 가지 아이디어들을 제언하고자 한다.

---

80 이 말은 셰익스피어의 희곡『헨리 5세』(Henry V, 1599) 제3막 제6장에 나오는 대사다.

첫 번째로, 정치지도자는 세상을 보는 자신의 관점, 즉 프레임(frame)을 새롭게 하고, 해외의 시의성 있는 정치리더십을 벤치마킹(bench-marking)하거나 취사선택할 만한 식견을 갖출 필요가 있다. 〈표 Ⅲ-3-7〉에서 보듯이, 정부를 운영하고 있는 정치지도자들은 정치적 성과와 국민의 지지를 바탕으로 차기 선거를 대비하고 있으며, 야당의 정치지도자는 다가올 선거에서 국민의 신뢰를 얻기 위해 나름의 비전과 정책을 제시하고 있다. 대체로 「민주주의 지수」가 높은 나라일수록 정권의 향방을 결정짓는 차기 선거의 전망은 예측가능하다고 볼 수 있다. 물론 권위주의 정권의 경우도 정권교체가 어렵다는 점에서 예측이 가능하다. 폭넓은 해외 견문은 정치지도자에게 세계의 흐름을 이해하는 데 도움을 줄 뿐만 아니라 자신의 정치리더십에 대해 성찰할 기회를 줄 것이다. 이러한 맥락에서 시간이 허락한다면, 해외 견문 시 여·야의 정치지도자들뿐만 아니라 정치 전문가와 일반 당원이나 시민들을 만나 정치리더십의 문제점과 대안적 견해를 사려깊게 경청할 필요가 있다. 특히 정치지도자들이 어떤 인물을 '롤 모델'(role model)로 삼고 있는지를 주의깊게 관찰할 필요가 있다. 물론 좋은 정책이나 공감을 주는 정치적 언술이 있다면, 역시 사려깊게 벤치마킹하는 것도 필요하다.

현재 한국 정치지도자를 중요도 면에서 꼽으라면 당연히 대통령이 첫 번째이고, 다음으로 여·야당의 지도부 인사들이 이에 해당한다. 하지만 차기 대권주자들 내지 예비주자들이 대통령과 함께 정치지도자의 대열에 있다고 보는 것이 타당하다. 가나다순으로 보면, 여권에서는 오세훈 서울시장(1961~), 홍준표 대구시장(1954~) 등이, 야권에서는 김부겸 전 국무총리(1958~), 이재명 더불어민주당 대표(1964~) 등이 세간에서 대권 주자로 거론된다. 물론 여권에서는 나경원 국회의원 당선인(1963~)과 유승민 전 국회의원(1958~) 등이, 야권에서는 전현희 국회의원 당선인(1964~)과 정성호 국회의원(1961~) 등이 '다크 호스'(dark horse)로 떠오를 수 있고, 아직까지 언론에서 거론되지 않은 '신진기예新進氣銳'들이 혜성처럼 등장할 수 있다. 이들 중 〈표 III-3-7〉에 열거한 적지 않은 정치지도자들처럼 글로벌하고 미래지향적인 정치 리더십을 함양하고 통합정치를 실천할 수 있는 지력知力과 용기를 갖춘 정치지 도자들이 많이 나올수록, '적대와 배제의 정치'가 '경합과 협치의 정치'로 전환될 수 있을 것으로 기대해 본다.

〈표 III-3-7〉 G20 국가별 주요 정치지도자 현황

체제 유형*	국가 (차기 선거)	현직 대통령 또는 총리	유력 경쟁자 및 잠재 계승자
완전 민주주의	캐나다 (2025)	쥐스탱 트뤼도 총리(재임 2015): 자유당 소속, 1971생, 교육학, 교사, 하원의원 (2008)	포일리에브르 보수당 대표(재임 2022): 1979생, 국제관계학, 의원비서, 하원의 원(2004), 장관(2회)
	독일 (2025)	올라프 숄츠 총리(2021): 사회민주당, 1958, 법학, 변호사, 함부르크 시장 (2011), 장관, 부총리	메르츠 기독교민주연합 대표(2022): 1955, 법학, 판사, 하원의원(1994)
	호주 (2025)	앤서니 앨버니지 총리(2022): 노동당, 1963, 경제학, 은행원, 하원의원(1996), 장관(2회), 하원의장, 부총리	더튼 자유당 대표(2022): 1970, 경찰학 교, 경찰, 하원의원(2001), 장관(6회), 하 원의장
	일본 (2025)	기시다 후미오 총리(2021): 자유민주당, 1957, 법학, 은행원, 중의원(1993), 장관 (8회)	이즈미 겐타 입헌민주당 대표(2021): 1974, 법학, 의원비서, 중의원(2003)
	영국 (2025)	리시 수낵 총리(2022): 보수당, 1980, 정 치경제학, 펀드기업인, 하원의원(2015), 장관	스타머 노동당 대표(2020): 1962, 법학, 변호사, 스코틀랜드 검찰국장, 하원의 원(2015)
	프랑스 (2027)	에마뉘엘 마크롱 대통령(2017): 르네상 스, 1977, 철학, 금융경영인, 장관, 대통 령 3선 금지로 다음 대선에 출마 못함.	르펜 국민집회 전 대통령후보: 1968, 법학, 변호사, 유럽의회의원(2009), 2022 대선(2차) 41.4%
	한국 (2027)	윤석열 대통령(2022): 국민의힘, 1960, 법학, 검찰총장, 대통령 5년 단임제로 다음 대선에 출마 못함.	이재명 더불어민주당 대표(2022): 1964, 법학, 변호사, 도지사, 국회의원 (2022), 2022 대선 47.8%
불완전 민주주의	미국 (2024)	조 바이든 대통령(2021): 민주당, 1942, 법학, 변호사, 상원의원(1972), 민주당 대통령 경선 출마(1988), 부통령(2009)	트럼프 전 대통령(2017): 공화당, 1942, 경제학, 부동산업, 방송진행자, 2020 대 선 유권자투표 46.8%
	이탈리아 (2027)	조르지아 멜로니 총리(2022): 이탈리아 의 형제들, 1977, 고졸, 언론인, 하원의 원(2006), 장관	슐라인 민주당 대표(2023): 1985, 법학, 정당 활동, 유럽의회의원(2014), 하원 의원(2022)
	남아공 (2024)	시릴 라마포사 대통령(2018): 국민회의, 1952, 법학, 변호사, 노조활동, 하원의원 (1994), 부통령(2014)	마부자 부통령(2023): 국민회의, 1961, 고졸, 노조활동, 지방정부 총리, 장관, 하원의원(2023)
	인도	나렌드라 모디 총리(2014): 인도인민당,	라훌 간디 국민회의 대표(2019): 1970,

	(2024)	1950, 정치학, 극우단체 RSS활동, 지방정부 총리, 하원의원(2014)	철학, 컨설팅업, 하원의원(2004)
	아르헨티나 (2027)	하비에르 밀레이 대통령(2023): 자유전진(우파연합), 1970, 경제학, 교수, 하원의원(2021)	마사 모두의 앞(좌파연합) 대통령후보(2023): 1972, 법학 중퇴, 의원비서, 하원의원(2005), 경제장관
	브라질 (2027)	룰라 다시우바 실바 대통령(2023): 노동자당, 1945, 중졸, 노조활동, 하원의원(1987), 대통령(2003~2010)	네토 자유당 대표(2023): 1949, 또는 플라비오 보우소나루 상원의원(2019): 사회자유당, 1981
	인도네시아 (2029)	수비안토 조요하디쿠수모 대통령(2024): 대인도네시아운동당, 1951, 육사, 중장, 국방부 장관(2019)	바스웨단 선거변화연합 대통령후보(2024): 1969, 경영학, 대학총장, 자카르타 주지사(2017~2022)
혼합주의	멕시코 (2024)	로페스 오브라도르 대통령(2018): 국민재생운동, 1953, 정치학, 교수, 멕시코시티 시장(2000), 단임제로 출마 못함.	셰인바움 전 멕시코시티 시장(2018): 국민재생운동, 1962, 또는 갈베스 상원의원(2018): 제도혁명당, 1963
	튀르키예 (2028)	레제프 에르도안 대통령(2014): 정의개발당, 1954, 경영학, 컨설팅업, 이스탄불 시장, 하원의원(2002), 총리(2003)	클르츠다로울루 공화인민당 대표(2010): 1948, 경제학, 관료, 하원의원(2002), 2023 대선(2차) 47.8%
권위주의	러시아 (2030)	블라디미르 푸틴 대통령(2012): 무소속, 1952, 법학, 연방보안국장, 총리(1999), 대통령(2000~2008), 총리(2008~2012)	메드베데프 연방러시아 대표(2020): 1965, 법학, 교수, 관료, 대통령(2008~2012), 총리(2012~2020)
	사우디 아라비아 (세습)	살만 알사우드 국왕(2015): 1935, 왕자학교, 리야드 주지사(1963~2011), 총리(2015~2022)	빈 살만 왕세자(2017) 및 총리(2022): 1985, 법학, 국왕 보좌, 국방부 장관(2015~2022)
	중국 (2028)	시진핑 공산당 총서기(2012) 및 국가주석(2013): 1953, 화학공학, 저장성 당서기(2002), 국가부주석(2008)	한정 국가부주석(2023): 1954, 국무원 부총리, 또는 리창 국무원 총리(2023): 1959, 저장성 주지사

출처: Democracy Index of Economist Intelligence Unit(2024), https://www.google.com/search(2023. 11. 30. 기준), 「연합뉴스」.

* 척도 범위: 10-8.01 full democracies(완전 민주주의) / 8-6.01 flawed democracies(불완전 민주주의) / 6-4.01 hybrid regimes(혼합주의) / 4-0 authoritarian regimes(권위주의).

두 번째로, 정치지도자는 권력을 성공적으로 획득하거나 정부를 원활히 운영하기 위해서 통합정치에 대한 정치적 상상력을 갖출 필요가 있다. 권력을 추구하는 냉철한 정치지도자라면, 다수의 지지 없이는 선거에서 승리할 수 없다는 것쯤은 잘 알고 있을 것이다. 또한 국정을 책임감 있게 수행하려는 정치지도자는 자신의 편에 속한 사람만을 기용한다고 해서 좋은 성과가 나타날 것이라고 보지 않는다. 좌우 이념적 스펙트럼상 인접한 정파와의 연대는 이념이나 정책의 차이가 다소 있더라도 선거승리를 위해 합리적이고 자연스러운 정치적 행위라고 할 수 있다. 양당경합적인 대통령제 하에서 선거연대를 맺는 것은 결코 쉬운 일이 아니다.[81] 그럼에도 불구하고 정치적 상상력을 발휘한다면, 전혀 불가능한 일은 아니다. 이를 뒷받침하는 사례로 2022년 대선을 들 수 있다. 당시 48.56%를 얻은 국민의힘의 윤석열 후보가 더불어민주당의 이재명 후보보다 0.73%(247,077표) 더 얻어 당선되었는데, 만약에 이재명 후보가 2.37%를 얻은 심상정 후보와 선거연대를 이뤘다면 윤석열 후보보다 1.64%(556,281표)를 더 얻어 당선되었을지 모른다. 물론 이는 산술적 측면을 고려한 단순한 가정에 불과하다고 치부될 수도 있다.

하지만 현실에서는 선거연대를 통해 설사 결선투표제가 없더라도 성공한 사례들이 적지 않다. 〈표 III-3-8〉에서 보듯이, 선거연대가 정당 간의 연합뿐만 아니라 미국의 프랭클린 루스벨트 대통령의 사례처럼 사회집단 간의 연대에 의해서도 이뤄질 수 있다. 정당은 신념이나 이념을 추구하는 종교집단이나 사회운동단체가 아니라 권력을 추구하고 집권을 목표로 하는 정치결사체이므로, 인접 정당이 크건 작건 간에 '정치적 거래'(political deal)나 '정치협약'(political pact)을 맺을 수 있다. 아마 이러한 행위는 정치적 상상력이나 소명의식을 지닌 정치지도자에게서만 가능한 일일 것이다.

실제로 정치지도자에게 있어서 통합정치가 절실히 요구되는 국면은 선거승리 후 정부를 구성할 때이다. 의회제의 경우 정치적 상황에 따라 〈표 III-3-8〉에서 볼 수 있듯이, 제1당이 제2당과 연합해 '대연정'(grand coalition)을 구성할

---

81 진보적 이념정당은 15대 대선부터 후보를 내세웠지만, 의미 있는 득표를 하지 못했다. 즉 1997년 대선에서 건설국민승리21의 권영길 후보 1.19%, 2002년 민주노동당의 권영길 3.89%, 2007년 민주노동당의 권영길 3.01%, 2012년 통합진보당의 이정희(중도 사퇴), 2017년 정의당의 심상정 6.17%, 2022년 정의당의 심상정 2.37%였다. 이 점에서 진보정당의 존립은 정치제도적 측면에서만 본다면, 비례투표제의 확대뿐만 아니라 결선투표제의 도입과 지방정당제의 허용에 달려 있다고 볼 수 있다.

수 있고, 제3당 및 제4당과 연합하는 '소연정'(coalition government)을 이뤄낼 수 있으며, 과반수가 넘더라도 인접 정당들과 연합하는 '잉여연정'(surplus coalition government)[82]을 할 수 있고, 모든 정당이 참여하는 '거국정부'(national unity government)를 구성하는 것도 가능하다. 대통령제에서도 선거 전에 정치협약이 없더라도, 시대적 과제와 정치적 상황을 고려해 거국정부의 성격을 지닌 통합정부를 구성할 수 있다.

참고로 1998년 수평적 정권교체를 이룬 김대중 대통령은 정부를 구성할 때, 국민회의와 자유민주연합 간의 정치협약에 따라 국무총리를 포함한 18명 각료 중 양당에 각각 8명씩 배정했고, 국민회의의 8명 몫에 대해 진보적 성향의 인물과 보수적 성향의 인물을 각각 4명씩 입각시켰다. 이는 IMF 관리체제라는 국가적 위기를 극복하는 데 가장 최적화한 '통합정부'였다고 평가해도 지나치지 않을 것이다. 이러한 사례에 비춰본다면 촛불시민항의에 따른 대통령 탄핵이라는 정치적 급변 속에서 등장한 문재인 정부가 국회의 대통령 탄핵 소추에 찬성한 정파들과 정치지도자들[83]이 참여하는 '통합정부' 형태로 운영되었더라면, 극단적인 정치갈등을 완화하고 국정 운영의 정당성과 효율성을 제고하는 데 성과를 낼 수 있었을 것이다. 여소야대의 의회구도 하에서 출범한 윤석열 정부 역시 다른 정파의 인물을 기용할 수는 없더라도 시대적 과제인 국민통합과 사회통합을 염두에 두고 각계각층의 다양한 인물들을 기용해 '통합정부'를 지향했더라면, 효과적인 국정 운영이 가능했을 것이다.

앞서 소개한 아리스토텔레스의 『니코마코스 윤리학』에서는 정치지도자의

---

82 2009년 일본 총선에서 민주당은 전체 의석 480석 중 308석(64.1%)으로 압승했는데, 7석의 사회민주당과 3석의 국민신당과 연립정부를 구성했다.

83 2017년 대선 결과 더불어민주당의 문재인 후보 41.08%, 자유한국당의 홍준표 후보 24.03%, 국민의당의 안철수 후보 21.41%, 바른정당의 유승민 후보 6.76%, 정의당의 심상정 후보 6.17% 등으로 나왔는데, 문재인, 안철수, 유승민, 심상정 등은 박근혜 대통령 탄핵을 찬성했다.

디서플린과 관련해 훌륭한 지침을 제공한다. 즉 "공정하게 행동해야 공정한 사람이 되고, 절제된 행동을 해야 절제하는 사람이 되며, 용감한 행동을 해야 용감한 사람이 된다"는 교육철학이 그것이다. 이 지침을 원용해 필자는 "통합은 가능하다'라는 정치적 상상력을 가져야 통합적 정치지도자가 된다"고 제언하고 싶다. 어떤 측면에서 국민통합과 통합정치가 적대와 배제의 권력정치 속에서 실현되기 어려울 수 있지만, 정치지도자가 국민통합을 진정으로 희구하고 통합정치를 용의주도하게 추구하는 과정에서 통합적 리더십을 발휘하게 된다면, 그는 어느 날 마침내 '큰 바위 얼굴'(Great stone face)을 닮은 인물로서 인정받게 될 것이다.

〈표 Ⅲ-3-8〉 6개 국가의 연정 및 준연정 사례

국가	형태	정부(기간)	내각 구성
미국	준연정	루스벨트 정부 (1933~1937)	11명 각료: 민주당 출신 7, 공화당 출신 2, 기업인 1, 시민운동 출신 1
프랑스	대선연합 연정	미테랑 정부(모루아 총리) (1981~1984)	총리: 사회당(모루아) / 24명 각료: 사회당 19, 프랑스공산당 4, 급진좌파당 1
	대선연합 연정	마크롱 정부(보른 총리) (2022~현재)	총리: 공화국전진 / 17명 각료: 공화국전진 10, 좌파 무소속 3, 우파 무소속 2, 민주화운동 1, 무소속 1
영국	전시 대연정	처칠 정부 (1940~1945)	초기: 5명 내각 - 총리(보수당), 보수당 2, 노동당 2 이후: 15명 각료 - 보수당, 노동당, 자유당, 자유국민당
	소연정	캐머런 정부 (2010~2015)	총리: 보수당 / 21명 각료: 보수당 16, 자유민주당 5
독일	대연정	메르켈 정부 (2017~2021)	총리: 기독교민주연합 / 15명 각료: 기독교민주연합 6, 기독교사회연합 3, 사회민주당 6
	소연정	숄츠 정부 (2021~현재)	총리: 사회민주당 / 16명 각료: 사회민주당 7, 녹색당 5, 자유민주당 4
일본	소연정	호소카와 정부 (1993~1994)	총리: 일본신당 / 21명 각료: 사회당 8, 신생당 4, 공명당 4, 민주사회당 1, 신당사키가케 1, 사회민주연합 1, 비국회의원 2
	대연정	무라야마 정부 (1994~1996)	총리: 사회당 / 22명 각료: 자유민주당 14, 사회당 6, 신당사키가케 2
	잉여연정	하토야마 정부 (2009~2010)	총리: 민주당 / 19명 각료: 민주 17, 사회민주당 1, 국민신당 1
한국	대선연합 연정	김대중 정부(김종필 총리) (1998~1999)	국무총리: 자유민주연합 / 17명 각료: 국민회의 추천 8, 자유민주연합 추천 7, 전 정부 장관 유임 1, 교수 1

세 번째로, 정치지도자는 '이왕이면 다홍치마'(同價紅裳)라는 말처럼 국민들로부터 존경을 받고 인기를 얻는 데 소홀하지 말아야 한다. 한 국가의 최고권력자를 평가하는 데 있어서 1장에서 언급했듯이, 권력 획득기에는 ①시대정신, ②정치력, ③공감력 등과 같은 지표들을, 국정 수행기에는 Ⓐ 업적, Ⓑ지지도, Ⓒ권력승계 등의 지표를 주의깊게 살펴볼 필요가 있다. 특히 공감력과 지지도의 항목은 국민들로부터의 존경과 인기와 직결되는 사안이다. 이 점에서 정치지도자는 인기를 먹고 사는 존재일지 모른다. 사실 국민의 지지도가 낮은 국정 최고책임자의 경우 시의적절한 정치적 레토릭을 구사하고 좋은 정책을 제시해도 국민들로부터 공감과 호응을 얻기 어렵다. 이러한 상황에서는 정부의 집행능력과 퍼포먼스(performance)는 떨어질 수밖에 없다. 이는 또다시 악순환이 되어 지지도를 더욱 떨어뜨린다.

일반적으로 국정 최고책임자의 지지도가 20%대에 머물 경우, 의회제 정부로 운영하는 영국이나 일본의 총리는 교체될 가능성이 높으며, 대통령제 정부를 운영하는 미국이나 한국의 대통령은 임기가 남아 있음에도 '레임덕'(lame duck) 상태에 빠지게 된다. 〈표 Ⅲ-3-9〉를 보면, 민주화 이후 대통령들은 내공內功이나 후흑厚黑[84] 측면에서 강하지 않았더라면 상당히 힘들었을 것으로 짐작된다. 아마 어떤 정치지도자는 자신이 누구보다도 열심히 일하고 청렴한 데도 불구하고 국민들이 알아주지 않은 데 대해 서운함을 느끼고 슬퍼했을 것이다.

---

[84] 내공은 중국 권법拳法의 용어로서 호흡을 통해 힘을 내는 기술을 가리키는데, 정신적인 강함을 뜻하기도 한다. 후흑은 리쭝우(李宗吾, 1879~1943)의 『후흑학』(厚黑學, 1936)에 나오는 "낯짝이 두껍고 속마음이 시커멓다"는 면후심흑面厚心黑을 줄인 말이다.

〈표 Ⅲ-3-9〉 민주화 이후 역대 대통령 직무수행 평가(%)

대통령	재임연차 분기	1년차				2년차				3년차				4년차				5년차			
		1분기	2분기	3분기	4분기	1분기	2분기	3분기	4분기	1분기	2분기	3분기	4분기	1분기	2분기	3분기	4분기	1분기	2분기	3분기	4분기
노태우	긍정	29	57	53	41	45	28	26	-	28	18	28	25	12	-	-	15	-	12	-	-
1988	부정	46	16	25	27	25	41	45	-	40	62	55	54	40	-	-	41	-	56	-	-
김영삼	긍정	71	83	83	59	55	55	44	36	37	28	29	32	41	41	34	28	14	7	8	6
1993	부정	7	4	6	18	24	21	25	33	34	41	45	39	33	37	40	47	65	74	78	74
김대중	긍정	71	62	56	63	60	52	46	50	49	38	54	30	27	29	23	31	33	26	28	24
1998	부정	7	11	17	14	16	22	29	24	20	26	12	51	55	52	49	49	41	53	52	56
노무현	긍정	60	40	29	22	25	34	23	27	33	34	28	23	27	20	16	12	16	24	27	27
2003	부정	19	41	53	62	57	46	60	57	55	53	61	67	63	70	74	79	78	66	64	62
이명박	긍정	52	21	24	32	34	27	36	47	44	49	44	47	43	39	37	32	25	25	23	24
2008	부정	29	69	65	55	55	55	55	45	45	41	43	41	49	54	55	60	62	58	59	63
박근혜	긍정	42	51	60	54	55	50	44	44	34	36	40	43	40	33	32	12				
2013	부정	23	23	21	33	34	39	46	45	56	54	51	46	49	53	55	80				
문재인	긍정	81	75	73	68	75	60	55	46	45	45	44	46	61	45	42	38	35	39	37	42
2017	부정	11	17	19	23	15	30	36	44	45	46	48	46	30	45	48	53	56	53	56	51
윤석열	긍정	50	29	30	34	33	34	34	32	34											
2022	부정	36	61	61	57	58	57	57	59	58											

출처: 한국갤럽.

흔히 '인기관리'(managing popularity)는 연예인들에게만 해당하는 것이 아니라 모든 정치인들에게 해당하는데, 특히 정치지도자들에게 중요한 요소다. 하지만 정치지도자가 여론조사 결과에 일희일비하고 해야 할 일을 하지 않는 경우는 최악의 상황이 될 것이다. 사실 여론조사는 국정을 수행하는 데 있어서 참고용에 지나지 않는다. 일반적으로 선진국가들에서도 대통령이나 총리의 지지도가 그리 높지 않다. 임기 초반의 높은 지지도를 유지하기 위해 갈등과 민원이 발생할 수 있는 국정과제를 미루거나 포기하는 것은 하책 중의 하책이며, 낮은 지지도를 올리기 위해 지난 선거 때 지지한 유권자들을 동원하려는 '갈라치기'(splitting)의 국정 운영 역시 하책 중의 최하책이다. 이러한 양태에 대해 어떤 정치지도자는 정치를 너무나 어렵게 한다는 생각이 들기도 하고, 한때 국민이 선택한 까닭에 정치에서 최고의 악덕인 미숙함을 지닌 인물이라는 표현 대신에 우유부단을 의미하는 수서양단首鼠兩端이나 어리석음을 뜻하는 각주구검刻舟求劍에 해당하는 인물이 아닌가 하는 생각이 들기도 한다. 그럼에도 성찰할 수 있는 소양과 용기를 지닌 국정 최고책임자라면, 일단 국민들의 목소리에 귀 기울이고 진심으로 경청하는 것부터 다시 시작하고, 반대세력의 정치지도자들과 허심탄회하게 대화할 수 있어야 한다.[85] 그리고 나서 국민들을 정성을 다해 설득하고, 필요하면 한 걸음보다는 반걸음으로 내딛고, 국정의 동반자인 야당과 '이인삼각二人三脚'으로 정치를 펼쳐나가는 것이 중요하다.

하지만 정치지도자가 단순히 인기관리에 몰입한다고 해서 국민들로부터 진정한 존경과 애정을 얻는 것은 불가능하다고 할 수 있다. 진정한 존경과 애정은 그가 진실되고 용기 있게 행동함으로써 공감과 소통이 이뤄지고 포용과 관용이 펼쳐질 때 자연스럽게 생겨난다. 차제에 필자가 감명받은 사례 중 하나를 소개하고자 한다. 영국의 역대 총리 중 가장 지적이고 '부드러운 좌파맨'(Soft Leftman)이자 '겸손한 미소'의 소유자로 두 차례 총리를 지낸 해럴드 윌슨(Harold Wilson, 1916~1995, 재임 1964~1970, 1974~1976)은 21세에 옥스퍼드대학교 경제학 교수가 될 정도로 뛰어난 학자 출신인데, 총리 시절 그가 즐겨 피운 파이프 담배가 영국에서는 서민적으로, 한국에서는 멋쟁이로 비춰질 정도로 그의 트레이드마크였다. 앤드루 이튼 감독(Andrew Eaton, 1959~)이 엘리자베스 2세 여왕(Elizabeth II, 1926~2022, 재위 1952~2022)의 일대기를 그린 드라마인 「더 크라운」(The Crown, 2016~진행 중)에 윌슨의 진면목이 잘 그려져 있다.

1966년 웨일즈 탄광촌에서 석탄 폐기물이 초등학교를 덮쳐 어린이 116명을 포함해 144명이 희생한 사고에 대해 여왕이 장례식이 끝난 후에 조문한 것이 논란이 되었다. 이에 대해 윌슨은 "저는 평생 단 하루도 육체노동을

---

85 민주화 이후 대통령과 제1야당 대표와의 '일대일 회담'은 노태우 2회, 김영삼 2회, 김대중 8회, 노무현 2회, 이명박 3회, 박근혜 전무全無, 문재인 1회, 윤석열 전무(2024.4.21 기준)였다. 한겨레(2024.4.22).

한 적이 없는 교수 출신이라 맥주를 싫어하고 브랜디를 좋아합니다. 저는 자본주의 특권의 상징인 시가에 사족을 못 쓰지만, 사람들에게 더 친숙하고 호감을 주기 때문에 파이프 담배를 피웁니다. 모두를 만족시키는 동시에 자신에게 솔직할 수는 없습니다. 우리의 사명은 리더입니다. 우리의 일은 혼란을 야기하기보다는 혼란을 잠재우는 것입니다(Our job is to calm more crises than we create). 그게 우리 일이고 폐하는 아주 잘하고 계십니다. 사실상 인간미는 사치인 거죠"라고 여왕을 위로한다. 여왕은 윌슨이 돌아가고 혼자가 되었을 때 눈물을 흘린다.

끝으로 인기관리와 관련해 꼰대스럽게 덧붙이자면, 국정 운영의 진정성이나 의지를 드러내기 위해 "분노했다"거나 "진노했다"와 같은 전언은 국민에게 알려지지 않아도 된다. 정치지도자의 '노여움'(怒)이나 '성마름'(orgilotēs)은 국민과의 정을 멀어지게 하는 요인이기 때문이다. 정치지도자는 자신의 감정을 적절히 조정하고, 공적인 커뮤니케이션에서 더욱 신중하고 세심한 접근을 취할 필요가 있다.

아쉽지만 다음 장으로 넘어갈 시점에 이른 것 같다. 독자들도 디서플린하기 위해 잠시 쉴 필요가 있을 것이다. 루초 달라(Lucio Dalla, 1943~2021)가 테너 성악가인 엔리코 카루소(Enrico Caruso, 1873~1921)를 기려 작곡한 「카루소」 (1986)를 감상할 것을 추천한다(https://youtu.be/tRGuFM4DR2Y?feature=shared). 이 노래는 루차노 파바로티(Luciano Pavarotti, 1935~2007)와 달라가 듀엣으로 부른 이탈리아 칸초네인데, 웅장한 성량과 윤기 넘치는 화음, 그리고 우아한 가사 내용이 매력적이다. 노래를 음미하면서 기억하고 싶은 정치지도자나 정치인이 있다면, 그의 호방한 기질과 포용적 인간미, 그리고 대중적 친근함을 떠올려 보기를 바란다.

IV.
통합정치를
실천한
세계의 리더

1. 중국의 쑨원

쑨원(孫文, 1866~1925)[1]은 삼민주의三民主義를 기반으로 한 중국혁명과 국민통합의 중심에 선 역사적 인물이자 혁명가였다. 그는 1911년 신해혁명辛亥革命 직후 중화민국의 임시대총통(1911~1912)과 이후 광저우 국민정부의 대총통(1921~1924)을 역임했다. 통합정치와 관련한 그의 행적과 리더십에 관한 면면을 살펴보기 위해 다양한 자료와 작품을 참고했다. 그의 강의 모음집인 『삼민주의』(1924), 1938년 노벨문학상 수상자인 펄 벅(Pearl Buck, 1892~1973)의 『청년 쑨원』(*The Man Who Changed China: The Story of Sun Yat-sen*, 1953), 마틴 윌버(Martin Wilbur, 1908~1997)의 *Sun Yat-sen: Frustrated Patriot*(쑨원: 좌절한 애국자, 1976), 마리 끌레르 베르제르(Marie-Claire Bergère, 1933~)의 *Sun Yat-sen*(1987), 서진영(1942~2023)의 『중국혁명사』(1992), 후카마치 히데오(深町英夫, 1966~)의 『쑨원: 근대화의 기로』(孫文: 近代化の岐路, 2016) 등을 참고했다. 그리고 Works by or about Sun Yat-sen at Internet Archive(https://archive.org/search?query), 장리(張黎, 1957~)와 청룽(成龍, 1954~)이 공동 감독한 영화 「신해혁명」(「1911 辛亥革命」, 2011) 등을 참조했다.

---

1 쑨원의 호號는 일신日新으로 광둥어로 발음하면 얏센(Yat-sen)이다. 그리고 그의 가명인 중산中山은 일본에서 망명 생활을 할 때 그의 지인인 미야자키 토텐(王崎滔天, 1871~1922)이 부여한 中山樵(나카야마 키코리) 중 성씨에서 유래한 것이다. 그의 고향인 상상현은 나중에 그를 기리기 위해 도시명을 중산시中山市로 바꿨다.

중국혁명과 삼민주의에 투신하다

쑨원은 1866년 "하늘은 높고 황제는 멀다"(天高皇帝遠)라는 중국 속담에서 알 수 있듯이, 하늘 같이 높은 황제가 있는 수도 베이징(北京)에서 가장 먼 남단에 위치한 광둥성(廣東省)의 샹산현(郡山縣)에서 가난한 소작농인 아버지 쑨다청(孫達成, 1813~1888)과 높은 교육열을 지닌 어머니 양楊 부인(1827~1910) 사이에서 7남매 중 다섯째로 태어났다. 쑨원은 아홉 살에 서당에 들어가 전통식 교육을 받았다. 그는 1879년 일찍이 미국 하와이에 정착해 사업에 성공한 맏형의 초청으로 하와이에 가서 영국 국교회가 운영하는 이롤라니 학교와 공립인 오아후 학교에서 교육을 받았는데, 영어를 잘했으며 기독교에 큰 관심을 가졌다. 1883년 귀국한 쑨원은 홍콩중앙서원에서 학업을 이어갔고, 미국해외선교위원회 소속의 찰스 해거 선교사(Charles Hager, 1851~1917)에게서 세례를 받았으며,[2] 1885년 동향인인 루무전(盧慕貞, 1867~1952)과 결혼했다. 그는 광저우박제의원 부설의대와 홍콩서의학원[3]을 졸업한 후 1892년 마카오에서 의원을 개업했고, 이듬해 광저우(廣州)로 옮겨 의술 활동을 하면서 혁명운동에 본격적으로 참여하기 시작했다.

쑨원이 의사라는 안정된 직업을 가졌음에도 불구하고, 지난한 혁명운동에 뛰어들었던 데에는 그가 성장한 광둥 지역의 역사적 환경이 큰 영향을 미쳤다. 광둥은 아편무역으로 야기된 제1차(1839~1842) 및 제2차(1856~1860) 청영전쟁에서의 패배, 홍콩 및 주룽반도의 영국 할양, 광저우의 항구 개방 등과 같은 파란과 격동의 역사적 사건들을 겪었다. 이로 인해 광둥은 중화주의의

---

2 쑨원이 비록 청소년기였지만, 하와이에서의 경험은 그의 국제인식 가운데 미국에 대한 우호적인 인식을 형성하는 데 나름의 영향을 미쳤을 것으로 유추된다. 그리고 그가 세례를 보수적인 영국 국교회가 아닌 진보적인 성향으로 알려진 회중교회(Congregational Church)에서 받았다는 점에서 그의 정치관의 일부가 자유주의적 기독교 사상에 기반하고 있었을 것으로 추론해 볼 수 있다.

3 홍콩서의학원은 1887년에 개교한 의과대학으로, 현재 홍콩대학교 의과대학의 전신이다.

자존심에 치명적인 상처를 입힌 구미 제국주의에 대한 반감이 깊은 한편, 서양의 문물을 좋든 싫든 간에 빠르고 압도적으로 받아들이고 있었다. 특히 광둥성의 성도省都인 광저우는 상업과 일자리와 교육의 중심지였는데, 이러한 여건이 나중에 제1차 봉기(1895), 제2차 봉기(1911), 광둥 코뮌(1927) 등을 낳음으로서 '혁명의 도시'라고 불려지게 되었다. 여기에 광저우의 외곽인 후아현(花縣)에서 태어나 배상제회拜上帝會를 창시한 홍슈취안(洪秀全, 1814~1864)에 의한 '태평천국 혁명'(1850~1864)의 영향으로, 만청滿淸 왕조의 차별통치가 심할수록 실패했던 혁명에 대한 향수가 커지고 있던 지역이었다. 이러한 지역적 특성은 쑨원에게 어릴 적부터 자연스럽게 저항의식을 갖게 했다.

쑨원이 정치에 관심을 갖기 시작한 중요한 계기는 1884년부터 1885년에 걸친 청불전쟁에서 청나라가 참담하게 패배하는 것을 목도하면서였다. 이 전쟁은 광둥의 인접 지역인 화이난(淮南)과 일본 식민지(1874)가 된 타이완(臺灣)에서 벌어졌는데, 혈기왕성血氣旺盛한 쑨원은 패배의 전황과 치욕의 과정을 생생하게 지켜보면서 비분강개悲憤慷慨했다. 그는 나중에 이 같은 패배가 청나라의 무능과 부패에서 기인했다고 보고, "청나라 타도"라는 혁명을 꿈꾸게 된 동기가 되었다고 회고했다.

쑨원은 의학 공부를 하던 중에도 반청의식의 싹을 키워 갔다. 대학 시절, 그는 '반청복명反淸復明'과 '멸만흥한滅滿興漢'의 기치를 내세운 삼합회三合會나 홍문회당洪門會黨에 가입해 활동하고 있던 동급생인 쩡스량(鄭士良, 1863~1901)을 비롯한 친구들과 교류하면서 반청의식을 굳건히 했다. 1893년 그는 광저우에서 그동안 뜻을 같이한 지인들을 규합해 "달로(韃虜, 오랑캐족)를 몰아내고 화하華夏를 회복한다"는 종지宗旨를 내걸고 중흥회中興會라는 단체를 조직했다.

쑨원의 혁명운동의 첫 시발은 1895년에 시도한 '광저우 봉기'였다. 그는 청일전쟁(1894~1895) 발발 직전에 중국 근대화를 위한 복안과 자신의 해외시찰 요청을 담은 상서문上書文을 북양함대의 책임자인 리훙장 대신(李鴻章,

1823~1901)에게 전달하려고 시도했다. 쑨원이 이렇게 무모해 보이는 시도를 한 것은 청영전쟁의 패배 이후 리훙장이 이끄는 양무운동(洋務運動, 1861~1894)에 담긴 근대화의 실체를 파악하려고 했던 것이 아닌가 추측된다. 이 상서문은 나중에 기독교계 시사잡지인 「만국공보萬國公報」에 게재되기도 했다. 하지만 이 시도는 결국 성공하지 못했다. 당시 구미에서 '노란 비스마르크'(the yellow Bismarck)로 불리고 있었던 리훙장의 근대화는 청일전쟁의 참패로 허구임이 드러났다. 리훙장은 독불전쟁(1870~1871)에서 "독일 통일은 오로지 철(무기)과 피(희생)로서만 할 수 있다"라는 말로 '철혈鐵血 재상'으로 불린 독일제국의 오토 폰 비스마르크 총리(Otto von Bismarck, 1815~1898, 재임 1871~1890)에게 패배당한, "우리는 이번 전쟁을 가벼운 마음으로 선포한다"라는 말로 '마음이 가벼운 사람'으로 조롱당한 프랑스 제2제정의 에밀 올리비에 총리대신(Émile Ollivier, 1825~1913)의 아류로 판명되었다.[4]

리훙장 측으로부터 응답이 없자 쑨원은 무장봉기에 착수했다. 청일전쟁의 패배가 임박하던 1894년, 쑨원은 하와이로 가서 화교들로부터 혁명자금을 모으는 한편, 민족의식이 투철한 화교들과 함께 흥중회興中會라는 해외 혁명단체를 결성했다. 이어서 1895년 홍콩으로 돌아와 국내 혁명단체인 흥중회를 결성하고, 홍콩 주재 일본 영사를 만나 봉기계획을 알리고 총포 2만 5,000정과 권총 1,000정을 제공해줄 것을 제안했다. 하지만 당시 청일전쟁의 종전을 논의하기 위한 시모노세키(下關) 회담이 열리는 국면이었기 때문에 이 제안은 받아들여지지 않았다. 쑨원의 이러한 행동은 이적행위나 다름없었지만, 당시

---

4 이매뉴얼 쉬(Immanuel C. Y. Hsü, 1823~2005)의 『근-현대 중국사』(*The Rise of Modern China, Sixth Edition*, 2000)에 따르면, 리훙장은 청나라 말기 근 50년간(1861~1908)을 실질적으로 통치한 자희태후(慈禧太后, 일명 西太后, 1835~1908)의 환심을 사기 위해 3,000만 냥의 해군 군비를 유용해 이화원을 신축했고, 4,000만 냥의 가산을 남겼다고 알려진다. 청일전쟁이 일어나기 전에 영국인 고문은 쾌속정 2척을 구입할 것을 건의했지만, 청 조정은 자금부족으로 구입하지 못했다. 오히려 일본이 2척을 구입했는데, 그중 한 척이 당시 해전에서 탁월한 전공을 세웠다.

혁명세력의 정국 인식에서는 용인되고 있었다. 혁명세력은 만청 왕조를 '절대악' 내지 '절대적絶對敵'으로 간주하고 있었고, 혁명대의를 위해서는 '적의 적은 내 편(我敵人的敵人是我的朋友, The enemy of my enemy is my friend)'이라는 정치노선이 정당화되고 있었다. 이 노선은 나관중(羅貫中, 1330~1400)의 『삼국지연의』(三國志演義, 1522)에서 제갈량(諸葛亮, 181~234)이 주창한 '천하삼분지계(天下三分之計)'[5] 또는 '융중대隆中對'의 개념에서 유래한 전통적인 중국통일전략이라고 볼 수 있다. 쑨원도 이러한 관념을 혁명 생애 내내 지니고 있었던 것으로 보인다.

1895년 쑨원과 혁명동지들은 훗날 중화민국의 국기가 된 청천백일기青天白日旗[6]를 봉기군의 깃발로 삼고, 10월 26일을 거사일(D-day)로 정했다. 하지만 계획이 누설되는 바람에 봉기는 실패로 끝났고, 48명의 희생자를 낳았다. 쑨원은 일단 홍콩으로 피신했지만, 영국 당국이 청 조정의 요청으로 그에게 5년 간의 입경금지 조치를 내렸다는 사실을 알게 되자, 일본, 하와이, 런던 등으로 계속 도피 생활을 했다. 이 기간 동안 그는 청나라의 백성임을 인증하는 변발辮髮을 잘랐는데, 이는 더 이상 청에 복속되지 않겠다는 결기를 나타낸 것일 뿐만 아니라 지난한 혁명의 여정에서 "스스로 퇴로를 끊는다"[7]라는 각오를 나타내는 상징적인 행동이었다. 그는 1896년 런던에 도착한 직후 청 공사관에

---

5 천하삼분지계는 제갈량이 삼고초려三顧草廬한 유비(劉備, 161~223)에게 다음과 같이 건의한 계책이다. "장군께서 패업을 이루려 하시거든, 북으로는 조조에게 사양하시어 천시天時를 차지하게 두시고, 남으로는 손권에게 사양하시어 지리地利를 차지하게 두되, 장군께서는 가히 인화人和를 차지하셔서 먼저 형주를 취하시어 집을 삼으시고 뒤에 곧 서천을 취하시어 기업을 세우셔서, 조조와 손권과 더불어 정족鼎足의 형세를 이루신 연후에 가히 중원을 도모해야 할 것입니다."

6 청천백일기는 파란 하늘과 하얀 태양이 그려져 있는데, 파란색은 순수함과 자유를, 흰색은 솔직함과 평등을 의미하고 있다. 이 기는 훗날 바탕에 붉은색이 추가된 '청천백일만지홍기青天白日滿地紅旗'라는 중화민국의 국기로 채택되었다.

7 이 말과 유사한 고사성어는 손자(孫子, B.C. 545~470)의 '분주파부焚舟破釜', 항우(項羽, B.C. 232~202)의 '파부침주破釜沈舟', 한신(韓信, B.C. 231~196)의 '배수진背水陣' 등이 있다.

의해 납치를 당해 본국으로 비밀리에 송환될 위험에 처했으나, 이 사건이 언론에 의해 폭로되자 영국 정부가 나서 석방을 조치했고, 이를 계기로 국제적인 주목을 받는 인사가 되었다.

쑨원은 1897년 화교가 많고 혁명을 도모하기에 지리적 여건이 유리한 일본으로 갔다. 당시 일본의 일부 인사들은 쑨원의 명성과 상징성이 구미 제국주의를 제지制止하고 범아시아연대를 추진하는 데 도움이 된다고 판단하고 그의 망명을 크게 반겼다. 일본에서 망명 생활을 하던 쑨원은 청 조정에서 대대적인 국가개혁을 목표로 둔 변법운동(變法運動, 1898)을 추진했던 '백일유신百日維新'의 실패로 망명해 온 캉유웨이(康有爲, 1856~1927)와 그의 제자인 량치차오(梁啓超, 1873~1929)와 교류하면서 조국의 미래를 논의하기도 했다. 하지만 '공화제 대對 입헌군주제'라는 상반된 입장으로 의견 일치에 이르지 못했다. 결국 쑨원은 혁명과 개혁의 갈림길에서 다시 한번 혁명의 길을 선택했다. 그리고 이를 위해 두 번째 무장봉기인 '후이저우(惠州) 봉기'를 준비했다.

쑨원은 1900년 '부청멸양扶淸滅洋'을 내세운 의화단운동(義和團運動, 1899~1901)[8]으로 정국이 혼란해진 틈을 타, 가장 가까운 의과대학 동창으로 삼합회의 책임자인 쩡스량을 홍콩 북쪽에 있는 후이저우로 보내 무장봉기를 준비하도록 하고, 자신도 일본 지인 및 관원官員들과 함께 홍콩으로 가서 봉기를 지원할 계획이었다. 그러나 이번 계획도 사전에 발각되어 타이완으로 가서 일본 총독에게 도움을 요청했다. 타이완 총독의 도움으로 혁명세력은 광둥 해안에서 봉기를 일으켰고, 청군과 대치상태에 들어갔다. 이때 세 번째 총리를 역임하고 있던 노회老獪한 이토 히로부미(伊藤博文, 1841~1909, 재임 1892~1896, 1898~1898, 1900~1901)는 쑨원에 대한 모든 지원을 중단하고, 심지어 쑨원이 타이완을 벗어나는 것도 금지하라는 지침을 내렸다. 이 같은

---

8 의화단운동은 중국 전통무술인 권술拳術을 연마하는 '의화권'(義和拳, 나중에 의화단으로 개명)이라는 비밀결사 조직이 반외세·반기독교의 기치를 내세우고 반란을 일으킨 사건이다. 영어 번역어는 Boxer Rebellion이다.

일본의 표리부동表裏不同하고 이중적인 행태는 이미 1884년 조선에서 김옥균 (1851~1894)이 주도한 갑신정변 때도 벌어진 바 있었다. 결국 두 번째 봉기도 실패로 끝나고 말았다. 그러나 이 봉기를 계기로 쑨원의 이미지는 외세의존의 반란자가 아닌 우국충정을 지닌 혁명가로 인식되기 시작했다.

일본으로 다시 망명한 후 쑨원은 미국과 유럽 각국을 돌며 중국혁명의 당위성 과 지지를 호소했다. 그의 메시지는 효과적이었고, 많은 화교들이 다양한 형태의 결사체를 조직했으며, 유학생들이 혁명단체에 속속 합류했다. 이러한 흐름 속에서 1905년 도쿄에서 중국혁명의 통일전선적 구심체인 '중국동맹회中 國同盟會'가 70여 명의 회원으로 비밀리에 창립되었다. 동맹회는 37세의 쑨원을 회장으로 선출하고, 나중에 신해혁명의 주역들인, 일본 홍분학원弘文學院을 수학한 황싱(黃興, 1874~1916), 일본 호세이대학교를 수학한 쑹자오런(宋敎仁, 1882~1913), 독일 라이프치히대학교를 수학한 차이위안페이(蔡元培, 1868~ 1940), 일본 육군사관학교를 수학한 황위안시우(黃元秀, 1884~1964) 등에게 주요 직책을 맡겼다. 그리고 회원들에게 '비밀 악수'와 세 개의 암호, 즉 한인(漢 人, 한족), 중국사물(中國事物, 중국의 것), 천하사(天下事, 천하의 일)를 지킬 것을 서약하도록 해 조직의 비밀성을 철저히 유지했다. 또한 쑨원이 기관지 「민보民報」의 창간사에서 "혁명의 목표"로 밝힌 '삼민주의三民主義'를 혁명운동 의 지도이념으로 채택했다. 이후 동맹회는 중국 대륙과 해외 화교사회에 지부를 확대해 나갔고, '중국혁명의 어머니'라는 명성을 얻을 정도로 명실상부한 혁명 지도부의 역할을 수행하기에 이르렀다.

여기서 동맹회가 혁명의 주지主旨로 채택한 쑨원의 삼민주의에 대해 간략히 살펴볼 필요가 있다. 삼민주의는 민족주의, 민권주의, 민생주의라는 세 가지의 영역을 포괄한 혁명이념이라고 할 수 있다. 쑨원은 1897년 런던에 9개월간 체류하면서 정치적 혁명과 사회경제적 혁명에 대한 개념과 방안을 구상한 바 있었는데, 이 구상을 발전시켜 삼민주의로 체계화했다. 그러나 초고와 관련 자료들은 '광저우 정부 반란사건'(1922~1925)[9] 중 발생한 화재로 대부분

훼손되었다. 이에 쑨원은 생전 마지막 해인 1924년에 삼민주의를 주제로 16차례 강연한 내용을 정리해 『삼민주의』(1924)를 출간했다. 그도 밝히고 있지만, 현존하는 책은 논리적 조리條理나 사례를 든 사실이 당초에 주장했던 삼민주의의 정신과는 다소 거리가 있다. 실제로 삼민주의에 대한 그의 언술은 시대와 상황에 따라 강조점과 뉘앙스가 달라진 것으로 알려져 있다.

먼저, 쑨원의 민족주의는 전반적으로 볼 때, 만주족의 통치와 구미 제국주의의 굴레에서 벗어나는 것을 목표로 한 것이었다. 초기에 그의 민족주의는 만주족을 '달로'(韃虜, 오랑캐족)로 부를 정도로 인종주의(人種主義, racism) 내지 종족주의(種族主義, tribalism)의 언저리에 있었고, 중국의 과거 화려한 제국주의와 우월의식에 기반한 중화주의가 손상된 데 대해 비분강개하는 수준이었다. 대체로 시간이 지나면서 민족주의에 대한 인식은 당시 정세의 변화와 쑨원 자신의 인식 고양에 따라 '반(反)만청주의 → 대大한족주의 → 대중화주의 → 반제국주의'와 같은 흐름으로 변모한 것으로 보인다.

다음으로, 쑨원의 민권주의는 인민의 4대 권리인 입법권, 국민투표권, 선거권, 파면권과 정부의 5대 권력인 행정권, 입법권, 사법권, 심사권, 감독권을 실현하는 것을 목표로 했다. 그가 정치체제를 전제군주제에서 공화제로 바꾸겠다는 혁명공약을 수없이 밝혔던 것에서 알 수 있듯이, 공화주의에 대한 강조는 넘쳐나지만 민주주의에 대한 언급은 상대적으로 찾아보기가 어렵다. 이는 당시 민주주의라는 용어가 널리 통용되지 않았거나, 아니면 국민이 정부와 정치를 감독한다는 '전민全民정치'라는 용어로 대체되었기 때문일 수 있다. 이에 대해 쑨원은 "소위 데모크라시라고 하는 것은 고대 그리스어다. 오늘날 유럽과 미국의 민중들은 이 말을 특별히 여기지 않으며 단지 일종의 정치학적 용어로 보고 있다"라고만 언급하고 있다. 그가 직접민권이나 지방자치를 역설

---

9 이 반란사건은 광둥성 군사령관을 역임했던 천중밍(陳炯明, 1878~1933)이 쑨원의 북벌노선을 중국이 미국처럼 연방제로 운영되고 각 성의 자치권이 보장되어야 한다는 무정부주의적 논리로 반대하고, 쑨원의 광저우 정부를 제압하려고 군사를 일으킨 사건이다.

했던 점에 비춰볼 때 민주주의를 지향하고 있었던 점은 분명하지만, 혁명에 대한 그의 접근이 일당통치의 필요성을 강조하는 당위론으로 기울면서 광저우 정부는 '당-국가체제'라는 일종의 독재적 방식으로 운영되었다.

마지막으로, 쑨원의 민생주의는 평균지권平均地權과 자본절제資本節制의 개념을 중심으로 한다. 평균지권은 토지소유의 균등화를 가리키는데, 실제는 "경작자가 토지를 소유해야 한다"는 경자유기전耕者有基田을 의미하는 것이 아니라 지주가 토지가격을 국가에 보고하면 이를 근거로 국가가 징세하거나 수매하고 지가상승분에 한해서만 공유화하는 것을 뜻했다. 그리고 자본절제는 독점자본을 억제하는 것을 목표로 하는데, 구체적으로는 산업자본의 국유화를 의미하는 것이 아니라 중국인과 외국인의 합작기업, 독점적 성질을 띠었거나 규모가 지나치게 커서 개인의 능력으로 운영하기 어려운 은행, 철도 등을 국가가 경영, 관리하는 제한적인 국유화를 뜻했다. 이러한 내용의 민생주의는 기본적으로 자본주의의 폐해, 즉 부의 불균등을 방지하고, 사회주의의 폐해, 즉 계급독재를 피하는 데 주안점을 두고 있었지만, 용어가 주는 혁명적 열망과 다소 괴리가 있었다. 쑨원은 나중에 민생주의를 둘러싼 혁명세력 내부의 사상논쟁과 국공합작의 이념대립에 직면할 때마다, 국가자본주의나 국가사회주의 또는 공자의 '대동주의大同主義'라는 개념을 도입해 다소 애매모호한 논리로 대응했다.

국민통합을 위해 권력을 사양하다

쑨원이 1905년 도쿄에서 중국동맹회를 결성한 이후, 중국에서 1906년부터 1911년 사이에 대중봉기가 곳곳에서 끊임없이 일어났다. 광둥성에서 6차례, 안후이성(安徽省), 광시성(廣西省), 윈난성(雲南省) 등에서 한 차례씩 일어났는데, 대부분 쑨원과 직간접으로 연계되어 있었다. 안후이에서의 거사에는 중국여성해방운동의 선구자인 추진(秋瑾, 1875~1907)이 참여하고 체포되어 "가을 바람과 가을 비는 사람을 슬프게 하네(秋風秋雨愁煞人)"라는 시를 남기고 산화하기도 했다. 일련의 봉기는 실패와 좌절로 끝났지만, 1911년 신해혁명의 성공을 위한 기반을 마련했다. 동맹회의 혁명 지도부는 만청 왕조의 급소인 베이징을 진군하기에 유리한 후베이성(湖北省)의 성도인 우한武漢의 삼진三鎭, 즉 우창(武昌), 한커우(漢口), 한양漢陽을 장악하기로 했다. 2,000여 명의 혁명군은 10월 10일 거사를 단행했다. 혁명군은 정오에 우창을 장악했고, 12일 한커우와 한양을 수중에 넣었다. 혁명군은 한때 한커우와 한양에서 청군에게 밀렸지만, 파죽지세破竹之勢로 상하이上海와 난징(南京)을 점령하고, 12월 29일 난징에 '임시혁명정부'를 수립했다. 이 과정에서 전국 24개 성 가운데 15개 성, 즉 중국의 3분의 2가 청 조정을 이탈해 독립을 선포함으로서 혁명의 기운을 고취시켰다.

미국에서 화교사회를 순회하던 중 신해혁명의 소식을 접한 쑨원은 즉시 귀국해 혁명을 지도하고자 생각했지만, 외교문제를 먼저 처리하는 것이 중요하다고 판단해 런던으로 향했다. 그는 영국 정부로부터 청 조정과의 모든 차관협상을 중단하고 청 조정에 대한 일본의 지원을 막아주겠다는 약속과, 영국 영토와 식민지에 들어가지 못하도록 자신에게 내려진 금지령을 취소하겠다는 언질을 얻는 데 성공했다. 12월 25일 망명한 지 16년만에 상하이 항구를 통해 귀국한 쑨원은 12월 29일 난징의 임시혁명정부에 도착해 각 성 대표들의 만장일치로 '중화민국中華民國'의 임시대총통에 선임되었다. 이 와중에서 위안스카이(袁世凱, 1859~1916)의 등장은 중국 역사의 아이러니이자 쑨원의 새로운 시련의 진앙이었다. 위안스카이는 일찍이 조선의 임오군란(1882) 진압부터 청일전쟁(1894) 직전까지 조선에서 마치 청나라 총독과 같은 위세를 지니고 갖은 악역을 행사한 바 있었다. 이러한 인물이 신해혁명이 발발하자 청 조정의 흠차대신欽差大臣에 이어 총리대신을 맡아 혁명군을 저지하고 나섰다. 서태후가 중국 근대사에서 비극의 주인공이라면, 그는 중국 현대사에서 희극의 주인공이라고 불릴 만하다.

1912년 1월 1일 중화민국이 출범하자, 위안스카이는 임시혁명정부에게 자신이 대총통에 취임할 수 있다면 황제를 퇴위시키도록 하겠다는 뜻을 전했다. 이에 대한 화답으로 쑨원은 언론을 통해 정권을 이양할 조건과 방침을 다음과 같이 제시했다. ①청 황제 퇴위의 소식을 외국 공사와 영사들에게 통지한다. ②위안스카이가 공개적으로 공화제를 지지한다는 성명을 발표한다. ③쑨원은 외교단과 영사단을 통해 청 황제가 퇴위했다는 사실을 안 이후에 사직한다. ④임시의회(정식 명칭: 臨時參議院)는 위안스카이를 임시대총통으로 선출한다. ⑤위안스카이는 임시의회가 장차 통과시킬 헌법인 임시약법臨時約法을 준수할 것을 보증하고, 그 이전에는 군사권을 소유하지 못한다. 이 제안에 대해 위안스카이는 긍정적으로 반응하고, 청 황실에 황제 폐위를 압박했다.

한편 쑨원도 청 황실에 폐위될 황제에 대한 예우조건을 제시하면서 황제 폐위에 가세했다. 그 결과 2월 12일 청 제국의 마지막 황제인 선통제(宣統帝, 1906~1967, 재위 1908~1912)가 퇴위했다. 곧이어 쑨원은 다음과 같은 전제조건을 받아들인다면, 임시대총통을 사퇴하겠다고 밝혔다. ①수도는 종전대로 난징에 둘 것, ②위안스카이는 난징으로 가서 임시대총통에 취임할 것, ③위안스카이는 임시의회가 제정할 임시약법을 준수할 것 등이었다. 하지만 이러한 조건은 준수될 리 만무했다. 위안스카이는 3월 10일 베이징에서 임시대총통에 취임했고, 43명의 성省 대표로 구성된 임시의회는 4월 5일 베이징을 수도로 결정했으며, 중국 최초의 헌법인 임시약법은 나중에 위안스카이에 의해 한낱 휴지조각으로 전락했다.

혁명으로 공화국이라는 새로운 국가형태가 탄생했지만, 이는 중국 왕조교체기에서 흔히 볼 수 있는 '개문발차開門發車'의 상태였다. 난징에 청사를 두고 있었던 임시혁명정부와 쑨원 임시대총통은 2월 15일 베이징에 있는 청 조정의 위안스카이 총리대신에게 권력을 이양했다. 역시 난징에 회의실을 두고 있는 임시의회는 3월 8일 임시약법을 제정했고, 쑨원은 이를 공포했다. 임시약법은 헌정체제와 정부형태를 주권재민과 권력분립의 원칙에 입각한 대통령제를 채택했다. 물론 정부형태는 대통령제라고 하지만, 의회에서 대총통을 선출하고 국가원수인 대총통의 권한을 상당히 제한하고 있어 실질적으로는 정부수반인 국무총리 중심의 의회제와 유사했다. 아마도 쑨원을 포함한 혁명세력은 위안스카이가 대총통이 되더라도 이러한 제도적 장치를 통해 충분히 견제할 수 있다고 판단했을 것으로 짐작된다. 하지만 사태는 예상과 달리 전개되었다. 앞서 2장에서 소개한 앙드레 모루아(André Maurois, 1885~1967)가 『프랑스사』에서 "합리적인 사람은 항상 다른 사람이 자신과 생각이 비슷할 거라는, 즉 합리적이지 않게 생각하는 경향이 있는데, 그 오류는 삶의 경험으로만 깨닫는 법이다"라고 단언한 것처럼 쑨원과 혁명세력은 이러한 경험을 교훈으로 남기게 된다.

권력정치의 귀재인 위안스카이는 임시대총통에 취임하자마자 곧바로 공화제도를 왜곡하고 혁명세력을 견제하기 시작했다. 먼저 위안스카이는 행정부 권력을 사유화해 나갔다. 초대 정부수반인 탕사오이 국무총리(唐紹儀, 1860~1938)는 12세에 어린이 유학생으로 선발되어 미국에 유학해 컬럼비아 대학교에서 수학한 인재이자 동맹회 회원으로서 신해혁명에 참가한 개혁적인 인물이었기에 위안스카이에게는 눈엣가시였다. 위안스카이는 총리의 서명을 거쳐야 한다는 임시약법의 규정을 따르지 않는 방법으로 탕사오이에게 모욕을 주어 사직하도록 만들고 나서, 무능한 인물인 루쩡샹(陸微祥, 1871~1949)과 허수아비에 불과한 인물인 자오삥쥔(趙秉鈞, 1859~1914)을 잇따라 총리로 앉히고 측근들을 내각에 포진시킴으로써 의회제 성격의 내각을 무력화시켰다. 또한 위안스카이는 쑨원의 군사적 기반을 붕괴시켰다. 쑨원의 최측근인 혁명군의 황싱 군사령관은 동맹회에 의해 육군부장(장관 해당) 후보로 추천되었지만, 난징 유수사留守使로 밀려났다. 뿐만 아니라 위안스카이는 황싱 수하 5만 명의 장병들에게 급여와 군수품 지급을 거부해 부대 해산을 강요했다. 이러한 일련의 사태들은 위안스카이와 쑨원 간의 묵계를 파약破約하는 것과 다름없었다.

하지만 위안스카이의 이러한 위험천만한 야심과 행보에 대해 쑨원은 별 문제가 없다고 여기고, 설령 문제가 있더라도 총선 승리로 충분히 견제할 수 있다고 낙관적으로 전망했다. 쑨원은 위안스카이가 국정에 대한 자신의 조언을 잘 경청하고 있다고 보았고, 나아가 위안스카이가 자신에게 전국 철도체계 건설계획을 책임지는 철도관리관을 제안하자 이를 수락해 직책을 수행할 정도로 위안스카이를 신뢰했다. 심지어 위안스카이가 능력이 있고 진실한 사람이라고 평가해 "앞으로 10년간 총통 직위를 맡아야 한다"고까지 밝힐 정도였다. 대신 쑨원은 위안스카이가 주도한 「선거법」[10]에 따라 1912년 12월 말부터 1913년 1월 초까지 예정된 양원제 총선을 앞두고 동맹회를 '국민당國民黨'으로 전환하면서 총선 승리에만 매진했다.

총선 결과 쑨원이 지도하고 있는 국민당은 제1당이 되었지만, 압도적인 승리는 아니었다. 참의원(상원)의 경우 전체 274석 중 국민당 132석(48.1%), 공화당 46석, 민주당 8석, 통일당 6석, 군소정당들 38석, 무소속 44석 등이었고, 중의원(하원)은 전체 596석 중 국민당 269석(45.1%), 공화당 120석, 통일당 18석, 민주당 16석, 군소정당들 147석, 무소속 26석 등이었다. 국민당은 비록 과반 의석을 차지하지 못했지만, 정국을 주도할 수 있다고 판단하고 "대총통의 직권남용을 제약하는 야당", 즉 '충성스러운 반대당'(loyal opposition)의 역할을 수행할 것을 천명했다. 이에 격노한 위안스카이는 공화당, 통일당, 민주당 등 3당을 연합한 '진보당'을 출범시켜 여당의 역할을 하게 하는 한편, 의회 다수파를 형성하기 위해 의원들을 매수해 나가는 전략을 취했다. 그는 급기야 국무총리로 유력한 국민당의 쑹자오런 대표를 암살하는 데 관여한 것으로 추정되며, 이어 '선후대차관善後大借款'[11]을 반대하는 국민당 소속의 의원들을

---

10 이 「선거법」에 따라 중국 역사상 최초의 총선이 실시되었는데, 선거권은 ①21세 이상 남성, ②해당 선거구에 2년 이상 거주, ③연간 직접세 납부액이 2위안 이상이거나 부동산 가치가 500위안 이상, 또는 초등학교 이상 졸업이나 그와 동등한 자격을 가진 자로 제한되었다.

군대를 동원해 국회 건물에 포위하기도 했다. 마침내 국민당의 기반을 와해시키기 위해 국민당 소속의 지방정부 수장들을 파면시키고 군대를 남하시킬 준비를 하는 등 쿠데타를 감행했다.

이처럼 믿는 도끼에 발등 찍힌 지부작족知斧斫足의 상황에서 쑨원은 자구책으로 1913년 7월 12일 남방 6개 성을 주축으로 하는 '제2차 혁명'으로 대응했다. 하지만 혁명은 참담하게 실패했고, 쑨원은 세 번째 망명의 길을 택할 수밖에 없었다. 이에 위안스카이는 제2차 혁명에 가담한 죄명을 씌워 국민당을 해산시키고, 중의원 전체 596명 중 358명에 대해 의원 자격을 취소해 쑨원의 도전을 원천봉쇄했다. 그리고 이듬해 의회를 해산하고 관제의회인 입법회의를 구성해 수정헌법인 「중화민국약법」의 제정을 통해 정부형태를 의회제에서 총통제[12]로 변경시켰다. 결국 위안스카이는 1915년 '중화제국'을 선포하고 황제로 등극했다. 마치 프랑스의 '1848년 혁명' 이후 루이 나폴레옹 보나파르트 대통령(Louis Napoléon Bonaparte, 1808~1873, 재임 1848~1852)이 '무월霧月 18일 쿠데타'(coup d'état of 18 Brumaire)로 나폴레옹 3세 황제(재위 1852~1870)로 등극했던 드라마가 중국에서 재연된 듯했다. 하지만 이 쿠데타는 〈표 IV-1-1〉에서 알 수 있듯이, 해프닝으로 치부되어 중국사의 연표에도 들어가지도 못하는 희극적 사건이었다.

---

11 위안스카이는 1913년 4월 정부재정의 충당과 친위군대의 보강을 위해 프랑스, 영국, 독일, 러시아, 일본 등 5개국의 은행단과 2,500만 파운드의 차관을 도입하고, 대신 소금세와 관세를 저당 잡히는 협정을 체결하고 국회의 비준을 요구했다.

12 당시 약법은 10년 임기의 총통이 무기한 연임할 수 있고, 후계자를 지명할 수 있도록 함으로써 위안스카이에게 총통의 종신 임기와 자손에의 이양을 보증하고 있었다.

〈표 Ⅳ-1-1〉 중국 역대 정부수반 일부 현황

국호	취임년	정부수반	명칭	소속
청	1735	건륭제	황제	
	1796	가경제	황제	
	1820	도광제	황제	
	1850	함풍제	황제	
	1861	동치제	황제	
	1875	광서제	황제	
	1908	선통제	황제	
중화민국	1912	쑨원	임시대총통	국민당
	1912	위안스카이	임시대총통	북양군벌
	1913	위안스카이	대총통	북양군벌
	1916	리위안홍(1차)	대총통	북양군벌
	1918	쉬스창	대총통	안휘계군벌
	1922	리위안홍(2차)	대총통	북양군벌
	1923	차오쿤	대총통	직계군벌
	1924	돤치루이	임시집정	안휘계군벌
	1928	탄옌카이	주석	국민당
	1928	장제스(1차)	주석	국민당
	1931	린썬	주석	국민당
	1943	장제스(2차)	주석	국민당
	1948	장제스	총통	국민당
중화인민공화국	1949	마오쩌둥	주석	공산당

　이처럼 신해혁명이 역전되는 일련의 과정을 살펴볼 때, 인과관계를 따져보는 것은 자연스러운 일일 것이다. 하지만 여기서는 주제가 주제인 만큼 쑨원의 정치리더십의 한 단면에 관해서만 언급하고자 한다. 쑨원이 임시대총통을 사임하게 된 동기와 이유에 대한 논란이 당시뿐만 아니라 현재까지도 분분하다. 대체로 권력정치를 넘어선 대의大義정치를, 나아가 국가분열보다는 국민통합을 선택한 그의 진정성과 결단력이 높게 평가되고 있다. 하지만 이매뉴얼 쉬에 따르면, 쑨원은 "혁명에 의한 재건이 없는데, 혁명총통이 무슨 소용이 있는가?"라고 반문하면서 우창 봉기부터 중화민국 수립까지 83일간의 혁명과

정이 너무나 실망스러웠다고 회고했다. 혁명에 참여한 사람들은 오직 만청을 타도하고 공화국을 수립하는 데에만 힘을 썼지, 민권재건과 민생해결이라는 중요한 과제에 대해서는 관심이 매우 적었다고 지적했다. 또한 혁명에 참여한 이들은 평화와 질서가 하루빨리 이뤄지기를 갈망하고 있었기 때문에 계속해서 제국주의와 투쟁해야 한다는 것을 염두에 두고 있지 않았다. 이러한 쑨원의 안타까움은 십분 이해하고도 남는다. 그럼에도 불구하고 혁명이 좌절된 사태에 대한 책임을 모든 행위자들에게 돌리는 것은 또다시 있을 수 있는 최악이나 차악 사태를 막는 데 결코 도움이 되지 않을 수 있다는 평가도 적지 않다.

이에 대해 먼저 혁명 상황에서 쑨원의 역할의 한계를 지적하지 않을 수 없다. 이를테면 정치지도자라면 현장성과 대중성을 중시해야 했다. 특히 혁명이라는 절체절명의 국면에서 지도부와 혁명군과 함께 있어야 했고, 기층대중의 혁명적 열기를 동원하고 조직해야 했다. 하지만 쑨원은 혁명이 발발했음에도 불구하고, 곧바로 귀국하지 않고 76일간 외교행보를 취했다. 물론 혁명 정세에 유리한 외교관계를 조성하는 것도 중요했지만, 다른 사람에게 맡겨도 충분했을 것이다. 현상유지가 아닌 현상타파를 목표로 하는 혁명은 초기의 정황이나 전세가 향후 성패를 좌우하기 때문에 무엇보다도 초기에 사태를 장악하는 것이 가장 중요했다. 하지만 쑨원은 천재일우의 정치적 기회를 실기했다.

다음으로 정치적 사려깊음의 문제를 들 수 있다. 쑨원이 임시혁명정부가 출범하자마자 조만간에 임시대총통을 사임할 작정이었다면, 처음부터 부총통으로 선출된 리위안훙(黎元洪, 1864~1928)에게 대총통직을 양보하고 자신은 부총통으로서 역할을 수행했어야 했다. 신해혁명 당시 우창의 군사령관이었던 리위안훙은 혁명군에 의해 후베이성의 군사정부 도독都督으로 추대될 정도로 상징적인 인물로 부상하고 있었다. 마치 프랑스 대혁명에서 라파예트 장군 (Lafayette, 1757~1834)이 국민군 사령관을 맡아 참여한 것과 비슷한 상황으로 볼 수 있다. 만약 리위안훙[13]이 대총통에 선임되었다면, 군인 출신인 위안스카이가 '공화제 수용 대 대총통 이양'이라는 정치적 거래를 강직한 군인인 리위안홍에게 섣불리 제안하지 못했을 것이다. 설사 리위안홍이 위안스카이의 제안을 수락했더라도, 쑨원은 부총통으로 남아 있을 수 있었을 것이다. 이 경우 비록 권력관계가 '위안스카이 대총통—쑨원 부총통'이라는 상하관계로 형성되더라도, 대세의 흐름에 비춰볼 때 쑨원에게 그다지 불리하지 않았을 것이고, '베이징 정부—광저우 정부'로 국가가 분열되지 않았을 것이다. 하지만 권력정치에 대한 용의주도함이나 주어진 상황을 활용하는 능력은 쑨원에게는 다소 제한적이었던 것으로 보인다.

쑨원은 일본으로 가는 망명선에서 황해를 바라보면서 지난 20년간의 역정을 되돌아보았을 것이다. 그리고 그의 마음속에는 먼 옛날 초나라의 시인이자 정객인 굴원(屈原, B.C. 340~278)의 이야기가 떠올랐을 것이다. 굴원은 초楚·진秦·제齊 3국의 패권다툼에서 강국 진나라에 대항하기 위해 제나라와의 합종설合縱說을 건의했지만, 왕과 중신들이 연횡설連衡說을 제안한[14] 진나라의 꾐에 빠져 실각당해 미뤄강(汨羅江)에 몸을 던졌다. 그의 절명시絶命詩 「회사」懷沙의 한 대목처럼 쑨원도 다음과 같이 탄식했을 것이다. "세상이 혼탁하여 알아주는 이 없으니 사람의 마음을 일깨울 수 없구나. 죽음을 물릴 수 없음을 알았으니 애석하다 여기지 말아라(世溷濁莫吾知 人心不可謂兮 知死不可讓兮 願勿愛兮)." 그러면서 두목(杜牧, 803~852)의 시 「제오강정題烏江亭」[15]에 나오는 '권토중래捲土

---

13 강직하고 신중한 장군 출신이었던 부총통인 리위안홍은 위안스카이 사후 대총통직을 승계했고, 대총통직을 두 번 역임했다.

14 전국시대에 약소국들이 연합해 강대국에 대항해야 한다는 합종설은 소진(蘇秦, 미상~B.C. 284)이 주창했으며, 약소국이 개별적으로 강대국과 한편이 되어 이익을 도모해야 한다는 연횡설은 장의(張儀, B.C. 373~310)가 주창했다.

15 두목은 항우의 자결을 안타까워하는 마음에서 다음의 시를 읊었다. "이기고 지는 것은 병가에서도 기약할 수 없는 일이니, 부끄러움을 가슴에 새기고 치욕을 참는 것이 진정 남아로다. 강동의 젊은이 중에는 준걸이 많으니, 흙먼지를 일으키며 다시 올 것을 알지 못하였도다(勝敗不可兵家期 包羞忍恥是男兒 江東子弟多才俊 捲土重來未可知)."

重來'의 의미도 헤아렸을 것이다.

일본에서 고립무원이었지만, 쑨원은 혁명을 배반한 위안스카이와 맞서 싸우겠다는 전의를 불태웠다. 이를 위해 그는 기존의 국민당을 '중화혁명당中華革命黨'으로 개명하고, 조직과 기율을 대폭 강화하는 새로운 길을 모색했다. 또한 자신이 중화혁명군 총사령관을 맡음으로써 무장투쟁에 박차를 가하겠다는 의지를 국내외에 알렸다. 그리고 1915년 그는 미국 웨슬리언대학교를 졸업한, 당시 신여성의 상징적 인물인 쑹칭링(宋慶齡, 1893~1981)[16]을 새 반려자로 맞이하면서 혁명의식을 더욱 고취시켰다. 쑨원은 이미 첫 부인인 루무전(1867~1952)과 둘째 부인인 오츠키 카오루(大月薰, 1888~1970)와 중혼한 바 있는데, 혁명가였지만 그의 개인적 삶은 중국의 봉건적 전통과 분리되기 어려웠을 것이다.

1916년 위안스카이가 요독증으로 급사하자, 일본에서 절치부심하면서 전열을 가다듬고 있던 쑨원에게 재기의 기회가 찾아왔다. 우선 단지 면류관冕旒冠만 없는 군주라고 할 수 있는 위안스카이가 무력화시킨 임시약법과 의회의 기능이 회복됨으로써 정치적 공간이 조성되었다. 이에 쑨원은 일본에서 귀국해 상하이에서 자복雌伏하면서 정국을 관망할 수 있게 되었다. 하지만 정국은 북양군벌北洋軍閥의 수장인 위안스카이가 사라지자, 그의 후계자 간의 권력투쟁과 분열, 지방성의 동요와 중앙정부로부터의 이탈 등으로 안후이계(安徽系), 직계直系, 펑톈계(奉天系), 광시계(廣西系), 윈난(雲南), 쓰촨(四川) 등의 군벌들이 형성됨

---

16 쑹칭링은 감리교 목사 출신으로 중국어 성경을 출판하고 무역업으로 성공해 중국동맹회의 재정을 담당한 쑹자수(宋嘉樹, 1863~1918)의 둘째 딸이다. 장완팅 감독(張婉婷, Mabel Cheung, 1950~)의 영화 「송가황조宋家皇朝」(The Soong Sisters, 1997)는 다음과 같은 대사로 시작한다. "나에게는 세 딸이 있다. 하나는 돈을 사랑했고, 다른 하나는 권력을 사랑했으며, 또 다른 하나는 중국을 사랑했다." 여기서 '돈을 사랑한 여인'은 부유한 은행가인 쿵샹시(孔祥熙, 1881~1967)와 결혼한 첫째 딸 쑹아이링(宋藹齡, 1889~1973)을, '권력을 사랑한 여인'은 장제스(蔣介石, 1887~1975)와 결혼한 셋째 딸 쑹메이링(宋美齡, 1897~2003)을, 그리고 '중국을 사랑한 여인'은 둘째 딸인 쑹칭링을 가리킨다.

으로써 춘추전국春秋戰國 시대가 재연되었다.

국공합작으로 중국통일을 추진하다

쑨원은 1919년 중화혁명당을 '중국국민당中國國民黨'으로 개조해 당조직을 강화하는 한편, 국민군을 재편성해 광저우로 들어가 우여곡절 끝에 1921년 공화정부를 수립하고, 대총통에 오르게 된다. 이후 베이징의 군벌정부와 지방성의 군벌들과 대치하면서 '북벌北伐' 구상에 착수했다. 중국통일과 삼민주의를 실현하기 위한 전제조건인 북벌에 대한 전략 내지 방략方略의 핵심은 '연소용공聯蘇容共'과 '국공합작國共合作', 즉 소련과 연합하고 공산주의를 받아들이며, 중국국민당과 중국공산당 간의 통일전선을 형성하는 것이었다. 이 전략은 앞에서 언급했던 제갈량의 '천하삼분지계'를 훨씬 뛰어넘는 중국통일 계책이라고 볼 수 있다. 이는 중국통일이 동아시아의 지역전략적 차원을 뛰어넘어 세계전략적 차원에서 접근해야만 이뤄질 수 있다는 정세인식의 대전환에 따른 노선이었다. 특히 지난날의 실패에 대한 냉철한 성찰과 급변하고 있는 국내외적 상황에 대한 기민한 대응책에서 나온 것이었다.

중국인이 공산주의와 접촉을 시작한 것은 1905년 전후로 알려지는데, 그 영향은 한동안 미미했다. 그러나 1915년 일본이 제시한 치욕적인 '21개 조항'[17]에 자극을 받아 촉발된 민족주의의 발흥과 그에 따른 신문화운동(新文化運動, 1917~1923)의 영향, 그리고 1917년 러시아 혁명과 1919년 반제·반봉건을 내세운 5·4운동의 여파로 공산주의는 새로운 '천하삼분지계'의 한 축이 될

---

17 이 조항은 중국 주재 일본 공사가 위안스카이에게 직접 건네주었던 것으로 5개 부분으로 나눠져 있는데, ①산둥의 지위 인정, ②만주와 내몽골에서의 일본의 특수지위 인정, ③중국 강철사업의 공동운영, ④연해 지역을 제3국에게 조차하거나 할양하지 않음, ⑤일본이 중국의 몇몇 주요한 내정부문을 통제한다는 내용이었다. 위안스카이는 다섯 번째 항목은 보류하고, 국회의 동의 없이 일본과 이 조약을 체결했다.

만했다. 이 과정에서 공산주의에 대한 관심이 대도시의 지식인들을 중심으로 분출했다. 일본 와세다대학교에서 유학을 마치고, 당시 급진주의의 온상인 베이징대학교의 도서관 주임을 맡은 리따짜오(李大釗, 1889~1927)가 1918년 '마르크스 연구회'를 조직했다. 그리고 일본 도쿄군사학교에서 학업을 마치고 신해혁명에 참여한 바 있으며, 베이징대학교의 문과대 학장으로 있던 중 5·4운동의 시위에 참가하는 바람에 해직되어 상하이에서 활동하고 있는 천두슈(陳獨秀, 1879~1942)가 1920년 '마르크스 학설연구회'를 조직했다.

나아가 공산주의는 이 두 조직이 주축이 되어 1921년 상하이에서 '중국공산당中國共産黨'이 57명의 당원을 대표하는 12명이 참가해 창당됨으로써 대중의 주목을 받기 시작했다. 창당대회에는 한때 베이징대학교에서 리따짜오의 조수로 생활하고, 고향인 후난성(湖南省)의 성도인 창사(長沙)에서 모교인 제일사범학교에서 강사로 생활하고 있었던 마오쩌둥(毛澤東, 1893~1976)도 참석했다. 하지만 파리대학교 유학생인 저우언라이(周恩來, 1898~1976)와 독일 괴팅겐대학교 유학생인 주더(朱德, 1886~1976)는 해외에 있어 참석하지 못했다.

중국공산당의 공동 창시자인 천두슈와 리따짜오는 각각 상하이와 베이징에서 독자적으로 활동했으며, 혁명과정에서의 노동자와 농민의 지위에 대한 견해에서 현저한 차이를 나타내고 있었다. 즉 천두슈는 공산주의의 정통이론에 따라 대도시의 산업노동자를 중시했고, 반면에 리따짜오는 중국 생산인구의 90%를 차지하고 있는 농민을 주목했다. 당은 천두슈의 입장을 지지했지만, 리따짜오의 견해도 또 다른 선택의 여지를 주었을 뿐만 아니라 마오쩌둥과 같이 젊은 혁명가들에게 깊은 영향을 끼쳤다. 전반적으로 볼 때, 중국공산당은 근대화에 따른 의식구조의 변화와 대도시를 중심으로 한 노동자의 출현, 그리고 봉건지주에 놓여 있는 농민들의 토지개혁에 대한 열망으로 당세를 점차 확장해 나가고 있었다.

여기에 러시아 혁명으로 소비에트 체제를 수립한 레닌 인민평의회 의장(Vladimir Ilyich, 필명: Lenin, 1870~1924, 재임 1917~1924)과 제1차 세계대전을 승전으로 이끈 미국의 우드로 윌슨 대통령(Woodrow Wilson, 1856~1924, 재임 1913~1921)의 대중對中정책의 차이가 공산주의에 대한 인식을 크게 바꿨다. 레닌은 1918년과 1919년 두 차례에 걸쳐 러시아 황제가 가지고 있었던 중국에서의 특권과 이익을 포기하겠다고 선언했다. 이러한 우호적인 제스처는 레닌의 『제국주의론』(*Imperialism, the Highest Stage of Capitalism*, 1917)에 대한 논리적 매력과 볼세비키 혁명의 구체적인 성공과 더불어 지식인과 청년들에게 공산주의에 대한 관심과 지지를 촉발시켰다. 반면에 윌슨은 1918년 피억압민족의 자결권을 주장한 레닌을 의식한 '14개조 평화원칙'의 발표를 통해 중국인에게 민족자결에 대한 기대를 높였다. 그러나 1919년 베르사유 강화회의에서는 일본을 포함하는 국제연맹(League of Nations)을 창설하기 위해 공자와 맹자의 출생지로서 중국의 성지聖地와 같은 산둥 지역을 일본의 조차지租借地로 인정함으로써 중국인에게 실망감을 넘어서 극도의 배신감을 안겨 주었다.

이러한 국내외 정세의 변화 속에서 쑨원은 현상타파를 위한 비상하고 대담한 '연소용공' 전략을 추진했다. 먼저 그는 1921년부터 중국국민당에 공산당원을 통합시키는 조치를 단행했다. 그는 원칙론적으로 공산당원을 포함한 모든 중국인이 국민혁명에 참가할 권리가 있다고 판단했다. 그리고 현실론적으로 소련공산당의 비호 하에 계급투쟁을 추구하는 중국공산당이 빠르게 성장한다면, 장차 자신의 혁명사업에 지장을 초래하기 때문에 공산당원을 중국국민당에 흡수해 적시에 그들을 동화시키는 것이 타당하다고 확신했다. 이 조치는 소련공산당의 지휘를 받는 코민테른(Comintern, Communist International의 약칭, 1919)이 중국공산당에게 개인 자격으로 중국국민당에 참여하도록 권장함으로써 상당한 성과를 거뒀다. 중국공산당의 공동 창시자인 리따짜오는 가장 먼저 중국국민당에 입당했다. 마오쩌둥 역시 중국국민당에 입당해 후보집행위원을 맡았고, 중국국민당의 우파 실력자인 후한민(胡漢民, 1879~1936)의 신임을 받아 3개월간 그의 비서와 7개월간 중국국민당 선전부장을 맡기도 했다.

그 다음으로 쑨원은 1922년부터 공을 들여 소련공산당과의 협력을 성사시켰다. 1923년에는 소련의 아돌프 요페 주중대사(Adolph Joffe, 1883~1927, 재임 1922~1923)와 다음과 같은 공동선언을 발표하기에 이르렀다. ①현재 중국에서 공산주의 혹은 소비에트 체제를 실시하는 것은 적절하지 못하다. ②소련 정부는 일찍이 1920년에 밝혔던 중국에서의 특권과 이익포기 선언을 재차 확인한다. ③미래의 중동中東 철도의 관리와 재조직에 대해서는 서로 양해한다. 이 같은 협정에 따라 소련공산당은 쑨원에게 재정적 지원[18]을 하는 한편, 중국국민당 개편을 돕기 위해 경험이 풍부한 미하일 보로딘(Mikhail Borodin, 1884~1951)을 파견하고, 중국국민당 군대의 훈련을 지원하기 위해 40명의 군사전문가들을 파견했다. 이에 호응해 쑨원은 젊은 장군인 장제스를 소련에 3개월간 파견해 소비에트의 군사체제와 소련공산당의 운영방식을 배우게 했다. 당시 연소용공 노선의 대표적인 상징은 소련의 교육 및 재정 지원으로 광저우의 황푸(黃埔)에 설립한 '중국국민당 육군군관학교'[19]였다.

쑨원의 연소용공 노선은 1924년 1월 20일부터 30일 사이에 개최된 '중국국민당 제1차 전국대표대회'에서 더욱 탄력을 받았다. 쑨원은 개회사에서 국공합작에 따른 당내 단결의 중요성과 민족통일을 위한 강대한 조직으로서의 발전을 강조하는 한편, 당원들에게 혁명의 목표를 위해서는 개인의 자유를 희생하는 수고를 아끼지 말아야 하고 사심 없이 자기의 재능과 지혜를 바칠 것을 호소했다.

---

18 이매뉴얼 쉬에 따르면, 소련은 1924년 10월부터 1925년 12월까지 200만 루불에 달하는 원조를 제공했다.

19 이 학교는 흔히 '황푸군관학교'로 불리는데, 1924년 쑨원의 지시로 장제스가 건립해 학교장을 맡았고, 니혼대학(日本大學)에서 수학한 다이치타오(戴季陶, 1891~1949)가 정치부 주임을, 파리대학교에서 수학한 저우언라이가 정치부 부주임을 맡았다. 쑨원 사후 1927년 장제스에 의해 국공합작이 폐기됨에 따라 폐교되었다. 3년간 7천여 명의 장교를 배출했는데, 조선인도 60여 명이 배출되었다고 알려진다. 대표적인 인물로는 조선의용대 장을 역임한 김원봉(1898~1958), 님 웨일즈(Nym Wales, 1907~1997)의 『아리랑』(1941)에서 대담한 김산(본명: 장지락, 1905~1938), 승려 출신의 독립운동가인 김성숙(1898~1969) 등을 들 수 있다.

회의 기간 중에 레닌의 타계 소식이 전해지면서 대회는 3일간 휴회해 애도의 뜻을 표시했는데, 이는 소련공산당과의 우호 및 동맹 체결이라는 신노선을 공개적으로 표방하는 것이었다. 대회는 쑨원을 주석으로, 후한민, 왕징웨이(汪精衛, 1883~1944), 린썬(林森, 1868~1943), 리따짜오, 시에치(謝持, 1876~1939) 등을 주석단 구성원으로 선출하고, 24명의 중앙집행위원과 17명의 후보집행위원을 지명했다. 공산당원 중 리따짜오와 유슈더(于樹德, 1894~1982)가 중앙집행위원에, 마오쩌둥과 취추바이(瞿秋白, 1899~1935) 등 7명이 후보집행위원에 지명되었다. 그리고 대회는 ①중국의 현재 상황, 특히 제국주의와 군벌을 반대하는 입장, ②중국국민당의 교리, 특히 삼민주의와 오권헌법五權憲法[20]의 주지, ③중국국민당의 강령, 특히 대외적으로는 불평등 조약 폐지와 대내적으로는 지방자치정부 건립 등을 담은 선언문을 채택했다. 쑨원이 기초한 선언문은 국민들에 대한 공약이라고 볼 수 있는데, 마치 제갈량의 「출사표出師表」[21]처럼 중국통일에 대한 충정과 애국애민에 대한 진정성이 절절히 녹아 있다.

쑨원의 '혁명방략'에 대한 역사적 평가는 각자의 세계관과 정치관에 따라 크게 달라지지만, 대체로 정치적 결과에 초점을 둔 양비론적 지적들이 많다. 단적으로 국공합작은 통합정치를 위한 실천적 전략임에도 불구하고, 본질적으로는 권력추구를 위한 정략적 계책에 불과하다는 것이다. 중국국민당은 당을 흥성시키고 당의 군대를 발전시키기 위해 소련공산당의 지원을 받기를 갈망했고, 나아가 중국공산당의 노동자, 농민, 인민대중과의 연계 능력을 활용하기를 희망했다. 반면에 중국공산당은 중국국민당의 기반을 이용해 영향력을 확대하고, 결국에는 내부로부터 중국국민당을 전복하려고 했다. 이처럼 양측의 관계

---

20 오권헌법은 쑨원의 헌법이론에 따라 삼권분립(행정, 입법, 사법)에서 행정권을 '심사권'으로, 입법권을 '감독권'(일명 탄핵권)으로 분리한 오권에 기반한 헌법이다.

21 참고로 출사표의 마지막 대목이 가장 많이 회자되고 있다. "신이 받은 은혜에 감격을 이기지 못하옵니다. 이제 멀리 떠나는 자리에서 표문을 올림에 눈물이 앞을 가려 무슨 말씀을 아뢰어야 할지 모르겠사옵니다(臣不勝受恩感激 今當遠離 臨表涕零 不知所言)."

는 미묘했으며, 모두에게 유리한 상황에서 협력을 지속해 나갈 수 있지만, 상대방이 제구실을 하지 못할 때는 쌍방은 모두 승리자의 태도를 보이길 바랐다는 것이다. 이 같은 권력정치는 결코 새로운 것은 아니었다. 문제의 핵심은 정치지도자가 시대적 대의를 구현하기 위한 수단인 권력을 어떻게 획득하고 강화해야 하는지가 관건이었다.

대체로 중국 역대 왕조의 흥망성쇠는 민심의 향방과 지도자의 리더십에 달려 있었다고 볼 수 있다. 특히 혁명을 통한 새로운 나라의 수립은 시대적 과제를 정확히 포착한 혁명집단의 헌신과 지도자의 능력이 가장 중요했다. 대표적으로 농민혁명을 통해 명나라(1368~1644)를 수립한 주원장(朱元璋, 1328~1398, 재위 1368~1398)의 성공 사례가 있다. 하지만 주원장과 마찬가지로 농민혁명을 통해 태평천국을 수립하려고 한 홍수취안은 실패했다. 주원장은 원나라와 '1 대 1' 구도를 형성하고 겨뤄 승리했지만, 홍수취안은 영국이 가담한 청나라와 '1 대 2' 구도 하에서 역부족일 수밖에 없었다. 아마도 쑨원은 이 같은 한족의 부흥과 좌절에 관한 역사적 교훈을 알고 있었을 것이다.

쑨원의 혁명방식은 근본적으로 전쟁의 형태였다. 이 와중에 휴전과 소강상태도 있었지만, 본질적으로는 내전이었다. 이 내전에는 외세라는 변수가 결정적인 요소로 작용하고 있었다. 영국, 일본, 미국 등과 같은 국가들은 베이징 군벌을 지지하거나 지원하고 있었고, 심지어 혁명적 대의를 내세우고 있는 소련은 쑨원 이외 다른 군벌과의 협력을 타진하기도 했다. 특히 동아시아에서 제국주의의 패자로 부상하고 있었던 일본이 러일전쟁에서 패배한 러시아를 계승한 신흥 강자인 소련과 다시 격돌할 것이라는 전망이 지배적인 상황에서, 이이제이以夷制夷라는 중화주의의 정통적 전략이 부각되고 있었다. 이러한 정세 하에서 내린 쑨원의 결정과 실행은 숙고한 이상주의와 냉철한 현실주의를 조합한 것이라고 볼 수 있다. 즉 중국혁명의 주체는 모든 중국인이라는 대의명분과 다다익선多多益善을 위한 연대와 합작이라는 대전략에서 나온 것이었다. 이 점에서 그는 민족적 통합주의자이자 정치적 실용주의자라고 할 수 있다.

이러한 평가는 〈표 IV-1-2〉와 같이 쑨원이 혁명에 투신한 이후부터 그의 사후 일본이 패망하기 전까지 있었던 협력과 적대의 세력관계의 변화를 살펴보면, 충분히 수긍할 수 있을 것이다.

〈표 IV-1-2〉 중국혁명의 천하삼분지계 전개와 변화

단계	기간	기반	협력	적대
1	1850(태평천국혁명) – 1864(태평천국의 실패)	태평천국 (홍슈취안)	–	청 조정 + 영국
2	1895(광저우봉기) – 1900(후이저우봉기)	흥중회 (쑨원)	일본	청 조정
3	1901(후이저우봉기 이후) – 1911(신해혁명)	중국동맹회 (쑨원)	일본	청 조정
4	1912(신해혁명 이후) – 1921(광저우정부 수립 이전)	중화혁명당 (쑨원)	일본	베이징 정부
5	1921(광저우정부 수립) – 1925(쑨원 서거)	중국국민당 (쑨원)	소련 + 중국공산당	군벌 + 일본
6	1926(쑨원 서거 이후) – 1928(북벌 완료)	중국국민당 (장제스)	소련 + (미국)	중국공산당 군벌 + 일본
7	1928(북벌 이후) – 1945(일본 패망)	중국국민당 (장제스)	미국	중국공산당 + 소련 만주국 + 일본

하지만 쑨원의 혁명노선은 그의 죽음과 함께 다사다난한 우여곡절을 겪었다. 그는 1925년에 들어서면서 건강이 갑자기 악화되어 3월 12일 세상을 떠났다. 그는 마지막 도전을 끝맺지 못한 채 한을 품고 세상을 떠났으며, 혁명과 중화민국은 결코 기대한 만큼의 통합과 번영을 이루지 못했다. 그는 혁명의 주요 주체로서의 농민과 자본주의 발전에서의 토지개혁, 그리고 보통선거제에 기반한 대의민주정에 대한 중요성과 필요성을 너무 미루어 놓았다. 그 결과 그가 닦아놓은 진보의 기초 위에서 그의 후예들인 중국국민당의 장제스, 후한민, 왕징웨이, 다이치타오, 중국공산당의 리따짜오, 마오쩌둥, 취추바이, 저우언라이 등이 그의 유업을 각자의 방식으로 이어갔지만, 그 과정은 합작과 통합이 아닌 분열과 대결의 연속이었다. 진실과 용기와 관용이라는 덕목에 기반한 쑨원의 정치리더십은 가치와 이해를 달리하는 수많은 정치행위자들을 연결시

키는 결정적인 요소였지만, 그가 세상을 떠나자 분열세력들은 일본 제국주의의 침략에 아랑곳하지 않고 서로 '백척간두百尺竿頭'[22]가 되기 위해 이념갈등과 국토분열로 치달았다. 쑨원은 마치 미래를 예견한 듯 통합정치를 간곡히 당부하는 「유언장」을 남겼다. 물론 그의 유언은 1937년 중일전쟁의 계기로 재개된 '제2차 국공합작'(1937~1945)에 의해 지켜지는 듯했지만, 공동의 적인 일본의 패망과 미국-소련의 각축으로 오랫동안 잊혀져 왔다.

> "나는 국민혁명에 힘을 다한 지 어언 40년이며 그 목적은 중국의 자유와 평등을 얻기 위함이다. 40년 경험을 통해 이 목적을 달성하기 위해서는 반드시 민중에 호소하고 세계에서 우리를 평등하게 하는 민족과 연합하여 공동으로 분투해야 한다는 것을 알게 되었다. 현재는 아직 혁명이 성공하지 못했으니 나의 동지들은 내가 쓴 『건국방략』, 『건국대강』, 『삼민주의』 및 「제1차 전국대표대회 선언」에 의거하여 계속 노력해달라."

현재 중국은 쑨원이 그토록 염원했던 통일과 삼민주의가 미완인 상태에 있다. 하지만 대만의 중화민국이 그를 '국부'(國父, Father of the Nation)로 칭송하고 있고, 대륙의 중화인민공화국도 그를 '혁명선행자'(革命先行者, Forerunner of the Revolution)로 존경하고 있다. 이로 인해 많은 이들이 쑨원의 꿈이 언젠가 실현될 것으로 믿어 의심치 않는다. 난징에 있는 그의 비각에는 "세상은 모든 이의 것이다"라는 뜻인 '천하위공天下爲公'이 새겨져 있다. 결국 천하는 '대동大同'이 이뤄지는 사회로 향한다는 것을 뜻한다. 쑨원의 꿈은 황하黃河가 아무리 굽이가 많아도 마침내 동쪽으로 흘러가듯이 언젠가는 이뤄질 것이다.

---

22 百尺竿頭는 중국과 한국에서 서로 다른 뜻으로 사용되는데, 중국은 "높은 자리에 이르렀음"을, 한국은 "매우 위태롭고 어려운 지경"을 뜻한다. 일반적으로 진일보進一步나 갱진일보更進壹步라는 용어를 덧붙이면 뜻이 비슷해진다.

주요 어록

- "정치는 바로 서지 못하고, 강기綱紀는 흐트러졌으며, 조정은 작위와 관직을 팔고 공공연히 뇌물을 주고받고 있습니다. 관리는 인민과 토지를 착취하니 호랑이나 이리보다 포학합니다. 도적이 횡행하고, 기근이 빈발하며, 난민이 들에 넘치니 인민은 살아갈 수 없습니다. … 위로는 국가를 바로잡아 신정新政을 실현하며, 아래로는 인민을 지켜 압정壓政을 소멸시켜야 합니다."(1895. 홍콩 흥중회의 「장정章程」 중)

- "만주 전제정부를 타도하고 중화민국을 확립하여 민생행복에 최선을 다하는 것은 국민의 총의이며, 이것을 원(文)은 준수하고, 국가에 충성을 다해 인민에게 봉사하겠습니다. 전제정부가 타도되어 국내에 전란이 없어지고 민국이 세계에 흘립屹立하여 열국이 공인될 그날에, 원은 임시대총통의 직을 사임할 것을 이곳에서 삼가 국민에게 맹세합니다."(1912. 1. 1. 임시대총통 취임식 「선서」)

- "민족주의는 바로 국족주의國族主義라고 하겠습니다. 중국인이 가장 숭배하는 것은 가족주의와 종족주의宗族主義이므로, 중국에는 오직 가족주의와 종족주의만이 있었지 국족주의라는 것은 없었습니다. 이런 점에서 외국인들은 중국인들에 대해 흩어진 모래알과 같다고 하였습니다. … 우리가 능히 '치국治國·평천하平天下'를 할 수 있으려면, 먼저 민족주의와 민족의 지위를 회복해야 하며, 고유한 도덕인 평화를 기초로 하여 세계를 통일하고 대동세계를 이룩해야 합니다. 이것이야말로 우리 4억인이 짊어진 커다란 책임인 것입니다."(1924. 『삼민주의』의 「민족주의」 중)

- "민권주의는 인민의 정치적 지위가 평등한 것이며, 이를 위해 군권을

타파하여 모든 사람을 평등하게 하려는 것입니다. … 민권에 관한 방법으로 첫 번째는 선거권이고, 두 번째는 파면권이며, 세 번째는 창제권創制權이고, 네 번째는 복결권複決權입니다. 인민이 이 네 가지 민권을 실행할 수 있어야만 전민정치全民政治라고 할 수 있습니다."(1924. 『삼민주의』의 「민권주의」 중)

– "민생주의는 인민의 생활, 사회의 생존, 국민의 생계, 대중의 생명을 향상시키는 것입니다. … 이를 위하는 방법으로 첫 번째는 사회와 공업의 개량이고, 두 번째는 운수와 교통사업의 공유화이며, 세 번째는 직접과세, 즉 소득세의 징수이고, 네 번째는 분배의 사회화, 즉 협동조합입니다. … 공산주의란 민생주의의 이상이며, 민생주의란 공산주의의 실천이라고 말해도 문제 없으리라 생각합니다. 여기서 구별할 필요가 있는 것은 그 방법에 관한 것입니다."(1924. 『삼민주의』의 「민생주의」 중)

– "우리의 삼민주의는 민유民有, 민치民治, 민향民享인 것입니다. 곧 국가를 인민이 공동으로 소유하고, 정치는 인민이 공동으로 관리하며, 이익은 인민이 공동으로 누린다는 것입니다. … 이것이야말로 공자가 희망하던 대동세계大同世界인 것입니다."(1924. 『삼민주의』의 「민생주의」 중)

2. 미국의 프랭클린 루스벨트

미국의 프랭클린 루스벨트 대통령(Franklin Delano Roosevelt, 1882~1945, 재임 1933~1945)은 설득과 타협, 그리고 결단의 정치리더십으로 경제 위기를 극복하고 제2차 세계대전을 승전으로 이끈 정치지도자이다. 계급타협을 통한 통합정치를 실천한 그의 업적과 리더십에 관한 면면을 살펴보기 위해 대통령 취임 첫 해의 행적을 담은 그의 저술인 *Looking Forward*(기대하기, 1933)와 『프랭클린 루스벨트의 온 아워 웨이』(*On Our Way*, 1934)[23]를 참고했다. 또한 루스벨트에 대한 연구로는 아서 슐레진저(Arthur Schlesinger, 1917~2007)의 *The Age of Roosevelt* 3부작(루스벨트의 시대, 1957, 1958, 1960), 제임스 번스(James Burns, 1918~2014)의 *Roosevelt: The Lion and the Fox, 1882~1940*(루스벨트: 사자와 여우, 1956)와 *Roosevelt: The Soldier of Freedom, 1940~1945*(루스벨트: 자유의 전사, 1970), 제임스 번스와 수잔 던(Susan Dunn, 1945~)의 공저인 *The Three Roosevelts: Patrician Leaders Who Transformed America*(세 명의 루스벨트: 미국을 변혁시킨 귀족지도자, 2001), 러셀 프리드먼(Russell A. Freedman, 1929~2018)의 『루스벨트』(Franklin Delano Roosevelt, 1990), 조지 맥짐시(George

---

23 이명박 대통령(1941~, 재임 2008~2013)은 2009년 6월 버락 오바마 대통령(Barack Hussein Obama II, 1961~, 재임 2009~2017)을 방문했을 때, 한국 사계절을 담은 사진집을 선물로 주었고, 답례로 루스벨트의 저서인 *Looking Forward*와 *On Our Way*를 받았다.

McJimsey)의 『위대한 정치의 조건』(*The Presidency of Franklin Delano Roosevelt*, 2000), 앨런 액슬로드(Alan Axelrod, 1952~)의 『두려움은 없다: 불굴의 CEO 루스벨트』(*Nothing to Fear: Lessons in Leadership from FDR*, 2003), 로저 다니엘스 (Roger Daniels, 1927~2022)의 *Franklin D. Roosevelt: Road to the New Deal, 1882~1939*(뉴딜로 가는 길, 2015)와 *Franklin D. Roosevelt: The War Years, 1939~1945*(전시, 2016) 등을 참고했다.

그리고 Franklin D. Roosevelt Presidential Library and Museum(https://www. fdrlibrary.org/), 루스벨트의 부인인 엘리너 루스벨트(Eleanor Roosevelt, 1884~ 1962)의 『엘리너 루스벨트 자서전』(*The Autobiography of Eleanor Roosevelt*, 1961), 루스벨트 행정부에서 여성으로서 12년간 노동부 장관을 지낸 프랜시스 퍼킨스(Frances Perkins, 1882~1965)의 *The Roosevelt I Knew*(내가 아는 루스벨트, 1947) 등을 참조했다.

설득과 결단으로 뉴딜을 지휘하다

루스벨트는 1882년 뉴욕의 재계와 정계에서 이름 있는 네덜란드계 가문 출신으로 사업가인 아버지 제임스 루스벨트(James Roosevelt, 1828~1900)와 제임스의 상처喪妻로 26년의 나이 차이에도 불구하고 초혼한 어머니 사라 델라노(Sara Delano, 1854~1941) 사이에서 외아들로 태어났다. 루스벨트의 중간 이름 델라노는 모친의 성에서 따왔으며, 모친으로부터 따뜻한 심성과 낙천적 기질을 물려받았다. 하버드대학교에서 경제학을 공부한 후 컬럼비아대학교 로스쿨에 진학했다. 1905년 12촌 관계인 엘리너 루스벨트와 결혼했다. 엘리너는 일찍이 양친을 여의고 26대 대통령을 역임한 큰아버지 시어도어 루스벨트(Theodore Roosevelt, 1858~1919, 재임 1901~1909)의 보살핌을 받으며 성장했다. 엘리너는 런던에 있는 진보적 학풍의 앨런스우드 학교에서 교육을 받았다.

루스벨트는 1906년 변호사 자격을 취득한 후 법률회사에서 근무하다가,

1910년 민주당의 공천을 받아 29세의 나이로 뉴욕주 상원의원에 당선되어 정치 경력을 시작했다. 그는 1912년 뉴욕주 상원의원 재선에 성공했고, 1913년 28대 대통령인 우드로 윌슨(Woodrow Wilson, 1856~1924, 재임 1913~1921) 행정부에서 7년간 해군 차관보로 근무했다. 1920년 대선에서 민주당의 제임스 콕스 대통령후보(James Cox, 1870~1957)의 부통령 러닝메이트가 되었지만, 콕스가 패배함에 따라 정계에서 재계로 옮겨 대형 신탁회사의 뉴욕 부사장으로 근무했다. 1921년 소아마비에 걸려 양쪽 다리가 마비된 루스벨트는 몇 년간 힘든 재활치료를 받은 후 1924년 민주당 대통령후보 지지연설을 하게 된 계기로 정계에 복귀했고, 1928년과 1930년 뉴욕 주지사에 당선되었다. 그는 1932년 민주당 대통령후보로 지명되어 대통령에 당선되었고, 이듬해 대통령에 취임하자마자 100일 동안 대공황을 극복하기 위한 비상조치를 단행했다. 1936년, 1940년, 1944년 연속으로 대통령에 당선된 루스벨트는 1945년 독일의 항복을 한 달을 채 남기지 않은 제2차 세계대전 막바지에 63세로 생을 마쳤다.

루스벨트는 회고록을 남기지 않았을 뿐만 아니라 사적인 편지나 이따금씩 쓴 일기도 대체로 내용이 무미건조하기로 유명하다. 조지 맥짐시에 따르면, 그는 내면적으로 무척 강한 사람이었지만, 자신의 진심을 드러내는 기록을 남기지 않았다. 이는 개인적인 문제들, 예를 들어 불륜과 그에 따른 아내 엘리너와의 소원한 관계, 그리고 소아마비 장애로 인한 휠체어 신세가 어떤 식으로든 영향을 미쳤을 것으로 추측된다. 어쨌든 그의 회고나 주변 사람들의 회상이 별로 없기 때문에 권력을 추구하는 정치인이 되고자 했던 동기나 계기가 거의 알려져 있지 않다. 이렇기 때문에 흔히 명문 대학교와 로스쿨을 나와서 뉴욕 월스트리트의 명망 있는 로펌에서 일하던 젊은 뉴요커(New Yorker) 변호사로서 단순히 입신양명立身揚名의 욕망과 정치적 야심으로 정계에 투신하는 드라마의 주인공과 같은 인물로 오해할 수 있다. 다만 미국 주류사회에서 귀족 출신이라고 할 수 있는 그가 1910년 정치에 입문할 때 야당인 민주당을 선택한 것은 공화당의 윌리엄 태프트 대통령(William Taft, 1857~1930, 재임

1909~1913)의 보수적인 국정 운영에 대한 반감 때문이 아닌가 추론해 볼 수 있다. 물론 그가 민주당의 골수 당원이 되었던 것은 민주당이 집권한 우드로 윌슨 행정부에서 7년간 해군 차관보를 근무하면서 형성된 정책적 선호와 정계와의 인연 때문이었다고 볼 수 있다.

루스벨트는 1932년 대선에서 현직 대통령인 허버트 후버(Herbert Hoover, 1874~1964, 재임 1929~1933)를 상대로 선거인단 확보수 472 대 59, 일반투표 득표율 57.4% 대 39.7%로 압도적인 승리를 거뒀다. 그리고 민주당은 상·하원 양원에서 다수를 차지했다. 상원 의석수는 민주당 59석 대 공화당 36석이었고, 하원 의석수는 313석 대 117석이었다. 이 같은 선거결과는 1929년 10월 29일 이른바 '암흑의 화요일'(Black Tuesday)로 알려진 주식시장의 대폭락으로 시작되었던 대공황(The Great Depression)의 여파 때문이었다.

대공황은 주식시장의 극심한 변동성과 미국 경제의 구조적 모순이 폭발하면서 시작되었다. 1928년 5월부터 1929년 9월 사이에 평균 주가가 40% 이상 상승했고, 주식 거래량은 평소 하루 200~300만 주에서 500만 주가 넘어 2,000만 주에 이르렀다. 그 결과는 상상보다도 참혹했고, '암흑시대'[24]를 방불케 했다. 단적으로 몇 개의 지표를 살펴보면, 1930년에서 1933년까지 9천 개가 넘는 은행이 도산했고, 총통화 공급이 3분의 1 이상이나 감소했으며, 1932년의 경우 노동자의 25%가 실업상태였고, 국민총소득이 1929년 820억 달러에서 1932년 400억 달러로 감소했다. 농촌 지역은 상황이 더 심각했다. 농가소득은 1929년과 1932년 사이 60%나 감소했고, 미국 전체 농민의 30%가 토지를 잃었다. 게다가 대평원은 연이은 대가뭄으로 황진 지대(Dust Bowl)가 되어 존 스타인벡(John Steinbeck, 1902~1968)이 소설 『분노의 포도』(*The Grapes*

---

24 엘런 브링클리(Alan Brinkley, 1949~2019)의 『있는 그대로의 미국사』(*The Unfinished Nation: A Concise History of the American People*, 2004)에 따르면, 뉴딜의 경제적 이론을 제공한 존 케인스(John Keynes, 1883~1946)는 대공황에 필적할 만한 역사 시기가 있었는가라는 질문을 받았을 때, "그렇다. 중세에 암흑시대라 불린 시대가 있었다"고 대답했다.

of Wrath, 1939)에서 그린 것처럼 절망과 분노의 지대로 변해 버렸다.[25] 이 같은 경제적 재난 속에서 수많은 국민들은 고통스러웠고 망연자실했으며, 이내 분노하게 되었다.

분노한 유권자는 대공황의 대응책으로 후버 댐의 건설(Hoover Dam, 1931~1935)로 상징되는 '진정한 리버럴리즘'(true liberalism)을 주장하는 후버보다는 '뉴딜'(New Deal)로 대공황을 극복하겠다는 '새로운 리버럴리즘'(new liberalism)을 내세운 루스벨트를 선택했다. 〈표 IV-2-1〉에서 볼 수 있듯이, 공화당 소속의 대통령이 연속 세 번으로 12년간 집권한 데 대한 유권자들의 반감도 적지 않았다. 이러한 선거 분위기에서 루스벨트는 전 부통령후보이자 재선의 뉴욕 주지사로서의 화려한 경력과 경제적 식견을 바탕으로 유세를 펼쳤고, 소아마비를 극복한 강인한 이미지와 뉴딜에 대한 설득력 있는 언술이 유권자들에게 호소력 있게 다가갔을 것이다. 사실 '뉴딜'은 대통령후보 수락연설에서 하나의 보통명사(a new deal)로서 언급된 것으로서, 체계적 계획이나 구체적 정책이 담겨진 것이 아니었다. 그럼에도 불구하고 수많은 유권자들은 '새로운 거래' 또는 '새로운 조치'라는 뜻을 지닌 뉴딜이라는 용어에서 자신들을 새롭게 대우하겠다는 것으로 기대하고 열광적으로 호응했다. 문제는 앞으로 루스벨트가 과연 경제위기를 극복할 수 있는지가 관건이었다.

흔히 루스벨트의 리더십을 말할 때 '위기를 극복하는 리더십'이라고 칭하는데, 이는 그가 첫 번째 대통령에 취임한 직후 100일 동안 단행한 뉴딜의 추진과정에서 나타났다. 당연히 이 과정에서 뉴딜의 내용 자체보다는 그것이 가능하게 한 리더십의 요소가 더 주목을 받았다. 그는 1933년 3월 4일 대통령 취임연설을 통해 국가적 위기와 낙담에 빠진 1억 2,300만 명의 국민에게 미국을 재건하기 위한 용기와 도덕의 힘을 믿을 것을 강력히 호소하고, 미국의 개척자 정신과 국민통합을 기반으로 자신에게 맡겨진 의무를 회피하지 않겠다고 단호

---

25 존 스타인벡은 소설에서 당시 이주 농민들의 참상을 가혹할 정도로 상세하게 그려 냈고, 그 업적으로 노벨문학상(1962)을 수상했다.

하게 말했다.

〈표 IV-2-1〉 미국 역대 대통령 일부 현황

대	취임년	대통령	소속	비고
26	1901	시어도어 루스벨트	공화당	재선
27	1909	윌리엄 태프트	공화당	
28	1913	우드로 윌슨	민주당	재선
29	1921	워런 하딩	공화당	현직 사망
30	1923	캘빈 쿨리지	공화당	재선
31	1929	허버트 후버	공화당	
32	1933	프랭클린 루스벨트	민주당	4선, 현직 사망
33	1945	해리 트루먼	민주당	재선
34	1953	드와이트 아이젠하워	공화당	재선
35	1961	존 케네디	민주당	현직 사망
36	1963	린든 존슨	민주당	재선
37	1969	리처드 닉슨	공화당	재선, 사임
38	1974	제럴드 포드	공화당	
39	1977	지미 카터	민주당	
40	1981	로널드 레이건	공화당	재선
41	1989	조지 허버트 W. 부시	공화당	
42	1993	빌 클린턴	민주당	재선
43	2000	조지 W. 부시	공화당	재선
44	2009	버락 오바마	민주당	재선
45	2017	도널드 트럼프	공화당	
46	2021	조 바이든	민주당	

"지금은 진실을, 모든 진실을 솔직하고 대담하게 말할 때입니다. 우리는 오늘날 실제로 당면하고 있는 상황을 피할 필요가 없습니다. 이 위대한 나라는 앞서 견뎌 왔던 것처럼 견뎌낼 것이고 부활할 것이며 번영할 것입니다. 따라서 무엇보다도 먼저 우리가 두려워해야 하는 단 하나는 두려움 자체일 뿐이라고 나는 확고히 믿고 있습니다. … 행복은 단지 금전을 소유하는 데 있지 않습니다. 행복은 성취의 기쁨, 창조적 노력의 기쁨에 있습니다.

덧없는 이윤추구로 인해 노동의 기쁨과 도덕에의 격려를 더 이상 잊어서는
안 됩니다."

이처럼 국민의 자신감과 애국심을 불러일으키고, 국가의 존재이유를 환기시
키는 루스벨트의 메시지는 국민에게 마치 영혼의 울림과 같이 다가갔다. 바로
이러한 설득력이 그의 정치리더십을 구성하는 요소 중 첫 번째라고 할 수
있다. 그의 설득력은 국가재건을 위한 과감하고 정교하게 준비된 정책적 콘텐츠
를 국민에게 진정성 있게 전달하는 데 있었고, 이는 대중매체의 효과적 활용에
의해 배가되었다. 그는 대선 캠페인 직전에 콜롬비아대학교와 버나드대학교의
교수들을 주축으로 한 '브레인 트러스트'(Brain Trust)라는 정책자문단을 구성해
뉴딜의 기본구상을 마련했다. 그는 선거유세 중 개인주의를 중시하는 경쟁자인
후버와 달리 협력, 관계, 계획 등을 강조하며 다원주의적 가치를 전파했다.
이러한 정치철학이 뉴딜 담론에 녹아 있는데, 그 기조는 혁신적인 시어도어
루스벨트의 '공정한 딜'(Square Deal) 노선과 진보적인 우드로 윌슨의 '신자
유'(New Freedom) 노선을 융합한 것이었다. 뉴딜의 정신은 기본적으로 국가의
역할과 경제적 효율성 간의 조화를 지향하는 '행복경제학'(Happiness economics)
이라는 새로운 패러다임을 추구하고 있지만, 현실적 여건과 초당적 협력을
고려해 균형예산의 범주 내에서 정부 개입을 추진하겠다는 것이었다. 이러한
제약조건이 있는데도 불구하고, 뉴딜은 루스벨트의 설득력 덕분에 '마이더스의
손'(Midas Touch)과 같은 신통력이 있는 인상을 남겼다.
  루스벨트의 설득력은 뉴욕 주지사 시절부터 활용한 라디오를 통한 '노변정
담'(爐邊情談, fireside chat)이 수많은 청취자들로부터 공감과 인기를 얻음으로써
더욱 두드러졌다. 노변정담은 청취자들이 마치 대통령과 화롯가에 둘러앉아서
한가롭게 이야기를 나누는 것처럼 느끼도록 작명을 한 것인데, 엄밀히 말하면
대통령이 공식적으로 연설을 하는 것이기에 '라디오 담화'가 맞다고 할 수
있다. 루스벨트는 12년간 대통령 재임 중 노변정담을 31회 했는데, 1회에

대략 15~25분간 연설했다. 그는 1회 연설을 준비하는 데 4~5일 걸릴 정도로 내용에 심혈을 기울였는데, 연설에 사용된 단어의 80%를 흔히 사용되는 단어들로 구성했다. 이처럼 치밀하고 용의주도하게 준비된 연설은 그의 타고난 다정한 음성과 활기찬 어조에 힘입어 청취자들로 하여금 정말로 화롯가의 담소처럼 느끼게 했고, 그 결과 그의 뉴딜 정책과 국정 운영에 대한 국민의 신뢰감은 상상 외로 높았다.[26] 사실 대공황의 종결은 그가 대통령에 취임한 지 6년이 지나서야 이뤄졌는데, 국민이 그때까지 참고 기다려준 것은 아마 그의 노변정담, 즉 설득의 리더십 때문이 아닌가 본다.

루스벨트의 첫 번째 노변정담은 대통령에 취임한지 8일만에 있었는데, 며칠 전에 단행했던 개혁조치에 대한 배경과 경과를 설명하면서 국민의 안심과 정부에 대한 신뢰를 구하는 내용이었다. 그는 대통령에 취임한 다음날인 일요일 자정, 정확히 말하면 월요일 오전 1시에 "두려움 그 자체가 두려움"을 불식시키기 위한 뉴딜의 첫 번째 조치로 「4일간 은행 휴업(bank holiday) 명령」을 공포했다. 그 내용은 당시로는 파격적이고 전격적이어서 충격과 혼란을 주기에 충분했지만, 루스벨트는 위기극복을 위한 단호하고 신속한 행동을 보여줌으로써 담대하고 신뢰 있는 리더십을 발휘했던 것이다.

"나, 미합중국 대통령 프랭클린 루스벨트는 국가위기에 즈음하여 상기 법령이 본인에게 부여한 권한에 의거하여 금화 또는 은화, 지금 및 화폐의 수출, 매점, 또는 배당 행위를 예방하기 위해, 1933년 3월 6일 월요일부터 3월 9일 목요일까지 총 나흘간 아래에 규정하는 경우를 제외하고 미합중국의 속령과 부속 도서를 포함한 미합중국 영토 내의 모든 금융기관 및 그 지점에 대하여 은행업무 정지를 선포, 지시, 선언한다."

---

26 노변정담의 라디오 청중은 평시에는 평균 18%, 전쟁 중에는 58%였다. 가장 많았던 라디오 청중은 1941년 5월 27일 무제한 국가비상사태를 선포한 44분 간의 연설 때인데, 70%로 조사되었다.

이 같은 전광석화電光石火와 같은 결단의 리더십은 이후 뉴딜 추진과 제2차 세계대전 과정에서도 이어졌는데, 임기 초반 1년, 특히 대통령 취임 직후 100일 동안에 보여준 일련의 행동이 국민의 인상에 깊게 각인됨으로써 위기를 극복하는 정치리더십의 두 번째 구성요소로 자리잡게 되었다. 루스벨트의 100일 개혁조치는 「긴급은행법」의 제정을 필두로 총 73개의 법률을 제정해 신용회복, 농업개혁, 산업부흥, 지역개발, 구호대책 등 다양한 분야에 걸쳐 전방위적으로 이뤄졌다. 특히 실업자 구호와 일자리 창출을 위해 연방정부 산하에 긴급구호청, 토목사업청, 민간자원보존단, 농장신용청, 주택청 등을 신설해 국가의 역할을 확대했다. 그리고 서민층과 노동자의 위안거리 중 하나인 음주를 허용하는 임시조치로 3.2%의 알코올을 포함하는 맥주의 제조와 판매를 합법화했다. 이 조치는 나중에 「수정헌법 제21조」(금주조항의 폐기)의 비준으로 정상화되었다.

이러한 일련의 개혁과정에서 적지 않은 저항과 반발이 필연적으로 뒤따랐는데, 특히 기업의 반발이 심했다. 당시 뉴딜의 주요 원칙 중 하나는 산업부흥과 구호증강을 위해 가격상승과 함께 노동자의 소득이 동반상승해야 한다는 것이었으며, 이는 노동조합을 통한 단체교섭권이 인정되어야 가능한 것이었다. 이 같은 난제에 직면한 루스벨트는 「독점금지법」(Antitrust Act)의 완화를 원하는 기업들의 요구를 수용하는 대신 그들의 양보를 이끌어내는, 유연하고 실용주의적인 타협을 추구했다. 이러한 '정부-기업 간의 빅딜(Big Deal)'을 통해 「전국산업부흥법」(National Industrial Recovery Act)이 제정되었는데, 이 법률에 따라 노동자들의 단체결성과 단체교섭이 가능해졌고 시간당 30~40센트의 최저임금, 35~40시간의 주간 최대 노동시간, 아동노동 금지 등을 담은 「일괄 규약」(Blanket code)이라는 노동보호 조치가 미국 역사상 처음으로 도입되었다. 이처럼 강단 있고 실사구시적인 리더십은 "시간과 경험은 우리에게 많은 것을 가르쳐 줄 것이다"는 그의 말대로 대통령직의 연륜이 쌓이면서 숙성해갔다.

통합을 위한 지속가능한 개혁을 추진하다

일반적으로 미국의 대통령제와 양당체제 하에서, 정치과정은 의회제에서 가능한 정치세력 간의 연합이나 연립구성과는 다르다. 정당과 후보는 대선에서 최대 다수의 지지를 확보하기 위해 포괄적인 이데올로기와 정책을 제시하고 다양한 사회집단들과 제휴하거나 연대한다. 그러나 집권 후에 지지자의 가치와 이해를 우선적으로 관철하지 못하거나 정부의 성과가 기대에 미치지 못할 경우 지지자 중 일부가 이탈하기 시작한다. 이러한 상황이 지속되면 2년 후에 중간선거에서 의회권력을 상실하게 되고, 이는 국정 운영에 어려움을 초래해 다음 대선에서 야당에게 정권이 넘어갈 위험이 있다. 이러한 상황을 대비하기 위해 대통령은 통합정치를 통해 지지자를 지켜내면서 새로운 권력기반을 창출해야 한다. 루스벨트도 이 같은 미국 권력정치의 메커니즘에서 예외일 수가 없었다. 대통령이 되고서 1934년 중간선거를 비롯해 처음 2년간 루스벨트만큼 많은 지지를 받았던 대통령은 없었을 것이다. 중간선거 결과, 상원 의석수는 민주당 69석 대 공화당 25석이었고, 하원 의석수는 322석 대 103석이었다. 하지만 대통령에 취임한 지 2년이 넘어서도 대공황의 끝이 보이지 않자, 그는 거센 비판을 받기 시작했다.

극우 집단은 뉴딜이 기업의 자유를 공격한다고 주장하며, 미국자유연맹(American Liberty League, 1934~1940)을 조직해 대중을 선동했다. 한편 기존의 미국사회당(The Socialist Party of America, 1901~1972)이나 미국공산당(Communist Party of the USA, 1919~)과 같은 극좌 세력과 새롭게 등장한 좌파 집단은 루스벨트에 대한 지지를 철회하고 급진적 개혁을 요구했다. 이들 좌우 집단의 반대는 대중적 불만과 맞물리면서 루스벨트에게 커다란 위협이 되었다. 특히 좌파 집단인 '부의 공유를 위한 사회'(Share-Our-Wealth Society, 1934~1936)는 상당한 대중적 지지를 얻었다. 당시 여론조사에 따르면, 제3당의 대통령후보가 출마할 경우 민주-공화 양당 간의 박빙의 선거전에서 10% 이상의 득표가 가능해 공화당에게 정권을 넘겨줄 수 있다고 예측했다. 더욱이 연방 대법원은 대법관 9명 중 7명이 앞서 공화당 대통령들에 의해 임명된 보수적 대법관들로 구성되어 있어 1935년 1월 뉴딜 개혁의 핵심이라고 할 수 있는 「전국산업부흥법」과 「농업조정법」을 위헌이라고 판결했다. 이를 필두로 여러 뉴딜 법안들에 대한 위헌 조치가 잇따랐다. 이 같은 정세에 직면한 루스벨트는 그동안 우선급한 대로 추진했던 '뉴딜정책'을 보다 정교하게 보완하고 실효성을 높여 '뉴딜연합'(New Deal Coalition)을 강화하는 전략으로 위기를 정면 돌파하려 했다.

대체로 뉴딜정책은 구호(Relief), 회복(Recovery), 개혁(Reform) 등의 '3R'로 요약된다. 구호는 실업자와 빈곤층을 구호하는 것이고, 회복은 재정지출을 통해 경제를 정상화하는 것이며, 개혁은 시장의 모순을 시정하고 사회경제적 불평등과 불균형을 개선하는 것을 뜻했다. 이러한 정책들은 루스벨트와 민주당에 대한 지지로 이어지며 '유권자 연대'(voting blocs)를 형성하게 되고, 이것이 바로 '뉴딜연합'의 기반이 되었다. 일반적으로 특정 정당을 지지하는 유권자는 다양한 집단·계층·지역·인종·종교·세대 등으로 구성되어 있기 때문에 선거 승리를 위해서는 '다수연합'(majority coalition)이 필요한 것이다. 뉴딜연합에는 노동조합원, 생산직 노동자, 소수 인종, 종교적 소수자, 남부농부, 지식인 등과 같은 열성적 지지자들이 강고하게 포진하고 있었고, 각 주의 민주당 조직, 도시기계(city machines) 또는 정치기계(political machines)라고 불리는 인센티브 정치조직, 노동조합, 제3당, 대학 및 재단(foundations) 등과 같은 강력한 이익집단들이 주요 세력을 형성하고 있었다.

이러한 지지자와 이익집단들의 결합으로 형성된 뉴딜연합으로, 마침내 '민주당의 우세시대'(The Era of Democratic Party-Dominance)가 개막되었다. 흔히 이 시기는 시대적으로 1930년대~1960년대의 정치구조에 해당하며, '제5차 정당체계'(The Fifth Party System)[27] 또는 '뉴딜 정당체계'(New Deal Party System)로

---

27 미국 정당체계는 1967년 윌리엄 챔버스(William Chambers, 1916~)와 월터 번햄(Walter Burnham, 1930~2022)이 편집한 *The American Party System: Stages of Political*

불리기도 한다. 참고로 크리스티 앤더슨(Kristi Andersen)의 『진보는 어떻게 다수파가 되는가: 미국의 뉴딜연합, 1928~1936』(*The Creation of a Democratic Majority, 1928~1936*, 1979)에 따르면, 뉴딜연합은 정당-유권자의 재정렬(realignment)을 가져오는 3대 요인, 즉 결집(concentration), 전향(conversion), 동원(mobilization) 중 '동원 요인'이 가장 중요하게 영향을 미쳤다고 분석한 바 있다. 이는 정치의 쟁점과 과정이 '어떻게 경제를 살릴 것인가'라는 문제영역에서 '누구의 이익을 보호하는 경제인가'로 전환되었다는 점을 시사하는 것이다.

루스벨트는 뉴딜연합을 구축하기 위해 '2차 뉴딜'(Second New Deal)이라는 새롭고 야심찬 개혁 프로그램을 착수했고, 이를 통해 미국식 복지국가의 초석이 되는 사회보장 정책을 강화하는 데 심혈을 기울였다. 특히 그는 노동자 집단을 강력한 지지기반으로 만들기 위해 친노동자적 입장을 분명히 선택했다. 당시 노동자들은 대량 실업과 임금 삭감으로 농민들과 마찬가지로 열악한 처지에 놓여 있어 노동쟁의와 노동조합운동을 활발히 전개하고 있었다. 특히 기존의 직능별 노동조합인 '미국노동총연맹'(American Federation of Labor, AFL, 1886~1955)이 산업 노동력의 다수를 차지하는 비숙련 노동자들의 이익을 배제하고 있어 산업별 노동조합운동이 '연합광산노조'를 중심으로 추진되고 있었다.

이러한 국면에서 루스벨트는 의회 내 개혁주의자 그룹과 협력했는데, 대표적으로 로버트 와그너 상원의원(Robert Wagner, 1877~1953, 재임 1926~1949)이 주도한 「전국노사관계법」(National Labor Relations Act, Wagner Act)이 의회를 통과하자, 이를 승인했다. 이 법률의 핵심은 고용주에게 합법적 조합을 인정하고 교섭하도록 강제할 수 있는 권한을 가진 '전국노사관계위원회'(National

---

Development(미국 정당체계: 정치발전의 단계들)에 따르면, 다섯 차례의 재편성을 겪으면서 전개되어 왔다. 즉 1단계(1800~1831): 민주공화당 일당체계, 2단계(1832~1859): 민주당-휘그당(Whig Party) 양당체계, 3단계(1860~1895): 민주당-공화당 양당체계, 4단계(1896~1931): 공화당 우위 정당체계, 5단계(1932~1960년대): 민주당 우위 정당체계 등이다. 그리고 1960대 이후부터 현재까지 6단계가 진행되고 있다고 볼 수 있다.

Labor Relation Board, NLRB)를 연방정부 산하에 독립기관으로 설치하는 것이었다. 이 위원회는 비숙련 노동자와 흑인이 중심인 유색인종의 노동자들이 대거 참여하고 있는 산업별 노동조합운동에 힘을 실어주었고, 그 결과 '산업조직회의'(Congress of Industrial Organizations, CIO, 1938~1955)가 결성되는 데 크게 기여를 했다.[28] 이들 조직은 뉴딜연합의 핵심이 되었고, 특히 1936년 대선을 완승하는 데 결정적인 역할을 했다. 루스벨트는 이전에 「전국산업부흥법」을 제정하는 과정을 통해 '정부-기업 간의 빅딜'을, 이번에는 「전국노사관계법」의 제정을 계기로 '정부-노동 간의 빅딜'을 이끌어내며, 위기를 극복하는 정치리더십의 구성요소에 세 번째로 타협의 리더십을 추가시켰다.

한편 루스벨트는 사회보장 정책을 강화하고 확장함으로써 뉴딜연합의 발전을 가속화했다. 그는 「사회보장법」(Social Security Act)의 제정을 통해 실업자와 노인 빈곤층의 사회보장을 강화하고, 장애인들과 부양 어린이들에게도 지원을 확대했다. 특히 '사업추진청'(Works Progress Administration, WPA)을 설립해 연평균 210만 명의 노동자들을 고용하고 실직한 문화예술 작가들을 지원했다. 또한 '전국청년청'(National Youth Administration, NYA)을 신설해 고등학생과 대학생들에게 일자리와 장학금을 제공했다. 여성에 대한 사회보장 역시 강화했는데, 근로 구호가 아니라 주로 현금 지원을 통해 이뤄졌고, 이 중에서 앞서 2장에서 살펴본 비어트리스 웹이 주장한 가족수당과 유사한 '피부양 아동지원'(Aid to Dependent Children) 프로그램을 통해 실질적인 도움을 주고자 했다. 이러한 사회복지 정책은 루스벨트 자신의 가치와 이해에 의해 수립된 것이었지만, 그의 주위에 있는 적지 않은 여성들의 조언과 협력이 있었기 때문에 추진된 측면이 있었다. 대표적으로 그의 부인인 엘리너의 역할을 들 수 있다.

엘리너는 루스벨트의 불륜으로 결혼생활에서 행복을 찾지 못했지만, 자신의

---

28 미국노동총연맹(AFL)과 산업조직회의(CIO)는 뉴딜연합의 핵심 그룹이었는데, 두 조직은 1955년 합병해 미국의 최대 노동단체인 '미국노동총연맹 산업조직회의'(American Federation of Labor and Congress of Industrial Organizations, AFL-CIO)를 결성했다.

이상을 실천하는 삶과 일을 통해 인생의 가치와 인간의 존엄을 찾으려고 했던 것 같다. 그녀는 루스벨트를 남편이 아닌 정치적 동반자로 여기고, 끈기와 품위를 지켜가면서 보다 나은 세상을 위해 최선을 다했다. 특히 엘리너는 노동자와 흑인, 그리고 여성과 아동의 권익을 위해 지혜와 용기로 동시대의 한계를 극복하려고 했다. 그녀는 나중에 '유엔 인권위원회 의장'을 맡아 1948년 국제연합(United Nation, UN)이 현재까지 인권에 관한 최고의 국제관습법으로 인정되고 있는 「세계인권선언」(Universal Declaration of Human Rights)을 마련하는 데 지대한 공헌을 했다. 어쩌면 엘리너는 권력정치적 측면이 아닌 인류진보적 측면에서 본다면, 남편 루스벨트보다 더 위대하고 고귀한 영웅(heroine)으로 평가될 수 있을 것이다.[29] 그리고 12년간 노동부 장관을 지낸 프랜시스 퍼킨스, 뉴딜정책과 선거운동을 지원하기 위해 여성노동자 조직을 이끈 민주당 전국위원장인 메리 듀슨(Mary Dewson, 1874~1962), 긴급구호청과 사업추진청의 업무를 통해 여성 구호와 일자리 창출에 헌신한 엘렌 우드워드(Ellen Woodward, 1887~1971) 등의 여성들도 작은 성취를 통해 희망의 씨앗을 뿌렸던 진정한 영웅들이었다.

이 같은 뉴딜연합의 성과는 1936년 대선 결과로 이어졌다. 루스벨트는 선거인단에서 523 대 8로 압승함으로써 재선에 성공했고, 민주당은 상·하원 양원에서 다수를 차지했다. 상원 의석수는 민주당 75석 대 공화당 17석이었고, 하원 의석수는 334석 대 88석이었다. 1932년 대선의 승리가 대공황에 따른 '주어진 승리' 또는 '상황의 승리'였다면, 1936년 승리는 뉴딜이 '만들어 낸 승리' 또는

---

29 미국의 수도인 워싱턴 D.C.에 있는 루스벨트 기념관을 방문하면, 강아지 옆에서 웅장하고 기품 있게 앉아 있는 루스벨트 동상과 그곳에서 좀 떨어져서 유엔 문장이 그려진 벽면 앞에 다소곳한 듯이 서 있는 엘리너의 작은 동상을 볼 수 있다. 이 기념관은 1997년 빌 클린턴 대통령(Bill Clinton, 1946~, 재임 1993~2001)이 헌정한 것인데, 아마 클린턴과 그의 부인인 힐러리 로드햄(Hillary Rodham, 1947~)의 몰지각한 업적 쌓기의 일환이든지, 아니면 사려깊지 못한 선의의 산물이 아닌가 느껴진다.

'전략의 승리'라고 할 수 있다. 하지만 이러한 승리는 온갖 어려움을 헤치고 성공한 정치인에게서 흔히 발견되는 자만과 불통이라는 유혹에 빠지는 결과를 낳기 쉬운데, 루스벨트에게도 마찬가지였다. 그는 1936년 국민소득이 1932년의 400억 달러에서 720억 달러로 상승하자, 기업과 부자들의 세금을 감면하기 위한 의회의 균형예산 편성을 받아들였다. 그 결과 1937년 1월과 8월 사이에 '사업추진청'(WPA)의 규모가 반으로 줄어들었고, 400만 명 이상의 노동자들이 일자리를 잃었다. 마치 호사다마好事多魔와 같았다. 이러한 상황은 공공사업과 구호 프로그램에 다시 정부예산을 투입해 회복되는 듯했지만, 그 여파는 상당했다.

이처럼 개혁의 동력이 떨어지는 징후는 자신의 주요 지지기반인 흑인[30]의 인권문제에서도 나타났다. 당시 남부에서는 흑인들에 대한 '린칭'(lynching, 私刑)이 만연했는데, 남부 민주당원들은 이를 금지하려는 입법[31]에 반대하고 있었다. 이러한 진퇴양난 속에서 루스벨트는 유권자의 수가 많은 백인들의 입장을 고려해야 했다. 이러한 후과後果는 1950년대부터 분출하기 시작한 마틴 루터 킹(Martin Luther King Jr., 1929~1968)의 민권운동의 주요 배경이 되었다. 이밖에도 루스벨트 자신이 장애 당사자였지만 장애인에 대한 처우개선이나 최소한의 차별금지[32]조차도 엄두를 내지 못했다. 이 같은 한계에도 불구하

---

[30] 노예해방 이래 대부분의 흑인들은 링컨(Abraham Lincoln, 1809~1865, 재임 1861~1865)을 대통령으로 첫 배출했던 공화당(1854 창당)에 관행적으로 투표해 왔다. 그러나 1936년부터 흑인 중 90% 이상이 인디언과의 전쟁에서 악명이 높았던 앤드루 잭슨(Andrew Jackson, 1767~1845, 재임 1829~1837)을 대통령으로 첫 배출했던 민주당(1828 창당)에 투표하기 시작했다.

[31] 린칭을 금지하는 제도는 2018년 「린칭 피해자를 위한 정의법」(Justice for Victims of Lynching)과 2022년 「에멧 틸 린칭방지법」(Emmett Till Antilynching Act)으로 비로소 입법화되었다.

[32] 장애인에 대한 차별을 금지하는 제도는 1990년에 제정된 「미국 장애인법」(Americans with Disabilities Act of 1990)으로 입법화되었다.

고 전반적으로 뉴딜연합을 위한 지속가능한 개혁은 중단 없이 추진되었다.

　루스벨트의 정치리더십에는 설득과 타협이라는 여우의 기질만 있었던 것은 아니었다. 그는 용기와 결단을 바탕으로 한 투쟁을 통해 사자의 본성을 유감 없이 발휘했다.[33] 그는 대통령에 재선되자마자 〈표 Ⅳ-2-2〉에서 보듯이, 위헌 판결을 통해 뉴딜을 반대하는 대법원과의 투쟁에 나섰다. 그는 9명의 대법관에 6명의 대법관을 추가로 지명하는 방안이 포함된 '법원 개편안'(Court-packing plan)을 의회에 제출했다. 당시 9명의 대법관 중 4명은 확실히 뉴딜을 반대했고, 3명은 지지를 표명했으며, 나머지 2명은 반반이었다. 이렇기 때문에 루스벨트는 새로운 인물, 즉 자유주의적 대법관을 임명해 대법원의 이념적 균형에 변화를 일으키려고 시도했다. 이에 대해 의회 내 보수파의 반대는 당연했고, 일부 지지자들도 대통령이 권력욕을 드러낸 것이 아닌가 혼란스러워했다.

〈표 Ⅳ-2-2〉 루스벨트 집권기의 주요 국내정책 및 외교정책 현황

기	기 간	부통령(주요 경력)	연도	국내 현안 및 정책	외교 현안 및 정책
1	1933. 3 ~ 1937. 1	존 가너 (판사, 하원의원)	1933	1차 뉴딜 입법 제정	소련 승인
			1934	증권거래법 제정	쿠바 독립 승인
			1935	2차 뉴딜 입법 제정	중립법 제정
			1936	대법원 입법 무효화	스페인내전 중립 협약
2	1937. 1 ~ 1941. 1	존 가너 (재임)	1937	법원 개편안 파동	침략국가 격리 선언
			1938	공정노동기준법 제정	뮌헨 협정 지지
			1939	보수연합 저항	유럽전쟁 중립 선언
			1940	부통령 지명 파동	미국우선위원회 창설
3	1941. 1 ~ 1945. 1	헨리 월리스 (농업사업가, 농무부장관)	1941	4대 자유 선언	제2차 세계대전 참전
			1942	일본계 강제 수용	원자폭탄 개발 착수
			1943	전쟁동원국 설립	카이로 회담
			1944	경제적 권리장전 선언	노르망디 상륙 성공
4	1945. 1 ~ 1945. 4	해리 트루먼 (판사, 상원의원)	1945	4. 12. 루스벨트 서거	얄타 회담 오키나와 상륙 성공

[33] 제임스 번스는 *Roosevelt: The Lion and the Fox, 1882~1940*(1956)에서 루스벨트의 야망, 재능, 결점 등을 추적하고, 그를 변혁적인(transformative) 인물로 만든 힘(strength)과 교활함(cumming)의 독특한 조합을 분석했다.

하지만 루스벨트는 대법원과 의회와의 타협을 거부했다. 결국 대법원은 「최저임금법」, 「와그너법」, 「사회보장법」 등에 대해 5 대 4로 유효 판결을 내렸고, 이로 인해 개편안은 필요 없게 되었다. 이에 의회도 부담없이 개편안을 부결시켰다.

이어 루스벨트는 사사건건 뉴딜의 발목을 잡는 의회 내 보수파, 즉 뉴딜 직후부터 공화당과 민주당의 보수파[34]가 연대한 '보수연합'(Conservative Coalition, 1934~1940)과 투쟁했다. 그는 세금감면-균형예산을 둘러싼 기업과 의회 간의 연결고리를 끊고 기업의 '부당한 경제력 집중'을 제한하기 위해 반트러스트 제도의 문제점에 초점을 맞춰 기업 집중을 조사할 위원회의 설립을 의회에 요구했다. 이에 의회는 행정부와 함께 '임시전국경제위원회'(Temporary National Economic Committee, TNEC, 1938~1941)를 구성해 경제력 집중 문제를 조사했다. 이 과정은 기업과 결탁한 의회 내 보수파의 영향력을 위축시키는 데 어느 정도 효과가 있었다. 그리고 루스벨트는 의회 내 보수파가 극렬하게 반대하고 있는 노동입법 중 가장 야심찬 「공정노동기준법」(Fair Labor Standards Act)의 제정을 성사시켰다. 이 법률은 미국 최초로 전국적인 최저임금과 주당 40시간 노동을 제도화하고, 아동노동을 엄격히 금지하는 법이었다. 이 같은 루스벨트와 의회 내 보수파 간의 투쟁은 겉으로는 대통령권력 대 의회권력 간의 갈등인 것처럼 보이지만, 본질적으로는 뉴딜연합과 '기업 로열리스트'(Bisiness Royalist)로 불리는 경영자 집단 간의 대결이었다. 이러한 일련의 과정에서 의회는 대통령의 법안에 빈번하게 반대표를 던졌고, 대통령은 의회 법률안에 대해 신념과 원칙에 따라 단호하게 거부하기도 했다.[35] 이러한 강단

---

34 민주당의 보수파 수장은 1932년 대선 당시 민주당 경선자였던 알 스미스(Alfred Smith, 1873~1944)와 텍사스주 하원의원 출신인 존 가너 부통령(John Garner, 1868~1967)이었다. 가너는 루스벨트에 의해 남부 보수백인에 대한 선거전략 차원에서 부통령에 두 번 지명되었다. 하지만 그는 1938년 중간선거 이후 루스벨트와 정치적으로 절교하고, 1940년 대선 경선에서 루스벨트와 경합했다.

있는 면모와 제왕적 변신은 국민과의 약속을 지키기 위해, 또한 뉴딜연합을 지키기 위한 것이었다.

국민통합으로 세계대전을 승리로 이끌다

루스벨트는 1940년 대선에서 선거인단 449 대 82를 획득함으로써 압승했다. 그리고 민주당은 상·하원 양원에서 다수를 차지했다. 상원 의석수는 민주당 66석 대 공화당 28석이었고, 하원 의석수는 267석 대 162석이었다. 그는 미국 정치의 전통은 아니지만 적법한 절차로 최초로 세 번째 대통령을 역임하고, 4년 후인 1944년 대선에서도 당선되어 1945년 사망 전까지 네 번째 대통령직을 수행함으로서[36] 명실상부한 '제왕적 대통령'(Imperial President)으로 등극했다.[37]

하지만 루스벨트는 대선 승리에도 불구하고, 제2차 세계대전의 전황 때문에 노심초사했다. 1939년에 발발한 제2차 세계대전은 독일을 중심으로 한 주축국의 파죽지세로 전개되었는데, 1940년 6월에는 영국을 제외한 전 유럽이 독일의 세력권에 들어갔으며, 1941년 6월에 독일은 소련을 침공하기에 이르렀다. 이러한 전황에도 불구하고 미국은 1920년대부터 부상한 고립주의적 외교노선으로 1935년에 제정된 「중립법」(Neutrality Act)에 의해 세계평화를 유지하기 위한 개입, 즉 참전을 할 수 없는 상태였다. 게다가 당시 주영대사인 조지프 케네디(Joseph Kennedy, 1888~1969)[38]를 포함해 중립주의 지지자들은 영국의

---

35 루스벨트는 13년간 대통령 재임 중 635개의 법률안에 대해 재의요구권을 행사했는데, 재임 기간이 긴 만큼 미국 역사상 가장 많이 행사한 대통령으로 알려진다.

36 미국 대통령직 선출은 1951년 비준된 「수정헌법 제22조」의해 2회로 제한되었다.

37 아서 슐레진저는 *The Imperial Presidency*(제왕적 대통령제, 1973)에서 미국 건국부터 리처드 닉슨 대통령(Richard Nixon, 1913~1994, 재임 1969~1974)에 이르기까지 행정권 범위의 변화를 다뤘는데, 대통령직이 통제 불가능하고 헌법상의 한계를 초과하는 실태를 분석했다. 특히 그는 루스벨트가 처음으로 창설한 '대통령실'(Executive Office of the President)의 권한 행사를 주목했다.

상황이 이미 희망이 없으며, 어떠한 도움도 쓸모 없다고 주장하고 있는 형국이었다. 루스벨트는 이러한 상황을 반전시키기 위해 제임스 번스의 표현처럼 '자유의 전사'를 자임하고 나섰다. 그는 1941년 1월 6일 「연두교서」를 통해 다음과 같은 '4대 자유'(Four Freedoms)[39]를 천명했다.

"우리의 안전을 염원하는 미래에는 네 가지의 본질적인 인간의 자유에 기초한 세계가 되기를 바랍니다. 첫 번째는 전세계 어디에서나 언론과 표현의 자유(Freedom of speech and expression)입니다. 두 번째는 전세계 어디에서나 모든 사람이 자기 방식으로 하느님을 경배할 수 있는 자유 (Freedom of worship)입니다. 세 번째는 전세계 어디에서나 결핍으로부터의 자유(Freedom from want)입니다. 세계적인 차원에서 본다면, 각 나라가 자국민들에게 건강하고 평화로운 삶을 보장하는 경제적 약속을 의미합니다. 네 번째는 전세계 어디에서나 공포로부터의 자유(Freedom from fear)입니다. 세계적인 차원에서 본다면, 어떤 나라도 이웃 국가에 물리적인 침략행위를 할 위치에 있지 않을 정도로 철저하게 군비를 축소하는 것을 의미합니다."

루스벨트는 전황에 대한 여론 변화를 기다리면서 1941년 3월 「무기대여법」 (Lend-Lease Act)의 제정을 통해 영국을 지원하기 시작했고, 소련에까지 무기대

38 존 케네디 대통령((John Kennedy, 1917~1963, 재임 1961~1963)의 부친인 조지프 케네디는 아일랜드계 사업가 출신으로 1938~1940년 사이에 주영대사를 맡았다. 그는 제2차 세계대전이 발발하자 영국이 독일의 공격에서 살아남을 수 있는 능력에 대해 비관적으로 보았다. 1940년 11월 그는 공개적으로 "민주주의는 영국에서 끝났다"고 말한 데 책임을 지고 대사직을 사임했다.
39 4대 자유 중 언론 및 표현의 자유와 신앙의 자유는 미국 「수정헌법 제1조」에 나타나 있다. 결핍으로부터의 자유와 공포로부터의 자유는 제2차 세계대전 기간과 그 이후에 사상적 측면에서 세계적인 영향을 끼쳤다. 네 가지 자유의 내용은 대서양 헌장(1941), 유엔 헌장(1945), 세계인권선언(1948) 등에 반영되었다. 이 선언 직후 모든 사람이 자유로운 세상을 만드는 데 기여하겠다는 취지로 '프리덤 하우스'(Freedom House)가 설립되었다.

여의 특혜를 확대했다. 마침내 12월 7일 일본이 하와이 진주만에 있는 해군기지를 급습하자, 그는 다음날 의회에서 모든 국민이 한마음으로 뭉쳐 전쟁을 승리하자는 비장감 넘치는 연설을 한 후 상·하원의 비준을 받아 일본과의 전쟁을 선포하고, 3일 후에는 독일과 이탈리아에 대해 선전포고를 했다. 이 같은 참전 결정과정에서 그는 자신의 트레이드마크(trademark)인 설득과 결단의 리더십을 유감없이 발휘했다. 이는 국민의 사기를 드높이고, 승리의 전운을 예감하기에 부족함이 없었다. 하지만 전쟁은 대공황보다 더욱 참혹했고, 오랜 기간 고통을 안겨 주었다.

　제2차 세계대전은 규모와 기간(1939~1945)에서 유례가 없었지만, 인명 피해도 상상을 초월할 정도였다. 대체로 민간인을 포함한 사망자는 유럽에서는 5,200만여 명, 아시아·태평양에서는 3,500만여 명으로 추계되고 있다. 하지만 미군의 사망자는 유럽에서는 32만여 명, 아시아·태평양에서는 12만여 명으로 상대적으로 적었다. 루스벨트는 참전을 결정하자마자 소득세의 인상과 전시채권의 발행을 통해 전쟁비용을 조달하는 한편, 전시경제 동원체제를 추진했다. 1941년부터 1945년까지 루스벨트 행정부는 총 3,210억 달러를 지출했는데, 이 금액은 건국 이후 150년간 지출한 비용의 거의 두 배에 이르렀다. 이러한 천문학적인 지출을 마련하기 위해 그는 1942년 「소득세법」(Revenue Act)의 개정을 통해 소득세율을 대폭 인상하는 조치를 단행했다. 또한 '전시생산위원회'의 설치를 통해 각종 민간의 군납 업무를 통제하는 조치를 내렸다. 물론 이 조치는 얼마 지나지 않아 전시경제의 호황으로 공장들이 정부에서 필요한 것보다 더 많이 생산하게 되면서 효과가 유야무야되었다.

　이어 루스벨트는 전쟁을 승리로 이끄는 데 가장 중요한 요건인 국민통합을 위해 각계각층의 양보를 설득하고 타협을 추진해 나갔다. 그는 1942년 노동계, 산업계, 정부의 대표로 구성된 '국가전쟁노동위원회'를 통해 노사정 타협을 이뤄냈다. 이 위원회는 조합화된 방위산업체에 새로운 노동자들이 자동적으로 조합에 가입하는 '조합원 유지'(maintenance-of-membership)라는 노동계의 요구를 수용하는 대신에, 노동조합이 전시에는 생산을 중단하지 않을 것을 동의하는 '무파업 서약'(no-strike pledge)과 15%의 임금인상 상한선을 정한 '철강산업의 임금기준'을 노동계로부터 양보받았다. 그리고 1943년에는 뉴딜을 가장 강력하게 공격하고 있는 보수주의자들의 불만을 무마하기 위해, 이른바 '개혁으로부터의 후퇴'라고 불리는 사업추진청과 민간자원보존단을 해체하는 등의 조치를 취했다. 이는 전쟁 상황에서 승리를 위해 불가피하게 양보할 수밖에 없다고 보았던 것이다. 루스벨트는 스스로 '뉴딜 박사'(Dr. New Deal)에서 '승전 박사'(Dr. Win-the-War)로 변신하겠다는 의지를 밝히기도 했다.

하지만 모든 통합이 이뤄진 것은 아니었다. 아프리카계, 아메리카 원주민, 멕시코계, 중국계, 일본계 등의 미국인과 여성에 대한 사회경제적 개선은 매우 더디었고, 전쟁과정에서 필연적일 수밖에 없는 고통과 희생은 이들에게 더 많이 전가되었다. 특히 1942년 루스벨트는 일본계 자국민의 음모혐의를 막기 위한 조치로, 일부 정치인들과 전쟁부(War Department)의 권고를 받아들여 일본계 시민들을 수용하는 결정을 내렸다. 이는 '일생일대의 실책'으로 볼 수 있는데, 10만 명이 넘는 일본계 시민들은 체포를 당해 감옥과 거의 같은 '재정착 수용소'(relocation centers)에 이주되었고, 자신의 재산을 포기하도록 강요받았다.[40]

전황은 1944년 들어 연합군이 제공권制空權을 장악함에 따라 연합군에게 유리하게 기울고 있었다. 유럽에서는 나중에 미국의 34대 대통령이 되는 드와이트 아이젠하워(Dwight Eisenhower, 1890~1969, 재임 1953~1961) 연합국 원정군 최고사령관의 지휘에 의해 프랑스 노르망디 상륙작전(6월 6일)의 성공으로 연합군은 8월 말 파리를 해방시키고 독일을 향해 진군했다. 아시아·태평양에서는 더글러스 맥아더(Douglas MacArthur, 1880~1964) 남서태평양지역 연합군

---

40 이 사안에 대해 1991년 조지 허버트 워커 부시 대통령(George Herbert Walker Bush, 1924~2018, 재임 1989~1993)은 공식적으로 사과했고, 의회는 1992년 「시민자유법」의 수정을 통해 수용자 1인당 2만 달러의 배상금을 지급하도록 했다.

최고사령관의 지휘에 의해 필리핀 레이테 상륙작전(10월 20일)의 성공으로 미군은 일본을 향해 진격했다. 루스벨트는 참전하기 전부터 전쟁을 주도면밀하게 준비해 왔는데, 특히 암호명 '맨해튼 프로젝트'(Manhattan Project)라고 불리는 원자폭탄 개발에 착수했다. 그는 1939년 알베르트 아인슈타인(Albert Einstein, 1879~1955)으로부터 독일이 원자폭탄을 개발하고 있으니 미국도 개발을 서둘려야 한다는 조언에 따라 불가피하게 결단을 내리고, 미국이 주도하고 영국과 캐나다가 공동으로 참여하는 프로젝트를 추진했다. 원자폭탄은 로버트 오펜하이머(Robert Oppenheimer, 1904~1967)의 연구팀에 의해 1945년 7월에 완성되었고,[41] 루스벨트 사후 해리 트루먼 대통령(Harry S. Truman, 1884~1972, 재임 1945~1953)의 명령에 의해 8월에 일본의 히로시마와 나가사키에 투하되어 각각 20만여 명과 8만여 명에 이르는 엄청난 희생자를 낳게 되었다.

한편 루스벨트는 전시외교를 통해 서방 연합국 간의 전략적 협력을 주도적으로 이끌면서 소련과도 우호적 관계를 유지했다. 그는 1943년 11월 이란의 테헤란에서 영국의 처칠과 소련의 스탈린과의 회담을 통해 군사협력을 강화하는 합의를 이끌어 냈다. 미국과 영국이 서유럽에 제2전선을 6개월 이내에 구축하기로 하고, 그 대가로 소련은 유럽 전쟁이 끝나면 태평양 전쟁에 참여하기로 했는데, 이는 이후에 실제로 성사되었다. 그리고 그는 전쟁 막바지인 1945년 2월 소련의 얄타에서 처칠과 스탈린을 만나 전후 세계질서에 대한 구상을 관철시키는 한편, 소련과의 빅딜을 이뤄냈다. 세 지도자는 미국, 영국, 소련, 중국 등 4대 연합국의 대표들이 1943년 10월 모스크바 회의와 1944년 8월

---

[41] 원자탄 개발 총비용은 1945년까지 18억 9천만 달러로 추계되고 있는데, 인플레이션을 감안한 2021년 화폐가치로 환산하면 약 230억 달러가 된다. 크리스토퍼 놀란 감독 (Christopher Nolan, 1970~)은 카이 버드(Kai Bird, 1951~)와 마틴 셔윈(Martin Sherwin, 1937~2021)의 『아메리칸 프로메테우스: 로버트 오펜하이머의 평전』(*American Prometheus: The Triumph and Tragedy of J. Robert Oppenheimer*, 2005)을 영화화한 「오펜하이머」(Oppenheimer, 2023)에서 원자폭탄 개발과정을 생생하게 그려내고 있다.

워싱턴 회의를 거쳐 마련한 국제연합(UN)이라는 새로운 국제기구 창설 계획안에 합의했다. 별도로 루스벨트는 스탈린이 태평양 전쟁에 참전하겠다고 재확인해 준 대가로 소련이 1904년 러일전쟁 때 잃은 영토를 되찾는 데 동의했다.

이처럼 루스벨트는 자신의 '롤 모델'(role model)인 시어도어 루스벨트가 필리핀에서 추구했던 강한 미국의 대행자이자, 정치적 사부인 우드로 윌슨이 추구하다가 좌절한 세계평화의 수호자라는 다소 모순적이고 육체적으로도 버거운 역할을 열정적이고 낙관적으로 수행했다. 하지만 그에게는 불행히도 최종 승리를 마주할 인연은 없는 듯했다. 1945년 4월 12일 원자탄 개발, 소련과의 관계, 흑인 민권 등과 같은 난제를 남기고 뇌출혈로 쓰러져 눈을 감았다.

루스벨트에 대한 평가는 뉴딜의 한계와 유산에 크게 좌우되며, 오늘날까지도 논란거리로 남아 있다. 대체로 뉴딜은 대공황의 온전한 종식을 가져오지는 못했으나, 일부 정책들은 대공황을 극복하는 데 크게 역할을 했으며, 다른 일부는 미래의 좀 더 효과적인 경제와 복지정책으로 나아가는 데 기여했다고 평가되고 있다. 하지만 뉴딜이 남긴 가장 중요한 유산은 수많은 미국인들 사이에 어떠한 역경이나 시련에도 불구하고 자신감과 가능성을 갖도록 한 일일 것이다. 이 점에서 루스벨트는 미국 역사상 건국 대통령인 워싱턴과 노예제를 폐지한 링컨에 비견될 만한 위치에 있다고 할 수 있다. 그의 설득과 결단, 그리고 타협으로 구성된 정치리더십은 위기를 극복하는 데 매우 안성맞춤이었다고 볼 수 있다.

루스벨트는 정치적 이상을 지향한 개혁주의자라기보다는 현실권력을 추구한 전형적인 직업정치인이었다. 그는 뉴딜연합 세력과 국민들에게 필요하다고 요구하는 것을 제공하고, 그 대가로 지지와 표를 얻어 권력을 유지하고 강화했다. 이러한 정치과정은 자유민주적 정치체제에서 가장 보편적으로 제도화된 것이다. 또한 이 과정은 실용주의라는 필요조건과 통합정치라는 충분조건이 갖춰져야 가능할 수 있다. 루스벨트는 이를 위해 확고한 신념과 불굴의 용기를 갖고 최선을 다했고, 성공한 대통령으로 평가받을 수 있었다. 물론 그의 성공에는 천성적 매력과 친근감, 사람들을 안심시키는 낙관주의, 보기 드문 연설재능, 그리고 13명의 손자를 둔 다복한 이미지도 한몫하고 있었다. 하지만 그 역시 시대적 제약과 인간적 한계를 완전히 넘어서지는 못했다. 12년간 노동부 장관을 지낸 프랜시스 퍼킨스는 "그는 최소한 셋 내지 네 개의 얼굴을 가졌다. 결코 단순함과는 거리가 먼 사람이다. 그는 내가 아는 사람 가운데 가장 복잡한 사람이었다"라고 회상했다. 다만 그의 부인인 엘리너는 자서전에서 "프랭클린이 역사적 소명의식을 갖고 스스로 떠맡은 의무를 다하려고 애쓴 한 인간으로 사람들 기억 속에 남으리라"고 추모하면서 그에 대한 이해의 폭을 넓혔다.

사족이지만, 루스벨트가 1944년 대선에서 러닝메이트인 부통령에 판사 출신인 해리 트루먼 상원의원 대신에, 자신의 오랜 '뉴딜 동지'였고 농무부 장관과 부통령의 경력을 지닌 헨리 월리스(Henry Wallace, 1888~1965)를 지명했더라면, 미국뿐만 아니라 세계가 어떻게 흘러갔을까 하는 우문(愚問, stupid question)이 든다. 당시 루스벨트의 측근들은 그가 건강상의 이유로 4선을 채우지 못해 부통령이 차기 대통령이 될 가능성이 높다는 것을 알고 있었다. 월리스는 4년 동안 부통령으로 재직하고 있어 뉴딜연합에서는 인기가 있었지만, 민주당의 보수적 그룹은 월리스가 너무 진보적이라고 여겼고, 2차 경선투표에서 트루먼을 부통령후보로 당선시켰다. 결국 루스벨트는 '보수파와의 타협'을 택해 자신의 부통령 지명권을 포기했다. 이는 루스벨트가 정치리더십의 한 요소인 통찰력을 상실하는 안타까운 장면이라고 할 수 있으며, 아마도 그는 하늘 나라에서 씁쓸한 미소를 지을지 모른다.

논의와는 별개로, 루스벨트는 처칠과 함께 정평이 난 애주가로 알려져 있다. 특히 그는 마티니(martini)를 좋아했고, 그것을 직접 제조해 외국 정상들이나 각료들에게 대접하는 것을 즐겼다. 마티니는 두송자杜松子 향을 지닌 증류주인 진(gin)과 허브 향이 나는 화이트 와인인 베르무트(vermouth)를 섞고 1~2개의 올리브로 장식한 칵테일로, 상큼한 맛과 올리브로 장식된 매혹적인 자태 때문에 '칵테일의 제왕'으로 불린다. 이 별명 때문에 마티니는 미국 역사상 전무후무한

대통령 4선에 성공한 '제왕적 대통령'인 루스벨트에게 가장 잘 어울리는 술일
것이다. 하지만 마티니는 진과 베르무트의 배합 비율에 따라 각양각색하다.
루스벨트는 진과 베르무트를 2 대 1로 섞은 것을 좋아했는데, 반면 『무기여
잘 있거라』(A Farewell to Arms, 1929)와 『누구를 위하여 종은 울리나』(For Whom
the Bell Tolls, 1940)를 출간해 동시대의 자유를 향해 행동하는 작가라는 표상이
되고 나중에 노벨문학상을 수상(1954)한 어니스트 헤밍웨이(Ernest Hemingway,
1899~1961)는 15대 1로 섞은 것을 좋아했다고 한다. 독자들에게 시간이 나면,
'루스벨트 마티니'와 '헤밍웨이 마티니'를 비교해 음미하면서 권력의 맛과 자유
의 맛을 각각 느껴보기를 추천한다.

주요 어록

- "나는 나에 대한 신뢰에 대해 각 시기에 합당한 용기와 헌신으로 보답하고자
  합니다. 나는 반드시 이 약속을 지킬 것입니다. 우리는 국민통합에 대한
  열정의 용단으로 우리 앞에 있는 고난의 시기에 대처할 것입니다. 오래된
  이전의 도덕적 가치를 추구하는 명확한 의식으로, 세대를 초월한 의무의
  단호한 이행으로, 우리는 국민의 생활을 포괄적이고 영구적으로 보장하는
  데 목적을 두고 있습니다."(1933. 3. 4. 「취임사」 중)

- "내 친구, 나는 은행 업무에 대해 미국 국민들과 몇 분 동안 이야기하고
  싶습니다. 은행 업무의 원리를 이해하는 사람은 비교적 적지만, 특히
  예금을 만들고 수표를 인출하기 위해 은행을 사용하는 압도적 다수의
  사람들과 말입니다. 나는 지난 며칠 동안 무엇을 했는지, 왜 했는지,
  그리고 다음 단계는 무엇인지 말씀드리고 싶습니다. 나는 대부분 은행
  및 법률 용어로 표현된 주 의사당과 워싱턴의 많은 선언문, 법률, 재무부
  규정 등이 일반 시민의 이익을 위해 설명되어야 한다는 것을 알고 있습니

다."(1933. 3. 12. 첫회 「노변정담: 은행 위기에 대해」 중)

- "일반 대중 사이에서 우리의 정책을 '뉴딜'이라고 부르는 것은 거의 합치된 관행으로 보입니다. 이 이름은 배경에 시어도어 루스벨트의 공정한 딜(Square Deal)과 우드로 윌슨의 신자유(New Freedom)라는 두 개념이 만족스럽게 조화를 이루고 있다는 점에서 매우 적절한 명칭이라고 생각됩니다."(1934. *On Our Way*의 「서문」 중)

- "우리는 지금 전쟁의 한가운데에 있습니다. 정복이나 복수가 아니라 이 나라와 이 나라가 대표하는 모든 것이 우리 아이들에게 안전할 세상을 위한 전쟁입니다. 우리는 일본으로부터의 위험을 제거하기를 기대하지만, 우리가 그것을 성취하고 나머지 세계가 히틀러와 무솔리니에 의해 지배되고 있다는 것을 발견한다면 그것은 우리에게 좋지 않을 것입니다. 우리는 전쟁에서 승리할 것이고 뒤따르는 평화를 얻을 것입니다."(1941. 12. 9. 「노변정담: 일본에 대한 전쟁 선포에 관해」 중)

- "카이로와 테헤란 회담은 나에게 처칠 총리, 장제스 대원수, 스탈린 원수를 만날 수 있는 첫 번째 기회를 주었습니다. 그리고 이 무자비한 사람들과 함께 테이블에 앉아 그들과 직접 대화할 수 있는 기회를 주었습니다. … 미국식 구어체 표현을 사용하자면, 나는 스탈린 원수와 '잘 지냈어요'라고 말할 수 있습니다. 그는 엄청난 결단력과 강인한 유머를 겸비한 사람입니다. 나는 그가 러시아의 심장과 영혼을 대표하는 인물이라고 믿습니다. 그리고 나는 우리가 그와 러시아 국민들과 매우 잘 지낼 것이라고 믿습니다. 영국, 러시아, 중국, 미국 네 세력은 유럽과 아시아, 아프리카와 아메리카의 자유를 사랑하는 민족들과 단결하고 협력해야 합니다."(1943. 12. 24. 「노변정담: 테헤란과 카이로 회담에 대해」 중)

3. 인도의 자와할랄 네루

인도의 자와할랄 네루 총리(Jawahalal Nehru, 1889~1964, 재임 1950~1964)는 반식민주의 투쟁을 통해 인도 독립을 이루어냈고, 국민통합을 통해 현대 인도를 건축했으며, 비동맹운동을 통해 제3세계 국가들의 결속을 추진했던 인물로서, 통합정치의 진수를 보여준 정치지도자이다. 통합정치와 관련한 그의 업적과 리더십의 면면을 살펴보기 위해 그의 대표 저서인 『세계사 편력』(*Glimpses of World History*, 1934), 『네루 자서전: 자유를 향하여』(*Toward Freedom: The Autobiography of Jawaharlal Nehru*, 1940), 『인도의 발견』(*The Discovery of India*, 1945), 마이클 브레처(Michael Brecher, 1925~2022)의 *Nehru: A Political Biography*(네루: 정치 전기, 1959)와 *Nehru, Ben-Gurion, and Other 20th-Century Political Leaders*(네루, 벤 구리온, 그리고 20세기 정치지도자들, 2005), 샤시 타루르(Shashi Tharoor, 1956~)의 『네루 평전』(*Nehru: The Invention of India*, 2003), 이옥순(1955~)의 『인도현대사: 동인도회사에서 IT까지』(2007), 조길태(1943~)의 『인도 독립운동사』(2017) 등을 참고했다. 그리고 Jawaharlal Nehru materials in the South Asian American Digital Archive(https://www.saada.org/search/jawaharlal%20nehru)와 Works by Jawaharlal Nehru at Open Library(https://openlibrary.org/authors/OL741A/Jawaharlal_Nehru)를 참조했다.

국민회의와 감옥에서 인도를 발견하다

네루는 1889년 인도 알라하바드에서 카스트의 첫 번째 계급인 브라만(Brahmins) 출신으로 나중에 '인도국민회의'(Indian National Congress, INC, 이하 국민회의)의 의장을 두 번 역임(1919, 1928)한 변호사인 아버지 모틸랄 네루(Motilal Nehru, 1861~1931)와 부유한 브라만 출신인 어머니 스와루프 라니(Swarup Rani, 1868~1938) 사이에서 삼남매 중 둘째로 태어나 자와할랄(귀중한 보석)이라는 이름을 얻었다. 그는 16세까지 영국인 가정교사에게 교육을 받았고, 1905년 영국으로 건너가 해로학교와 케임브리지대학교에서 수학하고, 이너템플 법학원에 입학해 변호사 자격을 얻은 후 7년만에 귀국했다. 1912년부터 부친의 변호사 사무소에서 일하면서 국민회의와 관련한 활동을 시작했고, 1916년 마하트마 간디(Mahatma Gandhi, 1869~1948)를 처음 만나게 된다. 1920년부터는 간디와 함께 반식민주의 운동을 전개했다. 네루는 1916년 브라만 출신인 카말라 카울(Kamala Kaul, 1899~1936)과 결혼했으나, 부인의 신병으로 상처喪妻하고 재혼하지 않았다.

네루는 1921년 반정부 활동 혐의로 처음으로 투옥되었으며, 이후 24년 동안 총 9차례 투옥과 근 10년간 옥고를 겪었다. 1923년에는 지방선거에서 알라하바드 시위원장에 선출되어 2년간 시장 업무를 수행했다. 1926년에는 부인의 신병 치료를 위해 20개월간 유럽에 체류하게 되는데, 이때 많은 지식인 및 혁명가들과 교류하면서 정치적 사유의 폭을 넓혔다. 1927년 2월 브뤼셀에서 열린 '식민지 억압과 제국주의에 반대하는 국제회의'에 국민회의의 대표로 참석했다. 1928년 러시아혁명 10주년 기념을 맞아 소련 정부의 초청을 받아 소련을 방문한 후 *Soviet Russia: Some Random Sketches and Impression*(소비에트 러시아: 몇 가지 단상과 인상)을 출간했다. 1929년 국민회의 의장에 처음으로 선출되었고, 1930년, 1936년, 1937년, 1946년에도 의장을 맡았다. 1942년에는 간디로부터 정치적 후계자로 인정받았고, 1947년 '인도 자치령'(Union of India,

통칭 Dominion of India)의 총리와 1950년 '인도 공화국'(Republic of India)의 초대 총리를 역임했다. 그는 1955년 아시아·아프리카 비동맹운동을 주도하면서 국제정치의 주역으로 부상했지만, 1962년 한때 형제국가라고 불리는 중국과의 전쟁으로 어려움을 겪었다. 1964년 인도의 산적한 문제들과 나중에 두 차례 총리를 역임한 외동딸인 인디라 간디(Indira Gandhi, 1917~1984, 재임 1966~1977, 1980~1984)를 남겨둔 채 조용히 눈을 감았다.

이상과 같은 간략한 이력에서도 알 수 있듯이, 네루는 국민회의와 떼려야 뗄 수 없는 관계, 나아가 그 자체라고 해도 지나치지 않을 것이다. 국민회의는 1857년 발발한 세포이 항쟁(Sepoy Mutiny, the First War of Independence)이 진압되고 무굴제국(Mughal Empire)이 멸망된 직후 수립된 '영국령 인도'(British Raj, 통칭: Indian Empire, 1858~1947)에 의해 식민지배가 무르익는 1885년 뭄바이에서 결성되었다. 이 단체는 인도 총독부의 고위 관료였던 앨런 흄(Allan Hume, 1829~1912)[42]의 인도에 대한 박애주의와 "인도의 지위를 향상시키고 영국 식민지 당국과 계속해서 교류한다"는 입장을 지닌 지식인·지주·상인 등의 개량주의가 맞물리면서 탄생한 사회지도층 인사들의 모임이었다.

국민회의는 초기에 영국의 '분할통치'(divide and rule) 전략에 의해 친親영적 성향을 띠고 있었지만, 1905년 영국이 '벵골분할령'[43]을 단행하자 이를 계기로 반영운동의 선두에 서며 독립운동을 위한 구심체로서 성장했다. 특히 국민회의는 1906년에 들어 스와라지(Swaraji, 자치운동), 보이콧(영국상품 불매), 스와데시

---

[42] 1912년 앨런 흄이 죽었을 때 국민회의는 "국민회의 창립자이자 아버지인 흄의 죽음에 대해 깊은 슬픔을 표합니다. 고귀한 희생에 대해 인도는 깊고 영원한 고마움을 느끼는 한편, 인도의 진보와 개혁의 대의는 돌이킬 수 없는 손실을 입었습니다"고 추모했다.

[43] 벵골분할령은 1905년 인도 총독 조지 커즌(George Curzon, 1859~1925, 재임 1899~1905)이 내린 조치로 반영여론이 높은 벵골지방을 힌두교도가 많은 서벵골과 무슬림이 많은 동벵골로 분할하는 내용을 담고 있었다. 이 법령은 국민회의의 반대운동으로 1911년 철회되었지만, 이후 힌두교도-무슬림 간의 불화와 인도-파키스탄 간의 분단을 초래한 불행의 씨앗으로 영향을 미쳤다.

(Swadeshi, 국산품 애용), 민족교육 등 '4대 강령'을 채택해 반식민주의 운동을 펼쳐 나가면서 명실상부한 대중정당으로 자리매김했다. 하지만 국민회의는 인도의 다양성만큼이나 지난하고 파란만장한 독립운동 과정에서 수많은 갈등과 분열을 겪었다. 이는 국민회의가 인도의 축소판과 같았기 때문이었다. 그럼에도 불구하고 국민회의는 네루의 통합과 결속의 지도력 덕분에 인도의 독립과 국가건설, 그리고 근대화를 성취하는 데 크게 기여했다.

잘 알다시피, 식민지 시절 인도는 고대로부터 근대에 이르기까지 여러 차례의 왕조 교체로 인해 전통종교 및 다수의 외래종교들이 공존하는 다종교 사회였다. 또한 극단적 신분제인 카스트(Caste) 제도가 전통과 문화에 깊이 뿌리내리고 있어, 갈등과 분열의 가능성이 늘상 존재하는 다층적인 '착종사회'(combinated society)였다. 이러한 배경에 영국에 의한 자본수탈과 분할통치의 결과로 심화된 계급적 갈등과 지역적 분열이 가세하고 있었다. 인도의 종교는 절대 다수집단인 힌두교와 소수집단인 이슬람교, 그리고 극소수 집단인 시크교, 불교, 자이나교, 기독교 등으로 구성되어 있었다. 문제는 힌두교와 이슬람교의 일각에서 모든 종교를 아우르되 정치에서 특정 종교의 지배를 배제하는 입장인 '세속주의'(secularism)를 거부하고, 자신들의 종교적 교리를 배타적으로 추구하는 '종파주의'(communalism)가 상당한 영향력을 행사하고 있었다는 점이다. 이 같은 상황은 소수 대지주들과 600여 개 토호국의 군주들이 자신들의 기득권을 유지하려는 의도와 영국의 분할통치 전략이 어우러져 더욱 촉진되었다.

한편 인도의 신분제는 힌두교의 가장 오래된 경전인 리그베다(Rigveda)에서 계급 또는 색깔을 의미하는 것으로 언급되는 바르나(Varna)와, 오랜 관습과 종교로부터 유래된 것으로 출생을 의미하는 자티(Jāti)로 구성되어 있었다. 바르나는 공식적으로는 4개 계급, 즉 브라만(Brahmins, 승려), 크샤트리아(Kshatriyas, 통치자·행정관·전사 등), 바이샤(Vaishyas, 장인·상인·농부 등), 수드라(Shudras, 노동계급)와 비공식적으로 다섯 번째 계급에 해당하는 달리트(Dalits, 不可觸賤民·부족민 등)로 분류되며, 자티는 바르나 아래의 더 세분화된

체계로 혈연, 직업, 공동체 등으로 복잡하게 얽혀 있는 수천 개의 사회집단들로 구성되어 있다. 특히 주목할 점은 세상에서 노비 다음으로 연민의 존재이면서도 공식적으로 거론되지 않는 집단인 달리트가 전체 인구 중 6분의 1을 차지함에 따라 미국의 남북전쟁을 발발하게 했던 노예해방의 대의와 같은 연민과 분노가 폭발할 수 있는 잠재적 요인이었다는 점이다. 이 같은 인도의 심각한 문제점과 모순이 초기의 국민회의에 그대로 투영되어 있었다.

영국 식민지배 체제에서의 정치지형은 1910년 결성한 인도자유당(Indian Liberal Party)을 중심으로 하는 친영파 개량주의 세력, 국민회의를 중심으로 하는 범민족주의 세력, 1925년 창당한 인도공산당(Communist Party of India)을 중심으로 하는 급진적 사회주의 세력 등으로 편재되어 있었다. 이 중 국민회의는 반식민주의 통일전선을 지향하고 있었기 때문에 서로 다른 이념과 노선을 지닌 정치단체들과 다양한 종교 및 사회 집단들을 망라하고 있었다. 우파에는 힌두교 분파인 '힌두 마하사바'(Hindu Mahasabha, 1915) 그룹과 '라쉬트리야 스와암세바크 상그'(Rashtriya Swayamsevak Sangh, RSS, 국민의용단, 1925) 그룹, 이슬람교 분파인 '전인도 무슬림연맹'(All-India Muslim League, 1906) 그룹, '자치당'(Swarajists, 1923) 그룹, 보수적 원로 그룹 등이 있었고, 좌파에는 '의회사회당'(The Congress Socialist Party, 1934) 그룹, '전인도노동조합회의'(All-India Trade Union Congress, 1920)[44], '전인도 리산 사바'(All-Inia Risan Sabha, 전인도농민조합, 1936) 그룹, 급진적 청년 그룹 등이 있었으며, 중간에는 간디와 네루, 그리고 그들의 추종자들이 자리잡고 있었다. 이 같은 다양한 파벌로 인해 국민회의는 독립운동의 사안과 국면에 따라 때로는 격렬한 노선 투쟁을 치루기도 하고, 때로는 분열 위기에 직면하기도 했다.

독립운동 과정에서 나타난 국민회의의 노선 갈등은 크게 보면, 대중주의 대對 엘리트주의, 민족주의 대 사회주의, 비폭력주의 대 무장투쟁주의 등을

---

44 네루는 1929년 국민회의 사무총장에 있으면서 조직 노동자들을 민족주의적 대의로 결집시키기 위해 노동조합회의 의장을 맡았다.

둘러싸고 전개되었다. 먼저 독립운동의 참여주체를 둘러싼 갈등은 간디의 등장에서 예견되었다. 남아프리카공화국에서 21년간 변호사로서 인권운동에 매진하면서 국민회의 지부를 창설해 교민에 대한 권리옹호 및 계몽 활동을 하다가 1915년에 귀국한 간디는 국민회의의 4대 강령을 실천하기 위해 '사티야그라하'(Satyagraha, 진실의 파지把持)라는 비폭력 저항운동(Nonviolent Resistance Movement, NVRM)을 전개했다. 이 운동은 영국 식민지배에 대한 거부보다는 개선을 청원하는 한편, 인도인의 자각과 계몽을 촉구하는 온건한 대중운동이라고 볼 수 있다.

간디가 전국을 다니면서 펼친 사티야그라하 운동은 그의 진정성과 목표의 보편성[45]으로 수많은 사람들로부터 지지를 받았고, 급기야 1920년에는 그를 국민의회 의장으로 만드는 계기가 되었다. 이 같은 간디의 부상은 독립운동의 참여주체가 소수 엘리트에서 다수 민중으로 전환되는 것이자, 독립운동의 동력이 협상전략이 아닌 대중운동에 달려 있다는 것을 시사했다. 하지만 이러한 변화는 국민회의의 보수적 원로 그룹은 말할 것도 없고, 이른바 '거실 정치'(living-room politics)에 익숙한 종파주의 지도자들에게 불편함과 당혹감을 안겨 주었다. 특히 나중에 '파키스탄 자치령'의 초대 총독을 역임한 변호사이자 무슬림연맹의 지도자인 알리 진나(Ali Jinnah, 1876~1948, 재임 1947~1948)[46]는 대중주의에 반발해 국민회의를 탈퇴하기도 했다.

두 번째로 독립운동이 지향하는 이념을 놓고 민족주의자와 사회주의자 간의 내홍이 첨예했다. 사회주의자들은 독립운동에 대중의 참여를 늘리기 위해

---

45 간디는 카스트 중 장인·상인·농부 계급에 속하는 바이샤 출신이다. 하지만 간디는 아쉬람(Ashram, 수행자 거처)에서 거의 절대 빈곤의 간소한 삶을 살았고, 3등 열차를 타고 전국을 다녔으며, 비폭력, 힌두–이슬람 단합, 소작농과 지주의 화합, 불가촉천민제의 폐지, 여성권익의 신장 등을 대중운동의 근간으로 삼았다.

46 알리 진나는 간디에게 편지를 보내 "경험 없는 젊은이들과 무식자들과 문맹자들에게 호소하는 것이 한탄스럽다. 이런 모든 상황은 조직력의 붕괴와 혼돈을 의미한다. 그 결과가 어떻게 될지는 생각만 해도 몸서리가 쳐진다"고 간디의 대중운동 노선을 비난했다.

사회경제적 변화를 추진할 것을 주장했는데, 특히 카스트의 폐지와 토지개혁을 강력히 요구하고 있었다. 이러한 요구는 1937년 지방자치제의 실시로 전국 11개 중 9개 주에서 국민회의가 대부분의 지방정부를 맡게 되어 부분적이나마 반영될 것으로 기대되었다. 하지만 국민회의의 지도부와 지방정부의 책임자들이 이를 외면하자, 적지 않은 사회주의 활동가와 지지자들은 네루를 '거실 사회주의자'라고 비난하면서 인도공산당으로 옮겨가기도 했다.

세 번째로 독립운동의 투쟁방식을 놓고 극단적인 갈등으로 치달았다. 1939년 제2차 세계대전이 발발하자, 국민회의 내부는 참전 여부를 놓고 크게 세 가지 입장이 첨예하게 대립했다. ①인도 총독의 참전 결정에 따를 수밖에 없다는 입장, ②독립보장을 조건으로 영국에 가담해 참전하자는 입장, ③영국에 대해 무장투쟁을 전개하자는 입장 등이었다. 당시 국민회의 의장이던 급진적 민족주의자인 수바스 보세(Subhas Bose, 1897~1945)는 총독부의 체포령을 피해 독일을 방문한 후 버마와 싱가포르에서 인도인 포로를 대상으로 한 '인도국민군'을 조직하고 일본군과 연합해 영국군과 전투를 벌이기도 했다.

이 같은 노선 갈등 속에서도 네루는 1916년 간디를 만난 이후부터, 〈표 IV-3-1〉에서 볼 수 있듯이 국민회의에서 핵심적 역할을 수행했으며, 그 과정에서 9번의 투옥과 총 3,262일간의 옥고를 치렀다. 네루에게 국민회의는 운명공동체이자 권력기반이었다. 그는 국민회의 의장을 지낸 간디와 의장을 두 번 역임한 부친 모틸랄의 지원 속에서 1929년 의장에 선출되었다. 당시 영국노동당 소속의 램지 맥도널드 총리(Ramsay MacDonald, 1866~1937, 재임 1924~1931)와 그의 훈령을 집행하는 바론 어윈 총독(Baron Irwin, 1881~1959, 재임 1926~1931)의 식민통치에 대한 유화책에 힘입어, 네루는 인도의 완전독립을 선언하고 독립인도를 상징하는 '삼색기'를 게양하는 한편, 1930년 1월 26일을 '독립의 날'로 시행할 것을 결정했다. 그러나 영국의 탄압은 가혹했다. 맥도널드 총리가 노동당에서 국민노동당으로 옮기고 거국내각(1931~1935)을 수립하면서 영국의 대對인도 식민정책은 종래의 보수당 정부의 방침으로 회귀했고, 특히 어윈 총독 후임자인 프리맨 윌링던 총독(Freeman Willingdon, 1866~1941, 재임 1931~1936)은 이름과 달리 '인도의 무솔리니'라는 별명대로 무자비한 통치를 했다.

잘 알려져 있듯이, 영국의 인도통치는 당시 여타 제국주의 국가들처럼 야만스럽고 잔혹했지만, 교활함과 용의주도함에서는 타의 추종을 불허했다. 네루의 투옥 여부는 영국 본국의 식민정책 및 훈령, 집권당의 외교정책, 인도 총독의 정무적 판단 등에 의해 크게 좌우되었다고 볼 수 있다. 네루가 독립운동에 투신할 때부터 직간접으로 관련된 영국의 카운터 파트너(counter partner)는 영국 총리와 인도 총독이라고 할 수 있는데, 이들의 개인적 인성과 정치적 성향이 그의 투옥과 관련해 지대한 영향을 미쳤을 것으로 짐작된다. 아마도 두 차례 총리를 역임한 보수당의 윈스턴 처칠 총리(Winston Churchill, 1874~1965, 재임 1940~1945, 1951~1955)는 가장 문제의 인물로 지목될 수 있다. 처칠은 인종주의자와 반反사회주의자로 정평이 난 인물인데, 그의 당내 라이벌로서 세 차례 총리를 역임한 스탠리 볼드윈(Stanley Baldwin, 1867~1947, 재임 1923~1924, 1924~1929, 1935~1937)의 온건주의적 노선과는 달리 강경일변도로 인도를 통치했다.[47] 특히 제2차 세계대전이 발발하자 처칠은 인도가 연합국에 동참할 명분을 무슬림연맹의 진나에게는 준 반면에, 국민회의의 간디와 네루에게는 주지 않았다. 아시아에서 영국군이 패주하는 마당에 벌인 이러한 분할 책동에 대해 네루는 1942년 영국인에게 "인도를 떠나라"(Quit India)고 요구하고, 인도인에게 "죽을 각오로 투쟁하라"(Do or Die)고 호소하는 한편, 스스로는

---

47 리차드 토예(Richard Toye, 1973~)의 *Churchill's Empire: The World That Made Him and the World He Made*(처칠의 제국: 그를 만든 세계와 그가 만든 세계, 2010)에 따르면, 처칠은 "나는 인도인이 싫다(hate). 그들은 야만적인 종교(beastly religion)를 가진 동물적인 사람들(beastly people)이다"라고 말할 정도로 극단적인 인종차별주의자였는데, 나중에 네루가 총리가 되자 그에 대해 "고타마 붓다(Gautama Buddha)보다 더 큰 빛, 아시아의 빛"이라고 찬사를 보내는 노회한 정치인이었다.

마지막 옥고(1942. 8. 9~1945. 6. 15)를 치르는 것으로 대항했다.

〈표 IV-3-1〉네루의 국민회의 활동과 옥고 현황

시기	국민회의 활동 및 투옥	주요 내용
1920	알라하바드 지부 부의장	간디 비협력운동 동참 및 킬라파트 운동* 지원
1921	1차 투옥	3개월 옥고(1921. 12~1922. 3)
1922	알라하바드 지부 부의장	영국 상품 불매운동 전개
	2차 투옥	8개월 옥고(1922. 5~1923. 1)
1923	국민회의 사무총장	시크 아칼리 운동** 지원으로 나바 방문
	3차 투옥	12일 옥고(1923. 9)
1929	첫 번째 국민회의 의장	인도의 완전독립 선언, '독립의 날' 시행 결정
	4차 투옥	6개월 옥고(1930. 4~8)
1930	두 번째 국민회의 의장	납세거부 운동 전개
	5차 투옥	5개월 옥고(1930. 8~1931. 1)
1931	6차 투옥	1년 8개월 옥고(1931. 12~1933. 8)
1934	7차 투옥	1년 7개월 옥고(1934. 2~1935. 9)
1936	세 번째 국민회의 의장	지방선거 캠페인 전개
1937	네 번째 국민회의 의장	지방선거 승리
1940	8차 투옥	2개월 옥고(1940. 10~12)
1942	9차 투옥	2년 9개월 옥고(1942. 9~1945. 6)
1946	다섯 번째 국민회의 의장	과도내각 집행위원회 총리
1951	여섯 번째 국민회의 의장	1951~1954 국민회의 의장 연임

* 킬라파트 운동(Khilafat Movement, 1919~1924): 인도 무슬림의 저항운동.

** 시크 아칼리 운동(Sikhs Akali Movement, 1920~1925): 인도 시크교의 개혁운동.

국민회의의 지도자가 된 네루는 영국의 식민통치가 결코 호락호락하지 않을 뿐만 아니라 국민회의가 파쟁과 불화에 빠져 있을 때 영국의 분할통치 전략이 유리하게 작용한다는 것을 깊이 인식했다. 그는 한때 간디의 투쟁방식에 대해 회의적인 시각을 가졌다. 즉 세속주의보다는 종파주의에 경사된 간디의 대중운 동과 개인적 행동이 비조직적이고 비정치적이라고 생각한 적이 있었다.[48] 하지

---

48 네루는 불복종운동을 이끌던 간디가 한때 환멸을 느끼고 모든 활동을 중단한 데 대해

만 네루는 간디의 진정성과 위대함을 끝까지 받아들였다. 또한 그는 자신과 함께 간디 이후의 국민회의 쌍두마차로서, 나중에 건국 직후 부총리를 맡은 발라브바이 파텔(Vallabhbhai Patel, 1875~1950)의 보수적인 힌두 민족주의를 인정했다. 특히 네루는 사회민주주의자로서 자신의 신념을 유지하되, 당의 결속을 위해 민족주의를 우선시하고 중심에 두는 전략을 준수했다. 이 같은 네루의 포용적이고 유연한 태도는 국민회의의 내부 갈등에 대한 실망과 안타까움으로 괴로워하고 고뇌와 성찰을 거듭한 끝에 나온 결론이었다. 네루는 인도의 독립과 국민의 자유를 쟁취하는 데 있어서 가장 중요한 것은 이념이나 노선이 아니라 국민회의의 존립과 단합이라고 확신했다. 그는 국민회의의 존립 자체가 독립운동이고, 단합이 독립운동의 원동력임을 간파했다. 이를 바탕으로 당내 갈등과 분열을 포용력과 인내심으로 극복했으며, 나중에 인도 국기의 원형이 되는 당기[49]를 채택해 당의 결속을 다지기도 했다. 물론 그는 자신의 진정성을 위해 무엇보다도 영국 총리나 인도 총독과 어떠한 타협이나 거래를 하지 않았고, 옥고를 두려워하지 않았다.

네루의 옥고는 근 10년간 이뤄졌는데, 그중 1931년, 1934년, 1942년에는 2년 내외의 긴 기간이었다. 이 기간 중 그는 불후의 명저인 『세계사 편력』과 『자서전』, 그리고 『인도의 발견』을 집필했다. 이들 저서는 옥고를 스스로 달래기 위한 성찰이나 사색, 사랑스럽고 안쓰러운 외동딸에게 보낸 편지들을 담고 있다. 이 가운데 인간의 영혼과 육체를 황폐화시키는 옥고가 인간적으로

크게 실망해, 일기에서 "여러 해 동안 그에게 나를 묶어두었던 충성의 끈이 툭 끊겨져 버리는 것을 찌르는 듯한 아픔으로 느꼈다"라고 고백하기도 했다.

49 국민회의의 당기는 선황색, 백색, 녹색의 수평 띠 3개와 한가운데에 물레가 그려져 있는데, 3개 띠와 색깔은 3개의 주요 공동체(힌두교인, 무슬림, 시크교인을 포함한 소수 종교인)와 3개의 덕(용기, 단결, 다산)을 의미하고 있으며, 물레는 자립의지를 상징하고 있다. 1947년 제정된 인도 국기는 물레 대신에 평화주의자이자 불교도 군주인 아쇼카 대왕(Ashoka the Great, B.C. 304~232, 재위 B.C. 268~232)의 사자상에 새겨져 있는 법륜(Ashoka Chakra)이 그려져 있다.

벅찬 실존적 상황이었음을 토로하는 고백에서 그의 진실함을 엿볼 수 있기에 한 대목을 소개하고자 한다.

"감옥에서 몇 년을 보냈던가? 홀로 앉아 생각에 잠긴 채, 얼마나 많은 계절이 왔다가 차례차례 망각의 세월 저편으로 사라져 가는 것을 지켜보았던 가? 달이 차고 기우는 것을, 별이 비정하고도 장엄하게 움직여 가는 것을 응시하기 그 몇 번이었던가? 얼마나 많은 나의 청춘의 세월이 여기에 묻혔는가? … 때로는 죽어 버린 지난날이 유령이 되어 벌떡 일어서서 사무치는 기억을 일깨우며 속삭인다. '이렇게 할 가치가 있을까?' 하고."(『자서전』 중에서)

그럼에도 불구하고 네루의 옥고는 감옥 안과 밖에 있는 동지들과 지지자들에게 굴하지 말고 인내하라는 메시지였으며, 인도 민중에게는 참고 이겨내면 독립과 자유를 되찾을 수 있다는 희망의 약속이었다. 또한 이는 국민회의를 결속시키고 인도 민중을 단합시키기 위한 제단에 자신을 공양供養하는 숭고한 선택이었다. 어쩌면 이는 네루가 인도의 위대한 역사와 찬란한 문화를 발견하도록 한 비슈누(Vishnu)[50]의 간지奸智였을지도 모른다.

"인도는 지리적·경제적 실체, 다양함 속의 문화적 통일체인가 하면, 튼튼하지만 보이지 않는 끈으로 함께 묶은 한 묶음의 모순이다. 거듭거듭 짓밟혔지만 인도의 정신은 결코 정복당한 적이 없었다. 그리고 오만한 정복자의 노리개로 보이는 오늘날에도 인도는 정복당하지 않은 상태를 계속 유지하고 있다. … 인도는 간혹 부끄러워하고 냉담하고 심술궂고 완고하다. 과거를 가진 이 숙녀는 때로 약간 신경질적이기까지 하다. 그러나 인도는 사랑스러

---

50 힌두교에서 최고 신성의 삼중신三重神인 트리무르티(Trimurti)는 창조의 신인 브라마 (Brahma), 보존의 신인 비슈누(Vishnu), 파괴의 신인 시바(Shiva)로 구성되어 있다.

워서 인도의 자녀 중 그 누구도 어디에 가거나, 야릇한 운명이 그들에게 닥쳐도 결코 인도를 잊을 수 없다. 왜냐하면 인도는 위대함은 물론 결함을 지닌 가운데 그들의 일부가 되어 있기 때문이다."(『인도의 발견』 중에서)

국민통합으로 현대 인도를 건축하다

영국의 처칠 총리는 1945년 5월 독일이 항복하고 7월 총선이 다가오자, 6월에 네루를 석방했다. 총선에서 393석 대 197석으로 압승한 노동당의 클레멘트 애틀리(Clement Attlee, 1883~1967, 재임 1945~1951)가 총리로 취임하자, 영국은 탈식민지 외교정책이 불가피하다고 판단하고 인도에 대해 즉각적인 독립국가의 수립 대신에 영국 자치령을 통한 과도정부의 수립을 구상하기 시작했다. 하지만 이 구상은 인도 국민의 독립 열기와 종파 간의 분쟁이 격화되자, 군사력에 의존하는 임시방편적 통치 대신에 '인도-파키스탄 분할'(Partition of India)을 추진하는 방안으로 전환되었다. 이 계획은 이미 영국과 무슬림연맹의 진나가 오랫동안 거래해 온 밀약이었다. 영국은 이 방안이 장차 비우호적일 수 있는 독립인도를 분열시킴으로써 이이제이以夷制夷할 수 있고, 인도의 무슬림을 지원함으로써 중동지역의 이슬람국가들에 대한 영향력을 강화할 수 있는 전략적 이점을 동시에 지닌다고 판단했다.

인도-파키스탄 분할은 1946년 9월 제헌의회(Constituent Assembly) 및 임시정부(Interim Government of India)의 수립과 대다수 인도 민중의 특유한 낙천성, 그리고 죽음을 불사한 간디의 단식에도 불구하고, 결국 영국의 분할책동과 종파주의적 폭력[51] 앞에서 네루의 고뇌에 찬 결단으로 이뤄졌다.

네루는 1947년 6월 무슬림연맹의 진나와 시크교도의 지도자인 발데브 싱

---

[51] 진나는 1946년 8월 16일 '직접 행동의 날'(Direct Action Day)을 선포해 무슬림연맹의 시위를 주동했는데, 이 와중에서 16,000여 명의 무고한 사람들이 살해당했다. 그는 "파키스탄이 창설되지 않는 한 살해 행위가 그치지 않을 것"이라고 밝혔다.

(Baldev Singh, 1902~1961)과의 3자회의를 통해 인도-파키스탄 분할에 합의했다. 또한 네루는 영국이 제안한 자치령을 수용할 수밖에 없었다. 새로운 총독 루이스 마운트배튼(Louis Mountbatten, 1900~1979, 재임 1947~1948)은 권력을 중앙정부가 아닌 주정부에 이양해 주들이 연방에 자유롭게 가입할 수 있게 하는 '발칸계획'(Plan Balkan)을 추진하고 있었다. 이 발칸화(Balkanization)[52]가 현실화된다면, 인도는 산산조각이 나서 여러 주들과 토후국 및 잡다한 지역세력 간의 권력쟁투와 내전에 빠져들 수 있었다. 네루는 "인도가 파괴되는 것보다는 분할이 낫다"라는 냉철하고 대승적인 판단 하에 진나의 분할 요구와 영국의 자치령 제안을 수용하는 결단을 내렸다. 이에 대한 평가는 이후에 진행된 참혹하고 비극적인 사태들로 일부 폄하되고 있지만, 네루가 유언장에서 언급한 바 있는 '승리와 패배', '희망과 두려움'을 함께 지니고 있는 인도의 역사와 사회를 조금이라도 이해한다면 그의 결단이 최선은 아니었더라도 차선인 것만은 분명하다고 볼 수 있다.

　네루는 1947년 8월 15일 인도 독립일을 앞두고 〈표 Ⅳ-3-2〉와 같이 '인도 자치령' 정부 구성을 시작했으며, 3년 후에 예정된 '인도 공화국'의 출범을 차질 없이 준비하는 과업에 착수했다. 네루에게 주어진 핵심 과제는 국민통합의 구축과 제헌헌법의 제정이었다. 국민통합의 과제는 난제 중 난제였다. 당초 인도-파키스탄 분할은 힌두교와 이슬람교 간의 종파적 갈등이 완화될 것이라는 기대 속에서 받아들여진 측면이 있었지만, 시간이 갈수록 종파주의가 더욱 기승을 부리고 있었다. 급기야 여생을 파키스탄에서 보내겠다고 선언함으로써 무슬림으로부터도 공감을 얻고 있던 간디가 1948년 1월 힌두 과격분자에 의해 저격당해 숨을 거두는 일이 발생했다. 위대한 영혼의 죽음 앞에서도 종파 간의 갈등은 상호 보복과 영토 분쟁으로 끝없이 치닫고 있었다.

---

[52] 발칸화는 제1차 세계대전에서 오스트리아-헝가리 제국과 오스만 제국이 붕괴된 직후 발칸반도에서 다수의 소국들과 독립 주들이 출현했던 사태를 이른다.

〈표 IV-3-2〉 인도 일부 총독 및 총리 현황

대	취임년	총독 및 총리	소속	비고
45	1947	마운트배튼 자작	영국 왕실	인도 총독
1	1947	마운트배튼 자작	영국 왕실	인도자치령 총독
2	1948	라자고팔라차리	국민회의	인도자치령 총독
1	1947	자와할랄 네루	국민회의	인도자치령 총리
1	1950	자와할랄 네루	국민회의	인도 총리
2	1964	바하두르 샤스트리	국민회의	
3	1966	인디라 간디(1차)	국민회의	
4	1977	모라르지 데사이	자나타당	
5	1979	차란 싱	자나타당	
3-2	1980	인디라 간디(2차)	국민회의	암살
6	1984	라지브 간디	국민회의	암살
7	1989	비슈와나트 싱	자나타	
8	1990	찬드라 셰카르	무소속	연정
9	1991	나라심하 라오	국민회의	
10	1996	아탈 바지파이(1차)	인민당	
11	1996	데베 고다	자나타당	
12	1997	인데르 구지랄	자나타당	
10-2	1998	아탈 바지파이(2차)	인민당	
13	2004	만모한 싱	국민회의	
14	2014	나렌드라 모디	인민당	

　　네루는 폭동 현장에 직접 방문해 불상사를 각오하고 사람들에게 이성과 자비를 호소했다. 여기서 예기치 않는 한 편의 드라마가 펼쳐지기도 했다. 그는 자신의 경호원에게 필요하다면 무슬림을 공격할지 모르는 힌두교인에게 총을 쏘라고 지시하기도 하고, 생명을 위협받고 겁에 질린 무슬림을 위해 자신의 집을 피난처로 제공하기도 했다. 이처럼 긴박한 와중에서 이러한 위험을 무릅쓴 네루의 모습은 국민들에게 깊은 인상을 남겼다. 특히 파키스탄으로 떠나려 했던 수많은 무슬림이 안심하고 인도에 남게 되었다. 한편 제1차 인도-파키스탄 전쟁[53]이라고 불리는 '카슈미르 분쟁'(Kashmir conflict)이 발생하자, 네루

는 힌두 민족주의자들의 압박에 굴하지 않고 승산이 있는 전투 대신에 평화적 방식을 추구하기로 결단하고 이 문제를 유엔에 회부했다. 또한 토호국들이 인도 연방에 통합되도록 끊임없는 설득과 타협을 멈추지 않았다. 이처럼 관용과 포용의 정치리더십를 발휘하면서, 네루는 현대 인도에 대한 설계를 차질 없이 이어나갔다.

제헌헌법은 1949년 11월 의회에서 채택되었다. 헌법 제정 작업은 오랫동안 달리트의 지위 향상을 위해 활동해 온 불가촉천민 출신으로 초대 법무장관인 빔라오 암베드카르(Bhimrao Ambedkar, 1891~1956, 재임 1947~1951)가 헌법기 초위원장을 맡아 추진했다. 제헌헌법은 전체 395조로 제정 당시 세계에서 가장 긴 헌법으로 알려졌는데, 그만큼 인도의 상황이 녹록지 않았음을 방증傍證 하는 것이라고 볼 수 있다. 국가형태는 연방제 하의 민주공화국으로 결정되었 고, 정부형태는 의회제로 채택되었으며, 국가의 가치는 사회적·경제적·정치 적 '정의', 생각 및 표현과 신앙의 '자유', 지위와 기회의 '평등', 개인의 존엄성과 국가의 일치 및 온전함을 보장하는 '우애' 등으로 제시되었다. 제헌헌법에서 가장 주목할 부분은 달리트에 대한 '특별대우'(special treatment)를 보장한 조항 이었다. 헌법 제14조 2항은 모든 국민은 법 앞에 평등하며 "카스트, 종교, 출생을 근거로 차별받지 않는다"고 명시하면서도, "국가가 사회적으로, 교육적 으로 후진된 계층과 지정된 카스트나 지정된 부족민에 대한 처우 증진을 위해 특별한 조치를 마련하는 것을 금지하지 않는다"고 덧붙이고 있다. 이 조항은 사회적 약자에 대한 긍정적 차별(positive discrimination)을 허용하는 것을 의미했 다. 이 조항에 대한 반발이 의회 안팎으로부터 거셌지만, 네루는 국민을 하나로 모으고 간디가 지닌 꿈을 실현하기 위해 기꺼이 받아들일 것을 설득하고 호소했 다. 마침내 제헌헌법이 제정되자, 그 발효일인 1950년 1월 26일 주권국가로서 '인도 공화국'이 탄생되었다. 또한 벵골어 시집인 『기탄잘리』(*Gitanjali*, 영역본:

---

53 인도-파키스탄 전쟁은 세 차례 있었는데, 1947년과 1965년 전쟁은 카슈미르 분쟁 때문에 발생했고, 1971년 전쟁은 동파키스탄 분할 때문에 발생했다.

Song Offerings, 1910)로 노벨문학상을 수상(1913)한 라빈드라나트 타고르 (Rabindranath Tagore, 1861~1941)가 1911년 작사·작곡한 「자나 가나 마나」(Jana Gana Mana, 당신은 모든 이의 마음의 통치자이시다)가 국민통합을 위해 국가國歌로 채택되었다.

네루는 식민지 유산과 국제적 냉전체제라는 국내외적 제약조건 속에서 헌법에 명시된 "정의, 자유, 평등, 우애"라는 가치를 구현하고, 독립기념사에서 밝힌 약속대로 "빈곤, 무지, 질병, 기회의 불평등을 종식"시키기 위해 국가건설이라는 시대적 과제를 〈표 IV-3-3〉과 같이 본격적으로 추진해 나갔다. 그는 '현대 인도의 건축가'(The Architect of Modern India)로서 ①민주주의 정치, ②범인도적 세속주의, ③사회주의적 정책, ④비동맹 외교정책 등을 국가건설의 네 기둥으로 삼고, 국민적 합의라는 들보를 얹히고 관용과 포용이라는 지붕을 엮어 나갔다. 이는 마치 인도의 국장(國章, State Emblem of India)으로서 힘,

〈표 IV-3-3〉 네루 집권기의 주요 국내정책과 외교정책 현황

기	기간	주요 사건	주요 정책 및 조치
자치령	1947. 8~ 1950. 1	·1947 인도자치령 출범 / 카스미르 분쟁 ·1948 간디 암살 ·1949 제헌헌법 제정	·제헌의회를 거부하는 군주국에 대한 적국 선언 ·종교 준군사조직 진압 및 관련자 20만명 체포 ·제헌헌법에 따라 15인 임시통합내각 구성
1	1950. 1~ 1952. 4	·1950 인도공화국 탄생 ·1951 총선(10. 25~1952. 2. 21)	·기획위원회 설치 ·유권자 3억 6,108만여 명, 투표율 44.8%
2	1952. 4~ 1957. 4	·1952 2기 내각 ·1953 국가재조직위원회 창설 ·1954 비동맹 5대원칙 발표 ·1955 반둥회의 조직 ·1956 달리트 불교운동	·각종 힌두민법 개혁 착수 ·행정구역 개편: 1956년 「주州재조직법」 반영 ·인도-중국 평화공존 5대 원칙 협정 체결 ·비동맹정상회담 창설 ·티베트 망명정부 수립 용인
3	1957. 4~ 1962. 4	·1957 총선 및 3기 내각 ·1958 네루 사임의사 표명 ·1959 인디라 국민회의 의장 선출 ·1960 5월 1일 노동자의 날 지정 ·1961 고아 합병	·케랄라 주정부 공산당 집권 ·아이젠하워와 흐루쇼프의 사임 만류 편지 ·케랄라 주정부 공산당 집권 무력화 ·헌법 9차 개정 ·방미 케네디와 최악 회담
4	1962. 4~ 1964. 5	·1962 총선 및 4기 내각 / 인도-중국 전쟁 ·1963 야당의 정부불신임안 발의 ·1964 네루 서거	·중국계 인도인 격리 수용 ·최초 우주로켓 발사 ·바하두르 샤스트리 2대 총리 취임

용기, 자신감, 믿음을 상징하는 아쇼카 대왕의 네 마리 사자상이 "진실만이 승리한다(Satyameva Jayate)"고 포효하면서 당당히 서 있는 모습을 연상시켰다.

민주주의에 대한 네루의 신념은 흔들림이 없이 다른 어떤 정치적 이념에 대한 것보다도 확고했다. 그는 민주주의를 하나의 정치적 수단이 아닌 정치적 목적 그 자체라고 여길 정도로 변함없는 민주주의자였다. 이는 그가 영국에서 받은 교육의 영향도 있었겠지만, 인도의 역사와 문화에서 다양성과의 공존, 자치의 전통, 자유에 대한 희구 등을 발견했기 때문이다. 그는 국민의 압도적인 지지와 인기에 기반한 카리스마가 있음에도 불구하고, 대부분 신생 독립국가의 지도자들과 달리 강력한 대통령제나 권위주의적 통치의 유혹에 빠지지 않았다. 특히 파키스탄이 리아콰트 칸 초대 총리(Liaquat Khan, 1895~1951, 재임 1947~1951)의 암살, 1951~1958년 사이에 6명 단명 총리, 1958년 군사쿠데타, 1958~1971년 기간의 군부권위주의 체제 등으로 극심한 정치적 혼란을 겪었던 것과 비교하면, 네루의 민주주의는 괄목했고 지금까지도 유효하다고 볼 수 있다. 그는 대의민주주의의 핵심 기제인 의회정치와 야당을 존중했고, 실권이 없는 대통령에게도 각별히 경의를 표했으며, 주 총리들에게 정기적으로 자신의 정책을 설명했고, 사법부를 간섭하지 않으려고 항상 경계했다. 또한 보통 사람들이 자신에게 청원하거나 대화할 수 있도록 매일 아침 공개적인 만남의 시간을 갖기도 했다. 이처럼 네루는 스스로 모범이 되어 민주주의 제도와 운영에 존엄성을 부여하고, 국민적 합의를 이끌기 위해 진정성을 갖고 끊임없이 대화하고 설득했다.

네루 시절 인도의 정당체계는 조반니 사르토리(Giovanni Sartori, 1924~2017)의 분류에 따르면, '패권정당체계'(hegemonic party system)에 해당한다. 이 시기에 각종 선거에서 국민회의는 70% 넘게 의석을 차지했다. 1952년 총선 결과는 하원의원 499석 중 국민회의 364석(72.9%), 인도공산당 16석, 사회당 12석, 군소정당 60석, 무소속 37석, 임명의원 10석[54]이었고, 1957년 총선은 505석 중 국민회의 371석(73.4%), 인도공산당 27석, 프라자사회당 19석, 군소정당

35석, 무소속 42석, 임명의원 11석이었으며, 1962년 총선은 508석 중 국민회의 361석(71.0%), 인도공산당 29석, 스와탄트라당 18석, 군소정당 66석, 무소속 20석, 임명의원 14석이었다. 이 같은 패권적 정당체계에서 국민회의는 신생국가들에서 흔히 나타나는 '동원하는 정당'(mobilizing party)이 아니라 소련이나 중국의 공산당처럼 '통치하는 정당'(governing party)의 역할을 수행했다. 의회제 정부형태의 채택과 지방자치제의 오랜 경험 덕분에 국민회의의 간부들은 관료와 전문가들의 역할을 대신하면서 근대화 과제를 수행했다. 마이런 와이너 (Myron Weiner, 1931~1999)는 *Party Politics in India: The Development of a Multi-Party System*(인도의 정당정치: 다원제의 발전, 1957)에서 이를 민주주의 발전과 책임정당 정치라는 측면에서 긍정적으로 평가했다. 그러나 의원들과 당 간부의 관료화는 수준 높은 전문성에 대한 한계와 정치적 부패를 양산하는 문제를 낳고 있었다.

한편 네루는 세속주의에 대한 분명한 원칙을 갖고 일부의 편협한 신념과 종파적 이기주의를 거부했다. 그는 인도가 분할되기 훨씬 전부터 "인도에서 종교가 억제되지 않으면, 나라와 국민을 죽일 것"이라며 그 위험성을 인식하고 있었다. 그는 힌두교 부흥운동 내지 힌두트와(Hindutva) 정치운동[55]의 과격성을 완화하기 위해 각종 「힌두민법」(Hindu Code Bill)을 개혁했다. 또한 종교적 소수집단의 교육 및 문화 사업을 국가 보조금을 통해 지원했으며, 불가촉천민이라는 이유로 다양한 종교적·직업적·사회적 권리를 가로막는 행위를 처벌하는 「불가촉천민범죄법」(Untouchability Offenses Act 1955)을 제정해 사회적 차별에

---

54 임명의원(Appointed members)은 Jammu 및 Kashmir 대표, 영인도 대표, Assam의 Part B 부족 대표, 도서지역 대표 등으로 구성된다.

55 힌두트와는 힌두의 유산을 복고시키고 국가 기구를 힌두식으로 운영할 것을 주장하는 힌두 민족주의 운동이라고 할 수 있다. 이 운동은 1925년 창립한 '라쉬트리야 스와얌세바크 상그'(RSS, 국민의용단)가 주도해 왔고, 1980년 창당한 인도인민당(Bharatiya Jana Party, BJP)이 계승해 왔다. 현재 BJP가 집권하고 있으며, 현 총리인 나렌드라 모디(Narendra Modi, 1950~, 재임 2014~)는 RSS 출신이다.

맞섰다.

다른 한편 네루는 인도의 가장 심각한 문제를 빈곤과 실업이라고 보고, 국가경제를 사회주의식 방식으로 운영했다. 그는 중앙 계획(central planning), 즉 경제에 대한 국가통제와 정부주도형 개발이 경제적 번영을 가져오고 평등한 분배를 보장하는 합리적인 수단이라고 생각했다. 또한 '경제 5개년 계획'을 추진하되, 노동자와 농민이 배제되는 권위주의적 성장방식을 경계했다. 또한 경제성장에서 교육과 과학기술의 발전이 핵심이라고 보고 전국에 7개의 우수한 공과대학을 설립하였으며, 원자력 및 우주항공 부문의 개발에도 심혈을 기울였다.

이처럼 현대 인도를 건축하는 과정에서도 네루 특유의 개성인 낙관주의와 고고함, 그리고 인내심이 어느 정도 반영되었으리라고 유추된다. 네루의 업적은 공功과 과過, 그리고 긍정적인 요소와 부정적인 요소가 혼재될 수밖에 없다. 여기에서는 몇 가지 과오만 간추려서 언급하고자 한다. 먼저 네루의 딸인 인디라는 1959년 국민회의 의장에 선출된 직후 케랄라(Kerala) 주에서 인도공산당이 집권하자, 국민회의 당원들로 하여금 가두시위를 벌이게 하고 법과 질서를 유지하지 못한다는 빌미로 중앙정부에 압박을 가했다. 이에 네루 정부는 헌법 조항을 이용해 주의회를 해산시키고 주정부를 실각시키도록 했다. 다음으로 네루의 건국 동지이자 초대 법무장관이었던 암베드카르는 불가촉천민이 소수자 혜택을 받고 있지만 차별적 관습이 횡행하는 상황에서 카스트 제도를 파괴하는 유일한 대안이 힌두교로부터 벗어나는 것이라고 보고, '달리트 불교운동'(Dalit Buddhist movement)을 이끌었다. 그는 1956년 50만 명이 넘는 불가촉천민을 이끌고 전통 종교인 불교로 개종했고, 이후 400만여 명이 추가로 불교로 개종했다. 하지만 네루는 이처럼 안타까운 사태에 대해 속수무책이었다. 참고로 암베드카르는 1956년에 열반했는데, 인도 의회는 네루 서거 후인 1967년 암베드카르를 기리기 위해 동상을 세웠다. 끝으로 네루의 경제정책은 달구지가 우주발사 로켓 부품을 싣고 가는 언론보도 사진에서 볼 수 있듯이,

자급자족과 자력갱생을 모토로 하는 수입대체 산업화였다. 여기에 관료들의 부패와 비효율도 극심했다. 하지만 네루 정부는 이러한 문제를 교정하거나 혁신하지 못했다.

비동맹운동을 통한 세계평화를 모색하다

네루의 현대 인도의 네 번째 기둥은 비동맹 외교정책이었다. 제2차 세계대전이 종전되자마자 세계질서는 미국과 소련 간의 패권경쟁과 아시아-아프리카 식민 국가들의 독립으로 전례 없이 재편되기 시작했다. 우선 미·소 패권경쟁은 급기야 그리스 내란과 한국전쟁으로 비화되기에 이르렀고, 이 와중에서 자본주의 국가군과 사회주의 국가군 간의 경제적·군사적 블록이 형성되어 양 진영 간의 대결이 격화되었다. 이러한 상황에서 수많은 신생 독립국가들은 출범과 동시에 미·소의 원조협정이나 경제지원에 의해 양 진영에 가담하게 되는 상황에 놓이게 되었다. 이 같은 국제관계의 동요 속에서 네루는 1946년 임시정부의 책임자로서 처음으로 인도 외교정책의 기조를 비동맹 노선이라고 밝혔다.

비록 비동맹이라는 용어[56]를 사용하지는 않았지만, 네루는 인도가 "세계대전의 재앙으로 이어진 바 있는 미·소 양자로 정렬된 그룹의 권력정치(power politics)에서 멀리할 것"을 선언함으로써 비동맹의 색깔을 분명히 드러냈다. 1947년 뉴델리에서 28개 국가의 대표들이 참가한 아시아관계회의를 필두로, 1955년 인도네시아 반둥에서 29개 국가의 대표들이 참가한 아시아-아프리카회의(Asian-African Conference 또는 Bandung Conference)를 통해 '비동맹운동'(Non-Aligned Movement, NAM)을 본격적으로 추진했다.

네루가 세계적 수준의 비동맹운동을 주도하게 된 데에는 인도의 반식민주의적 상징성, 영토적 위상, 지정학적 요소 등의 외적 요인뿐만 아니라 그의

---

56 비동맹(Non-Alignment)이란 용어는 1950년 유엔에서 인도와 유고가 한국전쟁에서 어느 편과도 동맹을 맺지 않겠다고 거부하면서 처음으로 사용되었다.

이상주의적 국제인식과 외무장관의 겸직에 따른 내적 요인이 크게 작용한 것으로 보인다. 물론 그가 국제정치에서 군사적 협력이나 경제적 호혜가 실질적으로 뒷받침되지 않는 비동맹운동에 심혈을 기울인 배경에는 강대국인 미·소와의 관계와 파키스탄과의 관계가 중요한 영향력을 미쳤다. 그는 1947년에 여동생 비자야 판티트(Vijaya Pandit, 1900~1990, 재임 1947~1949)를 초대 주소련 인도대사에 임명할 정도로 소련과의 관계를 중시했으며, 1949년에는 미국을 방문해 미국의 세계전략과 서남아시아 정책을 탐색했다. 이미 소련에 우호적이었던 네루는 소련으로부터 경제 및 과학기술 부문에 대한 원조를 기대하고 있었고, 미국이 소련 봉쇄정책(containment policy)을 성사시키기 위해 인도와의 협력을 절실히 원하고 있다는 인상을 받았다. 전후 미국의 대소 봉쇄선은 동유럽-그리스-터키-이란-파키스탄-인도-베트남-대만-한반도 등으로 연결되고 있었는데, 인도와 파키스탄 간의 분쟁은 이 방어선에 대한 치명적인 위협 요인이었다.

이 같은 국제정세 속에서 네루는 파키스탄이 포함된 중동지역에 더 많은 관심을 두고 있는 미국보다 카슈미르 분쟁에서 인도를 지지한 소련에 대해 더욱 우호적인 태도를 취했다. 여기에 미국이 파키스탄과의 군사동맹을 체결하자, 네루는 소련과의 관계를 강화하고 비동맹운동에 더 적극적으로 나서기 시작했다. 당시 파키스탄은 1954년 미국과 상호방위원조협정을 체결하고, 1954년과 1955년 결성된 미국의 반공군사동맹인 동남아시아조약기구(The Southeast Asia Treaty Organization, SEATO)와 중동조약기구(Middle East Treaty Organization, METO 또는 Baghdad Pact Organization)에 가입하는 등 서방과 긴밀한 관계를 구축하고 있었다.

네루의 비동맹운동은 유고슬라비아에서 항독게릴라 활동을 펼쳤던 반제국주의의 전설적 영웅인 요시프 티토 대통령(Josip Tito, 1892~1980, 재임 1953~1980)을 국빈으로 초대하고, 중국과 "인도인과 중국인은 형제다(Hindi-Chini bhai-bhai)"고 부를 정도로 긴밀한 관계를 맺는 등 여러 중요한 외교적 성과를 통해 더욱 고무되었다. 티토는 소련과의 관계에서 자주적인 외교정책을 추진하고 혼합경제체제를 운영함으로써 "새로운 사회주의의 대안자"라는 평판을 얻고 있었다. 네루는 1954년 티토와 공동으로 비동맹주의의 골간이 되는 '5대 원칙'(주권 존중, 불침략, 내정 불간섭, 평등, 평화공존)을 발표했다. 네루는 중국의 저우언라이 총리(周恩來, 1898~1976, 재임 1949~1976)[57]를 초청해 '평화공존 5대 원칙'(Five Principles of Peaceful Coexistence, 일명 Panchsheel)과 티베트 영토 관련 협정을 체결했다. 또한 중국을 방문해 마오쩌둥 국가주석(毛澤東, 1893~1976, 재임 1949~1959)과 정상회담을 개최했다. 이처럼 비동맹운동을 위한 정지 작업을 마친 네루는 유고슬라비아의 티토, 중국의 저우언라이, 인도네시아의 민족주의 운동의 대부인 수카르노 대통령(Sukarno, 1901~1970, 재임 1945~1967), 1952년 군사쿠데타로 이집트 혁명을 이끈 가말 나세르 대통령(Gamal Nasser, 1918~1970, 재임 1952~1961) 등과 함께 반둥회의를 주도했다.

반둥회의는 모든 형태의 식민주의와 신식민주의(neocolonialism)를 반대하며, 비동맹국가 간의 경제 및 문화 협력을 촉진한다는 내용을 담은 비동맹운동의 '10대 원칙'[58]을 선언함으로써 국제정치에 커다란 파장을 불러일으켰다. 이후

---

57 네루와 저우언라이는 여러 차례 회담을 한 바 있어 서로 존경하면서도 자존심 경쟁이 치열했던 것으로 알려진다. 두 사람은 각각 케임브리지대학교와 파리대학교에서 유학을 했는데, 네루는 흔히 프랑스인처럼 감성적 기질이, 반면에 저우언라이는 영국인처럼 이지적 기질이 상대적으로 강했던 듯하다. 당시 두 사람 간의 통역을 담당했던 인도 외교관인 바산트 파라니페(미상~2010)의 회고는 흥미롭다. 물론 저우언라이는 중국의 2인자임을 고려할 필요가 있다. Paranjpe, Vasant Vasudeo. 1998. "Jawaharlal Nehru and Zhou Enlai: Contrasting Personalities." *World Affairs: The Journal of International Issues.* Vol.2, No.2(April~June 1998). pp. 51~55. Kapur Surya Foundation. 참고로 파라니페는 주한 인도대사(1978~1983)를 역임했다.

58 참고로 '10대 원칙'은 다음과 같다. ①기본적 인권과 유엔헌장의 목적과 원칙에 대한 존중, ②모든 국가의 주권과 영토 보전에 대한 존중, ③모든 인종의 평등과 모든 국가의 평등을 인정, ④다른 나라의 내정에 대한 개입이나 간섭을 거부, ⑤유엔헌장에 따라 개별적으로 또는 집단적으로 자국을 방어할 수 있는 각 국가의 권리를 존중, ⑥모든 국가의 영토 보전이나 정치적 독립에 반하는 공격 행위나 위협, 무력 사용을 삼가, ⑦유엔헌

비동맹운동은 네루, 티토, 나세르 등의 '3인방'에 의해 주도되었고, 1961년에는 유고슬라비아의 베오그라드에 본부를 둔 '비동맹운동 정상회담'이 설립되기에 이르렀다. 이 같은 네루의 탄탄대로는 인도의 국제적 위상을 드높였을 뿐만 아니라 그를 국제정치의 총아寵兒로 자리매김하게 했다.

한편 네루는 유고의 티토나 중국과의 밀착에 대해 예의주시하고 있는 소련이나 미국과의 관계를 소홀히 다루지 않았다. 1955년 소련 공산당의 니키타 흐루쇼프 서기장(Nikita Khrushchev, 1894~1971, 재임 1953~1964)과 상호 방문해 제철소 설립을 지원받았고, 1956년과 1959년에는 미국의 드와이트 아이젠하워 대통령(Dwight Eisenhower, 1890~1969, 재임 1953~1963)과 상호 방문해 미국의 적색공포(red scare)를 다소 안심시켰다. 네루의 이러한 외교적 행보는 전형적인 어부지리였다. 이 점에서 그의 외교정책은 기본적으로 이상주의라기보다는 실용주의에 가까웠다고 보는 것이 타당하다. 이 같은 비동맹운동의 이상주의와 미·소 관계의 현실주의 사이에서 균형을 맞추는 줄타기 내지 실리實利 외교는 마치 인도를 상징하는 국가 동물인 호랑이를 타면 내리기 어렵다는 기호난하騎虎難下의 형국처럼 위태로워고, 그만큼 섬세한 묘책이 요구되는 형편이었다. 하지만 호사다마好事多魔라는 말이 맞는지, 네루는 이 상황에서 자만하고 조급했던 것 같다.

네루는 1959년 세계의 지붕인 티베트의 영적 및 현세적 수장인 14대 달라이 라마(14th Dalai Lama, 1935~, 재위 1940~)와 그의 추종자 수천 명이 중국의 탄압을 피해 인도의 다람살라 지역으로 들어와 '티베트 망명정부'를 수립하는 것을 허용했다. 그리고 1961년 포르투갈이 1510년부터 통치하고 있는 고아, 다만, 디우 등의 지역을 중재나 합의 없이 무력으로 장악하는 '고아 합

장에 따라 협상, 화해, 중재, 사법적 해결 등의 평화적 수단과 당사자가 선택한 기타 평화적 수단을 통해 모든 국제 분쟁을 해결, ⑧상호 이익과 협력 증진, ⑨정의와 국제적 의무에 대한 존중, ⑩개발도상국들이 전문가 교류, 개발 프로젝트에 대한 기술 지원, 기술지식 교환을 통해 서로 기술 지원을 제공.

병'(Annexation of Goa)을 단행했다. 이들 사건은 외교정책의 난맥상을 그대로 보여 주었다. 티베트 망명정부의 용인은 서방국가들, 특히 과거 티베트를 지배했던 영국으로부터 큰 환영을 받았지만, 내정간섭이 포함된 '평화 5대 원칙'의 훼손에 따른 중국의 반발과 일부 비동맹국가들의 냉담, 그리고 티베트 불교에 관용적이지 않은 일부 힌두교도들의 불만이 뒤따랐다. 또한 고아 합병은 1962년 총선을 압승할 정도로 국내에서는 압도적인 지지를 얻었지만, 무력 사용에 대한 서방의 거센 비판과 일부 비동맹국가들의 당혹감을 유발했다.

네루의 비동맹운동은 1962년 중국의 예상치 못한 침략으로 파국의 위기에 처했다. 인도와 중국 간의 전쟁은 국경지역에서 한 달간 지속되었지만, 전투는 불과 10일에 불과했고, 인도는 참패했다. 소련과 다른 비동맹국가들은 중립을 표방했고, 미국은 네루가 이전에 존 케네디 대통령((John Kennedy, 1917~1963, 재임 1961~1963)과 우호적인 관계를 맺었음에도 불구하고 네루의 군사지원 요청을 거절했다. 당시 중국의 류사오치 국가주석(劉少奇, 1898~1969, 재임 1959~1968)은 이를 "중국이 인도에게 가르쳐준 한 수", 즉 교훈이라고 평가했다. 이 사건은 네루의 국제적 위풍은 말할 것도 없고, 그의 트레이드마크인 '네루 모자'(Nehru Cap)에 대한 자부심과 관용적 미덕도 한순간에 사라지게 만들었다.[59] 네루가 간디의 평화사상의 계승자이자 비동맹운동의 구현자로서 모든 전쟁의 반대와 미·소의 핵무기 감축을 그토록 역설했던 것과 정반대로, 그의 사후 인도는 파키스탄과의 전쟁과 핵 공포[60]의 깊은 늪에 빠져 들어가는 후과를 겪게 되었다. 결국 네루가 건축하려고 했던 현대 인도의 네 기둥 중 하나인

---

[59] 전쟁에 패한 인도 정부는 1962년 12월 「인도방위법」(Defence of India Act)을 제정해 3천여 명의 중국계 인도인을 강제로 수용소에 이주시켰다. 수용자들은 1967년까지 단계적으로 풀려났다. 아시아-태평양 전쟁 당시 미국 정부가 일본계 미국인을 수용한 것과 비교되는데, 인도는 수용자들에게 사과나 보상을 하지 않은 것으로 알려진다. 이 사안은 네루의 최대 오점으로 지적되고 있다.

[60] 중국은 1964년에, 인도와 파키스탄은 각각 1974년과 1998년 핵보유국이 되었다.

비동맹 외교정책은 안타깝게 실패로 귀결되었다.

하지만 네루의 담대한 시도는 갠지스 강과 인더스 강이 끊임없이 흐르듯, 세계평화와 비동맹운동의 가능성을 희구하고 모색하려는 수많은 사람들에게 국제정치의 통합적 담론과 대안을 제시하는 빛나는 사례로 남아 있다. 지금까지 살펴본 네루의 지난하면서도 웅대했던 통합정치의 여정을 뉴욕타임스의 뉴델리 특파원이었던 A.M. 로젠탈(Abraham Michael Rosenthal, 1922~2000)의 부고기사처럼 진실되게 평가한 것을 찾지 못해, 그의 기사 한 대목을 소개하면서 마무리 짓고자 한다.

"어떤 때는 그가 인도에게 화를 내며 말했고, 어떤 때는 인도에게 소리를 지르고 인도를 비난하면서, 인도는 도무지 안 된다, 어떻게 해볼 수 없다고 말했다. 어떤 때는 인도의 환심을 사려 했고, 같이 웃었고, 즐거워하고, 자상하고, 이해심이 있었다. 그러나 늘 네루가 인도의 눈을 들여다보고 있는 듯했고, 인도는 그냥 하나의 영혼인 것 같았다."(The New York Times, 1964. 5. 28. "그의 삶은 인도의 삶이었다. 국가의 상처를 구하려는 네루의 목표는 그의 유산의 화환을 보여준다" 기사 중)

여담이지만, 네루의 무남독녀인 인디라 간디는 두 차례 총리를 지내고 재임 중 암살당했으며, 그의 외손자인 라지브 간디 총리(Rajiv Gandhi, 1944~1991, 재임 1984~1889)도 불행하게 재임 중 암살당했다. 이후 라지브 간디의 부인인 소니아 간디(Sonia Gandhi, 1946~)와 그의 아들인 라훌 간디(Rahul Gandhi, 1970~)가 번갈아 가면서 국민회의를 운영하고 있다. 이 같은 일련의 '네루-간디 가문'(Nehru - Gandhi family)에 의한 국민회의의 지배는 '네루주의'(Nehruism)를 냉소하게 하는 것은 차치하고, 힌두 민족주의를 발호케 하는 데 결정적인 악영향을 끼치고 있다. 감옥에 있던 네루가 사랑스런 외동딸에게 역사나 정치보다는 과학기술이나 세계문학에 관심을 둔 편지를 많이 썼더라면, 아마도 인디라는 정치를 하지 않았든지, 아니면 합리적이고 절제하는 정치를 했을지도 모른다.

주요 어록

- "나는 1920년에는 공장이나 농장의 노동조건에 대해 전혀 아는 것이 없었다. 따라서 나의 정치적 견해도 온전히 부르주아들의 것 그대로였다. 물론 극심한 가난과 비참함이 있음을 알고 있었고, 그래서 정치적으로 해방된 인도가 다뤄야 할 첫 과제가 바로 빈곤 문제라고 생각했다."(1940. 『네루 자서전』의 「10. 나의 추방과 그 결과」 중)

- "유구한 인도문명 또는 인도아리안문화의 중심사상은 다르마(dharma, 達磨) 사상이었다. 이것은 종교나 신앙을 훨씬 능가하는 것이었다. 그것은 의무의 개념, 즉 자기 자신과 남에 대한 의무를 이행한다는 개념이었다. … 이런 정의는 강조되지 않는다. 그것은 어디를 가나 어느 정도 낡은 견해이다. 그것은 개인, 집단, 국가의 정의 등 정의에 대한 근대적 주장과는 두드러진 대조를 이루고 있다."(1945. 『인도의 발견』의 「종합과 조절: 카스트 제도의 시작」 중)

- "오래 전 우리는 운명과 만날 약속을 했습니다. 그리고 이제 우리의 약속을 웅대하게 이행할 수 있는 때가 왔습니다. 이제 자정을 알리는 종이 울리면, 세계는 잠들어 있지만 인도는 자유와 삶을 향해 깨어 있을 것입니다. 인도가 떠맡은 임무는 고통받는 수많은 사람들에게 봉사하는 것입니다. 즉 빈곤, 무지, 질병, 그리고 기회의 불평등을 종식시키는 것을 의미합니다. 우리 시대의 가장 위대한 인물(간디 지칭)이 지닌 꿈은 모든 이의 눈물을 거두어가는 것입니다. 눈물과 고통이 남아 있는 한 우리의 과업은

끝나지 않을 것입니다."(1947. 8. 15. 0시 직전의 「인도독립일 연설」 중)

- "강가는 인도의 강으로 국민들의 특별한 사랑을 받아 왔고, 그 주위에서는 그들의 인종적 기억, 희망과 두려움, 개선의 노래, 승리와 패배가 뒤얽혀 있습니다. 그녀[61]는 인도의 유구한 문화와 문명의 한 상징으로 존재해 왔으며, 끊임없이 변하고 끊임없이 흐르는, 그러면서도 언제나 똑같은 강가입니다. … 내 유골의 대부분은 … 비행기로 하늘 높이 올라가 거기서 인도의 농부들이 힘들게 일하는 들판 위에 뿌려 주었으면 합니다. 그리하여 그것이 먼지와 흙에 섞여 인도의 불가분한 일부가 되도록."(1954. 「유언장」 중, 사후 공개)

- "우리는 우리를 비동맹국가들이라고 부른다. 비동맹이라는 단어는 다르게 해석될 수 있지만, 기본적으로 그 단어는 세계의 강대국 블록과 동맹하지 않는 의미로서 주조되고 사용되었다. 비동맹은 부정적 의미가 있다. 그러나 만약 우리가 비동맹에 긍정적인 의미를 부여한다면, 그것은 군사블록, 군사동맹, 그와 유사한 것들과 전쟁을 하기 위한 목적으로 동맹하는 것에 이의를 갖는 국가들을 의미한다."(1961. 9. 2. 베오그라드에서 열린 '제1회 비동맹운동 정상회담' 연설 중)

- "진보는 궁극적으로 인간이 누리는 삶의 질로서, 즉 그들이 어떻게 향상되고 있는지, 그들의 운명이 어떻게 나아지고 있는지, 그리고 그들이 어떻게 현대적 생활방식에 적응해 가면서도 발을 땅에 굳건히 디디고 있는지로 가늠해야 합니다."(말년 언술 중, 샤시 타루르의 『네루 평전』에서 재인용)

---

61 인도에서 갠지스(Ganges) 강은 여신 강가(Ganga)와 동일시된다.

4. 프랑스의 프랑수아 미테랑

프랑스의 프랑수아 미테랑 대통령(François Marie Adrien Maurice Mitterrand, 1916~1996, 재임 1981~1995)은 통합적 사회경제 정책과 민주적 국정운영을 통해 국민의 삶을 향상시키고, 설득과 타협의 리더십으로 유럽통합을 주도한 탁월한 정치지도자였다. 통합정치와 관련한 그의 업적과 리더십에 관한 면면을 살펴보기 위해 그의 사후에 출간한 회고록인 *Mémoires Interruptes*(중단된 기억, 1996), 마이리 맥클린(Mairi Maclean)이 편집한 *The Mitterrand Years: Legacy and Evaluation*(미테랑 시대: 유산과 평가, 1998), 줄리어스 프렌드(Julius Friend, 1926~2020)의 *The Long Presidency: France in the Mitterrand Years, 1981~1995*(긴 대통령직: 미테랑 시대의 프랑스, 1998), 데이빗 벨(David Bell, 1961~)의 *François Mitterrand: A Political Biography*(프랑수아 미테랑: 정치 전기, 2005), 자크 아탈리(Jacques Attali, 1943~)[62]의 『미테랑 평전』(*C'était François Mitterrand*, 2005), 필립 쇼트(Philip Short, 1945~)의 *Mitterrand: A Study in Ambiguity*(미테랑: 모호성에 대한 연구, 2013) 등을 참고했다. 그리고 François

---

[62] 자크 아탈리는 알제리에서 태어난 유대인으로 1966년 미테랑과 인연이 되어 1972년부터 경제학 박사로서 참모 역할을 수행했는데, 미테랑 대통령 1기 임기에서 특별보좌관(1981~1989)을 역임하면서 주로 정상회담 준비, 각료회의 대변인, 회고록 집필 등을 담당했다.

Mitterrand Institute(https://www.mitterrand.org/), 조르주 베나무(Georges Benamou, 1957~)의 *Le Dernier Mitterrand*(마지막의 미테랑, 1997)을 영화화한 로베르 게디기앙 감독(Robert Guediguian, 1953~)의 「미테랑 대통령의 말년」(Le Promeneur du Champ de Mars, 2005) 등을 참조했다.

위대한 통합의 역사를 열다

미테랑은 1916년 샤랑트 주의 자르나(Jarnac)라는 소도시에서 전직 역장이자 식초공장을 운영하는 아버지 조세프 미테랑(Joseph Mitterrand, 1873~1946)과 가정주부인 어머니 이본 로랭(Yvonne Lorrain, 1880~1936) 사이에서 8남매 중 다섯째로 태어났다. 1934년 그랑제콜(Grande école) 등급인 파리정치연구소에 입학해 파리대학교 법학부에서도 수학했다. 1937년 졸업 직후 징집되어 2년간 복무하고, 제2차 세계대전이 발발하자 다시 징집되어 마지노 전선에서 싸우다 1940년 독일군에 체포되었다. 18개월간 포로수용소에서 생활하던 중 세 번째의 탈출 시도에 성공해 고향으로 귀환했다. 변호사 자격 덕분에 미테랑은 1942년 독일군의 비점령 지역에 수립된 비시 정권(Régime de Vichy)에서 모친 지인의 소개로 포로 처우를 개선하는 업무를 담당하는 공무원으로 일했다. 이러한 연고로 1943년 탈출한 포로들과 전직 군인들을 조직해 항독 레지스탕스(La Résistance) 활동에 나섰다. 그는 1944년 레지스탕스 동지였던 다니엘르 구즈(Danielle Gouze, 1924~2011)와 결혼했다.

미테랑은 1946년, 1951년, 1956년 총선에서 하원의원에 당선되었고, 제4공화국(1946~1958) 하에서 1947년 31세에 참전용사부 장관을 시작해 해외부 장관, 내무부 장관, 법무부 장관 등을 역임했다. 그는 1958년 샤를 드골 총리(Charles de Gaulle, 1890~1970, 총리 1958, 대통령 1959~1969)가 제출한 제5공화국 헌법안에 대해 반대운동을 전개함으로써 '반反드골주의자'(Antigaulliste)의 선봉장이 되었지만, 그 여파로 1958년 총선에서 낙선한 후 변호사로 활동했다.

1962년 총선에서 하원의원에 당선되어 정계에 복귀한 미테랑은 1965년 대선에서 현직 대통령인 드골과 경쟁해 1차 투표에서 31.7%, 2차 투표에서 44.8%를 득표해 패배했다. 1974년 대선에서 발레리 지스카르 데스탱(Valéry Giscard d'Estaing, 1926~2020, 재임 1974~1981)과 경쟁해 1차 투표 43.2%, 2차 투표 49.1%를 득표해 패배했다. 1981년 대선에서 현직 대통령인 지스카르 데스탱과 두 번째로 경쟁해 1차 투표 25.8%, 2차 투표 51.7%를 득표해 신승했다. 1988년 대선에서 1차 동거정부(Cohabitation, 1986~1988) 때 총리였던 자크 시라크(Jacques Chirac, 1932~2019)와 경쟁해 1차 투표 34.1%, 2차 투표 54%로 재선되었다. 그는 1995년 14년간의 대통령직을 마치고, 8개월이 채 안 되어 1996년 1월 초 조용히 눈을 감았다.

미테랑은 '프랑스의 스핑크스'라는 별명처럼 언론에서 수수께끼가 많은 인물로 알려져 있다. 그는 세 권의 집무기록서(Verbatim, 1993, 1995, 1996)와 그의 사후에 출간된 회고록(Mémoire Interruptes, 1996)을 남김으로써 다른 정치인들에 비해 자신을 훨씬 드러낸 인물이다. 그럼에도 불구하고 『미테랑 평전』을 쓴 자크 아탈리에 따르면, 미테랑은 "아무도 나에 대해 3분의 1 이상을 알지 못한다. 그것은 나에게 숨겨진 것들이 있다기보다 나는 그런 사람이라는 것이다. 그리고 나는 투명한 사람들을 좋아하지 않는다"고 말할 정도로 자신의 내면을 공개적으로 나타내는 데 매우 조심스러워했다.

미테랑의 복잡하고 수수께끼 같은 성격 때문에 심지어 친한 친구들도 그의 일부분밖에 모르고 있어, 그는 '베일에 가린 남자'(L'homme au voile)로 불리울 만큼 신비한 인물이었다. 필립 쇼트는 Mitterrand: A Study in Ambiguity에서 "우연한 정치경력을 통해 가장 오래 대통령을 한, 매혹적인 지성과 능수능란한 정략을 지닌 사람"이라고 평가했다. 미테랑은 주로 회색인 내지 경계인의 특성과 같은 '모호한 정체성을 지닌 인물'(caractère ambigu)로 여겨졌다. 이처럼 그는 사적 측면에서나 공적 측면에서 인간적 오해나 정치적 의구심을 받기도 했다. 이 가운데 비시 정권에서의 행적과 사회주의자로의 전환이 가장 대표적인 수수께끼인데, 이를 통해 그의 정치적 관점을 엿볼 수 있을 것이다.

미테랑은 독일 포로수용소에서 탈출해 비시 정권에서 포로 처우를 개선하는 일을 맡았고, 이를 통해 탈출한 포로들과 전직 군인들을 레지스탕스 조직에 합류시키는 활동을 했다. 일단 그에 대한 논란 중 하나는 그가 레지스탕스 활동을 한 것은 인정되지만, 비시 정권에 참여한 것은 매국적 행위가 아니냐 하는 것이었다.[63] 하지만 비시 정권의 성격을 이해하면, 이는 큰 문제가 아니었다. 비시 정권은 1940년 6월 독일군이 파리에 입성하자 제1차 세계대전의 국민적 영웅이었던 필리프 페탱 총리(Philippe Pétain, 1856~1951)가 독일과 휴전해 수립된 임시정부로서 영국을 제외하고 미국과 소련도 인정한 합법정부였다. 이 정부는 독일군이 점령하지 않은 '자유지대'(zone libre)라고 불리는 프랑스 영토 중 45%에 해당되는 남동부 지역과 해외 식민지를 통치했다. 대체로 초기 비시 정권은 포로 송환을 위해 독일군의 점령정책에 협조했는데, 이는 당시 상황에서 큰 문제로 여겨지지 않았다. 당시 독일에 있는 포로수용소로 끌려간 프랑스 군인은 전체 성인 남성의 약 10%에 해당되는 180만여 명이었는데, 독일은 영국과 전쟁이 끝나지 않았다는 이유로 이들을 패망 전까지 석방하지 않고 군수 노동자로 활용했다. 이러한 상황에서 비시 정권은 포로 송환을 위해 프랑스 노동자를 파견해 맞교환하는 인기 없는 정책을 실시하기도 했다.

하지만 미테랑이 대통령에 취임하고 나서부터 비시 정권이 유대인 색출 작업에 협력했다는 과거사에 대한 논란[64]이 불거졌다. 우파 진영의 일각에서

---

63 1993년 탐사 작가인 피에르 페앙(Pierre Péan, 1938~2019)은 *Une jeunesse française: François Mitterrand*(어느 프랑스인의 젊은 시절: 프랑수아 미테랑)에서 미테랑이 자타가 공인하는 레지스탕였지만, 1942년 1월부터 1943년 봄까지 비시 정권의 공무원이었으며, 비시 정부로부터 훈장을 받았다고 폭로했다.

64 독일에 의한 유대인 학살과 이에 미필적 고의를 지닌 프랑스의 자국민 유대인 색출이라는 사실이 드러났음에도 불구하고, 제1차 세계대전과 제2차 세계대전의 성격이 다르다는 점이나 빌헬름 2세(Wilhelm II)의 독일과 히틀러의 독일이 구분되어야 한다는 점을 받아들이는 데에는 '역사적 시간'(temps historique)이 필요했다고 볼 수 있다. 당시 유대인 학살이

이 문제를 비시 정권에서 일한 미테랑을 비난하기 위해 악의적으로 활용한 측면이 있었다. 비시 정권과 같은 패전국의 임시정부는 역사적으로 프랑스–독일 전쟁사에서 종종 볼 수 있는 현상이었다. 1806년 나폴레옹 1세(Napoleon Bonaparte, 1769~1821, 재위 1804~1814)가 베를린에 입성했을 때, 1871년 빌헬름 1세(Wilhelm Friedrich, 1797~1888, 재위 1871~1888)가 프랑스 베르사유 궁전에서 독일제국을 선포했을 때, 1918년 페탱 총사령관의 승전으로 독일제국이 붕괴했을 때와 같은 상황이 이에 해당한다.

하지만 과거의 사례들과 다르게 비시 정권은 정세가 악화됨에 따라 '괴뢰정부'로 변모했다. 1942년 11월 연합군은 북아프리카의 횃불작전에서 알제리에 주둔하고 있던 비시 정권 군대가 보인 소극적 저항과 그에 이은 투항을 통해 승리를 거두었다. 이를 계기로 독일군은 이탈리아군과 합세해 비시 정권이 통치하는 자유지대를 점령하고, 비시 정권의 군대를 해산한 후 비시 정권을 완전히 괴뢰화했다. 당시 유대인 색출과 레지스탕스 탄압과 같은 악랄한 역할은 비시 정권의 국가원수인 페탱의 묵인 하에 진행되었지만, 해방 직후 독일 부역자로 사형당한 피에르 라발 총리(Pierre Laval, 1883~1945, 재임 1942~1945)에 의해 실질적으로 자행되었다. 이 같은 정세 변화로 비시 정권에 속한 군인들과 시민들이 레지스탕스 활동에 합류하기 시작했고, 미테랑도 이때 동참했던 것으로 알려져 있다.

미테랑은 선거 때마다 불거지는 비시 정권에서의 행적에 대해 레지스탕스 조직의 스파이 활동의 일환이었다고 해명했다. 그리고 가까운 이들에게는 "당시는 매우 복잡한 시대"였고, "나는 끔찍한 시대를 지내 왔다"고 이해를 구했다. 역사학자인 장 피에르 아제마(Jean-Pierre Azéma, 1937~)는 1943년을 기점으로 그 이전에는 비시 정권을 지지했지만, 그 이후에는 비시 정권에

_____

벌어지고 있다는 사실을 접했던 루스벨트, 처칠, 드골, 심지어 교황 비오 12세조차도 침묵했다. 나중에 이 문제에 대해 프랑스는 사과했지만, 아프리카와 인도차이나의 식민지에서 자행한 학살과 폭정에 대해서는 지금까지도 제대로 인정하지 않고 있다.

저항했던 활동을 가르켜 '비시스토 저항'(Vichysto-resistant)이라고 불렀는데, 미테랑이 여기에 해당한다고 할 수 있다. 참고로 미테랑의 아내 다니엘르 구즈는 교사이자 사회민주주의자인 부모의 영향으로 1940년 17세부터 레지스탕스 활동에 투신한 '레지스탕스 1세대'의 일원이었다. 구즈는 1944년 부르고뉴 지역의 지하 조직에서 '프랑수아 모를랑'(François Morland)이라는 가명으로 활동하던 '레지스탕스 2세대'인 미테랑을 만나 열애 끝에 프랑스 해방 직후에 결혼했다. 구즈는 결혼한 이후에도 독자적인 사회운동에 헌신했고, 정통파 사회민주주의자로 정평이 나 있다.[65]

대체로 프랑스의 레지스탕스 운동은 초기에는 소규모로 산발적으로 전개되었지만, 세 명의 상징적인 인물을 중심으로 조직이 결성되면서 활성화되었다. 첫째, 드골은 1940년 기갑 사단장(준장)으로 독일군과 전투를 벌이는 와중에 국방차관으로 임명되었지만, 독일과의 휴전을 반대하고 영국으로 피신해 '자유 프랑스'(La France Libre)라는 망명정부를 수립하고 항독 활동을 펼쳤다. 둘째, 앙리 지로(Henri Giraud, 1879~1949)는 군사령관(대장)으로 독일군의 포로가 되어 24개월 만에 탈출해 페탱에게 독일과 싸울 것을 건의했지만 받아들이지 않자, 알제리로 건너가 연합군의 횃불작전을 성공시키는 데 기여했으며, 북아프리카 프랑스군 사령관을 맡아 항독 전투를 지휘했다. 셋째, 피에르 테트쟁(Pierre Teitgen, 1908~1997)은 낭시대학교 교수로서 독일군의 포로가 되어 탈출한 후 레지스탕스 운동의 전설을 쌓으면서 국내 항독의 구심적 역할을 수행했다. 이들 세 그룹은 1943년 3월 드골이 영국에서 알제리로 옮기자, '프랑스 민족해방 위원회'(Comité français de Libération nationale)라는 임시정부를 수립하고 항독 전열을 재정비했다.

---

65 구즈 여사는 1986년 '자유 프랑스 재단'(France Libertés Danielle Mitterrand Foundation)을 설립해 세계인권운동에 매진했다. 2011년 그의 서거를 전한 언론은 기사 제목에서 투쟁 (combat)이라는 단어를 빼놓지 않을 만큼 "그의 인생은 자유와 인간을 위한 투쟁 그 자체였다"고 추모했다. 『동아일보』(2011. 11. 23).

이 과정에서 흥미로운 점은 드골에 대한 초기 평판이 부정적이었다는 것이다. 좌파 진영은 그를 보수적인 군인이자 정실주의자라고 불신했고, 우파 진영은 그를 국민적 영웅인 페탱 장군을 배신한 탈영자 정도로 취급했다. 또한 일부 호사가들은 드골의 망명이 정치적 내지 군사적 신념이라기보다는 제1차 세계대전 때 32개월간 겪었던 포로생활의 악몽 때문이라고 보았다. 하지만 그는 런던에서의 방송 출연, 자유프랑스의 활동, 영국 첩보기관을 통한 국내 레지스탕스 조직과의 연대 등으로 점차 주목을 받게 되었다. 당시 미테랑은 자신이 탈출한 포로였고, 포로 관련 업무를 수행하고 있었기 때문에 지로 장군의 국내 조직에 소속되어 레지스탕스 활동을 수행했다. 그는 1943년 11월 독일 정보기관의 체포령을 피해 영국과 알제리로 피신했으며, 이 과정에서 포로의 레지스탕스 활용 문제와 드골 조카의 레지스탕스 지휘 문제로 드골과 충돌했다. 이후 미테랑은 드골과 타협했지만, 이 일로 파리 해방 직후 임시정부의 의장을 맡았던 드골과 불편한 관계를 형성했던 것으로 알려진다.

참고로 포로 출신인 지로 장군은 드골의 레지스탕스 방식에 대해 분열주의적이라고 보았고, 역시 포로 출신인 테트젱 교수도 드골의 보수적 성향을 비판적으로 평가했다. 대부분의 패전국가들 일각에서 포로 출신자들에 대해 고난을 겪은 것을 잊어버리고 패배자로 낙인을 찍는 풍조가 있었는데, 아마 프랑스도 예외가 아니였을 것이다. 이 점에서 영국으로 피신한 국방차관인 드골의 선택은 결과적으로 운이 좋았다고 볼 수 있다.

다음으로, 미테랑은 젊은 시절에 있었던 정치적 행보를 둘러싼 논란에 직면하기도 했다. 그는 대학 시절 가톨릭 계통 우파민족주의 단체에서 1년간 활동했다. 그 단체는 당시 프랑스에서 최초로 선거로 등장한 사회민주주의 정부인 '인민전선'(Front populaire, 1936~1937)을 반대하는 활동을 했다. 나중에 미테랑이 인민전선을 계승한 사회당(Parti socialiste, PS)에서 활동하게 된 것에 대해 의문이 제기된 것은 당연했다. 이에 대해 그는 젊은 시절의 주변 환경 때문이었다고 해명하고, 군 복무와 포로수용소 생활을 거치면서 정치적 인식을 성숙시켰다고 해명했다. 사실 그는 대학 시절에 만난 유대인 사회민주주의자이자 변호사인 조르주 다양(Georges Dayan, 1915~1979)으로부터 많은 영향을 받았던 것으로 알려진다. 다양은 미테랑의 가장 가까운 친구이자 정치적 동지로서, 사회당 소속의 국회의원(1967~1968)과 상원의원(1977~1979)을 역임한 바 있다. 그리고 미테랑은 포로수용소의 생활을 통해 공동체의 가치와 유대인의 처지를 이해하게 되었다고 회고한 바 있다.

한편 미테랑은 1946년 6월과 11월, 1951년, 1956년 등의 총선에 출마했는데, 첫 번째는 좌파 후보로 낙선했고, 이후 세 번은 우파 후보로 당선되었다. 이 같은 행보를 걸은 정치인이 1965년 대선에서 어떻게 좌파연합 후보가 되어 우파인 드골과 경쟁하게 되었는지, 그리고 1974년 대선에서 어떻게 사회당 후보가 되었는지 궁금하지 않을 수 없다. 얼핏 보면, 미테랑은 시대가 낳은 정치적 행운아일지 모른다. 그는 어려서부터 싹터 온 강한 권력의지를 가지고 있었으며, 포로생활 체험과 레지스탕스 활동 과정에서 이러한 의지가 자연스럽게 공적 마인드로 승화하지 않았나 생각한다.

미테랑은 해방 당시 당세가 강한 '노동자 인터내셔널 프랑스지부'(Section française de l'Internationale ouvrière, 이하 SFIO, 1905년 창당)와 프랑스공산당(Parti communiste français, PCF, 1920년 창당)과 같은 좌파 정당이나 가톨릭 계통의 인민민주당(1924년 창당)과 대중공화당운동(1944년 창당)과 같은 우파 정당에 합류하지 않고, 비사회주의 계열의 레지스탕스 동지들과 함께 '레지스탕스 민주사회주의연합'(Union démocratique et socialiste de la Résistance, UDSR)을 창당했다. 이 정당은 민주사회주의와 노동자정부를 지향한다고 표방한 것과 달리 중도 우파의 성향을 띠고 있었으며, 레지스탕스라는 정치적 후광을 지닌 데 비해 대중적 기반이 약한 간부정당(cadre party)에 지나지 않았다. 이 같은 신생정당에 정치적 기반을 둔 미테랑은 모든 국회의원을 '정당명부식 비례대표제'로 뽑는 선거제도 덕분에 총선에서 우파 진영의 명부에 이름을 올려 국회의원에 당선될 수 있었다.

미테랑이 1965년 대선에서 현직 대통령인 드골과 경합하게 된 것은 다양한 배경에서 비롯된 것으로 보인다. 그는 1958년부터 드골의 귀환[66]을 보나파르티즘(Bonapartisme)[67]의 복귀라고 비판해 왔던 몇 안 되는 인물에 속해 있었고, 여러 차례의 장관직 수행을 통해 행정 경험을 풍부하게 쌓았다. 또한 75세로 노회한 드골보다 26세나 젊고 준수하며 좌우를 통합할 수 있는 이미지를 지녔기 때문이었다. 특히 그는 *Le Coup d'État permanent*(영원한 쿠데타, 1964)[68]을 통해 드골의 권위주의적 통치 제도와 행태를 신랄하게 비판해 온 '반드골주의'(Antigaullisme)의 상징적 인물로 부상하고 있었다. 이러한 요소들이 결합해 당시 분열로 침체에 빠진 좌파 진영이 후보를 내지 못하는 바람에 예상보다 선전했다. 그는 1차 투표 43.2%와 2차 투표 44.8%를 얻어 패배했지만, 차기 대선에서도 야당의 유력 후보라는 정치적 위상을 공고히 할 수 있었다.

---

66 드골은 1944년 9월부터 임시정부 의장을 맡았는데, 의회제인 제4공화국의 헌법 제정과 좌파 주도의 의회정치에 대한 불만으로 1946년 1월에 사임하고, 1947년 '프랑스 국민의 집회'라는 정당을 창당해 정치적 재기를 모색했지만 여의치 않자 정계를 은퇴했다. 그는 1958년 알제리 독립전쟁의 여파로 군부쿠데타의 풍문이 돌자 정국수습 차원에서 총리에 추대되었는데, 곧바로 제왕적인 준대통령제를 골간으로 하는 제5공화국 헌법안을 국민투표로 통과시키고 나서 대통령 선거인단에 의해 7년 임기의 대통령으로 선출되었다. 그는 1962년 헌법을 개정해 1965년 결선투표제로 대통령에 재선되었고, 1969년 '지역 생성 및 상원 개혁에 관한 법안'이 국민투표에서 부결되자 다음 날 대통령직을 사임했다. 이 사임으로 그가 나폴레옹 1세의 비극이나 나폴레옹 3세의 희극을 피하고, 국민들로부터 존경을 받게 된 것은 불행 중 다행이었다고 볼 수 있다.

67 보나파르티즘은 프랑스 정치사에서 두 가지 의미를 지니고 있다. 좁은 의미로는 보나파르트 왕가 치하의 프랑스 제국을 복고시키려고 시도하는 것을, 넓은 의미로는 권위주의적 중앙집권을 옹호하고 쿠데타나 포퓰리즘적 국민투표를 통해 권력을 장악하는 군사독재자나 철권통치자를 지지하는 것을 뜻한다. 그 핵심 속성은 반反공화주의와 반反민주주의라고 할 수 있다.

68 미테랑은 이 책을 통해 드골이 대통령 권력을 개인적 전권으로 행사하고 있다고 지적하면서, 이는 드골이 1958년 총리로 추대될 때 중재자가 되겠다고 한 약속을 배신한 것이라고 비판했다.

하지만 미테랑은 1969년 드골의 대통령직 사임으로 예기치 않게 3년 앞당겨
진 대선에 참여하지 못했다. 이는 전 해에 치러진 총선에서 '68혁명'(événements
de mai-juin 1968)이라는 유리한 여건에도 불구하고, 미테랑이 선거운동을 지휘
한 '민주사회주의 좌파연합'(Fédération de la gauche démocrate et socialiste, FGDS)
이 참패해 대선에 출마할 면목이 없었기 때문이었다. 그러나 그는 1971년
정치적 시련을 극복하고 사회당에 합류함으로써 정치적 재기에 성공했다.
사회당은 원래 1969년 SFIO가 중도 진영과 좌파 진영의 통합을 위해 새롭게
출범한 정당인데, 1971년 에피네 전당대회에서 미테랑의 조직인 공화당기구회
의와 통합하고, 그를 제1비서로 선출했다. 이로써 그는 '주먹과 장미'(Le poing
et la rose) 연대로 상징되는 사회당의 명실상부한 지도자[69]로 자리매김하며,
1974년 대선에 이어 1981년 대선에 출마해 〈표 IV-4-1〉과 같이 마침내 프랑스의
21대 대통령으로 선출되었다.

미테랑이 65세 나이에 세 번째 도전 끝에 대통령에 당선된 데에는 우파
진영의 분열이라는 행운도 있었지만, 지난 대선 이후 7년간 각고의 노력이
있었기 때문에 가능했다. 당시 우파 진영에는 프랑스민주주의연합(Union pour
la démocratie française, UDF, 1978년 창당) 후보로 현직 대통령인 지스카르 데스탱
과 '공화국을 위한 집회'(Rassemblement pour la République, RPR, 1976년 창당)
후보로 지스카르 데스탱 정부에서 초대 총리를 역임했던 자크 시라크가 입후보
했고, 좌파 진영에는 사회당 후보로 미테랑과 프랑스공산당 후보로 조르주
마르쉐(Georges Marchais, 1920~1997)가 입후보했다. 1차 투표 결과는 각각
28.3%, 18%, 25.8%, 15.3%로 우파 우세였는데, 2차 투표에서는 미테랑
51.7%, 지스카르 데스탱 48.2%로 역전되었다. 당시 시라크의 지지자 일부를

---

[69] 미테랑은 사회당 당가를 그리스에서 군부독재에 맞서다가 프랑스로 망명한 민중 음악가인
미키스 테오도라키스(Mikis Theodorakis, 1925~2021)의 작곡과 유대계 이탈리아의 만능
예술가로 알려진 에르베르 파가니(Herbert Pagani, 1944~1988)의 작사로 정할 정도로
당내 권위가 절대적이었고, 예술적 조예가 뛰어났다.

포함한 우파 유권자 일부가 이탈해 미테랑에게 간 반면에, 좌파 유권자들은 미테랑 지지로 결집되었던 것이다.

〈표 IV-4-1〉 프랑스 역대 대통령 일부 현황

대	취임년	대통령	소속	비고
16	1947	뱅상 오리올	SI 프랑스지부	제4공화국 의회제
17	1954	르네 코티	국민중심	제4공화국 의회제
18	1959	샤를 드골	신공화국연합	현직 사임
19	1969	조르주 퐁피두	공화국민주연합	현직 사망
20	1974	지스카르 데스탱	독립공화당	1977 공화당 창당
21	1981	프랑수아 미테랑	사회당	
22	1995	자크 시라크	공화국연합	2002 대중운동연합 창당
23	2007	니콜라 사르코지	대중운동연합	
24	2012	프랑수아 올랑드	사회당	
25	2017	에마뉘엘 마크롱	전진하는 공화국	

1981년 대선 결과는 미테랑이 1974년 대선 패배 이후에 심혈을 기울여 추진해 왔던 ①사회당의 혁신, ②좌파 진영의 통합, ③적실성 있는 정책 개발 등의 노력이 결실을 맺은 데 있었다. 그는 사회당의 노선을 이념 중심에서 실용주의로 전환하기 위해 1972년 슈레스네스 전당대회에서 채택한 '삶의 변화'(changer la vie) 프로그램을 구체화하는 데 당의 모든 역량을 투여했다. 그 결과 사회당은 각종 지방선거에서 선전함으로써 1970년대 후반에는 인구 3만 명 이상인 221개 도시 중 157개를 석권할 정도로 지방 교두보를 확보했다. 또한 1974년 대선을 앞두고 좌파 3당인 사회당, 프랑스공산당, 급진좌파당(Parti radical de gauche, PRG, 1972년 창당)이 합의한 '코뮌 프로그램'(Programme commun)[70]을 견지함으로써 좌파 진영의 상호 신뢰와 결속을 다져나갔다.

---

70 1972년 좌파 3당이 합의한 코뮌 프로그램은 ①더 나은 생활 및 삶의 변화, ②경제 민주화 및 공공부문 개발, ③제도 민주화 및 자유 발전, ④평화 기여 및 국제협력 개발 등 4개 부문과 세부 항목으로 구성된 정치강령이다. 사회당은 1981년 대선을 앞두고

특히 미테랑은 1981년 대선을 앞두고 참신하고 획기적인 선거공약인 '프랑스를 위한 110개의 제안'을 마련했다. 이 선거공약은 좌파 진영을 결속시키는 데 주효했을 뿐만 아니라 '가능한 사회민주주의'에 대한 유권자의 신뢰를 높이는 데 결정적이었다. 이로써 프랑스는 "1789년 프랑스 대혁명 이후 좌파는 오직 네 번 정권을 잡았소. 1848년에는 4개월, 1870년에는 코뮌으로 파리에서만 2개월, 1936년에는 1년, 따라서 1789년 이후 지속적으로 다스린 첫 번째 좌파 내각이 바로 우리 내각이라고 말할 수 있습니다. 200년 만에 처음입니다"라는 미테랑의 소회처럼 새로운 시대를 열게 되었다.

이 같은 정치적 여정을 살펴볼 때, 미테랑은 프랑스의 자유와 공화주의를 사랑하고 옹호하기 위해 권위주의적 드골주의와 그것을 뒷받침하는 돈의 위력을 거부하는 지난한 투쟁과정을 통해 사회민주주의자로 성장한 것으로 보인다. 그는 자신의 사회당 입당을 "마르크시즘에 동조하는 것을 의미하는 것이 전혀 아니다. 좌파를 위해 권력에 다가가는 수단이다"고 밝히면서, 사회민주주의의 정체성을 "우리는 더 급진적인 레닌주의가 될 수도, 그리고 우리의 경쟁자들과 타협하지 않을 수도 있었을 것이다. 하지만 당연히 그것은 불가능하다. 우리의 결과에 만족해야 한다. 사회민주주의는 사물을 지속적으로 바꿀 수 있을 것이다. 과격화는 독재로 이끈다. 그렇다면 참는 것이 더 낫다. 나는 사회민주주의 체질이라고 느낀다. 즉 나는 개혁이 실패할 것이라고 확신하면, 절대 그것을 하려고 하지 않는다"고 설파했다.

미테랑은 대통령 취임식을 마치고 프랑스의 영웅들이 묻힌 파리 팡테옹을 방문해 노예제 폐지운동의 선구자인 빅토르 쉴셰르(Victor Schœlcher, 1804~1893), 사회민주주의의 창시자인 장 조레스(Jean Jaurès, 1859~1914),

---

이 강령을 반영하여 '프랑스를 위한 110개의 제안'이라는 정책을 개발했는데, ①평화(La paix): 세계에 개방된 프랑스 등, ②고용(L'emploi): 경제 통제를 통한 사회적 성장 등, ③자유(La liberté): 책임 있는 여성과 남성의 자유 등, ④프랑스(La France): 자유롭고 존경받는 국가 등 4대 분야의 선거공약으로 제시했다.

레지스탕스 지도자인 장 물랭(Jean Moulin, 1899~1943)의 무덤에 장미꽃 한 송이씩을 헌화하고, 이어서 최초로 사회민주주의 정부인 인민전선의 총리였던 레옹 블룸(Léon Blum, 1872~1950)의 무덤에도 장미꽃을 헌화하도록 지시한 바 있는데, 이를 통해 그의 정치적 정체성을 엿볼 수 있을 것이다. 그는 문학을 사랑했으며, 특히 낭만파 시인인 알퐁스 드 라마르틴(Alphonse de Lamartine, 1790~1868)을 존경했다. 아마 라마르틴의 대표작인 「호수」(Le lac, 1820)[71]와 「평화의 마르세예즈」(La Marseillaise de la Paix, 1841)를 좋아한 이유도 있었겠지만, 라마르틴이 프랑스 대혁명 당시 온건 공화파인 지롱드의 역사(*L'Histoire des Girondins*, 1847)를 집필했으며, 1848년 2월혁명 직후 수립된 백일천하의 혁명정부에서 우파의 대표[72]로서 좌우연합정부를 이끌었던 인물이었기에 존경한 것이 아닌가 본다.

사회통합으로 국민의 삶을 변화시키다

미테랑은 대통령으로서 14년 동안 두 차례의 임기를 완수했다. 그는 임기 동안 네 번 총선을 치뤘고, 〈표 Ⅳ-4-2〉와 같이 내각을 일곱 번 구성했다. 1기 대통령직에서는 첫 번째로는 사회당-공산당-급진좌파당 연합정부를, 두 번째로는 사회당 단독정부를, 세 번째로는 1차 좌우동거정부를 구성했으며, 2기에서는 세 차례의 사회당 단독정부에 이어 2차 좌우동거정부를 구성했다.

---

71 「호수」는 미테랑이 좋아하는 시 중 하나인데, 한 단락을 소개한다. "오, 호수여, 말없는 바위여, 동굴이여, 울창한 숲이여! / 시간에서 벗어나 있거나, 시간이 더 젊어지게 할 수 있는 / 너희들이여! 아름다운 자연이여 / 적어도 오늘 밤의 추억을 간직해 다오!"

72 라마르틴은 제2공화국의 국기를 좌파의 대표인 루이 블랑(Louis Blanc, 1811~1882)과 달리, '적기赤旗' 대신 파랑, 흰색, 빨강의 '삼색기'로 채택할 것을 주장해 관철시켰다.

〈표 Ⅳ-4-2〉 미테랑 집권기 하의 총리 현황

기	대	취임년월	총리	소속	형태	비고
1	86	1981. 5.	피에르 모루아	사회당	연합정부	
	87	1984. 7.	로랑 파비위스	사회당	단독정부	
	(84)	1986. 3.	자크 시라크	공화국을 위한 집회	동거정부	갈등적
2	88	1988. 5.	미셸 로카르	사회당	단독정부	
	89	1991. 5.	에디트 크레송	사회당	단독정부	여성
	90	1992. 4.	피에르 베레고보아	사회당	단독정부	
	91	1993. 3.	에두아르 발라뒤르	공화국을 위한 집회	동거정부	협력적

1981년 5월 21일 대통령에 취임한 미테랑은 정통 SFIO의 지도자이자 당내 반대파였던 피에르 모루아(Pierre Mauroy, 1928~2013, 재임 1981~1984)를 첫 총리로 임명하고 내각을 출범시켰다. 이어 그는 6월에 의회를 해산하고 총선을 실시해 사회당이 전체 491석 중 269석(49.2%)으로 승리한 데 힘입어 24명의 장관 중 4명을 프랑스공산당에, 1명을 급진좌파당에 배분했다. 그런데 좌파 연합정부치곤 프랑스공산당 소속의 장관수가 비교적 적다는 점이 의문을 자아냈다. 이는 대선 1차 투표의 득표율을 반영한 것이었는데, 미테랑의 등장으로 프랑스공산당이 쇠락할 수밖에 없었던 필연적인 결과라고 볼 수 있다. 미테랑이 1971년 사회당에 입당하면서부터 좌파 진영은 그동안 세력을 양분해 온 SFIO-프랑스공산당 간의 균형이 사회당의 일방주도로 전환되었다. 프랑스공산당은 시간이 갈수록 하락세가 두드러졌는데, 1973년 총선에는 2차 투표율 20.8%, 1974년 대선에는 좌파연합으로 불不입후보, 1978년 총선에는 2차 투표율 18.6%, 1981년 대선에는 1차 투표율 15.3%, 그리고 6월 총선에는 2차 투표율 6.9%를 기록했다.

이 같은 현상은 소련 공산체제에 대한 환상이 깨지고, 프랑스공산당 지도부의 이념과 전략에 대한 경직성, 대통령 선거제도의 양당화 경향 등 복합적 요인들이 영향을 미치고 있었지만, 가장 결정적인 요인은 미테랑의 등장과 사회당의 부상이었다. 하지만 미테랑은 집권 초기 프랑스공산당과의 정책 약속, 특히 국유화에 관한 공약을 가능한 이행하려고 노력하며 그들과의 파트너십을 유지했다. 그는 드골파도 싫어했지만, 프랑스공산당도 싫어했다. 그는 프랑스공산당의 평당원에 대해서는 레지스탕스의 영웅적 헌신 때문에 존경심을 가졌지만, 지도부에 대해서는 모스크바의 지시에 따라 움직인다고 생각해 경멸했다. 물론 그는 프랑스공산당을 지지하는 500만 명의 유권자 중 적어도 300만 명의 지지를 받아야 선거에서 승리한다는 것을 알고 있었다.

미테랑은 대통령에 취임하자마자 프랑스가 직면한 당면 문제를 해결하고 구조적 과제를 개혁하는 데 전력을 다했다. 당시 프랑스는 잘 사는 나라치곤 사회복지 부문에서 불평등이 심각한 나라였다. 노동자의 절반은 휴가를 떠나지 못했고, 70만 명의 봉급생활자는 한 해에 40번 이상 밤샘노동을 했다. 노동자 자녀들의 대학진학률은 4%에 불과한 반면에, 회사 중역의 자녀들은 4분의 3이 대학에 진학했다. 4분의 1에 해당하는 젊은이들은 전문기술교육을 받지 못하고 교육기관을 떠났다. 평균수명은 남자의 경우 70세였는데, 노동자들은 훨씬 낮았고 퇴직 후 사망률도 높았다. 경제상황과 국제정세도 녹록지 않았는데, 14%의 인플레이션, 150만 명의 실업자, 400억 프랑의 무역수지 적자, 투기 때문에 위협받는 화폐가치, 위기의 유럽, 냉전에 휘둘리는 국제정세, 어느 하나 희망적인 지표가 거의 없었다.

이러한 상황을 타개하기 위해 미테랑은 대선공약으로 제시된 110개 공약 중 근간이 되고 시급한 사회정책을 과단성 있고 신속하게 추진하는 한편, 이전 정부의 경제 실정과 새 정부의 국유화 정책에 따른 경제적 위기상황을 정책의 수위와 완급을 조정하면서 대처해 나갔다. 그는 엘리제 궁에서 대통령 취임 선서를 하고 나서 대통령실 참모들에게 다음과 같이 자신의 소명을 밝히고 국정운영의 기조를 다짐했다.

"내가 가장 중요하게 생각하는 것은 나의 집권이 좌파의 마지막이 되어서는 안 된다는 것이오. 물론 우리는 개혁조치들을 실현해야 합니다. 하지만 무엇보다 역사에서 권력행사에 효율적이었던 좌파로 기억될 수 있도록 성공하는 것이오. 공약을 지키고 나라를 그르치지 않는 좌파로 기억되는 것 말이오. 뒤에 내가 아닌 다른 사회당원이 공화국 대통령에 당선되어야 내가 진정 대통령으로 성공했다고 할 수 있을 것이오."

미테랑은 가장 먼저 생활이 힘든 수백만 명의 삶을 변화시켰다. 노동조건과 사회복지를 개선하기 위해 주당 근무시간을 40시간에서 39시간으로, 주당 최대 근로시간을 50시간에서 48시간으로, 유급휴가를 4주에서 5주로, 정년을 65세에서 60세로, 실업수당 기간 연장, 최저임금 25% 인상, 가족 수당 25%(두 자녀가 있는 경우 50%) 인상, 최저연금 38% 인상, 외국인 노동자들에 대한 10년 유효 갱신가능 체류증명서 발급 등을 단행했다. 또한 경기 활성화와 일자리 마련을 위해 170억 프랑의 신용 대출, 70억 프랑의 청년취업 지원, 5만여 명의 공무원 채용, 서민용 주택건설 사업 등을 추진했다. 인권과 여성지위를 향상시키기 위해 사형제도의 폐지, 「안전과 자유법」과 같은 각종 반인권 법령의 폐지, 국가보안재판과 상설군사재판의 폐지, 유럽인권재판소에 개인이 재판을 의뢰할 수 있는 권리 보장, 공익형公益刑의 신설, 피해자와 가난한 사람들을 위한 사법제도의 개혁, 동성애자에 대한 차별 폐지, 사회보장기금에 의한 임신중절비용 환불 등을 실행했다.

교육에 관해서는 대학교육 개혁, 기술직업교육 육성, 교육기관의 자율권 부여, 각종 교육과정 개혁 등을 추진했다. 그리고 '문화대통령'이라는 평가를 받을 정도로 문화부 예산을 두 배로 늘려 문화예술 진흥에 크게 기여했고, 그의 불후의 업적인 루브르 박물관 피라미드, 바스티유 오페라극장, 라데팡스의 신개선문 등을 건립했다. 이밖에도 지방분권을 강화하고 언론자유를 대폭 신장시켰다. 특히 라디오와 텔레비전 방송의 국가독점을 종식시키고, 종래 불법이었던 개인 라디오 방송을 허용했다. 이 같은 개혁조치는 집권 후 3년 만에 이뤄진 것들인데, 프랑스 사회와 수많은 프랑스인의 삶을 획기적이고 지속적으로 변화시키는 데 기여했을 뿐만 아니라 그동안 불가능한 꿈이라고 인식되었던 사회민주주의를 현실로 받아들여졌다는 점에서 그 의의가 지대했다.

미테랑은 경제 재건과 구조적 개혁을 위해 좌파 3당이 합의한 공동강령에 따라 주요 기업과 금융기관의 국유화를 추진했다. 이를 위해 5개 제조회사, 36개 은행, 2개 금융회사를 공공부문에 편입시켰고, 항공, 제철, 정보산업 분야의 대주주권을 국가가 확보하도록 했다. 이 과정에서 자본유출에 따른 화폐가치의 하락, 구조조정에 따른 해고 사태, 의회 정쟁의 격화 및 법적 다툼의 증가 등 여러 도전에 직면하게 되었다. 그러나 미테랑의 국유화 조치는 1986년에 들어선 동거정부의 시라크 총리에 의해 원래대로 민영화로 환원되었다.

국유화 정책은 짧은 기간에 실행되었기 때문에 그 평가는 분분하지만, 대부분의 대기업을 파산에서 구했다는 점에서 그 가치를 인정받고 있다. 하지만 국유화를 핵심으로 하는 사회민주주의의 시도는 필연적으로 영국과 미국을 주축으로 하는 국제자본과 자본의 논리에 따라 움직이는 국내자본의 유출이 발생하고, 그에 따른 화폐가치의 하락과 인플레이션의 증가로 실질소득이 감소하게 될 수 있다. 또한 국유화 대상기업에 대한 구조조정이 이뤄지는 과정에서 실업사태가 불가피하게 발생하게 될 수 있다. 이 같은 상황은 아담 쉐보르스키(Adam Przeworski, 1940~)가 『자본주의와 사회민주주의』(*Capitalism and Social Democracy*, 1985)에서 지적한 바 있는, 일시적인 노동자 복지의 악화 상태인 '전환의 계곡'(Valley of Transition)에 빠질 위험을 내포하고 있었다.

미테랑도 집권 초기에 몇 년 전에 영국에서 노동당의 해럴드 윌슨 총리(Harold Wilson, 1916~1995, 재임 1964~1970, 1974~1976)가 겪었던 것과 마찬가지로 고통과 실망의 계곡에 들어섰다. 이 계곡을 건너기 위해 미테랑은 세 차례에 걸쳐 프랑화의 평가절하를 단행했으며, 국유화 조치를 최소화했다. 이 과정에서 외환보유량이 바닥나기도 했으며, 3개 공영방송 중 한 개를 민영화하기도 했다. 그 결과 1983년에 들어 경제적 안정이 이뤄졌고, 무역적자가 많이 개선되었다. 그러나 실업문제는 좀처럼 개선되지 않았다. 당시 세계적으로 신자유주의적 담론과 정책[73]이 위력을 떨치고 있는 환경에서 재정적자를 감수하고 고용창출을 위한 대규모 공공사업을 선뜻 추진하기에는 부담이 컸기 때문에, 결국 고용정책은 실기하고 말았다.

대체로 프랑스인에 대해 까다롭고 변덕스럽기로 유명한 국민이라는 편견이 있기도 하지만, 어느 때는 일견 맞아떨어지는 경우도 있다. 바로 미테랑의 국정운영에 대한 태도에서 잘 나타난다. 미테랑의 사회당은 집권한 지 2년이 채 안 되어 1983년에 치러진 지방선거에서 참패했다. 선거 결과는 의외였지만, 프랑화의 평가절하와 국유화 조치에 따른 실질소득의 감소와 실업 증가가 결정적인 패인이었다. 물론 저소득층의 생활수준이 15%나 향상되었고, 대선을 통해 공인된 국유화 조치를 최소화했음에도 불구하고 유권자의 참을성은 한계에 도달했다. 이러한 결과는 1986년 총선과 1988년 대선의 전망을 어둡게 만들었다. 이에 대해 미테랑은 프랑스공산당과의 결별(1984)을 단행했고, 국제 자본의 영향에서 벗어나기 위한 대응의 일환으로 유럽통합 작업에 속도를 냈다.

이처럼 순발력 있고 정곡을 찌르는 국정기조의 대전환을 통해 미테랑은 1988년 대선에서 재선에 성공했다. 이러한 정치적 행운은 실수를 인정하고 견해를 바꿀 수 있는 그의 유연한 태도 때문이 아닌가 본다. 물론 1986년 총선에서의 패배로 우파 연합으로 '공화국을 위한 집회'의 시라크가 총리가 되는 1차 동거정부[74]가 들어서기도 했다. 미테랑 재임 중 동거정부는 두 차례

---

73 미테랑은 영국의 마거릿 대처 총리(Margaret Thatcher, 1925~2013, 재임 1979~1990), 미국의 로널드 레이건 대통령(Ronald Reagan, 1911~2004, 재임 1981~1989), 서독의 헬무트 콜 총리(Helmut Kohl, 1930~2017, 서독 재임 1982~1990, 통독 재임 1990~1998) 등의 신자유주의자들에 의해 포위된 상태였다고 볼 수 있다. 특히 미국 언론은 사회당이 집권한 프랑스를 '서유럽의 쿠바'라고 폄하하고 있었다.

있었는데, 2차 때는 1993년 우파 연합으로 '공화국을 위한 집회'의 에두아르 발라뒤르(Édouard Balladur, 1929~, 재임 1993~1995)가 총리를 맡았다.

1차 좌우동거정부는 제5공화국 하에서 처음 겪게 된 측면도 있었지만, 시라크 총리의 독특한 정치적 개성[75]으로 대통령과 총리 간의 역할과 정책을 놓고 적지 않은 갈등이 있었다. 특히 국가 간 정상회담에서의 의전, 외교와 국방의 관할, 국유화 범위 문제 등을 둘러싸고 미테랑과 시라크 간의 헌법 논쟁이 빈번했다. 이미 총리 경험이 있었던 시라크는 대통령에게 정중하면서도 거칠게 굴었고, 공공연히 대통령을 하찮게 여기는 것 같았다. 그때마다 미테랑은 사회당의 심볼인 '장미꽃을 쥔 주먹'(Le poing et la rose)처럼 단호하면서도 예의 미소를 잃지 않았다. 그는 자신의 별명대로 '늙은 여우'(vieux renard)가 '젊은 늑대'(jeune loup)를 능수능란하게 으르고 달래는 것처럼, 자신이 과거 한때 비판했던 드골의 헌정체제를 지키기 위해 시라크를 용의주도하게 다뤄나 갔다. 미테랑은 "결정은 내가 합니다. 나는 내가 말한 것만 승인합니다"는 원칙 아래 외교와 국방에 관한 한 국가원수의 역할을 충실히 수행하는 한편, 과거 '레지스탕스 국가평의회'에서 결정했던 국유화 조치를 제외하고는 국내

---

74 1958년에 제정된 프랑스 제5공화국 헌법은 대통령에게 국민의회(하원) 해산권을 부여한 대신에 국민의회가 정부를 불신임할 수 있는 권한을 부여하고 있다. 이렇기 때문에 대통령은 국민의회의 과반수 지지를 받는 의원을 총리로 임명하는데, 총선 패배시 반대 정파 소속의 의원을 총리로 임명할 수밖에 없기 때문에 국가원수인 대통령과 정부수반인 총리의 소속이 다른 동거정부가 등장하게 된다. 이 같은 기제를 지닌 정부형태를 일반적으로 준대통령제 정부(Semi-presidential government) 또는 이원정부제(dual executive, double exécutif)라고 한다.

75 시라크는 공무원 출신으로 젊었을 때 공산당원 이력 때문에 장교 임관이 거부된 적이 있는 흥미로운 이력을 지닌 인물인데, 드골파의 '젊은 늑대'(jeune loup)의 선두주자로 성장해 불도저(bulldozer)라는 별명을 지녔던 우파 진영의 거두로서 두 차례 총리 (1974~1976, 1986~1988)와 파리 시장(1977~1995)을 지냈고, 미테랑에 이어 두 차례 대통령 (1995~2007)을 연임했다. 그는 대통령 퇴임 후 파리시장 재직 시에 있었던 부패혐의로 집행유예 2년형을 선고받기도 했다.

문제에 대해서는 일절 개입하지 않았다. 그는 사회당의 대통령이 아닌 정파를 초월한 국민의 대통령으로서 역할을 수행해 통합적 정치리더십을 발휘했을 뿐만 아니라 바람직한 동거정부의 선례를 남기며, 후에 이어진 2차 동거정부[76]의 국정 운영을 성공적으로 안착시킬 수 있었다.

유럽통합을 완결하다

미테랑은 집권 이전부터 유럽통합 건설의 중요성과 필요성을 누구보다도 정확히 인식하고 있었다. 이는 그가 드골과 그 후예들의 외교정책의 한계를 잘 알고 있었기 때문이다. 드골은 '프랑스 영광'(Les Glorieuses français)을 재현하고, '위대함의 정치'(Politique de Grandeur) 시대를 개막하기 위한 구상으로 영국의 대서양주의에 맞선 대륙주의를 통해 미·소 양국 주도의 국제질서에서 벗어나려는 외교정책을 추진했다. 드골은 영국(1952)에 이어 핵무기를 개발(1960)하고, 유럽경제공동체(European Economic Community, EEC)에의 영국 가입[77]을 반대했다. 이는 1949년 설립된 북대서양조약기구(North Atlantic Treaty Organization, NATO)의 군사동맹적 기능을 약화시킴으로써, 역설적으로 유럽에 대한 미국의 간섭과 영향력을 증대시키는 결과를 낳았다. 단적으로 독일은 전쟁의 재발을 방지하기 위해 프랑스와의 항구적인 평화체제를 강구하는 대신에 당장의 소련 위협을 차단하기 위해 미국에 더욱 의존하게 되었다.

이러한 상황에 대해 미테랑은 영국을 포함한 '유럽통합의 길'만이 유럽과

---

[76] 미테랑의 2차 동거정부에서는 대통령과 총리 간의 마찰이 전혀 없었던 것으로 평가된다. 시라크 대통령 재임 중에 있었던 사회당의 리오넬 조스팽 총리(Lionel Jospin, 1937~, 재임 1997~2002)와의 동거정부 때도 헌정적 문제가 없었던 것으로 평가된다.

[77] 영국은 1960년 EEC에 가입하지 않은 유럽의 7개 국가들이 설립한 '유럽자유무역연합'(European Free Trade Association, EFTA)을 주도했는데, 프랑스의 경제수준이 영국과 대등하자 영국의 EEC 가입을 반대했던 드골이 퇴진하고 나서 1973년 EFTA를 탈퇴하고 EEC에 가입했다.

프랑스에게 평화와 번영을 가져다줄 수 있다고 보고, 프랑스-독일 간의 오랜 갈등을 해결하는 것을 우선과제로 보았으며, 핵심은 유럽의 단일통화와 정치통합이라고 판단했다. 특히 유럽통화에 대한 그의 절실함은 미국 달러의 강세에 힘입은 국제자본의 이탈로 집권하자마자 야심차게 펼쳤던 사회민주주의적 정책이 좌절되는 과정을 몸소 겪었기 때문에 더욱 컸다. 그는 1948년 유럽통합의 시발점이라고 불리는 헤이그 회의에 참석한 경험이 있었고, 1972년 사회당의 주간 기관지인 「단일」(L'Unité)의 칼럼을 통해 "미국인들은 무기로 구해 준 유럽을 그들의 통화로 지배했다. 유럽인들이 자신의 통화를 갖게 된다면, 그것을 통해 해방될 것이다"라고 기술하며 일찍부터 유럽통화의 필요성을 설파해 왔다.

미테랑은 유럽통합을 단순히 유럽국가들 간의 기능적 차원의 통합이 아니라 궁극적으로 하나의 주권을 행사하는 국가연합으로 간주했기 때문에 그것을 위한 작업을 '유럽건설'(La construction européenne)이라고 불렀다. 이 건설에는 독일과의 협력 가능성에 대한 영국의 불신, 유럽에서 영향력 축소에 대한 미국의 우려, 소련의 위협에 대한 보장이 미흡하다는 서독의 의구심 등 여러 장애물을 제거해야만 본격적으로 구체화될 수 있었다. 이를 위해 미테랑은 그의 천부적인 정치적 기질인 여우의 지략과 낙관주의적 인내심을 발휘해 영국, 미국, 서독의 지도자를 수시로 만나거나 전화로 설득하고 양보하며 타협하는 방식으로 유럽건설을 향해 나아갔다. 특히 정치관과 이념적 성향이 다른 세 나라의 지도자들과 합의를 도출한 그의 협상능력은 타의 추종을 불허했다고 해도 과언이 아니다.

미테랑은 영국의 대처 총리에 대해 그가 만난 외국의 여성 정치인 중 가장 인상적인 인물이라고 여기면서 대처의 독특한 개성과 장단점을 일찍감치 파악했다. 그는 "스탈린의 눈과 마릴린 먼로(Marilyn Monroe, 1926~1962)의 목소리"를 지닌 대처가 강한 확신과 뭐라고 정의할 수 없는 매력을 지녔지만, 식사 자리에서 장관과 보좌관을 호되게 질책하는 모습을 보고 대처가 도량이 비교적 좁고 인정받기를 갈구하는 인물이라고 간파했던 것 같다. 미테랑은 대처의 마음을 사로잡기 위해 각종 비밀정보를 수시로 전해 주기도 하고, 때로는 '싸움닭'(fighting cock)인 대처를 프랑스의 '갈릭 수탉'(coq gaulois)처럼 도전적인 방식으로 대하기도 했다.

또한 미테랑은 같은 해에 자신보다 4개월 전에 취임한 미국의 레이건 대통령에 대해서도 한 차례의 만남을 통해 그의 인물 됨됨과 외교능력을 단박에 파악했다. 그는 레이건이 영화배우 목소리와 보기 드문 카리스마, 그리고 거듭되는 행운을 지닌 점에 매료되었지만, 레이건의 보좌관과 장관들이 창피해서 어쩔 줄 모를 정도로 외교에 무능한 할리우드식(Hollywood action)의 카우보이(cawboy)임을 간파했다. 그래서 레이건이 곳곳에서 "공산당을 찾아내는 탁월한 능력"[78]에 대해 가끔 농담을 주고받을 뿐, 레이건을 얕잡아 보는 언급은 일체 하지 않았다. 또한 레이건이 자신을 국제공산주의자로 오해하지 않도록 소련 관련 고급정보를 전해주거나 유럽 내 미국의 핵무기 배치를 찬성한다고 밝히기도 했다.

그리고 미테랑은 서독의 콜 총리에 대해서는 둘 다 시골 출신이지만 명문대학에서 공부한 것을 자랑스럽게 여기고, 수도의 엘리트들을 좋아하지 않는다는 점에서 공통점이 있어 인간적으로 좋아했다. 그는 콜을 1983년부터 만난이래 10년 동안 단 한 달도 만나지 않은 적이 없을 정도로 관계를 돈독히했다. 또한 콜이 보수적인 기독교민주연합의 총리인 점을 항상 의식하고 독일의 과거사 문제에 대해 좀처럼 거론하지 않았으며, 미·소의 유럽 핵무기 정책과 동독에 대한 서독의 입장을 적극적으로 옹호했다. 물론 미테랑은 '늙은 여우'인 자신을 필적하려고 대드는 '거구의 너구리'(riesig waschbär)인 콜을 자신의 페이스에 맞추기 위해 온갖 지략과 정성을 다 쏟아부었다.

---

78 이는 레이건이 1947~1952년과 1959~1960년 두 차례 미국의 영화배우조합(Screen Actors Guild, SAG) 회장에 있으면서 공산주의자 의혹이 있는 할리우드 블랙리스트 대상자를 색출하는 데 앞장선 일을 비유한 것이다.

이러한 미테랑의 노력은 1986년 단일유럽의정서(Single European Act, SEA)의 체결로 이어져 유럽통합에 큰 진전을 가져왔다. 이 의정서는 1970년 설립된 유럽정치협력(European Political Co-operation, EPC)이 추진한 것으로서, 유럽경제공동체 내에서 1993년부터 단일시장을 출범시킨다는 내용이 핵심이었다. 이는 재화, 자본, 용역, 사람이 자유롭게 왕래하고, 3억 7천만 명의 인구가 함께 생활하는 경제공동체를 형성하는 것이자, 단일통화로 가는 필연적인 단계를 예고하는 것이었다. 이로써 유럽건설은 한걸음 성큼 다가서게 되었다.

미테랑 역시 1988년 대선에서의 재선을 통해 유럽건설에 더욱 박차를 가했다. 특히 그는 재선 직후 치러진 총선에서 사회당이 제1당에 복귀함으로써 동거정부를 청산하고, 국내 문제를 사회당 소속의 총리에게 전적으로 맡길 수 있게 되었다. 하지만 안타깝게도 1981년 대통령 취임 직후 발견되어 치료해 왔던 전립선암이 재발될 우려가 있어 많은 일을 수행하기에는 건강이 벅찼다.

미테랑은 유럽건설의 완결을 통해 인생과 정치에서 유종의 미를 거둘 것을 작정했다. 그는 유럽건설을 위해 반드시 필요한 단일통화 도입을 주저하고 있는 서독의 콜을 설득하기 위해 무던히 애를 썼다. 물론 콜은 언젠가 있을 독일통일(이하 통독)을 준비하기 위해 "독일 마르크화는 독일의 핵무기이다"고 언명을 할 정도로 마르크화를 고수하는 마지노선에서 한 치도 물러서지 않았다. 하지만 미테랑은 1989년 프랑스 대혁명 200주년을 맞아 '필연적 우연'(hasard inévitable)과 같은 베를린 장벽의 붕괴를 시발로 행운의 여신이 미소를 짓는 역사의 간지를 정확히 포착하고, 천재일우를 놓치지 않기 위해 주도면밀하게 사태를 장악해 나갔다. 그는 통독을 반대하거나 주저하고 있는 영국, 미국, 소련 등의 '전승 4대 강국의 독일 점령권'을 적절하게 활용해 콜에게 설득과 압박을 병행하면서, 결국 콜로부터 유럽통화의 약속을 받아내는 데 성공했다.

당시 독일통일에 대해 영국은 무조건 통독 반대, 미국은 NATO 이탈 하의 중립국 통독 반대, 소련은 NATO 편입 하의 통독 반대 입장이었다. 이후 서독의 콜과 소련 공산당의 미하일 고르바초프 서기장(Mikhail Gorbachev, 1931~2022,

재임 1985~1991)의 비밀회담에서 서독의 소련 경제지원 조건으로 'NATO 편입 하의 통독 방안'이 합의되었다. 이에 대해 미테랑은 통독을 반대하는 영국의 대처를 활용하는 한편, "유럽통합 없는 통독은 없다"라는 강경한 입장으로 콜을 압박해 양보를 얻어냈다. 이 압박 때문에 미테랑은 한때 통독 반대주의자로 오해받기도 했다.

이 과정에서 유럽건설의 두 가지 핵심축 중 하나인, 1961년에 제정된 「유럽사회헌장」(European Social Charter)에 통독을 반대하고 있는 영국의 대처를 설득해 가입하도록 했다. 이로써 유럽건설은 1991년 도출된 마스트리히트 조약 (Maastricht Treaty)에 가입한 유럽공동체(European Community, EC)의 국가들이 1993년 '다양성 속의 연합'(United in Diversity)이라는 모토를 표방한 '유럽연합'(European Union, EU)을 출범함으로써 마침내 완공되었고, 1999년 단일통화인 '유로'(Euro)의 발행으로 한층 더 굳건해졌다.

이 같은 유럽통합의 기나긴 여정과 더불어 미테랑의 정치적 여정도 마무리되고 있었다. 세상만사가 길흉화복 또는 호사다마의 이치에서 벗어날 수 없듯이, 미테랑의 말년은 다소 쓸쓸하고 외로웠던 것 같다. 사회당은 '파벌 간의 코끼리'(Éléphant du Parti socialiste) 싸움,[79] 총리들의 오만과 무능, 높은 실업률 등으로 1992년 지방선거와 1993년 총선에서 연이어 참패했다. 미테랑이 1992년 마스트리히트 조약 비준을 위한 국민투표에서 승리를 이끌어 내기 위해 다음날 전립선암 수술을 앞두고 4시간 동안 TV토론에서 혼신을 다해 51%로 승리했음에도 불구하고, 국민은 총선에서 동거정부를 선택했다.[80] 이후 미테랑은 건강이

---

79 언론에서 사회당의 유력자들을 코끼리(Éléphants)라고 부르고, 보수 정당인 '공화국을 위한 집회'의 유력자들을 남작(Barons)이라고 부른다. 코끼리 떼는 늙은 코끼리와 아기 코끼리가 화목하게 지내면서도 때로는 반목하기도 한다.

80 프랑스의 선거는 기복이 심한 것으로 정평이 나있는데, 참고로 미테랑부터 최근까지 사회당의 득표 현황은 다음과 같다. (1) 총선: 1981년 491석 중 269석(49.2%) / 1986년 577석 중 206석(35.7%) / 1988년 577석 중 290석(45%) / 1993년 577석 중 53석(9.1%) / 1997년 577석 중 255석(44.1%) / 2012년 577석 중 280석(48.5%) / 2017년 577석 중

허락되는 한에서 회고록 정리와 제2차 세계대전 전승기념 준비에만 몰두했다. 이 와중에 그는 1993년 프랑스 대통령으로서 최초로 한국을 방문해 김영삼 대통령과 정상회담을 갖기도 했다. 그리고 그는 1995년 사회당으로부터 받은 대통령 퇴임 선물인 소형차를 타고 14년 전에 살았던 집으로 돌아갔고, 이듬해 초에 미소를 머문 채 평화롭게 눈을 감았다.

지금까지 살펴본 미테랑의 가장 두드러진 정치적 특징은 그가 유연한 사회민주주의자이면서도 진정한 정치주의자였다는 점이다. 그는 우파 정치인에서 출발해 사회민주주의자로 전환한 인물이다. 이 전환이 사상적 성숙 때문인지, 아니면 권력획득을 위한 필요 때문인지 모호함(ambiguïté)이 있을 수 있지만, 사회당에 합류한 이래 사회당을 승리하도록 지휘했으며, 사회당 정부를 14년간 운영했다. 이러한 정치적 여정에서 그는 사회민주주의의 가치를 훼손하는 언행을 일절 하지 않았으며, 선거 승리를 위해 이념을 희생하거나 어떤 정치적 타협도 하지 않았다. 오히려 그는 사회민주주의자가 민주주의자임을 증명하기 위해 드골과 달리 '게임의 룰'인 선거제도를 자신에게 유리하도록 바꾸지 않고 주어진 헌정체제를 받아들이는 데 자제력과 인내심을 견지했다. 그리고 그는 열정과 사려깊음이라는 정치적 덕목을 통해 국민의 삶을 변화시키고, 유럽통합이라는 위대한 이정표를 세웠다. 특히 그가 유럽통합에 매진한 것은 프랑스가 진정으로 평화번영과 사회진보를 누리는 국가가 되기 위해서는 이웃 국가들과의 협력과 다양성 속에서 인류보편적 가치를 공유하고 지향해야만 가능하다고 보았기 때문이다. 아마 그는 이마뉴엘 칸트(Immanuel Kant, 1724~1804)가 주창

30석(5.1%) / 2022년 577석 중 28석(4.8%). (2) 대선: 1981년 미테랑 1차 투표 28.3%, 2차 투표 51.7% / 1988년 미테랑 1차 투표 34.1%, 2차 투표 54% / 1995년 조스팽 1차 투표 23.3%, 2차 투표 47.3% / 2002년 조스팽 1차 투표 16.1%(3위) / 2007년 세골렌 루아얄(Ségolène Royal, 1953~) 1차 투표 25.8%, 2차 투표 46.9% / 2012년 프랑수아 올랑드(François Hollande, 1954~, 재임 2012~2017) 1차 투표 28.6%, 2차 투표 51.6% / 2017년 브누아 아몽(Benoît Hamon, 1967~) 1차 투표 6.3%(5위) / 2022년 안 이달고(Ana Hidalgo, 1959~) 1차 투표 1.7%(10위).

한 '영구평화'(Zum ewigen Frieden)가 자유로운 공화국가들이 연합할 때만 가능하다는 점을, 또한 레프 트로츠키(Leon Trotsky, 1879~1940)가 말한 '영구혁명'(permanent revolution)이 한 나라의 사회주의가 이웃 나라로 퍼져 나갈 때만 가능하다는 점을 프랑스의 역사와 국정운영의 경험을 통해 깨달았던 것 같다.

한편 미테랑은 정치를 본능적으로 좋아했고, 권력의 속성을 잘 알고 있었다. 그는 정치가 세상을 변화시키고 사람의 꿈을 이루기도 하며, 힘들지만 무언가를 만들어 내는 흥미가 넘치고 즐거운 일이라고 생각했다. 그는 사람들 앞에서 연설하고, 타인을 설득하고 협상하며, TV에 나와 토론하는 것을 즐겨했다. 아마도 그는 정치를 할 때마다 어떤 전율이나 마력을 느끼지 않았을까 상상해 본다. 그는 "권력이란 정치에 맞들인 사람에게는 마약과 같이 정치에 안주하는 사람을 타락시키고, 정치에 만족하는 사람을 파괴한다"고 믿고, 이를 항상 경계했다. 또한 정치의 이중성과 권력의 양면성 때문에 정치행위에서 용의주도와 능수능란이 핵심적 요소라고 보고, 이를 마키아벨리의 여우처럼 효과적으로 활용했다. 그리고 미테랑은 자신보다 프랑스 국민을 너무나 사랑했기 때문에 자신의 과거를 정면에서 직시하는 데 겁내지 않았다. 그는 회고록을 거의 첨삭[81]하지 않았고, 수정하지도 않았다. 자신의 한계와 결점이 있는 그대로 드러날 때, 프랑스의 미래 세대와 정치 후예들에게 타산지석이나 반면교사가 될 수 있다고 믿었던 것 같다. 필자는 살신성인이라는 말이 과할지 모르지만, 그 표현을 통해 미테랑이 진실한 정치지도자였다는 점을 드러내고 싶다.

여담이지만, 미테랑은 서두에서 언급했던 부인 구즈 여사를 제외하고 특별히 세 여성들과 사연이 있다. 첫 번째는 2장에서 살펴본 시몬 드 보부아르(Simone de Beauvoir, 1908~1986)다. 한때 프랑스공산당을 지지했던 보부아르는 1981년 대선에서 미테랑에게 투표했고, 미테랑 정부에서 '여성과 문화위원회'의 명예 의장을 맡았다. 당시 미테랑은 보부아르에게 프랑스 최고 명예훈장인 레지옹도

---

81 아탈리의 『미테랑 평전』에 따르면, 미테랑은 회고록에서 시라크와 주고받은 두 통의 편지 내용을 삭제하라고 주문했지만, 다른 것은 없었다.

뇌르(ordre national de la Légion d'honneur)를 수여하려고 했지만, 보부아르는 자신은 '참여하는 지식인'이기 때문에 거절했다. 필자는 보부아르의 장례 때 미테랑이 조문을 했는지 여부를 조사한 바, 직접 조문하지 않은 것으로 알고 있다. 만약에 조문했다면, 미테랑은 "저는 당신을 이해합니다(Je te comprends)"라고 조의를 표했을 것이라고 상상해 본다. 미테랑과 각별히 관련 있는 두 번째와 세 번째 여성은 안 팽조(Anne Pingeot, 1943~)와 마자린 팽조(Mazarine Pingeot, 1974~)[82]다. 안은 루브르 박물관의 큐레이터였고, 마자린은 프랑스에서 가장 오래된 도서관인 마자린 도서관(Bibliothèque Mazarine, 1643)의 이름을 따서 작명되었다고 알려진 안과 미테랑의 딸이다. 미테랑은 대통령 재임 중 신비스럽고 아름다운 '루브르 박물관 피라미드'(Pyramide du Louvre)와 세계 최초의 전자도서관인 '프랑스 국립도서관(Bibliothèque nationale de France) 신관'을 건립했는데, 아마도 두 여성을 염두에 두었을지 모르겠다.

필자는 국회도서관장 재직 시 두 건물을 방문한 적이 있는데, 미테랑의 웅대한 배포와 깊은 심미안, 그리고 프랑스인의 지성과 감성의 실체를 나름 헤아려 본 것 같다. 당시 필자는 루브르 피라미드의 여성 큐레이터에게 "지하에 론 하워드 감독(Ron Howard, 1954~)의 영화 「다빈치 코드」(The Da Vinci Code, 2006)에 나오는 '막달라 마리아(María Magdalena)의 석관'이 있느냐"고 농담 삼아 물었더니, 그는 "피라미드를 지키는 스핑크스만 아는데, 스핑크스는 바로 수수께끼가 많은 미테랑"이라고 재치 있게 대답해 주었던 기억이 떠오른다. 이 글을 쓰는 동안 코가 깨진 미테랑이 그의 트레이드마크(trademark)인 자신만만한 미소를 짓고 있는 꿈을 꾼 적이 있는데, 현몽現夢 아니면 견몽犬夢이리라. 미테랑은 책을 좋아해 여러 서점들에 다니기를 즐겨했는데, 장정이

---

82 아탈리에 따르면, 한 문인이 미테랑에게 텔레비전 방송사 사장을 주지 않으면 딸이 있다는 사실을 폭로하는 책을 내겠다고 협박한 데 대해, 미테랑은 책의 발행을 막기 위해 불법도청을 지시할 정도로 모든 수단을 동원했다. 마자린은 미테랑의 장례식에서 모습을 드러냄으로써 세상에 알려졌다.

아름다운 책은 꼭 쓰다듬었다고 한다. 필자도 이따끔씩 그의 행동을 흉내 내보곤 한다.

주요 어록

- "프랑스에는 1968년 5월 3일 이후 더 이상 국가가 없습니다. 그 자리를 차지한 것은 권력의 모습조차 갖고 있지 않습니다. … 문제는 사회주의적 민주주의를 수립하고, 젊은이들에게 사회주의와 자유의 새로운 연합이라는 고무적 전망을 열어주는 일입니다. … 나는 드골의 하야와 동시에 임시 관리내각을 즉시 구성할 것을 제안합니다."(1968. 5. 28. 68혁명 기자회견 중)

- "선거를 패하는 대가를 치르더라도 양심에 따라 분명 사형제를 폐지하리라는 대답을 할 수밖에 없습니다."(1981. 3. 14. 대선 TV프로그램 출연 직후 기자 질문에 대한 답변)

- "살기 바라며, 자유롭게 살기 바라며, 모욕당하는 자, 이민온 자, 자기 땅에서 유배된 자들에게 축복 있으라! 살기 바라며, 자유롭게 살기 바라며, 입 막힌 자, 그리고 박해받고 고문당하는 자들에게 축복 있으라! 단지 살기 바라며, 자유롭게 살기 바라며, 갇히고, 실종되고, 살해당한 자들에게 축복 있으라! 살기 바라며, 자유롭게 살기 바라며, 구타당한 신부들, 투옥당한 노조운동원들, 생존을 위해 피를 파는 실업자들, 자신들의 숲에서 쫓기는 인디언들, 불법노동자들, 농민들에게 축복 있으라! 모두에게 프랑스는 이렇게 외친다. 용기를 내시오. 자유는 이기리라!"(1981. 10. 21. 멕시코 혁명기념탑 방문 추모연설 중)[83]

---

[83] 이 연설 초안은 미테랑의 선거참모와 대통령 외교자문역을 맡았던 레지스 드브레(Régis

- "나는 자본에는 20%까지만 세금을 부과하고 노동의 열매에는 60%까지 과세하는 유럽을 바라지 않는다. … 복지가 보장되는 유럽이 아니라면, 시민들은 유럽건설에서 멀어져 갈 것이다. … 노동자들의 협력 없이 유럽을 건설하는 것은 그들의 이익에 반하여 유럽을 건설하는 것이다."(1986. 2. 28. 「단일유럽의정서」 서명 전 언술 중)

- "나는 프랑스가 통합되기를 원합니다. 편협한 생각을 가진 자들, 모든 것을 바라는 정당들, 나라를 좌우하려는 패거리와 도둑무리의 손아귀에 맡겨지면, 프랑스는 통합되지 않을 것입니다. 그들은 사회조직을 갈가리 찢고, 사회가 결집되는 것을 막을 것입니다."(1988. 3. 22. 앙텐2 방송 대통령 재선 출마 발언 중)

- "우리가 기념하는 것은 패전인가, 아니면 승리인가? 내가 남기고 싶은 유일한 메시지는 바로 유럽의 자신에 대한 승리의 메시지입니다. 모두에게 공통된 제일의 승리는 유럽이 자신을 이기는 승리입니다."(1995. 5. 8. 제2차 세계대전 전승 50주년 기념축제 2막 베를린 행사 연설 중)

Debray, 1940~)가 준비했다. 그는 1960년대에 쿠바 하바나대학교에서 철학 교수로 생활하고, 볼리비아에서 체 게바라(Ernesto "Che" Guevara, 1928~1967)와 함께 게릴라 활동을 했다. 그의 많은 저서 중 『혁명중의 혁명』(*Revolution in the Revolutuion? Armed Struggle and Political Struggle in Latin America*, 1967), 『불타는 설원』(*La neige brûle*, 1977), 『이미지의 삶과 죽음: 서구적 시선의 역사』(*Vie et mort de l'image: Une histoire du regard en Occident*, 1992), 『지식인의 종말』(*I. F.: Suite et fin*, 2000) 등이 한글로 번역되어 있다.

5. 남아프리카공화국의 넬슨 만델라

남아프리카공화국(Republic of South Africa, 이하 남아공)의 넬슨 만델라 대통령
(Nelson Rolihlahla Mandela, 1918~2013, 재임 1994~1999)은 길고도 지난한 27년
8개월간의 옥고를 겪었음에도 불구하고, 폭력과 증오를 대화와 화해와 맞바꿈
으로써 분열과 불의의 나라를 통합과 민주주의의 나라로 바꿔낸 위대한 정치지
도자이다. 관용과 타협에 기반한 통합정치의 업적과 리더십에 관한 면면을
살펴보기 위해 그의 자서전과 어록집인 『넬슨 만델라 자서전: 자유를 향한
머나먼 길』(Long Walk to Freedom: The Autobiography of Nelson Mandela, 1994),
『나 자신과의 대화』(Conversations with Myself, 2010), 『넬슨 만델라 어록』(Nelson
Mandela By Himself, 2011) 등을 기본 자료로 참고했다.

그리고 만델라에 관한 많은 도서 중 앤서니 샘슨(Anthony Sampson,
1924~2004)의 Mandela: The Authorised Biography(만델라: 공인 전기, 1999),
자크 랑(Jack Lang, 1939~)의 『넬슨 만델라 평전』(Nelson Mandela: Leçon de
vie pour l'avenir, 2005), 엘레케 보머(Elleke Boehmer, 1961~)의 Nelson Mandela:
A Very Short Introduction(넬슨 만델라: 짧은 소개, 2008), 도미니크 라피에르
(Dominique Lapierre, 1931~2022)의 『검은 밤의 무지개: 남아프리카공화국의
위대한 역사 그리고 영웅들』(A Rainbow in the Night, 2008), 존 칼린(John Carlin,
1956~)의 『우리가 꿈꾸는 기적 인빅터스』(Playing the Enemy: Nelson Mandela

and the Game that Made a Nation, 2008), 리처드 스텐걸(Richard Stengel, 1955~)의
『만델라스 웨이』(Mandela's Way: Fifteen Lessons on Life, Love, and Courage, 2009),
존 칼린과 오리올 말레트(Oriol Malet, 1975~)의 『넬슨 만델라의 위대한 협
상』(Mandela and the General, 2018) 등을 참고했다.

또한 앵거스 깁슨 감독(Angus Gibson, 1923~1996)과 조 메넬 감독(Jo Menell,
1938~)이 공동 연출한 다큐멘터리 「만델라」(Mandela, 1996), 빌레 아우구스트
감독(Bille August, 1948~)의 영화 「굿바이 만델라」(Goodbye Mandela, The Color
of Freedom, 2007), 클린트 이스트우드 감독(Clint Eastwood, 1930~)의 영화
「우리가 꿈꾸는 기적: 인빅터스」(Invictus, 2009), 존 어빈 감독(John Irvin,
1940~)의 영화 「만델라의 총」(Mandela's Gun, 2016) 등도 참조했다.

자유를 향한 머나먼 길을 나서다

만델라는 1918년 남아공의 트란스케카이에서 템부족族 왕가의 추장인 아버지
가들라 만델라(Gadla Mandela, 1880~1928)와 음펨부족族 왕가의 추장의 딸로
만델라 부친의 네 명 부인 중 세 번째인 어머니 노세케니 파니(Nosekeni Fanny,
1900~1968) 사이에서 삼남매 중 장남으로 태어났다. 그는 1928년 부친이 질병으
로 타계하자, 템부족 왕가의 도움으로 족장 집에서 생활하면서 감리교 계통의
학교에서 중등교육을 받았으며, 운동을 좋아해 한때 권투를 열심히 배우기도
했다. 1937년 포트헤어대학교에 다니던 중 시위에 참여했다는 이유로 퇴학을
당한 후, 남아프리카대학교에서 통신강좌로 문학사 학위를 취득했다. 1943년
비트바테르스란트대학교에서 법학을 전공한 후 법률회사에서 근무했으며,
1952년 변호사 자격시험에 합격해 친구인 올리버 탐보(Oliver Tambo,
1917~1993)[84]와 함께 요하네스버그에서 아프리카인이 운영하는 최초의 로펌을

---

84 올리버 탐보는 만델라가 포트헤어대학교에서 만난 가장 가까운 친구로서 ANC 활동을
    함께 했으며, 1960년 런던에서 활동하는 중 당국의 체포령으로 귀국하지 못하고 1990년까

개업했다. 그는 1944년 간호사이자 '아프리카국민회의'(African National Congress, 이하 ANC)[85] 활동가인 에블린 마세(Evelyn Mase, 1922~2004, 반려 1944~1958)와 결혼한 후 이혼했고, 1958년 사회복지사로서 '반反아파르트헤이트 운동'(Anti-Apartheid Movement, 이하 AA 운동) 활동가인 위니 마디키젤라(Winnie Madikizela, 1936~2018, 반려 1958~1996)와 재혼했지만 이혼했다. 1998년 모잠비크의 전 대통령 사모라 마셸(Samora Machel, 1933~1986, 재임 1975~1986)의 미망인이자 사회운동가인 그라사 심비네(Graça Simbine, 1936~2018)와 결혼했다.

만델라는 1942년 ANC에 가입해 활동했고, 1944년 '아프리카국민회의 청년동맹'(African National Congress Youth League, 이하 ANCYL)을 창설해 본격적으로 AA 운동에 뛰어들었으며, 1950년 ANCYL 회장, 이어서 1952년 ANC 부의장을 맡아 주요 리더로서 활동했다. 그는 1952년 ANC가 주도한 '부당한 법에 대한 저항 캠페인'이 열린 더반 집회에서 대중연설을 하게 된 계기로 사람들에게 널리 알려지게 되었지만, 「공산주의 억압법」(Suppression of Communism Act)을 위반했다는 혐의로 동지들과 함께 체포되어 재판에서 9개월 중노동형의 2년 집행유예를 선고받았다. 1956년 정부 전복을 음모하고 폭력을 행사했다는 '대역죄'(Hoogverraad, treason) 혐의[86]로 또다시 체포되어 4년간의 재판 끝에

지 망명 생활을 했다. 그는 1967~1991년 사이에 ANC 의장 대행을 역임했으며, 나중에 '진실과 화해위원회'가 밝혔듯이 여러 차례의 테러를 지휘했다.

[85] African National Congress의 한글 번역은 대체로 '아프리카민족회의'로 되어 있는데, Indian National Congress의 번역이 '인도국민회의'로, 남아공 전 집권당인 Nasionale Party의 번역도 '국민당'으로 되어 있기 때문에 '아프리카국민회의'로 번역하는 것이 맞는 것 같다. 특히 ANC의 역사와 만델라의 가치가 흑인 분리주의보다는 남아프리카인 통합주의를 지향했던 점을 고려한다면, '아프리카국민회의'로 번역하는 것이 타당하다고 본다. 필자는 이러한 견해를 주한남아프리카공화국 대사관에 알려준 바 있다.

[86] 당시 검사는 대역죄 혐의의 증거로 1955년에 여러 정파들이 참여한 '남아프리카의회동맹'(South African Congress Alliance)이 결의한 '자유헌장'(Freedom Charter)을 제시했다. 헌장은 "민중이 통치한다!(The People Shall Govern!)"라는 서두와 비인종 공화국에 대한

무죄 선고를 받았다. 1960년 '샤프빌 학살'(Sharpeville massacre)[87] 사건 이후
ANC가 AA 운동 노선을 비폭력 저항에서 무장투쟁(armed struggle)으로 전환하
자, 만델라는 1961년 '남아프리카공산당'(South African Communist Party, 이하
SACP)과 연대해 '움콘토 위 시즈웨'(uMkhonto we Sizwe, 약자: MK, 이하 국민의
창)라는 비밀 무장조직을 창설했다. 그는 1962년 군사훈련과 ANC에 대한
지원을 얻기 위해 아프리카 12개국과 영국을 방문하고 귀국하던 중, 여권
없이 출국하고 노동파업을 선동한 혐의로 체포[88]되어 5년 형을 선고받았다.
1963년 복역 중 정부 전복 혐의로 다시 기소되어 1964년 종신형을 선고받고,
1990년까지 수감되었다.

만델라는 고된 채석장 중노동, 빈약한 식사, 빈번한 독방 감금 등 열악한
감옥 생활 속에서도 다양한 방식으로 옥중투쟁을 하면서 런던대학교에서 통신
강좌로 법학사를 취득했고, 나이가 들어 노동시간이 줄어들어서야 독서와
신앙생활, 그리고 텃밭 가꾸기로 위안을 찾았다. 그는 1989년 프레드릭 드
클레르크 대통령(Frederik De Klerk, 1936~2021, 재임 1989~1994, 이하 드클레르크)
과 회담을 하고 나서 1990년 2월 석방되었다. 1991년 ANC 의장에 선출된
만델라는 국민당(Nasionale Party, NP)의 드클레르크 정부와 반아파르트헤이트
협상을 지속해 나갔다. 1993년 "아파르트헤이트 정권의 평화적 종식을 위한

약속, 그리고 민주주의 및 인권, 토지개혁, 노동권, 국유화 등에 대한 요구를 담고 있는데,
이후 AA 운동의 신조가 되었다.

[87] 이 사건은 1959년 ANC에서 이탈한 로버트 소부크웨(Robert Sobukwe, 1924~1978)를
중심으로 한 급진그룹이 다인종주의를 거부하고 아프리카 민족주의를 표방하면서 결성한
'범아프리카주의자회의'(Pan Africanist Congress, 이하 PAC)가 주도한 「통행법」(Pass laws)
반대시위에 경찰이 총기를 발포해 69명의 사망자를 포함한 249명의 사상자를 낸 참사로,
AA 운동 과정에서 최초로 희생자를 초래했다. 남아공은 이 사건이 발생한 3월 21일을
'인권의 날'(Human Rights Day)로 정해 기리고 있다.

[88] 만델라의 체포에는 당시 미국의 더반 주재 부영사이자 중앙정보국(CIA) 요원인 도널드
리카드(Donald Rickard, 1928~2016)의 제보가 결정적이었던 것으로 알려진다.

노력과 새로운 민주적 국가의 토대를 마련한 공로"로 드클레르크와 함께 노벨평화상을 공동 수상했다. 만델라는 1994년 자신을 오랫동안 감옥에 가둔 장본인이라고 할 수 있는, 총리와 대통령을 지낸 피터르 보타(Pieter Botha, 1916~2006, 총리 재임 1978~1984, 대통령 재임 1984~1989)와 아파르트헤이트의 창안자로서 총리를 지낸 헨드릭 페르부르트(Hendrik Verwoerd, 1901~1966, 재임 1958~1966)의 미망인을 방문해 역사적 화해의 손길을 내밀었다.

만델라는 1994년 5월 10일 새로운 남아공의 초대 대통령에 취임하고, 다음 날 국민당의 드클레르크와 나중에 2대 대통령이 되는 ANC 부의장인 타보 음베키(Thabo Mbeki, 1942~, 대통령 재임 1999~2008)를 부통령에 임명하고 국민통합 정부를 출범했다. 그는 5년간 국민통합과 미래발전을 위한 국정을 성실히 운영했고, 특히 1996년 '진실과 화해 위원회'의 설치를 통해 용서와 화합의 시대를 개막했다. 1999년 대통령에서 퇴임한 후에도 끊임없이 봉사 활동과 국제평화를 위한 노력을 이어갔다. 그리고 2013년 95세의 나이로 가족들이 지켜보는 가운데 행복하게 눈을 감았다.

이상과 같은 만델라의 이력은 자유를 향한 그의 지난한 여정이 해피엔딩 이야기나 인과응보적 서사로 한꺼번에 다루기에는 각 단계마다 너무나 숭고하고 드라마틱하기 때문에 다소 길게 느껴질 수 있음을 양해바란다. 그리고 그의 불굴의 삶과 위대한 정신에 경의를 느끼더라도, 그가 권력세계에서의 정치행위자이자 무한한 책임윤리를 지닌 정치지도자였다는 점에서 그의 정치 리더십을 에토스(ethos) 차원보다는 로고스(logos) 차원에서 접근해 보는 것에 해량을 구하고자 한다. 우선 만델라라는 한 정치가를 본격적으로 살펴보기 전에 예비 작업으로 그의 정치적 인식과 활동이 어떻게 진화하고 성숙해 나갔는지를 자크 랑의 시선으로 보는 것이 도움을 줄 것이다. 랑은 앞서 다뤘던 미테랑 편에서 언급된 바 있는, 프랑스 문화부 장관을 10년 지냈던 작가로서 『넬슨 만델라 평전』에서 만델라의 일대기를 다음과 같이 5막의 연극에 빗대어 묘사하고 있다.

만델라는 1막에서 소포클레스(Sophocles, B.C. 497~406)의 연극에 나오는 안티고네(Antigone)의 아프리카 형제로 등장한다. 이상주의자이며 열정적인 젊은이인 그는 도시의 법에 복종해 왔지만, 어느 날 문득 보다 숭고한 책무를 위해 그것을 위반해야 함을 깨닫는다. 2막에서 만델라는 스파르타쿠스(Spartacus, B.C. 103~71)로 변신한다. 그는 비참한 처지에 있는 동료들의 선두에 서서 제국주의 군대에 대항해 양날 검을 휘두르는 노예 전사다. 3막에서 만델라는 인간에게 해방의 불을 가져다준 죄로 사슬로 묶인 프로메테우스(Prometheus)가 된다. 4막에서 조국은 혼란스럽고 내란이 벌어질 위기에 놓여 있지만, 만델라는 셰익스피어의 『태풍』(The Tempest, 1611)에 나오는 프로스페로(Prospero)로서 칼리반(Caliban)의 저주를 피해 마법의 힘으로 위기를 넘기는 왕자로 등장한다. 마지막으로 5막에서 만델라의 배역은 넬슨(Nelson)[89] 왕의 역할인데, 그는 마침내 자유로워진 조국의 신화적인 창조자이자, 비극으로부터 교훈을 얻어 화합과 통합의 지도자가 된다.

만델라의 정치적 역정을 이해하기 위해서는 남아공의 역사와 정치에 대해 개략적이나마 살펴보는 것이 순서일 것이다. 남아공의 근대사는, 네덜란드 외과 의사로서 1602년에 설립된 네덜란드 동인도회사의 관리자인 얀 반 리베이크(Jan van Riebeeck, 1619~1677)가 1652년 선원들의 괴혈병 예방을 위해 케이프타운에 야채나 육류를 보급하는 기지를 건설하면서 시작된다. 이 기지가 확장됨에 따라 대거 유입된 칼뱅교도인 네덜란드 농민들은 동북부 지역으로 이동해 토지를 개척하고, 자치공동체를 발전시켜 1850년대에는 네덜란드로부터 독립된 오렌지공화국과 트란스발남아프리카공화국을 수립하기에 이르렀다. 이들 선구자(Voottrekkers)의 후손이 바로 보어인(Boere) 또는 아프리카너

---

89 만델라에 따르면, 그가 태어났을 때 지어준 이름인 홀리흘라흘라는 '말썽꾸러기'라는 뜻으로 쓰였다고 한다. 그가 초등학교에 입학했을 때 교사가 영어 이름을 지어주는 관례에 따라 '넬슨'이라는 이름이 지어주었는데, 그 이름이 영국에서 유명한 호레이쇼 넬슨 제독(Horatio Nelson, 1758~1805)과 무슨 관련이 있는지 모르겠다고 회상했다.

(Afrikaners)라고 불려지는데, 이들은 원주민인 흑인을 토지에서 쫓아내거나 형편 없이 낮은 임금으로 착취하는 한편, 아시아나 다른 아프리카 지역에서 노예나 계약노동자를 데려와 가혹한 수탈체제를 구축했다. 이 와중에 1803년 네덜란드를 제압하고 케이프타운을 점령한 영국도 이 지역에서 다이아몬드와 금을 개발하기 위해 또다른 수탈체제를 마련하고, 1879년 줄루 전쟁(Anglo-Zulu War)과 1899~1902년 보어 전쟁(Boer War)을 통해 원주민 왕국들과 보어인 소공화국들을 합병해 1910년 남아프리카연합(Union of South Africa)을 수립하고 자치령을 실시했다.

남아공의 역사는 정복과 착취를 통해 인종적, 종족적, 문화적으로 깊이 분열된 사회구조와 전체 인구 중 20%[90]에 불과한 백인에게만 투표권을 부여한 차별적인 정치체제로 이어졌다. 이러한 상황은 전례없이 괴이하고 시대착오적인 국가상황을 만들었다. 이에 대항해 변화를 추구하는 이들이 등장하는가 하면, 이에 편승해 기승을 부리는 자들도 나타났다. 먼저 흑인들은 민족주의적 정치결사를 만들었는데, 1909년 원주민공회에 이어, 1912년 남아프리카토착인 전국회의를 창설하고, 1923년 이 회의체를 ANC로 발전시켰다. 초기 ANC는 흑인의 사회경제적 처지를 개선하는 데 주안점을 두고 있어 영국 왕실에 대한 충성을 선언할 정도로 정치적으로 온건했다. 다음으로 중부 유럽에서 이민을 온 유대인들과 일부 영국인들이 1921년 남아프리카공산당(Communist Party of South Africa, 이하 CPSA)을 창당했다. CPSA는 1950년 「공산주의 억압법」에 의해 불법화되고, 1953년 South African Communist Party(SACP)라는 이름으로 지하조직의 형태로 재창당했다. CPSA는 '코민테른'(Comintern)의 방침에 따라 노동자·농민의 정부로 가기 위한 전 단계로서 토착 공화국을 건설하는 데

---

90 남아공 인구 관련 자료 중 과거의 인종별 통계는 정확하지 않지만, 백인 비율은 1904년 21.6%, 1911년 22%, 1968년 19.3%, 1996년 8.9%로 나타난다. 2019년 통계에 따르면, 전체 인구 5,856만명 중 흑인 80.7%, 컬러드(Coloureds, 혼혈인) 8.8%, 백인 7.9%, 인도인 2.6%으로 나타난다.

목표를 두고 있었지만, 유럽지향적이었다.[91]

이러한 움직임을 방어하기 위해 백인들은 1911년 창당한 자유주의적 성향을 지닌 친親영국 노선의 남아프리카당과 1914년 창당한 백인민족주의가 강한 반영국 노선의 국민당을 결합해, 1934년 통합당(United Party)을 출범시켜 강화된 인종분리를 주장하고 나섰다. 이들 중 극단적인 인종주의자들은 1918년부터 나중에 총리를 역임한 네덜란드 칼뱅교파 목사인 다니엘 말란(Daniël Malan, 1874~1959, 재임 1948~1954)을 중심으로 '젊은 남아프리카'(Jong Zuid Afrika)라는 비밀조직을 운영하다가 1935년에 '정화된 국민당'(Purified National Party)을 창당했다. 이 당은 나중에 총리를 역임한 페르부르트가 가담하면서 세를 넓히고 옛 국민당의 당명으로 복귀해, 마침내 1948년 정권을 장악한 이래 〈표 IV-5-1〉과 같이 1994년까지 장기 집권했다. 페르부르트는 네덜란드계 목사의 아들로 심리학 박사였는데, 1934년 독일 문부성의 초청으로 독일을 방문해 자신의 종교적 신념인 칼뱅교파의 선민주의[92]에 나치의 우생학적 논리를 가미한 백인우월주의로 무장한 인물이었다.

이처럼 극단적인 인종주의자들을 주축으로 한 국민당이 집권하자, 이미 시행 중이던 아파르트헤이트 정책을 강화하고 나섰다. Apartheid는 네덜란드 토착어인 아프리칸스어(Afrikaans)로 '인종 차별 및 분리 시스템'을 뜻한다. 인종차별은 1833년 영국의 「노예제 폐지법」이 적용됨에 따라 노예들이 계약노

---

91 1921 남아프리카공산당은 1950년 활동이 금지되기 직전의 12인 집행위원에는 백인 6명, 인도인 3명, 혼혈인 1명, 그리고 흑인 2명으로 구성되었다.

92 도미니크 라피에르에 따르면, 네덜란드 칼뱅교파는 스페인의 탄압을 이겨내고 종교의 자유를 얻었음에도 불구하고 배타적인 선민의식을 지닌 근본주의적 복음주의의 특성을 지니고 있었다. 그는 이를 대표적으로 상징하는 성경 구절로 리베이크가 남아프라카에 도착한 직후 외쳤다고 하는 「신명기」(申命記, Book of Deuteronomy)에 나오는 "선택된 백성은 그들의 길을 막는 왕들을 박살낸 후에 그들의 땅을 받게 되리라"라는 구절을 들고 있다. 일부에서는 이러한 선민의식이 '아프리카너 칼빈니즘'(Afrikaans Calvinisme)의 핵심 사상으로 자리잡았다고 지적한다.

동자로 전환되자, 이들을 통제하고 흑인의 지위를 규제하기 위한 목적으로
시작되었다. 흑인에 대한 대표적인 차별 조치는 투표권 박탈, 토지소유 제한,
통행 제한, 주거지역 제한 등이었다. 하지만 1948년 집권한 국민당은 이러한
조치들이 미흡하다고 보고, 구체적인 인종분리 정책을 도입하고 나섰다. 인종
분리 정책은 크게 두 가지로 나눠지는데, 공공시설 이용과 사회적 관계에서
인종을 분리하는 '소小아파르트헤이트'(Petty Apartheid)와 인종에 따라 주택과
고용 기회를 제한하는 '대大아파르트헤이트'(Grand Apartheid)로 구분된다.

〈표 IV-5-1〉 남아프리카공화국 정부수반 총리 및 대통령 일부 현황

대	취임년	총리 및 대통령	소속	비고
4	1948	다니엘 말란	국민당	총리
5	1954	요하네스 스트레이돔	국민당	총리
6	1958	헨드릭 페르부르트	국민당	연연방 탈퇴 총리
7	1966	욘 포르스터르	국민당	총리
8	1978	피러르 보타	국민당	총리
6	1984	피러르 보타	국민당	총리제 폐지 대통령
7	1989	프레드릭 드 클레르크	국민당	대통령
1	1994	넬슨 만델라	아프리카국민회의	대통령
2	1999	타보 음베키	아프리카국민회의	2008 ANC 축출
3	2008	칼레마 모틀란테	아프리카국민회의	음베키 잔여임기
4	2009	제이콥 주마	아프리카국민회의	대통령
5	2018	시릴 라마포사	아프리카국민회의	대통령

먼저 1949년 「혼인금지법」(Prohibition of Mixed Marriages Act)은 인종 간 결혼
을 금지했고, 1950년 「부도덕법」(Immorality Act)은 인종 간 성관계를 범죄로
규정했다. 같은 해 1950년 「인구등록법」(Population Registration Act)은 인종을
백인, 인도인, 혼혈인[93], 흑인 등 네 가지로 분류하는 신분증을 도입했고,

---

93 혼혈인은 백인, 인도인, 흑인으로 분류되지 않은 사람들인데, 레바논계 아프리카인은
   기독교의 발상지인 가나안에서 태어났기 때문에 백인으로 분류되었고, 필리핀계는 흑인으
   로 분류되었다.

1950년 「집단지역법」(Group Areas Act)은 인종별로 거주지를 구분했으며, 1951
년 「반투당국법」(Bantu Authorities Act)은 흑인을 그들의 민족 및 언어 부족에
따라 전통적인 '고향구역'(Bantustan, homeland)[94]에 할당하기도 했다.

이러한 인종분리 정책은 1958년 아파르트헤이트의 설계자인 페르부르트가
총리에 취임하면서 절정에 이르렀다. 그는 취임하자마자 「흑인자치진흥법」
(Promotion of Black Self-Government Act)을 통해 남아공의 시민권 대신에 반투스
탄의 시민권을 부여하는 '분리개발'(separate development) 정책을 도입했다.
이 정책은 「반투당국법」을 구체화한 것으로서, 전 국토의 13%에 해당되는
지역들에 20개의 반투스탄을 설치해 자치권을 부여하고 독자적인 개발을 추진
한다는 계획이었다. 하지만 실상은 전 인구의 70%를 차지하는 흑인들을 지정된
지역으로 강제 이주시키려는 의도였고, 이는 아파르트헤이트에 대한 국제적
비판과 양심적인 백인들의 비난을 무마하기 위한 대응책이었다. 정부는 이
정책을 인종이나 피부색을 이유로 한 차별이 아니라 민족성에 근거한 차별화
정책(policy of discrimination)이라고 주장하며, 이를 통해 각 민족이 "고향 안에서
개별 자결을 부여받는 분리개발 정책"이라고 호도했다.

이로써 흑인들은 '재정착'(resettlement)이라는 명칭으로 거주한 적이 없는
지역으로 강제 이주되었고, 일부는 임시노동 허가를 받고 외국인 이주노동자로
일을 했으며, 나중에 독립을 승인받은 4개 반투스탄의 주민들은 남아공의
국적 대신에 해당 반투스탄의 국적을 부여받았다. 그리고 정부는 1961년 이
정책을 추진하는 데 장애가 되는 연합(Union of South Africa)이라는 국가형태를
공화국(Republic of South Africa)으로 바꾸고, 영연방에서 탈퇴했다. 이러한
아파르트헤이트는 기존의 인종분리를 강화하는 차원을 넘어서 궁극적으로
흑인분할을 획책하려는 데로 나아갔다.

---

[94] 이 같은 특정 집단에 대한 지역적 분리는 중세 및 나치 치하의 유대인 게토(ghetto),
미국과 캐나다의 인디언 보호구역, 팔레스타인 가자지구, 스리랑카의 타밀지역, 일본의
부라쿠민(部落民) 거주지 등에서 벌어졌다.

이처럼 불의와 부조리가 난무하는 상황에서 만델라는 1961년 무장투쟁 조직인 '국민의 창'을 결성했다. 그는 대역죄 혐의로 4년간의 재판 끝에 무죄로 판결되기 직전에 발생한 '샤프빌 학살'(Sharpeville massacre) 사태를 접하고나서 ANC의 비폭력투쟁 노선이 수정되어야 한다고 판단하고, 무장투쟁 노선을 ANC에 제안하기로 결심했다. 우선 그는 무장투쟁에 반대하고 있는 남아프리카 공산당(SACP)의 서기이자 ANC 집행위원 중 영향력이 큰 인물인 모지스 코타네 (Moses Kotane, 1905~1978)를 설득하기 시작했다. 코타네는 "당신이 제안하는 방법에 편승한다면, 우리는 무고한 시민들을 적의 대량학살에 무방비 상태로 노출시킨다"고 반대했다. 이에 만델라는 "맹수의 공격은 맨주먹만으로는 막을 수 없다"는 아프리카의 격언을 인용하면서 무장투쟁으로 선회하는 것 말고는 다른 대안이 없다고 설명하고, 쿠바혁명(1953~1959) 과정에서 무장투쟁을 주저한 쿠바공산당과 게릴라 전투를 감행한 피델 카스트로(Fidel Castro, 1926~2016)의 사례를 비교해가면서 설득했고, 결국 무장투쟁 안건을 ANC 집행위원회에 상정하기로 합의했다.

이어 만델라는 1961년 6월 더반에서 비밀리에 열리는 ANC 집행위원회에서 무장투쟁 노선을 제안하며, "우리 국민에게 어떠한 종류의 대안을 주지 않은 채 국가의 무장공격에 국민을 내던져버리는 것은 잘못된 일이요 부도덕한 일입니다. 국민은 이제 스스로 무장을 시작하고 있습니다. 사람이 아니라 압제의 상징을 공격함으로써 인명을 구제한다는 원칙에 따라 우리 스스로 무장투쟁을 인도하는 것이 더욱 낫지 않겠습니까?"라고 설득했다. 집행위원회는 전 해에 노벨평화상을 수상한 전 ANC 의장인 앨베르트 루툴리(Albert Lutuli, 1898~1967)의 우려와 인도인 대표들의 반대에도 불구하고, ANC 조직과 전투조직 간의 분리를 조건으로 무장투쟁 노선을 채택했다. 그리고 만델라에게 무장투쟁 조직인 '국민의 창'의 모든 권한을 부여했다.

군 경험이 전혀 없는 만델라는 ANC 집행부에 백인이 참여할 수 없는 점을 고려해 '국민의 창'을 보다 포용적으로 운영했다. 그는 전 ANC 사무총장으로

SACP의 중앙위원인 월터 시술루(Walter Sisulu, 1912~2003)[95]와 SACP 소속의 조 슬로보(Joe Slovo, 1926~1995)[96]를 영입했다. 그리고 이미 폭력전술에 의거해 정부의 전화선을 절단하거나 통신라인을 끊는 등 파괴 활동을 실행에 옮기고 있었던 백인 공산당원들에게 협조를 요청했다. 만델라의 사후에 밝혀진 바에 따르면, 이때 그는 SACP에 가입한 것으로 보인다. 그는 '국민의 창'의 초대 총사령관을 맡아 '도시 사보타주'(urban sabotage) 활동에 나섰다. 이 활동은 ①사보타주, ②게릴라전, ③테러, ④공개적 혁명 등과 같은 무장투쟁의 네 단계 중 가장 낮은 단계로서, 밤에 민간인이 없는 정부시설을 폭파함으로써 정부에 압박을 가하는 것이었다. 만델라는 게릴라전을 실행하기 전[97]에 투옥되는 바람에 사보타주보다 높은 단계의 무장투쟁을 직접 실행하지는 못했지만, 오랫동안 테레리스트라는 오명에서 벗어나지 못했다. 물론 '국민의 창'은 그가 수감된 이후에 게릴라전과 테러 활동을 벌여 나갔는데, 그가 '국민의 창'의 지도부 일원이었기 때문에 그 같은 무장투쟁과 완전히 무관하다고 보기는 어려웠다.

이와 관련해 문명사회에서 무장투쟁이나 무력행위가 어느 선까지 정당한 것이냐 하는 문제는 인류 문명이 시작된 이래 그 정답을 찾기가 쉽지 않은

---

95 월터 시술루는 올리버 탐보와 함께 만델라의 가장 가까운 정치적 동지로, 1964년 만델라와 같이 종신형을 선고받고 26년간 옥고를 겪었다.

96 조 슬로보는 리투아니아의 유대인 출신으로 만델라의 비트바테르스란트대학교 법학과 친구로서 1942년부터 SACP 활동을 했다. 그는 1963~1990년 사이에 망명생활을 했으며, ANC의 첫 백인 집행위원(1985), SACP 의장(1991~1993), 만델라 정부에서 주택부 장관(1994~1995) 등을 역임했다.

97 국민의 창은 쿠바의 카스트로가 이끄는 무장 혁명조직인 '7·26 운동'(Movimiento 26 de julio)을 모델로 삼았다. 만델라는 보어인 장군인 데니스 레이츠(Deneys Reitz, 1882~1944), 마오쩌둥, 이스라엘 독립전쟁의 영웅인 메나헴 베긴(Menachem Begin, 1913~1992), 카스트로, 체 게바라 등의 게릴라전에 관한 문헌들과 카를 폰 클라우제비츠(Carl von Clausewitz, 1780~1831)의 군사이론을 통해 게릴라전에 대한 전술을 구상했음을 회고했다.

주제다. 일반적으로 외세의 침략과 압제자의 폭정에 대한 저항은 정당한 것으로 여겨져 왔다. 아프리카너들의 조국(Vaderland)인 네달란드도 1567년부터 1648년까지 스페인과의 '80년 전쟁'을 통해 독립과 자유를 쟁취한 바 있었다. 만델라의 무장투쟁도 자주와 자유를 위한 대의에 따른 것이기에 서구의 시각에서도 결코 논란의 대상이 되지 않았다고 볼 수 있다. 만델라는 1964년 〈표 Ⅳ-5-2〉와 같이 종신형을 선고받은 '리보니아 재판'(Rivonia trial)에서 자신의 무장투쟁은 정의로운 선택이었다는 요지로 세 시간 넘게 열정적으로 변론했다. 나중에 이 변론은 '나는 죽을 준비가 되어 있습니다'(I Am Prepared to Die)라는 제목으로 널리 알려졌는데, 그 일부를 소개하면 다음과 같다.

"나는 '국민의 창'을 형성하는 데 가담했다는 사실과 1962년 8월에 체포될 때까지 '국민의 창'의 활동에서 중심적인 역할을 했다는 점을 인정합니다. 먼저 나는 남아공에서의 투쟁이 외부 세력이나 공산주의자의 영향력 아래에 놓여 있다는 정부의 주장은 완전히 거짓이라는 점을 말하고 싶습니다. 나는 어떤 외부인이 무슨 말을 해서가 아니라, 남아공에서 나의 경험과 나 자신이 자랑스럽게 여기는 아프리카인이라는 사실 때문에, 한 개인으로서나 아프리카인의 지도자로서 모든 활동을 했습니다. … 무력에 대항해 우리 자신을 방어하기 위해서는 장기 항전을 준비하는 것이 우리의 의무라고 느낀 것은 바로 이미 남아공의 땅이 무고한 아프리카인들의 피로 얼룩졌기 때문이었습니다. … 나는 모든 사람이 조화롭게, 그리고 동등한 기회를 가지고 함께 사는 민주적이고 자유로운 사회의 이상을 소중히 생각합니다. 나는 이 이상을 위해 살고자 합니다. 그러나 필요하다면, 나는 이 이상을 위해 죽을 준비가 되어 있습니다."

〈표 IV-5-2〉 리보니아 재판 기소자 관련 현황

순*	성명(생년)	주요 직업	선고	석방	출옥 이후
1	넬슨 만델라 (1918~2013)	변호사	종신형	1990. 2.	ANC 의장, 초대 대통령
2	월터 시술루 (1912~2003)	부동산 중계업자	종신형	1989. 10.	ANC 부의장
3	데니스 골드버그** (1933~2020)	토목엔지니어	종신형	1985. 2.	ANC 런던 대변인, 수자원부 특별고문
4	고반 음베키 (1910~2001)	교사, 언론인	종신형	1987. 11.	상원 부의장
5	아메드 카트라다 (1927~2017)	사회운동가	종신형	1989. 10.	하원의원, 만델라 정치고문
6	라이오넬 번스타인** (1920~2002)	건축가, 언론인	무죄	1964. 6.	런던 AA 운동, ANC 선거캠페인
7	레이먼드 믈라바 (1920~2005)	노조활동가	종신형	1989. 10.	SACP 의장, 이스턴케이프 총리
8	제임스 캔터** (1927~1974)	변호사	무죄	1964. 6.	런던 영화출판업
9	엘리아스 모초알레디 (1924~1994)	노조활동가	종신형	1989. 10.	ANC 집행위원
10	앤드류 음랑게니 (1926~2020)	노조활동가	종신형	1989. 10.	하원의원

* 순은 기소 순서임.

** 데니스 골드버그, 라이오넬 번스타인, 제임스 캔터는 유대인임.

국민통합과 민주주의를 위해 적과 대화하다

남아공의 아파르트헤이트는 각종 국가폭력과 인권침해에 의존해 지속되었지만, 곧바로 국제사회의 폭넓은 제재와 국내의 거센 저항에 직면하게 되었다. 가장 먼저 유엔은 1960년 샤프빌 학살 직후 남아공에 대해 인종차별 정책을 포기할 것을 결의했고, 1963년에는 군사지원 금지를, 1977년에는 무기금수 의무화와 석유판매 보이콧 장려를 결의했다. 미국과 영국은 1964년 무기거래를 중단했고, 1980년대 말에 이르러서는 25개국이 무역제재에 나섰다. 또한 1977년 미국 시민사회에서 시작된 '남아프리카 투자회수'(Disinvestment from South Africa) 운동은 각국에서 많은 호응을 받았으며, 교황 요한 바오로 2세(Pope

John Paul II, 1920~2005, 재위 1978~2005)도 AA 운동을 위한 국제여론을 환기시키는 데 크게 일조했다. 아프리카 국가들 또한 1963년 32개 서명정부들(signatory governments)에 의해 창설된 아프리카통일기구(Organisation of African Unity, OAU)를 통해 인종차별 정책의 중단을 지속적으로 요구했으며, 일부 국가들은 AA 운동 단체에 자금을 지원하기도 하고, 무장투쟁 조직에 무기와 게릴라 훈련기지를 제공하기도 했다.

한편 국내에서는 각계각층에서 다양한 방식으로 저항운동을 펼쳤다. 우선 무장투쟁 조직으로 ANC 산하의 '국민의 창', 1959년 ANC의 급진파가 이탈해 결성한 범아프리카주의자회의(Pan Africanist Congress, PAC), 1978년 결성된 학생조직인 아자니아민중조직(Azanian People's Organisation, AZAPO) 등이 사보타주와 게릴라전을 때로는 협력적으로 때로는 경쟁적으로 전개해 나갔다. 다음으로 1983년에 결성된 연합민주전선(The United Democratic Front, UDF)이 비폭력 저항운동을 전국적으로 펼쳐 나갔다. 이 조직은 인종별로 의회를 구성한 '삼원제 의회'(Tricameral Parliament)를 거부하고, '비인종적 통합남아프리카'(Non-racial, united South Africa)를 수립하기 위해 노동조합, 학생조직, 여성조직, 교회조직 등 400여 개의 단체들이 참여한 인민전선적 성격을 띠고 있었는데, 옥중의 만델라도 후원 인사로 참여했다. 또한 백인의 20%에 해당되는 아파르트헤이트 반대자들도 주어진 상황에서 나름대로 저항운동에 동참했다.

진보연방당(Progressive Federal Party, PFP)은 의회에서 아파르트헤이트의 개선을 촉구했으며, 불법화로 지하로 들어간 SACP는 '국민의 창'과 연대해 무장투쟁을 전개했다. 1955년 설립된 여성 인권단체인 '검은 띠'(Black Sash)는 남아공 헌법에 대한 애도를 상징하기 위해 검은 띠를 어깨에 매고 '거리의 코너에 서서'(standing on street corners) 아파르트헤이트의 종식, ANC 불법화의 해제, 만델라의 석방, 비백인 여성권리의 보장, 징병제의 폐지 등을 요구하는 캠페인을 벌였다.[98] 리투아니아계 여성 유대인으로 1991년 노벨문학상을 수상한 나딘 고디머(Nadine Gordimer, 1923~2014)는 부조리한 남아공의 실상을 드러내는 소설 작품과 ANC 지원을 통해 AA 운동에 동참했다.

이처럼 국내외의 압박에 직면한 국민당 정부는 '당근과 채찍 정책'(carrot -and-stick policies)을 통해 나름대로 대응했지만, 시간이 갈수록 효과가 없다는 것을 깨닫기 시작했다. 정부는 국제여론을 우호적으로 조성하기 위해 주변 국가들과 독립된 반투스탄들을 지원하고, 게릴라전을 대응하기 위해 국내외로 전방위적인 군사체제를 유지하는 데 막대한 재정을 투입했다. 또한 국경선과 인접한 게릴라 기지들을 공격함으로써 적지 않은 국가들과 분쟁을 감수해야 했다.

국민당 정부는 「통행법」과 「혼인금지법」과 같이 원성과 불만이 큰 아파르트 헤이트 조치들을 일부 폐지하거나 개선했음에도 불구하고, 시위자에 대한 불법 감금, 채찍질 형벌, 고문 등과 같은 각종 인권유린, '공공목적의 원칙'(Doctrine of Common Purpose)에 따른 처벌 강화[99], 장기간의 비상사태 선포 (1985~1990), 흑인 간의 분열 및 폭력 방조[100] 등으로 오히려 국제적 제재와

---

[98] 검은 띠는 백인 중산층 여성 6명의 차모임으로 시작되었는데, 한때 2,000여 명의 회원들이 철야집회를 가질 정도로 열정적이고 숭고한 저항운동을 펼쳤다. 이들은 백인들로부터 많은 비방과 신체적 공격을 받았음에도 불구하고, 백인 중 공개적으로 저항한 유일한 사람들로 만델라 석방 이후 대의에 헌신한 노력을 높게 인정받았다.

[99] '공동목적의 원칙'은 형법에서 두 명 이상이 범죄를 저지르기로 합의한 경우 각자가 공동의 목적이나 계획에 속하는 다른 사람의 행위에 대해 책임을 져야 한다는 원칙을 뜻하는데, 인권침해의 소지가 다분하다. 만들라 두베 감독(Mandla Dube)은 영화 「칼루시 이야기」(Kalushi, 2016)를 통해 이 문제를 정면으로 다룬 바 있었다. 영화의 나레이션에 따르면, 1979~1989년 사이에 2,000명 가까운 사람들이 이 원칙의 적용에 의해 사형을 당했다.

[100] 국민당 정부는 1975년 줄루족 왕가의 추장이자 주교인 망고수투 부텔레지(Mangosuthu Buthelezi, 1928~)가 콰줄루 나탈 지역을 중심으로 창당한 잉카타자유당(Inkatha Freedom Party)을 흑인 분열책으로 지원했다. 흑인 민족주의를 표방한 잉카타자유당은 백인 분리주 의자들과 공모해 ANC의 흑백 통합국가안을 반대하기 위해 흑인 간의 폭력 사태를 유발한 것으로 알려진다. CNN Interactive(1997. 5. 12)에 따르면, 1980년대 중반에서 1990년대 중반까지 잉카타자유당-ANC 간의 분쟁으로 15,000여 명이 사망했다.

국내의 저항을 증폭시켰다. 결국 국민당 정부는 만델라에게 유화책을 제시하기에 이르렀다. 피터르 보타 대통령(Pieter Botha)은 1985년 만델라가 폭력 행위에 반대한다면 석방할 용의가 있다고 밝혔다. 이에 대해 만델라는 둘째 딸인 진드지(Zindzi Mandela, 1960~2020)를 통해 "나의 시민권 자체가 존경받지 못하는 마당에 나에게 제시된 자유는 도대체 어떤 것이냐? 오직 자유인만이 협상할 수 있다. 나는 국민들이 자유롭지 않은 시기에는 어떤 약속도 할 수 없고, 또한 하지 않겠다"며 거부의사를 밝히면서, 사태의 해결은 아파르트헤이트의 폐지에 달려 있음을 분명히 했다.

이후 내전적 상황에 몰린 보타는 아파르트헤이트의 완화 방침에 불만을 가진 백인들에게 "적응하지 않으면 죽는다(adapt or die)"고 설득하는 한편, 만델라와의 대화를 본격적으로 추진했다. 마침내 정부와 만델라 간의 대화[101]는 1988년 5월부터 시작해 몇 달간 허심탄회하게 진행되었고, 1989년 7월 보타와 만델라 간의 역사적인 비밀 만남도 화기애애한 가운데 30분간 이뤄졌다. 이 같은 일련의 대화를 통해 정부는 장차 있을 협상의 전제로 ANC에 세 가지 조건, 즉 ① 폭력을 포기하는 일, ② SACP와 결별하는 일, ③ 다수지배에 대한 요구를 포기하는 것을 제시했다.

이에 대해 만델라는 폭력 포기와 공산당과의 관계는 협상에 장애가 되지 않는다고 답했다. 폭력 문제에 대해서는 아파르트헤이트가 종식되는 순간에 사라질 것이며, SACP와의 관계에 대해서는 "우리는 공산당의 지도를 받지 않는다. 명예를 소중히 하는 어떤 남자가 공동의 적이 주장한다고 해서 평생의 친구를 저버리고도 여전히 사람들로부터 신뢰를 유지하려 한단 말인가?"라고

---

101 당시 대화는 '대화를 위한 대화'(talks about talks)의 성격으로 매주 만델라와 국가정보국 (National Intelligence Service, NIS)의 다니엘 버나드 국장(Daniel Barnard, 1949~)과 마이클 로우 부국장(Michael Louw, 1940~2009) 간에 비밀로 진행되었다. 로우는 1994년 만델라 정부에서 국내외 2개의 정보기관을 통합한 '비밀정보국'(South African Secret Service, SASS)의 수장을 맡았다.

설명하면서 협상에 장애가 되지 않는다고 밝혔다. 그러나 다수지배의 원칙은 평화와 함께 동전의 양면을 이루기 때문에 포기할 수 없는 사안이며, 모든 정치범의 조건 없는 석방을 요구했다. 이처럼 양측 간의 대화가 난항을 겪는 와중에 보타가 건강상의 이유로 대통령직을 사임하자, 대화 상대가 1989년 2월과 9월에 각각 국민당 대표와 대통령에 취임한 드클레르크로 바뀌었다.

만델라는 드클레르크가 대통령에 취임하기 전에 그의 모든 연설문을 읽고 나서 그가 전임자들과 달리 이념주의자가 아니라 실용주의자임을 간파하고, 그에게 회담을 요청하는 편지를 썼다. 이에 드클레르크는 대통령 취임사를 통해 자신의 정부는 평화를 지향하며, 평화를 지향하는 어떤 단체와도 협상할 것이라고 화답했다. 드클레르크는 대통령에 취임하자마자 직전 정부에서 추진해 온 만델라를 포함한 ANC 해외 망명인사들과의 대화에 속도를 내기 시작했다. 그리고 1989년 12월에 만델라와 3시간에 걸친 대화를 하고 나서, 이듬해 2월 만델라의 석방을 필두로 아파르트헤이트 관련 법령의 폐지와 정당활동 및 언론자유의 보장을 핵심으로 하는 일련의 자유화 조치를 단행했다. 이 같은 조치는 1989년 11월에 있었던 베를린 장벽의 붕괴에 따른 동유럽 사회주의권의 급변 사태가 상당한 영향을 미친 것으로 보인다. 특히 동독의 붕괴는 드클레르크에게 자유에 대한 요구가 남아공에서 더욱 증대할 것이라는 두려움과 공산주의가 더 이상 남아공에서 영향을 미치지 못할 것이라는 안도감을 동시에 주었을 것이다.

만델라가 석방되고 ANC도 정치활동을 재개함에 따라, '만델라-정부 대화'는 'ANC-국민당 협상'으로 전환되었고, 협상 의제는 자유화(liberalization)의 다음 단계인 '민주화로의 이행'(transition to democracy)[102]으로 진전되었다. ANC와 국민당은 정부의 폭력행위 방조 금지와 ANC의 무장투쟁 중단 선언을 맞교환하

---

102 일반적으로 제3세계에서 성공적인 민주화를 이룬 국가들은 자유화, 민주주의로의 이행, 민주주의의 공고화(consolidation), 민주주의의 심화(deepening) 등의 단계를 밟은 것으로 연구되고 있다.

기로 합의했고, 아파르트헤이트 이후의 국가건설 방안을 논의할 범정파 협의기
구인 '민주적 남아프리카를 위한 회의'(Convention for a Democratic South Africa,
이하 CODESA)를 설치할 것에 합의했다. 19개 정당·사회단체들이 참여한
CODESA는 백인 극단주의자들의 저항과 잉카타자유당의 폭력적 방해에도
불구하고, ANC와 국민당 간의 협상과 때로는 만델라와 드클레르크 간의 회담에
힘입어 1992년 연말에 '결의 선언'(CODESA Declaration of Inrent)을 이끌어내고,
구체적인 정치일정을 논의할 '다자협상포럼'(Multi-Party Negotiating Forum)을
출범시켰다.

26개 정당·사회단체들로 확대한 '다자협상포럼'은 1993년 11월 「임시헌법」
의 비준, '비인종 1인1표 선거'의 실시, 국민통합정부(Government of National
Unity, GNU)의 구성, 신헌법의 제정 등을 골자로 하는 정치합의에 도달했다.
이처럼 양자 협상과 다자 협상을 오가는 지난한 협상과정에서 만델라는 국민통
합의 구축과 민주주의로의 이행이라는 대의를 실현하기 위해 인내심을 갖고
신뢰와 타협의 자세를 끝까지 유지했다. 그는 1991년 7월 ANC 의장에 선출되고
나서 해외 방문과 지방 순회를 통해 '통합된 민주국가'의 건설을 지원하고
지지해 줄 것을 호소하는 한편, 변화를 두려워하고 있는 백인들에게 "과거를
잊고 모두를 위한 더 나은 미래를 건설하자"고 설득했다. 그리고 이 같은
역사적 성과에 대해 노벨평화상[103]을 공동 수상하게 된 드클레르크 대통령에게
다음과 같이 공로를 돌렸다.

"나는 이 기회를 빌려 내게 주어진 큰 영예에 대해 나의 동포이자 노벨상
동료인 드클레르크 대통령께 감사드립니다. … 그는 아파르트헤이트 제도
가 우리나라와 국민에게 행한 몹시 나쁜 잘못들을 인정할 줄 아는 용기를
가졌습니다. 그는 협상과 동등한 참여를 통해 남아공 모든 국민이 자신들이

---

103 만델라 이전에 노벨평화상을 수상한 남아공 인사에는 앨베르트 루툴리 ANC 의장(1960년
　　수상)과 데스몬드 투투 성공회 대주교(Desmond Tutu, 1931~2021, 1984년 수상)가 있다.

만들고자 하는 미래를 함께 결정해야 한다는 것을 이해하고 인정할 줄
아는 통찰력을 가졌습니다."

진실과 화해로 무지개 국가를 건설하다

남아공에서는 1994년 4월 26일부터 29일 사이에 최초로 보통선거제에 의해
400명의 국회의원과 90명의 상원의원을 비례대표제로 선출하는 총선[104]이 실시
되었다. 투표율 86.8%로 총투표자 19,726,579명(무효표 193,081표)이 참가한
선거 결과, 국회의원선거에서는 남아프리카노동조합회의(COSATU)와 SACP
와 연합한 ANC가 252석(63%), 국민당이 82석, 잉카타자유당이 43석, 자유전선
이 9석, 민주당이 7석, 범아프리카주의자회의(PAC)가 5석, 아프리카기독교민
주당이 2석을 얻었고, 상원의원선거에서는 ANC가 60석(66.6%), 국민당이
17석, 잉카타자유당이 5석, 자유전선이 5석, 민주당이 3석을 얻었다. 이러한
결과에 대해 ANC 일부는 3분의 2 문턱을 넘지 못해서 실망했으나, 만델라는
그렇지 않았다. 그는 ANC가 3분의 2를 점유해 다른 정당들의 간섭 없이 헌법을
제정하게 되면, 사람들이 남아공의 헌법이 아닌 ANC의 헌법이라고 비판할
것을 우려했다. 만델라의 목표는 진정한 국민통합을 이루는 것이었다.

국회에서 대통령에 선출된 만델라는 5월 10일 취임식을 갖고 산적한 당면과
제들을 헤쳐 나가기 시작했다. 우선 그에게 주어진 국가과제는 국민통합과
사회경제적 재건이었다. 그는 국민통합을 위해 가장 먼저 '국민통합정부'를
구성했다. 「임시헌법」에 따라 국회 의석 20석이 넘는 정당인 국민당과 잉카타자
유당의 소속 인사들을 내각에 입각시켰다. 2명의 부통령 중 1명은 드클레르크
전 대통령을 임명했고, 21명 장관 중 국민당에게는 재무부, 농림부, 환경관광
부, 광물에너지부 등의 장관을, 잉카타자유당에게는 내무부, 예술문화·과학기

---

104 당시 투표가 이뤄진 4일 중 4월 27일을 '자유의 날'(Freedom Day)로 명명했는데, 이후
이 날을 공휴일로 정하고 기념하고 있다.

술부, 교정서비스부 등의 장관을 배정했다. 이 같은 조각은 투투 대주교가 말한 '무지개 국가'(Rainbow Nation)를 실현하기 위해 내린 첫 결단이었다. 전임자를 아래 직급에 둔 경우는 이례적인 일이지만, 그만큼 임명한 사람이나 임명 요청을 수락한 사람 모두가 국민통합이 절박하다는 점을 절감했으리라. 시급한 경제정책을 추진하는 데 핵심적인 역할을 하는 재무부 장관에 데릭 키스(Derek Keys, 1931~2018)를 유임시킨 것이나, 사회질서를 안정시키는 데 중요한 역할을 하는 내무부 장관에 잉카타자유당의 지도자인 망고수투 부텔레지를 임명한 것은 절묘한 선택이었다. 만델라는 이 같은 통합정치를 통해 "우리 모두는 아름다운 우리 국토에 깊은 애착을 지니고 있습니다. 이 땅에 깊이 뿌리를 내리고 있는 프리토리아의 자카란다(Jacaranda) 나무들과 벨트의 미모사(Mimosa) 풀들만큼이나 안팎이 모두 평화로운 무지개 국가"를 만들기 위한 첫걸음을 내딛었다.

만델라는 국민통합을 위해 1995년 7월 「국민통합 및 화해촉진법」(Promotion of National Unity and Reconciliation Act)을 제정하고, 1996년 2월 '진실과 화해위원회'(Truth and Reconciliation Commission, 이하 TRC)를 출범시켰다. 그는 TRC의 설치를 건의한 투투 대주교를 위원장으로 위촉하고, 그동안 각계각층에서 AA 운동에 참여했던 감리교 목사인 알렉스 보라인(Alex Boraine, 1931~2018), 여성 변호사인 시시 캄페페(Sisi Khampepe, 1957~), 민주당 소속의 하원의원인 와이넌드 말란(Wynand Malan, 1943~), 네덜란드 출신의 무장투쟁가인 클라스 드존지(Klaas de Jonge, 1937~2023), 여성 노동운동가인 엠마 마시니니(Emma Mashinini, 1929~2017) 등을 위원으로 위촉했다.

TRC는 과거의 인권침해 범죄에 대한 비참하고도 추악한 과거사를 밝히되, 법적인 책임을 묻지 않고 사면한다는 것을 목적으로, 즉 "용서하되 망각하지 않는다"라는 취지에 입각해 활동했다. 이는 가해자와 피해자가 함께 살아갈 수밖에 없는 현실에서 '용서 없는 미래는 없다(No Future Without Forgiveness)'라는 미래지향적이고 대승적인 합의에 따른 것이었다. TRC는 1960~1994년 기간에 있었던 21,300여 명의 희생자와 관련한 피해자 측과 가해자의 증언을 들었고, 1998년 최종 조사보고서를 냈으며, 나중에 2003년 추가보고서를 냈다. 이 조사에는 백인 정부의 학살 행위뿐만 아니라 흑인들의 무장 폭력도 포함되었다. 하지만 TRC의 활동은 흑인의 분노나 백인의 불만으로 인해 성찰과 화해로 나아가기에는 적지 않은 한계를 드러냈다. 이에 만델라는 직접 나서서 관용과 화합의 자세를 몸소 보여주었다.

만델라는 아주 냉혹했던 로벤 섬의 교도소장인 야니 룩스 장군을 오스트리아 주재 대사로 임명했으며, '월드컵 럭비'(1995 Rugby World Cup) 결승전에서 한 명의 혼혈인을 빼고 모두 백인으로 구성된 국가대표 팀인 스프링복스(Springboks)의 셔츠를 입고 응원함으로써 흑인과 백인 관중의 마음을 하나로 모으는 행동을 보여주었다.[105] 이러한 관대함이나 진정성이 넘치는 행보는 남아공의 고유한 공동체 가치인 '우분투'(ubuntu)[106]에서 기인한 것으로서, 편협한 의식이나 차별적 관행을 지닌 많은 사람들에게 깊은 울림을 주었다. 그리고 그는 1838년 12월 16일 '피의 강 전투'(Battle of Blood River)가 있었던 날을 줄루족은 애도의 날로, 보어인은 축제의 날로 삼고 있는 것에 대해 '화해의 날'(Day of Reconciliation)로 정하고 기념하도록 했다.

만델라의 국민통합 대단원은 「1996년 헌법」의 제정으로 결실을 맺게 되었다.

---

[105] 클린트 이스트우드 감독은 2009년 영화 「인빅터스」(Invictus)를 통해 당시 장면을 감동적으로 그려냈는데, invictus는 라틴어로 '정복되지 않음'이라는 뜻을 지니고 있다. 영국에서 불굴의 시인으로 불려지는 윌리엄 어니스트 헨리(William Ernest Henley, 1849~1903)가 1875년 같은 제목의 시를 썼는데, 만델라가 옥중에서 가장 좋아했던 시 중 하나다. 이 시의 맨 마지막 구절인 "나는 내 운명의 주인이다. 나는 내 영혼의 선장이다(I am the master of my fate. I am the captain of my soul)"라는 시구는 널리 인용된다.

[106] 우분투는 '타인에 대한 인간애'(humanity towards others)로 번역되는데, "우리가 있기 때문에 내가 있다(I am because we are)", 또는 "당신이 있기 때문에 내가 있다(I am because you are)"라는 의미를 지니고 있다. 만델라는 이 말을 "동료를 충심으로 존중하고 섬기라는 것이지요. 그들의 지원이 없으면 결코 진보할 수 없으니까요. 이것이 바로 그 말의 의미입니다"라고 소개했다.

새로운 헌법은 '다양성 속의 통일성'(Unity in diversity)이라는 모토 하에서 제정되었으며, 남아공을 '하나의 주권, 민주국가'(one sovereign, democratic state)로 정의하고, 건국 가치를 ① 인간의 존엄성 및 평등의 성취와 인권과 자유의 증진, ② 비인종주의와 비성주의(non-sexism), ③ 헌법의 우월성과 법치주의, ④ 보편적 참정권과 다당제 등에 두었으며, 각종 차별 금지를 "제9조 모든 사람은 법 앞에 평등하며 평등한 보호와 법의 혜택을 받을 권리가 있다. 차별금지 근거에는 인종, 젠더(gender), 성(sex), 임신, 결혼 여부, 민족 또는 사회적 출신, 피부색, 성적 취향, 연령, 장애, 종교, 양심, 신념, 문화, 언어 및 출생이 포함된다"고 명시했고, 국가의 공식 언어를 11개로 정하는 등, 남아공의 다양성을 존중하는 내용이 포함되었다. 이로써 만델라는 무지개 국가의 정체성을 확립하고, 그 건설에 박차를 가했다.

다음으로 만델라는 새로운 국가의 두 번째 과제인 사회경제적 문제를 해결하기 위해 과단성 있는 조치와 신중한 접근을 병행하면서 헤쳐 나갔다. 그는 흑인과 백인 공동체 간에 엄청난 격차가 있는 나라를 물려받았다. 전체 인구 4,327만 명(1994년 기준) 가운데 80%를 차지하는 흑인 중 3분의 1이 문맹이었고, 33%가 실업에 처해 있었으며, 절반에 육박하는 사람들이 빈곤선 아래에서 살고 있었다. 이러한 상황에서 만델라는 집권세력인 ANC, 남아프리카노동조합회의, SACP 등이 혼합경제의 기조로 마련한 '재건과 개발 프로그램'(Reconstruction and Development Programme, 이하 RDP)을 신속하고 과감하게 실행했다. 그 결과 노동자와 농민, 사회복지, 교육, 주택, 식수, 전기, 의료, 예방접종, 일자리 부문 등에서 획기적인 개선이 이뤄졌다. 특히 그는 가난하게 사는 한 진정한 자유를 가질 수 없다는 인식과 남아공의 미래는 자라나는 어린이들에게 달려 있다는 믿음으로 빈곤퇴치와 아동교육에 심혈을 기울였다. 그러나 정부 재정은 준비금이 거의 고갈되어 있었고, 예산의 5분의 1이 부채 상환에 사용되고 있어 형편이 좋지 못했다.

이에 만델라는 1996년 혼합경제의 기조를 유지하는 선에서, 일부의 비판을

감수하면서 RDP를 시장경제의 메커니즘이 반영된 '성장, 고용과 재분배'
(Growth, Employment and Redistribution, 이하 GEAR) 정책으로 전환했다. GEAR
정책은 경제성장에 주안점을 둔 것으로, 백인 자본의 유출을 방지하고 외국인의
투자를 촉진하기 위한 조치였다. 이러한 결정 뒤에는 백인에 대한 화해와
용서의 필요성은 물론, 배타적인 흑인 민족주의에 대한 경계심이 있었을 것이
다. 또한 그는 무기산업과 관광산업을 남아공 경제의 핵심이라고 보고, 권위주
의 국가에 팔지 않는 조건과 자연이 훼손하지 않는 선에서 활성화시켰다.
그리고 "남아공의 미래 외교관계는 인권이 국제관계의 핵심이 되어야 한다"는
원칙을 갖고 아프리카 국가들의 분쟁문제를 해결하는 데 적극적인 중재자의
역할을 함으로써 남아공의 국제적 위상을 높였고, 서구 선진국가들에 대한
실용외교도 소홀히 하지 않았다.

하지만 모든 일이 희망과 의지대로 이뤄지지는 않았다. 만델라는 민주화로의
이행 과정에서 흔히 나타나는 후유증, 즉 남아공의 고질적인 사회문제인 빈부격
차, 폭력, 부패, HIV/AIDS(인체면역결핍바이러스/후천성면역결핍증) 등의 해결
과제를 그의 후예들에게 넘겨줄 수밖에 없었다. 그럼에도 불구하고 자유와
통합을 향한 그의 열정과 사려깊음 덕분에 남아공은 국민통합과 민주주의의
기반을 다지게 되었다. 이것은 그의 길고도 어려웠던 여정이 남긴 위대한
유산으로, 역사에 길이 기억될 것이다.

만델라는 국정책임자로부터 물러난 정치지도자가 어떻게 처신하는 것이
바람직한가를 몸소 보여준 귀감이 되는 인물이다. 대체로 정치지도자에 대한
평가는 현직에 있을 때의 업적뿐만 아니라 퇴임 이후의 행적도 고려해 판단한다.
만델라는 대통령직에서 퇴임한 후 '넬슨 만델라 재단'(Nelson Mandela Founda-
tion, 1999)을 설립해 인재 육성과 에이즈 퇴치 운동 등의 봉사활동을 펼쳤으며,
세계평화와 아프리카 단결을 호소하는 목소리를 아끼지 않았다. 2001년 한국을
방문해 김대중 대통령과 만나 '세계평화와 번영을 위한 메시지'를 공동 발표하기
도 했다.

만델라의 리더십에 관한 글을 쓰는 동안 필자는 앞에서 언급한 빌레 아우구스트 감독의 영화 「굿바이 만델라」(2007)와 「행복한 남자」(Lykke-per, A Fortunate Man, 2018)를 감상했다. 「굿바이 만델라」는 로벤 섬의 교도관으로 만델라의 옥중생활을 지켜본 제임스 그레고리(James Gregory, 1941~2003)가 쓴 *Goodbye Bafana: Nelson Mandela, My Prisoner, My Friend*(안녕 바파나: 나의 죄수이자 친구인 만델라, 1995)를 각색해 만든 영화이고, 「행복한 남자」는 1917년 노벨문학상을 수상한 헨릭 폰토피단(Henrik Pontoppidan, 1857~1943)의 원작을 영화화한 것이다. 필자는 익히 알고 있었지만, 영화를 보면서 만델라가 정말로 '선한 사람'이자, 대단한 '행운의 남자' 내지 '행복한 남자'라는 생각이 들었다. 또한 행운은 선한 사람에게 다가올 확률이 높다는 생각도 들었다. 앞에서 필자가 만델라의 서거에 대해 "행복하게 눈을 감았다"라고 표현한 것은 쑨원, 루스벨트, 네루, 미테랑 등과 비교해서 나온 것이다. 만델라를 포함한 이들 모두는 한결같이 낙관주의(optimism)의 소유자들이며, 열정과 에너지가 넘치는 인물들이다. 그런데 만델라는 이들보다 훨씬 뛰어난 천부의 자질인 '육체적 건강함'(physical fitness)을 더하고 있기 때문에 보기 드문 행운의 사나이임에 틀림이 없다.

만델라는 젊은 시절부터 수감되기 전까지 정식 권투선수는 아니었지만, 취미로 권투에 열정을 갖고 있었다. 그는 권투가 자신을 보호하기 위해 자신의 몸을 움직이는 방법, 공격과 후퇴를 위한 전술을 사용하는 방법, 시합에서 자신의 페이스를 조절하는 방법 등을 가르쳐주는 한편, 링에서 나이, 지위, 피부색, 돈 따위에 상관 없는 평등한 스포츠이기 때문에 매료되었다고 한다. 아마 이러한 권투생활 덕분에 수감 중에 있었던 고된 중노동, 빈약한 식사, 빈번한 독방 감금 등에도 불구하고 건강을 잃지 않았고, 불굴의 정신과 투지를 지탱시켜 갔으며, 특히 백인 정부와 국민당과의 협상에서 유연함과 단호함을 전술적으로 병행해 구사했던 것 같다. 이 같은 체력과 정신으로 만델라는 5년간 대통령직을 성실히 수행했으며, 퇴임 이후에도 다양한 봉사활동을 모범적으로 보여 주었다. 여기서 정치리더십과 관련한 아주 특별한 교훈을 시사하고 있다. 그것은 다름 아닌 정치지도자에게는 '건강한 체력과 맑은 정신'이 무엇보다도 중요하다는 점이다. 이 점에서 그는 많은 사람들에게 희망과 믿음을 주었던 '행복한 남자'였다고 말할 수 있다.

여담이지만, 필자는 남아공에 방문해 만델라의 통합정치와 리더십에 대해 제대로 이해하고 있는지를 알아보고 싶다. 이 소망은 필자의 버킷 리스트(Bucket List, 죽기 전에 꼭 하고 싶은 것들)에 들어 있다. 필자는 최근 서울대학교에서 열린 「넬슨 만델라의 정치사상의 유산」(Legacy of Nelson Mandela's Political Thoughts)이라는 주제의 모임에 참석해, 2019년부터 주한 남아공 대사로 부임해 있는 만델라의 둘째 부인의 딸로 '임시 영부인'(the stand-in First Lady)을 역임(1994~1998)했던 제나니 만델라-들라미니(Zenani Mandela-Dlamini, 1959~)의 강연을 듣고난 후 인사를 나눈 적이 있었다. 제나니는 강연 중 몇 차례 목이 메이면서도 만델라의 행적과 정신을 인상 깊게 연설했는데, 역시 부친을 닮아서 그런지 겸손함과 기품을 느낄 수 있었다. 필자는 제나니가 부친은 결코 마법의 지팡이가 아니었다고 말하는 대목에서 남아공이 처한 현실에 대해 슬픈 안타까움을 느꼈지만, 만델라가 사랑하는 딸과 진정한 자유를 찾아가고 있는 남아공 국민들, 그리고 만델라를 기억하는 모든 사람들에게 여전히 어둠 속에서 길을 비추는 희망의 지팡이라는 점을 새삼스레 깨달았다.

주요 어록

- "모두를 위한 평화와 민주주의, 자유의 이름으로, 여러분 모두에게 인사드립니다. 나는 선각자가 아니라 국민 여러분의 보잘것없는 종으로서 여기 여러분 앞에 섰습니다. 여러분의 지칠 줄 모르는 영웅적 희생 덕분에 오늘 내가 이 자리에 설 수 있게 되었습니다. 따라서 나의 남은 생도 여러분에게 맡깁니다."(1990. 2. 11. 석방 후 첫 대중연설 중)

- "우리 모두가 함께 나누고자 하는 이 상의 가치는, 큰 성공을 거둘 즐거운 평화를 기준으로 평가될 것이고, 평가되어야만 할 것입니다. 흑인과 백인을 차별하지 않는 세상에서 인류 모두가 천국의 아이들처럼 살아갈 수 있기를 희망하기 때문입니다. 우리들 각자가 삶, 자유, 번영, 인간이 존엄성을 가질 수 있는 사회, 그리고 공정한 정부에 대한 정당한 몫을 가질 수 있는 사회를 창조할 것이기 때문입니다."(1993. 12. 10. 노벨평화상 시상식 연설 중)

- "우리는 적어도 정치적 해방을 성취했습니다. 우리는 계속되고 있는 가난과 핍박과 고통과 성차별과 다른 모든 차별의 굴레로부터 우리 국민 모두를 해방시킬 것을 우리 스스로에게 맹세합니다. 이토록 아름다운 땅에서 사람에 의한 다른 사람의 탄압이라는 경험이 절대로 절대로, 그리고 또 절대로 재현되지 않을 것입니다. 영광스러운 인간 승리 위에 태양은 계속 비칠 것입니다."(1994. 5. 10. 대통령 취임 연설 중)

- "나는 자유를 향한 머나먼 길을 걸어왔다. 나는 주춤거리지 않으려고 노력했다. 나는 도중에 발을 잘못 내딛기도 했다. 그러나 커다란 언덕을 올라간 뒤에야 올라가야 할 언덕이 더 많다는 것을 발견하게 된다는 비밀을 알았다. 나는 여기서 잠시 쉬면서 내 주위를 둘러싸고 있는 멋진 경치를 보며 내가 온 길을 돌아볼 수 있다. 그러나 자유는 책임이 따르기 때문에 나는 오로지 잠시 동안만 쉴 수 있을 뿐이다. 나의 머나먼 여정은 아직 끝나지 않았기 때문에 나는 감히 꾸물거릴 수가 없다."(『자서전』 중 마지막 단락)

- "우리 삶의 모든 측면에서 화해가 이뤄진다면, 그것이 우리나라의 생명줄이 될 것입니다. … 목숨을 걸고 온갖 위험을 무릅쓰며 아파르트헤이트와

백인지배에 맞서 싸운 수많은 사람들이 품고 있던 비전의 중심에는 화해가 있습니다. 모든 국민에게 시민으로서의 공통된 권리와 의무를 부여하고 국민의 풍부한 다양성을 존중하는, 인종차별 없고 민주적이며 통합된 국가를 건설하려면 화해는 반드시 필요합니다."(1999. 2. 25. 진실과 화해 위원회 보고서에 대한 특별토론회 치사 중)

6. 일본의 무라야마 도미이치

일본의 무라야마 도미이치 내각총리대신(村山富市, 1924~, 재임 1994~1996)은 '진보-보수' 연립정부의 수립을 통해 통합정치와 역사화해를 추구했던 정치가이다. 그가 통합정치를 실천한 정치지도자임에는 분명하지만, 짧은 총리 재임기간과 총리 퇴진 이후 그가 소속한 일본사회당(이하 사회당)의 쇠퇴로 인해 그가 통합정치를 펼친 리더군群에 포함되는 것이 합당한지에 대한 의견이 분분하다. 필자는 지인인 일본정치 전공자들의 조언을 구하기는 했지만, 통합정치를 가장 잘 실천한 일본 정치인을 찾아내는 데는 어려움이 있었다. 젊은 시절 흥미롭게 읽었던 야마오카 소하치(山岡莊八, 1907~1978)의 소설 『대망』(『德川家康』, 1967) 주인공인 도쿠가와 이에야스 쇼군(將軍, 1543~1616, 재임 1603~1605)이나 시바 료타로(司馬遼太郎, 1923~1996)의 소설 『료마가 간다』(『龍馬がゆく』, 1966) 주인공인 사카모토 료마 지사(坂本龍馬 志士, 1836~1867)와 같은 인물은 너무 오래된 사람들이라는 점에서 거리가 있다고 본다.

필자는 전공자들이 추천해준 다섯 명의 인물들, 즉 세 차례 총리(제61·62·63대)를 지내면서 고도 경제성장을 이뤄냈고, '비핵 3원칙'[107]을 표방한 공로로

---

107 사토 총리는 1967년 12월 "일본은 핵무기를 보유하지도, 만들지도, 반입하지도 않는다"는 비핵 3원칙을 발표했다. 그는 제56·57대 총리를 지낸 기시 노부스케(岸信介, 1896~1987, 재임 1957~1960)의 동생이다.

노벨평화상을 수상(1974)한 자유민주당(이하 자민당)의 사토 에이사쿠(佐藤榮作, 1901~1975, 재임 1964~1972), 세 차례 총리(제71·72·73대)를 포함해 중의원 20선(1947~2003)을 지낸 자민당의 나카소네 야스히로(中曾根康弘, 1918~2019, 재임 1983~1987), 자민당의 독주체제인 1955년 체제를 붕괴시킨 '7당 1회파'의 연립정부를 수립한 일본신당의 호소카와 모리히로 총리(細川護熙, 1938~, 재임 1993~1994), 역사상 최초로 단독 정당에 의한 수평적 정권교체를 이룬 일본민주당(이하 민주)의 하토야마 유키오 총리(鳩山由紀夫, 1947~, 재임 2009~2010), 그리고 이 글의 주인공인 무라야마 총리에 관한 정치적 인식과 활동을 개략적으로 비교해 살펴보았다. 이들 중 무라야마 총리가 본서의 문제의식에 가장 부합되는 정치지도자라고 판단했다. 이제부터 그 연유를 설명해 보려고 한다.

통합정치와 관련한 무라야마의 이력과 리더십의 면면을 살펴보기 위해, 우선 그가 월간『文藝春秋』(문예춘추, 2011년 11월호)에 기고한「めぐり合わせの人生」(순회하는 인생)과 야쿠시지 가쓰유키(藥師寺克行, 1955~)가 그와의 대화를 엮은『무라야마 도미이치 회고록』(『村山富市回顧錄』, 2012)을 기본 자료로 참고했다. 회고록은 속마음을 잘 드러내지 않는 일본인의 특유한 기질 때문인지 편집자와의 담담한 대화만이 담겨 있지만, 행간 속에 드러나 있는 여러 정황들을 추적하다 보면 그의 행적과 진실성을 파악하는 데 부족함이 없는 것 같다. 그리고 여러 정황을 살펴보기 위해 이토 아키라(伊藤晃, 1941~)의『天皇制と社會主義(新版)』(천황제와 사회주의, 2002), 나카무라 마사노리(中村政則, 1935~2015)의『일본 전후사 1945~2005』(『戰後史』, 2005), 이시카와 마스미(石川眞澄, 1933~2004)의『일본 전후 정치사: 일본 민주주의의 보수적 기원과 전개』(『戰後政治史(新版)』, 2006), 신카와 도시미쓰(新川敏光, 1956~)의『일본 전후 정치와 사회민주주의: 사회당·총평 블록의 흥망』(『幻視のなかの社會民主主義』, 2007), 이기완의『일본의 정당과 정당정치』(2006) 등을 참고했다. 또한 歷代內閣ホームページ(홈페이지)情報: 村山富市 內閣總理大臣(https://www.kantei.go.jp/jp/rekidainaikaku/081.html), 무라야마가 특별 출연한 다카하시 아키라 감독(高橋巖,

1963~)의 영화 「八月のかりゆし」(팔월의 카리유시, 2002) 등을 참조했다.

일하는 사람들을 위해 순회하는 운명에 따르다

무라야마는 1924년 큐슈의 오이타현 오이타시에서 가난한 어부인 아버지와 가정주부인 어머니 사이에서 11남매 중 여섯 번째 아들로 태어났다. 그는 1938년 고등소학교(오늘날의 중학교)를 졸업하고 도쿄에 와서 소규모 선반공장, 인쇄소 등에서 일하면서 도쿄시립상업학교 야간과정을 마친 후, 1943년 메이지 대학교 정치경제과에 입학했다. 1944년 전시체제에 동원되어 조선소에서 일했 고, 이후 군간부 후보생으로 교육을 받던 중 종전을 맞이했다. 1946년 메이지대 학교를 졸업한 후 고향에 돌아와 어업협동조합의 민주화 작업에 참여하면서 사회당에 입당해 지역 청년부장으로 활동했다. 1950년에는 오이타시 공무원노 동조합의 서기로 일하면서 본격적으로 지역 노동운동에 몸담게 되었다. 1951년 사회당의 공천을 받아 오이타 시의원선거에 출마했지만 낙선하고 1955년 시의원에 당선되어 재선을 한 후(1955~1962), 오이타 현의원 3선(1963~1972) 을 역임하던 중 1972년 중의원衆議院 의원에 당선되어 중앙 정계에 입문했다.

무라야마는 국회에서 노동·후생 문제를 다루는 사회노동위원회 위원과 각광받는 예산위원회 위원으로 활동했으며, 사회당 내에서 우파 개혁그룹인 '새로운 흐름회'(新しい流れの會)에 참여했다. 1991년 사회당 양원 의원총회에 서 국회대책위원장에 선출되었고, 1993년 사회당 전당원 투표에서 위원장에 선출되었다. 1994년 사회당-자민당-신당사키가케(新党さきがけ, 이하 사키가 케)의 '자·사·사 연립정권'(自社さ 聯立政權)의 초대 총리를 맡았다. 1996년 총리 재임 18개월 만에 사임하고, 사회당을 사회민주당(이하 사민당)으로 개명 하고 초대 대표를 역임했다. 2000년 정계를 은퇴한 뒤에는 '재단법인 여성을 위한 아시아 평화국민기금'(財團法人女性のためのアジア平和國民基金, 1995~ 2007)의 제2대 이사장을 맡았으며, 고향에 돌아간 무라야마는 1953년 결혼한 오이타시 공제병원의 간호사 출신인 요시에 부인(村山キシエ, 1926~)을 위해 자전거를 타고 장을 보러 다니는 등 검소한 생활을 이어가며, 평화와 민주주의를 위한 여정을 지속하고 있다.

대체로 무라야마라는 정치가를 언급할 때, 가장 먼저 떠오르는 단상은 그가 중의원[108] 전체 511석 중 70석(13.6%)에 지나지 않은 사회당을 기반으로 해 〈표 IV-6-1〉에서 볼 수 있듯이, 47년 만에 '진보-보수' 연립정부[109]의 총리를 맡아 통합정치와 역사화해를 추구했다는 사실이다. 이와 관련해 두 가지 주요 의문이 제기된다. 먼저 사회민주주의라는 정치적 가치를 갖고 40여 년간 사회당에서 정치활동을 해온 무라야마가 어떻게 보수세력의 정치적 아성인 자민당과 그곳에서 이탈한 사키가케와 연립정부를 구성하게 되었는지에 관한 것이다. 다음은 그가 시도한 좌우 통합정치가 일본정치에서 어떤 변화를 가져왔으며, 그 정치적 함의는 무엇이었는지에 대한 궁금증이다. 이 두 가지 의문에 대한 답을 찾을 수 있다면, 통합정치와 관련된 무라야마의 진면목과 한계를 더 깊이 이해할 수 있을 것이다.

---

[108] 일본 선거는 '중의원 의원 총선거'(衆議院議員總選擧, 중의원이 조기에 해산되지 않는 한 4년마다 실시, 이하 중의원 총선), '참의원 의원 통상선거'(參議院議員通常選擧, 임기 6년으로 3년마다 참의원의 절반 선출, 이하 참의원 선거), '통일지방선거'(統一地方選擧, 4년마다 지방자치단체장과 지방의원 선출, 이하 지방선거) 등 세 가지 유형이 있다.

[109] 1947년 4월 25일에 실시된 제23회 중의원 총선(전후 두 번째) 결과는 전체 468석 중 사회당 143석, 일본자유당 131석, 일본민주당 124석, 국민협동당 31석, 일본공산당 4석, 일본농민당 4석, 군소정당 17석, 무소속 12석 등이었다. 당시 사회당은 1946년에 실시된 제22회 중의원 총선보다 50석을 더 얻어 제1당이 됨으로써 1947년 6월 일본민주당과 국민협동당과 함께 가타야마 데쓰(片山哲, 1887~1978, 재임 1947~1948)를 총리로 하는 '3당 연립정부'를 출범시켰다.

〈표 Ⅳ-6-1〉 일본 역대 총리 일부 현황

대	취임년	총리	소속	비고
45	1946	요시다 시게루(1차)	일본자유당	48, 49, 50, 51대 총리
46	1947	가타야마 데쓰	일본사회당	
47	1948	아시다 히토시	일본민주당	
48	1948	요시다 시게루(2차)	민주자유당	49, 50, 51대 총리
52	1954	하토야마 이치로	일본민주당	53, 54대 총리
55	1956	이시바시 단잔	자유민주당	
56	1957	기시 노부스케	자유민주당	57대 총리
58	1960	이케다 하야토	자유민주당	59, 60대 총리
61	1964	사토 에이사쿠	자유민주당	62, 63대 총리
64	1972	다나카 가쿠에이	자유민주당	65대 총리
66	1974	미키 다케오	자유민주당	
67	1976	후쿠다 다케오	자유민주당	
68	1978	오히라 마사요시	자유민주당	69대 총리
70	1980	스즈키 젠코	자유민주당	
71	1982	나카소네 야스히로	자유민주당	72, 73대 총리
74	1987	다케시타 노보루	자유민주당	
75	1989	우노 소스케	자유민주당	
76	1989	가이후 도시키	자유민주당	77대 총리
78	1991	미야자와 기이치	자유민주당	
79	1993	호소카와 모리히로	일본신당	
80	1994	하타 쓰토무	신생당	
81	1994	무라야마 도미이치	일본사회당	
82	1996	하시모토 류타로	자유민주당	83대 총리
84	1998	오부치 게이조	자유민주당	
85	2000	모리 요시로	자유민주당	86대 총리
87	2001	고이즈미 준이치로	자유민주당	88, 89대 총리
90	2006	아베 신조(1차)	자유민주당	96, 97, 98대 총리
91	2007	후쿠다 야스오	자유민주당	
92	2008	아소 다로	자유민주당	
93	2009	하토야마 유키오	민주당	
94	2010	간 나오토	민주당	
95	2011	노다 요시히코	민주당	
96	2012	아베 신조(2차)	자유민주당	97, 98대 총리
99	2020	스가 요시히데	자유민주당	
100	2021	기시다 후미오	자유민주당	101대 총리

무라야마는 전후의 혼란기에 대학을 졸업한 후 고향에 돌아와 어촌민주화운동과 노동운동에 참여하면서 일찌감치 사회당과 인연을 맺게 되었다. 전후

일본에서 노동조합(이하 노조)과 정당 관계는 "바늘 가는 데 실 간다"라는 속담처럼 긴밀한 관계이자, 금란지계金蘭之契[110]와 같은 공생적 관계였다. 특히 사회당은 '노동자당'이라고 불릴 만큼 노조에 전적으로 의존하는 정당이었다. 전후 일본의 노동운동은 다른 나라들과 마찬가지로 자본주의의 발전과 함께 만개했지만[111], 전시체제의 유산과 미군정의 점령정책으로 인해 여러 분파로 나뉘어 출발했다. 대체로 노동자 이익집단의 초기 정상조직(peak association)은 세 가지 주요 조직이 있었는데, 일찍부터 정당과 밀접한 관계를 맺고 있었다. 1946년 설립한 전일본산업별노동조합회의(이하 산별, 1958년 해산)는 1945년 12월에 재건한 일본공산당(이하 공산당)[112]과 형제적 관계를 맺고 있었고, 1946년 설립한 일본노동조합총동맹(이하 동맹, 1964년 해산)은 1945년 11월 2일에 창당한 사회당[113]의 우파와 협력적 관계를 맺고 있었으며, 1950년 최대 규모로 설립된 일본노동조합총평의회(이하 총평, 1989년 해산)는 미군정의 '레드 퍼지'(Red Purge, 적색 숙청)[114]와 국가 코포라티즘(state corporatism)[115]의 산물로서

---

110 금란지계는 다정한 친구 사이의 정의情誼를 뜻하며, 금란金蘭은 주역周易의 "二人同心其利斷金同心之言其臭如蘭(두 사람이 마음이 같으면 그 예리함이 쇠를 끊고, 마음이 같은 말은 그 향기가 난초와 같다)"에서 유래한 말인데, 노동조합과 사회주의정당 간의 이상적인 관계를 비유해 인용한 것이다.

111 전후 일본의 노동운동은 1949년 노조 조직률이 55.8%에 이를 정도로 만개했다. 참고로 후생노동성에 따르면, 2021년 6월 노조 조직률은 16.9%다.

112 공산당은 1922년 창당되었지만, 1924년 정부의 탄압으로 지하에서 활동하다가 1945년 12월에 재건되었다. 공산당은 1946년 제22회 중의원 총선(전체 466석)에서 5석을 얻었지만, 1949년 제24회 중의원 총선에서는 35석을 획득했다. 하지만 미군정의 '레드 퍼지'의 영향으로 1952년 제25회 총선에서는 0석, 1953년 제26회 총선에서는 1석만을 얻었다. 이러한 상황에서 공산당은 1955년에 할 수 없이 무장투쟁노선을 포기하고 평화노선을 채택했다.

113 사회당은 창당 당시에 공산당에 참여하지 않은 온건한 사회주의자, 진보적 의회주의자, 노동운동 및 농민운동 활동가 등 다양한 정치세력과 사회집단이 참여했기 때문에 당 노선을 둘러싼 파벌대립이 끊이지 않았다.

114 레드 퍼지는 더글러스 맥아더 연합국최고사령관(Douglas MacArthur, 1880~1964, 재임

등장했기 때문에 보수 정당들의 우군이었다.

이 같은 노동운동의 편재는 총평의 노선 선회로 일대 지각변동을 맞이하게 된다. 총평은 1951년 제2회 대회에서 반공친미 노선을 좌경반미 노선으로 급선회하고, 1948년 창당한 민주자유당의 요시다 시게루(吉田茂, 1878~1967, 재임 1946~1947, 1948~1954) 정부와의 협력을 철회했다. 더 나아가 총평은 1954년 제4회 대회에서 사회당 지지를 선언했다. 이 같은 총평의 우군화友軍化에 힘입어 1951년 체결한 샌프란시스코 강화조약과 일미안전보장조약에 대한 노선 갈등으로 좌우로 분열되었던 사회당은 〈표 Ⅳ-6-2〉에서 볼 수 있듯이, 1955년 통합으로 일약 '대안 정당'(alternative party)으로 부상하게 되었다. 한편 보수 정치세력들도 한 달 후에 1950년 창당한 자유당과 1954년 재창당한 일본민주당이 합당해 자민당을 출범시켰다. 이로써 자민당-사회당 간의 '보수-혁신'(이하 보·혁) 양당이 경합하는 이른바 '1955년 체제'가 시작되었다.

무라야마는 이러한 보·혁 징치지형 속에서 사회당의 공천을 받아 자신의 고향인 오이타현에서 1955년부터 시의원과 현의원을 거쳐, 1972년 중의원에 당선되었다. 이 점에서 그는 1955년 체제의 옥동자라고 불릴 만하다. 그는 전후 경제발전과 맞물려 성장하고 있던 노동운동의 탄탄한 지원 속에서 순조롭게 정치적 경력을 쌓아갔다. 이 과정에서 노동자의 삶을 향상시키고 사회당의 대의에 기여하고자 하는 소명의식과 신념을 굳건히 하는 한편, '선거-정당-의

1945~1951)의 방침에 따라 정부, 기업, 사회단체 등이 공산당 당원과 사회주의에 동조한 혐의가 있는 사람들을 대대적으로 숙청한 작업을 가리킨다. 이 탄압은 전후 냉전에 따른 '적색공포'에서 기인하고 있었는데, 1950년 한국전쟁의 발발로 절정에 이르렀으나 1951년 맥아더의 퇴진으로 완화되었다.

115 코포라티즘은 자본과 노동을 대표하는 정상조직이 정부와 협상해 경제적, 사회적 협약을 도출하는 이익대표체제라고 할 수 있는데, 사회적 코포라티즘(social corporatism)과 국가 코포라티즘(state corporatism)으로 나눠진다. 후자는 국가가 노동계급 및 집단을 탈정치 화시키고 관료적으로 재조직함으로써 국가가 노동부문을 통제하려는 체제라고 볼 수 있다.

회'라는 삼각정치(triangle politics)를 성실하고 겸손하게 임했다. 그는 회고록에서 "사회당에 입당하게 된 것은 사회주의 사상에 빠져들었기 때문이 아니라, 사회당이 일하는 사람에게 행복한 삶을 마련하고 평화주의와 민주주의를 실현하는 데 제일 좋을 것이라고 생각했기 때문"이라고 밝히고 있다. 또한 공산당에 대해 폭력혁명이나 프롤레타리아트 독재를 지향하고 소련공산당의 영향 하에 있기 때문에 동조할 수 없었다고 회고했다.

〈표 Ⅳ-6-2〉 역대 일본사회당 위원장 현황

대	재임 기간	대표(생존 기간)	전직	비고
1	1946. 9~1950. 1	가타야마 테쓰(1887~1978)	변호사	1947~1948 총리
우파	1951. 1~1955.10	가와카미 조타로(1889~1965)	변호사	우파
좌파	1951. 1~1955.10	스즈키 모사부로(1893~1970)	언론인	좌파
2	1955.10~1960. 3	스즈키 모사부로(1893~1970)	언론인	좌파
3	1960. 3~1960.10	아사누마 이나지로(1898~1960)	농민운동가	좌파
대행	1960.10~1961. 3	에다 사부로(1907~1977)	농민운동가	우파
4	1961. 3~1965. 5	가와카미 조타로(1889~1965)	변호사	우파
5	1965. 5~1967. 8	사사키 고조(1900~1985)	노조활동가	좌파
6	1967. 8~1968.10	가츠마타 세이이치(1908~1989)	공무원	중간파
7	1968.11~1977. 9	나리타 도모미(1912~1979)	회사원	우파
8	1977.12~1983. 9	아스카타 이치오(1915~1990)	변호사	중간파
9	1983. 9~1986. 9	이시바시 마사시(1924~2019)	노조활동가	우파
10	1986. 9~1991. 7	도이 다카코(1928~2014)	대학 강사	좌파
11	1991. 7~1993. 1	다나베 마코토(1922~2015)	노조활동가	우파
12	1993. 1~1993. 9	야마하나 사다오(1936~1999)	변호사	우파
13	1993. 9~1996. 1	무라야마 도미이치(1924~)	노조활동가	1994~1996 총리

출처: 신카와 도시미쓰(新川敏光)의 『일본 전후 정치와 사회민주주의: 사회당·총평 블록의 흥망』(『幻視のなかの社會民主主義』, 2007), https://ko.wikipedia.org/wiki/%EC%9D%BC%EB%B3%B8%EC%82%AC%ED%9A%8C%EB%8B%B9(2023. 6.30)에서 정리함.

무라야마는 한때 일본에서 영국노동당의 이론가인 시드니 웹(Sidney Webb, 1859~1947)에 필적하는 일본 사회주의의 이론가인 야마카와 히토시(山川均,

1880~1958)가 저술한 『社會主義への道 社會主義政党論』(사회주의에의 길 사회주의 정당론, 1955)의 논리가 자본을 견제하는 데 매우 적절한 현실주의적 접근이라고 받아들인 적이 있었다. 야마카와는 사회당에서 좌파인 사회주의협회를 이끌었지만, 유럽의 좌파 지식인들처럼 소련의 헝가리 침공을 비판함으로써 교조주의에서 벗어난 모습을 보였다. 이처럼 무라야마는 사회민주주의의 원칙을 지키면서도, 청년 시절부터 영향을 받은 농민운동가 출신으로 사회당의 전설적 인물인 아사누마 이나지로 위원장(淺沼稲次郎, 1898~1960, 재임 1960. 3~10)의 정치철학인 "대중과 함께 대중과 배운다(大衆とともに大衆と學ぶ)"라는 대중주의 노선을 중시했다. 이러한 점을 고려한다면, 무라야마는 정치적 스펙트럼에서 중도좌파에 위치하고 있었다고 볼 수 있다. 물론 그가 의회정치에서 관록貫祿을 쌓아가면서 정책적 측면에서는 당내 우파로 분류되기도 했다.

무라야마는 1972년부터 1996년에 이르기까지 오이타현 1선거구에서 중의원으로 8선을 역임했는데, 1980년 총선 때 한 번 낙선한 경험도 갖고 있다. 이러한 다선 경력은 그의 정치적 역량뿐만 아니라 한 선거구에서 3~5명 의원을 선출하는 '대선거구제'의 제도적 효과 덕분이기도 했다. 이 제도는 1946년 한 선거구에서 2~14명 의원을 선출하는 '중대선거구 제한연기투표제'를 개정한 것인데, 군소정당의 의회 진출을 용이하게 하는 반면에 여·야 간의 정권교체를 어렵게 하는 문제점을 지니고 있었다. 즉 선거구당 3~5명 의원을 선출하기 때문에 특정 정당이 1명만 후보를 낼 경우 그 후보가 당선될 확률이 높지만, 그 정당은 절대로 과반수 의석을 확보할 수 없기에 '불임 정당'(sterile party)이 될 수밖에 없다. 사회당이 이러한 경우에 해당하고 있었다. 물론 사회당도 당세가 강한 선거구에는 2명 이상의 후보를 내기도 했지만, 그 수는 많지 않았다. 바로 이 지점이 사회당을 가장 곤혹스럽게 하는 딜레마였다. 하지만 사회당을 지지하는 노조나 농민단체가 일정 정도로 표를 집결할 수 있는 선거구에서 출마하는 무라야마와 같은 후보는 행운이라고 볼 수 있다. 그는 어촌운동과 노동운동에 일찌감치 참여한 덕분에 농어민단체나 노조의 전폭적인 지원을 받을 수가 있었다.

한편 이러한 선거 메커니즘(mechanism)으로 인해 사회당은 당과 지지기반, 의원과 지원조직 간의 관계가 자율적 연대관계가 아닌 일방적 의존관계로 고착되는 상황에 직면했다. 이 과정에서 사회당은 근본적인 문제점에 부딪히게 되었다. 당이 인적, 재정적으로 노조에 의존하면 할수록 일반 유권자들은 사회당이 대부분 급진적이고 전투적인 공공부문 노조들로 구성된 '총평의 정치지부'라는 인식을 갖게 되었다. 그 결과 사회당은 주요 지지기반 중 하나인 농민층의 이탈[116]에 제대로 대응하지 못했으며, 복지국가의 주요 수혜자인 민간부문 노조[117]로부터의 지지를 원활히 견인하지 못했다. 결국 사회당은 제1야당이면서도 집권을 목표로 두는 '대안 정당'의 존재감을 상실한 채, 헌법 개정을 저지할 수 있는 3분의 1 이상의 의석을 확보하는 데 만족해야 했다. 이는 사회당으로 하여금 호헌·평화주의를 지키는 '반대를 위한 정당'(vetocracy-party)으로서의 명분에 머물게 했다.

무라야마는 국회에 입성한 이듬해인 1973년에 사회당의 당면과제인 당 개혁에 뜻을 함께하는 20여 명의 의원들이 결성한 '새로운 흐름회'에 참여했다. 이 그룹은 1964년 나리타 도모미 서기장(成田知巳, 1912~1979)이 주창한 '나리타 3원칙'[118]을 화두로 삼아 당 개혁을 추진하는 것을 목표로 두고 있었다. 이들의

---

116 전후 활발했던 농민운동이 농지개혁으로 쇠퇴한 틈을 탄 자민당은 농협이나 토지개량조합에 대한 정부 지원의 강화를 통해 농촌을 침투해 강고한 지지기반을 형성했는데, 이는 자민당이 일당 독주하는 데 결정적이었다. 무라야마는 사회당이 이러한 상황에서 "아무것도 손을 쓸 수가 없었다"고 회고하고 있는데, 이는 사회당의 노농연대가 실패했음을 지적하는 것이라고 본다.

117 일본의 고도 경제성장으로 노사협조주의가 정착된 민간부문 노조와 시장경쟁에 노출되지 않고 신분이 보장되었던 공공부문 노조 간의 지속적인 갈등 속에서 사회당은 "사회민주주의란 국가의 입법을 통해 계급적 단결을 구축하고 권력을 동원하려는 운동"이라는 요스타 에스핑-안데르센(Gøsta Esping-Andersen, 1947~)의 테제에 근접하기에는 역부족이었다. Esping-Andersen, Gøsta. 1990. *The Three Worlds of Welfare Capitalism*. Polity Press.

118 나리타 3원칙은 사회당의 조직적 결함인 '일상적 활동의 부족', '의원정당적 체질', '노조

활동은 노조에 의존하고 있는 당의 관성 때문에 두드려지는 개혁성과를 내지는 못했지만, 당의 진로에 대한 논의를 활성화시키는 데 기여했다. 그 결과 사회당은 1986년 이시바시 마사시 위원장(石橋政嗣, 1924~2019, 재임 1983~1986) 재임 시 「일본사회당의 신선언-사랑과 지와 힘에 의한 창조」(日本社會党の新宣言-愛と知と力による創造)라는 새로운 강령을 채택했다. 이 강령의 요지는 〈표 Ⅳ-6-3〉에서 보듯이, 사회당이 계급적 사회주의와 결별하고 서구식 사회민주주의를 추구하기 위해 계급정당에서 국민정당으로 전환한다는 내용을 담고 있었다. 이 선언은 어느 누구도 예상하지 못했던 1990년 전후의 사회주의권 붕괴를 몇 년 앞두고 이뤄졌다는 점에서 뛰어난 선견지명을 보였다고 할 수 있다. 이는 다음 절에서 살펴보겠지만, 1983년 의회에 첫 진출했던 영국의 토니 블레어(Tony Blair, 1953~, 재임 1997~2007)가 1994년 41세에 노동당의 대표가 되어 당을 '현대화'(modernisation)함으로써 1997년 총리가 된 드라마틱한 과정의 첫걸음과 비교될 만큼의 의미를 갖는 변화였다.

〈표 Ⅳ-6-3〉 사회당 노선의 전환 현황*

시기	1945~1954	1955~1985	1986~1992	1993 이후
구분	통일강령	일본에서의 사회주의의 길	일본사회당의 신선언	93년 선언
당의 성격	노동계급의 연합체	노동계급 이익대표	개혁적 국민정당	사회민주주의적 국민정당
정권 구상	사회당 정권의 수립	사회당 정권의 수립	과도적 연합정권	연합정권
외교안보 정책	평화 4원칙	일미안보조약 반대, 자위대 위헌	(직접 언급 회피)	일미안보조약 허용, 자위대 조건부 합헌

* 이기완. 2006. 『일본의 정당과 정당정치』(출처: 일본사회당50년사편찬위원회. 1996. 『日本社會黨史』)에 있는 표를 수정함. '93년 선언'의 내용은 『무라야마 회고록』에서 정리함.

의존' 등을 바꾸자는 주장이다.

하지만 사회당은 '현실정당화'라는 절박한 과제를 실천해 나가기에는 리더십이 취약했다. 우선 젊은 리더를 충원하지 못했다. 이는 오랜 기간 노조에 의존하고 있는 상태에서 신진기예를 발굴하고 육성하는 것이 쉽지 않았기 때문이었다. 또한 당 개혁에 대한 지도자들의 인식은 실용주의보다는 관념주의에 치우치고 있었다. 중의원 8선의 여걸인 도이 다카코 위원장(土井多賀子, 1928~2014, 재임 1986~1991)은 주부들 사이에서 인기가 많았지만[119], 국민의 삶의 질 이슈보다는 호헌·평화주의 이슈에 더 익숙했다. 이어 등장한 중의원 10선인 다나베 마코토 위원장(田邊誠, 1922~2015, 재임 1991~1993)은 개인적 실리를 위해 실효성 없는 명분을 내세우는 노회한 인물이었다. 결국 사회당은 당을 환골탈태할 수 있는 골든타임(golden-time)을 놓치고, 총평의 해산[120]과 사회주의권의 붕괴, 그리고 1955년 체제에 대한 반감이라는 일련의 암울한 정세 속에서 속수무책의 상황에 처하게 되었다.

결과적으로 사회당은 중의원 총선에서 1955년 156석(33.4%), 1958년 166석(35.5%), 1960년 145석(31.0%), 1963년 144석(30.8%), 1967년 140석(28.8%), 1969년 90석(18.5%), 1972년 118석(24.0%), 1976년 123석(24.0%), 1979년 107석(20.9%), 1980년 107석(20.9%), 1983년 112석(21.9%), 1986년 85석(16.6%), 1990년 136석(26.5%), 1993년 70석(13.6%) 등을 얻으며, 장기저락長期低落의 경향성을 확인시켰다. 이러한 위기상황에도 불구하고, 1991년 국회대책위원장을 맡아 당의 의정 활동을 그나마 차질 없이 진두지휘하고 있었던 무라야마가 1993년 위원장에 선출되면서 그의 통합정치가 본격적으로 펼쳐지기 시작했다.

---

119 도이 다카고는 1989년 참의원선거에서 사회당 46석, 자민당 36석, 연합의회 11석, 공명당 10석, 민주사회당(이하 민사당) 3석으로 대승을 하고 나서, "산이 움직였다(山か動いた)"라는 유명한 말을 했다. 하지만 1991년 지방선거에서 패배해 위원장에서 물러났다.

120 오랫동안 사회당의 지지단체였던 총평은 1989년 해산하고, 대부분 우경화한 일본노동조합총연합회(연합)에 합류했다.

'진보-보수'의 연립정부를 수립하다

무라야마가 1993년 9월 20일 사회당 위원장에 선출된 시점은, 7월 18일 실시된 중의원 총선 결과 '여소야대與小野大' 상황에서 8월 9일 출범한 호소카와 모리히로 총리의 연립정부가 지지율 70%가 넘을 정도로 국민의 기대 속에서 의욕적으로 국정을 수행하던 시점이었다. 무라야마는 위원장 선거에 나서는 것을 1991년 국회대책위원장 선거에 나설 때처럼 당초부터 염두에 두지 않았다. 아마도 70세 정년이라는 사회당의 묵약에 따른 '메이와쿠(迷惑) 문화'[121]나 권력정치에서 체득한 겸양지덕謙讓之德 때문일지 모른다. 그러나 총선에서의 참패에도 불구하고 당내 우파인 야마하나 사다오 위원장(山花貞夫, 1936~1999, 재임 1993.1~9)과 구보 와타루 부위원장(久保亘, 1929~2003)의 염치 없는 행태에 대해 당원들의 원성이 커지고, 위원장 출마를 강력히 요청받으면서 무라야마는 이를 뿌리치기 어려웠다.

야마하나는 선거 패배 후에도 즉시 사임하지 않고, 호소카와 내각의 '정치개혁담당대신'으로 입각하고 나서 사의를 표명했다. 한편 구보는 비非자민당 연립정부의 출범을 막후에서 모사謀事한 신생당의 오자와 이치로(小澤一郎, 1942~)와 신당을 창당하는 문제에 뜻을 함께하고 있었다. 이 같은 당의 위기 상황에서 무라야마는 '구당救黨'이라는 소명의식과 '우연히 돌아오는 운명'에 따라 위원장 선거에 나섰고, 당내 극좌파인 이토 마사토시 참의원(甕正敏, 1947~2022)과 경선 끝에 압승했다. 이제 사회당의 명운을 짊어지고 등장한 무라야마의 가장 큰 책무는 장기저락 상태인 당을 살리는 일이었다.

1993년 7·18 총선 결과는 사회당에게는 절체절명의 위기였다. 중의원 전체 511석 중 자민당 223석, 사회당 70석, 신생당 55석, 공명당 51석, 일본신당 35석, 공산당 15석, 민사당 15석, 사키가케 13석, 사회민주연합(이하 사민련)

---

[121] 메이와쿠 문화는 남에게 폐를 끼치면 안 된다는 사회적 관습으로서 한국의 염치문화와 유사하다고 할 수 있다.

4석, 무소속 30석 등으로 나왔다. 오랫동안 집권당이었던 자민당은 과반인 256석에서 33석이 부족했고, 만년 제1야당인 사회당은 136석에서 70석으로 절반 가까이 줄었다. 이에 비해 1993년 일본 개조와 신보수주의를 표방하고 자민당을 탈당한 오자와가 주축이 되어 결성한 신생당, 1992년 보수 양당제의 새로운 정치질서 구축을 표방한, 구마모토현 지사였던 호소카와가 주축이 되어 결성된 일본신당, 1993년 정치개혁과 생태주의를 표방하고 자민당에서 탈당한 다케무라 마사요시(武村正義, 1934~2022)와 나중에 총리가 된 하토야마 유키오가 주축이 되어 결성한 사키가케 등 이른바 '3신당'은 합해서 103석을 획득했다. 이러한 선거 결과는 각종 정치부패 스캔들에 휩싸인 자민당과 지지노조의 이탈로 쇠락 중인 사회당에 대한 유권자들의 실망감이 반영된 것이었다.

반자민당 노선이지만 보수주의적 성향인 3신당은 오자와의 막후정치幕後政治에 힘입어 자민당과 공산당을 제외한 7당과 민주개혁연합의 참의원 원내회파로 이뤄진 '7당 1회파'의 연합세력을 형성해 호소카와 연립정부를 출범시켰다. 이는 자민당-사회당의 '보수-혁신' 양당을 기본 축으로 하는 1955년 체제가 일대 지각변동을 겪게 되는 정치적 대사건이었다.

호소카와 총리는 21명 각료에 사회당 6명, 신생당 6명, 공명당 4명, 민간인 2명, 일본신당, 민사당, 사키가케, 사민련 등 각각 1명씩 입각시켜 일본식 '무지개 연합'(rainbow coalition)을 꾸렸다. 정치개혁이라는 명분에서 출범한 호소카와 연립정부는 '소선구제 비례대표 병립제'와 '정당교부금제'의 도입을 통해 총선 민의를 어느 정도 수용함으로써 국정을 원활하게 수행했지만, 호소카와가 정치부패 스캔들에 연루되어 총리를 사임하자 8개월 만에 막을 내렸다. 이어서 신생당의 하타 쓰토무(羽田孜, 1935~2017)가 새로운 총리로 지명된 연립정부도 출범한 지 두 달 만에 자민당이 제출한 내각불신임안이 중의원에서 통과하며 붕괴되었다. 그때 무라야마는 일생일대의 정치적 승부수를 던졌다. 하타 연립정부를 주도하고 있는 오자와가 주동이 되어 사회당을 배제한 130석을 지닌 '가이신'(改新)이라는 교섭단체를 결성하자, 무라야마는 하타 연립정부에서 탈퇴하고 내각불신임안에 찬성하는 결단을 내렸다. 이로써 그는 루비콘 (Rubicon) 강을 건넜고, 일약 일본 정계를 뜻하는 나가타쵸(永田町)의 중심 인물로 부상했다.

무라야마는 자민당의 고노 요헤이 총재(河野洋平, 1937~, 재임 1993~1995)가 사회당 위원장을 총리로 하는 연립정부의 구성을 타진하자[122], 이에 응해 사회당 이 자민당과 사키가케와 '공동정권 구상'[123]을 합의하고 〈표 Ⅳ-6-4〉와 같이 7·18 총선 이후 등장한 세 번째 연립정부를 수립했다. 물론 이 과정은 순탄하지 않았다. 총리를 지낸 자민당의 가이후 도시키(海部俊樹, 1931~2022)가 "사회당 위원장을 수반으로 지지할 수 없다"고 반발하면서 총리 선거에 나섰고, 전 총리로서 자민당의 거두인 나카소네 야스히로도 이에 동조했다. 결국 무라야마 는 1차 투표에서 과반수를 얻지 못했지만, 2차 투표에서 261 대 214로 총리에 선출되었다. 그는 1994년 6월 30일 22명의 각료를 지명하면서 사회당 6명, 자민당 14명, 사키가케 2명을 포함시켜 '자·사·사 3당' 연립내각을 출범시켰다.

40여 년간 사회당에서 정치활동을 했던 무라야마가 정치이념에서 상극인 자민당과 손을 잡은 것은 경천동지驚天動地할 만한 일이었다. 그러나 그는 사회민주주의의 근간 중에 하나인 민주적 의회주의를 신봉하고 있었고, 정당의 지도자로서 부여받은 '구당'의 무거운 책임을 진정으로 이해하고 받아들였다. 그의 정치적 현실주의는 마치 '자연히 돌아오는 운명'처럼 스스로 선택한 것이었 다. 특히 그는 "사회당다운 것의 실현"을 통해 당세를 확장할 수 있다고 믿었다.

---

122 당시 고노는 총리를 고사하는 무라야마에게 "지금 나라를 구할 수 있는 것은 당신을 수반에 지명하는 일밖에 없다. … 우리는 배고프다"고 눈물을 흘리면서(涙ながらに) 설득했다고 한다.

123 이 구상은 무라야마 내각과 하시모토 류타로 총리(橋本龍太郎, 1937~2006, 재임 1996~1998) 의 1차 내각의 정책 강령이 되었다. 주요 내용은 일본국 헌법의 존중, 소선거구 비례대표 병립제의 실시, 세제개혁의 전제로 행정개혁의 단행, 소비세 인상 방향의 인정, 자위대와 일미안보조약의 유지, UN 평화유지 활동에 적극 참여, UN 안보리 상임이사국 참가 문제에 신중 대처 등이었다.

사회당은 이미 '93년 선언'을 통해 연립정부의 수립을 당의 목표로 정한 바가 있었고, 호소카와 연립정부에 참여한 이력이 있었기 때문에 무라야마의 선택이 의외였다고 보기는 어렵다.

〈표 Ⅳ-6-4〉 1993~1998년 사회당의 연립정부 참여 현황

대	총리	재임 기간	참여 정당	비고
79	호소카와 모리히로	1993. 8~1994. 4	일본신당, 사키가케, 신생당, 사회당, 공명당, 민사당, 사민련, 민주개혁연합(회파)	- 비자민·비공산 연립정부 - 일본신당 총리 내각
80	하타 쓰토무	1994. 4~1994. 6	신생당, 공명당, 일본신당, 민사당, 자유당, 개혁의회, 사민련, 민주개혁연합	- 비자민·비공산 연립정부 - 신생당 총리 내각
81	무라야마 도미이치	1994. 6~1996. 1	사회당, 자민당, 사키가케	- 사회·자민 중심 연립정부 - 사회당 총리 내각
82	하시모토 류타로	1996. 1~1996.11	자민당, 사민당, 사키가케	- 자민당 중심 연립정부
83	하시모토 류타로	1996.11~1998. 7	자민당, 사민당 및 사키가케의 각외협력	- 자민당 중심 연립정부 - 자민당 단독 내각

필자는 무라야마의 회고록 행간에서 그의 결단이 궁여일책(窮余の一策)이나 고육지계苦肉之計가 아닌, 일본의 미래와 통합정치를 지향하는 '천하지계天下之計'의 구상과 "호랑이 굴에 들어가야 호랑이 새끼를 잡는다(虎穴に入らずんば虎兒を得ず)"라는 일본의 속담[124]에 담긴 지략에서 비롯된 것임을 알 수 있었다. 문제는 통합정치의 주역이자 연립정부의 총리로서 어떤 정치적 성과를 이뤄낼 것인가가 관건이었다. 그는 1994년 7월 20일 국회에서 취임 연설을 통해 내각의 시정방침施政方針으로 '사람 친화적인 정치'(人にやさしい政治)를 내걸고, 국정의 방향과 과제를 분명하게 제시했는데, 간략히 소개하면 다음과 같다.

---

124 이 말은 중국 송나라의 범엽(范曄, 398~445)이 편찬한 『후한서後漢書』에 나오는 "不入虎穴, 焉得虎子(호랑이 굴에 들어가지 않으면 어찌 호랑이 새끼를 잡을 수 있겠는가?)"에서 유래한 것으로, 위험을 무릅쓰지 않고서는 성공할 수 없음을 비유한다.

"격동하는 내외정세 속 신내각은 헌법의 이념을 존중하면서 생활자를 위한 정치, 게다가 세계인들의 일본에 대한 기대에 부응할 수 있는 정치를 목표로 합니다. 이 때문에 대내적으로는 고령화 사회의 도래에 대비하여 국민 한 사람 한 사람이 풍부함을 실감할 수 있어 안심하고 살 수 있는 생생한 나라 만들기를 진행시키고, 대외적으로는 군축의 촉진 등 냉전 후 세계평화의 유지 확보에 노력함과 동시에 세계 경제의 안정과 발전에 적극적인 역할을 하는 결의입니다. 특히 현재 국내적으로는 구분법안[125]의 조기 제출 등에 의한 폭넓은 정치개혁의 실현, 장기 경제 불황을 벗어나 경기의 꾸준한 회복을 정착시키기 위한 적절한 경제 운영, 규제 완화와 간소하고 효율적인 정부의 실현을 위한 행정·경제개혁, 고령화 사회를 겨냥한 세제개혁 등의 과제, 대외적으로는 다음 주에 앞둔 나폴리 정상회의 대응과 일미포괄경제 협의, 북한 핵개발 문제의 평화적 해결 등 급격한 많은 과제를 안고 있지만, 신내각은 즉시 이들에 대한 대응에 전력을 쏟아 가겠습니다."

무라야마는 연립정부를 운영하는 데 있어서 두 가지 점을 염두에 두었다. 하나는 "사회당다운 것을 실현"하는 데 최선을 다하겠다는 것이었고, 다른 하나는 통합의 정신과 자세를 끝까지 일관되게 유지하겠다는 것이었다. 우선 그는 사회당다운 것을 실현하려고 용의주도하게 국정을 펼쳐나갔다. 그는 노동권, 연금 복지, 노인 돌봄, 자녀 부양, 장애인 지원 등을 강화하는 개혁을 단행했고, 미나마타병 미인정환자 구제 및 피폭자 원호에 관련한 문제를 해결했으며, 「지방분권추진법」의 제정을 통해 자치분권을 강화했다. 그리고 "사회당이 아니면 할 수 없는 것을 하겠다"는 초심을 잃지 않고 외교안보 문제와 과거사 문제에도 적극적으로 나섰다.

무라야마는 총리에 취임하자마자 국회 연설을 통해 '자위대自衛隊 합헌'과

---

125 구분법안(區割り法案)은 중의원 소선거구제로의 변경에 따른 공직선거법의 개정안과 선거구획정심의회의 설치에 관한 법을 말한다.

'일미안보 견지'[126]를 밝힘으로써 오랫동안 이 문제를 둘러싼 좌우 갈등을 종식시켰다. 또한 미국 빌 클린턴 대통령(Bill Clinton, 1946~, 재임 1993~2001)과의 회담[127]을 통해 나하군항 반환과 오키나와 실탄포격훈련 폐지와 같은 어려운 문제를 해결했다. 그는 「위안부 관계 조사결과 발표에 관한 고노 담화」[128]에 따른 후속 조치로 '여성을 위한 아시아 평화국민기금'의 설립을 추진하며 해결의 길을 모색했다. 물론 이러한 접근은 보상금이 일본 정부의 보상금이 아닌 일본 국민의 모금이라는 데 여러 국가들로부터 반발을 불러일으켰고, 이러한 반발은 일본 정부의 공식적이고 명확한 사과가 부족하다는 인식[129]을 지적한 것이라고 볼 수 있다. 이러한 점을 고려해 뒤에서 살펴보겠지만, 무라야마는 전후 50주년을 맞아 일본의 식민지 지배와 침략에 대한 통절한 반성과 심심한

---

126 사회당은 오랫동안 '비무장중립' 노선에 따라 자위대가 위헌이고, 일미안보조약을 반대하는 입장을 취해 왔다. 이에 대해 무라야마는 자위대에 대한 여론조사 결과 70% 이상의 국민이 지지하고 있는 상황에서 위헌 논란은 소용이 없는 것이 아닌가라고 인식하고 있었고, 일미안보조약 때문에 일본이 방위비에 그다지 돈을 쓰지 않아 고도 경제성장을 이루는 데 도움이 되었을 뿐만 아니라 일본이 군사력을 강화하지 않을 것이라는 안심감을 아시아 국가들에게 심어주었다고 판단하고 있었다.

127 무라야마는 1994년 7월 나폴리에서 열린 '선진국수뇌회의'(G7 회의)와 1995년 1월 방미를 통해 클린턴과 회담을 한 바 있었다. 역대 최장기 관방부장관을 역임했던 이시하라 노부오(石原信雄, 1926~2023, 재임 1987~1995)의 회고에 따르면, 클린턴은 처음에는 사회당 출신인 무라야마를 경계했지만, 가난한 어촌에서 태어나 총리에 이르는 과정을 "부끄럽게 말하는(訥々と語った)" 무라야마의 이야기에 감동을 받고 이후 정상회담에서는 그를 친절하게 대했다고 한다.

128 1993년 8월 4일 고노 요헤이 관방장관은 담화를 통해 위안부와 관련한 제반 강제성을 인정하고, 상처를 입은 모든 사람들에게 사과를 하며, 같은 잘못을 되풀이하지 않겠다고 다짐했다.

129 미국 하원은 2007년 7월 30일 제2차 세계대전 중 일본군에 의한 종군 위안부의 강제 동원 문제에 관해서, 일본 정부가 공식적이고 명확하게 인정하고 사과하며 역사적 책임을 받아들이도록 요구하는 것과 동시에 일본이 저지른 잔혹한 범죄에 대해 미래세대에 교육할 것을 요구하는 결의안을 만장일치로 채택했다.

사죄를 밝히며 과거사 문제에 대한 일본의 전향적인 변화를 세계와 아시아 국가들에 알렸다.

다음으로, 무라야마는 겸손과 인내를 바탕으로 설득과 타협을 통해 연립정부를 운영해 나갔다. 그는 정부 정책을 결정하거나 방침을 발표하기 전에 3당 간의 충분한 논의와 합의 과정을 거쳤다. 이 과정에서 사회당이 양보할 사안이 있는 경우에는 과감히 양보했으며, 상대 정당이 양보를 주저하는 경우 인내심을 갖고 설득했다. 예를 들어, 무라야마는 일본 국기인 히노마루(日の丸, 日章旗)와 일본 국가國歌인 기미가요(君が代) 문제[130]에 대해 전향적인 입장을 취함으로써 일본교직원조합(이하 일교조)과 문부성 간의 오래된 갈등을 완화시켰다. 그는 히노마루를 게양하길 원하는 이들을 막을 필요가 없다고 보았고, "외국에 가서 외국의 노동조합과 대화를 할 때 테이블 위에 일장기를 두지 않느냐?"면서 일교조를 설득했다. 또한 기미가요가 천황을 칭송하는 것이지만, 천황이 일본 헌법상 상징으로서 인정받고 있으며 "지금의 천황(明仁, 아키히토, 1933~, 재임 1989~2019)이 진정 리버럴(liberal)이고 평화애호자"이기 때문에 "졸업식에서 부르는 사람은 불러도, 부르지 않는 사람은 부르지 않아도 된다"고 설득시켰다.

또 다른 사례를 들면, 무라야마는 연립 3당이 합의한 '공동정권 구상'에 따라 소비세를 3%에서 5%로 인상하는 법안을 추진했다. 이에 대해 사회당 내부에서 세금 인상이 다가오는 지방선거와 참의원 선거에서 불리하게 작용할 수 있다고 판단해 반대했다. 그러나 그는 세금 인상이 3년 후에 적용되고,

---

130 히노마루는 일본제국(1868~1945)의 공식 국기였는데, 1945년 일본제국의 주권 박탈로 사용이 금지되었다가, 1947년 5월 신헌법 시행에 즈음하여 연합국최고사령부(GHQ)에 의해 국회, 최고재판소, 수상관저, 황거皇居 등에 한해 게양이 허가되었다. 이후 1949년 GHQ와 일본 정부간 협의에 의해 히노마루가 자유롭게 게양되었다. 단 미국의 직접 통치 하에 있던 오키나와에서는 히노마루의 게양이 금지되었다. 기미가요는 1888년 도입되었는데, 1945년 이후 공식 국가로 지정되지 않았지만, 사실상 국가로 계속 사용되었다. 이후 1999년에 시행된 「국기 및 국가에 관한 법률」에 따라 히노마루와 기미가요에 법적 근거가 부여되었다.

인상분 2% 중 1%가 지방 재원으로 환원될 것이기 때문에 유권자를 설득할 수 있다는 입장을 취하면서 당내 반발을 진정시켰다. 이를 통해 3당 간의 약속을 관철시켰다. 그럼에도 불구하고 사회당은 1995년 5월 지방선거와 7월 참의원 선거에서 참패함으로써 한때 총리 거취가 논란이 되기도 했다. 또한 무라야마는 장기 현안이 된 노동문제를 해결하기 위해 자민당 소속인 부처 대신들을 설득해 '결착決着'하도록 했다. 그는 1973년 국제노동기구(ILO)가 일본 정부에 단결권 부여를 권고한 바 있는 소방직원의 단결권 금지 문제를 해결하기 위해 자치대신과 전국일본자치단체노동조합 위원장에게 타협점을 찾도록 설득해 노조라는 지위는 아니지만 소방직원위원회의 설치를 성사시켰다.

이처럼 무라야마는 정치적, 사회적 쟁점들과 현안들을 회피하지 않고, 좌우 정치세력과 사회집단을 가리지 않고 경청하고 대화하며, 설득하고 타협하면서 해결해 나갔다. 특히 그는 나름의 "역사적 역할을 지니고 있는 '보·혁 통합정치'를 성공시키기 위해" 자민당의 고노 요헤이 총재와 사키가케의 다케무라 마사요시 대표와 수시로 만나 격의 없이 대화하고 모든 문제를 합의로 처리했다. 또한 정책결정을 원활히 하기 위해 자민당 3, 사회당 2, 사키가케 1의 의원 비율로 구성한 '합동프로젝트팀'을 운영했고, 각료들에게 '힘 실어주기'(empowerment, 權限付与)와 칭찬을 아끼지 않았으며, 그들의 의견을 폭넓게 수용했다. 이 같은 3당 간의 공조는 기본적으로 무라야마의 소명 의식과 진실한 정치리더십의 덕분이었지만, 자민당의 신사적 태도도 한몫하고 있었다. 무라야마는 자민당이 "온순해지는 것은 당연"했지만, "총선에서 패배해서 야당으로 전락했다가 연립정권으로 여당으로 복귀하기까지 10개월 가량 야당의 비애를 통감했기" 때문이라고 회고했다.

한편 무라야마는 흔히 정당정부가 쉽게 빠질 수 있는 인기영합적 정책결정이나 정치주도적 의사결정을 경계하기 위해 관료의 전문적 의견을 경청해 국정을 수행했다. 특히 총리 재임 중에 발생한 한신·아와지 대지진, 옴진리교 지하철

사린가스 사건 및 비행기 납치사건, 오키나와 미군기지 병사에 의한 소녀 폭행 사건, 주택금융전문회사 버블사태 등과 같은 각종 재난 사건과 긴급 사안에 대해 신속한 대응과 사후 대책을 마련할 수 있었던 것은 관료들의 전문성과 능력을 신뢰했기 때문에 가능했다. 물론 1995년 1월 17일 한신·아와지 대지진이 발생했을 때 초기 대처에서 자위대 파견이 지체되어 적지 않은 비난을 받았는데, 2011년 동일본 대지진·후쿠시마 원전 사고가 발생했을 때 민주당 간 나오토 총리(菅直人, 1946~, 재임 2010~2011)의 속수무책과 비교하면 당시 비난은 다소 억울한 측면이 있었을 것이다.

　대체로 무라야마 연립정부는 18개월이나 지속되었기 때문에 비교적 무난하고 안정적인 정권이었다고 평가받고 있다. 하지만 사회민주주의자로서의 무라야마가 '사회당다운 것', 예를 들면 사회복지 증대와 교육 혁신을 위한 공공지출의 확대, 국가 주도시스템과 관료주의 개혁을 위한 실천전략의 마련, 사회권과 인권의 향상을 위한 법적 제도화 등을 이뤄내는 데는 역부족이었다. 이는 70석의 정당에 기반한 총리가 주도권을 갖고 할 수 있는 것은 극히 제한적이기 때문이었다. 물론 그는 오랫동안 활동무대를 당보다는 의회에 두었기 때문에 부지불식 간에 정치적 현실주의자로, 또는 타협적 의회주의자로 변모했으리라고 짐작되기도 한다. 그는 1996년 1월 11일 그동안의 성과와 한계를 역사에 맡기고 보람과 아쉬움을 안은 채 총리를 사임하고 당으로 돌아갔다.

역사화해와 통합정치의 가능성을 남기다

무라야마가 1996년 연초에 총리를 사임한다고 발표했을 때, 언론과 정계의 반응은 애석하다는 목소리와 함께 무책임하다는 비판이 섞여 있었다. 이러한 반응은 보·혁 연립정부로서 국정을 원만하게 운영해 온 점을 인정하면서도 국회 예산심의를 앞두고 예산을 편성한 내각을 교체하는 것이 바람직하지 않다는 우려에서 비롯된 것이다. 그러나 그는 두 가지 이유로 자신이 총리에서 물러날 적기라고 판단했다. 하나는 사회당을 보호하고 구하기 위해서였고, 다른 하나는 정치적 상궤常軌를 벗어나지 않으려고 했기 때문이다.

사회당은 1993년 중의원 선거에서 크게 패한 후 "이제 사회당으로는 안 된다. 새로운 당을 만들지 않으면 지탱할 수 없다"라는 기류가 팽배했다. 새로 위원장에 취임한 무라야마 역시 "이대로는 사회당이 막다른 골목에 이른다"고 우려했다. 결국 당의 진로를 놓고 당원뿐만 아니라 지도부조차도 새로운 정당을 결성하자는 '민주리버럴 그룹' 내지 '신당파'와 당의 정체성을 지키면서 개혁을 해나가자는 '시민리버럴 그룹' 내지 '자강파'로 의견이 양분되었다. 이 같은 당내 균열은 무라야마 총리 지명선거에서 사회당의 중·참의원 중 28명이 이반하는 사태로까지 이어졌다. 급기야 우파는 30여 명의 의원이 참가한 신민주연합이라는 결사체를 발족시켰고, 좌파는 '무라야마 정권을 지지하고 시민리버럴정치를 추진하는 회'를 조직해 대응했다.

이러한 와중에서 정계의 급변사태가 발생했다. 하타 연립정부를 불신임하는 데 동조했던 무라야마에 대해 억하심정抑何心情이었을 신생당의 오자와가 주도해 일본신당, 민사당, 공명신당, 자민당 탈당의원, 무소속 의원 등을 규합한 중의원 178명의 신진당이 1994년 12월에 결성된 것이다. 이는 정계가 보수 양당체제로의 전환을 가시화하는 것으로서, '제2의 당'이라는 사회당의 지위가 상실되는 것을 공식화하는 것이었다. 여기에 사회당은 1995년 5월 지방선거와 7월 참의원 선거에서 연이어 참패했다. 이 같은 누란累卵의 위기에 처한 사회당을 구하기 위해서는 총리를 맡았던 무라야마가 더 이상 총리직에 연연할 수가 없었다. 또한 지방선거와 참의원 선거에서 패배한 정당의 대표가 총리를 계속 맡는 것은 정치적 관행이나 상식에서 벗어나는 것이라고 판단했을 것이다. 더불어 3당 간의 연합정부에서 18개월간 총리로 재임했던 것을 고려하면, 다른 정당의 대표에게도 총리직의 기회를 주어야 한다고 보았을 것이다.

당으로 복귀한 무라야마는 1996년 1월 19일 당대회를 개최해 사회당의 당명을 '사회민주당'(이하 사민당)으로 변경하고 대표로 취임했다. 그는 신당

문제를 본격적으로 다루기 시작했다. 신당을 만드는 방법은 현실적으로 다른 정당과의 합당밖에 없었다. 노조는 대부분 떠난 상태였고, 시민단체와는 연대할 수 있었으나 직접적인 정당활동은 불가능했다. 결국 유일한 옵션은 사키가케와 합당하는 것뿐이었다. 무라야마는 이미 이 같은 상황을 예상하고 총리직에 있을 때 연립정부의 한 축인 사키가케의 대표인 다케무라 마사요시에게 많은 공을 들여 합당 가능성을 타진했다. 하지만 다케무라는 사키가케의 숨은 실력자인 하토야마 유키오를 설득하지 못했다. 하토야마는 1996년 10월 20일에 실시할 중의원 선거를 앞두고 간 나오토와 함께 민주당을 창당하고, 사회당 의원들을 개별적으로 합류시키는 '세불리기'에 나섰다.

당시 하토야마는 사키가케의 다케무라에 대해서는 이른바 '배제의 논리'(排除の論理)로 입당을 거부하고 있었고, 사회당에 대해서는 '개별입당론'으로 좌파적 성향의 의원들이 합류하는 것을 막으려고 했다. 특히 하토야마의 개별입당론은 당 대 당의 합당이 아닌 사회당의 해체를 전제로 하고, 의원들을 이념적 잣대로 선별하겠다는 전략에서 나온 것이라고 볼 수 있다. 이는 민주정치를 한다는 국가들에서 찾아보기 어려운 비민주적이고 비신사적인 행태라고 하지 않을 수 없다.[131]

이 같은 진퇴양난에 처한 무라야마는 중의원 선거를 한 달 앞두고 당의 상임간사회를 통해 "총선은 사민당으로 싸우되, 민주당에 참가하는 의원이 있어도 그것을 거절하지 않는다"는 결의로 신당 문제를 매듭짓고, 9월 28일 도이 다카코에게 총선 지휘를 맡기고 대표직에서 물러났다. 이미 의원 태반이

---

131 하토야마의 조부는 제52·53·54대 총리를 지낸 하토야마 이치로(鳩山一郎, 1883~1959, 재임 1954~1956)다. 조부 이치로는 1955년 집권당인 민주당 대표로서 정치적 라이벌인 요시다 전 총리가 대표로 있는 자유당과 합당해 자민당을 창당했다. 하토야마는 2009년 중의원 총선에서 전체 480석 중 민주당이 308석을 얻어 7석의 사민당 및 3석의 국민신당과 연립정부를 구성해 총리를 역임했지만, 9개월 만에 사임했다. 그가 사임한 연유는 외견상 정치자금 문제에 따른 저조한 여론조사 결과 때문이었지만, 본질적으로는 거대 여당을 끌고 갈 수 있는 정치력과 도량의 한계 때문이 아닌가 본다.

민주당으로 가버렸고, 그나마 지지하고 있었던 노조도 민주당을 지지하기로 밝혔다. 총선 결과는 불을 보듯 뻔했다. 중의원 전체 500석 중 자민당 239석, 신진당 156석, 민주당 52석, 공산당 26석, 사민당 15석, 사키가케 2석, 민주개혁당 1석, 무소속 9석 등으로 나왔다. 사민당이 얻은 의석은 15석이었지만, 소선거구에서 당선된 의원은 4명뿐이었다. 그리고 비례대표 의원을 배정받는 정당투표에서는 13.1%를 얻은 공산당에 비해 절반도 되지 않은 6.4%를 얻었다. 사민당은 자민당이 과반 의석을 얻지 못했기 때문에 〈표 IV-6-4〉와 같이 3당 연립정부를 유지하는 데 협력했지만, 명맥이 끊긴 것과 다름이 없는 존재가 되었다.

이후 사민당은 2000년부터 2021년까지 8번 실시된 중의원 총선에서 2000년 19석을 얻은 이래 2021년 1석을 얻는 데 그쳐 의회정당의 기능을 완전히 상실했다(2023년 현재 중의원 465석 중 1석, 참의원 248석 중 1석, 비례대표 득표율 2.4%). 아이로니컬하게 오랫동안 정계의 외톨이가 되었던 공산당은 이 기간에 9~21석을 꾸준히 유지하며 사회주의 정당의 적자가 되었다(2023년 현재 중의원 의석수 10석, 참의원 의석수 11석).

『무라야마 회고록』를 집필한 야쿠시지 가쓰유키는 「해제: '신당'이라는 마물에 의존한 정당」에서 사회당과 그 후신인 사민당의 쇠망하는 과정을 '슬픈 역사'로 평가하고 있다. 2000년 총선에 출마하지 않고 정계를 은퇴한 무라야마는 회고록에서 "세상이 변하면 사회민주주의 세력이 대두할 것"이라고 스스로 위로하고 있다. 여기서 세상은 역사적으로 구조화된 '보수주의 정치질서' 내지 '우경화하는 세습정치'[132]를 지적한 것이라고 볼 수 있다. 그렇다면 과연 세상을

---

132 일본에서 정치세습는 부모, 조부모 등 친족이 만든 이른바 '3반'을 물려받아 정치활동을 하는 것을 말한다. 3반은 탄탄한 선거구를 뜻하는 '기반', 풍부한 정치자금을 뜻하는 '가방', 높은 지명도를 뜻하는 '간판'의 세 가지를 말하는 것으로, 일본어 발음이 모두 '반'으로 끝나는 데서 유래한 말이다. 2023년 기준으로 자민당 의원은 대략 30%가 세습정치인이다. 그리고 1989년 이후 탄생한 총리의 70%가 세습의원이다. 「서울신문」(2023.

변화시키려는 막중한 책무를 짊어진 정치행위자의 책임은 어디에 있을까? 이러한 고민의 지점에서 무라야마의 한계를 생각하지 않을 수 없다.

필자는 이와 관련해 시바 료타로의 소설 『功名が辻』(공명의 갈림길, 1965)을 공영방송인 NHK(日本放送協會, Nippon Hoso Kyokai의 약자)의 오자키 미츠노부 (尾崎充信)가 연출한 동명의 드라마(2006)에서 여주인공인 치요가 '민심民心과 신의信義의 갈림길'의 상황에서 세키가하라 전투(關ヶ原の戰い, 1600)에 나서는 남편 야마우치에게 민심을 따를 것을 넌지시 알려주는 장면이 떠오른다. 아마 노老여걸인 도이 다카코와 그를 이어 나중에 대표가 되는 소少여걸인 후쿠시마 미즈호(福島瑞穂, 1955~, 재임 2003~)[133]가 민심 대신에 신의를 따를 것을 무라야 마에게 단호히 권유했던 것이 아닌가 상상해 본다. 그럼에도 불구하고 무라야마 는 통합정치의 측면에서 의미 있는 자취를 남겼다고 볼 수 있다. 그것은 다름 아닌 '무라야아 담화'(村山談話)를 통해 일본 정치와 사회가 화합하고 통합하는 계기를 마련했다는 사실이다. 이 담화는 1995년 8월 15일 무라야마가 「전후 50주년의 종전 기념일에 있어서」(戰後50周年の終戰記念日にあたって)라는 제목 을 붙여 각의 결정에 근거해 발표한 성명인데, 그 주요 대목은 다음과 같다.

"우리나라는 멀지 않은 과거의 한 시기, 국가정책을 그르치고 전쟁에의 길로 나아가 국민을 존망의 위기에 빠뜨렸으며, 식민지 지배와 침략으로 많은 나라들 특히 아시아 제국의 여러분들에게 다대한 손해와 고통을 주었습 니다. 저는 미래에 잘못이 없도록 하기 위하여 의심할 여지도 없는 이와 같은 역사의 사실을 겸허하게 받아들이고 여기서 다시 한번 통절한 반성의

---

4. 23).

133 도이 다카코와 후쿠시마 미즈호는 본명이다. 도이 대표는 사회당과 결혼 중에서 당을 선택하는 바람에 미혼이 되었고, 후쿠시마는 혼인 신고 시 부부 중 한쪽의 성을 따라야 하는 '부부동성제도' 때문에 사실혼 상태에 있다. 이와 관련해 무라야마는 '선택적 부부별 성제도'選擇的夫婦別姓制度의 도입을 지지하고 있다.

뜻을 표하며 심심한 사죄의 마음을 표명합니다. 또 이 역사로 인한 내외의 모든 희생자 여러분에게 깊은 애도의 뜻을 바칩니다. 패전의 날로부터 50주년을 맞이한 오늘, 우리나라는 깊은 반성에 입각하여 독선적인 내셔널리즘을 배척하고 책임 있는 국제사회의 일원으로서 국제협조를 촉진하고 그것을 통하여 평화의 이념과 민주주의를 널리 확산시켜 나가야 합니다."

이 담화는 패전 50주년을 맞아 일본국日本國 정부가 과거 일본제국의 식민지 지배와 침략 행위로 말할 수 없는 손해와 고통을 아시아의 여러 국민들에게 끼친 것을 진심으로 반성하고 사과하는 데 목적을 두고 있었다. 이와 유사한 사과는 과거에도 천황이나 정부 관계자, 정치인 등을 통해 이뤄져 왔지만, 대부분 비공식적 차원에서 이뤄졌고, 명확하지 않은 방식으로, 즉 의례적이거나 구두상으로만 이뤄졌다. 특히 6월 9일 중의원에서 채택한 「전후 50년 결의」가 반성과 사과를 제대로 하겠다는 취지에서 크게 벗어나 있었고,[134] 더군다나 찬성이 230명으로 전체 511석 중 과반수에도 미치지 못했다.

이에 무라야마는 일본이 공식적이고 명확한 사과를 해야 세계와 아시아의 사람들로부터 관대한 용서와 진정어린 화해를 얻을 수 있다고 판단했다. 그리고 그는 이 일을 관철시키는 것이 보·혁 연립정부에게 부과된 역사적 역할이자, 사회당다운 것을 실현하는 구당적 책무라고 확신했다. 그는 담화를 작성하기 위해 외무성 관료들과 긴밀히 협의하고, 담화 초안을 각의에서 결정하기 전에 해당 각료와 자민당 간부와 상의하는 등 만반의 준비를 했다. 이 점에서 그는

---

134 국회 결의는 "세계 근대사에서 일어난 수많은 식민지 지배나 침략적 행위를 생각하고, 우리 일본이 과거에 저지른 일들과 타 국민, 특히 아시아 여러 나라 국민들에게 끼친 고통을 인식하며 깊은 반성의 뜻을 표명한다"라고 애매하게 표현되었고, '사죄'라는 단어도 빠졌다. 이에 대해 당시 미국의 뉴욕타임즈는 "일본이 과거 아시아에서 파멸적인 침략을 저지른 것을 인정하지 않는다면, 장래 아시아에서 건설적인 역할을 할 수 없다"고 논평했고, 영국의 타임즈는 "일본은 침략 사실을 직시하는 것을 여전히 거부한다"고 비판했다.

"리더는 디테일에 있다(The Leader is in the detail)"라는 의미의 뜻을 아는 정치지도 자였다.[135]

어쨌든 무라야마의 담화는 유럽 사례처럼 일본과 아시아 국가들과의 관계를 새롭게 모색하는 이정표가 되었고, 일본 내에서 과거사에 대한 인식을 합의하는 통로가 되어 과거를 둘러싼 갈등을 극복하고 미래 발전을 도모할 수 있는 전기를 마련했다. 이는 통합정치의 차원에서 '깔끔한 것'이었다고 평가할 수 있다. 현재까지 일본은 무라야마 담화를 정부의 공식 견해로 삼고 있으며, 이후 내각도 그것을 답습踏襲하고 있다. 2005년 전후 60주년을 맞아 고이즈미 준이치로 총리(小泉純一郎, 1942~, 재임 2001~2006)도 각의 결정에 근거해 담화 를 발표했는데, 무라야마 담화의 키워드인 '식민지 지배', '침략', '통절한 반성', '심심한 사죄' 등을 담았다.[136] 이어 2015년 전후 70주년을 맞아 아베 신조 총리(安倍晋三, 1954~2022, 재임 2006~2007, 2012~2020)도 담화를 발표했는데, 무라야마 담화의 키워드를 빠뜨리지는 않았지만, 무라야마 담화의 깊은 의미를 적지 않게 퇴색시켰다.[137] 그럼에도 무라야마 담화는 일본이 보다 선진적인 문명국가로 발돋움하고, 일본인이 보다 수준 높은 세계시민으로 성숙하기 위한 다짐이자 세계인에 대한 약속이기 때문에 그 정신은 계속 발전적으로 이어질 것으로 기대된다.[138]

---

135 이 말은 필자가 "God is in the detail(신은 디테일에 있다)"이나 "The devil is in the detail(악마는 디테일에 있다)"이라는 속담을 활용해 본 것이다.

136 고이즈미는 무라야마 담화에 있는 "국가정책을 그르치고 전쟁에의 길로 나아가 국민을 존망의 위기에 빠뜨렸으며"라는 표현과 전후처리 문제에 대한 언급을 빠뜨렸다.

137 아베는 과거의 담화들에서 일본이 행한 행위로서 명시되고 있는 '식민지 지배'와 '침략'에 대해 일본의 행위로 명확하게 언급하지 않고, 모두 일반론으로 언급했다. 참고로 아베 사후에 출간된 『安倍晋三回顧錄』(아베신조 회고록, 2023)에 따르면, 아베는 2018년 강제 동원 배상문제로 한일관계가 파탄에 이르게 된 책임을 문재인 정부에 전부 돌리면서, "문재인은 확신범이었다(文在寅大統領は確信犯だった)"라는 표현까지 썼다.

138 "일본이 독일처럼 '보통국가'(normal state)가 되려면, 가장 어두웠던 역사의 페이지 가운데 하나를 주도한 가해자로서 책임을 계속 짊어질 때만 그렇게 될 것"이라고 본다. 이는

무라야마는 자신이 걸어온 길과 삶을 "우연히 돌아오는 운명의 인생"으로, 또는 "억지로 떠밀려 걸어온 인생"으로 회고하고 있다. 이 같은 회고 때문에 혹자는 그가 처음부터 총리가 될 재목이 아니라든지, 현실 순응적인 리더에 지나지 않는다고 생각할지 모른다. 하지만 필자는 무라야마의 인품에 대해 주로 그의 회고록을 통해서 알게 되었지만, 그가 전국戰國시대를 평정하고 평화시대를 열었던 도쿠가와 이에야스 쇼군의 '유훈遺訓'[139]을 따른 높은 인성을 지닌 인물이라고 생각한다.

최근 일본에서 저명한 두 인물이 유명幽明을 달리했다. 한 사람은 제90·96·97·98대 총리를 지낸 보수세력의 거두인 아베 신조였고, 다른 한 사람은 노벨문학상을 수상(1994)한 실천적 지식인인 오에 겐자부로(大江健三郎, 1935~2023)였다. 아마 사람들은 저마다 각자의 시각으로 이 두 인물을 평가할 것이다. 아베는 황족을 제외하고 일본국의 건국 총리라고 할 수 있는 요시다 시게루 이후 첫 국장(國葬儀, 1967)을 거행했기 때문에 대단한 인물로 기억될 수 있으며, 오에는 비록 가족장을 거행했으나 생존 시 천황이 주는 상을 거부한 독특한 인물로 기억될지 모른다. 물론 진실한 인물의 가치는 그를 기억하고 진정으로 애도하는 사람들의 마음속에 있지 않을까 생각한다. 아마도 무라야마는 나중에 이와 같은 인물에 속할 것으로 짐작된다.

이 글을 쓰는 현재까지 생존해 있는 무라야마에게 외람되지만, 필자가 생각해

---

139 2015년 일본을 방문해 조언했던 독일의 앙겔라 메르켈 총리(Angela Merkel, 1954~, 재임 2005~2021)의 메시지이다. 참고로 메르켈과 아베는 1954년에 태어난 전후세대다. 도쿠가와의 유훈은 다음과 같다. "사람의 일생은 무거운 짐을 지고 먼 길을 걷는 것과 같다. 서두르지 마라. 무슨 일이든 마음대로 되는 것이 없다는 것을 알면 굳이 불만을 가질 이유가 없다. 마음에 욕망이 생기거든 곤궁한 때를 생각하라. 인내는 무사장구無事長久의 근원이다. 분노를 적으로 생각하라. 승리만 알고 패배를 모르면, 그 해가 자기 몸에 미친다. 자신을 탓하되 남을 나무라지 마라. 미치지 못하는 것은 지나친 것보다 나은 것이다. 모름지기 사람은 분수를 알아야 한다. 풀잎 위의 이슬도 무거우면 떨어지기 마련이다."

보건대 그는 진정한 영웅임에 틀림이 없다. 그는 앞서 3장에서 살펴본 정치지도자의 덕목인 진실, 용기, 관용, 통찰이라는 미덕을 지녔으며, 국내외의 통합정치를 실천했기 때문이다. 이 때문에 서두에서 언급했던, 통합정치의 주제에 부합한다고 추천받은 다섯 인물 중 무라야마가 가장 적임자라고 판단했던 것이다. 사토, 나카소네, 호소카와, 하토야마 등 모두 용기 있고 훌륭한 리더이지만, 무라야마 전 총리만큼 진실과 관용, 통찰을 갖춘 정치인은 드물 것이다. 역시 정치인에 대한 평가는 비교해 볼 때 정확히 알 수 있는 것 같다. 참고로 무라야마는 1994년 한국을 방문해 김영삼 대통령과 정상회담을 가진 바 있다.

주요 어록

- "지금 우리는 전후 오랜 세월에 걸친 보수정치를 허심하게 재검토하고 동시에 연립정권 발족에 의해 초래된 이 해의 새로운 정치의 변화에 대해 반성해야 할 것은 반성하면서 새로운 행보를 시작해야 합니다. 이러한 관점에서, 나는 새로운 시대에 걸맞고 안정적이며 정책결정 과정의 투명하고 열린 민주적 정치체제를 수립하고 모든 어려움과 장애를 극복하고, 정치, 경제, 행정 등 다방면의 개혁을 비롯한 여러 과제의 달성에 매진하겠습니다. 신내각은 '사람들의 마음을 비추는 정치'를 기본으로 국민의 목소리에 겸허하게 귀를 기울여 정치에 대한 국민의 신뢰 회복에 성심성의를 다져나갈 것을 맹세합니다."(1994. 6. 30. 「총리 취임에 관한 담화」 중)

- "사회당이 새롭게 태어나지 않으면 밝은 미래는 없다. 목표로 하는 것은 두 개의 보수정당 - 자민당과 신진당-과 준별峻別되는 제3극이다. 다만, 안이하게 당의 해당解黨을 말하거나, 당을 분산화한다고 한다면 전망은 없다. 모든 당원이 참가할 수 있는 새로운 정당 만들기를 목표로 한다. 사회당은 사민, 민주, 리버럴 세력의 총결집을 위해 땀을 흘려야 한

다."(1995. 5. 27. 사회당 임시대회 인사말 중)

- "정당은 사상집단이 아니다. 정당은 현실문제에 어떻게 대응하면 제일 좋은가 하는 것을 끊임없이 생각하지 않으면 안 된다."(1996. 1. 총리 사임 후 당 복귀 시 당내 비판에 대한 회고 중)

- "나는 자신이 걸어온 길을 되돌아보고, 정말 묘한 인생이었다고 생각한다. '우연히 돌아오는 운명의 인생', '우연히 돌아오는'이란 사전에 의하면 '자연히 돌아오는 운명'이라고 되어 있다. 정말이지 자연히 돌아오는 운명에 등을 떠밀려서 걸어온 인생이었다."(『회고록』의 「시작하면서」 중)

- "25년 전 발표한 '무라야마 담화'가 중국, 한국, 미국, 유럽 등 세계 각국의 사람들과 정부로부터 높은 평가를 계속 받고 있다. 역사적 사실을 겸허히 받아들여 평화와 민주주의, 국제협력을 기조로 하는 일본의 진로를 명확히 할 필요가 있다고 생각했다. … 역사에 대한 검증과 반성 노력을 '자학사관' 등이라고 공격하는 움직임도 있지만, 이는 완전히 잘못된 것이다. 침략과 식민지 지배를 인정하지 않는 자세야말로 이 나라의 명예를 손상하는 것이다. '무라야마 담화'가 앞으로 일본, 아시아, 그리고 세계의 화해, 평화, 발전에 공헌하기를 기대한다."(2020. 8. 15. 「무라야마 신담화」 중)

7. 영국의 토니 블레어

영국의 토니 블레어 총리(Anthony Charles Lynton Tony Blair, 1953~, 재임 1997~2007)는 혁신적 발상과 제3의 길(The Third Way) 노선을 통해 경제적 번영과 사회적 정의를 구현함으로써 국민통합을 이뤄낸 정치지도자이다. 통합 정치와 관련한 그의 업적과 리더십에 관한 면면을 살펴보기 위해 그의 기고 및 연설 모음집인 『영국개혁 이렇게 한다』(*New Britain: My Vision of a Young Country*, 1996), 그가 쓴 20페이지 팸플릿인 *The Third Way: New Politics for the New Century*(제3의 길: 새로운 세기를 위한 새로운 정치, 1998), 그의 자서전인 『여정』(*A Journey*, 2010)을 참고했다. 이외에도 존 소펠(Jon Sope1, 1959~)의 『토니 블레어: 새로운 영국의 미래』(*Tony Blair: The Moderniser*, 1995), 스티븐 드라이버(Stephen Driver)와 루크 마텔(Luke Martell, 1964~)의 『토니 블레어의 집권전략과 새로운 국정관리』(*New Labour: Politics After Thatcherism*, 1998), 톰 바우어(Tom Bower, 1946~)의 *Broken Vows: Tony Blair, The Tragedy of Power*(깨진 맹세: 토니 블레어, 권력의 비극, 2016) 등을 참고했다.

그리고 The Office of Tony Blair(Official website), The Blair Years-Timeline at BBC News(http://news.bbc.co.uk/2/hi/uk_news/politics/6625869.stm), 블레어 의 정치 에피소드들을 TV 영화로 다룬 '블레어 3부작'(Blair Trilogy)[140]인 스티븐 프리어스 감독(Stephen Frears, 1941~)의 The Deal(거래, 1994)과 「더퀸」(The

Queen, 2006), 리차드 론크레인 감독(Richard Loncraine, 1946~)의 「특별한 관계」 (The Special Relationship, 2010)를 참조했다.

노동당을 국민통합적 정당으로 바꾸다

블레어는 1953년 스코틀랜드 에든버러에서 변호사이자 열렬한 보수당원인 아버지 레오 블레어(Leo Blair, 1923~2012)와 식품점 딸로 사회의식을 지닌 어머니 헤이즐 코르스카덴(Hazel Corscadden, 1926~1975) 사이에서 삼남매 중 차남으로 태어났다. 1971년 에든버러에 있는 사립학교인 페테스 칼리지를 마치고 1972년 옥스퍼드대학교의 세인트 존스 칼리지에 입학해 법학을 공부했 으며, 1976년 변호사가 되었다. 1980년 인기 있는 배우이자 노동당원인 앤서니 부스(Anthony Booth, 1931~2017)의 딸로 런던정경대를 졸업한 변호사인 셰리 부스(Cherie Booth, 1954~)와 함께 일하던 변호사 사무소에서 만나 결혼했다.

블레어는 1975년 옥스퍼드대학교를 졸업하자마자 옥스퍼드대학교 경제학 교수 출신인 해럴드 윌슨 총리(Harold Wilson, 1916~1995, 재임 1964~1970, 1974~1976)의 소속인 노동당(Labour Party)에 입당하고, 1982년 보궐선거에 출마했지만 낙선했다. 1983년 더럼 카운티의 탄광지역인 세지필드 선거구에 출마해 최연소(30세) 하원의원에 당선되었다. 1987년과 1992년 총선에서도 하원의원에 당선되었고, 노동당의 '그림자 내각'(Shadow Cabinet)[141]에서 예비장

---

140 The Deal은 1994년 노동당 대표선거(Leadership Election) 직전에 블레어와 그의 후임 총리가 되는 고든 브라운(Gordon Brown, 1951~, 재임 2007~2010)이 후보 단일화를 놓고 거래한 '신사협정'을 다룬 것이고, 「더퀸」은 1997년 전 왕세자비인 다이애나(Diana Spencer, 1961~1997, 재임 1981~1996)의 죽음 직후 블레어와 엘리자베스 2세(Elizabeth II, 1926~2022, 재위 1952~2022)가 장례문제를 놓고 갈등한 과정을 다룬 것이며, 「특별한 관계」는 블레어와 미국의 빌 클린턴 대통령(Bill Clinton, 1946~, 재임 1993~2001) 간의 긴밀하고 미묘한 파트너십을 다룬 것이다.

141 그림자 내각은 영국에서 야당이 정권을 잡았을 경우를 대비해 정부의 편제에 맞추어

관을 역임했다. 1994년 노동당 대표선거를 앞두고 가장 가까운 정치적 동지인 고든 브라운과 후보 단일화를 위한 '단판'(The Blair-Brown Deal)을 짓고 대표에 출마해 당선되었다. 1995년 국유화(nationalisation) 정책을 담고 있는 '당헌 제4조'(Clause IV of Labour Party Rule Book)를 변경해 당을 '새로운 노동당'(New Labour)으로 변모시켰다. 1997년 총선에서 노동당의 압승을 이끌어 〈표 Ⅳ-7-1〉과 같이 73대 총리에 취임했다. 2001년과 2005년 총선에도 승리를 이끌어 2007년까지 총리직을 수행하고 나서, 브라운에게 총리직을 넘겨주고 하원의원을 사임한 후 2015년까지 '중동 4중주단'(Quartet on the Middle East)[142]의 특사를 역임했다. 블레어는 정계를 은퇴한 후 한때 90분 연설에 25만 US달러를 받는 인기 있는 연사가 되기도 했고, 현재까지 외교 및 민간 부문에서 왕성한 활동을 하고 있다.

이상과 같이 블레어의 이력을 간단하게 소개한 것은 이제부터 본격적으로 살펴볼 그의 독특한 개성과 정치적 면모와 중복되는 것을 피하기 위해서다. 블레어가 총리가 되기 전까지의 행적을 추적한 존 소펠의 *Tony Blair: The Moderniser*(1995)를 보면, 블레어가 아주 '기발한'(innovative) 인물이라는 인상을 지을 수 없다. 그는 일단 재기발랄하고 다정다감한 팔방미인이라는 점은 분명했고, 또한 매력적인 외모, 쾌활한 성격, 겸손한 공감력을 지니고 있으며, 연설, 예능, 노래[143], 운동 등 다방면에서 뛰어났다. 그러면서 현실정치에서 필수적인 자질이라고 할 수 있는 불굴의 권력의지, 규율과 도전 간의 균형감각,

---

구성한 예비 내각으로, 야당의 대표와 고위 대변인(spokespeople)들로 구성된다.

142 중동 4중주단은 2002년 이스라엘과 팔레스타인 간의 평화를 중재하기 위해 유엔, 미국, 유럽연합, 러시아 등이 주축이 되어 설립한 국제기구인데, 블레어는 유럽연합의 몫으로 특사를 맡았다.

143 블레어는 옥스퍼드대학교 시절 '어글리 루머스'(Ugly Rumors)라는 록 밴드에서 리드 싱어 역할을 했다. 당시 활약상이 2006년 채널4에서 「Tony Blair: Rock Star」라는 제목으로 방송되었는데, 이에 대해 블레어는 같이 활동했던 친구에게 "자네도 알겠지만, 우리는 결국 크게 성공했네"라고 말했다고 한다.

동료에 대한 신의, 참신한 이미지 연출능력, 순발력 넘치는 언론감각 등을
지니고 있었다. 이러한 점에서 그는 정치에 입문하면서부터 '떠오르는 샛
별'(rising star)이자 '혜성 같은 인물'(a comet-like appearance)이 되기에 충분했다.

〈표 Ⅳ-7-1〉 영국 역대 총리 일부 현황

대	취임년	총리	소속	비고
55	1923	스탠리 볼드윈(1차)	보수당	
56	1924	램지 맥도널드(1차)	노동당	
57	1924	스탠리 볼드윈(2차)	보수당	
58	1929	램지 맥도널드(2차)	노동당	
	1931	램지 맥도널드(3차)	국민노동당	거국내각
59	1935	스탠리 볼드윈(3차)	보수당	거국내각
60	1937	네빌 체임벌린	보수당	거국내각
61	1940	윈스턴 처칠(1차)	보수당	전시연립내각
62	1945	클레멘트 애틀리	노동당	
63	1951	윈스턴 처칠(2차)	보수당	
64	1955	앤서니 이든	보수당	
65	1957	해럴드 맥밀런	보수당	
66	1963	알렉 더글러스 흄	보수당	
67	1964	해럴드 윌슨(1차)	노동당	
68	1970	에드워드 히스	보수당	
69	1974	해럴드 윌슨(2차)	노동당	
70	1976	제임스 캘러헌	노동당	
71	1979	마거릿 대처	보수당	여성
72	1990	존 메이저	보수당	
73	1997	토니 블레어	노동당	
74	2007	고든 브라운	노동당	
75	2010	데이비드 캐머런	보수당	
76	2016	데레사 메이	보수당	여성
77	2019	보리스 존슨	보수당	
78	2022	리즈 트러스	보수당	여성
79	2022	리시 수낵	보수당	

블레어가 옥스퍼드대학교에 다닐 때인 1970년대 초반에는 영국 사회가 진보를 구가하고 있었기 때문에 그는 학생운동에 관심을 두지 않았지만, 여느 청년들처럼 급진주의적 이상에 마음을 빼앗긴 것도 사실일 것이다. 그의 청년기는 트로츠키(Lev Bronstein, 필명: Trotsky, 1879~1940)의 영구혁명론에 잠시 매혹되었던 시기였으며, 동시에 당시 가장 인기리에 리바이벌(revival)되고 있는 200년 전 최고의 낭만주의 민중시인인 윌리엄 블레이크(William Blake, 1757~1827)[144]와 미국의 인기 싱어송라이터(singer-songwriter)로서 반전反戰과 민권을 주제로 많은 노래를 부른, 나중에 노벨문학상을 수상(2016)한 밥 딜런(Bob Dylan, 1941~)에 빠지기도 했다. 또한 블레어는 호주 시드니에서 옥스퍼드대학교로 유학을 온 성공회 신부인 피터 톰슨(Peter Thomson, 1936~2010)과 교류하면서 진보적 기독교인의 소명의식에 관한 많은 영감을 받았으며, 톰슨을 평생 동안 멘토(mentor)로 삼았다. 아마도 대학 시절에는 총리 재임(1957~1963) 중에 옥스퍼드대학교 총장을 맡아 26년간 역임(1960~1986)한 해럴드 맥밀런 총장(Harold Macmillan, 1894~1986)을 존경했을 것이다. 보수당 소속의 총리였지만 사회개혁의 아이콘이라고 불릴 정도로 실용주의자였던 맥밀런 총장이 보수적 학풍을 혁신하기 위해 급진적인 견해도 수용하고, 학생들과 밤늦게까지 열린 마음으로 대화하는 인물이었다는 점을 알고 있었기 때문이다.

흔히 블레어에 대해 간과하고 있는 지점이 있는데, 그것은 그가 '전후세대'(postwar generation)에 속하면서도 그와 정치적 노선이 같다고 알려진 미국의 클린턴 대통령과 같이 '68혁명'(Revolutions of 1968)의 열정을 경험하지 않았고, 노동당의 선배들이 홍역을 치뤘던 1978년의 '불만의 겨울'(Winter of discontent)[145]을 겪지 않았다는 점이다. 이 점에서 그는 영국의 깊은 지적 전통이나

---

144 블레이크의 시대정신을 상징하는 대표적 시 중 하나는 「런던」(London, 1794)으로 알려져 있는데, 그 한 단락을 소개한다. "그러나 무엇보다 나는 듣노라 한밤중 거리에서 / 어떻게 젊은 창녀의 저주 소리가 / 갓난아기의 눈물을 메마르게 하고 / 역병으로 결혼영구차를 병들게 하는가를."

노동당의 기존 정치문화에 얽매이지 않고 자신만의 신념과 의지에 따라 독립적으로 생각하고 행동하는 '새로운 정치세대'(new political generation)의 대표주자라고 볼 수 있다. 실제로 그는 로널드 잉글하트(Ronald Inglehart, 1934~2021)가 『조용한 혁명』(*The Silent Revolution*, 1971)에서 언급한 탈물질주의자(Post-materialists)의 전형에 가까웠다.

　이러한 면모는 블레어의 부인인 셰리 부스에게서도 찾아볼 수 있다. 셰리는 블레어가 의원에 당선되던 1983년 총선에서 보수당의 지지세가 강한 선거구에 노동당 후보로 출마해 낙선을 감수할 정도로 진보적 신념과 여성주의적 열정을 지녔다. TV 영화 「더퀸」에서 셰리는 군주제에 반대하는 인물로 나온다. 그녀는 자신과 남편 둘 중 의원이 되지 못하는 사람이 반려자의 정치활동을 도와준다는 약속에 따라 정치적 꿈을 접고, 법조계와 학계에서 인권 옹호와 여성권리 증진을 위한 활동을 지속했다.[146]

　대체로 블레어에 관해 가장 회자되는 점은 무엇보다도 그가 41세에 당 대표가 되고, 43세에 총리가 되었다는 점이다. 영국에서 40대 인물이 총리가 된 사례는

---

[145] 불만의 겨울은 노동당의 제임스 캘러헌 총리(James Callaghan, 1912~2005, 재임 1976~1979)의 5% 임금 인상안에 불만을 갖고 민간 및 공공부문의 노조들이 1978년 11월부터 1979년 2월까지 대규모로 파업을 지속함에 따라 쓰레기가 산더미같이 쌓이고 시체조차 매장되지 못하게 되자, 시민들의 불만이 극에 달했던 상황을 이른다. 당시 노동당은 파업에 정부가 개입하지 말 것을 촉구하는 결의안을 채택하는 바람에 산업평화를 잘 실현할 수 있는 정당으로서의 이미지가 크게 훼손되었는데, 결국 1979년 총선에서 완패(보수당 339석 - 노동당 269석 - 자유당 11석)해 1975년 보수당의 대표로 선출된 마거릿 대처(Margaret Thatcher, 1925~2013, 재임 1979~1990)에게 정권을 넘겨주었다.

[146] 셰리는 언론에서 셰익스피어의 『맥베스』(*Macbeth*, 1623)에 나오는 맥베스의 부인(Lady Macbeth)과 클린턴 대통령의 부인인 힐러리(Hillary Clinton, 1947~)를 합쳐 놓은 것으로 묘사되기도 했다. 하지만 그녀는 잘나가는 변호사로서 자신의 업무에 대한 긍지가 상당했고, 네 자녀들을 키우는 데 대한 자부심이 대단했다. 셰리는 1995년 Queen's Counsel이라고 불리는 여왕 임명 수석변호사와 2011년 아시아여자대학교(Asian University for Women) 총장을 역임했다.

근래에 들어 드물지 않지만, 그가 1812년 42세의 로버트 젠킨슨 총리(Robert Jenkinson, 1770~1828, 재임 1812~1827) 이래 최연소 총리였다는 사실은 주목할 수밖에 없다. 하지만 더욱 특별한 것은 네 번이나 총선에서 패배한 노동당이 18년 만에 그에 의해서 집권을 하게 되었다는 점이다. 1974년 집권하고 1979년 보수당에게 정권을 넘겨준 이래 이른바 '광야의 세월'(The Wilderness years 1979~1994)을 오랫동안 보내온 노동당은 1994년 대표 경선에서 "현대화냐 소멸이냐!"(Modernize or Die!)라는 모토를 내세운 블레어의 리더십 하에서 다시금 당세를 회복하기 시작했다.[147]

이러한 변화의 배경에는 대처 정부의 신자유주의 정책을 계승한 존 메이저 총리(John Major, 1943~, 재임 1990~1997)의 국정 운영에 대한 국민적 실망감이 있었지만, 젊은 블레어의 등장은 많은 국민들이 신선하게 여기고 신뢰를 보내주는 데 중요한 역할을 했다. 블레어는 1994년 대표에 취임하자마자 초선 의원 때부터 구상하고 시도해 왔던 당의 '현대화'(modernisation)를 위한 개혁을 과감히 추진했다. 그 결과 노동당은 국민들로부터 신뢰의 정당으로, 그는 희망의 리더로 평가받기에 이르렀다.

노동당을 현대화하려는 시도는 오래 전부터 있어 왔지만, 번번이 실패했다. 노동당은 1900년 독립노동당, 페이비언 협회(Fabian Society), 사회민주연맹, 노동조합(이하 노조) 등이 모인 노동자대표위원회가 1906년 총선에서 29석을 얻은 것을 계기로 개명改名한 개혁주의적 성향의 노동자 정당에서 출발해, 1918년 당헌에 '생산수단의 공동소유'와 같은 사회주의의 핵심 내용을 포함시키며 의회주의에 입각한 사회민주주의 정당으로 정착해 왔다. 이러한 연혁의 노동당은 다수연합의 대중정당임에도 불구하고 노동자 중심의 계급정당으로서 자임해 왔고, 유권자들에게도 그렇게 받아들여졌다.

---

147 1974~1997년 사이에 있었던 총선에서 노동당이 차지한 의석 점유율은 1974년 2월 47.4%, 10월 50.2%, 1979년 42.3%, 1983년 32.1%, 1987년 35.2%, 1992년 41.6%, 1997년 63.4%였다.

그리고 노동당은 〈표 IV-7-2〉에 나와 있듯이, 20년간 대표와 제2차 세계대전 당시 전시 연립내각에서 부총리를 지내면서 영국 복지국가의 초석을 놓은 '전설적 지도자'인 클레멘트 애틀리 총리(Clement Attlee, 1883~1967, 부총리 1942~1945, 총리 1945~1951)와 역대 총리 중 가장 지적이고 '부드러운 좌파 맨'(Soft Leftman)으로 두 차례 총리를 지낸 해럴드 윌슨과 같은 걸출한 인물들을 배출하기도 했다. 그러나 노동당은 노동자의 이익뿐만 아니라 대다수 국민의 삶을 향상시키는 정책을 관철시키기 위해서는 선거 승리로 집권해야 하는데,

〈표 IV-7-2〉 **영국 역대 노동당 대표 현황**

대	재임 기간	대표(생존 기간)	주요 전직	비고
1	1906. 2 ~ 1908. 1	키어 하디(1856~1915)	언론인	
2	1908. 1 ~ 1910. 2	아서 헨더슨(1863~1935)	노조활동가	노벨평화상
3	1910. 2 ~ 1911. 2	조지 반스(1859~1940)	노조활동가	
4	1911. 2 ~ 1914. 8	램지 맥도널드(1차, 1866~1937)	프리랜서 기자	
5	1914. 8 ~ 1917.10	아서 헨더슨(2차)	1차 대표	
6	1917.10 ~ 1921. 2	윌리엄 애덤스(1863~1936)	노조활동가	
7	1921. 2 ~ 1922. 2	존 클라인즈(1869~1949)	노조활동가	
8	1922.11 ~ 1931. 8	램지 맥도널드(2차)	1차 대표	총리
9	1931. 8 ~ 1932.10	아서 헨더슨(3차)	1차, 2차 대표	
10	1932.10 ~ 1935.10	조지 랜스버리(1859~1940)	언론인	
11	1935.10 ~ 1955.12	클레멘트 애틀리(1883~1967)	변호사	총리
12	1955.12 ~ 1963. 2	휴 게이츠켈(1906~1963)	런던대 교수	
13	1963. 2 ~ 1976. 4	해럴드 윌슨(1916~1995)	옥스퍼드대 교수	총리
14	1976. 4 ~ 1980.11	제임스 캘러헌(1912~2005)	노조활동가	총리
15	1980.11 ~ 1983.10	마이클 풋(1913~2010)	언론인	
16	1983.10 ~ 1992. 7	닐 키녹(1942~)	노동교육가	
17	1992. 7 ~ 1994. 7	존 스미스(1938~1994)	변호사	
18	1994. 7 ~ 2007. 6	토니 블레어(1953~)	변호사	총리
19	2007. 6 ~ 2010. 9	고든 브라운(1951~)	에든버러대 총장	총리
20	2010. 9 ~ 2015. 9	에드 밀리밴드(1969~)	언론인	
21	2015. 9 ~ 2020. 4	제러미 코빈(1949~)	노조활동가	
22	2020. 4 ~ 현재	키어 스타머(1962~)	변호사	

변화하는 유권자들의 요구를 충족시키는 데에는 때때로 어려움을 겪었다. 여기에는 두 가지 문제점이 크게 작용하고 있었다.

노동당의 가장 큰 문제점 중 하나는 당의 의사결정이 노조 간부 위주로 운영되는 데 따른 민주주의의 문제였고, 다른 하나는 당의 정책이 사회주의의 원칙을 경직되게 고수하려는 데 따른 정체성의 문제였다. 이 둘은 마치 유통이 잘 되지 않는 동전의 양면과 같았다. 당의 의사결정은 대표선출 및 정책결정의 경우 가맹 노조 및 소규모 사회주의 단체(Trade Union Section)의 블록투표(block voting)[148] 40%, 선거구 지구당(Constituency Labour Parties, CLP) 30%, 하원의원 및 유럽의회 의원(Parliamentary Labour Party, MP) 30% 등으로 이뤄졌고, 의원후보 선출은 지구당의 집행위원과 선거구의 직능대표로 구성되는 100명이 채 안 되는 총회 위원들에 의해 이뤄졌다. 이러한 의사결정 구조는 당원이 주인이라는 정당민주주의의 원칙에도 부합하지 않을 뿐만 아니라 당이 수많은 지지 유권자들로부터 멀어지게 하는 결과를 초래했다. 그리고 당헌 제4조에 명시된 '공동소유제'(common ownership)라는 표현[149]은 그것을 기초한 시드니 웹(Sidney Webb, 1859~1947)의 취지와 달리 국유화 정책을 반드시 관철되어야 할 노동당의 금과옥조로 여기도록 해석되어 왔다. 하지만 국유화 정책은 급변하는 세계경제체제 하에서 비경쟁적이고 비효율적인 것으로 드러났을 뿐만 아니라 정부가 바뀔 때마다 지속 여부에 대해 논란이 생기는 정책이었다.

---

148 블록투표는 특정의 유권자 그룹(투표 블록)이 여러 후보 중 선호하는 후보만 선출하도록 강제할 수 있는 선거제도로, '일괄투표'라고도 부른다.

149 '공동소유제'라는 표현은 시드니 웹에 의해 초안이 작성되어 1918년에 채택된 노동당의 당헌 제4조 목표 7개 항 중 4항에 다음과 같이 표명되었다. "육체노동자나 정신노동자를 위해 생산, 분배, 교환의 수단에 대한 공동소유제에 기초(basis of the common ownership)하고, 각 산업 또는 서비스에 대한 대중적 관리 및 통제(popular administration and control)가 최상으로 이뤄지는 시스템을 통해 산업에서의 완전한 대가와 가장 공평한 분배를 보장한다." 웹은 당헌이 채택된 지 1년 후에 쓴 글에서 4항은 강제 규정이 아니며 신축적으로 적용될 수 있다는 견해를 피력했다.

노동당이 고수하던 이와 같은 방식은 유권자의 여망과 신뢰를 얻기에는 연목구어緣木求魚와 같았다. 하지만 사람들에게 인기가 있고 신뢰받는 블레어를 대표로 선출할 정도의 저력은 있었다. 대표가 된 블레어는 정치에 입문할 때 지녔던, 세상을 변화시키겠다는 신념과 영국을 더 살기 좋은 곳으로 만들겠다는 소명의식을 바탕으로 낡은 노동당을 '새로운 노동당'(New Labour)으로 바꿔나가는 '현대화의 기수'(The Moderniser)로 나섰다. 당내 민주주의의 문제는 1993년에 도입된 '1당원 1표제'(One Member One Vote)에 의해 획기적으로 개선되었다. 그리고 입당한 노조원에게만 당의 의사결정에 참여하도록 했고, 당원에 가입할 때 내는 50파운드[150] 등록비를 형편에 따라 내도록 했으며, 보수당을 상대적으로 많이 지지하고 있는 여성 유권자들을 견인하기 위해 여성 후보를 많이 내도록 했다. 그 결과 당과 노조와의 관계가 보다 균형 잡힌 모습을 갖추게 되었고, 블레어가 대표로 취임한 이후 당원 수가 10만여 명이 증가해 전체 당원 수가 35만여 명에 이르게 되었다.[151] 이 같은 개혁은 블레어가 대표가 되기 전부터 시작된 것도 있지만, 그가 의원 활동을 하면서부터 전통주의자들에 맞서 현대화 그룹을 이끌면서 추진해 온 것이었다.

이어 블레어는 노동당 내 가장 어려운 문제 중 하나인 '공동소유제'라는 용어가 포함된 당헌 제4조를 개정하는 작업에 착수했다. 이는 노동당이 시대착오적이고 급진적인 정당이라는 인식을 심어주고 있는 국유화 정책을 폐기하는 것을 의미했다. 국유화 정책은 1980년대 후반에 생생하게 목도된 동유럽 사회주의체제의 붕괴와 이미 서유럽과 북유럽 국가들에서 폐기되고 있는 상황에서

---

150 1994년 환율이 '1 파운드 스털링 = 1,231.62원'이었으니, 입당비가 당시 한화로 환산하면 61만 5,810원이나 되었다.

151 1990년대 보수당원은 30만 명 정도였으며, 1997년 노동당원은 36만 5천 명으로 추정된다. 그리고 1992년 총선에서는 여성 유권자 중 48%가 보수당을, 34%가 노동당을 지지했는데, 1996년 총선에서는 여성 여권자 중 29%가 보수당을, 47%가 노동당을 지지한 것으로 나타났다.

더 이상 정치적으로 설득력을 지니지 못했다. 그럼에도 불구하고 교조적 사회주의를 신봉하고 있는 당내외의 전통주의자들과 노조 간부들은 국유화 정책을 마치 정신적 고향처럼 여기고 있었다. 블레어는 대표가 된 지 4개월 만에 열린 연례 전당대회에서 "이제 당의 목표에 관해 시대에 맞는 강령을 만들 때입니다. 나는 강령을 제출할 것입니다. 나는 당 전체가 토론을 환영할 것으로 믿습니다"고 밝히고, 당헌을 개정할 것을 자신 있게 발표했다. 이 제안은 언론으로부터 용기 있는 소신이라고 칭송받았지만, 이틀 후 전당회의에서는 부결되었다.

블레어는 느슨한 조직 관리와 경험 미숙으로 자칫 잘못하면 정치적으로 수장될 뻔한 패배를 맛보았다. 그는 여론조사와 크게 다르게 나타나는 당의 의사결정이 다수의 평당원들이 아닌 소수의 노조 간부들에 의해 주도되고 있으며, 어려운 결정에 정치적 책임을 지지 않는 당 간부들 사이에 이른바 '비겁자 문화'가 널리 퍼져 있음을 깨달았다. 그는 당헌 개정을 다시 시도하기 위해 1995년 4월 임시 전당대회를 앞두고 정치적 명운을 건 승부사로 나섰다. 우선 그는 당헌 개정이 당권투쟁임을 통절히 자각하고, 믿을 수 있는 정치적 동료와 정예의 참모를 중심으로 한 정치대응팀(political fighting machine)을 구성했다. 여기에는 당시 그와 난형난제였던 고든 브라운 하원의원, 방송 PD 출신으로 오랫동안 홍보자문 역할을 했던 피터 만델슨 하원의원(Peter Mandelson, 1953~), 언론인 출신으로 타의 추종을 불허하는 '스핀 닥터'(spin doctor)[152]인 앨러스테이 캠벨(Alastair Campbell, 1957~), 청소년 시절부터 가장 친한 친구이자 정치적 감각이 뛰어난 홍보전문가인 안지 헌터(Anji Hunter, 1955~) 등이 핵심 역할을 했다. 이들은 블레어의 정치적 운명을 건 싸움에서

---

[152] 스핀 닥터란 볼에 '스핀 무브(spin move, 회전)'을 먹여 휘게 하는 기술과 같은 홍보 솜씨를 지닌 탁월한 전문가를 이른다. 일반적으로 정치지도자나 고위관료들이 몸을 사릴 때, 그 측근들이 자신이 마치 정책결정자인 것처럼 이야기하며 언론조작을 서슴지 않고 나서는 것이 특징이다.

중요한 역할을 맡게 되었다.

이어 블레어는 대표 경선에서 경합했던 노조활동가 출신인 존 프레스코트 부대표(John Prescott, 1938~)와 함께 평당원들과 직접 대화하는 전국일주 당원회의를 일 주에 두 건씩 12주간에 걸쳐 강행했다. 이 기간 동안 그는 자신의 특기 중 하나인 언론홍보 감각을 최대로 발휘해 라디오에는 전화 인터뷰를, 텔레비전에는 카메라 인터뷰를, 판매부수가 가장 많은 신문과는 독점 인터뷰를 가졌다. 노조 대표들과 당내 반대인사들을 직접 만나 설득하고, 때로는 격렬하게 토론하기도 했다. 이 같은 정치적 사활을 건 전투 끝에 당헌 제4조는 67년 만에 개정되었다. 당시 표결은 노조 70%와 지구당 30%의 반영으로 이뤄졌는데, 노조 54.6%와 지구당 90%의 찬성으로 전체 65.2%의 찬성률을 기록했다. 이러한 일련의 과정은 시대적 흐름에서 불가피한 것이었는데, 당의 생존을 위해 당의 원칙이나 태도를 근본적으로 재구성해야만 하는 '조항 4 모먼트'(Clause Four moment)라고 불리는 정치적 선례를 남겼다. 참고로 개정된 '제4조 목표와 가치' 5개 항 중 1항과 2항 일부를 소개하면 다음과 같다.

1. 노동당은 민주적 사회주의 정당(democratic socialist party)이다. 우리는 공동의 노력으로 더 많은 것을 성취하여 개인을 위해 진정한 잠재력을 실현할 수 있는 수단을 창조하고, 모두를 위해 권력과 부와 기회가 소수가 아닌 다수에게 있는 사회를 창조할 수 있다고 믿는다. 그러한 사회에서 우리는 권리를 누리며 그에 따른 의무를 수행하고, 연대와 관용, 상호존중의 정신을 바탕으로 자유롭게 더불어 살아간다.[153]

2. 이 목표를 달성하기 위해 우리는 다음과 같이 노력한다.

- 역동적인 경제(dynamic economy)

- 공정한 사회(just society)

- 열린 민주주의(open democracy)

---

[153] 이 문구는 현재까지 개별 당원증(membership card)의 뒷면에 기재되어 있다.

- 건강한 환경(healthy environment)

블레어는 이처럼 '새로운 노동당'의 얼개를 구축하고 나서, 1997년 5월 총선을 승리하기 위해 선거 캠페인에 만전을 기했다. 그는 정보화 시대에 선거 캠페인의 절반이 소통에 의해 좌우된다는 선거 기법을 인지하고, 중간계급인 중산층에 다가가 성공한 미국 클린턴의 '새로운 민주당'(New Democrats)이라는 집권 전략을 기민하게 소화했다. 또한 자본주의와 사회주의를 넘어서는 '제3의 길'(Third Way)이라는 새로운 사회민주주의를 주창한 케임브리지대학교의 사회학 교수인 앤서니 기든스(Anthony Giddens, 1938~)[154]의 '새로운 영국'(New Britain)을 위한 다양한 제안들을 신중하게 검토했다.[155] 이러한 준비 끝에 그는 노동당에 대한 유권자의 신뢰를 높이기 위한 참신한 비전과 유권자에게 다가가는 공약들을 창의적으로 제시할 수 있었다. 그는 'New Labour, New Life for Britain'을 슬로건으로 내세우고, ①5세, 6세, 7세의 학급 30명 이하, ②체포

---

[154] 기든스에 따르면, '제1의 길'은 전통적인 사회민주주의, 즉 국가, 케인스식의 수요관리, 그리고 득표의 주된 기반으로서 노동계급에 대한 흔들리지 않는 신념에 기반을 둔 것이고, '제2의 길'은 대처리즘(Thatcherism), 즉 자유시장 근본주의로 시장의 우선성, 국가 기능의 축소, 세금 최소화에 대한 믿음, 그리고 사회적 정의에 대한 무관심에 기반을 둔 것이며, '제3의 길'은 동시대의 사회경제적 생활에 영향을 주고 있는 급격한 변화에 대응해 진보적 중도좌파가 자신들의 사상을 한 단계 격상시키기 위해 채택한 일종의 상표로 제3의 대안을 모색한 것이라고 볼 수 있다. 한편 기든스는 '신노동당의 8대 정책 강령'을 만드는 데 기여했는데, 그 테마는 다음과 같다. ①경제를 우선하라, ②정치의 가운데 마당을 장악하라, ③권리와 함께 의무에 기반을 둔 새로운 시민권 협약을 만들라, ④사회정의를 추구함에 있어서 부자보다 빈자에게 집중하라, ⑤무엇보다도 교육과 의료보험 같은 공공 서비스 분야에 투자하라, ⑥어떤 이슈에서도 우파에게 양보하지 말라, ⑦이민은 대개 받아들이는 사회에 이익이 되지만, 그래도 이민은 규제되어야 한다, ⑧적극적인 외교정책을 추구하라.

[155] 존 소펠에 따르면, 블레어는 당내 문제를 다룰 경우에는 대담성과 용기를 과시했지만, 정책수립 영역에서는 지나치게 신중했다는 평가를 받는다.

에서 선고까지의 시간 절반 단축, ③국민보건시스템의 재정 확대, ④25세 미만의 근로자 보호, ⑤소득세 동결 및 난방비 인하 등의 '5대 주요 공약'(Five key pledges)을 제시했다.

선거 결과는 노동당의 명확한 승리로 나타났다. 총 투표권자 31,286,284명(투표율 71.3%) 중 노동당 43.2%, 보수당 30.7%, 자유민주당 16.8%와 전체 659석 중 노동당 418석(63.4%), 보수당 165석(25.0%), 자유민주당 46석(6.9%) 등으로 나타났다. 이러한 결과는 오래 전부터 보수당의 선거 캠프에서 "블레어가 우리에게 가장 위험한 점은 유권자들이 노동당에 투표한다는 사실을 잊은 채 그에게 투표할 수 있다는 것이다"는 예상대로, 블레어의 승부수가 적중한 것이었다. 즉 노동당을 계급정당에서 국민통합적 정당으로, 또한 좌파 정당에서 중도좌파 정당으로 변환시킨 그의 '새로운 노동당' 전략이 마침내 결실을 맺은 것이다.

경제적 번영과 사회적 정의를 실현하다

블레어는 총리에 취임하자마자 노동당의 강령과 선거 공약을 실천하기 위한 각종 방안을 잇달아 발표하고, 열린 민주주의와 국민과의 소통 확대에 기반한 국정 운영을 펼쳐 나갔다. 물론 이러한 과정은 파격적이거나 서두르지 않고 예측가능하며, 여론과 의회, 특히 야당인 보수당의 의견을 경청하면서 진행되었다. 그는 관용, 존중, 사회정의 등과 같은 가치를 중시하는 공동체주의(communitarianism)에 기반해 '새로운 영국'을 위해 ①역동적 경제(dynamic economy), ②공정한 사회(just society), ③국민통합을 위한 정치(politics for national integration)라는 세 가지 국정 목표를 설정하고 이를 실현하기 위한 세부 과제들을 하나하나 추진해 나갔다.

우선 '역동적 경제'를 위한 첫 번째 조치로서 총리에 취임한 지 4일 만에 중앙은행의 독립을 단행했다. 이는 경제의 활력과 안정성을 동시에 확보하기 위해서는 정부의 거시경제 정책이 투명하게 운영되어야 한다는 원칙에 따른 것이었다. 이 방침에 따라 통화정책위원회에 금리 결정 권한을 부여했다. 이러한 조치는 재정, 조세, 산업, 노동시장 등 광범위한 영역에서 전방위적으로 시행되었다. 블레어 정부는 공공재정의 황금률(golden rule)이라고 불리는 균형재정과 지속가능한 투자 준칙을 확립함으로써 새로운 재정정책을 운영하고 민간투자를 유도했다. 조세정책에서는 급격한 변화를 피하면서도 소득세의 기본세율과 최고세율은 기존대로 유지하되, 최저세율은 10%로 낮추고, 새로운 초과소득세(windfall tax, 횡재세)를 도입했다. 또한 민간기업의 활력과 투자 확대를 위해 공정하고 효율적인 경쟁시스템을 강화하되, 정부의 규제를 과감히 완화하는 한편, 전자정보, 생명공학, 신소재 개발 등 첨단산업 및 지식기반 경제를 위한 중소기업을 적극적으로 지원했다.

블레어는 노동시장과 고용 정책에 대해 완전고용을 추구하는 전통적 접근만으로는 충분하지 않다고 판단하고, 경제적 효율성을 고려한 시장지향적 접근을 병행해 다뤄 나갔다. 그는 노동 이동성을 강화하고, '일하기 위한 적극적 복지'(active welfare to work)를 시행하는 한편, 새로운 최저임금제와 노동시간 규제를 도입했다. 이러한 경제정책은 지구화, 기술발전, 산업 및 고용의 변화, 가족의 변화 등 현대사회의 구조적 변화에 대응하기 위한 새로운 실험으로서, 사회민주주의적 케인스주의 정책과 신자유주의적 통화주의 정책을 절충한 실용주의적 성격이 강했다. 대체로 이 역동적 경제정책은 지속적인 경제 호황, 공공투자의 증대, 고용 확대 등으로 긍정적인 평가를 받았지만, 소득 불평등의 심화, 노동시장의 이중구조 심화, 금융위기의 취약성 등과 같은 문제점은 피할 수가 없었다. 이러한 공과功過는 새로운 영국을 위한 두 번째 목표인 '공정한 사회'의 달성에 중요한 영향을 미쳤다.

블레어는 총리 취임 첫날 유아를 위한 국립시설에 재정 투입을 확대하기 위해 사립학교에 대한 정부 지원을 중단한다고 발표했는데, 이 사례를 통해 공정한 사회를 위한 공약이 속도감 있게 추진되고 있었다는 것을 알 수 있다.

그는 새로운 영국에 대한 국민들의 '높은 기대'(high expectations)가 조금은 조정될 필요가 있다고 보면서도 '조용한 혁명'(quiet revolution)이라는 표현을 가끔 사용했다. 하지만 공정한 사회에 대해 말할 때는 혁명이라는 단어를 사용하는 데 주저함이 없었다. 그는 공정한 사회의 핵심이 '빈곤과 실업과의 싸움'과 '정의와 기회의 확보'에 달려 있다고 보고, '3대 혁명'이라고 불리는 ① 교육혁명(Education Revolution), ② 건강혁명(Health Revolution), ③ 복지혁명(Welfare Revolution)의 구상을 피력했다.

교육혁명의 핵심 요지는 18년간 집권한 보수당 정부의 엘리트 교육을 전면적으로 쇄신하는 것이었다. 블레어는 11세 이하 어린이의 40%가 읽기와 쓰기나 더하기를 제대로 하지 못하며, 청소년 중 단 30%만이 대학에 진학한다는 충격적인 현실과 외국 사례[156]를 들면서, 영국교육이 세계교육 순위에서 42위로 떨어질 정도로 '수치스러운 유산'(scandalous legacy)을 물려받았다고 통탄했다. 그의 "교육, 교육, 교육"이라는 구호는 단순했지만 강력했다. 그는 교육 예산을 10억 파운드나 증액하고, 당장 초등학생들의 읽기와 쓰기와 수학 능력과 같은 기초 학력을 향상시키기 위한 과제에 착수하는 한편, 저소득층 학생에 대한 학자금 지원, 교육시설 개선, 컴퓨터 교육 지원, 교사 역량 강화 등을 의욕적으로 추진해 나갔다.

건강혁명의 핵심은 국민건강서비스(National Health Service, 이하 NHS)라고 불리는 의료시스템을 혁신하고 건강 불평등을 개선하는 것이었다. 블레어는 NHS의 최대 문제점 중 하나인 재정 낭비를 줄이기 위해 관료주의를 혁파하는 데 많은 노력을 기울였고, 지역 간의 격차를 해소하기 위해 14개 대형병원의 신축과 10개 특별 보건구역의 설립에 대대적인 예산을 투입했다. 또한 유방암의 치료 지원 확대, 공립병원 대기시간의 단축, 의료 종사자 간의 협업, 첨단

---

156 블레어 정부가 출범하기 직전의 성인 문맹률은 대략 20~22%로 알려진다. 그리고 대학 진학률에 대해 블레어는 영국이 프랑스, 미국뿐만 아니라 한국보다 훨씬 뒤떨어진다고 밝혔다. 참고로 1997년 당시 한국의 대학 진학률은 80%에 이르고 있었다.

의료기술의 육성 등에 매진했다.

블레어의 복지혁명은 그가 가장 심혈을 기울인 영역 중 하나다. 그는 총리 당선 직후 "새로운 영국은 살기 가장 좋은 곳, 아이들을 키우기에 가장 좋은 곳, 충만한 삶을 살기에 가장 좋은 곳, 늙어가기에 가장 좋은 곳"이 될 것이라며, 복지국가를 회복하고 공고화하는 것을 정권의 사활적 과제로 여겼다. 블레어 정부의 복지정책은 두 가지의 기조, 즉 노동시장 밖에 머물며 복지급여에 의지하는 수급자를 노동시장 안으로 끌어들이는 '일하기 위한 적극적 복지' 담론과, 근로조건 및 근로환경의 결정과 개선에 참여할 수 있는 노동자의 권리를 강화하는 「유럽사회헌장」(European Social Charter)에 기초하고 있었다.

블레어는 새로운 복지국가의 정책이 의존이 아닌 노동을 장려하는 데 주안점을 두어야 한다고 보고, 청년과 장기 실업자에게 일자리를 제공하는 기업과 자영업체를 지원하기 위해 35억 파운드를 투자하는 한편, 미혼모를 위한 직업센터의 역할을 강화하고, 빈곤층에게 실질적으로 도움이 되는 방향으로 연금제도와 주택정책을 개선했다. 또한 정부 출범 한 달 만에 「유럽사회헌장」에 서명함으로써 노동자의 권리를 확대하겠다는 의지를 천명했으며, 정부 산하의 정부통신본부에 노조 설립을 허용함으로써 국가부문에서도 자유롭고 독립적인 노조 활동을 보장하는 한편, 저임금위원회의 설립과 「국가최저임금법」(1998)의 제정을 통해 최저임금제를 정착시켰다.

대체로 블레어가 가장 심혈을 기울인 공정한 사회 구축 성과는 노력에 비해 기대에 미치지 못한 것으로 평가받고 있다. 물론 많은 사람들의 생활수준이 일자리 확대, 최저임금제 도입, 높아진 연금, 세금 감면 등으로 획기적으로 개선되었던 점은 분명하다. 하지만 교육혁명과 건강혁명은 '미완의 혁명'(incomplete revolution)으로 남아 있는 것으로 보인다. 이러한 한계는 블레어 정부가 '국내총생산 대비 공공지출'(public expenditure per GDP)을 늘리지 못한 데 기인하고 있었다. 블레어 정부의 공공지출은 윌슨-캘러헌 노동당 정부의 평균 45%와 대처 보수당 정부의 평균 43%보다 훨씬 못 미치는 39% 정도로,

직전의 메이저 보수당 정부의 수준에 머물고 있었다. 이는 주로 경제정책을 통화 관리와 조세 축소에 기반을 두는 바람에 미국의 클린턴 정부와 같이 재정 확대를 추진하지 못한 데 근본적인 원인이 있었다. 그 결과 블레어가 집권한 지 4년 차에 접어들고 2001년 총선을 앞둔 시점에서, 정부에 대한 국민들의 열정과 높은 기대는 점차로 냉정과 실망이 뒤섞여서 나타나기 시작했다. 그럼에도 불구하고 그의 인기는 여전히 높았다.

아마도 블레어의 인기 비결은 개인적 요소도 있었지만, 국민을 하나로 묶는 성과와 행보가 결정적이었다고 볼 수 있다. 그는 정부가 출범한 지 단 2주 만에 스코틀랜드와 웨일스에 의회를 설립하는 여부를 묻는 국민투표를 진행했고, 두 지역의 오랜 숙원인 자치의회가 수립되는 데 기여했다.[157] 이러한 행동은 중앙정부의 권한을 지방으로 분권화함으로써 새로운 영국을 구축하기 위한 야심찬 정부개혁의 첫 걸음이었으며, 동시에 노동당의 지역적 기반을 강화하려는 심려원모深慮遠謀의 일환이었다. 이러한 분권화 정책은 블레어가 100년 만에 런던시장 직선제를 부활하는 여부를 묻는 국민투표(1998)를 실시해 민선 체제를 출범시킴으로써 절정에 이르렀다.[158]

이어 블레어는 북아일랜드에서 평화체제를 구축함으로써 전후 최초로 국민 통합을 이끈 지도자로 자리매김했다. 북아일랜드 문제를 해결하기 위해 그는 평화협상의 전 과정을 진두지휘하면서 모든 이해 당사자들과 격의 없는 대화와 타협을 통해, 1998년 4월 10일 북아일랜드 정당들 간의 다자간 협정과 영국

---

157 스코틀랜드와 웨일스의 의회 설립에 관한 주민투표는 두 차례 실시되었는데, 1979년에는 각각 투표자의 미달과 반대로 나왔지만, 1997년에는 각각 60.4%와 51.6%의 찬성으로 나왔다. 두 지역의 의회는 1999년에 수립되었다.

158 2000년 첫 민선 런던시장에는 무소속의 케네스 리빙스턴(Kenneth Livingstone, 1945~, 재임 2000~2008)이 당선되었는데, 그는 블레어의 기대와 달리 '레드 켄'(Red Ken)이라고 불릴 정도로 급진적인 시정을 수행했다. 그의 후임에는 나중에 총리가 된 영국 정계의 '악동'(bad boy)이라고 불리는 보수당의 보리스 존슨(Boris Johnson, 1964~, 런던시장 2008~2016, 총리 2019~2022)이 당선되었다.

정부-아일랜드 정부 간의 협정을 포함한 '성금요일 협정'(Comhaontú Aoine an Chéasta, Belfast Agreement)[159]을 성사시켰다. 이 평화협정은 북아일랜드와 아일랜드의 국민투표로 승인되었고, 1999년 12월 2일 발효되었다. 비록 북아일랜드의 평화체제가 '리얼 아일랜드공화국군'(Real Irish Republic Army, RIRA)의 반발로 때때로 위협받기도 했지만, 기본 틀은 현재까지도 유지되고 있다. 이와 관련해 블레어는 노벨평화상을 수상할 자격이 있다고 볼 수 있는데, 북아일랜드의 갈등 문제가 말끔히 해소되지 않았기 때문에 그 기회를 얻지 못한 것으로 추측된다. 대신 블레어가 용기와 인내와 지혜를 통해 협상과정에서 체득한 '문제해결을 위한 10대 원칙'의 내용 일부[160]를 소개함으로써 그의 통합정치에 대한 평가를 갈음하고자 한다.

블레어의 인기는 그의 국민통합적 성과에서 비롯되었으며, 특히 다이애나 전 왕세자비의 장례과정에서 보여준 블레어의 행보는 국민들의 뇌리에 깊게 각인되었다. 그는 이혼한 다이애나에 대한 애도를 외면하는 왕실과 그러한 행태에 분노하고 급기야 군주제 폐지를 70%나 찬성하는 국민 사이에 놓여 있는 정서적 불화의 지점을 정확히 포착했다. 그는 왕실에 대해서는 "무엇보다 영국은 달라져야 합니다. 구식 제도에 새 생명을 불어넣고, 다수의 국민이 행복을 추구하는 나라로 가야 합니다"라고 압박을 가했다. 그리고 국민에게는

---

159 이 협정은 '권력 공유'에 기초해 북아일랜드의 자치기구 설치(집행부와 의회), 동의 원칙의 수용, 시민적 및 정치적 권리의 보장, 문화적 동등성의 존중, 경찰 개혁, 준군사적 군축 및 준군사적 죄수의 조기석방 등을 담고 있었다.

160 10대 원칙은 블레어의 저서전에서 발췌한 내용이다. ①합의된 원칙에 기반을 둔 프레임워크에 따라 해결책을 수립함, ②해당 사안에 집중해야 함, ③사소한 일이 큰 일로 번질 수 있는 상황을 대비함, ④창의적으로 사고함, ⑤직접 문제를 해결할 수 있다면, 그렇게 해야 함, ⑥갈등을 해소하는 것은 양측 모두에게 여정이자 과정임을 인식해야 함, ⑦갈등이 지속되어야 한다고 믿는 사람들은 의도적으로 방해함, ⑧리더가 중요하며, 특히 리더의 용기가 중요함, ⑨외부 환경이 유리한 쪽으로 작용되도록 해야 함, ⑩절대 포기해서는 안 됨.

"때때로 그녀가 얼마나 힘든 상황을 겪었는지 우리는 그저 짐작밖에 할 수 없지만, 영국을 비롯한 전 세계 모든 사람들은 다이애나 왕세자비에 대한 믿음을 지켰고, 그녀를 사랑했으며, 그녀를 우리와 같은 한 사람으로 생각했습니다. 그녀는 '민중의 왕세자비'(Princess of people)였고, 우리의 가슴과 기억 속에 영원히 민중의 왕세자비로 남을 것입니다"는 추도 메시지를 전했다.

이처럼 시의적절한 담화로, 「가디언」(The Guardian)으로부터 "블레어는 냉혹한 왕실의 비호자"(Blair defends stoical royals)라는 비판을 받고 있는 그에게 왕실은 무한한 고마움을 느꼈고, 국민들은 "국가 원수인 총리[161]만 애도, 민심을 읽는 사람은 총리뿐"이라는 언론보도에 전적으로 호응했다. 이러한 통합적 행보는 그의 인기를 크게 끌어올렸고, 한때 여론조사에서 93%의 높은 지지율을 기록하기도 했다. 이 같은 블레어의 인기는 일찍부터 국민들에게 확고하게 자리잡았기 때문에, 그의 국정 운영에 대한 실망이 있더라도 그에 대한 지지가 쉽사리 철회되지는 않았다. 이러한 진단은 2001년 6월 1일에 치른 총선에서 확인되었다. 노동당은 전체 659석 중 지난 총선에 비해 6석이 준 412석(62.5%)으로 압승을 거두었다. 하지만 투표율은 지난 총선보다 11.9%가 줄어든 59.4%로 극히 저조했는데, 이는 새로운 영국에 대한 국민들의 기대가 그만큼 줄어들었음을 시사하는 것이었다.

정치적 약속을 지키고 정치적 책임을 지다

블레어 정부의 2기는 외형상 평온한 것처럼 보였지만, 그의 인기에 힘입어 총선을 압승했음에도 불구하고 노동당 내에서는 전통주의자 그룹이 그의 현대화 개혁에 대해 반발하기 시작하며, 때때로 불화와 갈등이 표출되었다. 블레어

---

[161] 영국에서 국가원수(Head of State)는 왕(king or queen)이고, 정부수반(Head of Government)은 총리(Prime Minister)다. 당시 언론에서 블레어에 대해 국가원수라고 표현한 것은 여왕이 그 자격이 없다는 것을 비판한 것이다.

가 대외 정책의 효율성과 국내 정책의 관리 필요성 때문에 중앙정부의 기능을 강화하자, 일부 전통주의자들은 그가 중앙집권화를 통해 절대권력을 도모하려고 한다고 비난할 정도였다. 이러한 상황 속에서 블레어의 마음가짐은 다소 복잡해졌다. 그의 자서전에 따르면, "2001년 6월, 나는 세 번째 선거를 치르기 전에 물러나겠다고 마음을 정했다. 그 동기는 명확하지 않았지만, 그때쯤이면 내가 떠날 수 있기 때문이라고 생각했다. 나는 총리직에 연연하지 않았고, 종교 분야에 관심을 가지며 다른 사명을 느꼈다"고 회고했다. 리더십에 대한 이러한 내적 동요는 2기가 출범한 지 100일이 지난 직후 발생한 미국의 '9·11 테러'(September 11 Attacks)와 그에 이은 아프가니스탄 전쟁(2001~2021)과 이라크 전쟁(2003~2011)에 의해 한동안 묻혀졌다.

블레어는 9·11 테러가 발생하자마자 한밤중임에도 불구하고 담화 방송을 통해 희생자들에 대해 애도를 표하는 한편, "전 세계 민주주의 국가들은 그들을 물리치고 뿌리 뽑기 위해 다 함께 힘을 모아야 합니다. 이것은 미국과 테러의 싸움이 아니라 자유민주주의 세계와 테러의 싸움입니다. 따라서 우리 영국은 비극적인 사건이 발생한 지금 우리의 우방 미국과 '어깨를 나란히 하고'(shoulder to shoulder) 협력할 것입니다. 그리고 사악한 무리들을 몰아낼 때까지 잠시도 멈추지 않을 것입니다"라는 단호한 응전 결의를 밝혔다. 이 같은 담화는 당시로서는 흔히 볼 수 있는 대응이었으나, 시간이 흐르며 이러한 초기 대응이 정치적 부담으로 다가왔다. 우선 9천여 명의 사상자(사망 3천여 명, 부상 6천여 명)를 낸 천인공노할 테러를 자행한 주동 집단의 실체와 동기가 어느 정도 파악되기 전에 '자유민주주의 세계와 테러의 싸움'이라고 명명함으로써 사태의 본질을 바라보는 프레임(frame)을 지나치게 협소하게 만들었다. 다음으로 시간상 국민과 의회의 입장을 들어볼 수는 없었더라도, 국민과 함께 초당적으로 테러 집단을 응징하겠다는 의지를 덧붙이지 않음으로써 전쟁에서 가장 중요한 요소인 국민의 지지를 얻는 문제를 등한시했다. 물론 이 담화문은 참모들이 준비한 것이었지만, 블레어도 각 단어를 숙고하면서 그 의미를 곱씹었다. 특히 '어깨를 나란히 하고'라는 표현이 눈에 띄는데, 향후 과정이 "험난한 길"이 될 것임을 전망하고 선택한 것으로 전해진다.

블레어는 뉴욕에서 거행된 추도식에 참석하고 나서, 대통령 취임 직후에 만났던 조지 워커 부시(George Walker Bush, 1946~, 재임 2001~2009)와 재회하고 테러와의 전쟁 문제에 대해 깊이 있는 대화를 나눴다. 부시는 아프가니스탄의 탈레반(Taleban) 정부가 9·11 테러의 가해 집단인 알카에다(Al-Qaeda)를 추방하고 그 주동 인물인 오사마 빈 라덴(Osama bin Laden, 1957~2011)을 넘기라는 미국의 최후통첩을 거부하자, 아프가니스탄 전쟁을 결정했다. 이에 블레어도 1958년 미국과 체결한 '영-미상호방위조약'과 오랜 역사를 통해 형성된 미국과의 '특별한 관계'(special relationship), 그리고 그가 의사결정을 하는 데 종종 의존한다고 자랑 삼는 '직관'(intuition)에 따라 참전을 결정했다.

영국은 미국과 함께 연합군을 구성하고, 2001년 10월 7일 알카에다 근거지와 탈레반 정부를 섬멸하는 '항구적 자유작전'(Operation Enduring Freedom)에 해군과 공군을 투입했다. 참고로 개전 초기 전쟁에 대한 지지 여론은 영국에서는 65%였고, 미국에서는 88%였다. 그리고 영국군 457명(2006년 기준), 미국군 2,325명(2021년 기준)이 사망했고, 아프가니스탄에서는 176,000여 명(민간인 포함, 2021년 기준)[162]의 사망자가 발생했다.

이어 블레어는 대량살상무기 프로그램을 운영하고 있는 혐의로 이라크의 사담 후세인 대통령(Saddam Hussein, 1937~2006, 재임 1979~2003)을 제거 내지 '인간 사냥'(human hunting)하려는 부시의 '가장 위험한 게임'(The Most Dangerous Game)[163]을 수용하고, 미국이 주도하는 다국적군의 편성에 영국을 합류시켜

---

162 브라운대학교의 '전쟁비용 프로젝트'(Costs of War Project) 연구에 따르면, 아프가니스탄인의 추정 사망자 수는 176,000여 명(민간인 46,319명, 군인 및 경찰 69,095명, 반군 52,893명, 2021년 기준)으로 나와 있다.

163 「가장 위험한 게임」은 1924년 '인간 사냥'을 소재로 한 리처드 코넬(Richard Connell Jr. 1893~1949)의 동명 소설을 1932년 어니스트 쇼드색(Ernest B. Schoedsack, 1893~1979)

2003년 3월 20일 '충격과 공포'(Shock and Awe)라는 폭격작전을 시발로 하는
이라크 전쟁에 뛰어들었다. 참고로 개전 초기 전쟁에 대한 지지 여론은 영국에서
는 54%였고, 미국에서는 65%였다. 그리고 사망자는 영국군 179명(2009년
기준), 미국군 4,492명(2011년 기준), 이라크인 109,000~110,600여 명(민간인
포함, 2010년 기준)[164] 등이었다.

초기 아프가니스탄 전쟁은 순조로운 전개를 보였다. 알카에다와 탈레반
정부가 개전한 지 두 달 만에 붕괴되었고, 연말에는 과도정부가 수립되었으며,
이듬해 여름에는 최대 2,100명이 파병되었던 영국군이 300명의 치안유지 병력
만을 남기고 본국으로 철수했다. 이러한 개선凱旋 분위기 때문에 블레어의
정치적 입지는 순탄했다. 하지만 이 상황은 이라크 전쟁에 대한 참전 여부를
결정하는 과정에서 급변했다. 적지 않은 여론과 노동당 일부에서 이라크의
대량살상무기에 대한 증거가 부족하고, 군사행동을 승인하는 유엔(UN) 결의가
나오지 않은 상황에서 참전하는 것은 잘못된 결정이라고 비판하기 시작했다.
급기야 2003년 2월 런던에서 100만 명의 시민들이 전쟁에 반대하는 시위를
갖기도 했다. 이에 블레어는 참전 여부를 하원 표결에 부치는 승부수를 던져
'찬성 412 대 반대 149'로 승인[165]을 얻어, 그의 회고처럼 "끝을 알 수 없는

과 어빙 피첼(Irving Pichel, 1891~1954)이 공동 감독한 영화로, 2020년 저스틴 리 감독
(Justin Lee)이 리메이크한 영화다. 참고로 미군은 2003년 12월에 땅굴에 숨어 있는
사담 후세인을 체포하고, 2006년 그를 처형했다.

164 AP통신(Associated Press)은 2009년 4월 24일 이라크인의 추정 사망자 수를 110,600명(민간
인 포함, 2009년 당시)으로 보도했으며, 위키리크스(WikiLeaks)가 2010년 10월 22일 인터넷
에 공개한 미군현장보고서 유출 자료에 따르면, 이라크인의 추정 사망자 수는 109,000명
(민간인 66,081명 포함, 2009년 당시)으로 나와 있다.

165 영국에서 개전은 의회의 승인 없이 관례에 따라 총리가 명령을 내릴 수 있지만, 블레어는
2003년 3월 18일 하원에서 전쟁안과 UN승인안(수정안)에 대해 표결하도록 했다. 전쟁안
은 659표 중 찬성 412표, 반대 149표, 기권 94표로 승인되었고, UN승인안은 찬성 217표,
반대 396표로 부결되었다. 참고로 전쟁안에 대해 노동당 소속 의원들은 찬성 254표,
반대 84표, 기권 69로, 보수당 소속 의원은 찬성 146표, 반대 2표, 기권 17표로, 자유민주당

잔혹하고 험난한 전쟁"의 길을 걷게 되었다.

블레어는 이라크 전쟁이 개전된 지 25일 만에 후세인체제가 실질적으로 붕괴되었고, 영국군 전사자가 30명 미만이라는 눈부신 전황을 발표했다. 하지만 여론은 싸늘했다. 인간의 상상을 초월하는 인명 살상과 문명 파괴라는 야만적 실상을 현장 중계하는 매스미디어 앞에서, 다소 냉정하고 침착함을 잃지 않는다고 정평이 난 영국인들도 탄식과 분노를 감추지 못했다. 그것은 블레어에 대한 지지 철회로 이어졌고, 2기 집권 1년이 되는 2002년 5월 여론조사에서는 39%로 급락했다. 이후 그에 대한 여론은 회복되지 못했고, 이라크 종파 간의 살생 소식과 전쟁의 정당성을 반박하는 조사결과가 계속해서 나오면서 상황은 더욱 악화되었다.

한편 블레어가 국내외의 많은 반대에도 불구하고 이라크 전쟁에 대한 참전을 결정하게 된 동기나 이유에 대한 논의들이 분분하다. 그는 공식적으로 "백악관에 누가 있건 관계없이 미국과의 '유대를 보호하고 강화'(protect and strengthen the bond)하는 것이 영국의 이익"이라고 판단해 참전을 결정했다고 밝히고 있다. 그는 총리 퇴임 후인 2010년 1월과 2011년 1월에 있었던 '이라크 청문회'(The Iraq Inquiry, The Chilcot Inquiry)[166]에 두 차례 출석했다. 그는 "후회하십니까?"라는 질문에 대해 "예"나 "아니오"로 답변하지 않고, 모든 것은 내 결정이었고, 선한 믿음에 따라 결정했으며, "내가 책임진다"고 답변했다. 그는 자서전에서 참전 결정에 대해 한편으로는 인간적으로 고통스럽게, 다른 한편으로는 지나칠 정도로 장황하게 해명하고 있다.

소속 의원은 찬성 0표, 반대 52표, 기권 1표로 표결했다. 당시 노동당 소속 의원 중 37.5%가 반대와 기권을 했으며, 세 명의 장관이 항의해 사임했다. 그리고 유럽연합 25개 회원국 중 프랑스, 독일 등 12개 국가가 전쟁을 반대했다.

166 이라크 청문회는 2009년 고든 브라운 총리의 지시로 추밀원 회원인 존 칠콧(John Chilcot, 1939~2021)을 책임자로 임명해 구성된 '이라크전쟁 진상조사위원회'에서 주최한 청문회로 2009년 11월부터 2011년 2월까지 열렸다. 조사 보고서는 2016년 7월 6일에 공개되었다.

블레어가 참전을 결정하게 된 주된 동기는 공식적인 해명을 논외로 한다면, 부시에 대한 신뢰 때문이었을 것으로 본다. 그는 부시가 "우연히 대통령이 된 바보(stupid)"라는 세평에 대해 잘 알고 있었음에도 불구하고, 똑똑함과 단순함에서 나오는 명료한 의사결정과 단호한 리더십에 상당히 매료된 것 같았다. 부시의 이러한 양면적인 독특한 개성은 올리버 스톤 감독(Oliver Stone, 1946~)의 영화 W(2008)와 아담 맥케이 감독(Adam McKay, 1968~)의 영화 「바이스」(Vice, 2018)에서 흥미롭게 다뤄지고 있다. 아마 블레어는 영국 비밀정보부인 MI 6(Military Intelligence Section 6)의 '부시 파일'보다, 부시와의 몇 차례 만남에서 느낀 그의 유머와 겸손, 그리고 신앙심에서 나오는 인간적인 매력에 더욱 끌렸던 것 같다. 이러한 믿음 때문에 블레어는 부시를 가장 진실한 정치인과 가장 용감한 정치인 중 상위권에 꼽았고, 심지어 진정한 이상주의자라고 여겼다. 특히 블레어는 매일 성경을 두 번 읽는 '거듭난 기독교도인'(born-again Christian)인 부시의 직관과 신념이 자신과 일맥상통한다고 느꼈던 것이 아닌가 생각된다.

사실 블레어는 중요한 정책을 결정하기 전에 종종 성경을 읽고 기도하는 습관이 있었다고 알려진다. 2006년 BBC 뉴스에 따르면, 그는 이라크 전쟁 참전을 결정할 때 "하나님이 나의 결정을 심판하실 것이다"고 언급하면서 기도했다고 한다. 이러한 점에서 그는 '부시의 애완견'(lapdog of Bush)이라는 「가디언」의 지적도 일리가 있지만, 자신의 직관과 신념을 중시한 독특한 리더십의 소유자였음은 분명하다. 블레어는 의원에 처음 당선된 직후에 있었던 대중집회에서 동료 의원에게서 받은 모욕적인 경험 이후로 "진정한 용기는 No라고 말할 수 있는 것이며, 자신의 신념을 주장하는 것"이라고 믿어 왔다. 이렇기 때문에 그는 "리더의 가장 중요한 역할은 사람들의 생각을 바꾸는 것이다. 그럴 수 없다면, 리더가 되어서는 안 된다"고 확신해 왔다. 문제는 이러한 확신이 좀처럼 회복되지 않는 낮은 지지도와 사방의 적들에게 둘러싸여 있는 정치적 입지에 의해 크게 흔들릴 수밖에 없었던 데 있었다. 아마도 그는 교활하거나 지혜로운 여우라기보다는 겉으로는 용맹스럽게 보이지만 내면적으로 지친 사자의 모습을 띠었던 것 같았다.

블레어는 이라크 전쟁이 후세인의 체포로 마무리될 것이라고 보고, 2005년 총선을 1년 앞둔 2004년 1월 경에 총리사임을 결심했다. 하지만 그의 결심이 실행된 것은 3년 후의 일이었다. 그는 9·11 테러 때부터 후세인 체포 때까지 "완전히 지쳤다"고 표현할 정도로 고달픈 시간을 지내 왔음을 회고한 바 있었다. 하지만 이 고통의 근원은 낮은 지지도에 있었던 것이 아니라 가장 가까운 정치적 동지이자 내각의 제1각료인 고든 브라운 재무장관과의 불화에 있었던 것으로 밝혀졌다. 블레어는 브라운이 자신에게 총리직을 이양하라는 요구와 그에 따라 진행 중인 현대화 계획이 후퇴할 것을 우려했다. 사실 브라운은 오래 전부터 1994년 블레어가 노동당 대표에 출마할 때 맺은 신사협정 (gentlemen's agreement)에 따라 총리 계승이 이뤄지기를 바라고 있었다. 이에 대해 블레어는 브라운이 총리가 되기 전에 자신이 정치적 자산을 탕진할까봐 불안해하고, 흘러가는 시간 앞에 초조해 한다고 보았다. 그는 브라운이 이러한 연유에서 자신이 혼신을 다해 추진하고 있는 새로운 영국을 위한 개혁들을 방해하고 있다고 생각했다. 하지만 브라운은 2005년 총선이 블레어의 지휘 하에 치러지기를 바라는 한편, 노동당의 정체성을 지키기 위해 공공지출을 확대할 것을 주장하고 있었다.

이 같은 오해와 불신이 쌓여가는 데도 불구하고 블레어는 자신의 고통의 한 요인인 브라운을 각료에서 해임하든지, 아니면 정책적 이견을 해소하기 위해 브라운과 단판을 짓든지 하는 양단 간의 결단을 내리지 못했다. 그는 "참혹한 운명의 화살을 맞고 마음속으로 참아야 하느냐, 아니면 성난 파도처럼 밀려오는 고난과 맞서 용감히 싸워 그것을 물리쳐야 하느냐"를 놓고 고민하는 햄릿(Hamlet)[167]과 다름이 없었다. 어쩌면 이 같은 형국은 브라운과의 정치적

---

167 이 구절은 셰익스피어의 『햄릿』(Hamlet, 1603) 3장 1막에 나오는 대사를 인용한 것이다.

약속을 지켜야 하는 당위론과, 언론과 당으로부터 많은 지지를 받고 있는 브라운을 해임할 수 없다는 현실론과의 불가피한 타협의 산물이라고 볼 수 있다. 여기에는 블레어가 젊은 의원 시절부터 체득한 불굴의 권력의지가 버팀목이 되어 준 측면도 있었다. 결국 그는 총리직에서 물러나기로 한 결심을 번복하고, 2005년 총선 캠페인을 지휘했다. 선거 결과 전체 646석 중 355석(54.9%)을 얻어 3기 집권에 성공했지만, 의석은 지난 총선에 비해 57석이나 줄었고, 브라운과의 불화는 여전히 해소되지 못했다.

결국 블레어는 총리를 사임할 타이밍을 놓치고, 대처 총리의 전철을 밟게 되었다. 대처는 1987년 총선에서 압승해 1992년 총선 때까지 권력기반이 탄탄할 것으로 전망되었는데, 1990년 11월에 있었던 보수당의 '궁전 쿠데타'[168]로 인해 권좌에서 물러나며 눈물을 흘렸다. 앞서 미테랑 편에서 언급했듯이, '철의 여인'인 대처는 강경하고 융통성 없는 이미지 때문에 보수당의 남성우월주의자인 의원들로부터 질시와 미움을 받고 있었는데, 지지도가 떨어지자 그들로부터 매몰찬 버림을 받았던 것이다. 블레어 역시 2006년 9월 당내 전통주의자들의 반격과 그들에 경사된 브라운의 미필적 고의에 의한 '연판장 쿠데타'[169]가 발생하자, 2007년 총리에서 물러나지 않을 수 없었다.

일반적으로 민주적 정치체제의 대통령제 하에서 임기가 정해진 대통령은

---

168 1990년 11월 14일에 실시된 보수당의 대표선거에서 대처는 15% 마진(15% margin: 1순위와 2순위 간의 차이)에서 4표가 부족해 2차 투표를 대비하는 상황에서 동료 의원들의 출마 만류로 포기함으로써 존 메이저가 3차 투표에서 대표로 선출되었다. 당시 대처는 자신의 축출을 '배신'에 의한 것이라고 여겼다. 그는 퇴임하는 날 다우닝 10번지 총리 관저를 떠날 때 화가 난 채 눈물을 흘렸다.

169 2006년 9월 7일 30~40명의 노동당 소속 의원들이 블레어의 총리사임을 요구하는 서명서가 언론에 보도되었다. 이 사건을 기화로 사임을 요구하는 편지와 탄원서가 당으로 쇄도했다. 블레어는 할 수 없이 브라운에게 다가올 당 대회에 사임하겠다고 언질을 했고, 이듬해 6월 24일 노동당 특별 전당대회에서 사임을 공식적으로 밝혔으며, 6월 27일 브라운에게 총리직을 넘겨주었다.

지지도의 하락만으로는 임기 도중에 동료 정치인이나 부하에 의해 퇴진을 요구받지 않는다. 하지만 의회제 하에서의 총리는 다음 총선 기일이 많이 남아 있음에도 불구하고 각종 정치적 사유로 사임을 요구받는 경우가 비일비재하다. 따라서 의회제의 총리는 항상 국민 여론과 소속당 의원들의 동향을 보다 면밀히 주시하고, 기민하게 대응할 준비를 해야 한다는 것이 통상적이다. 물론 국정 운영의 기조를 변경해야 할 상황에서는 의회를 해산하고 총선을 통해 국민들을 설득하고 지지를 얻어내는 과정도 필요하다. 블레어 경우도 예외가 아니다. 그러나 그는 이라크 전쟁 참전에 대한 여론조사에서 54%가 지지하고 하원에서 62.5%가 표결에 찬성하는 등 참전 분위기가 비교적 우호적일 때에도, 이슬람권 세계와의 전면 대결을 의미하는 참전을 반대하는 다양한 사회집단들과 당내 의원들과 대화하고 설득하는 과정을 소홀히 했다. 그렇다고 국민투표나 새로운 의회구성을 통해 국민들의 의사를 묻는 절차를 밟은 것도 아니었다.

  이 점에서 당시 용의주도한 외교정책을 구사해 국내의 지지기반을 강화했던 프랑스의 자크 시라크 대통령(Jacques Chirac, 1932~2019, 재임 1995~2007)이나 독일의 게어하르트 슈뢰더 총리(Gerhard Schröder, 1944~, 재임 1995~2007)의 정치적 수완이나 리더십의 구축 사례를 참고할 필요가 있다. 이들은 미국의 일방주의에 이의를 제기하고, 강력한 국제평화주의를 표방한 결과, 시라크는 2002년 4월 대선에서, 슈뢰더는 2002년 9월 총선에서 압도적으로 승리한 바 있었다. 물론 블레어의 대외인식이나 노동당의 외교정책이 유럽통합주의보다는 영미동맹주의에 치중할 수밖에 없었던 당시의 국제적 정세나 국내적 인식의 한계를 감안하더라도, 제3의 길이라는 새로운 국정노선을 지향한다면 참전이 자유민주주의 세계를 위한 것이라기보다는 최소한 '국제평화와 보편적 인권'을 위한 것이라는 논리로 국민의 지지를 확대하고 반대세력을 설득했어야 한다고 본다.[170] 하지만 이러한 접근방식은 직관과 신념을 중시하는 사람에게는 그리 당연하지 않았을 것이다. 역시 신은 사람에게 완벽한 재능을 주지 않는다는 말이 맞는 것 같다.

결국 블레어는 이라크 전쟁 참전을 기점으로 지지기반이 대폭 축소되면서 2006년 여론조사에서 단 23%의 지지율을 기록할 정도로 민심이 이탈하고, 그에 따른 당내 반발로 결국 실각될 수밖에 없었다. 이 과정에서 그는 대처처럼 정치의 비정함과 권력의 무상함을 십분 느꼈을 것이다. 특히 그는 심신이 적지 않게 상해 50대 초반인데도 부정맥 증상, 불면증, 소화 장애 등의 증상을 겪었고, 신앙생활과 '뉴 에이지'(New Age)[171]와 같은 영성적 취미를 통해 위안을 찾았다. 2장에서 소개한 에릭 홉스봄(Eric Hobsbawm, 1917~2012)은 2002년 9월 한 대담에서 블레어를 '바지 입은 대처'(Thatcher in trousers)라고 비판했는데, 그의 '제3의 길' 노선이 대처의 신자유주의 노선과 별반 다르지 않다는 의미에서 조롱한 것이다. 이러한 조롱은 블레어의 실각과정에 한정해 본다면, 일정 부분 타당해 보일 수 있다. 하지만 '제3의 길'이 신자유주의와 다름이 없다는 비판은 다소 과장된 해석일 수 있다.

블레어의 집권 10년 동안 영국은 많은 분야에서 발전과 통합을 이루었다. 가장 주목할만한 성과는 실질소득이 18%나 증가했으며 빈곤층이 250만 명이나 감소했다는 점이다. 그리고 교육, 의료, 복지 부문 등에서 많은 개혁이 이뤄졌으며, 지방자치, 범죄안전, 문화예술 부문 등에서도 괄목할 만한 진전이 있었다. 특히 「동성결혼법」(Civil Partnership Act 2004)과 「성별인식법」(Gender Recognition Act 2004)의 제정을 통해 '성소수자'(LGBT or GSM)[172]에 대한 각종 차별을

---

170 블레어의 외교정책 기조는 대체로 문화적 다원주의, 세계적 민주주의, 유럽통합주의 등의 정책적 담론에 바탕을 두고 있었는데, 미국의 부시 정부 이전의 클린턴 정부 (1993~2000)에서도 유사한 담론에 기반했던 것으로 보인다. 따라서 이 같은 담론들에 호응하고 익숙해 있었던 많은 국민들이 문화적 인종주의, 서구중심적 우월주의, 영미동맹 주의 등에 입각한 이라크 전쟁에 대해 반감을 갖는 것은 당연했다.

171 뉴 에이지는 1970년대 서구에서 유행했던 영적 운동으로, 정신-육체-영혼을 통합(unifying Mind-Body-Spirit)하거나 우주와 인간을 일체화하는 것을 추구하는 다소 황당한 개인적 취향이라고 볼 수 있다.

해소했다. 물론 그는 통화관리 정책과 공공지출의 통제로 노동당 지지자의 기대만큼 성과를 내지는 못했지만, 두 차례의 총선을 거쳐 국민의 신임을 받았다. 이 점에서 그의 '새로운 노동당'은 일정한 성공을 거두었다고 평가해도 지나치지 않다고 볼 수 있다. 하지만 블레어의 '제3의 길'을 수정하고 '제1의 길'로 회귀한 그의 후임자인 브라운 총리는 블레어 정부 하에서 재무장관을 10년 지내는 바람에 상상력과 혁신성의 고갈로 집권 3년 만에 이렇다 할 성과를 내지 못하고 실각했다. 마찬가지로 그 후예들인 TV기자 출신인 에드 밀리밴드 (Edward Miliband, 1969~, 재임 2010~2015)와 노조활동가 출신인 제러미 코빈 (Jeremy Corbyn, 1949~, 재임 2015~2020) 역시 국민의 지지를 얻지 못했다.[173] 반면에 보수당의 지도자들은 대처의 '제2의 길'을 수정해 이른바 '제4의 길'을 통해 연속적으로 집권했다.

블레어의 '제3의 길'은 국정철학이라기보다는 선거전략 내지 집권전략이라고 보는 것이 더 타당할 것이다. 일반적으로 아리스토텔레스의 정체 분류에 따르면, 유권자는 단순하게 부유층, 중산층, 노동계층 등으로 편재되어 있다고 볼 수 있다. '제1의 길'은 노동계층 중심의 전략이고, '제2의 길'은 부유층 중심의 전략이라면, '제3의 길'은 '노동계층 + 중산층 연대' 전략이며, 제4의 길은 '부유층 + 중산층 연대' 전략인 것이다. 이 점에서 프랭클린 루스벨트의 '뉴딜 연합' 전략과 클린턴의 '신민주당' 전략은 '제3의 길'이라고 볼 수 있는데, 전자는 중산층의 이익을 대변하는 정당이 이니시에이티브(initiative, 주도권)를 갖고 노동계층을 견인하는 전략이라면, 후자는 노동계층의 이익을 대변하는 정당이 이니시에이티브를 갖고 중산층을 견인하는 전략이라고 볼 수 있다.

---

172 LGBT는 lesbian, gay, bisexual, and transgender의 약자이며, GSM는 gender and sexual minorities의 약자다.

173 노동당은 2010년 총선에서 참패한 이후 현재까지 야당으로 머물고 있다. 참고로 2010년 이후의 총선 성적은 다음과 같다. 2010년 총선(전체 650석) 258석(39.6%), 2015년 총선 232석(35.6%), 2017년 총선 262석(40.3%), 2019년 총선 202석(31%) 등이었다.

2019년 총선에서 패배한 노동당은 2020년 4월 전당대회에서 인권변호사와 스코틀랜드 검찰국장의 이력을 지닌 키어 스타머 하원의원(Keir Starmer, 1962~, 재임 2020~)을 새 대표로 선출했다. 그는 취임 연설에서 "노동당은 영국 국민의 정치적 날개(political wing of the British people)"라는 블레어의 말을 인용하면서, 노동당은 대다수의 유권자들과 조화롭게 '새 출발'(fresh start)을 할 것이라는 포부를 밝혔다. 이 포부는 노동당이 '새로운 제3의 길' 내지 '제5의 길'로 가겠다는 약속으로 해석된다. 만약에 이 약속이 관철된다면, 노동당은 2025년 1월 28일이나 그 이전에 당겨질 총선에서 승리함으로써 그가 총리에 취임할 것이라고 기대하고 있다.

2장에서 언급했던 '마키아벨리의 미소'가 세상의 냉소 속에서 태어난 쓸쓸함의 상징이라면, 새 대표를 선출한 전당대회에서 촬영된 '블레어의 미소'는 사람들이 자신을 비로소 이해하기 시작했다는 통쾌함에서 나오는 흐뭇함의 표현이었으리라. 블레어는 미소를 머금은 채 23년 전 총리 취임 후 첫 의회 연설에서 말했던 '영국 국민의 자신감(confidence)', '영국 영혼에 대한 연민(compassion)', '영국 국가에 대한 단결(unity)'이라는 구절을 떠올렸을지 모른다. 참고로 그는 2000년과 2003년 각각 한국을 방문해 김대중 대통령과 노무현 대통령과의 정상회담을 통해 '제3의 길'을 설득한 것으로 짐작된다. 아마도 한 사람은 수용했고, 다른 한 사람은 외면했던 것이 아닌가 본다.

주요 어록

- "나는 사회주의자입니다. 지적 호기심에서 읽은 책을 통해서나 몽상적 전통을 통해서가 아니라, 사회주의야말로 진정으로 합리적이고 도덕적인 인간 실존에 가장 잘 부합한다는 확신 때문에 나는 사회주의를 신봉하고 있습니다. 사회주의는 대결이 아닌 협력, 두려움이 아닌 우애를 뜻하는 것입니다. 사회주의는 평등을 지지합니다. 그것은 사람들이 같아지기를

희망해서가 아니라 우리의 경제조건 하에서 평등을 통하지 않고서는 우리의 개체성이 진정으로 발현될 수 없기 때문입니다."(1983. 7. 6. 하원의원 초선 당선 직후 하원에서의 첫 연설 중)

– "이제는 항의의 정치에서 통합의 정치로 전환해야 할 때입니다. … 세계는 변합니다. 지금도 변하고 있습니다. 그러나 원칙은 변하지 않습니다. 원칙은 우리만큼이나 의연히 서 있습니다. … 영국을 위한 새로운 비전을 제시해야 합니다. 이 비전은 세계를 있는 그대로 보는 것이며, 의도적으로 보지 않는 희망의 비전입니다."(1994. 6. 11. 노동당 대표 출마선언 중)

– "나는 잠시 후 당헌 제4조 네 번째 부분을 시행하겠다고 선서하는 노동당 사상 첫 대표가 될 수 있습니다. 그것은 혁신적입니다. 동시에 적절하고 합리적이며 현대적입니다. 확실히 새롭습니다. 확실히 노동당답습니다. 너무나 오랫동안 보수당 사람들이 민주사회주의를 규정해 왔습니다. 이제 우리 스스로 우리의 사회주의를 정의할 때입니다."(1995. 4. 29. 노동당 임시전당대회 당헌 제4조 개정 제안 연설 중)

– "강력한 가치, 정의와 진보, 공동체의 가치, 나의 모든 정치생활을 이끌어 온 가치에 뿌리를 둔 정부가 될 것입니다. 그러나 그러한 가치를 오늘날의 세계에 다시 살리기 위해 필요한 새로운 아이디어를 수용할 용기를 가진 정부, 즉 숭고한 대의를 추구하는 실질적인 조치를 취하는 정부입니다. 그것이 영국 국민을 위한 우리의 목표입니다."(1997. 5. 2. 총리 당선 확정 직후 새벽 연설 중)

– "정치를 하찮게 보는 사람도 있습니다만 정치를 하는 우리는 정치무대가 사람을 당당하게 만드는 곳이라는 것을 알고 있습니다. 가혹한 싸움이

많다는 것을 알면서도 여전히 심장을 뛰게 만드는 것이 정치입니다. 저속한 음모를 꾸미는 곳일 때도 있지만, 고귀한 대의를 추구하는 곳일 때가 더 많습니다. 저는 친구든 적이든 모두가 행복하기를 소망합니다. 그뿐입니다. 이상입니다."(2007. 6. 27. 총리 퇴임일 하원 총리 질의응답 중)

- "진보주의는 사회 전체의 힘으로 힘없는 사람들에게 기회와 번영, 희망을 가져다주는 사회적 정의를 믿는다. … 인종이나 종교, 성별(성적 취향도 추가하고 싶다), 능력에 상관없이 모든 인간은 동등하다는 원칙을 변함없이 지지한다. 그리고 가장 바닥에 있는 사람들, 가장 가난한 사람들, 가장 불리한 상황의 사람들, 다른 이들이 잊은 사람들을 절대 잊지 않고, 언제나 그들을 위해 노력하는 것이 진보주의이다."(2010. *A Journey* 22장 후기 중)

8. 한국의 김대중

김대중 대통령(1924~2009, 재임 1998~2003)은 민주주의와 시장경제의 병행 발전으로 미증유의 경제환란을 극복하고 포용과 타협으로 복지국가의 초석을 다진 인물로서, 역사상 최초의 남북정상회담을 통해 남북화해협력을 모색한 통합정치의 진수를 보여준 정치지도자이다. 통합정치와 관련한 그의 업적과 리더십의 면면을 살펴보기 위해 그의 저서인 『김대중 옥중서신』(1984), 『행동하는 양심으로』(1985), 『김대중 자서전』(2010), 손세일의 『김대중과 김영삼』(1985), 한겨레신문사 정치부의 『김대중 집권비사』(1998), 문명자의 『내가 본 박정희와 김대중』(1999), 동아일보 특별취재팀의 『김대중 정권의 흥망』(2005), 그의 부인인 이희호의 『동행: 이희호 자서전』(2008) 등을 참고했다. 그리고 행정안전부 대통령기록관(https://www.pa.go.kr/research/contents/speech/index.jsp), 김대중 도서관 Digital Archive(https://www.kdjlibrary.org/archives/s) 등을 참조했다.

인동초 꽃을 피우다

김대중의 통합정치를 이해하기 위해서는 무엇보다도 그의 삶과 정치적 여정이 얽힌 시대적 맥락에 주목할 필요가 있다. 그는 1924년 전남 신안군 하의도에서

판소리를 잘 부르는 중농인 아버지 김운식(1896~1974)과 부친의 두 번째 부인으로 생활력이 강한 어머니 장수금(1972 작고) 사이에서 4남매 중 장남으로 태어났다. 1936년 목포로 이주해 초등학교와 중학교를 마치고 목포공립상업학교(이하 목포상고)를 다녔다. 1943년 목포상고를 졸업하고 일본인이 경영하는 해운회사에 취직했다. 1945년 사업가의 딸로 일본에서 여학교를 다닌 차용애(1927~1959)와 결혼했지만, 1959년 부인과 사별했다. 1945년 일본인의 적산敵産인 조선소를 관리하는 일을 했고, 1946년 목포해운공사를 설립해 경영했다. 1945년 건국준비위원회 목포지부에서 활동했고, 1946년에는 조선신민당에 입당했지만, 조선신민당이 좌익3당 합당으로 남조선노동당(남로당)에 편입되자 정당 활동을 접었다. 1950년 한국전쟁 때 목포를 점령한 북한 인민군에 의해 형무소에 수감되었지만, 가까스로 탈출해 목숨을 구했고, 인민군이 퇴각하자 「목포일보」를 인수해 운영했다. 1951년 사업 기반을 목포에서 부산으로 옮겨 부산에서 흥국해운을 설립해 경영했다.

김대중은 1954년 목포에서 민의원선거에 무소속으로 출마했지만,[174] 10명의 후보 중 5등으로 낙선했다. 1955년 서울로 이주해 한국노동문제연구소에서 주간主幹으로 잠시 근무했고, 이후 월간 잡지 「신세계」의 주간을 맡으면서 동양웅변전문학원을 운영했다. 1956년 대통령선거(이하 대선)에서 민주당의 신익희 대통령후보(1894~1956)와 장면 부통령후보(1899~1966)의 선거운동을 도와준 인연으로 민주당에 입당하고 당에서 노농부勞農部 차장을 맡았다. 1958년에는 강원도 인제에서 민의원선거에 출마하려고 했지만, 자유당의 방해로 후보 등록에 실패했다. 1959년 대법원이 인제 선거에 대해 무효 결정을 내리자 보궐선거에 출마했지만, 자유당의 부정선거로 낙선했다. 1960년 인제에서 민의원선거에 다시 출마했지만, 부재자 투표제의 영향[175]으로 낙선했다.

---

174 김대중은 1954년 총선에서 자유당의 기간조직으로 상당한 영향력을 행사했던 대한노동총연맹 목포지구의 출마 권유를 받아들여 무소속으로 출마했다.

175 1960년 선거법 개정으로 도입된 부재자 투표제는 유권자의 80%가 되는 인제군의 군인표가

1960년 장면 국무총리의 천거로 당 대변인을 맡았고, 1961년 인제에서 또다시 보궐선거에 출마해 당선되었다. 하지만 국회에 의원등록을 한 다음 날 발생한 5·16 군사쿠데타로 국회가 해산되는 바람에 국회의원 선서조차 하지 못했다. 1962년 YWCA 전국연합회 총무를 맡고 있는 이희호(1922~2019)와 재혼했다.

김대중은 1963년 정치활동 금지에서 해제되자 박순천(1898~1983)을 총재로 하는 민주당의 재건에 나서 당 대변인을 맡았고, 대선에서 야권 단일후보인 민정당의 윤보선(1897~1990)을 지원했다. 1963년 목포에서 국회의원선거(이하 총선)에 민주당 후보로 출마해 당선되었고, 1967년 야권 통합정당인 신민당의 대변인을 맡은 후 총선에 출마해 당선되었다. 1970년 신민당의 대통령후보로 지명되었고, 1971년 대선에서 민주공화당(공화당)의 박정희 후보(1917~1979)와 경쟁했지만, 45.3% 대 53.2%로 패배했다. 1971년 총선에서 전국구(비례대표) 의원으로 당선되었지만, 당 총재선거에서 패배했다. 1972년 신병 치료차 일본에서 체류하던 중 박정희 정권이 10월 유신을 단행하자, 이에 반대하는 성명을 발표하고 망명 생활을 시작했다. 1973년 중앙정보부(KCIA, 이하 중정)에 의해 일본에서 납치당해 바다에 수장될 상황에서 미국의 개입으로 극적으로 생환되어 가택연금에 처해졌다. 1976년 3·1 민주구국선언을 주도해 징역 5년형을 선고받고 수감 중 1978년 2년 10개월 만에 가석방되어 가택연금에 처해졌다. 1980년 사면·복권되어 정치활동을 재개했지만, 신군부의 5·17 내란에 의해 투옥되어 5·18 민주화운동을 '김대중 내란 음모사건'으로 둔갑시킨 재판을 받았고, 이듬해 대법원에 의해 사형을 확정받았다.

김대중은 1982년 형집행정지로 석방된 후 신병 치료차 미국을 방문하고 하버드대학교에서 객원연구원으로 활동하면서 이듬해 재미한국인권문제연구소를 설립했다. 1985년 2·12 총선을 앞두고 2년 2개월 만에 귀국하여 신한민주당(이하 신민당)의 김영삼 총재(1928~2015)와 함께 민주화추진협의회(이하 민추

각자의 고향으로 보내짐에 따라 외지인인 김대중에게는 결정적으로 불리했다.

협)의 공동의장을 맡았다. 1986년 신민당과 민추협이 중심이 된 대통령직선제 개헌운동을 사면·복권이 이뤄지지 않아 간접적으로 지원 활동했다. 1987년 전두환 대통령(1931~2021)의 4·3 호헌 조치로 또다시 가택연금을 당하던 중 6·10 민주항쟁에 의한 민주정의당(민정당)의 노태우 대통령후보(1932~2021)의 6·29 선언에 따라 사면·복권되었다. 1987년 평화민주당(평민당)을 창당해 야권의 후보단일화를 이뤄내지 못한 채 대선에 출마했으나, 노태우 36.6%, 통일민주당(민주당)의 김영삼 28%, 김대중 27%, 신민주공화당(공화당)의 김종필(1926~2018) 8%의 결과로 패배했다. 1988년 총선에서 전국구 의원으로 당선되었고, 1990년 노태우-김영삼-김종필 간의 내각제 합의에 따른 3당합당으로 출범한 민주자유당(민자당)의 보수대연합에 맞서 지방자치체 실시, 의원내각제 포기, 국군보안사 해체 등을 요구하며 13일간의 단식투쟁을 벌였다. 1991년 창당한 신민주연합당(신민당)이 이기택 총재(1937~2016)의 민주당과 통합하고 1992년 대선에서 민주당 후보로 나섰지만, 김영삼 41.9%, 김대중 33.8%, 통일국민당(국민당)의 정주영(1915~2001) 16.3%의 결과로 패배한 후 정계은퇴를 선언하고 케임브리지대학교에서 1년간 객원연구원으로 활동했다.

김대중은 1993년 귀국한 후 이듬해 아시아·태평양 평화재단(아태재단)을 설립해 정국을 관망하던 중 1995년 정계복귀를 선언하고 새정치국민회의(이하 국민회의)를 창당했다. 1996년 총선에서 국민회의를 제1야당의 지위에 올려놓았고, 1997년 대선에서 국민회의의 후보로 지명되고 나서 자유민주연합(이하 자민련)의 김종필과 후보단일화를 성사시켜 김대중 40.2%, 한나라당의 이회창(1935~) 38.7%, 국민신당의 이인제(1948~) 19.2%, 민주노동당의 권영길(1941~) 1.2%의 결과로 대통령에 당선되었다. 1998년 대통령에 취임해 국제통화기금(International Monetary Fund, 이하 IMF)의 관리체제를 극복했고, 국민기초생활보장제를 도입했으며, 2000년 평양을 방문해 김정일 국방위원장(1942~2011)과 남북정상회담을 가졌고, 그해 노벨평화상을 수상했다. 2009년 고 노무현 전 대통령(1946~2009)의 영결식을 참석한 지 한 달 반 만에 영면했다.

이상과 같은 이력에서도 알 수 있듯이, 김대중은 한국 현대사의 산 증인이다. 그의 삶은 한국 현대사가 겪은 고난과 저항, 그리고 변화의 과정을 그대로 담고 있는 듯, 파란만장하고 드라마틱한 시련과 극복의 여정이었다고 볼 수 있다. 대통령으로서 그에 대한 평가는 당시 민주화에서 복지국가로 나아가는 중대한 시대적 과제로 이행됨에 따라 그 이전의 평가와 다를 수밖에 없다. 대체로 대통령 이전의 평가는 인동초忍冬草라는 표현으로 집약된다. 그는 다섯 번의 죽을 고비와 6년간의 감옥살이, 40년간의 가택연금과 망명과 감시 등 온갖 고초와 박해, 그리고 국회의원 도전 세 번 낙선, 당총재 도전 한 번 실패, 대통령 도전 세 번 실패, 정계은퇴 선언 번복 등 이루 말할 수 없는 좌절과 실패를 겪었다. 그는 이 모든 난관을 극복하고 운명을 달관해, 그의 호인 후광後光처럼 빛이 감싸 더욱 두드러진 영광을 얻었듯이, 마치 겨울을 이겨내고 화사하게 피어 은은한 향기를 내는 인동초 꽃, 즉 금은화金銀花와 같은 인물이라고 할 수 있다. 이러한 비유는 그의 정치적 행적을 들여다보면 볼수록 결코 과장이 아님을 알 수 있을 것이다. 필자는 그의 깊이 있는 면모 가운데 그가 지닌 독특하고 고유한 면모를 간략히 살펴보는 것으로서 논의를 시작하려고 한다.

첫 번째로, 김대중은 현실세계에서 먹고사는 문제가 가장 중요하다는 사실을 몸소 겪고 체득한 정치인이었다는 점을 들 수 있다. 그는 해방 직후 적산인 조선소를 관리하면서부터 국회의원으로서 생활하기 전까지 해운회사나 웅변학원를 경영했으며, 한때는 성공한 청년사업가로 불리었다. 회사에 고용된 직원이 아니라 모든 책임을 지는 사업가로서의 경험은 직업정치인으로서의 인생관과 정치관을 형성하는 데 큰 영향을 미쳤을 것이다. 이 점이 그가 한국의 역대 대통령[176]이나 이 장에서 다루고 있는 세계 리더들과 크게 차별화되는

---

176 이명박 대통령(1942~)은 현대건설 대표이사 회장까지 지냈지만, 기업 소유권을 가진 오너(owner) 경영자가 아니었고, 나중에 기업가 정신에 반하는 사익편취 경영자로 드러

지점이다. 그는 생계를 위한 직업정치인으로 출발해 수많은 정치적 역경을 겪으면서 사람들이 경제적 실존문제를 해결해야 인간적 존엄을 지킬 수 있다는 사실을 스스로 깨달은 정치인이었다. 그가 정치인의 자질에 대해 "정치인은 서생적 문제의식과 상인적 현실감각을 함께 갖춰야 한다. 무엇이 바른 길인가를 선비처럼 올곧게 따지는 문제의식이 필요하지만, 그것에만 매달리면 완고함에서 빠져나올 수 없다. 어떻게 하면 돈을 벌고, 언제 물건을 사고팔지를 생각하는 상인의 현실감각을 적절히 조화하는 정치인이 성공한다"고 밝힌 어록은 실용주의적 정치관을 담은 것으로서 회자된다. 물론 이러한 정치관은 그가 몸소 체험한 데서 우러나온 것이기에 이념에 치우친 정치인들이나 관념적인 식자들에게는 이해하기 어려운 부분도 있을 것이다. 앞서 2장에서 언급한 바와 같이 김종필은 맹자의 '항산항심恒産恒心'을 이해하고 있었고, 김대중의 '실사구시實事求是'를 이심전심으로 수긍했기 때문에 두 사람이 함께한 1997년 대선에서 'DJP 연합'을 수락했을 것으로 짐작된다.

필자의 생각으로 김대중의 이념적 스펙트럼은 폭이 넓은 중도가 아닌가 본다. 참고로 1945년 해방과 더불어 분출했던 이념적 스펙트럼과 정치적 격동기였던 1990년대 전후의 그것과 어느 정도 흡사한 측면이 있다는 전제에서 보면, 김대중의 스펙트럼 위치는 해방 공간에서 중도좌파였던 여운형(1886~1947)과 중도 우파였던 김규식(1881~1959)과의 중간 위치에 있다고 볼 수 있다. 즉 해방 공간의 주역들의 좌우 스펙트럼을 '박헌영(1990~1956)−여운형−김규식−김구(1876~1949)−김성수(1891~1955)−이승만(1875~1965)' 순으로 본다면, 1990년대 전후의 주요 대선 출마자들의 좌우 스펙트럼은 '권영길−노무현−김대중−김영삼−이인제−이회창−김종필−노태우−정주영' 순으로 볼 수 있다. 해방 직후 여운형과 김규식이 좌우합작운동을, 남북분단 국면에서 김규식과 김구가 남북협상을 추진한 것처럼, 김대중은 좌로는 노무현

―――――――
났다.

을 견인하고,[177] 우로는 김종필과 연대함으로써 사람들의 먹고사는 문제를 해결하기 위한 국가권력을 확보하는 데 성공했다.

물론 노동 부문과 관련한 김대중의 경험과 관심을 고려한다면, 그의 이념적 스펙트럼은 중도좌파로 볼 수 있다. 그는 1954년 총선에서 대한노동총연맹 목포지구의 출마 권유를 받아들여 무소속으로 출마한 적이 있고, 1955년 한국노동문제연구소에서 주간主幹으로 근무하면서 당시 진보적 성향의 월간 시사잡지인『사상계』에「한국노동운동의 진로」라는 논문을 기고하기도 했으며, 1957년 민주당 노농부 차장을 맡은 적이 있었다. 이 같은 노동 관련 이력이 젊은 시절의 경험이지만, 그의 사회경제적 인식을 형성하는 데 영향을 미쳤다고 본다면 그의 스펙트럼은 노무현보다도 좌측에 있었던 것이 아닌가 본다.

두 번째로, 김대중은 자신의 정치적 식견과 비전을 체계적이고 논리적으로 담은 저서들을 국민들에게 내놓았다는 점을 들 수 있다. 대부분의 정치인은 정치활동을 왕성하게 할 때나 중요한 선거를 앞두고 책을 출간하지만, 책 내용은 정치적 에피소드나 단편적인 정책을 소개하는 것이 태반이다. 그러나 김대중은 단일 주제로 정책 서적을 출간했다는 점에서 다른 정치인들과 큰 차이를 보이고 있다.[178] 그는 한국경제의 비전에 관한 체계적인 구상을 담은 『김대중씨의 대중경제 100문 100답』(1971, 319쪽),『대중경제론』(1986, 245

---

177 김대중은 1997년 11월 통합민주당의 노무현을 국민회의의 부총재로 영입했다. 노무현은 1998년 서울시 종로구 국회의원 재선거에서 국민회의 후보로 당선되었고, 2000년 '국민의 정부'에서 해양수산부 장관에 임명되었다.

178 필자는 국회도서관에 소장하고 있는 김영삼과 김종필의 저서 현황도 살펴본 적이 있다. 김영삼의 저서는『우리가 기댈 언덕은 없다: 120일 간의 세계여행기』(1964),『정치는 길고 정권은 짧다: 김영삼 연설·수상집』(1967),『40대 기수론』(1971),『우리가 기댈 언덕은 없다』(1979),『나와 조국의 진실』(1984),『나의 결단』(1987),『나의 정치비망록: 민주화와 의정 40년』(1992),『국민을 위해 모든 것을 바치리: 김영삼 대통령 정치철학』(1995),『김영삼 회고록』(2000) 등이고, 김종필의 저서는『새 역사의 고동: 80년대를 위한 나의 설계』(1985),『JP 칼럼』(1997),『김종필 증언록 1-2』(2016) 등이다.

쪽)[179], 『세계경제 8강으로 가는 길』(1992, 284쪽), 『대중 참여 경제론(1997, 317쪽)』, 『김대중의 21세기 시민경제 이야기』(1997, 310쪽) 등을 연이어 출간했고, 한반도 통일방안을 체계적으로 다룬 『공화국연합체』(1991, 412쪽)를 출간했다. 물론 이들 저서는 국내외 학자들의 자문이나 도움을 받아 출간되었을 것이지만, "구슬이 서말이라도 꿰어야 보배다"는 말처럼 그의 정치적 지혜와 비전을 한데 모은 온전한 저술로 평가할 수 있다. 이와 관련해 이 장에서 다루고 있는 세계 리더들의 저술 현황을 살펴보는 것도 흥미로울 것이다.

중국의 쑨원의 저서는 자신의 강의 내용을 편찬한 『삼민주의』(1924)가 유일한데, 강의 대상이 대중이 아닌 오피니언 리더(opinion leader, 여론형성층)였기 때문에 내용이 다소 현학적이다. 미국의 루스벨트는 대통령 취임 첫 해의 행적을 담은 *Looking Forward*(기대하기, 1933)와 『온 아워 웨이』(*On Our Way*, 1934)를 출간했는데, 오피니언 리더를 대상으로 한 홍보용 저술이라고 볼 수 있다. 인도의 네루는 9번 투옥과 10년간의 옥고생활 중에 『세계사 편력』(1934), 『자서전』(1936), 『인도의 발견』(1945) 등을 집필했는데, 대중이 쉽게 접근할 수 있으면서도 깊이 있는 지식과 문학적 가치를 담고 있다. 프랑스의 미테랑은 드골의 권위주의적 통치행태를 비판한 *Le Coup d'État permanent*(영원한 쿠데타, 1964)와 사후에 출간된 회고록인 *Mémoires interrompus*(중단된 기억, 1996)가 있는데, 회고록은 대단히 진실한 것으로 평가되고 있다. 남아공의 만델라는 『자서전: 자유를 향한 머나먼 길』(1994)이 유일한데, 깊은 감동을 전하고 있다. 일본의 무라야마는 『회고록』(2012)이 유일한데, 속마음을 잘 드러내지 않는 일본인의 특유한 기질 때문인지 편집자와의 담담한 대화가 담겨 있다. 영국의 블레어는 기고 및 연설 모음집인 『영국개혁 이렇게 한

---

179 『대중경제론』은 1971년 대선에 앞서 출간한 『김대중씨의 대중경제 100문 100답』을 토대로 아메리칸대학교에서 출간한 *Mass-Participatory Economy: A Democratic Alternative for Korea*(1985, 94 pages)를 번역한 것이다. 이 책은 이후 영문 증보판(1996, 280 pages)을 번역해 『대중 참여 경제론』(1997)으로 증보 출간되었다.

다』(1996)와 자서전인 『여정』(2010)이 있는데, 자서전은 자신의 과오를 지나치게 성찰하고 해명하는 바람에 분량이 방대하다. 브라질의 룰라는 『룰라 자서전: 다른 세계는 가능하다』(2003)가 유일한데, 대통령이 되기 전의 가난한 삶과 지난한 노동운동을 짧은 분량에도 감동적으로 그리고 있다. 독일의 메르켈은 사생활이 드러나는 것을 극도로 꺼리는 연유로 저술이 없는데, 향후 회고록을 집필할 가능성이 있다고 추측된다.

이처럼 세계 리더들이 생각보다 정책에 관한 저술을 남긴 경우가 드문 것은 참으로 흥미로운데, 이는 아마도 정치인 개인이 처해진 여건이나 정치인의 행태에 영향을 미치는 독특한 정치문화 때문일 것이다. 그럼에도 불구하고 김대중은 일찍부터 체화한 주경야독畫耕夜讀의 성실하고 탐구적인 학습 자세를 통해 적지 않은 저서들, 특히 여러 권의 경제정책서를 출간했다. 이는 그가 정치에서 경제문제가 가장 핵심이라는 점을 간파하고 있었을 뿐만 아니라 체계적인 비전의 제시를 통해 국민들에게 신뢰를 심어주는 것이 가장 중요하다는 점을 포착했음을 시사한다. 이러한 통찰력 때문에 그는 불리한 정치적 환경과 악조건 속에서도 여론형성층에게 다가갈 수가 있었고, 유권자들의 마음을 움직일 수가 있었던 것 같다.

세 번째로, 김대중의 정치적 인식과 정치노선의 바탕이 되는 사회인식과 윤리의식이 시대에 뒤처지지 않고 균형 잡힌 데에는 부인 이희호의 영향이 적지 않았다는 점을 주목할 필요가 있다. 김대중은 부산에서 사업을 할 때 서울에서 피난온 다양한 사람들과 교류를 했는데, 그중 대한여자청년단 국제국장을 맡고 있던 이희호와도 업무상 교류를 한 적이 있었다. 그는 이 인연으로 첫 부인과 사별한 지 3년 만인 1962년 이희호와 재혼했다. 이희호는 이화여자대학교 문과를 수학하고 서울대학교 교육학과를 졸업한 후 미국의 램버스대학교와 스카릿대학교에서 사회학 학사와 석사를 취득하고, 1958년 귀국해 이화여자대학교에서 사회복지학 강사를 하면서 YWCA 전국연합회 총무를 맡고 있었다. 이희호는 결혼 후에도 학계, 기독교계, 여성계 등에서 지식인의 소명의식을 갖고 열정적으로 사회활동을 펼쳤다. 특히 이희호는 최초의 여성변호사로서 여성법률상담소를 설립한 이태영(1914~1998), 한국여성유권자연맹을 창립한 김정례(1927~2020), 한국여성학의 초석을 쌓은 이효재(1924~2020) 등과 함께 여성권익을 향상시킨 한국여성운동의 제1세대 주역이었다. 이처럼 시대를 앞선 지성인을 반려자로 둔 김대중은 이희호와의 '이인삼각二人三脚'의 삶을 통해 더 풍부하고 균형잡힌 정치적 인식을 발전시켰다.

김대중은 1955년 서울로 이사한 후 8년 동안 여덟 번 전셋집을 옮긴 끝에 동교동에 서민주택을 구입했을 때, 문패에 아내의 이름을 함께 새겨 넣었을 정도로 이희호의 생각과 일을 이해하고 있었다. 김대중의 정치적 성숙과 사상적 숙성에는 역사적 사건들과 뜻을 함께하는 많은 사람들의 영향이 있었지만, 시대의 변화 속에서도 과거에 머물지 않고 변화를 수용하되, 온고지신溫故知新의 자세로 대할 수 있었던 데에는 이희호의 지혜와 통찰력이 결정적으로 영향을 미쳤던 것이 아닌가 본다. 이희호는 직접적으로는 각계 조언과 시중 여론의 전달을 통해, 간접적으로는 개인적 네트워크와 사회적 자원의 동원을 통해 김대중에게 새로운 사회적 조류와 과학적인 정치적 전략을 받아들이도록 추동했을 것으로 짐작된다. 특히 이희호는 남편이 수많은 시련과 정치적 좌절을 겪을 때마다 곁에서 사랑과 기도로 남편에게 용기와 희망, 믿음을 북돋아 주었다.

참고로, 이 장에서 다루고 있는 세계 리더 중 반려자를 정치적 동지로 여겼던 이는 루스벨트와 미테랑, 그리고 블레어가 아닌가 본다. 루스벨트는 런던에 있는 진보적 학풍의 앨런스우드 학교에서 교육을 받은 12촌 관계인 엘리너 루스벨트(Eleanor Roosevelt, 1884~1962)와 결혼했는데, 자신의 부정행위로 인한 별거에도 불구하고 평생 동안 엘리너와 동지애를 유지했다. 미테랑은 레지스탕스 동지인 다니엘르 구즈(Danielle Gouze, 1924~2011)와 결혼했는데, 구즈가 정통파 사회주의자이고 독자적인 사회운동을 했기 때문에 미테랑 자신의 이력이 시비가 될 때마다 구즈의 이미지가 큰 힘이 되었다. 블레어는 런던정경대를 졸업한 변호사로서 당차고 진보적인 셰리 부스(Cherie Booth, 1954~)와 결혼했는데, 평생 금슬 좋은 동지관계를 유지했다. 김대중은 이들처럼 반려자를 평생 동안 정치적 동지로 여겼던 것을 넘어서, 죽음의 고비를 이겨내게 한 생명의 은인으로 감사하게 여겼다. 그는 1980년 신군부의 5·17 내란 직후 사형선고를 받고 수감 중에 이희호에게 보낸 첫 편지에서 다음과 같은 심경을 담았다.

"1980년 11월 21일. 존경하며 사랑하는 당신에게, 지난 5월 17일 이래 우리 집안이 겪어 온 엄청난 시련의 연속은 우리가 일생을 두고 겪은 모든 것을 합친다 해도 이에 미치지 못할 것입니다. 그중에서도 당신이 맡아서 감당해야 했던 고뇌와 신산辛酸은 그 누구의 것보다 컸고 심한 것이었습니다. 그럼에도 불구하고 믿음과 지혜로서 이를 극복해 온 당신의 신앙과 용기에 대해서 나는 한없이 감사하며, 이러한 믿음과 힘을 당신에게 주신 하느님의 은혜를 감사해 마지않고 있습니다. 하느님의 사랑, 그리고 당신의 힘이 없었던들 우리가 어떻게 이 반년을 지탱해 올 수 있었겠습니까?"(『김대중 옥중서신』, 1984 중)

이상과 같이 살펴본 김대중만의 특색들이 그가 나이 71세에 네 번째로 대권을 도전하는 데 있어서 필수조건으로서 충족되고 있었지만, 대선의 승리를 보장하는 충분조건은 아니었다. 김대중 앞에는 색깔시비, 지역감정, 대통령병 음해라는 세 가지 큰 난관이 있었다. 이를 극복하기 위해 그는 산업화의 주역이자 보수세력의 한 축인 김종필과 'DJP 연합'[180]을 성사시켰다. 하지만 수십년 동안

---

180 김대중은 1997년 11월 3일 자민련의 김종필 총재와 함께 서명한 합의문을 발표했는데, 주요 내용은 다음과 같다. ①대통령 후보는 김대중 총재로 하고, 초대 국무총리는 김종필 총재로 한다. ②제16대 국회에서 의원내각제 개헌을 하기로 합의하며, 실세형 총리로 한다. 개헌 시기는 1999년 12월 말 이전으로 한다. ③경제 부처의 임명권은 국무총리가

정권교체를 경험하지 못한 유권자들의 불신과 체념이 새로운 난관으로 다가왔다. 이때 그에게는 천운이 찾아왔다. 김영삼 정부 말기에 불어 닥친 외환위기[181]가 그에게 오히려 호재로 작용했다. 대규모의 기업부도와 대량실업 사태를 마주한 국민들은 김대중을 경제비전을 갖춘 '준비된 지도자'로서 인식하기 시작했다. 여기에 일찍이 포항제철을 일으켜 경제발전의 신화적인 인물로 알려진 박태준 국회의원(1927~2011)이 'DJP 연합'에 합류함으로써 확대된 'DJT 연대'는 여·야 간의 수평적 정권교체에 대한 우려와 불안을 씻어내기에 충분했다. 천운이 우연이 아닌 필연으로 나타났던 것이다. 마침내 인동초는 3전4기三顛四起로 꽃을 피웠다.

민주주의와 경제발전을 병행하다

김대중은 1998년 2월 25일 대통령에 취임하고 '국민의 정부'를 출범시켰다. 그 앞에 놓인 과제는 분명했다. 그가 해야 할 최우선적인 과제는 외환위기를 극복하는 일이었고, 두 번째는 민주주의와 경제발전을 통해 복지국가의 틀을 완성시키는 것이었으며, 세 번째는 남북분단 이래 지속되어 온 남북대결을 남북화해협력으로 전환시키는 것이었다. 그는 이를 '국난극복과 재도약의 새시대를 엽시다'라는 제목의 「대통령 취임사」를 통해 국민들에게 다음과 같이 재차 약속했다.

가지며, 지방선거 수도권 광역단체장 중 한 명을 자민련 소속으로 한다.

181 1997년에 발생한 외환위기는 1월에 발생한 한보철강의 부도가 시발되어, 대기업 연쇄부도 → 금융기관·종합금융사 부실 → 국외투자자 자금 회수 → 환율 폭등, 주식 폭락, 외환 고갈(10월 외환보유고 223억 달러) 등으로 이어져, 정부가 11월 21일 IMF에 구제금융을 요청하게 된 사태를 이른다. 대체로 그 원인은 '한국경제의 구조적 취약성'으로 요약되는데, 관치경제, 정경유착, 재벌의 방만경영 등에 대한 경제개혁을 소홀히 하고, 개방화 및 세계화에 대한 대비를 제대로 하지 못한 데 기인한 것으로 지적되고 있다.

"국민의 정부가 당면한 최대의 과제는 우리의 경제적 국난을 극복하고 우리 경제를 재도약시키는 일입니다. 국민의 정부는 민주주의와 경제발전을 병행시키겠습니다. 민주주의와 시장경제는 동전의 양면이고 수레의 양바퀴와 같습니다. 결코 분리해서는 성공할 수 없습니다. … 노인이나 장애인들도 일할 능력이 있는 사람에게는 일을 주고 그렇지 못한 사람은 따뜻하게 감싸주어야 합니다. 저는 소외된 사람들의 눈물을 닦아주고 한숨 짓는 사람에게 용기를 북돋아주는 그런 '국민의 대통령'이 되겠습니다. … 저는 이 자리에서 북한에 대해 당면한 3원칙을 밝히고자 합니다. 첫째, 어떠한 무력도발도 결코 용납하지 않겠습니다. 둘째, 우리는 북한을 해치거나 흡수할 생각이 없습니다. 셋째, 남북 간의 화해와 협력을 가능한 분야부터 적극적으로 추진해 나갈 것입니다."

김대중은 대통령에 당선되자마자 비록 대통령 당선인의 신분이었지만, 외환위기를 극복하기 위해 김영삼 정부의 양해 하에 자신이 할 수 있는 조치들을 적극적으로 단행해 나갔다. 그는 대선 다음날 기자회견에서 "새 정부는 IMF와 현 정부가 합의[182]한 사항을 충실하게 지킬 것"을 밝히고, 국민의 화해와 통합을 호소하면서 '민주주의와 시장경제의 병행 발전'을 선언했다. 그는 외환위기를 대처하기 위해서는 국제신인도를 회복하는 일이 무엇보다도 중요하다는 것을 잘 알고 있었다. 그는 기자회견 직후에 미국의 빌 클린턴 대통령으로부터 인상적인 축하전화를 받았다. 클린턴은 "민주주의와 정치진보를 위해 일생을

---

[182] 이 합의는 1997년 12월 3일 정부와 IMF가 양해각서로 체결한 「한국국제통화기금협정」을 말한다. 이 협정은 국가부도 위기에 처한 한국이 IMF로부터 구제금융(1997. 12. 3~2001. 8. 23)을 받고, IMF의 프로그램대로 경제구조 개혁을 이행하는 것을 주요 내용으로 하고 있다. 이러한 IMF 관리체제는 경제주권을 내준 것이라고 볼 수 있다. 이에 대해 김영삼 대통령은 12월 11일 국민들에게 "저는 부도를 낸 기업인과 직장을 잃은 가장이 느끼는 절망감을 생각하며 날마다 제 자신을 매질하고 있습니다. 국민의 아픔은 곧 저의 아픔입니다"라고 사과했다.

헌신한 귀하게 위대한 승리를 한 데 대해 축하와 존경을 보냅니다"고 덕담을 하면서 IMF와의 합의를 성실하게 이행할 것을 촉구하고, 한국경제는 매우 위험한 상태에 빠졌다며 미국의 협상단을 신속히 보내겠다고 말했다. 김대중은 이 전화가 다소 무례하게 느껴졌지만, 한국을 도와달라고 진심으로 부탁했다.

이어 김대중은 IMF의 미셸 캉드쉬 총재(Michel Camdessus, 1933~, 재임 1987~ 2000)와 세계은행 그룹(World Bank Group)의 제임스 울펜손 회장(James Wolfer-sohn, 1933~2020, 재임 1995~2005)으로부터 축하전화가 왔을 때도 적극적인 지원을 요청했다. 김대중은 12월 20일 김영삼 대통령과 회담을 갖고, 정부와 인수위원회가 동수로 6명씩 참여하는 비상경제대책위원회를 구성할 것을 제안 하는 한편, 국민통합을 위해 전두환·노태우 전 대통령의 사면·복권[183]을 건의했 다. 이러한 건의에 따라 사실상 비상내각과 다름없는 비상경제대책위원회가 가동되었고, 12월 22일에는 두 전직 대통령의 석방이 이뤄졌다.

이처럼 김대중이 대통령에 당선되자마자 차분히 앉아 향후 국정을 구상하는 대신에 동분서주로 움직이면서 국정에 관여한 것은 당시 외환 사정이 생각보다 심각했기 때문이었다. 그는 재정경제원의 임창열 장관(1944~)으로부터 "12월 18일 현재 외환 보유고가 38억 7,000만 달러에 불과합니다. IMF 등의 지원을 받더라도 당장 내년 1월 만기 외채가 돌아오면 갚기 어렵습니다"는 보고를 받은 바 있었다. 하지만 미국의 정·재계 주요 인사를 두루 만나고 돌아온 김기환 대외협력 특별대사(1932~)는 한국은행의 자료를 보여주면서 "연말 외환 보유액이 9억 달러로 예상됩니다"고 보고하고, 미국이 한국과 IMF가 맺었던 협약에 없는 IMF 플러스, 즉 정리해고제 수용, 「외환관리법」 전면

---

183 김영삼 대통령은 1995년 11~12월 역사바로세우기의 일환으로 전두환과 노태우를 내란죄, 반란죄, 뇌물죄 등의 혐의로 구속하도록 했고, 이듬해 대법원은 전두환에 대해 무기징역과 추징금 2,205억원의 형을, 노태우에 대해 징역 17년과 추징금 2,688억 원의 형을 확정했다. 1997년 대선에서 김대중, 이회창, 이인제 등 세 후보는 전·노에 대한 사면·복권을 공약으 로 제시했다.

개정, 적대적 인수 합병 허용, 집단소송제 도입 등을 요구한다고 설명했다. 외환 보유고가 하루하루 기하급수적으로 줄어들고 있었고, 국내외 금융계에서는 글로벌자본과 선진국가들이 한국을 아시아 지역에서 본보기로 삼기 위해 모라토리엄(moratorium, 지급 유예)으로 내몰고자 하는 움직임도 감지되고 있었다. 이 같은 급박한 국면에서 김대중은 12월 22일 미국의 클린턴 대통령이 급파한 재무부의 데이비드 립튼 차관(David Lipton, 1953~) 일행을 만난 자리에서 IMF 플러스를 수용하는 결단을 내렸다. 그 결과 12월 24일 IMF와 미국을 포함한 13개 국가들로부터 100억 달러를 조기 지원하겠다는 약속을 받게 되었다.

하지만 김대중은 자신의 단안이 무엇을 의미하고, 어떤 경제적 고통이 뒤따를 것인지를 알고 있었다. 특히 정리해고제 수용이 노동자와 서민의 고통은 말할 것도 없고, 자신을 지지해 왔던 노동계의 거센 반발을 불러올 것이라는 점을 충분히 예상하고 있었다. 그는 며칠 사이에 민주주의의 제도와 운영이 얼마나 소중한지를 절감했다. 그는 이미 민주주의에 대한 나름의 신념과 소신이 있었지만, 경제환란을 극복하는 과정에서 국민들이 고통분담을 받아들이고, 예상되는 사회경제적 갈등이 해결되기 위해서는 민주주의 말고는 다른 방도가 없다는 결론에 이르게 되었다. 그는 새 정부 출범 전인 1998년 1월 15일 노사정위원회를 출범시켜 노·사·정 3자가 사회적 대타협을 합의하도록 심혈을 기울인 끝에, 2월 6일 10개 의제와 90여 개 과제에 대한 일괄 타협을 이끌어내며 민주주의를 통한 첫 번째 성과를 냈다. 그리고 대통령 취임사를 통해 모든 경제주체들, 즉 국민들에게 "국민의 정부는 민주주의와 경제발전을 병행하겠습니다"[184]라고

---

184 김대중은 1994년 *Foreign Affairs* 11~12월호의 기고를 통해, 싱가포르의 리콴유 전 총리(Lee Kuan Yew, 1923~2015, 재임 1959~1990)가 "아시아에는 민주주의적 철학과 전통이 없다"며 이를 아시아 국가에 요구하는 것은 무리라고 말한 데 반박했다. 이후 이 기고는 개발독재와 권위주의를 정당화하는 아시아적 가치(Asian values)의 문화상대주의와 집단공동체주의와 관련한 논쟁을 촉발시켰다.

천명했다.

김대중은 대통령직 인수위원회가 준비한 100대 국정과제를 선정하고, 국민회의와 자민련 간의 공동정부 구성에 나섰다. 국무총리로는 자민련의 김종필[185]을 지명하고, 17개 부처 장관에 국민회의 몫 8명, 자민련 몫 7명, 교수 1명, 전 정부 유임 장관 1명 등으로 내각을 구성했다. 이 내각은 국무총리를 포함해 현직 의원이 10명이었고, 전직 의원이 4명으로 구성되었는데, 이는 DJP 연합을 성사시킨 '야권 후보단일화 합의'에 따른 것이었다. 김대중은 김종필과의 약속대로 내각을 양당 간의 연립내각으로 구성했지만, 국정 운영에서는 '양당 간의 연정'을 넘어서 '다정파多政派 간의 통합정치'를 도모했다. 그는 다양한 정파의 인물을 골고루 발탁함으로써 통합정치의 틀을 구축했다.

예를 들어 대통령 당선인 시절부터 비서실장에 파격적으로 발탁되었던 김중권 대통령 비서실장(1939~)은 노태우 대통령의 정치자금 20억원을 김대중에게 전달한 인연이 있었던 인물이었고, 국민회의 몫으로 입각한 강인덕 통일부 장관(1932~)은 중정 출신으로 대표적인 강경 보수적 인물이었으며, 대통령직 인수위원장을 맡았던 이종찬 국가안전기획부장(1936~)은 한때 전두환 대통령의 사람이었고, 이기호 노동부 장관(1945~), 진념 기획예산위원장(1940~), 전윤철 공정거래위원장(1939~), 정해주 국무조정실장(1943~) 등은 관료 출신으로 김영삼 정부에서 장관을 지낸 인물들이었다.

이 같은 인사는 정파를 초월한 것이라고 단순하게 볼 수도 있지만, 오히려 다양한 정파를 국정에 참여시켜 당면한 난국을 헤쳐 나가기 위한 고육지책이면

---

185 김종필은 1998년 3월 2일 국회에서 국무총리 임명동의안에 대한 표결이 한나라당 의원들의 백지투표 방침으로 무산되는 바람에 다음날 '국무총리 서리'로 임명되어 직무를 수행하다가, 8월 17일 국회에서 임명동의안이 가결됨으로써 서리 꼬리를 뗐다. 당시 이 같은 헤프닝은 한나라당의 대선후보였던 이회창의 협량과 한나라당의 초대 총재를 맡고 있었던 조순(1928~2022)의 유약함 때문인 것으로 알려졌다. 이후 조순은 2000년 총선에서 이회창에 의해 한나라당의 공천을 받지 못했다.

서도 심려원모한 용인술이었다고 볼 수 있다. 사실 엄청난 고통이 수반되고 있는 IMF 관리체제를 한시라도 빨리 벗어나고, 점점 경색되고 있는 남북관계를 조금이나마 풀어야 하는 상황에서 국민의 신뢰를 얻는 것이 새 정부에게는 가장 중요했다. 바로 이러한 과제를 수행하는 데에는 국정과 관련한 경험이 전혀 없는 참신하고 진보적인 인물보다는 경험이 풍부하고 설득력을 지닌 노련하고 보수적인 인물이 적합할 수도 있다. 김대중은 이러한 '역설의 미학'을 간파했고, 마치 오랜 국정 경험이 있는 사람처럼 국정을 용의주도하고 능수능란하게 이끌어 갔다. 그는 위기극복에 적임자였고, 잘 준비된 리더였던 것이다.

김대중은 대통령 당선인 시절부터 추진해 온 기업, 금융, 노동, 공공 등 4개 부문의 개혁을 정부 출범과 동시에 속도감 있게 진행시켜 나갔다. 기업부문에서는 잠재적인 부실기업의 정리, 기업 지배구조의 제도적 개선, 기업 부채비율의 개선, 상호 채무보증의 해소 등을 추진했고, 금융부문에서는 금융감독위원회와 금융감독원의 통합을 통한 감독기능의 강화, 부실 금융기관의 구조조정과 퇴출, 부실채권의 인수를 통한 국제신용도의 제고 등을 추진했다. 노동부문에서는 노동시장의 유연화와 노사정 협의체제인 민주적 코포라티즘(democratic corporatism)의 정착을 추진했고, 공공부문에서는 '작지만 강한 정부', 경쟁과 성과원리의 도입, 고객중심의 행정, 전자정부의 구현 등의 4대 목표를 추진했다. 이 같은 경제개혁은 상당한 성과를 거뒀다. 국민경제는 극심한 경기침체에서 벗어나 빠르게 회복함에 따라 저금리·저물가 기조가 정착되었고, 금융권에 대한 시장의 신뢰가 회복되었으며, 기업 건전성이 강화되었다. 특히 전자정부의 과제는 역점적으로 추진한 결과, 나중에 한국의 정보화 수준이 세계에서 핀란드 다음의 두 번째로 평가받을 정도로 성공적이었다.[186]

---

186 김대중은 1981년 수감 중 앨빈 토플러(Alvin Toffler, 1928~2016)의 『제3의 물결』*The Third Wave*, 1980)을 읽고 큰 감명을 받았는데, 자서전에서 "산업화 시대에는 뒤처졌지만, 정보화 시대에는 앞서갈 수 있다. 만약 감옥에 오지 않았더라면 이런 진리를 깨칠 수 없었을 것이다"고 회고했다.

문제는 양지가 있으면 음지가 있듯이, 적지 않은 부작용과 후유증이 나타났다는 점이다. 경제적 측면에서는 재벌의 금융지배 증대, 지역·산업·기업 간의 불균형 양산, 금융·기업의 추가적 부실요인 증가 등이 나타났고, 사회적으로는 구조조정 과정에서 불가피하게 발생한 대규모 실업사태, 노동유연성에 따른 비정규직의 양산, 새로운 일자리 마련을 위한 고용대책의 한계, 저소득층에 대한 사회안전망의 부족 등으로 양극화 현상이 심화되고 있었다. 결국 이러한 사회경제적 문제는 참담한 결과를 초래했다. '국민의 정부'가 출범한 지 6개월이 되는 9월 마산에서 생활고에 시달리던 아버지가 1,000만 원의 보험금을 받기 위해 아들의 손가락을 자른 비극적인 사건이 발생한 것이다. 이러한 비극은 이미 경제환란의 여파가 최종적으로 빈곤층에게 다다르고 있는 상황에서 예견 가능한 일이었다.

IMF 관리체제에서 빈곤문제가 심각해지자, 이미 도처에서 「국민기초생활보장법」을 제정할 것을 요구하는 목소리가 터져나왔다. 참여연대를 중심으로 한 시민·사회단체들은 공청회를 개최하거나 집회를 통해 입법청원 운동을 펼쳐 나갔다. 이에 몇몇 국회의원들이 입법안을 제출하기에 이르렀다. 상황이 이렇게 되자, 여당인 국민회의도 마지못해 입법을 추진하기로 방침을 정했다. 특히 '손가락 사건'이 발생하자, 빈곤문제에 대한 여론이 한층 더 고조되었다. 그러나 법률안이 국회 보건복지위원회에 상정되지 못할 정도로 입법 전망은 불투명했다. 예산 부처가 소요 예산 규모를 이유로 강력히 반대했기 때문이다. 입법 과정이 교착 상태에 빠지자, 1999년 3월 시민단체와 노동계 등 64개 단체들이 '국민기초생활보장법 제정 연대회의'를 결성하고, 본격적인 대중운동을 전개해 나갔다. 이렇게 되면서 이 문제는 IMF 관리체제에서 국가, 정치사회, 민간사회 등 거의 모든 정치행위자들이 망라된 처음이자 최대의 갈등 현안으로 부상하게 되었고, 그 처리 결과에 따라 '국민의 정부'의 성격이 판가름되는 시금석이 되었다.

김대중은 각계각층의 다양한 의견을 경청하고, 1999년 6월 "중산층과 저소득

서민층들이 안심하고 살 수 있는 「국민기초생활보장법」을 제정토록 하겠다"고 선언했다. 이 선언이 결정적인 계기가 되어 기초보장법은 마침내 8월 12일 국회에서 의결되었다. 이 법은 기초생활보장을 모든 시민의 권리이자 국가의 의무로 새롭게 정의하고 있다는 점에서 한국복지 역사에서 커다란 획을 긋는 이정표라고 할 수 있다. 새로 도입된 복지제도는 이전의 생활보장법이 18세 이상 65세 미만의 근로능력 보유자를 수급 대상에서 원천적으로 제외한 것과 달리, 가구원의 노동능력과 무관하게 소득이 최저생계비 이하인 가구의 가구원이 수급자로 선정될 수 있고 4인 가족기준으로 월 92만원까지 생계비가 보장받을 수 있도록 했다. 그 결과 생계보호를 받는 대상자는 30만 명에서 150만 명으로 다섯 배가 증가했다. 이로써 흔히 "가난은 나라님도 구제하지 못한다"는 위정자들의 변명은 사라지게 되었고, 일반 시민들로 하여금 안도의 한숨을 쉬게 만들었다. 더욱이 이러한 변화는 모처럼 관련된 모든 정치행위자들의 노력과 합의로 이뤄졌다는 점에서 민주주의의 발전에서 매우 의미 있는 사례로 평가된다. 김대중은 이 과정에서 국정의 책임자로서 용기있는 결단과 용의주도한 추진력을 보여 주었다.

사실 IMF 관리체제가 들어서기 이전부터 한국사회는 이미 민주화의 단계를 넘어 복지국가로의 진입을 시대적 과제로 삼고 있었다. 잘 알다시피, 1987년 6·10 민주항쟁은 권위주의세력과 민주화세력 간의 타협으로 귀결되었고, 그 결과로 등장한 노태우 정부는 기본적 자유(신체, 양심, 언론 및 표현, 집회 및 결사의 자유 등)와 정치적 권리(공정선거, 정당정치, 의회정치 등)가 보장되는 절차적 민주화 내지 정치적 민주화를 추진했지만, 경제민주화(재벌개혁), 노동3권(단결권, 단체교섭권, 단체행동권 등), 사회복지, 교육권, 남녀평등 등이 담보되는 실질적 민주화 내지 사회경제적 민주화까지는 나아가지 못했다. 이어 3당합당을 통한 보수대연합에 기반해 출범한 김영삼 정부는 개혁정치를 통해 제한적이나마 일부 부문에서 실질적 민주화를 추진했지만, 각종 정치적 파행과 정경유착으로 좌절되거나 중단되다시피 했고, 특히 복지국가 진입은 엄두도 내지 못했다. 하지만 IMF 관리체제라는 최악의 경제적 여건 속에서 출범한 김대중 정부는 그동안 지체된 실질적 민주화를 주요 국정과제로 설정하고, 그 가운데 복지정책을 민주주의, 시장경제, 생산적 복지 등의 '3대 국정지표' 중 하나로 채택할 정도로 핵심적 과제로 설정했다.

김대중은 복지정책의 기조를 1997년 영국 총리가 된 노동당의 토니 블레어가 주창한 '생산적 복지'(productive welfare)라는 담론에 두고 있었다. 생산적 복지라는 개념은 영국이 1970년대 말부터 1980년대에 걸쳐 IMF의 구제금융을 받으면서 나온 것으로서 '일하는 사람을 위한 복지', 즉 일(work)과 복지(welfare)의 합성어인 welfare to work 또는 workfare로 불리기도 하지만, 궁극적으로는 사회복지의 축소를 지향하는 신자유주의적 담론의 성격이 짙었다. 그럼에도 불구하고 당시 사회복지가 매우 취약했던 점을 감안하면, 김대중이 복지국가로 진입하는 관문인 기초생활보장제를 도입한 것은 매우 의미 있는 정치적 결정이었으며, '국민의 정부'의 치적 중 특히 높은 평가를 받을 만한 성과라고 할 수 있다.

대체로 당시나 지금도 시대적 과제는 복지국가의 구축임이 분명하지만, 그 실현은 지난한 과제일 수밖에 없다. 이는 복지 재원의 조달이 관건인데, 경제성장, 복지행정의 개혁, 국방비의 절감 등이 수반되어야 가능하다. 하지만 이러한 과제들은 쉽게 해결되지 않는다. 김대중도 이를 잘 알고 있었다. 아마 그는 자신의 임기 중에 수준 높은 복지국가로 들어서는 것은 불가하다고 판단했을 것이다. 다만 자신이 이뤄낼 수 있는 것은 복지국가의 기반을 닦는 것뿐이라고 생각했을 것이다. 그리고 이러한 기반 하에 자신의 후예들이 복지국가를 본 궤도에 올릴 것으로 기대했던 것이 아닌가 본다. 예를 들어, 중학교 무상교육이 2002년에 전국으로 확대되어 노무현 정부 시절인 2005년에 전면 실시되었다.

김대중은 눈을 남북화해협력의 과제로 돌렸다. 이 과제는 오랫동안 적대적이고 소모적인 남북대결을 완화해야 하는 당면과제일 뿐만 아니라 언젠가는 실현되어야 할 남북군축과 그에 따른 국방비 절감과 복지예산의 확충을 위한, 어리석은 노인이 산을 옮긴다는 '우공이산愚公移山'이었다.

남북화해의 물꼬를 트다

김대중은 2000년 6월 15일 평양에서 김정일 국방위원장과 분단 이래 최초의 남북정상회담을 갖고 「6·15 남북공동선언」을 합의·발표했다. 이러한 결실은 오래 전부터 한반도 통일문제를 진지하게 고민하고 궁리해 왔던 그의 집념과 변화하는 국제정세에 대한 주도면밀한 숙고를 거쳐 내린 결단의 산물이었다. 김대중은 1971년 대선에서 한반도 긴장완화와 전쟁방지를 위한 평화공존 방안으로 3단계 통일방안[187]을 공약으로 제시한 바 있었다. 1993년 8월에는 런던대학교에서 아태평화재단 이사장의 자격으로 초청받아 한 연설에서 사회주의체제 붕괴 이후의 탈냉전 상황을 반영해 「북한에 대한 새로운 접근」이라는 제목으로 대북포용정책을 처음으로 제안했다. 또한 1994년 5월 미국 내셔널프레스클럽에서 「북한 핵문제의 일괄타결 방안」을 제시해, 미국의 지미 카터 전 대통령(Jimmy Carter, 1924~, 재임 1977~1981)의 방북이 실현되고, 궁극적으로는 북·미 제네바합의[188]를 이끌어 내는 데 결정적인 기여를 했다. 이 같은 일련의 선도적인 구상과 실현가능한 대안들은 결국 '국민의 정부'의 통일정책으로 수렴되었다.

김대중은 대통령에 취임하자마자 햇볕정책으로 불리는 대북포용정책의 골격을 제시했다. 정책의 핵심 목표는 남북 간의 평화·화해·협력의 실현을 통해 분단의 현실을 평화적으로 관리하고, 북한이 스스로 변화할 수 있도록 여건을 조성하려는 데 두었다. 대북포용정책이 실효성을 지니기 위해서는 미국을 포함한 주변국들의 지지를 이끌어내는 것이 대단히 중요하다고 판단했다. 그는 미국의 빌 클린턴 대통령[189], 중국의 장쩌민 국가주석(江澤民, 1926~2022,

---

187 3단계 통일방안은 제1단계: 평화적 공존, 제2단계: 평화적 교류, 제3단계: 평화적 통일 등으로 요약된다.

188 이 합의는 1994년 10월 21일 미국과 북한이 체결한 것으로, ①북한 핵개발 포기, ②북·미관계의 개선, ③북한에 대한 에너지 공급, ④한반도의 평화 등 담고 있었다.

재임 1993~2003), 일본의 오부치 게이조 총리(小渕惠三, 1937~2000, 재임 1998~
2000)와 모리 요시로 총리(森喜朗, 1937~, 재임 2000~2001), 러시아의 보리스
옐친 대통령(Boris Yeltsin, 1931~2007, 재임 1991~1999)과 블라디미르 푸틴 대통
령(Vladimir Putin, 1952~, 재임 2000~2008, 2012~) 등과 정상회담을 갖고 대북포
용정책에 대한 전폭적인 지지를 얻어냈다. 특히 이들 대부분은 국제협력과
상호호혜를 중시하는 인물들이었는데, 동시대의 국가정상으로서 이들을 만날
수 있었던 것은 김대중에게는 크나큰 행운이었다.

하지만 남북관계는 1999년 6월에 발생한 서해교전(제1차 연평해전)과 금강산
관광객 억류사태로 오히려 경직되고 있었다. 이러한 와중에 김대중은 2000년
2월 남북정상회담을 원한다는 북한의 의사를 접하고, 남북 간의 예비접촉을
추진했다. 마침내 4월 8일 남북 특사인 통일부의 박재규 장관(1944~, 재임
1999~2001)과 북한 아시아태평양평화위원회의 송호경 부위원장(1940~2004)
은 "김대중 대통령이 6월 12일부터 14일까지 평양을 방문해 남북정상회담을
개최한다"고 합의하고, 10일 합의문을 발표했다. 이로써 역사적인 남북정상회
담이 개최되고, 상징적인 남북공동선언이 발표되었다. 참고로 이 선언에 담긴
5개 합의사항을 소개하면 다음과 같다.

1. 남과 북은 나라의 통일문제를 그 주인인 우리 민족끼리 서로 힘을 합쳐 자주적으
   로 해결해 나가기로 하였다.
2. 남과 북은 나라의 통일을 위한 남측의 연합제 안과 북측의 낮은 단계의 연방제

---

189 김대중과 클린턴은 여러 차례 정상회담을 가졌는데, 20여 살 나이 차이에도 불구하고
친근하게 지낸 것으로 알려졌다. 김대중은 자서전에서 "클린턴 대통령은 만날수록 정이
갔다"고 회고했고, 클린턴은 자서전인 『빌 클린턴의 마이 라이프』(*Bill Clinton My life*,
2004)에서 "나는 1992년 5월 로스앤젤레스 시청 계단에서 김 대통령을 처음 만났는데,
그때 그는 자신이 내가 대표하는 것과 똑같은 새로운 정치방식을 대표하고 있다고
당당하게 말했다. 그는 용기가 있었고 동시에 통찰력이 있었으며, 나는 그를 지원하고
싶었다"고 회고했다.

안이 서로 공통성이 있다고 인정하고 앞으로 이 방향에서 통일을 지향시켜 나가기로 하였다.

3. 남과 북은 올해 8·15에 즈음하여 흩어진 가족, 친척방문단을 교환하며 비전향 장기수문제를 해결하는 등 인도적 문제를 조속히 풀어나가기로 하였다.

4. 남과 북은 경제협력을 통하여 민족경제를 균형적으로 발전시키고 사회, 문화, 체육, 보건, 환경 등 제반 분야의 협력과 교류를 활성화하여 서로의 신뢰를 다져나가기로 하였다.

5. 남과 북은 이상과 같은 합의사항을 조속히 실천에 옮기기 위하여 빠른 시일 안에 당국 사이의 대화를 개최하기로 하였다.

김대중의 평양 방문과 김정일과의 회담은 역사적이고 세계적으로 주목받는 빅 이벤트였다. 공군 1호기를 탄 김대중은 평양 순안공항에 도착해 김정일과 악수를 했다. 50년이나 닫혔던 분단의 문이 열리고 남북화해를 위한 새 장이 펼쳐지는 역사적인 순간이었다. 세계의 매스컴은 두 정상이 만나는 장면을 집중적으로 조명했다. 김대중은 서울을 출발하기 전에 공동선언문의 초안에 대한 합의가 이뤄지지 않은 이유를 알고 있었으며, 1972년 남북 당국이 발표한 「7·4 남북공동성명」의 운명과 1992년 남북 총리가 체결한 「남북기본합의서」 (남북 사이의 화해와 불가침 및 교류협력에 관한 합의서)의 한계를 알고 있었다. 나아가 그는 남북 양측이 정상회담을 통해 각자 의도하고자 하는 것과 상대방에게 요구하는 것을 나름대로 짐작하고 있었다. 특히 그는 "첫술에 배부르랴"라는 속담의 뜻을 오래 전부터 체화했다. 김대중은 사물과 현상을 대할 때, 이성적인 분별력이라고 할 수 있는 로고스(logos)와 윤리적 덕의 바탕이 되는 기질인 에토스(ethos)를 발휘하는 인물로 정평이 나 있었다. 그러나 그도 완벽할 수 없는 인간이기에 "북한 땅을 처음 밟았다"는 감격과 흥분 속에서 "무릎을 꿇고 그 땅에 입을 맞추고 싶었다"는 상황적인 감정인 파토스(pathos)를 감추지 않은 것은 당연한 일이었다.

「6·15 남북공동선언」은 말 그대로 선언적이기 때문에 크게 논란의 여지는 없었다. 문제는 선언적인 것을 실효적인 것으로 받아들일 때 논란이 생기기 마련이다. 선언문 중 두 번째 합의사항인 "남측의 연합체 안과 북측의 낮은 단계의 연방제 안이 서로 공통성이 있다고 인정하고 앞으로 이 방향에서 통일을 지향시켜 나가기로 했다"는 문구는 구체적인 실현 방안이 부족하고 상투적인 수사라는 점에서 화사첨족畵蛇添足이라고 볼 수 있다. 이러한 문제는 2007년 노무현 대통령과 김정일 국방위원장이 발표한 「10·4 남북정상선언」(남북관계 발전과 평화번영을 위한 선언)이나 2018년 문재인 대통령과 김정은 국무위원장 (1984~)이 발표한 「4·27 판문점선언」(한반도의 평화와 번영, 통일을 위한 판문점 선언)에서도 반복되었다.

역사적 선언인 경우 때로는 환상을 주는 레토릭(rhetoric)이나 의지를 표명하는 매니페스토(manifesto)적인 속성을 지니고 있다는 점을 인정하더라도, 그것이 행동이나 실천과 관련한 내용을 담고 있을 때에는 보다 책임감 있고 사려깊은 접근이 필요하다. 수십 년간의 적대적인 분단 상황임을 염두에 둔다면 "오늘 안 되면 내일이 있다"라는 인내의 태도나, 과거의 전례를 반추해 보면 "기대가 크면 실망이 크다"라는 현실적인 조언이 유효할 수 있다. 사실 이러한 지적은 남북정상회담을 추진하는 과정에서 이뤄진 '불법 대북송금 사건'[190]을 되돌아볼 때 더욱 타당성을 갖는 것이 후에 밝혀졌다.

그럼에도 불구하고 김대중의 대북포용정책의 하이라이트인 남북정상회담은 국민들에게는 남북대결이 더 이상 숙명이 아니라는 점을 깨닫게 했고,

---

190 2003년 한나라당이 발의하고 노무현 대통령이 임명한 '남북정상회담 관련 대북 비밀 송금 의혹사건 등의 진상규명을 위한 특별검사'는 현대그룹이 대북 사업권 구입 명목으로 4억 5천만 달러를 북한 당국에 송금한 사실과 정부가 송금액 중 1억 달러의 정책지원금을 산업은행에 외압을 행사해 현대그룹이 자금을 대출받게 한 사실을 밝혔다. 나중에 대법원은 남북정상회담의 개최 자체는 고도의 정치적 성격을 지닌 통치행위이기 때문에 사법심사의 대상이 아니지만, 그 과정에서 이뤄진 대북송금 행위는 사법심사의 대상이 된다고 판결했다.

세계인들에게는 한반도의 긴장 완화가 세계평화의 관건이라는 점을 인식시켜
주었다. 그는 10월 13일 노르웨이 노벨위원회로부터 "한국과 동아시아의 민주
주의와 인권 신장 및 북한과의 화해와 협력에 기여한" 공로로 노벨평화상
수상자로 선정되었고, 12월 10일 노벨평화상을 수상했다. 이는 국가적인 쾌거
인 동시에 김대중 개인에게는 큰 영예였다. 우연찮게 이희호 여사도 12월
25일 펄벅 인터내셔널(Pearl S. Buck International)로부터 "민주화 운동에 지도자
적 역할을 수행하고, 아동과 여성의 권익에 앞장서 왔으며, 또한 김대중 대통령
의 동반자로서의 역할도 훌륭하게 수행한 점을 높이 평가했다"라는 이유로
올해의 여성상의 수상자로 선정되었다.

김대중은 자신의 트레이드마크(trademark) 중 하나인 여성 권익과 인권 신장
을 위해 괄목할 만한 성과를 이루었다. 그는 '국민의 정부'가 출범할 때 대선
공약대로 여성특별위원회(Presidential Commission on Women's Affairs)를 설치했
다. 이를 통해 여성의 지위향상과 권익보호, 양성평등을 위한 여러 제도적
장치를 마련하고, 관련 법을 제정했다. 1998년 7월부터 「가족폭력범죄처벌
등에 관한 특례법」과 「가정폭력방지 및 피해자보호 등에 관한 법률」을 시행했
고, 1999년 1월에는 「남녀차별금지 및 구제에 관한 법률」을 공포했으며, 2001년
1월 여성특별위원회를 승격시켜 여성부(Ministry of Gender Equality, 2001)[191]를

---

191 여성부는 2005년 여성가족부(Ministry of Gender Equality and Family), 2008년 여성부,
2010년 여성가족부로 개편되어 왔는데, 이제는 명칭을 선진국가들처럼 정명론正名論대로
남녀평등부, 남녀균등부, 남녀공동참여부 등으로 바꿀 필요가 있는 것 같다. 참고로
주요 국가들의 여성정책 담당 부서와 명칭은 다음과 같다. 미국: Department of Labor
산하의 Women's Bureau(1920)와 White House의 Gender Policy Council(2021) / 독일:
Bundesministerium für Familie, Senioren, Frauen und Jugend(1953) / 프랑스: Ministère
chargé de l'Égalité entre les femmes et les hommes, de la Diversité et de l'Égalité
des chances(1974) / 영국: Minister for Women and Equalities(1997), Equality Hub(2007),
Government Equalities Office(2007) / 중국: 國務院 산하의 婦女兒童工作委員會(National
Working Committee on Children and Women, 1990) / 일본: 內閣府 산하의 男女共同參畵局
(Gender Equality Bureau, 2001). 물론 법무부(Ministry of Justice)의 명칭도 마찬가지이다.

신설했다. 또한 그는 2001년 5월 인권의 보호와 향상을 위한 국가인권위원회를 독립기관으로 설치하는 「국가인권위원회법」을 제정했다. 당초 대선 공약에는 「인권법」의 제정과 국가인권위원회의 설립으로 제시되었는데, 각계각층 간의 첨예한 의견 불일치로 인권 보호와 관련한 핵심 사항인 평등권 침해의 차별행위에 관한 조항을 누락한 채로 「국가인권위원회법」을 제정하는 선에서 마무리되었다. 이러한 한계에도 불구하고 2001년 11월 25일 출범한 국가인권위원회는 한국 민주주의와 인권의 발전을 진전시키는 데 의미 있는 역할을 수행했다.

물론 김대중은 민주주의에 대한 신념과 포용적 마인드로 통합정치를 펼쳐 나갔지만, 때로는 그 경로에서 다소 일탈하기도 했고, 때로는 제왕적 대통령제 (Imperial presidency)의 유혹에 빠지기도 했다. 또한 어느 때는 시중의 여론이나 야당의 비판[192]을 경청하거나 이를 설득하는 데 여유를 갖지 못했다. 그리고 DJP 연합의 두 번째 전제인 의원내각제를 추진하지 못해 김종필과의 협력이 종결됨으로써[193] 임기 말에는 정치적 기반이 상대적으로 취약해졌다는 평가를 받았다. 아마도 이 같은 형국은 한국정치의 구조적, 제도적, 형태적 문제들에서 기인한 것이 아닌가 본다.

김대중은 박정희기념관을 건립하도록 결정함으로써 과거와의 화해의 모습

---

192 대표적으로 한나라당 김홍신 국회의원(1947~)의 미싱 발언을 들 수 있다. 그는 1998년 6월 지방선거 유세에서 김대중 대통령을 향해 "너무 거짓말을 많이 한다. 옛말에 염라대왕이 거짓말을 많이 한 사람의 입을 봉한다고 했는데, 공업용 미싱이 필요할 것 같다"는 발언을 했다. 이 발언으로 그는 나중에 대법원에서 모욕죄를 적용받아 벌금 80만원을 확정받았다. 돌이켜 보건대, 이 해프닝은 괴멸적인 혐오와 그에 맞선 보복적인 증오에서 기인한 것이라고 볼 수 있는데, 정치행위자에게 있어서 자제와 관용의 덕목이 왜 중요한지를 생각하게 하는 대표적인 사례다.

193 2000년 4·13 총선 결과, 전체 273석 중 한나라당 133석, 새천년민주당(국민회의 후신) 115석, 자민련 17석, 민주국민당 2석, 한국신당 1석, 무소속 5석으로 나왔는데, DJP 연합은 남북정상회담 개최라는 호재에도 불구하고 패배했다. 이로써 DJP 연합은 여소야대 상황에서 당초 합의대로 의원내각제를 추진할 정치적 동력을 상실했고, 결국 통일정책을 둘러싼 이견을 빌미로 2001년 9월 해체되었다.

을 보여주었다. 그는 대통령 퇴임 후 2004년 한나라당의 박근혜 대표가 방문해 "아버지 시절에 여러 가지로 피해를 입고 고생하신 데 대해 딸로서 사과 말씀드립니다"고 말하자, 박대표에게 지역갈등을 해소하고 국민화합에 앞장서 줄 것을 당부했다. 또한 김대중은 전두환과 노태우와 몇 차례 식사를 하는 등 정적에 대한 관용의 태도를 보였다. 이러한 태도만큼이나 그는 과거 자신과 함께 온갖 고초와 박해를 받았던 가까운 이들에 대한 부채의식과 온정주의가 상대적으로 적지 않았던 인물이었다. 하지만 민주화 과정과 IMF 관리체제 하에서 적지 않은 정치행위자들이 상상을 초월한 부정비리에 빠지고 근시안적인 권력정치에 매몰되는 위선과 배신의 국면에서 "달면 삼키고 쓰면 뱉는다"라는 감탄고토甘呑苦吐는 하지 않았다. 특히 그는 3김 정치의 주역인 김영삼과 김종필에 대해 인간적 예의와 정치적 신의를 지키는 낭만과 관조를 아는 인물이었다.

그럼에도 불구하고 김대중은 모든 일을 자기가 직접 해치워야 직성이 풀리는 만기친람萬機親覽형 리더였고, 용의주도하고 돌다리도 두드리며 건너가는 완벽주의자였다. 그래서 그런지 불순한 의도이건 저널리즘 입장에서건 민주주의 체제에서는 늘상 있는 언론의 비판을 너무 진지하게 대했던 것 같다. 조세포탈 혐의로 몇몇 언론사주가 구속된 것은 그 계기가 "언론개혁"이든 "언론사 타격"이든 결과적으로 탐소실대貪小失大가 아니였던가 본다.

잠시 본론 논의에서 벗어나 과거로 돌아가 보면, 필자에게는 1971년 중학생 시절 담벼락에 붙여진 대선후보들의 포스터 사이에서 김대중의 이미지가 유독 눈에 띄었던 기억이 남아 있다. 그리고 그가 겪었던 심한 박해와 좌절의 시기에 이청준(1939~2008)의 연작소설 『남도사람』(1988)에 나오는 눈먼 여자 소리꾼[194]이 한恨이 쌓여 "창연스런 목소리"를 내는 것처럼, 설움과 자책의 눈물을 흘리는 그의 언론보도 장면들이 떠오르기도 한다. 필자는 '국민의 정부' 초기에 은사이신 최장집 대통령자문 정책기획위원장의 추천으로 3년간 위원으로 활동

---

194 임권택 김독(1936~)은 『남도사람』에 수록된 단편 「서편제」(1976)를 바탕으로 영화 「서편제」(1993)를 연출했다.

한 바 있었다. 이를 계기로 정치행정 분야의 국정과제들에 대해 자문을 하기도 했고, 국정운영 전반에 대해 나름대로 관찰할 수 있는 기회를 갖기도 했다. 김대중은 시대적 가치와 과제를 실현하기 위해 변화와 개혁을 추진했고, 그 과정에서 적지 않은 저항과 갈등을 직면하기도 했다. 그의 삶은 다른 많은 정치지도자들처럼 굴곡이 많았지만, 그러한 그가 남긴 "인생은 생각할수록 아름답다"는 말은 때때로 필자에게 깊은 울림을 준다.

필자는 김대중의 공과를 객관적으로 평가하기에는 일종의 '존재피구속성存在被拘束性' 때문에 제한적일 수 있다. 따라서 그에 대한 평가를 우회해서 접근하는 것도 하나의 방안이라고 양해가 된다면, 그는 한국 근현대사에서 우뚝선 거봉인 손병희(1861~1922)와 여운형(1882~1947)과 견주어 볼 만한 인물이라고 생각한다. 잘 알다시피, 손병희는 반문명국가인 일본제국의 식민지배와 수백 년간 지속된 봉건적 군주전제정의 유제 속에서 거족적인 3·1운동을 통해 민중(people)을 역사의 주체로 전면 등장시켰던 인물이다. 그리고 여운형은 36년 간의 일제지배에서 형성된 친일구조와 전후 미·소의 한반도 분할점령 속에서 건국준비위원회를 통해 민족단결을 도모하고, 좌우합작운동을 통해 통합정치를 모색하다가 산화했던 인물이다. 김대중 역시 이러한 민중적이고 통합적인 지도자의 면모를 보여준다.

김대중은 수십 년간 온존해 온 분단구조와 권위주의체제의 잔재, 그리고 수평적 정권교체에 따른 기득권층(The Establishment)의 반발에도 불구하고, 분열 대신에 통합으로, 한 걸음보다는 반걸음으로 민주주의와 시장경제의 병행발전에 기반한 복지국가 진입이라는 시대적 과제를 이뤄냈다. 이 점에서 그는 운명을 극복한 지도자는 역사의 역전을 막기 위해 반드시 '오르디니'(ordini), 즉 제도화할 것을 조언했던 마키아벨리에 대한 진정한 이해자이기도 하고, 노동자와 가난한 이들을 위하고 사회통합을 이루기 위해서는 복지국가를 구축해야 한다고 역설했던 비어트리스 웹의 사상적 궤적을 따른 실천자이기도 했다.

실로 김대중은 "국민에 발맞추어 반걸음만 앞서 간" 용기 있는 리더였으며, "소외된 사람들의 눈물을 닦아준" 진실한 영웅이었다. 어쩌면 그는 이러한 평가보다는 '성공한 대통령'이라는 말을 듣고 싶어 했을 것이다. 그의 정치적 여정을 마치 셰익스피어의 희극 『끝이 좋으면 만사가 다 좋다』(All's Well That Ends Well, 1623)에 빗대어 본다면, 정치지도자의 마지막 관문인 권력승계를 무사히 마쳤기[195] 때문일 것이다. 물론 그는 "정치를 정말로 좋아한 사람"이라는 필자의 평가를 가장 마음에 들어 했을 것이다.

주요 어록

- "지금 우리는 전진과 후퇴의 기로에 서 있습니다. 우리를 가로막고 있는 고난을 딛고 힘차게 전진합시다. 국난극복과 재도약의 새로운 시대를 열어갑시다. … 우리 국민은 해낼 수 있습니다. 6·25의 폐허에서 일어선 역사가 그것을 증명합니다. 제가 여러분의 선두에 서겠습니다. 우리 다같이 손잡고 힘차게 나아갑시다. 국난을 극복합시다. 재도약을 이룩합시다. 그리하여, 대한민국의 영광을 다시 한번 드높입시다."(1998. 2. 25. 「대통령 취임사」 중)

- "저의 취임 100일 동안 실로 많은 것이 바뀌었습니다. 무엇보다 가장 큰 변화는 국정의 기본철학이 바뀌었다는 점입니다. 그것은 민주주의와 시장경제를 병행 발전시킨다는 대원칙을 분명히 한 점입니다. 민주주의가 없는 곳에 진정한 시장경제는 없습니다. 시장경제가 없는 곳에 세계로 진출할 수 있는 경쟁력은 나오지 않습니다. 민주주의와 시장경제는 수레의 양바퀴와 같이 불가분의 관계입니다. 이 두 가지가 같이 기능할 때만이

---

195 2002년 '12·19 대선' 결과는 새천년민주당의 노무현 후보 48.9%, 한나라당의 이회창 후보 46.5%, 민주노동당의 권영길 후보 3.8% 등으로 나왔다.

자유와 번영을 바랄 수 있습니다."(1998년 국민의 정부 출범 100일과 미국 국빈방문에 즈음한 기자회견 머리말 중)

- "정부는 외환위기 과정에서 적지 않은 저소득층이 생계에 어려움을 겪게 된 점을 가슴 아프게 생각해 왔습니다. 이를 바로잡기 위하여 정부는 획기적인 결단을 내렸습니다. 새로 제정된 「국민기초생활보장법」에 따라 4인 가족 기준으로 월 92만원까지 생계비가 보장됩니다. 이제 돈이 없어서 밥을 굶거나 몸이 아파도 병원에 가지 못하거나 자녀를 교육시키지 못하는 일은 더 이상 없게 되었다는 것을 여러분에게 보고드리는 바입니다."(2000. 8. 15. 「광복절 경축사」 중)

- "남북은 반세기 동안 분단된 가운데 3년에 걸친 전쟁을 치렀으며 휴전선의 철책을 사이에 놓고 불신과 증오로 50년을 살아왔습니다. 이러한 남북관계를 평화와 협력의 방향으로 돌리기 위해 저는 1998년 2월 대통령에 취임한 이후 햇볕정책을 일관되게 주장했습니다. … 완전한 통일에 이르기까지는 얼마가 걸리더라도 서로 안심하고 하나가 될 수 있을 때까지 기다려야 한다는 것이 저의 생각이었습니다."(2000. 12. 10. 「노벨평화상 수상연설」 중)

- "저는 위대한 국민 여러분의 현명함과 저력을 믿습니다. 국민의 정부와 더불어 보여준 '하면 된다'는 국민적 자긍심과 일류국가의 기반을 마련한 성과를 유지, 발전시켜 나간다면, 국운 융성과 모든 국민의 행복한 내일이 머지않아 실현될 것입니다. 앞으로도 저는 한 시민으로서 민족과 국민의 평화와 발전을 기원하면서 살아가겠습니다. 거듭 그간의 은혜에 감사드립니다."(2003. 2. 17. 「퇴임을 맞아 각계 인사들에게 보내는 감사서신」 중)

9. 독일의 앙겔라 메르켈

독일의 앙겔라 메르켈 총리(Angela Dorothea Merkel, 1954~, 재임 2005~2021)는 여러 이력들에서 '최초'라는 수식어가 따라붙는 여성 정치인으로서, 16년간 네 차례의 연립정부 구성을 통해 국내외 위기를 극복하고 사회통합과 유럽통합을 굳건히 함으로써 독일을 유럽의 선도적 국가로 이끈 통합리더십의 아이콘으로 불리는 인물이다. 통합정치와 관련한 그녀(이하 그)의 업적과 리더십에 관한 면면을 살펴보기 위해 슈테판 코넬리우스(Stefan Kornelius, 1965-)의 『위기의 시대 메르켈의 시대』(*Angela Merkel: Die Kanzlerin und ihre Welt*, 2013), 매슈 크보트럽(Matthew Qvortrup)의 『앙겔라 메르켈: 유럽에서 가장 영향력 있는 리더』(*Angela Merkel: Europe's Most Influential Leader*, 2017), 케이티 마튼(Kati Marton, 1949~)의 『메르켈 리더십: 합의에 이르는 힘』(*The Chancellorhe: Remarkable Odyssey of Angela Merkel*, 2021), 우르줄라 바이덴펠트(Ursula Weidenfeld, 1962~)의 『앙겔라 메르켈: 독일을 바꾼 16년의 기록』(*Die Kanzlerin, Porträt einer Epoche*, 2021), 디트리히 올로(Dietrich Orlow, 1937~)의 『독일 현대사: 1871년 독일제국 수립부터 현재까지』(*A History of Modern Germany: 1871 to Present*, 2012), 이현진의 『메르켈 정권 16년: 주요 국제 이슈와 정책 평가』(2022) 등을 참고했다.

그리고 Official Website of The Federal Chancellor(연방 수상 공식 웹사이트,

https://web.archive.org/web/20211203212840/https://www.bundeskanzlerin.de/bk in-en), 토르스텐 쾨르너 감독(Torsten Körner, 1965~)의 다큐멘터리 영화 Angela Merkel: The Unexpected(앙겔라 메르켈: 예상치 못한 자, 2016), 구수환 감독(1959~)의 KBS 다큐멘터리 프로그램「행복한 국가를 만드는 리더십 1부, 메르켈 리더십: 국민의 마음을 얻다」(2017) 등을 참조했다.

물결을 거슬러 자신의 길을 가다

메르켈은 1954년 함부르크에서 태어났으며, 그의 아버지 호르스트 카스너(Horst Kasner, 1926~2011)는 폴란드 혈통의 루터교 목사로서 독일의 명문 하이델베르크대학교와 빌레펠트의 베델신학대학에서 수학했다. 어머니 헤를린드 젠츠쉬(Herlind Jentzsch, 1928~2019)는 폴란드 그단스크 출신으로 영어와 라틴어 교사였다. 메르켈은 삼남매 중 장녀로, 태어난 지 두 달 만에 부친이 사목활동을 하는 동독 브란덴부르크 주의 작은 시골 마을인 템플린으로 이사했다. 1973년 템플린 김나지움을 수학, 물리학, 러시아어 등에서 1등으로 졸업한 후 라이프치히대학교에 입학해 물리학 학사와 석사 학위를 받았다. 1979년 동독과학아카데미에서 연구원과 박사과정을 병행하면서 1986년 물리학 박사학위를 취득했고, 이후 헤이로프스키 물리화학연구소에서 연구원으로 근무했다. 1974년 교환학생으로 모스크바와 레닌그라드에 함께 방문한 물리학과 동료 울리히 메르켈(Ulrich Merkel, 1953~)과 교제해 1977년 결혼했지만, 1982년 이혼했다. 1980년대 중반에 훔볼트대학교에서 화학 박사학위를 취득하고 국가연구소에서 근무하고 있는, 두 아들을 둔 기혼자인 요아힘 자우어(Joachim Sauer, 1949~)를 만나 1998년 재혼했다. 메르켈은 첫 남편의 성을 그대로 유지했으며, 친자녀는 두지 않았다.

  메르켈은 1989년 베를린 장벽의 붕괴로 정치적 자유가 만개되자 동독에서 기독교 계열의 중도우파 시민정당으로 결성된 민주개혁(Demokratischer

Aufbruch, 이하 DA)[196]에 입당하고, 이듬해 연구소를 그만두고 DA의 대변인을 맡았으며, 그 계기로 동독의 마지막 정부[197]에서 부대변인으로 활동했다. 1990년 DA가 독일기독교민주연합(Christlich Demokratische Union Deutschlands, 이하 CDU)의 동독 지부와 합당함에 따라 CDU로 옮기고 나서, 그해 12월 독일 통일(이하 통독) 이후 첫 번째로 치룬 연방하원선거(Bundestagswahl, 이하 총선)에서 메클렌부르히 포아폼먼 주의 슈트랄준트(Stralsund - Nordvorpommern - Rügen) 선거구에서 하원의원으로 당선되었다. 1991년 헬무트 콜 총리(Helmut Kohl, 1930~2017, 서독 재임 1982~1990, 통독 재임 1990~1998) 내각의 여성청소년부 장관에 입각했고, 1994년에는 '환경, 자연 보호, 원자력 안전 및 소비자 보호부'(이하 환경부) 장관직을 맡았다.

메르켈은 1998 총선에서 CDU가 패배하자 당 사무총장을 맡았고, 2000년에는 당 대표로 선출되었다. 2005년 총선에서 CDU의 승리를 이끌어 CDU/CSU(바이에른의 기독교사회연합, Christlich-Soziale Union in Bayern)와 독일사회민주당(Sozialdemokratische Partei Deutschlands, 이하 SPD)의 연립정부(Koalitionsregierung, 이하 연정)를 구성해 총리에 취임했다. 2021년 16년 간의 총리직을 마치고 베를린의 월세 아파트에서 행복한 여생을 보내고 있다.

대체로 메르켈이라는 정치인을 접할 때 종종 의아해하고 흥미로운 지점은 동독 과학자이자 이혼 경력이 있는 비교적 젊은 51세의 여성이 어떻게 유럽 최대 강국인 독일의 총리가 되었으며, 어떻게 그 자리를 16년간 유지할 수 있었는지 등일 것이다. 이러한 궁금증을 풀어보려고 하는 것이 이 글의 목적

---

196 민주개혁은 독일 통일 직전 동독 정부에 저항했던 다양한 시민조직 중 한 단체로서 선거과정에서 정당으로 전환했다. 메르켈이 이 정당에 가입한 것은 정치를 직접 하겠다는 생각보다는 지지자로서 활동하겠다는 차원에서 이뤄진 것으로 알려진다.

197 1949년 독일 전체 영토 중 30%와 인구 1,838만 명을 기반으로 수립된 동독(Deutsche Demokratische Republik, 독일민주공화국)은 1990년 3월 18일 최초의 자유선거를 통해 수립된 마지막 정부(1990. 4. 12~10. 2)에 의해 10월 3일 서독(Bundesrepublik Deutschland, 독일연방공화국)에 편입함으로써 역사 속으로 사라졌다.

중 하나다.

일반적으로 정치인을 탐구하려면 다양한 측면을 살펴보게 되는데, 그중 제일 먼저 주목하는 점은 정치에 입문하게 된 정치적 동기(politische motivation) 일 것이다. 이 동기는 기본적으로 인간의 권력본능(Machtinstinkt)이나 권력에의 의지(Wille zur Macht)에서 비롯된다고 치부할 수 있지만, 직업으로서 정치를 하는 정치인에 대한 평가에서는 대단히 중요한 요소라고 할 수 있다. 특히 이 동기는 막스 베버(Max Weber, 1864~1920)가 『소명으로서의 정치』(Politik als Beruf, 1919)에서 언급한 직업정치인이 지녀야 할 덕목, 즉 신념윤리와 책임윤리 중 전자와 밀접한 관련이 있다.

이 장에서 다루고 있는 정치지도자들은 정치에 입문하기 전에 대부분 변호사나 정당 및 사회단체에서 활동을 해왔는데, 그 과정에서 많은 사람들의 삶과 애환을 접하고 공감하면서 자연스럽게 정치에 눈을 떴다고 볼 수 있다. 하지만 메르켈의 경우는 다르다. 그는 과학자로서 연구소에서 조용히 소임을 다하는 중 베를린 장벽이 무너진 이후 그 어느날, 갑작스럽게 정치에 나선 것은 궁금증을 넘어서 의아함을 불러일으킨다. 물론 그는 대학 시절 공산당 청년조직의 일원으로 활동한 적이 있었고, 베를린 장벽 붕괴 직후 서베를린으로 열광하며 몰려가는 사람들 틈에 합류한 적이 있었다. 이러한 경험은 당시 대학생이나 일반 사람이라면 대부분 겪었던 일이기에 정치를 하게 된 계기라고 보기는 어렵다. 그렇다면 그의 정치적 동기는 무엇이었을까?

필자는 메르켈의 정치적 동기를 나름대로 파악하기 위해 다양한 문헌과 자료를 꼼꼼히 살펴보았지만, 그 실체에 다가가기에는 역부족임을 느꼈다. 이는 그가 프라이버시를 편집증에 가까울 정도로 고집스레 지키려는 사람이었기에 정치적 동기와 같은 내면적 소재素材를 명확히 밝히지 않은 데에서 연유한다고 볼 수 있다. 하지만 필자는 케이트 마튼[198]의 저술에서 메르켈의 정치적

---

198 케이트 마튼은 헝가리 출신으로 냉전시대에 스파이 혐의로 체포된 언론인 부모 아래에서 성장했으며, 한때 난민이었다. 저자의 이 같은 경험은 동독 출신인 메르켈의 성장기와

동기를 이해할 수 있는 단초를 찾아냈다.

"(성경 말라기서 2장 17절을 인용하면서) 말라기는 사회가 약자들을, 사회
의 변두리에 있는 사람들을, 부당한 대우를 받는 고용된 일꾼들을, 과부들과
고아들을 상대로 휘두르는 폭력을 목격했습니다. 말라기는 이것은 용납할
수 없다, 이것은 하나님의 계명에 어긋난다 말합니다. … 사회에서 제일
약한 이들이 부당한 대우를 받아서는 안 됩니다. 우리는 그들에게 관심을
쏟아야 합니다."

"권력(power) 그 자체는 전혀 나쁜 것이 아닙니다. 권력은 필요합니다.
권력은 만드는 것(무엇인가를 하는 것)입니다. 무슨 일을 하고 싶다면 적
절한 도구가 필요합니다. 다시 말해, 집단의 지원이 필요합니다. … 권
력의 반대말은 무력함(powerless)입니다. 제아무리 좋은 아이디어가 있
다 해도 실천에 옮길 수 없다면, 아이디어가 무슨 쓸모가 있겠습니까!"

이러한 메르켈의 심경은 정치에 입문한 지 한참 지나서 회상조로 언급한
것이지만, 이로부터 어린 시절의 경험이 자신의 정치적 동기와 연관된 것으로
유추해볼 수 있다. 앞서와 같이 그는 마르크스-레닌주의에 따른 무신론을
신봉하는 동독에서 체제순응적이고 엄격한 목사인 부친과, '부르주아 목사'의
아내라는 이유로 교단에 서지 못했지만 남편에게 한탄하지 않고 자식들에게
항상 자상했던 모친 아래에서 자랐다. 그가 자랐던 템플린은 독일 동화에

캐릭터, 그리고 경험을 이해하는 데 매우 중요하게 작용했다. 그는 클린턴 행정부 하에서
독일 주재 미국대사를 지낸 남편인 리차드 홀브룩(Richard Holbrooke, 1941~2010, 재임
1993~1994)을 통해 2001년부터 메르켈과 인연을 맺었고, 메르켈의 허락을 얻어 총리
집무실을 자유롭게 드나들면서 메르켈 주변의 인물들과 인터뷰를 할 수 있었다. 그는
메르켈의 정치적인 면보다는 인간적인 면을 주목하면서, 아웃사이더인 메르켈이 어떻게
세계에서 가장 영향력 있는 여성이 되었는지를 밝히고 있다.

등장할 법한, 사람의 손이 닿지 않은 투명한 호수와 소나무 숲이 있는 지역으로 오락거리가 전혀 없는 시골이었다. 하지만 이따금 부모를 따라 동독에서 신학대학 중 한 곳이 있는 발트호프 복합단지의 장애인 쉼터를 방문해 신체적·정신적 장애가 있는 아이들과 어울리곤 했는데, 그것은 그에게 자연스런 일이었다.

이러한 환경에서 그는 독립심을 기르고, 과묵하고 차분한 기질을 형성했으며, 어려운 사람들에 대한 연민의 싹을 틔웠다. 또한 그는 일찍부터 리더의 의미를 알았던 것 같다. 어릴 적 친구들에 따르면, 그는 "처음부터 리더"였다. 그는 자신의 숙제를 재빠르게 하고나서 다른 아이들의 숙제를 도와주면 편안했다고 기억하면서, "나는 크리스마스에 어떤 선물을 살 것인지 두 달 전부터 생각했어요. 인생을 체계화하고 혼란을 피하는 것은 내게는 엄청나게 중요한 일이었습니다"라고 회상한 바 있다.

메르켈의 청소년 시절은 여느 또래들처럼, 자신이 기쁘게 해줄 수 없는 아버지와 늘 남편에게 충직한 어머니와 거리두기를 바랐고, 작은 마을에서 벗어나길 바랐던 시기였다. 특히 일상 속의 부조리한 위선에 대해 매우 싫어했던 것 같다. 그는 서독에 있는 친척이 보내준 청바지를 입고 학교에 간 적이 있는데, 그 일로 교장에게 '부적절한 서구 의복'에 대한 훈계를 들어야 했다. 또한 전 과목에 걸쳐 A를 받았지만, 선생님에게 칭찬을 받거나 상을 받은 경우가 드물었다. 이는 그가 부르주아의 자식이라는 이유 때문이었을 것이다.

메르켈은 15세 때 부친의 도움을 받아 소련의 핵물리학자이자 반체제 인사인 안드레이 사하로프(Andrei Sakharov, 1921~1989)의 에세이 사본을 소지하고 있다가 정보당국에 붙잡힌 적이 있었다. 이 일로 인해 부친은 신문을 받았고, 정보기관인 슈타지(Stasi, Ministerium für Staatssicherheit, 국가보안부)의 주요 감시 대상이 되었다. 메르켈은 김나지움을 졸업하기 직전에 졸업기념 촌극을 급우들과 공연했는데, 공산주의 운동의 공식 노래인 「인터내셔널」(The Internationale)을 영어로 부르는 바람에 공연 주도자로 졸업을 박탈당할 지경에 이른 적이 있었다. 당시 부친이 관구 주교에게 도움을 청해, 주교가 당국에 탄원함으로써 메르켈은 위기를 넘길 수 있었다.

이처럼 메르켈은 대학생이 되기 전부터 자신의 나라인 동독의 현실이 세계 다른 곳들과는 다르게 특히나 엄격하고 제약이 많다는 것을 몸소 깨달았다. 그래서 그는 "물리학을 택한 것은 아인슈타인의 상대성이론을 이해하고 싶었기 때문이고, 제아무리 동독이라도 기본적인 연산과 자연의 법칙을 무시할 수 없었기 때문이다"라고 회고한 것처럼, 사람들의 일거수일투족을 감시하는 체제에서 벗어나기 위해 과학이라는 안전한 영역으로 도피한 측면도 없지 않았다.

잘 알려졌다시피, 동독의 감시체제는 세계적으로 악명이 높았다. 동독은 동서 냉전의 한가운데에서 소련의 지원을 받아 사회주의 진영의 쇼윈도 (Schaufenster) 역할을 하면서, 시민의 삶과 정치를 완벽히 통제하는 전체주의적 체제를 유지했다. 여기에 1946년부터 1990년까지 44년간 동독을 지배했던 독일사회주의통일당(Sozialistische Einheitspartei Deutschlands, 이하 SED)[199]의 발 터 울브리히트 1서기(Walter Ulbricht, 1893~1973, 재임 1950~1971)와 에리히 호네커 서기장(Erich Honecker, 1912~1994, 재임 1971~1989)이 자본주의로부터 사회주의를 지킨다는 빌미로 폭력과 억압으로 통치함으로써 베르톨트 브레히 트(Bertholt Brecht, 1898~1956)가 「살아남은 자의 슬픔」(Ich, der Überlebende, 1944)[200]에서 묘사한 것과 유사한 형국이 지속되어 왔다. 이 같은 탄압은 나치

---

199 SED는 1918년 창당한 독일공산당(KPD)과 1863년 기원한 SPD의 동독 지역당이 1946년 합당해 결성되었는데, 1989년 SED-PDS(Partei des Demokratischen Sozialismus, 민주사회 당)로 개명하고, 1990년 민주사회당(PDS)으로 변경했으며, 2007년 당내 우파는 노동과 사회정의(WASG)로, 좌파는 좌파당(Die Linke)으로 합류함으로써 역사 속으로 사라졌다.

200 브레히트의 작품을 번역한 김광규(1941~)의 『살아남은 자의 슬픔』(2014)에 수록된 시를 소개하면 다음과 같다. 〈물론 나는 알고 있다. / 오직 운이 좋았던 덕택에 / 나는 그 많은 친구들보다 오래 살아 남았다. / 그러나 지난 밤 꿈속에서 / 이 친구들이 나에 대해 이야기하는 소리가 들려 왔다. / "강한 자는 살아 남는다." / 그러자 나는 자신이 미워졌다.〉 브레히트는 1933년 히틀러가 집권하자마자 독일을 떠나 유럽 각국과 미국

독일(Nazideutschland, 1933~1945)의 정보기관인 게슈타포(Gestapo)를 이어받은 슈타지에 의해 자행되었다. 슈타지의 직원은 정보원을 포함해 17만 3,000여 명에 달했는데, 국민 63명 당 1명 꼴일 정도로 동독 사회에 넓고 깊숙이 침투해 있었다.

메르켈 역시 슈타지의 감시에서 벗어날 수 없었다. 그는 2005년 언론 보도를 통해 절친했던 실험실 동료가 한동안 자신의 동향을 슈타지에 밀고했다는 사실을 알았다. 특히 메르켈은 슈타지 때문에 대학 동창과의 우정이 깨지기도 했으며, 취업과정에서 불이익을 받기도 했다. 1982년 예나에서 있었던 평화시위에 참석해 체포되고 석방된 후 서독으로 탈출했던 대학 친구가 메르켈에게 편지를 보내자, 메르켈은 자신이 감시를 받고 있다고 추측해 친구에게 편지를 보내지 말 것을 요청했다. 이 일로 베를린 장벽이 무너진 후에 그 친구가 우정을 이어가기를 거부하는 바람에 메르켈은 말할 수 없는 아픔과 슬픔을 겪었다. 또한 그는 석사를 마치고 가장 선망하고 있던 일메나우 공과대학에 취직하려고 할 때, 동료 교수들을 밀고하는 '애국적인 의무'를 수행할 것을 요구하는 슈타지의 조건을 거부한 적이 있었다. 아마 이 바람에 그는 교수직에 취업하지 못했던 것 같다. 아쉽게도 그는 플로리안 헨켈 감독(Florian Henckel, 1973~)의 영화 「타인의 삶」(Das Leben der Anderen, 2006)에 등장하는, 브레히트의 시를 읽고 가련한 남녀 연인을 지켜주려고 했던 자애로운 슈타지 요원을 만나지는 못했다.

메르켈은 1979년부터 동베를린에 있는 동독과학아카데미와 헤이로프스키 물리화학연구소에서 공부와 일을 하면서 대도시 생활을 만끽할 만한 데도 불구하고, 그의 가장 친한 친구이자 오페라 기획자인 미하엘 쉰드헬름(Michael Schindhelm, 1960~)의 말에 따르면, "길 잃은 영혼"처럼 느껴졌다고 한다. 이는 아마도 짧았던 결혼생활과 고된 박사과정 때문이기도 했지만, 동독 치하에서

(1941~1947)에서 망명 생활을 했다.

삶에 대한 열정을 상실한 것 때문이 아니었을까 추측해 본다. 메르켈은 1986년 사촌 결혼식에 참석하기 위해 서독을 처음으로 방문해 그곳의 자유분방한 분위기와 최첨단의 발전상을 보고, 동독의 국운이 다했다고 확신했다. 마침내 허위와 통제의 체제가 무너지자, 그는 오랫동안 현실 도피처로 여겼던 과학세계에서 과감히 뛰쳐나와 좋은 세상을 만들 수 있는 권력을 얻기 위해, 그리고 동독의 패잔병이 되지 않기 위해 정치세계로 전격적으로 뛰어들었다. 케이트 마튼에 따르면, 메르켈은 "나는 좋은 물리학자였습니다. 그러나 노벨상을 수상하게 될 걸출한 과학자는 아니었죠"라는 말로 당시의 심경을 담담히 회상하며, 자신이 최고가 될 수 있는 분야에서 새로운 도전을 시작했음을 암시했다.

문제는 정치적 학습이나 경험이 전무한 그가 어떻게 약육강식의 냉혹한 정치세계에서 권력을 쟁취할 수 있느냐 하는 것이었다. 하지만 그는 사실 이미 준비된 여성 정치인이었다. 그는 오래 전부터 러시아에서 문화와 과학의 황금시대를 열었을 뿐만 아니라 러시아 아메리카(Russkaya Amerika, 1799~1867)를 수립할 정도로 러시아를 대제국으로 확장시켰던 예카테리나 2세(Yekaterina Ⅱ, Catherine the Great, 1729~1796, 재위 1762~1796)와 노벨상을 두 번 수상(1903년 물리학상 공동, 1911년 화학상)한 폴란드 출신의 프랑스 화학자인 마리 퀴리(Marie Curie, 1867~1934)를 자신의 '롤 모델'(Vorbild)로 삼고 있었다.

메르켈은 어릴 적부터 폐쇄된 시골에서 마음의 도피처로 책읽기를 좋아했는데, 특히 러시아 고전문학을 좋아했다. 이는 그가 러시아 문화와 언어[201]에 대한 조예가 남달랐기 때문이지만, 나중에 예카테리나를 주목하게 된 배경이 되었다. 예카테리나는 프로이센의 프리드리히 2세 대왕(Friedrich Ⅱ, 1712~1786, 재위 1740~1786)의 조카인 소피 공주로 훗날 러시아 황제인 표트르 3세(Peter

---

[201] 메르켈은 15세에 러시아어 올림픽에서 우승해 해외여행이라는 상을 받아 모스크바를 방문한 적이 있었다. 그는 러시아어에 대해 "아름다운 언어입니다. 감정이 그득하고 약간 음악 같기도 하고, 때로 멜랑콜리(melancholy)하기도 합니다"라고 소감을 밝힌 바 있다.

III, 1728~1762, 재위 1762)와 정략결혼을 했는데, 궁전쿠데타로 차리나(Czarina, 여제)가 되어 34년간 러시아를 통치했던 권력정치의 귀재였다. 예카테리나는 당시 대표적인 관용주의 사상가인 볼테르(Voltaire는 필명, François-Marie Arouet, 1694~1778)와 서신을 교환할 정도로 담대하고 개방적인 계몽군주였다. 이러한 인물을 롤 모델로 삼은 메르켈은 권력의 속성과 관용의 중요성, 그리고 권력의 궁극적인 목적에 대해 철저히 파악하고 정확히 포착했을 것이다. 이는 그가 정치에 입문하고나서 총리가 되기까지 걸린 15년 동안 기량이 넘치고 권세가 막강한 다수의 남성 정치인들을 권력 무대에서 제치고 권력의 정상에 오른 원동력이었을 것이다. 그는 총리 집무실 책상 위에 예카테리나의 초상화를 담은 작은 은제 액자를 두었는데, 이는 의미심장한 상징적 행위라고 볼 수 있다. 아마 서류를 결재할 때마다 최고 권력자로서 무엇을 할 것인가, 그리고 어떻게 하면 권력도 유지하고 강화할 것인가를 잊지 않기 위함이었을 것이다.

예카테리나는 메르켈에게 정치의 매크로(macro) 차원에서 대의와 통찰력을 심어주었다면, 퀴리는 마이크로(micro) 차원에서 자신감과 인내를 가르쳐주었다고 볼 수 있다. 퀴리는 노벨상을 한 번도 아니고 두 번이나 수상한 최초의 여성 과학자이기에 메르켈에게는 어릴 적부터 과학에 대한 영감과 여성에 대한 자부심을 주는 최고의 롤 모델이었다. 더군다나 퀴리는 메르켈의 할아버지처럼 폴란드인이었고, 소련에 의해 동독이 점령당한 것처럼 러시아의 지배를 겪었기 때문에 메르켈에게는 동병상련同病相憐과 같은 위안과 유대감을 주는 존재였다. 이렇기 때문에 "인생에는 두려워할 것이 하나도 없다. 이해할 것만 있을 뿐이다"라는 퀴리의 말은 어린 메르켈에게 깊은 인상을 심어주었을 뿐만 아니라 정치경력을 쌓아가는 동안에도 항상 마음속에 떠올렸을 것이다. 그리고 메르켈은 "퀴리가 원소를 발견한 것은 자기에게 좋은 아이디어가 있다고 확신했기 때문이에요. 당신이 어떤 아이디어를 믿는다면, 설령 그렇게 믿는 사람이 당신뿐이더라도 그 아이디어를 추구하는 과정에서 여러 번의 부침에 시달리더라도, 그게 옳은 아이디어라면 결국에는 목표에 도달하게 될 것입니다"라고 말했듯이, 끈기와 인내가 궁극적인 성취를 가져온다는 점을 확신했다. 이 같은 확신은 메르켈이 이끌었던 16년간의 국정에서 여실히 증명되었다.

통합정치로 강건한 국가를 만들다

메르켈의 정치 입문은 조용하게 이뤄졌지만, 정치적 입지는 행운에 힘입어 급속히 성장했다. 정치에 발을 디딘 그는 독일 통일이라는 대세를 주도하고 있던 기독교민주연합(CDU)이 아닌, 명칭이 마음에 들 뿐만 아니라 아직 많은 것이 미완성이라 함께 만들어 갈 가능성이 많다고 본 민주개혁(DA)에 입당했다. 그는 DA에서 대변인을 맡았지만, 1990년 3월에 치룬 동독 총선에서 CDU, DA, 독일사회연합(Deutsche Soziale Union) 등 3당이 구성한 선거연합체인 독일 동맹(Allianz für Deutschland)의 후보로 나서지는 않았다. 아마 DA의 약한 당세로 선거연합체의 후보 지분이 적었든지, 아니면 통일정부를 구성하기 위한 본격적인 총선이 조만간에 있을 것이라는 전망 때문이었든지 메르켈은 출마를 미뤘다.

선거 결과 독일동맹 블록이 과반수에 육박하는 의석을 차지함에 따라 CDU의 동독지부 대표인 드메지에르(Lothar de Maizière, 1940~)가 동독의 마지막 총리에 취임했다. 메르켈은 드메지에르 총리에 의해 DA의 몫으로 정부의 부대변인을 맡았다. 그는 부대변인직을 과학자 출신답게 효율적이고 깔끔하게 수행하자, 드메지에르 총리의 전폭적인 신임을 얻게 되었을 뿐만 아니라 자신이 속한 DA가 CDU와 합당[202]하는 계기로 CDU의 콜 총리를 포함한 당내 유력자들의 주목을 받게 되었다.

드디어 메르켈은 1990년 12월 2일에 치룬 총선에서 메클렌부르흐 포아폼먼주의 슈트랄준트 선거구의 후보로 공천을 받아 당선되었다. 이어 그는 1991년 1월 콜 총리가 이끄는 CDU/CSU와 자유민주당(Freie Demokratische Partei, 이하

---

[202] 메르켈이 속한 DA는 1990년 8월 4일 CDU의 동독지부에 합당했으며, 동독 CDU는 10월 1일 서독 CDU와 통합했다. 이로써 메르켈은 CDU의 당원이 되었다.

FDP)의 연정 하에서 여성청소년부 장관으로 임명되며 36세의 나이로 전후 독일 헌정사상 최연소 장관이 되었다. 그리고 1993년부터 2000년 사이에 메클렌부르히 포아폼먼 주의 CDU 대표를 역임했고, 1994년에는 국정에서 비중이 큰 환경부 장관에 입각해 이듬해 베를린에서 열린 UN 기후변화회의를 성공적으로 주재하며 국제 무대에서 주목받는 여성 정치인으로 자리매김했다. 이 같은 정부 내에서의 입지 상승과 더불어 메르켈은 CDU 내에서도 비중 있는 지도부의 일원으로 성장했다. 그는 1991년 전당대회에서 86.3%라는 압도적인 지지로 부대표로 선출되었고, 1998년 전당대회에서는 찬성 874표 대 반대 68표로 당의 2인자로 조직과 재정을 책임지는 사무총장에 올랐다.

이처럼 메르켈이 정계에서 승승장구할 수 있었던 것은 그의 기량이나 정치력 때문이라기보다는 상황적 요인이 크게 작용한 데 따른 것이었다. 콜 총리는 〈표 IV-9-1〉에서 볼 수 있듯이, CDU 출신의 네 번째 총리로서 통독을 이뤄낸 역사적 인물인 데다가, 16세(1946년)에 CDU에 입당해 43세(1973년)부터 대표를 맡아 왔기 때문에 당의 '절대지존絶對至尊'이었다. 하지만 콜은 CDU/CSU-FDP 연정 하에서 국민통합이라는 난제에 직면하고 있었기 때문에 구동독의 지지와 협조가 절실히 필요한 처지였다. 이러한 연유로 콜은 동독 과학자 출신인 메르켈이 여성과 청소년 문제에 관해 문외한임에도 불구하고, 그를 파격적으로 여성청소년부 장관에 발탁했다. 물론 메르켈도 통합내각으로 치장하려는 콜의 정치적 의도를 알고 있었다. 메르켈은 "내가 동일한 능력을 갖고 서독에서 자랐다면, 이런 일은 일어나지 않았을 겁니다"라고 '구색 맞추기'(Sortiment)임을 인정했다.

콜은 루트비히스하펜이라는 시골 출신으로 사투리를 심하게 사용하는 가톨릭교도였기 때문에 한때 독일사회에서 주류로 인정받지 못한 인물이었다. 하지만 콜은 독일에서 가장 유서 깊은 하이델베르그대학교에서 역사학 박사학위를 취득한 데 대한 자부심이 강했다. 메르켈의 부친이 하이델베르크대학교에서 수학한 이력을 알고 있는 콜이 아웃사이더인 메르켈에 대해 연민을 느끼는 동시에 무언가를 베풀고자 하는 마음이 있었을 것으로 추측된다.

어쨌든 콜의 지속적인 정치적 보살핌과 도움 덕분에 메르켈은 출세 가도를 달렸고, 언론에서는 콜의 제자 내지 '정치적 수양딸'이라고 묘사하기도 했다. 하지만 콜은 두 가지 점에서 실수했다. 하나는 메르켈을 종종 20대 초반 여성에 해당되는 매첸(mädchen, 아가씨)이라고 불렀고, 다른 하나는 메르켈을 독일 통일의 상징인 일종의 트로피로 대우하는 모습을 보였다. 메르켈은 콜의 이러한 태도가 특별 대우하는 식으로 자신에게 굴레를 씌운다고 생각했다. 여기에는 기독교 보수주의를 기반으로 하는 CDU의 권위주의적이고 남성중심적인 정치 문화와 엘리트주의적이고 비민주적인 정치형태에 대한 반감도 있었다.

메르켈은 1993년 수전 팔루디(Susan Faludi, 1959~)의 『백래시: 누가 페미니 즘을 두려워하는가?』(*Backlash: The Undeclared War Against American Women*, 1991)[203]에 대해 "사람들을 지도하는 직위에서, 미디어에서, 정당에서, 이해집단 에서, 경제계에서 여성들이 대표되지 않는 한, 여성들이 정상급 패션 디자이너 와 정상급 셰프의 지위에 속하지 않는 한, 여성들을 위한 롤 모델은 남성들에 의해 결정될 것이다. … 평등이란 여성에게도 자신들의 삶을 빚어낼 동등한 권리가 있다는 뜻이다"고 리뷰하면서, CDU의 문제점과 여성주의적 입장을 엄격히 밝혔다.

---

[203] 메르켈이 미국 레이건 시대에 있었던 반페미니즘의 광풍을 분석하고 있는 팔루디의 저서에 대해 서평을 한 것은 레이건 대통령과 가장 가까웠던 콜과 당시 통독의 보수적 풍조를 의식하고 쓴 것이라고 짐작해 볼 수 있다. 물론 메르켈이 16년간 총리를 지내는 동안 독일 사회는 팔루디의 다른 저서인 『스티프트: 배신당한 남자들』(*Stiffed: The Betrayal of the American Man*, 1999)이 지적한 것과 같이, 총리를 내지도 못하는 남성의 무능함과 무기력이 드러난 사회였다는 조소와 야유가 있기도 했다.

〈표 Ⅳ-9-1〉 독일연방공화국 역대 총리 현황

취임년	총리	소속	비고
1949	콘라트 아데나워	기독교민주연합	FDP, 독일당 연정*
1963	루트비히 에르하르트	기독교민주연합	FDP 연정
1966	쿠르트 키징어	기독교민주연합	SPD 연정
1969	빌리 브란트	사회민주당	FDP 연정
1974	헬무트 슈미트	사회민주당	FDP 연정
1982	헬무트 콜	기독교민주연합	FDP 연정
1998	게어하르트 슈뢰더	사회민주당	녹색당 연정
2005	앙겔라 메르켈	기독교민주연합	SPD 또는 FDP 연정
2021	올라프 숄츠	사회민주당	녹색당, FDP 연정

* 1957~1961년 사이의 정부는 CDU/CSU의 단독 정부였음.

메르켈은 어릴 적부터 감시와 통제의 동독 사회에서 살아남기 위해서는 강해져야 한다는 것을 본능적으로 알고 있었고, 정치에 입문해서는 어떤 것은 감추고 어떤 것은 기다려야 한다는 감각을 키워 나갔다. 그는 "메어 자인 알스 샤인(Mehr sein als Schein, 겉모습보다는 알맹이가 중요하다)"이라는 루터교의 가르침을 잊지 않고 있었다. 그리고 모교인 라이프치히대학교의 대선배인 괴테(Johann Wolfgang von Goethe, 1749~1832)의 『파우스트』(Faust, 1832)에 나오는 "자유는 날마다 새로이 그것을 쟁취해 얻는 자만이 누릴 자격이 있다"라는 구절을 기억하고 있었다. 마침내 메르켈은 권력을 쟁취하기 위해 나아갈 시점을 정확히 포착했다. 그는 1998년 총선 패배로 콜이 대표에서 물러나고 자신이 사무총장을 맡게 되자, 이듬해 12월 "콜의 시대는 되돌릴 길 없이 끝이 났다"고 전격적으로 선언했다. 그는 후원금 불법수수 혐의를 받고 있었던 자신의 정치적 멘토이자 CDU의 현직 명예대표인 콜을 무너뜨리고, 콜의 정치적 상속인이자 자신의 강력한 라이벌인 볼프강 쇼이블레 대표(Wolfgang Schäuble, 1942~2023, 재임 1998~2000)의 정치적 생명을 종결시켰다.

메르켈은 2000년 4월 10일 CDU 대표를 선출하는 임시전당대회를 통해

"좋은 기회가 생기면 그걸 거머쥐려고 과감한 행보를 취하는 본능"을 발휘해 대의원 95%의 지지를 받고 대표로 선출되었다. 통독 이후 보수적이고 남성중심적인 CDU는 여성을 대표로 받아들일 정도로 변화했는데, 특히 야당의 입장으로서 얼굴마담(Galionsfigur)이 아닌 발퀴레(Walküre)[204]를 원하고 있었다. 그는 이 기회를 놓치지 않고 전광석화電光石火와 같은 권력 장악의 드라마를 펼쳤다. 아마 냉정하고 신중한 사람보다는 용맹하고 과단성 있는 사람을 좋아하는 마키아벨리의 '운명의 여신'인 포르투나(Fortuna)가 메르켈에게 행운을 가져다 준 것이 아닌가 본다.

어쩌면 메르켈은 그림 형제(Brüder Grimm, Jacob 1785~1863, Wilhelm 1786~1859)가 색다르게 이야기를 꾸민 「재투성이」(Aschenputtel, 1812)에서 자신의 운명을 당차게 극복해 내는 뉴신데렐라(New Cinderella)였을지 모른다. 그는 순진무구하고 고분고분한 아가씨가 아니라 영민하고 용의주도한 예카테리나의 분신이었던 것이다. 당연히 메르켈과 콜은 정치적 인연뿐만 아니라 인간적 관계도 끊어질 수밖에 없었다.[205] 이제 그는 『숫타니파타』(Sutta Nipāta)에 나오는 "무소의 뿔처럼 혼자서 가라"라는 말대로 혼자서 당당히 헤쳐 나가야 했다.

메르켈은 2002년 총선을 앞두고 '콜의 황태자들'이라고 불리는 그룹의 저항으

---

204 발퀴레는 북유럽 신화에 등장하는 반신반인의 여전사들을 가리키는데, 리하르트 바그너(Richard Wagner, 1848~1874)가 작곡한 오페라 대작인 Der Ring des Nibelungen(니벨룽겐의 반지, 1848~1874) 중 두 번째 곡의 제목을 삼을 정도로 독일인에게 친숙한 여성 영웅의 캐릭터이다. 메르켈은 바그너 오페라의 애호가로 알려진다.

205 메르켈과 콜은 나중에 화해했다. 2005년 콜은 메르켈을 총리후보로 지지했고, 4년 후 메르켈은 공개적인 화해의식으로 콜의 자택을 방문했다. 물론 콜은 말년에 건강이 좋지 않아 정신이 맑지 않은 상태에서 메르켈의 외교안보 및 탈원전 정책에 대해 신랄한 비판을 가하기도 했다. 메르켈은 콜의 부음을 접하고, "콜은 사람과 평화에 봉사하는 최고의 정치기술을 지니고 있었으며, 저의 삶을 결정적으로 바꿔 준 사람이었다"고 애도했다.

로 정치적 도전에 직면했다. 야당 지도자(Oppositionsführer)[206]와 CDU/CSU의 원내대표의 자격은 당내 경쟁자인 프리드리히 메르츠(Friedrich Merz, 1955~, 재임 2000. 2~2002. 9)가 차지하고 있었고, 대다수의 남성 간부들은 메르켈이 총리후보가 되는 것을 지지하지 않았다. 결국 CDU/CSU의 총리후보는 CSU의 대표인 에드문트 슈토이버(Edmund Stoiber, 1941~)가 선택되었다. 총선 결과는 메르켈의 입장에서는 불행 중 다행이었다고 볼 수 있지만, 〈표 Ⅳ-9-2〉와 같이 CDU/CSU는 SPD보다 3석을 적게 얻어 정권 탈환에 실패했다.

메르켈은 2000년 4월부터 맡아 온 당대표직과 더불어 2002년 9월 메르츠가 사임한 CDU/CSU 원내대표직을 겸직하게 되면서 야당지도자로서 차기 총리후보의 지위를 확고하게 굳혔다. 이어 다음 총선이 예정된 2006년까지 기다리는 중에 SPD의 게어하르트 슈뢰더 총리(Gerhard Schröder, 1944~, 재임 1998~2005)가 정치적 어려움을 타개하기 위해 총선 시기를 일년 앞당기는 바람에 메르켈에게 큰 기회가 찾아왔다.

2005년 총선 결과는 〈표 Ⅳ-9-2〉와 같이 CDU/CSU가 제1당이었지만, SPD보다 불과 4석만 더 얻은 것으로 나왔다. 이러한 결과에도 2002년 정부구성의 전례처럼 CDU/CSU가 연정을 구성할 수 있는 위치에 서게 되었다. 물론 수다쟁이인 슈뢰더는 TV 카메라 앞에서 "저는 총리직을 유지하게 될 겁니다"라고 말하면서, 연정을 주도[207]하겠다고 밝혔다. 이에 대해 메르켈은 "간단히 말하자면, 슈뢰더 후보는 오늘 승리하지 못했습니다. 저는 우리가 민주적 규범을 뒤엎지 않으리라는 것을 약속드립니다"라는 예의 차분한 응대를 통해 청중의

---

206 독일의 '야당 지도자'는 하원에서 집권세력이 아닌 가장 큰 정당의 의회 지도자를 가리키는 데, 공식적인 직함은 아니고 상징적으로 불린다. 야당 지도자 중 총리가 된 이는 콜과 메르켈 두 사람뿐이다.

207 제2당이 연정을 주도한 사례는 1969년 총선 직후 이뤄진 SPD-FDP 연정으로, SPD의 빌리 브란트(Willy Brandt, 1913~1992, 재임 1969~1974)가 총리가 된 경우다. 당시 총선 결과는 CDU/CSU 242석, SPD 224석, FDP 30석이었다.

큰 호응을 얻었다. 메르켈은 과거 콜을 꺾었던 것처럼 이번에는 하드볼 정치 (hardball politics)[208]로 정평이 난 또 다른 권세가인 슈뢰더를 한방에 코너로 몰아넣었다. 그는 3주간에 걸친 SPD와 연정 협상을 마치고, 11월 22일 CDU/CSU-SPD 연정의 총리에 취임했다. 그는 자신의 이력에 최고 권력자인 총리의 직책을 기재하는 동시에, 또 다른 '최초'라는 수식어를 덧붙이게 되었다.

메르켈의 연정은 통독 이후 지속되어 왔던 연정들과 성격이 판이했다. 우선 그의 연정은 제1당과 제2당이 연립함으로써 의회의 압도적인 지지를 받을 수 있는 대연정(Groβe Koalition)이었다. 이러한 대연정 사례는 1960년대 중반 에 집권했던 쿠르트 키징어 총리(Kurt Kiesinger, 1904~1988, 재임 1966~1969)의 CDU/CSU-SPD 연정에서 처음 볼 수 있다. 당시 대연정은 총선 결과에 따라 구성된 것이 아니라, 전임 루트비히 에르하르트 총리(Ludwig Erhard, 1897~1977, 재임 1963~1966)의 CDU/CSU-FDP 연정이 정책 불일치로 인해 붕괴되면서 3당체제 하에서 다른 선택의 여지 없이 불가피하게 등장한 측면이 있다.

메르켈의 연정은 〈표 IV-9-2〉에서 볼 수 있듯이, 제2당인 SPD와의 연립(226석 + 222석) 이외 제3당인 FDP와 제5당인 녹색당과의 연립(226석 + 61석 + 51석)을 선택할 수 있었다. 하지만 메르켈은 이념과 정책에서 상충될 뿐만 아니라 바로 직전에 집권했던 SPD와 대연정을 선택했다. 이는 리스크가 매우 큰 승부수였다. 즉 압도적인 의회의 지지를 바탕으로 소신껏 국정을 펼쳐 나갈 수 있다는 점에서 정치적 도약의 기회였지만, 집권 경험이 있는 SPD가 정책적으로 반대의견을 표출할 경우 연정이 취약해질 위험이 있다는 점에서 실패의 서막이 될 수도 있었다.

---

[208] 하드볼 정치는 공격적이고 경쟁적이며 무자비한 스타일의 정치를 이른다.

〈표 Ⅳ-9-2〉 독일 통일 이후 연정 및 메르켈 관련 현황

총리	총선 (총의석)	정당별 의석수	연정 장관 배분 (여성)*	메르켈 동향 및 현안 관련
콜	1990 (662)	CDU/CSU 319, SPD 239, FDP 79, PDS 17, 녹색당 8	CDU 10 (2) CSU 3 (0) FDP 5 (1)	1990 연방하원의원 초선 1991 여성청소년부 장관 1991 CDU 부대표
	1994 (672)	CDU/CSU 294, SPD 252, 녹색당 49, FDP 47, PDS 30	CDU 11 (2) CSU 3 (0) FDP 3 (1)	1993 CDU 메클린부르히 주대표 1994 환경부 장관 1995 유엔기후변화회의 주재
슈뢰더	1998 (699)	SPD 298, CDU/CSU 245, 녹색당 47, FDP 43, PDS 36	SPD 12 (4) 녹색당 3 (1) 무소속 1 (0)	1998 CDU 사무총장 2000 CDU 대표 2002 총선 총리후보 지명 안됨.
	2002 (603)	SPD 251, CDU/CSU 248, 녹색당 55, FDP 47, PDS 2	SPD 11 (5) 녹색당 3 (1)	2002 야당 지도자 및 CDU/CSU 원내대표 이라크전 찬성
메르켈	2005 (614)	CDU/CSU 226, SPD 222, FDP 61, 좌파PDS 54, 녹색당 51	CDU 5 (3) CSU 2 (0) SPD 8 (2)	사회보험 기여금 및 소득세 인상 정부투자 및 사회복지 확대 금융위기 및 유로존 위기 대응
	2009 (622)	CDU/CSU 239, SPD 146, FDP 93, 좌파당 76석, 녹색당 68	CDU 8 (3) CSU 2 (0) FDP 5 (1)	일자리 창출 확대 연방군 개혁 에너지 전환 추진
	2013 (631)	CDU/CSU 311, SPD 193, 좌파당 64, 녹색당 63, FDP 0	CDU 6 (2) CSU 3 (0) SPD 6 (3)	러시아의 크림반도 병합 제재 난민 사태: 수용 확대 브렉시트: EU27 결속 강화
	2017 (709)	CDU/CSU 246, SPD 153, AfD 94, FDP 80, 좌파당 69, 녹색당 67	CDU 6 (3) CSU 3 (0) SPD 6 (3)	미국 트럼프의 보호무역주의 대응 2018. 10. 차기 총선 불출마 선언 유럽평의회 의장: 코로나 공동대응
숄츠	2021 (736)	SPD 206, CDU/CSU 197, 녹색당 118, FDP 92, AfD 83, 좌파당 39	SPD 7 (4) 녹색당 5 (3) FDP 4 (1)	남녀동수 내각 구성 탈원전 시대 진입

* 총리는 포함되지 않음.

CDU : Christlich Demokratische Union Deutschlands(독일기독교민주연합, 1945~)

CSU : Christlich-Soziale Union in Bayern(바이에른의 기독교사회연합, 1945~)

SPD : Sozialdemokratische Partei Deutschlands(독일사회민주당, 1863~)

FDP : Freie Demokratische Partei(자유민주당, 1948~)

PDS : Partei des Demokratischen Sozialismus(민주사회당, 1990~2005)

녹색당 : Bündnis 90/Die Grünen(동맹 90/녹색당, 1993~)

좌파PDS : Die Linkspartei.PDS(좌파민주사회당, 2005~2007)

좌파당 : Die Linke(좌파당, 2007~)

AfD : Alternative für Deutschland(독일을 위한 대안, 2013~)

메르켈은 SPD와의 연정 협상을 통해 8개 분야의 연정협약을 맺었으며, 이 과정에서 SPD의 사회경제적 정책을 적극적으로 반영했다.[209] 또한 내각에서 비중 있는 외교부 장관과 재무부 장관을 포함한 각료의 절반인 8명을 SPD에 배분했다. 또한 여성 각료 수를 콜 정부보다 늘렸지만, 여전히 남녀동수에는 미흡한 30% 선을 유지했다. 여성 각료들은 대부분 교육이나 사회정책과 같은 연성(soft) 분야에 배정되었지만, 집권 3기와 4기의 내각에서는 CDU의 우르줄라 폰데어라이엔(Ursula von der Leyen, 1958~, 재임 2013. 12~2019. 7)과 아네그레트 카렌바우어(Annegret Karrenbauer, 1962~, 재임 2019. 7~2021. 12)를 국방부 장관에 파격적으로 기용했다.

이렇게 라인업을 갖춘 메르켈은 1960~1970년대에 영국을 영국병(British disease)에 걸린 환자라고 불렸듯이, 막대한 통일비용의 지출에 따른 후유증과 고용없는 성장에 빠진 유럽의 병자인 독일을 치유하고 활력이 넘치는 '성장의 엔진'(Engine of Growth)으로 만들어야 할 소명을 짊어졌다. 물리학자 출신인 그는 이 소명을, 자신과 비교되는 것을 가장 싫어하는 영국의 화학자 출신인 마거릿 대처 총리(Margaret Thatcher, 1925~2013, 재임 1979~1990)와는 달리, 자신만의 가치와 방식[210]으로 성취해 나갔다.

대체로 독일 총리는 막강한 권한을 가진 자리라고 보기는 어렵다. 연방공화국의 권한, 특히 국내 문제에 대한 권한은 철저히 16개 주와 헌법재판소에 분산되어 있다. 그리고 대부분 연정으로 운영되기 때문에 총리는 설득과 합의를 바탕으로 통치하고, 장관들에게 권한을 위임하고 재량권을 부여해 시스템적으로 운영한다. 메르켈도 이 같은 정치적 메커니즘과 운영방식에 따라 국정을

---

209 연정협약은 8개 분야에서 이뤄졌는데, 그중 기본협약 4개 항인 GDP 연 3% 투자, 일자리 창출을 위한 자율적인 집단(노사)간 협상, 소득세 및 교통세 등 인하, 가족조건 개선 및 가족복지 향상 등이 핵심이었다.

210 메르켈의 별명은 '무티'(Mutti, 엄마)로서, 대처의 별명인 '철의 여인'(Iron Lady)과 상극적 이미지를 주고 있다.

펼쳐 나갔다. 하지만 그는 자신만의 독특한 접근방식을 가지고 있었다. 그는 집무실로 향할 때 특정한 프로그램이나 구체적인 정책이 아니라 핵심적인 가치를 품고 갔다. 그것은 다름아닌 개인적으로 깊이 간직한 신앙, 의무와 봉사라는 확고부동한 신념, 독일은 쇼아(Shoah)[211]로 유대인에게 영원히 빚을 지고 있다는 믿음, 과학자 출신답게 증거를 기초로 정확하게 의사를 결정하는 성향, 자국민을 감금하는 독재자들을 향한 본능적인 혐오, 인생의 초년 35년 동안 결여되었던 표현과 이동의 자유 등이었다.

메르켈은 국민들이 따라올 수 있는 속도로 국정을 운영했고, 아무리 좋은 구상이나 정책이더라도 국민들이 받아들일 수 있는지 여부를 확인하기 위해 여론조사를 적극 활용했다. 특히 그는 "어떤 상황을 고민할 때 결말을 출발점으로 삼습니다. 바람직한 결과부터 생각하고 역방향으로 일을 진행하는 거죠. 중요한 것은 내일 우리가 신문에서 읽을 내용이 아니라, 2년 후에 달성할 결과입니다"라고 회고했듯이, 당장의 인기에 영합하기보다는 장차 나타날 결과를 염두에 두고 국정을 이끌었다. 마치 "사려깊음 속에 힘이 있다(In der Klugheit liegt die Kraft)"는 말이 그의 처세술로 알려질 정도였다. 하지만 그의 리더십의 진면목은 용기와 결단력에서 나온 것이었다.

메르켈은 2007년 서브프라임 모기지 사태로 촉발되고, 2008년 리먼 브라더스 사태로 확산된 글로벌 금융위기와 그에 따른 유럽 재정위기에 직면했을 때, 과감한 결단을 내려 독일경제와 유럽경제를 회복시키고, 유로존(Eurozone)[212]과 유럽연합(EU)의 결속을 다져 나갔다. 당시 그는 유럽정상회의와 EU 집행위

---

211 쇼아는 재앙 또는 절멸을 뜻하는 히브리어로, 구체적으로 2차 세계대전 동안 나치 독일과 그 협력자들에 의해 유럽에서 거의 600만 명의 유태인이 살해된 것을 의미한다. 영어권 국가에서는 불에 의한 희생을 뜻하는 그리스어인 홀로코스트(Holocaust)라는 단어를 일반적으로 사용하는데, 메르켈은 항상 쇼아라는 명칭을 사용했다.

212 유로존(EZ)은 유로(€)를 기본통화 및 유일한 법정통화로 채택한 유럽연합의 27개 회원국 중 20개 국가의 통화연합을 가리킨다. 비EU 회원국 중 안도라, 모나코, 산마리노, 바티칸 등은 자체 화폐를 사용하지만, EU와 협정을 맺어 유로를 공식통화로 사용한다.

원회를 통해 유럽 국가들이 강력한 경기부양책을 채택하도록 설득해 추진했다. 이 과정에서 경제전문가를 자임하면서 부가가치세 인하에 반대하는 영국 노동당의 고든 브라운 총리(Gordon Brown, 1951~, 재임 2007~2010)와 글로벌 구제금융을 좌지우지하고 있는 국제통화기금(IMF)의 도미니크 칸 총재(Dominique Kahn, 1949~)의 저항을 물리치고 독일과 유럽의 재정 건전성을 지켜냈다. 그리고 2008년 1차 부양책으로 200억 유로와 2009년 2차 부양책으로 500억 유로를 투입하는 결정을 내렸다.

참고로 세계적 불황 속에서도 경제적 성과를 도출했던 '메르켈노믹스'(Merkelnomics)를 이해하려면 당시 경기부양책을 들여다볼 필요가 있다. 메르켈의 경기부양책에는 연방정부와 주정부 모두의 예산이 투입되는 정책으로 소득세 기본구간 14%로의 1%p 인하, 건강보험료 14.9%로의 1%p 인하, 한시적 아동수당 지급 등 소비 진작을 위한 정책이 도입되었고, 노동시장의 안정화를 위한 조업단축, 실업자 교육 등이 포함되었다. 또한 기간산업 보호를 위한 2년간의 도로·철도·수로 인프라 투자와 1,000억 유로까지의 정부 기업보증 확대가 이뤄졌으며, 노후차량의 신차 교체시 폐차보조금 지급, 저탄소 배출 및 연료 효율성이 높은 차량에 유리한 세제 도입 등 제조업에서 큰 부분을 차지하는 자동차산업을 활성화하기 위한 정책이 도입되었다.

대체로 메르켈노믹스는 독일경제를 세계 최고의 수준으로 끌어올리는 데 주효했다고 평가받고 있다. 글로벌 금융위기 직후 독일의 경제성장률은 2008년 4/4분기 -1.8%와 2009년 4/1분기 -7.8%의 최저치로 하락했는데, 메르켈노믹스 이후 경제성장률은 2010년 4.2%로 급증한 이래 코로나19 팬데믹 기간을 제외하고는 내내 2~3%를 유지했다. 그리고 메르켈이 집권하기 이전부터 실업률은 2004년 12.3%까지 치솟았는데, "일자리가 사회복지다"라는 국정 최우선 과제가 추진된 결과, 실업률은 집권 2기 말(2013)에는 5.2%로, 3기 말(2017)에는 3.4%로 떨어졌다. 이러한 경제적 성과는 메르켈의 추진력뿐만 아니라 연정 파트너인 SPD와의 허심탄회한 공조와 노사 간의 사회적 대타협을 이끌어낸 통합리더십이 뒷받침되었기 때문에 가능했다.

메르켈의 강단과 단호함은 경제 영역뿐만 아니라 국제정치 영역에서도 발휘되었다. 대체로 국가마다 또는 국제정치 무대에는 시대적 악동들(bad boys)이 존재하는데, 그리스에는 국가부도(state default)라는 위기적 상황에서 유로존 탈퇴를 흥정하는 시리자당(Syriza, 급진좌파동맹-진보동맹)의 알렉시스 치프라스 총리(Alexis Tsipras, 1974~, 재임 2015~2019), 영국에는 EU 탈퇴를 성사시켰음에도 불구하고 브렉시트(Brexit) 협상을 지연시키고 있는 보수당의 보리스 존슨 총리(Boris Johnson, 1964~, 재임 2019~2022), 유럽에는 우크라이나의 크림반도를 무력으로 합병한 러시아의 블라디미르 푸틴 대통령(Vladimir Putin, 1952~, 재임 2000~2008, 2012~), 글로벌 수준에는 미국 우선주의(American First)의 기치를 내세우고 보호무역주의를 밀어붙이는 미국의 트럼프 대통령 등이 이에 해당한다.

메르켈은 이들 악동의 마초(macho)적인 응석이나 몽니를 결코 용납하지 않고, 예의 점찮게 대하되 추상같은 행동으로 다뤘다. 특히 메르켈은 러시아 에너지에 대한 유럽의 적지 않은 의존에도 불구하고 러시아에 대한 경제제재를 강화해 '짜증나는 숙적'인 푸틴[213]의 콧대를 납작하게 만들었으며, G7 정상회담에서 팔짱을 낀 트럼프를 향해 맞은편에서 양손으로 책상을 짚고 단호하게 맞서며 '안하무인'격인 트럼프[214]의 권위를 흔들었다. 이는 마치 독일의 검정

---

[213] 푸틴은 2007년 메르켈이 처음 방문했을 때 메르켈이 개를 무서워한다는 사실을 알고 자신이 기르는 큰 개를 접견실에 풀어 놓은 적이 있었다. 메르켈은 나중에 참모들에게 "푸틴은 그래야만 자기가 남자답다는 걸 과시할 수 있다고 여긴 거야. 러시아는 정치도 경제도 성공하지 못했으니까"라고 말했다. 두 사람의 관계는 메르켈이 다른 나라 정상과 맺은 관계 중 제일 짜증스러운 관계이자 가장 오래 지속된 관계였는데, 아마 애증어린 숙적관계였을 것이다. 푸틴은 메르켈이 독일 총리에서 퇴임(2021. 12. 8)하자마자, 우크라이나를 침공(2022. 2. 24)했다.

[214] 자신을 '매우 안정적인 천재'(a very stable genius)라고 자칭하는 트럼프는 자서전인 『거래의 기술: 도널드 트럼프 자서전』(Trump: The Art of the Deal, 1987)에 나오는 대로

독수리가 러시아의 쌍두 독수리와 미국의 백두 독수리를 제압하는 듯한 모습이었다.

이처럼 메르켈은 유럽의 각종 위기 속에서도 유로존과 유럽연합을 지켜냄으로써 타의 추종을 불허하는 유럽 지도자로서의 면모를 보여주었을 뿐만 아니라, 유럽의 평화안보체제와 서방의 자유무역주의를 수호하는 명실상부한 글로벌 리더로 부상했다. 이는 통독 이후 유럽의 병자이자, 미국과 러시아 사이에 낀 약한 나라(weak power)인 독일이 유럽의 향도로서 강한 나라(strong power)[215]로 우뚝 서게 되었다는 것을 의미한다. 독일은 경제력에서 세계 4위와 군사력에서는 세계 7위에 올라 강대국(Supermacht)으로 발돋움하고 있다. 하지만 메르켈의 가장 중요한 업적은 독일을 '강건한 국가'(strong state)로 만들었다는 것이다.

통합리더십의 향기가 퍼지다

아마도 나치 독일의 만행, 제2차 세계대전의 참화, 동·서독 간의 증오를 겪어 왔던 독일인의 이상향은 독일인 중 가장 독일인이라고 평가받는 프리드리히 휠덜린(Friedrich Hölderlin, 1770~1843)이 읊었던 「고향」(Die Heimat, 1798)이거나, 사랑을 가장 아름답게 표현한 유대계 시인인 하인리히 하이네(Heinrich Heine, 1797~1856)가 「눈부시게 아름다운 오월에」(Im wunderschönen Monat

---

뻔뻔스럽고 적나라한 태도로 메르켈을 대했다. 그때마다 메르켈은 평정심을 잃지 않고, 미소를 짓지도 얼굴을 찡그리지도 않았다. 메르켈은 트럼프와의 협상에 대해 "저는 원-원(win-win) 상황에 있다고 생각합니다. 트럼프는 오직 한 사람만 승리하고, 상대방은 패하는 상황만 있다고 믿습니다"라고 소감을 밝혔다.

215 베리 부잔(Barry Buzan, 1946~)은 『세계화 시대의 국가안보』(People, State and Fear: An Agenda for International Security Studies in the Post-Cold War Era, 1991)에서 국가의 강·약을 다음과 같이 구분하고 있다. 나라(power)가 강하거나 약하다고 할 때 이는 국가 간의 관계에서 군사력과 경제력에 따른 전통적 구분을 의미하며, 국가(state)가 약하거나 강하다고 할 때 이는 사회경제적 결속을 의미한다.

Mai, 1823)를 읊었던 그의 고향일지 모른다.[216] 그리고 독일인의 로망은 이웃 국가와의 진정한 화해와 내부 구성원들 간의 통합을 통해 정상적인 나라로서의 독일, 나아가 모든 국가들로부터 존중받으며 본받고 싶어하는 모범국가로서의 독일일 것이다. 초대 총리를 지낸 콘라트 아데나워(Konrad Adenauer, 1876~1967, 재임 1949~1963)는 고도 경제성장으로 라인강의 기적을 이뤘고, 콜 총리는 동·서독 통일로 방대한 인구와 영토에 기반한 군사강국의 발판을 마련했다. 이들은 독일을 강한 나라(strong power)로 만들었지만, '강건한 국가'(strong state)로 이끌지는 못했다. 이에 비해 메르켈은 사회통합과 소프트 파워(soft power)[217]를 통해 독일을 '강건한 국가'로 만들었다. 그럼으로써 독일인이 자신들의 로망을 이룰 수 있게 했다.

메르켈은 '환경 총리'라고 불릴 정도로, 집권하는 동안 세계 어느 지도자보다 탈원전과 기후변화 대응에 주도적으로 나섰다. 원전 문제에 대한 메르켈의 초기 입장은 CDU/CSU의 입장과 같이 원자력 에너지의 평화적인 사용을 지지하면서, 원전의 단계적 폐쇄를 추진했던 직전의 SPD-녹색당 연정의 정책에 대해 비판적이었다. 심지어 그는 집권 2기에 CDU/CSU-FDP의 우파연정이

---

216 두 시의 일부 구절을 소개하면 다음과 같다. 「고향」 중 "사공은 잔잔한 강어귀로 기쁨에 차 돌아오네, / 거둠이 있어 먼 섬들로부터. / 그렇게 나 또한 고향에 가리, 고통만큼 / 많은 재화들 거두어 들였다면", 「눈부시게 아름다운 오월에」 중 "눈부시게 아름다운 오월에 / 모든 꽃봉오리들이 피어날 때 / 이 가슴에도 / 사랑이 싹텄네 / 눈부시게 아름다운 오월에 / 모든 새들이 노래부를 때 / 나 그녀에게 고백했네 / 나의 그리움과 갈망을."

217 현재 여러 민간기관들에서 '소프트 파워 지수'를 조사해 발표하고 있는데, 국가 순위에서 큰 차이를 나타내고 있어 공신력이 문제되고 있다. 참고로 2022년 소프트 파워 세계 10대 국가에 대해, 1996년 런던에서 설립된 컨설팅 회사인 Brand Finance는 미국, 덴마크, 프랑스, 한국, 스위스, 일본, 독일, 영국, 이탈리아, 우크라이나 등으로 발표했으며, 2007년 런던에서 창간된 잡지 Monocle은 미국, 영국, 독일, 중국, 일본, 프랑스, 캐나다, 스위스, 스웨덴, 러시아 등으로 발표했다. 이 같은 차이는 지수 조사가 정량조사보다는 정성조사에 의존할 수밖에 없는 데에서 기인한다고 볼 수 있다.

들어서자 원전의 단계적 폐쇄 정책을 뒤집기도 했다. 하지만 2011년 3월에 발생한 일본 후쿠시마 원전사고는 모든 원자력발전소의 안전성에 대한 우려와 그에 따른 원전 반대여론이 강하게 일게 되었다. 그리고 CDU의 정치적 터전이었던 바덴뷔르템베르크 주의 지방선거에서 녹색당이 제1당을 차지하는 후폭풍이 불었다. 이러한 상황에 직면한 메르켈은 다양한 여론을 수렴하고, 원전 폐쇄라는 결단을 내렸다. 특히 원전문제를 다룰 전문가 중심의 윤리위원회를 구성하고, 자신의 입장과 상반된 위원회의 결정을 전격적으로 수용했다. 그는 2011년 6월 '2022년까지 독일 전체 원전의 단계적 폐쇄'를 제시했다. 그 결과 독일은 2023년 4월 15일을 기해 마지막으로 남아 있던 원전 3곳을 영구 정지시키고, 62년 만에 탈원전 시대에 진입하게 되었다. 이처럼 그는 자신의 생각과 다르더라도 사회적 합의를 과감하게 수용하는 포용적 리더십의 진면목을 보여주었다.

한편 메르켈은 과학자로서의 통찰력과 환경부 장관(1994~1998)의 경험을 살려 기후변화 대응과 관련한 국제적 논의에서 주도적인 역할을 수행했다. 그는 2007년 독일이 G8 회담 주최국과 EU 순회의장국을 맡는 계기를 통해, G8 회담에서 이산화탄소 배출감소 목표에 관한 합의를 이끌어냄으로써 EU에서도 그 목표를 받아들이는 데 결정적인 역할을 했다. 그리고 2015년 독일이 주최한 G7 회담에서는 G7 정상들을 탈탄소화로 이끌면서 유엔기후변화협약에 근거한 '파리기후협정'(Paris Agreement, 2015)을 성사시키는 데 지대한 공헌을 했다. 대체로 메르켈이 집권하는 동안 독일의 환경정책은 EU를 앞서 나갔다고 평가받는다. EU는 파리기후협정에 따라 장기전략으로 '2050년까지 온실가스 순배출 0(net zero)의 기후중립'을 목표로 하되, "2030년까지는 온실가스 배출량을 1990년의 55% 수준으로 감축하겠다"고 설정한 바 있다. 하지만 메르켈은 2021년 5월 '2045년까지의 기후중립 달성 계획'의 발표를 통해 기후중립 달성을 EU보다 5년이나 앞당겨 진행하겠다고 선언했다. 이처럼 과학적 지식과 미래에 대한 안목에 바탕을 둔 그의 환경정책은 지구촌과 세계인이 독일을 존중하고 본받고 싶어하는 국가로 받아들이는 데 기여했다.

메르켈의 여러 업적 중 독일을 가장 빛나게 하고 강건한 국가로 만든 것은 뭐니 뭐니 해도 난민정책이었다. 2011년부터 시작된 내전으로 시리아 난민들이 2015년 대거 유럽으로 향하면서 유럽은 전례 없는 사태에 직면했다. 이미 시리아를 비롯한 중동 및 아프리카로부터 한 해 백만 명이 넘는 이주민과 난민들이 유럽으로 유입되고 있었다. 독일의 경우 2012년 7만 7,000여 명의 난민을 받아들인 이래, 2015년에는 그 수가 47만 5,000여 명으로 급증했다. 이러한 상황에서 자유로운 인적 이동을 보장하고 있는 셴겐 협정(Schengen Agreement, 1985)이 일부 국가들의 국경 폐쇄로 무력화되고 있었고, 난민으로 인정받을 경우 최초에 도착한 국가에서 보호와 지원을 받을 수 있도록 규정한 더블린 규약(Dublin Regulation, 1990)이 제대로 지켜지지 않았다. 이는 유럽 국가들이 각자도생하는 형국으로, EU의 결속도가 위협받고 독일의 소프트 파워에 의구심을 불러일으켰다. 하지만 메르켈은 2015년 8월 26일 사전 예고없이 난민 수용을 확대한다는 용단을 내렸다. 그는 드레스덴의 난민 캠프를 방문한 자리에서 난민들을 외면하지 않겠다고 밝히면서, 국민들에게 "우리는 할 수 있습니다(Wir schaffen das)"라고 호소했다. 그리고 그는 EU 회원국들에게 수용 역량에 맞춰 더 많은 난민들을 받아들일 것을 당부했다.

이 같은 난민정책의 대변화로 독일은 2016년 72만 2,300여 명의 난민(시리아 난민 26만 6,300여 명 포함)을 신청받았는데, 이는 당시 EU 전체 난민신청자의 절반이 넘는 59.9%(시리아 난민 중 79.5%)에 해당되는 수치였다. 메르켈의 이러한 솔선수범의 행보는 그가 신봉하고 있는 기독교적 인도주의에 따른 것일 뿐만 아니라 과거에 잘못된 일이 되풀이되어서는 안 된다는 역사적 교훈을 따른 것으로 보인다. 1938년 미국을 비롯한 32개 국가들은 에비앙 회담(Évian Conference)을 통해 나치에서 벗어나야 하는 절박한 처지에 있는 유대인에 대한 구제방안을 논의했지만, 아무것도 하지 않기로 결정한 적이 있었다. 당시 로마 교황청과 기독교도 침묵했다. 그 결과 수백만 명의 유대인들이

나치의 손에서 비극적인 운명을 맞이했던 것이다.

메르켈의 난민정책에 대한 불만과 반대도 적지 않았다. CDU와 자매 관계인 CSU의 호르스트 제호퍼 대표(Horst Seehofer, 1949~)는 심지어 CDU/CSU 간의 결별을 주장하기도 했고, 미국의 트럼프 대통령은 "엄청난 실수"(catastrophic mistake)라고 조롱했다. 그리고 2010년 독일이 그리스에 제공하는 구제금융을 반대하기 위해 결성된 극우정당인 '독일을 위한 대안'(Alternative für Deutschland, 이하 AfD)이 반이민 기치를 내세워 2017년 총선에서 94석을 확보하는 성장세를 보이기도 했다. 하지만 메르켈은 자신의 난민정책은 독일의 자랑스러운 전후 헌법, 즉 「기본법」(Grundgesetz)에 근거한 것임을 국민들에게 설명하며 이해를 구했다. 그리고 그는 "외국인들, 특히 무슬림을 받아들이고 싶어 하지 않는 사람들은 독일의 헌법과 우리의 국제법적 의무에 반하는 사람들이다"라고 단호하게 천명했다.

물론 메르켈은 난민정책에 대한 반대 여론을 경청해 2016년 3월에 EU 집행위원회가 마련한 EU-터키 이민협정(EU-Turkey Migration agreement)[218]을 적극적으로 지지했다. 결국 이 협정에 따라 유럽의 난민 사태는 진정 국면에 들어섰고, 이는 그의 혜안과 용기를 누구나가 인정할 수밖에 없게 하는 의도치 않은 성과로 이어졌다. 메르켈의 난민정책은 그의 지지기반을 고려할 때 단행하기 어려운 정책이었을지 모르지만, 그는 독일의 지적, 도덕적 수준에 비춰볼 때 충분히 수용될 수 있다고 확신했다. 특히 보수-진보 진영을 떠나 독일인이 자신들을 '다문화주의'(Multikulturalismus)와 '환영하는 문화'(Willkommens-kultur)를 공유한 세계인의 일원이라는 생각과 믿음을 지니고 있다고 보았다. 그는 국민들에게 인류와 이웃을 위한 용기를 내자고 호소했고, 이에 국민들은

---

218 이 협정은 튀르키예가 이민자를 수용하고 재정착을 지원하는 조건으로 EU가 5년간 95억 유로의 '인도주의적 브리지 자금'(Humanitarian Bridge Funding)을 제공하는 것을 주 내용으로 하고 있다. 이 협정은 2015년 86만 1,000여 명의 난민이 그리스에 도착했는데, 이듬해는 3만 6,000여 명으로 줄여들 정도로 난민 문제를 해소하는 데 효과가 있었다.

긍정적으로 반응했다. 그 결과 독일인에게 더 많은 자부심과 행복감을 가져다주었다.

메르켈이 독일의 소프트 파워를 증대시키기 위한 여러 사회정책 중 주목되는 분야는 혼인제도와 남녀평등에 관한 정책이라고 할 수 있다. 독일의 동성결혼 (gleichgeschlechtliche Ehe, same sex marriage)은 2017년 10월 1일 합법화되기 전에는 법적으로 인정되지 않았다. 당시 동성결혼을 합법화하고 있는 국가는 세계 전체 중 22개였으며, 유럽 전체 중 14개였다. 독일은 2001년부터 '동성 커플의 등록된 동거관계'는 인정하고 있었지만, CDU/CSU의 반대로 결혼 다양성에 대해서는 낙제 상태였다. 그래서 메르켈은 동성애자라는 사실을 커밍아웃한 FDP 소속의 귀도 베스트벨레(Guido Westerwelle, 1961~)를 2기 내각의 외무부 장관에 임명하고, 베스트벨레와 남편 간의 러브 스토리에 공개적으로 찬사를 보냄으로써 CDU/CSU의 당론에 우회적으로 문제를 제기했다.

이후 메르켈은 동성결혼 법률안이 의회에 상정되자, 양심투표(Gewissensab-stimmung, conscience vote)로 표결할 것을 제안했다. 표결 결과 법률안은 찬성 393 대 반대 226으로 통과되었는데, 당시 CDU/CSU 의원들은 75명이 찬성했고, 225명이 반대했다. 이때 메르켈은 반대표를 던졌지만, 통과된 법률에 대해 "서로 다른 의견 사이의 존중을 촉진할 뿐만 아니라 더 많은 사회적 통합과 평화를 가져오기를 바란다"고 언급함으로써 또 다른 '인정문화'(Anerkennungs-kultur)를 지지했다.

한편 메르켈은 총리가 여성임에도 불구하고 유독 성평등 지수가 낮은 독일을 개선하기 위해 뒤늦게나마 성평등 정책을 강화했다. 2019년 유럽성평등연구소에 따르면, 독일은 '성평등지수'(Gender Equality Index)에서 유럽의 평균 이하에 있었다. 여성 임금은 남성보다 평균 20%가 적고, 기업의 여성 임원수는 전체 임원의 15%에 지나지 않으며, 연방의회의 여성의원수(2017년 총선)는 31%로 세계 188개 국가 중 42위에 머물고 있었다. 이 같은 문제는 집권세력인 CDU/CSU의 보수적 성향에서 기인하고 있다고 볼 수 있지만, 근본적으로 메르켈 자신에게도 원인이 있었다고 볼 수 있다. 아마 복잡한 가치와 이해관계가 얽힌 젠더 문제를 다루는 것이 그에게 벅찼던 것이 아닌가 본다.

메르켈은 2020년 7월 SPD 소속인 프란치스카 지피(Franziska Giffey, 1978~) '가족, 노인, 여성 및 청소년부 장관'을 대동하고 '성평등 촉진을 위한 국가계획'을 발표했다. 이는 독일이 국가 차원에서 처음으로 성평등 계획을 내놓은 것으로서, 성별 임금격차 해소와 여성지위 향상에 역점을 두고 있었다. 하지만 이 조치는 늦은 감이 없지 않았다. 그가 불출마를 했던 2021년 총선에서는 SPD가 '남녀동수 내각' 구성을 공약으로 내세우며 승리를 거두었다. 물론 당시 SPD의 올라프 숄츠 총리후보(Olaf Scholz, 1958~, 재임 2022~)[219]가 "나도 여자 총리처럼 할 수 있다"라는 슬로건으로 유권자의 관심을 끈 에피소드는 메르켈에게 어느 정도 면죄부를 주었을지도 모른다. 어쨌든 메르켈이 여성 총리로서 성공한 총리였다는 국내외적 평판만으로도 그가 독일의 소프트 파워의 원천이었음은 분명하다. 그리고 그로 인해 "유럽은 독일어로 말하고 있다"라는 말은 과장이 아닌 현실이 되고 있다.

필자는 국회도서관장에 재직 중 독일, 영국, 프랑스, 스웨덴, 노르웨이, 핀란드 등의 의회와 의회도서관을 방문한 적이 있다. 독일을 방문했을 당시는 메르켈의 부친이 타계한 지 얼마 되지 않은 때였다. 안내하는 의회 직원이 메르켈의 부모에 대해 자연스럽게 이야기를 꺼냈다. 사회주의자로 살았던 부모[220]는 딸에게 한 번도 표를 던지지 않았다고 한다. 당시 이 이야기를 듣고 매우 의아하면서도 독일 정치문화의 특징인 다양성을 가늠해 보았다. 이제는

---

219 메르켈 연정 4기에 재무부 장관을 지낸 숄츠는 2021년 12월 SPD와 FDP와 녹색당과의 빨간색, 노란색, 녹색의 '신호등 연합'(Ampelkoalition, Traffic light coalition)을 성사시켜 남녀동수 내각을 출범시켰다.

220 케이트 마튼에 따르면, 2011년에 타계한 부친은 루터교 목사였지만 한때 '빨갱이 카스너'(Red Kasner)라고 불릴 정도로 사회주의가 지향하고 있는 인도주의적 이상을 받아들였다. 그리고 목사 남편을 따라 동독으로 가면서 많은 것을 포기해야만 했던 모친은 2019년 타계하기 전까지 SPD 지역당에서 활발하게 활동했다.

메르켈이 CDU에 소속하면서도 CDU의 정체성에서 벗어난 이유를 나름 이해할 것 같다. 아마 메르켈은 자신이 기쁘게 해드릴 수 없는 부모로부터 인정받기 위해 보다 통합적이고 더욱 포용적인 국정을 펼쳤던 것이 아닌가 추측해 본다. 그는 일찍부터 권력의 필요성과 실천의 중요성을 알고 있었다. 그렇기 때문에 그는 부모의 가치나 삶과 다른 길을 선택한 것이 목적 그 자체가 아니라 좋은 세상을 만들 수 있는 수단을 얻기 위함이었다는 진심을 이해받고 싶었던 것 같다.

메르켈은 자신이 가장 좋아하는 영화로 1973년 동독의 하이너 카로우 감독 (Heiner Carow, 1929~1997)이 만든 「파울과 파울라의 전설」(Die Legende von Paul und Paula)을 꼽고 있다. 이 영화는 미혼모와 아들 간의 애증 관계를 그린 인기 영화로 당시 동독의 호네커 서기장이 못마땅하게 여겼다고 한다. 메르켈은 2021년 12월 8일 퇴임하기 직전에 열린 독일 연방군의 고별 열병식에서 군악대가 관례대로 연주하는 세 곡으로 「당신은 컬러필름을 잊어버렸어요」 (Du hast den Farbfilm vergessen, 1974), 「나를 위해 붉은 장미비가 내려야 해요」 (Für mich soll's rote Rosen regnen, 1968), 「하나님 당신을 찬양합니다」 등을 신청했다.[221] 그는 아련한 기억 속에서 한 조각으로 남아 있을 소녀 시절과 청춘 시절을 떠올렸을 것이다.

필자는 대전세종연구원장에 재직 중 독일 콘스탄츠대학교의 법학 박사인 김선욱(1952~) 전 이화여자대학교 총장을 여성정책 관련 특강의 연사로 초청한 적이 있었는데, 환영사에서 그를 '선비'라고 칭하며 소개했다. 통상 선비라는 명칭은 남성에게만 해당되고 여성에게 적합한 표현은 여사女士라고 알려졌지만, 필자가 표현한 선비라는 말이 어쩌면 우리나라에서 여성 선비 1호가 탄생되는 순간을 알리는 것이었을지도 모른다. 이와 유사하게 여성인 메르켈을 영웅

---

221 신청곡 첫 번째는 동독의 가수 나나 하겐(Nina Hagen, 1955~)이 부른 펑크록 장르곡이었고, 두 번째는 서독의 배우 겸 가수 힐데가르트 크네프(Hildegard Knef, 1925~2002)가 부른 발라드 장르곡이었으며, 마지막은 찬송가였다.

(Held, hero)이라고 지칭할 수 있는데, 서구에는 여성 영웅을 뜻하는 '헬딘'(Heldin, heroine)이라는 용어가 있어서 다행이다. 메르켈은 영웅의 덕목인 진실, 용기, 관용, 통찰을 지니고 있기 때문에 헬딘이 분명하다. 그렇지만 헬딘이란 명칭은 그가 이 장에서 다루고 있는 정치인들 가운데 존엄(würde)이라는 추가적인 덕목에서 가장 뛰어나다고 보기 때문에 존경과 찬사를 담기에는 부족하다고 느껴진다. 이 점에서 그의 롤 모델인 예카테리나를 Catherine the Great(캐서린 대제)라고 부르는 것처럼, 그를 Merkel the Great(위대한 메르켈) 또는 The Leader Merkel(진정한 지도자 메르켈)이라고 불러도 지나치지 않을 것이다.

주요 어록

- "콜이 인정한 사건은 당에 피해를 입혔습니다. … 미래는 진정한 토대 위에만 세워질 수 있습니다. 콜과 CDU는 이 사실을 스스로 받아들여야 합니다. … 따라서 당은 걷는 법을 배워야 하고, 콜이 종종 자신을 부르기를 좋아했던 것처럼 미래에 옛 군마 없이 정치적 적수에 맞서 싸워야 합니다."(1999. 12. 22. 「프랑크푸르터 알게마이네 차이퉁」의 기민당 간부회의에서 메르켈 사무총장의 발언 기사 중)

- "우리는 우리의 가장 큰 힘인 자유의 힘, 모든 형태의 자유에 집중함으로써 그렇게 할 수 있다고 믿습니다. 다른 사람들이 좋아하지 않더라도 우리의 의견을 자유롭게 표현할 수 있는 자유, 믿거나 믿지 않을 자유, 기업의 자유, 예술가가 적합하다고 생각하는 작품을 창작할 수 있는 자유, 전체 공동체에 대한 책임을 지는 개인의 자유. 우리가 자유의 힘에 의지할 때 우리는 개인에게 의지하는 것입니다. 개인이 가장 중요합니다. 그의 존엄성은 불가침입니다."(2007. 3. 25. 「로마조약 체결 50주년 기념사」 중)

- "나는 아주 간단하게 말합니다. 독일은 강한 나라입니다. 우리가 이러한 일(난민 수용)에 접근하는 태도는 다음과 같아야 합니다. 우리는 많은 일을 해왔습니다. 우리는 할 수 있습니다(Wir schaffen das)! 우리는 이것을 할 수 있고, 우리의 앞을 가로막는 것이 있다면 그것을 극복하고 노력해야 합니다. 연방정부는 이를 정확히 달성하기 위해 주, 지방자치단체와 함께 권한이 있는 모든 일을 할 것입니다."(2015. 8. 31. 언론인협회 기자회견 중)

- "나는 반체제 인사가 아니었습니다. 나는 달려가서 벽에 부딪치지 않았습니다. 그러나 나 자신에게 거짓말을 하고 싶지 않았기 때문에 그 존재를 부인하지도 않았습니다. 베를린 장벽은 나의 기회를 제한했습니다. 그러나 오랜 세월 동안 이 벽이 할 수 없는 일이 하나 있었습니다. 그것은 내 내면의 생각에 제한을 둘 수 없었습니다. 내 성격, 내 상상력, 내 꿈과 욕망, 금지나 강압은 그 어떤 것도 제한할 수 없었습니다."(2019. 5. 30. 하버드대학교 졸업식 축사 중)

- "오늘 이 자리에 서서 나는 무엇보다 두 가지를 느낍니다. 감사함과 겸손함 입니다. … 우리의 민주주의는 비판적 토론에 참여하고 자기교정을 할 수 있는 우리의 능력을 기반으로 합니다. 끊임없는 이익의 균형과 상호 존중을 바탕으로 성장합니다. … 나는 우리가 불만, 분개, 비판이 아니라 마음속의 기쁨을 가지고 우리의 임무를 수행한다면, 우리가 계속해서 성공적으로 미래를 만들어갈 수 있다고 확신합니다. 이것은 적어도 동독에서 살면서, 그리고 자유사회에서 더욱 그랬던 내 삶의 좌우명이었습니다."(2021. 12. 2. 「총리 고별사」 중)

10. 브라질의 룰라 다시우바

브라질의 룰라 다시우바(Luiz Inácio Lula da Silva, 1945~)는 대통령직을 2003년부터 2010년까지 역임하고, 2023년부터 중임하고 있는 현역 정치인이다. 통합정치와 관련한 그의 업적과 리더십에 대한 평가는 그가 재임 중이기 때문에 신중해야 할 필요가 있다. 하지만 룰라를 포함한 통합정치를 실천한 세계 리더에 대해 강의해 온 필자로서는 그에 대한 전반적인 평가는 유보하되, 첫 번째 대통령직 임기 기간까지의 정치적 여정을 중점적으로 살펴보려고 한다. 이에 대한 독자의 넓은 혜량을 구한다.

룰라의 통합정치와 관련한 면면을 살펴보기 위해 에미르 사데르(Emir Sader, 1943~)와 켄 실버스타인(Ken Silverstein, 1958~)의 『브라질 노동자당과 룰라』(*Without fear of being happy: Lula, the Workers Party and Brazil*, 1991), 데니스 파라나(Denise Paraná)의 『룰라 자서전: 다른 세계는 가능하다』(*Lulla o filho do Brazil*, 2003), 리차드 본(Richard Bourne)의 『대통령의 길 룰라』(*Lula of Brazil*, 2008), 테드 괴첼(Ted Goertzel, 1942~)의 *Brazil's Lula: Rise and Fall of an Icon*(브라질의 룰라: 아이콘의 흥망성쇠, 2018), 국회도서관에서 편찬한 「룰라 브라질 대통령 주요 연설문」(2010) 등을 참고했다.

그리고 Sítio oficial(공식 사이트, https://lula.com.br), 파비오 바레토 감독(Fábio Barreto, 1957~2019)의 룰라 전기영화 Lula o Filho do Brasil(브라질의

아들 룰라, 2009), 페트라 코스타 감독(Petra Costa, 1983~)의 다큐멘터리 영화 「위기의 민주주의: 룰라에서 탄핵까지」(Democracia em vertigem, The Edge of Democracy, 2019) 등을 참조했다.

노동자 출신으로 대통령이 되다

룰라는 1945년 브라질의 북동부에 위치한 뻬르낭부꾸 주의 가라늉스라는 도시의 외곽에서 가난한 농부의 12남매 중 아홉 번째로 태어났다.[222] 그의 부모는 문맹자였는데, 아버지 아리스치데스 다시우바(Aristides da Silva, 1913~1978)는 남동부에 있는 대도시인 상파울루와 인근 항구도시인 상뚜스에서 막노동을 하고 있어 어머니 린두 멜루(Lindu Mello, 1914~1980)가 고향에서 농사 일을 거들면서 힘겹게 자녀들을 양육했다. 1952년 가족은 부친이 있는 상뚜스 빈민가로 이사해 도시빈민의 삶을 시작했다.

   룰라의 어린 시절은 지독한 가난과 부친의 가정폭력으로 불행했다. 그럼에도 불구하고, 그는 초등학교에 다니면서 온갖 궂은일을 다 하며 가족의 부양에 조금이나마 보탬이 되는 것에 나름 소소한 기쁨을 느꼈다. 자식들의 작은 자유와 스스로의 존엄을 위해 이혼을 선택한 모친의 사랑과 어린 시절부터 공장에 다니거나 가정부로 일하는 남매들의 돈독한 우애는 룰라를 따뜻한 심성과 쾌활한 기질을 가진 소년으로, 그리고 "어떤 에너지 같은 것"을 지닌 청년으로 성장하는 데 많은 영향을 미쳤다. 1961년 중학교 과정으로 인정되는 국가기술연수원에 입학해 2년간 선반공 연수를 마치고, 그곳에서 1년 반 근무했다. 1964년부터 여러 공장들을 옮겨다니면서 일을 했는데, 그 와중에 산재사고로 왼손 새끼손가락을 잃는 불행을 겪기도 했다.

---

[222] 룰라라는 이름은 그의 고향에서 사용되었던 애칭으로 나중에 정식으로 명명되었다. 룰라의 남매 중 4명은 어렸을 때 죽었고, 룰라가 정치에 입문했을 때는 한 명의 형과 두 명의 누나, 그리고 한 명의 여동생만 생존했다.

룰라는 1967년 빌라레스 금속공장에 취직해 안정적인 생활을 꾸려 나갔지만, 이듬해 노동조합(이하 노조)에 가입한 후 바로 위 형인 프레이 쉬꾸(Frei Chico, 1942~)의 권유로 1969년 다국적 자동차공장들이 밀집되어 있는 두 도시인 상베르나르두 두 캄푸(São Bernardo do Campo)와 지아데마(Diadema)의 금속노조에서 집행부 임원으로 선출되었으며, 이를 계기로 험난한 노동운동가로서의 길을 걷기 시작했다. 1969년 방직공장 노동자인 마리아 데 루르지스(Maria de Lourdes, 1949~1971)와 결혼했지만, 부인이 만성 간염으로 타계한 후 1974년 초콜릿공장 노동자 출신으로 과부인 마리자 레치시아(Marisa Letícia, 1950~2017)와 재혼했다. 이후 두 번째 부인의 타계로 2022년 사회학자인 로상젤라 장자(Rosângela Janja, 1966~)와 결혼했다.

룰라는 1972년 본격적인 노조활동을 위해 공장생활을 그만두고 10만 명의 노조원을 둔 브라질 금속노조의 상근자가 되었다. 1975년에는 노조위원장으로 선출되었고, 1978년에 재선되었다. 1980년에는 노동자당(Partido dos Trabalhadores, 이하 PT)을 창당한 후 상파울루 전 지역을 마비시킨 41일간의 대규모 파업을 주도했으며, 이 파업으로 인해 31일간 구금되기도 했다. 1983년 중앙노동자연합(Central Única dos Trabalhadores, 이하 CUT)을 창설했으며, 이듬해에는 군정 반대와 대통령 직선제를 요구하는 '디레타스 자'(Diretas Já, 당장 직접선거를) 운동에 노동자들과 함께 앞장섰다. 1986년 연방하원선거(이하 하원선거)에 출마해 당선되었다. 1989년, 1994년, 1998년 대통령선거(이하 대선)에 출마해 모두 낙선했으나, 2002년 대선에서 승리해 2003년부터 2010년까지 대통령직을 수행했다. 그는 2022년 대선에 출마해 당선되어 2023부터 대통령직을 수행하고 있다.

이상과 같은 이력에서 알 수 있듯이, 룰라는 포르투갈어로 연민을 뜻하는 '피에다테'(piedade)를 상징하고, 스스로 불태워 죽어도 부활하는 불사조(Fénix)와 같은 인물임을 알 수 있다. 그는 바이마르 독일의 프리드리히 에베르트 대통령(Friedrich Ebert, 1871~1925, 재임 1919~1925), 유고의 요시프 티토

대통령(Josip Tito, 1892~1980, 재임 1953~1980), 폴란드의 레흐 바웬사 대통령 (Lech Wałęsa, 1943~, 재임 1990~1995) 등과 같이 공장노동자 출신으로 노동운동 과 노동자정당을 통해 국가원수이자 정부수반이 된 인물인데, 특히 대통령을 중임한 점에서 전 세계적으로 적지 않은 관심과 호기심을 끌고 있다. 룰라는 2년간의 기술교육을 통해 중학교 학력만을 겨우 마쳤음에도 불구하고, '노동자 와 가난한 자의 대부'이자 통합정치의 달인이라고 평가받을 정도로 숭고함과 지략을 지닌 인물이라고 할 수 있다. 이러한 자질은 제도권 교육과정을 통해 함양된 것이 아니라 고된 삶 속에서 사람들과 함께 희망을 키워가며 일하는 과정에서 체득한 것이라고 볼 수 있다. 그리고 그 원천은 모친으로부터 배운 자존 정신과 브라질인의 특유한 낙천성에서 비롯된 것이 아닌가 본다.

필자가 보건대, 가난과 차별로 사람들이 고통받고 억압받는 세상에는 자연스 럽게 연민 문화(culture of sympathy)와 자존 문화(culture of self-respect)가 잉태하 고, 궁극적으로 '인간애 문화'(culture of humanity)가 탄생한다고 본다. 연민은 인간의 본성 중 하나인 측은지심惻隱之心이나 이타심(altruism)의 발현이라고 볼 수 있는데, 동서고금에서 이를 보여주는 많은 예가 있다. 아마 근래에 있었던 가장 감명 깊은 사례 중 하나를 든다면, 앞서 살펴본 남아공의 만델라 편에서 소개한 바 있는 여성 인권단체인 '검은 띠'(Black Sash)의 활동이다. 한편으로 자존은 가난한 자나 차별받는 자가 자신을 둘러싼 환경에 대한 분노와 불신의 감정에 머물지 않고, 현실을 바꾸려는 자신의 에너지와 공동체 안에서 서로를 포용하려는 관대함을 깨닫는 승화된 태도라고 볼 수 있다. 이러한 맥락에서 대표적인 예로 앞서 인도의 네루 편에서 소개한 '달리트 불교운 동'(Dalit Buddhist movement)을 들 수 있다.

이처럼 연민 문화와 자존 문화는 행위주체들에 의해 독립적으로 형성되지만, 두 문화는 상호작용하며 행위주체들로 하여금 자신이 역사의 주체라는 인식을 깨닫게 하고, 자유와 평등과 우애를 향한 '인간애 문화'로 서로 융합해 사회와 정치를 근본적으로 변화시킨다. 바로 이러한 과정과 양상을 룰라의 지난한 여정에서 분명히 관찰할 수 있다.

룰라의 모친 린두 여사는 룰라가 어릴 적부터 보인 대견스러운 행동거지를 보고 어떻게 해서든지 그를 교육시키려고 했다. 특히 모친은 고생을 지독히 했지만, 절대로 좌절하거나 기죽지 않은 채 삶에 감사하고 매사 긍정적으로 여기는 여인이었다. 자식들이 투덜대거나 불평하면, 모친은 "이 세상에는 너보다 불행한 사람이 얼마나 많은 줄 알아?"라며 교훈을 주곤 했다. 아마도 브라질인의 낙천적인 면모라고 할 수 있는 모친의 기질은 룰라를 포함한 자식들에게 넓은 마음과 따뜻한 심성을 심어주었던 것이 아닌가 본다.

룰라는 항상 배곯는 생활 속에서도 "나는 가난을 부끄러워해 본 적이 없었고, 다른 아이들과 비교되는 것도 부끄럽지 않았다"며 천성적으로 낙천적이었다고 회상한다. 가난한 또래 친구들 사이에서도 "내 평생 싸움이란 것을 해본 적이 없다. 다만 축구를 할 때는 완전히 딴 사람이 되어 소리도 지르고 욕설도 퍼붓곤 했다. 나는 튀는 아이가 아니었고, 약간 내성적인 아이였다"고 기억을 더듬으며, 자신이 기질적으로 다정다감하고 겸손했음을 회상하고 있다. 이같은 룰라의 심성과 기질은 모친의 자존적 자세로부터 많은 영향을 받은 것으로 보이는데, 그가 나중에 노동운동과 정당 활동을 할 때 불굴의 투쟁력과 포용적 리더십을 발휘하는 근간이 되었던 것이 아닌가 본다.

이와 관련한 에피소드를 소개하면, 룰라가 1978년 금속노조위원장에 재선되어 처음으로 총파업을 조직했을 때의 일이다. 당시 노조 집행부가 법으로 금지하고 있는 총파업의 결행을 주저하자, 그는 "사람들은 나에게 시위법을 배워야 한다고 말합니다. 하지만 나는 모르고 사는 쪽을 택했습니다. 그걸 알게 될 경우에는 법이 허용하는 테두리 안에서만 일을 벌일 것이 자명했고, 그렇게 되면 여느 노조와 다를 바가 없기 때문이었습니다"며 조합원의 97% 지지라는 압도적인 여세를 몰아 총파업을 단행했다. 이 총파업은 임금협상 타결로 이어졌고, 그 결과 군정종식으로 가는 길이 열리게 되었다.

또 다른 에피소드로는, 그가 1980년 노동자당(PT)을 출범시키고 전국을 순회했을 때의 일이다. 당시 한 여성 당원이 "룰라, 당신은 지나치게 겸손해요. 강인한 구석이 없단 말예요. 도가 지나친 겸손은 때로 장애가 된다구요"라고 애정 반 우려 반으로 조언했을 때, 그는 감사를 표하며 미소를 짓는 것으로 대답을 대신했다. 그는 이 일이 있은 후부터 자신이 겸손하지 않은지, 거만하지 않은지를 항상 되돌아보는 습관을 지니게 되었다. 그는 모친에 대해 "나는 우리 어머니의 끝없는 용기에 대해 매일 밤 하느님께 감사드렸다. 어머니는 지독한 가난 속에서도 우리 다섯 형제들을 모든 이들로부터 존경받는 인물로 키웠고, 세 딸들도 가난 때문에 몸을 파는 비극에 빠지지 않게 했다. 이것은 행운이다 못해 기적에 가까운 일이다"라고 회고했다.

룰라가 노동운동에 투신하고 정치를 생각하게 된 데에는 브라질의 사회경제적 변화와 정치체제의 지각변동이 큰 영향을 미쳤다. 그는 1968년 노조에 가입하기 전에는 "나는 회사 사장이 되고 싶은 생각이 없었다. 단지 훌륭한 기술자가 되는 게 꿈이었다. 그것은 나의 원대한 꿈이었다"라고 회상하며, 안정된 공장생활에 만족하면서 노동운동이나 정치에 전혀 관심을 두고 있지 않았다. 이러한 태도는 그가 1972년 공장생활을 그만두고 금속노조에서 사회복지부 1서기로 전임으로 활동하기 시작한 후에도 크게 달라지지 않았다. 이는 당시 브라질의 정치적, 경제적 사정과 밀접하게 관련되어 있었다고 볼 수 있다.

브라질은 1964년 군사쿠데타[223]를 계기로 〈표 IV-10-1〉과 같이 군부정권의 강압통치[224]가 구축되었는데, 기예르모 오도넬(Guillermo O'Donnell, 1936~

---

[223] 브라질 현대사에는 군부가 가담한 네 차례의 정변이 있었는데, 1930년 민간 정치인 출신인 제뚤리우 바르가스(Getúlio Vargas, 1882~1954)가 주동한 '1930년 혁명'(Revolução de 1930), 1937년 현직 대통령인 바르가스가 친위 쿠데타를 일으킨 '1937년 쿠데타', 1945년 군부가 바르가스 대통령을 퇴진시킨 '1945년 쿠데타', 1964년 군부가 미국의 지원을 받아 일으킨 '1964년 쿠데타' 등이다. 1954년 군부는 중임한 바르가스 대통령을 퇴진시키기 위한 쿠데타를 기도했지만, 바르가스가 권총으로 자결함에 따라 포기했다.

[224] 2012년 설치된 국가진실위원회(Comissão Nacional da Verdade)는 1946~1988년 사이의

2011)이 개념화한 '관료적 권위주의체제'(Bureaucratic Authoritarianism)[225]의 전형을 띠고 있었다. 이 체제는 정치적 반대세력에 대해서는 배제와 탄압을 사용하지만, 사회경제적 집단에 대해서는 국가가 주도하는 이익대표체제, 즉 국가코포라티즘(State Corporatism)을 통해 통제와 유인책을 사용했다. 그 결과 정부-노조 간의 관계는 비정상적으로 협력적이었고, 기업-노조 간의 관계는 과도할 정도로 타협적이었다. 또한 1968년부터 1973년 사이에는 '브라질의 경제 기적'이라고 불리며 10%가 넘는 높은 경제성장률을 구가하고 있었다. 이러한 상황에서 농촌 근로자나 도시 빈민을 제외한 대기업 노동자들, 그리고 노조 상근자였던 룰라에게는 경제적으로 안정되고 과도할 정도로 선택받았다는 행복감을 느낄 만한 환경이었다.

그러나 1973년 오일위기(Oil Crisis)가 발생하면서 이러한 상황은 급격히 바뀌었다. 경기침체가 가속화되었고, 그에 따른 기업과 중산층의 반발이 터져 나왔다. 이에 1974년 취임한 에르네스투 가이제우 대통령(Ernesto Geisel, 1907~1996, 재임 1974~1979)은 '정치적 개방'(Abertura Politica)을 하지 않을 수 없었다. 그는 1966년 군부정권에 반대해 중산층과 온건한 자유주의자들이 결성한 브라질민주운동(Movimento Democrático Brasileiro, 이하 MDB)이 하원선거에 참여하는 것을 허용했다. 이로써 제도정치권은 1965년 군부정권을 지원하

인권침해 사례를 2년 6개월간 조사해 보고서를 발표했다. 보고서에 따르면, 434명이 정부에 의해 살해되거나 실종되었으며, 원주민(Povos indígenas no Brasil, Indio) 8,350명이 살해되었다.

225 오도넬은 1973년 *Modernization and Bureaucratic-Authoritarianism: Studies in South American Politics*(현대화와 관료적 권위주의)를 통해 1960년대 남미의 민주주의 붕괴와 권위주의체제의 등장에 관한 기념비적인 연구 결과를 밝혔다. 그는 브라질(1964~1985), 아르헨티나(1966~1973, 1976~1983), 칠레(1973~1990), 우루과이(1973~1985) 등에서 나타난 권위주의 형태는 포퓰리스트 정치인이나 전통적인 군사독재자가 아닌 현대화한 기술관료와 전문화된 군사조직에 기반을 둔 새로운 형태의 권위주의, 즉 '관료적 권위주의체제'라고 설명했다.

기 위해 설립된 국민개조동맹(Aliança Renovadora Nacional, 이하 ARENA)만이
의회에 진출했던 일당체제에서, ARENA와 MDB가 경쟁하는 양당체제로 개편
되었다. 하지만 이러한 정치적 개방과 달리 좌파 정치단체들에 대한 탄압은
오히려 강화되었다.

〈표 Ⅳ-10-1〉 브라질 역대 대통령 일부 현황

대	취임년	대통령	소속	비고
15	1930	제뚤리우 바르가스	자유연맹	1차 대통령
16	1946	에우리꾸 두뜨라	사회민주당	군부정권
17	1951	제뚤리우 바르가스	브라질노동당	2차 대통령
18	1954	까페 필유	브라질노동당	임시 대통령
19	1955	까를루스 루스	사회민주당	임시 대통령
20	1955	네레우 라모스	사회민주당	임시 대통령
21	1956	주셀리누 쿠비체크	사회민주당	
22	1961	자니우 꽈드루스	국가노동당	8개월 사임
23	1961	하니에리 마질리	사회민주당	대통령 대리
24	1961	주앙 굴라르	브라질노동당	
25	1964	라니에리 마찌이	사회민주당	재임: 15일
26	1964	까스뗄루 브랑꾸	국민개조동맹	군부정권
27	1967	아르뚜르 꼬스따	국민개조동맹	군부정권
28	1969	에밀리우 메디시	국민개조동맹	군부정권
29	1974	에르네스투 가이제우	국민개조동맹	군부정권
30	1979	주앙 피게이레두	국민개조동맹	군부정권
31	1985	주제 사르네이	브라질민주운동	
32	1990	페르난두 꼴로르	국가재건당	탄핵
33	1992	이따마르 프랑꾸	브라질민주운동당	
34	1995	페르난두 까르도주	브라질사회민주당	
35	2003	룰라 다시우바	노동자당	1차 대통령
36	2011	지우마 호세프	노동자당	탄핵
37	2016	미셰우 테메르	브라질민주운동당	
38	2019	자이르 보우소나루	사회자유당	
39	2023	룰라 다시우바	노동자당	2차 대통령

당시 좌파세력은 1922년 창당한 '공산당-공산주의 인터내셔널의 브라질 지부'(Partido Comunista-Seção Brasileira da Internacional Comunista, PC-SBIC)를 모태로 하는, 흔히 정통 공산당이라고 불리는 '브라질공산당'(Partido Comunista Brasileiro, 이하 PCB), 1962년 브라질공산당에서 이탈해 마오주의(毛澤東思想, Maoism)에 입각한 농촌게릴라 활동을 했던 '브라질의 공산당'(Partido Comunista do Brasil, 이하 PCdoB), 1964년 급진적 대학생들이 도시게릴라 활동을 표방하고 1969년 브라질 주재 미국대사를 납치했던 MR8(Movimento Revolucionário 8 de Outubro, 10·8혁명운동)[226] 등으로 분열된 채 지하에서 명맥만 유지하고 있었다. 이처럼 강온 전략을 구사하고 있던 군부정권은 그동안 협력적이고 우호적인 노조에 대해서도 압박을 가하기 시작했다. 당국은 오일위기에 대응하기 위해 노동자의 임금 인상을 통제하려는 목적으로 「파업제한법」을 공포하고 노동계의 동향을 예의 주시했다.

1975년 조합원의 92% 지지를 받아 금속노조위원장에 선출된 룰라는 정치에 대해 자연스럽게 눈을 뜨기 시작했다. 노조위원장직을 수행하면서 노동정치의 생리와 노조와 정당 간의 관계를 정확히 이해하기 시작했다. 정치에 입문하게 된 계기를 묻는 질문에 대해 룰라는 "정치는 잘 빚어진 까샤사(Cachaça, 사탕수수로 빚은 브라질 전통주)와 같습니다. 첫 잔을 마시고 나면 한 병을 다 비우기 전까지 절대로 멈출 수 없지요"라는 아주 멋진 말로 답변을 피했지만, 처음부터 권력정치를 외면하고 있지는 않았다. 그가 '소명으로서의 정치' 내지 '노동자들을 위한 정당정치'를 본격적으로 고민하게 된 결정적인 계기는 바로 위 형인

---

226 MR8은 1967년 대학생 무장단체들이 조직을 재정비하는 과정에서 체 게바라(Che Guevara, 1928~1967)가 볼리비아에서 체포된 날을 기리기 위해 사용한 명칭이다. MR8은 1969년 찰스 엘브릭 미국대사(Charles Elbrick, 1908~1983)를 납치하고, 석방 대가로 15명의 정치범들이 멕시코로 망명되도록 정부에 요구해 이를 관철시킨 바 있었다. 참고로 룰라 후임 대통령인 지우마 호세프(Dilma Rousseff, 1947~, 재임 2011~2016)도 한때 1964년 결성된 도시게릴라 조직인 '팔마레스 혁명무장선봉대'(Vanguarda Armada Revolucionária Palmares)에서 활동했으며, 그 일로 1970~1972년 복역했다.

프레이 쉬꾸의 투옥과 「파업제한법」의 강화 때문이었다. 쉬꾸는 1975년 브라질 공산당 활동 혐의로 체포되어 온갖 폭행과 고문을 당하고, 일년 넘게 옥고를 치뤘다. 그때 룰라는 "가슴속에서 형언할 수 없는 분노의 감정이 치밀어 올랐다. 그때부터 내게서 두려움이 사라지게 되었다"고 회상하며, 군부정권의 폭정에 맞서겠다는 결심을 굳혔다.

룰라가 두 차례 금속노조위원장에 있는 동안 단위공장 파업을 지원하거나 대규모 총파업을 결행할 때마다, 「파업제한법」에 따라 파업 노동자는 언제든 지 해고나 체포될 위험에 놓여 있었다. 1978년 국회를 방문해 「파업제한법」의 완화를 호소했지만, 482명의 국회의원 중 단 2명만 그에게 귀를 기울이는 것을 목도했다. 이 경험을 통해 그는 노동자를 대변할 법률을 만들 의원이 필요하다는 "아주 간단명료한 이유"로 신당을 창당하기로 마음먹었다. 마침내 그는 1978년 7월 15일 노조대회에서 노동자를 위한 정당의 필요성을 역설했다. 룰라의 신당 발언은 노동운동 영역에서 하나의 섹터로 역할하고 있었던 PCB, PCdoB, MR8 등과 같은 좌파 정치단체뿐만 아니라 제도정치권에서 유일한 야당인 MDB에게는 청천벽력과 같았다. 이들은 룰라가 제안하는 새로운 정당 이 탈가치적이거나 단순히 먹거리 이슈에만 매몰될 수 있다고 보고 거세게 반대했다.

하지만 룰라는 언론에서 이른바 '노조공화국'이라고 불리는 상파울루 외곽의 자동차 공업지대인 'ABCD 지역'(ABCD Paulista)에서 수 차례 열린 대규모 파업과 노동자 집회를 통해 사자후獅子吼를 토해내면서, 신당 창당을 위한 노동자의 열기를 결집시켜 나갔다. 특히 이 과정에서 기존의 조합주의에서 벗어나 풀뿌리 노동자조직에 기반한 새로운 조합주의로의 전환을 추진하고, 노동운동을 군정 종식이라는 민주화운동과 접목해 확장시키는 환경을 조성해 나갔다. 이 와중에 군부정권의 유화론자인 주앙 피게이레두 대통령(João Figueiredo, 1918~1999, 재임 1979~1985)이 민주화를 요구하는 국내외의 거센 압력에 못이겨 1979년 망명정치인에 대한 사면복권과 다당제 도입을 골자로 하는 정당개혁[227] 등

'정치적 자유화'(Distensão Politica) 조치를 발표했고, 이로 인해 룰라의 신당 작업은 더욱 속도가 붙게 되었다.

룰라는 1980년 2월 10일 노동운동과 민주화운동의 상징성을 지닌 상파울루의 시온초등학교에서 노동자당(PT)을 창당했다. PT 창당은 충분한 여건들이 갖춰져 있어서 이미 예견되어 있었지만, 룰라의 강한 의지와 결단이 결정적인 역할을 한 것으로 보인다. 1970년대 말 브라질의 경제 상황은 최악이었다. 1979년 발생한 2차 오일쇼크는 전년에 40%였던 인플레이션을 1979년에는 55%로, 1980년에는 90%로 치솟게 했으며, 예기치 않은 연속적인 자연재해는 농업생산에 큰 손실을 입혔다. 이러한 상황에서 노동자들은 각종 집회와 새로운 조직화를 통해 계급의식과 정치적 인식을 고양시키고 있었다. 하지만 정당을 만든다는 것은 선거에 후보를 낸다는 것을 전제로 하기 때문에 공장에서 일을 해야만 하는 노동자에게는 쉽게 선택할 수 있는 일은 아니었다. 이 같은 진퇴양난에 처한 룰라는 창당이라는 정치적 결단을 내렸고, 이는 자신이 각종 선거에서 앞장서서 출마하겠다는 의지의 표명이었다.

PT는 창당 선언문을 통해 "우리 당은 노동자들의 정치적 독립을 위한 의지로 탄생했다. 노동자들은 기존의 경제, 사회, 정치 제도에 존속시키려는 정치인들과 정당의 손아귀에서 놀아나는 데 지쳤다. 우리 당은 자본주의 체제로부터 착취당하는 모든 사람들의 진정한 정치의사를 표현하게 될 것이다"고 밝혔고, 명확한 좌파 입장을 취했다. 하지만 PT는 좌파로부터 가톨릭계에 이르기까지 다양한 노동그룹과 재야 및 망명 정치인들, 저명한 지식인과 문화예술인[228]

---

227 당시 정당개혁에 따라 기존 여당인 ARENA는 사회민주당(Partido Democrático Social, 1980~1993, 이하 PDS)으로, 야당인 MDB는 브라질민주운동당(Partido do Movimento Democrático Brasileiro, 1980~2017, 이하 PMDB)으로 개명했다.

228 PT에 입당한 저명한 인사로 세 명을 들면, 스페인 내전에 참여했던 전설적인 영웅이자 브라질 사회주의의 대부인 아폴로니오 드 카르발류(Apolônio de Carvalho, 1912~2005), 브라질 문학평론의 대가인 안토니오 칸디도(Antonio Candido, 1918~2017), 브라질 남자의 특징을 '다정한 남자'(cordial man)로 개념화했던 저명한 사회학자인 세르히오 부아르케

등을 아우르는, 이념적 스펙트럼이 넓은 중간좌파 정당 내지 민주적 사회주의 계열의 정당이라고 볼 수 있다. 룰라는 PT의 이념적 입장에 대해 "지금은 방에 앉아서 마르크스와 레닌을 읽고 있는 사람들의 이데올로기적인 고루함과 자기도취로부터 절연해야 할 때입니다. 지금은 이론에서 실천으로 옮겨가야 할 때입니다. 노동자당은 어떤 이론의 산물이 아니라 전적으로 실천의 산물입니다"라고 토로하며 실용적 대중주의를 강조했다. 이러한 인식은 당시 노동자들의 의식수준과 정치지형의 변화를 전적으로 반영한 것이라고 볼 수 있다.

필자는 1980년 당시 노동자 집회 현장에 내걸린 현수막을 담은 사진을 보면서 아주 흥미로운 점을 발견한 바 있다. 현수막에는 "단결은 진보를 가져다준다. 따라서 우리는 하나다. 이들은 우리 국민을 대표한다. 이들은 영원할 것이다"라고 쓰여 있었고, 가장자리 왼쪽에는 예수님이, 오른쪽에는 룰라가 그려져 있었다. 아마 노동자들은 목수였던 예수가 인류의 구세주(Messias)였던 것처럼, 노동자와 가난한 사람들의 친구인 룰라가 자신들의 구원자(salvador)이기를 간절히 바랐던 심경을 담은 것이 아니었을까? 그러나 브라질이 유독 가톨릭 신자가 많은 나라이긴 하지만, 예수 그림을 노동자 집회에서 활용하는 모습은 유럽에 있는 기독교민주당에서도 드문 경우일 것이다. 더욱이 룰라 얼굴을 예수와 나란히 좌우로 배치한 것은 다소 과한 것 같다는 인상이 든다. 그렇지만 현수막 속에서 33세의 목수와 35세의 선반공이 보여주는 '다정한 남자'(cordial man)의 모습이 대중에게 호소력을 갖는다는 점을 부인할 수 없을 것이다.

신은 겸허하지 않는 자나 불경스러운 사람들에게는 복을 주지 않는다는 말은 독실한 가톨릭 신자인 룰라에게는 의미가 있었다. 그는 1982년 상파울루 주지사선거에 도전했지만, 4위로 낙선했다. 당시 선거는 총선과 지방선거를 동시에 치뤘는데, PT는 하원선거에서 전체 의석 479명 중 겨우 8명을 당선시켰

(Sérgio Buarque, 1902~1982) 등이다.

고, 상원선거에서는 전체 의석 25명 중 한 명도 당선시키지 못했다. 이러한 결과는 PT가 노동자의 지지를 놓고 경쟁해야만 하는 민주노동당(Partido Demo-crático Trabalhista, 이하 PDT)과 브라질노동당(Partido Trabalhista Brasileiro, 이하 PTB)보다 부진했음을 보여준다.[229] 더욱이 상·하원의원과 일부 주의원들로 구성되는 660명의 선거인단이 대통령을 선출하는 선거제도 때문에 PT는 다가올 1985년 대선에서 어떤 영향도 미치는 못하는 불능정당이 될 수밖에 없었다.

하지만 룰라는 절체절명의 위기 속에서도 불사조처럼 인내심과 낙관주의로 희망을 찾아나섰다. 1983년 중앙노동자연합(CUT)을 창설해 노조를 하나로 모으는 데 앞장섰고, 이듬해 군정 반대와 대통령 직선제를 요구하는 디레타스 자(Diretas Já, 당장 직접선거를) 운동에 열성적으로 몸담았다. 그리고 1986년 하원선거에 출마해 최다 득표로 당선되었고, 이듬해 출범한 국민헌법의회에서 제헌 활동을 열정적으로 수행했다. 1988년 제정된 「브라질연방공화국 헌법」에 따라 대통령 직선제가 도입되자, 룰라는 〈표 IV-10-2〉와 같이 네 차례의 대선에 나선 끝에 2002년 대선에서 대통령에 당선되었다. 그는 정치에 입문한 지 강산이 두 번 바뀌는 22년 동안 수많은 좌절과 역경을 겪었지만, 불굴의 신념을 지닌 통합정치의 아이콘[230]이자, 더욱 '다정하고 믿음직한 남자'[231]로 거듭 태어났다.

---

229 PDT와 PTB는 1979년 정치적 자유화 조치에 따라 1945년 바르가스 대통령이 창당해 군부정권에 의해 1965년 해체된 (구)브라질노동당을 복원시키겠다는 취지로 따로따로 창당되었다. PDT는 망명 정치인인 레오네우 브리졸라(Leonel Brizola, 1922~2004)에 의해 주도되었는데, 유럽식 사회민주주의를 지향했다. 그리고 PTB는 바르가스 대통령의 조카딸인 이베테 바르가스(Ivete Vargas, 1927~1984)에 의해 창당되었는데, 우파 노선을 표방했다. 참고로 룰라 후임 대통령인 지우마 호세프는 PDT 창당 때부터 활동하다가 2001년 PT에 입당했다. 1982년 총선 결과, 하원은 전체 479석 중 PDS 235석, PMDB 200석, PDT 23석, PTB 13석, PT 8석이었고, 상원은 전체 의석 25석 중 PDS 15석, PMDB 9석, PDT 1석, PTB 0석, PT 0석이었다.

230 룰라는 2002년 대선에서 선거연합을 공식적으로는 4개 정당과 맺었지만, 실제로는 9개 정당과 맺을 정도로 좌파 블록을 넘어 우파 정당과도 동맹을 맺었다. 특히 그는 러닝메이트 부통령 후보로 자수성가한 백만장자 기업가로서 우익 정당인 자유당(PL)

〈표 Ⅳ-10-2〉 1989년 이후 브라질 대통령선거 현황

대선	후보수	주요 후보(소속 정당 / 선거연합)	1차 투표	2차 투표
1989	22	룰라(PT / 브라질 민중전선: PT, PSB, PCdoB)	17.1%	46.9%
		페르난두 꼴로르(PRN / 새로운 브라질운동)	30.4	53.0
1994	8	룰라(PT / 시민권을 위한 브라질 민중전선: PT, PSB, PPS, PCdoB, PCB, PSTU)	7.2	없음
		페르난두 까르도주(PSDB / 연합, 노동 및 진보)	54.2	없음
1998	12	룰라(PT / 민중노조가 브라질을 바꾼다: PT, PDT, PSB, PCdoB, PCB)	31.7	없음
		페르난두 까르도주(PSDB / 연합, 노동 및 진보)	53.0	없음
2002	6	룰라(PT / 룰라 대통령: PT, PL, PCdoB, PMN, PCB)	46.4	61.2
		주제 세하(PSDB / 위대한 동맹)	23.1	38.7
2006	8	룰라(PT / 사람의 힘: PT, PRB, PCdoB)	48.6	60.8
		제랄두 알크민(PSDB / 괜찮은 브라질을 위해)	41.6	39.1
2010	9	지우마 호세프(PT / 브라질이 계속 변화하려면)	46.9	56.0
		주제 세하(PSDB / 브라질은 더 많은 일을 할 수 있다)	32.6	43.9
2014	11	지우마 호세프(PT / 사람의 힘으로)	41.5	51.6
		아이시오 네베스(PSDB / 브라질을 바꾼다)	33.5	48.3
2018	13	페르난두 하다드(PT / 다시 행복한 사람들)	29.2	44.8
		자이르 보우소나루(PSL / 무엇보다 브라질, 무엇보다 신)	46.0	55.1
2022	11	룰라(PT / 브라질 희망: FE Brasil, Fed. PSOL REDE, PSB, Solidariedade, Avante, Agir, PROS)	48.4	50.9
		자이르 보우소나루(PL, 브라질의 이익을 위해)	43.2	49.1

* 선거연합에 참여한 정당은 룰라 후보만 기재함.

PT : Partido dos Trabalhadores(노동자당, 1980~)

PSB : Partido Socialista Brasileiro(브라질사회당, 1985~)

PCdoB : Partido Comunista do Brasil(마오주의 브라질의 공산당, 1962~)

소속의 주제 알렝까르(José Alencar, 1931~2011, 재임 2003~2010)를 선택했다. 이 같은 통합정치의 행보는 중산층과 중도층의 지지를 확보하는 데 결정적이었다.

231 룰라는 2002년 대선 슬로건으로 '평화와 사랑'(Paz e Amor)을 내세웠다. 그리고 2002년 6월 '국민에게 드리는 서한'을 통해 급진주의적 이미지를 탈색하고, 신뢰 있는 이미지를 부각시켰다. 그 주요 내용은 "①국가의 부채에 대해 디폴트(default, 채무불이행)를 선언하지 않는다, ②기존 정부의 모든 계약이 존중될 것이다, ③민간 기업들에게 활력을 불어넣겠다" 등이었다.

PRN : Partido da Reconstrução Nacional(국가재건당, 1989~2000)

PPS : Partido Popular Socialista(인민사회당, 1992~2019)

PCB : Partido Comunista Brasileiro(정통 브라질공산당, 1993~)

PSTU : Partido Socialista dos Trabalhadores Unificado(통일사회주의노동자당, 1994~)

PSDB : Partido da Social Democracia Brasileira(브라질사회민주당, 1988~)

PDT : Partido Democrático Trabalhista(민주노동당, 1979~)

PL : Partido Liberal(자유당, 1985~2006 / 공화국당 PR, 2006~2019 / 자유당, 2019~)

PMN : Partido da Mobilização Nacional(국민동원당, 1990~)

PRB : Partido Republicano Brasileiro(브라질공화당, 2006~)

PSL : Partido Social Liberal(사회자유당, 1994~2022)

FE Brasil : Federação Brasil da Esperança(브라질 희망연맹=PT + PCdoB + PV, 2022)

PV : Partido Verde(녹색당, 1986~)

Fed. PSOL REDE : Federação PSOL REDE(사회주의자유당과 지속가능네트워크 연합, 2022~)

Solidariedade(연대, 2012~), Avante(앞으로, 2017~), Agir(행동, 2021~), PROS(사회
질서공화당, 2010~2023)

사회통합으로 경제성장을 이루다

룰라는 2003년 1월 1일 대통령의 취임사를 통해 국민들에게 "모든 남성과
여성, 사업가, 노조원, 지식인에게 보다 공정하고 우애적이며 연대적인 사회를
건설"할 것을 약속하고, ①기아 퇴치, ②일자리 창출, ③사회보호 구현, ④대외
무역 및 국제관계 안정, ⑤남미협력 증대 등의 당면과제를 제시했다. 이 중
가장 역점을 둔 당면과제는 '포미 제루'(Fome Zero)라고 불리는 기아와의 전쟁이
었다.

"비옥한 토지가 이렇게 많은 나라에서, 일을 하고 싶어 하는 사람이 이렇게
많은 곳에서 굶주림을 언급할 이유가 없습니다. 하지만 지금 이 순간에도
가장 가난한 농촌에서, 도시 변두리에서 수백만의 브라질 국민은 먹을
것이 없습니다. 한 조각의 빵을 구해 가난하게 죽지 않더라도 최빈곤층

경계에서 기적처럼 살아가고 있습니다. … 우리의 형제, 자매 중 단 한 명이라도 굶주림을 겪고 있다면, 우리는 수치심으로 얼굴을 가리고 다니기에 충분할 이유가 될 것입니다. 이러한 이유로 우리 정부의 우선과제로 '굶주림 제로'(Fome Zero)라고 불리는 식량지원 프로그램을 추진하겠습니다."(2023. 1. 1. 연방의회에서 「대통령 취임사」 중)

어떻게 해서 남미의 중심국가로서 가장 풍요롭고 역동적인 나라로 알려진 브라질에서 이처럼 처연한 언술이 나올 수 있었을까? 한때 진보적인 사회학자로서 브라질 민주화운동의 대부 중 한 사람인 브라질사회민주당(PSDB)의 페르난두 까르도주 전임 대통령(Fernando Cardoso, 1931~, 재임 1995~2002)은 8년 동안 도대체 무엇을 했을까?

필자는 지우마 호세프 대통령의 집권 2년차인 2011년 브라질 의회와 의회도서관, 상파울루대학교를 포함한 여러 기관들을 방문한 적이 있다. 수도인 브라질리아와 남미 최대도시인 상파울루에서 공무를 마치고, 거대 예수상이 있는 열정의 도시인 리우데자네이루로 건너갔다. 도시에 들어서는 언덕바지에서 도심을 바라보니 멀리에 있는 해변과 산들이 반짝이면서 눈에 들어왔다. 특히 산들이 녹색을 띤 것이 아니라 백화百花가 핀 것처럼 울긋불긋했다. 그러나 가까이 다가갈수록 판잣집들이 산꼭대기까지 끝없이 펼쳐지고 있었다. 판잣집이 밀집되어 있는 빈민가를 많은 나라들에서 보았지만, 이처럼 엄청난 모습을 본 것은 중남미에서는 멕시코시티를 제외하고는 처음이었다. 출장을 떠나기 전에 지인으로부터 페르난두 메이렐리스 감독(Fernando Meirelles, 1955~)과 카티아 룬드 감독(Kátia Lund, 1966~)이 공동 연출한 영화 「시티 오브 갓」(City of God, Cidade de Deus, 2002)[232]을 감상하고 떠나라는 조언을

---

232 「시티 오브 갓」은 1997년 파울로 린스(Paulo Lins, 1958~)가 리우데자네이루의 빈민가 삶과 갱단의 폭력 실상을 자전적으로 그린 동명의 소설을 영화화한 것으로 뉴욕영화비평협회의 '최우수외국인영화상'(2003)을 수상했다.

들었는데, 그 이유를 실감했다.

룰라가 대통령에 취임하기 전 극빈층은 전체 인구 1억 7,500만 명 중 30%에 달하고 있었다.[233] 당시 상상을 초월한 빈부격차와 신조차 버린 빈곤층의 실태는 통계 자료를 보지 않더라도, "브라질 국민이라면, 그 누구도 굶주린 배를 움켜진 채 잠자리에 들게 하지 않겠다"라는 룰라의 한마디로 짐작하고도 남는다. 룰라는 마치 예수님이 오병이어(五餠二魚, 보리떡 다섯 개와 물고기 두 마리)의 기적으로 5천 명을 구휼한 것처럼 브라질의 검은 천사[234]와 까르도주 전임 대통령이 소홀히 했던 가난한 자들의 굶주림을 해소시켰다. 이번에는 신이 룰라에게 복을 주었다.

룰라는 포미 제루를 국정의 제1과제로 내세웠지만, 경제위기를 타개하는 일이 더 시급하다는 점을 정확히 파악하고 있었다. 까르도주는 한때 합리적인 종속이론가였지만, 집권하자마자 모범적인 신자유주의자로 변신해 국정을 운영했다. 까르도주는 외자유치와 민영화를 통해 경제성장을 도모했으나, 그의 임기 8년 동안 1인당 국내총생산(GDP)이 4,850달러에서 2,860달러로 떨어지고, 실업률이 1995년에서 2001년 사이에 35%나 급증했다. 이로 인해 도시 노동자와 농촌 근로자의 삶은 열악해졌고, 빈민들의 삶은 더욱 피폐해질 수밖에 없었다. 경제적 여건이 어렵더라도 최소한의 사회안전망과 기초교육을 위한 공공지출을 늘렸어야 했는데, 이마저 제대로 이뤄지지 않았다. 이러한 사태는 결국 정권교체를 가져왔을 뿐만 아니라 국가부채의 상환문제를 둘러싸고 국제신용도까지 급격히 하락시켰다.

---

[233] 브라질 지리통계원에 따르면, 2003년 소득집단별 구성은 상류층 10.7%, 중류층 43%, 하층 16.4%, 극빈층 29.9% 등으로 되어 있다. 당시 극빈층의 빈곤선 기준은 '1일 1 US$'로 추정된다.

[234] 필자는 대기업과 금융기관이 밀집해 있는 상파울루 중심가의 길거리에서 하얀 천사 복장을 한 행위예술가가 길가는 사람에게 축복을 해주고 사례금을 받는 모습을 보고, 그러한 일을 다른 방식으로 하는 '검은 천사'는 누구일까 가늠해 본 적이 있다.

이에 룰라는 대통령에 취임하자마자 선거 전에 '국민에게 드리는 서한'을 통해 밝힌 경제정책의 3대 기조를 준수해 나가겠다고 재차 강조했다. 그는 시장지향적인 경제학자 출신인 PSDB 소속의 엔리케 메이렐레스(Henrique Meirelles, 1945~, 재임 2003~2010)를 브라질 중앙은행의 총재로 임명했다. 이는 외채 상환의 약속을 지키겠다는 상징적인 조치였다. 룰라 정부는 국제통화기금(IMF)과의 재협상을 통해 국제신용도를 향상시키는 한편, 금리인상과 긴축재정을 통해 브라질 통화 헤알(Brazilian Real)의 가치를 안정시키고, 외채상환 능력을 제고시켰다. 이러한 조치로 환율은 2002년 10월 달러당 3.8 헤알에서 2003년 10월에는 2.86 헤알로 반전되었고, 국가 위험도도 2003년 2월 1,333 포인트에서 10월에는 500 포인트 이하로 떨어졌으며, 인플레이션도 2003년 5월 소비자물가 지수 17.24%에서 10월에는 13.98%로 누그러졌다. 이러한 경제회복의 청신호는 〈표 IV-10-3〉에서 볼 수 있듯이, 외채 상환, 경제성장, 일자리 부문 등에서 더욱 빛을 발했다. 룰라 정부는 특히 IMF 협정에 따른 예산 흑자를 2년 만에 달성했고, 2005년 말에는 예정보다 2년 앞당겨 IMF 부채를 전액 상환했으며, 2008년에는 브라질을 역사상 최초로 채권국으로 격상시키는 성과를 이뤄냈다.

룰라의 경제적 성과는 사회복지와 공공투자의 확대를 통한 선순환(virtuous cycle) 구조를 구축한 데 힘입은 바가 컸다. 그는 기아퇴치부를 신설하고, 포미 제루(기아 제로 식량지원), 보우사 에스꼴라(Bolsa Escolar, 학비지원), 까르떠웅 알리멘따르(Cartão Alimentar, 근로자 식비지원), 아우쉴리우 가스(Auxílio Gás, 에너지 지원) 등 각종 사회안전망 프로그램을 통합한 '보우사 파밀리아'(Bolsa Família)라는 종합복지제도를 구축했다. 이를 통해 수많은 빈곤층이 굶주림으로부터 벗어났고, 소득불평등이 개선되었으며, 특히 빈곤층의 아이들이 영양실조, 교육부재, 아동노동 등에서 벗어날 수 있었다. 룰라 집권 1기의 마지막 해인 2006년 통계에 따르면, 보우사 파밀리아에 드는 비용은 GDP의 0.5%로서 정부지출의 2.5%에 지나지 않았지만, 수혜 대상은 1,120만 가구 4,400만

명에 달했다. 물론 극단적으로 분절되어 있는 국민들 일각이나 정략정치에 사로잡힌 '분극적 다당의회'[235]에서는 국가 재원의 부족을 이유로 반대하거나 선거용 무기로 변질되었다고 비판하는 목소리도 있었다. 이에 대해 룰라는 "왜 부자들을 돕는 것은 투자라고 하고, 가난한 이들을 돕는 것은 비용이라고 말하는가?"라고 설득을 계속했고, "우리 정부는 절대로 포퓰리즘(populismo)에 입각하지 않는다. 우리 정부는 항상 민중적(popular)일 것이다"[236]라고 제도의 투명성을 제고시키면서 흔들리지 않고 추진해 나갔다.

한편 룰라는 야심찬 성장촉진 프로그램(Growth Acceleration Program, PAC)을 통해 서민주택 및 위생시설 지원, 교통 및 도로 인프라 건설, 민간투자 지원 등에 힘써 대규모 도시빈민 문제를 해결하고, 수백만 개의 새로운 일자리를 창출했다. 특히 그는 가장 가난한 지역인 농촌의 근로자들을 위해 물부족 해결, 식량뱅크 설립, 지역개발 지원, 합법적이고 평화적인 농지개혁 등을 추진했다. 또한 가난을 극복할 수 있고 희망찬 미래를 기약할 수 있는 최상의 방법이 교육이라고 판단하고, 교육에 대한 투자를 소홀히 하지 않았다. 룰라 정부는 문맹 퇴치와 교육 접근성을 개선하기 위해 '더 많은 교육'(Mais Educação) 프로그램을 통해 공립학교 전일제를 운영했고, 기초교육(초·중학과정)을 8년에서 9년으로 늘려 의무교육제로 바꿨으며, '모두를 위한 대학'(ProUni, University for All) 프로그램을 통해 지방마다 대학을 설립하고 저소득층 학생의 학비 지원을 강화했다. 이 같은 사회복지와 공공투자의 확대는 〈표 IV-10-3〉과 같이 일자리의 확장, 근로자의 소득 증가, 최저임금의 상승 등과 맞물려 '복지-

---

235 1998년 제정된 새 헌법에 따라 대통령은 4년 연임과 중임으로 직선 결선투표제로 선출되며, 하원의원은 4년 임기로 주별 정당명부식 비례대표제로 선출되고, 상원의원은 8년 임기로 한 선거구에 1~2명을 뽑는 시차 선거(4년마다 3분의 1과 3분의 2 선출) 다수제로 선출된다. 이러한 선거제도 때문에 조바니 사르토리(Giovanni Sartori, 1924~2017)가 유형화한 정당 체계 중 분극적 다당체계(extreme mutiparty system)를 초래함으로써 집권당이 야당 의원들의 지지를 얻기 위한 매수행위가 빈번히 이뤄지고 있다.

236 이 구절은 2007년 1월 1일 집권 2기 대통령 취임식에서 행한 연설 가운데 나온다.

소비-생산'이라는 선순환 구조를 원활히 작동시킴으로써 경제성장을 촉진시켰다. 이를 바탕으로 룰라는 성공한 경제정책을 명명하는 클린턴노믹스 (Clintonomics)나 블레어리즘(Blairism)에 버금가는 '룰리스무'(Lulismo)의 창안자라는 세간의 호평을 받기 시작했다.

〈표 IV-10-3〉 룰라 집권기의 각종 변화 현황

구분	2002(취임 전)	2010(퇴임 전)	비고
GDP	4594억 달러	1조 8000억 달러	세계 순위 14위 → 7위
GDP 증가율	1.1%	7.3%	
외환 보유액	370억 달러	2735억 달러	
물가 상승률	12.5%	5.6%	
실업률	11.5%(2004)	6.7%	
소득 중류층	43%(2003)	53.6%(2009)	
소득 극빈층	29.9%(2003)	17.4%(2009)	
Gini 계수	57.6	52.9	
국민주택 지원	80억 레알	900억 레알	
문맹률	11.6%	8.6%	

출처: IMF, The World Bank, 브라질 중앙은행, 브라질지리통계원.

룰라는 2006년 대선에서 '멩살렁 스캔들'(Escândalo do Mensalão)[237]에도 불구하고 2002년 대선에 상응하는 지지를 받았다. 따라서 그의 집권 2기는 더욱 자신감을 갖고 국정을 용의주도하게 운영할 수 있게 되었다. 그는 분극적 다당의회에서 통합정치를 통해 우호세력을 견인하고 반대세력을 설득하면서 사회정책의 강화와 공공투자의 확대로 지지기반을 더욱 확장했고, 친기업적인 부통령과 중앙은행장을 연임시킴으로써 국내외 시장의 우려를 완전히 해소시

---

237 멩살렁은 '매달 지불하는 수당'이라는 뜻으로 과반수를 확보하지 못한 집권당이 기업들에게 혜택을 주어 그들로부터 돈을 갹출해 야당 의원들을 매수하는 브라질 정계의 어두운 관행이다. 이 관행은 연정대통령제(presidencialismo de coalisão)와 분극적 다당의회제로 인해 거의 구조화되다시피 해 왔다.

컸다. 이처럼 국내 상황이 호전되자 그는 활발한 국제 활동을 통해 국제무대의 스타가 되었고, 브라질의 소프트 파워(Soft Power)를 크게 신장시켰다. 그는 브라질을 G20 국가군 중 G8 정상회담 국가로 편입시켰고, 브릭스(BRICS)[238]를 G7과 유럽연합(EU)에 필적하는 제3의 세계경제 그룹으로 위상을 높이는 데 기여했다. 특히 1991년 출범한 남미공동시장(MERCOSUR)을 발전시켜 2008년 남미 12개 국가들이 참여하는 '남미국가연합'(União de Nações Sul-Americanas, UNASUR)을 창설하는 데 주도적인 역할을 했다. 그리고 2007년 판아메리카 경기, 2014년 월드컵, 2016년 올림픽 게임 등을 유치함으로써 브라질의 국제적 위상을 높이고 국민들의 자긍심을 불러일으켰다. 참고로 그는 2005년 한국을 방문해 노무현 대통령과 정상회담을 가진 바 있다.

룰라는 미국의 부시 대통령(George Walker Bush, 1946~, 재임 2001~2009)이 주도하는 이라크 전쟁(2003~2011)을 반대하고 미주자유무역지대(FTAA)의 설립에 소극적인 자세를 취해 미국 정부와 소원했지만, 미국의 여론 동향을 항상 주시했다.[239] 전반적으로 룰라의 집권 2기도 성공적이었다. 이러한 성공은 그가 가난한 사람들과 차별받는 사람들을 섬기고 돌보는 데 신이 축복을 준 결과라고 볼 수도 있고, '평화와 사랑'의 슬로건대로 이념과 계급계층과 정파를 뛰어넘는 통합정치로 국정을 펼친 결과라고 해석할 수도 있겠다. 2010년 12월 대통령 퇴임 직전 여론조사에서는 무려 87%의 지지를 받는 것으로 나타났다. 그리고 그는 자신의 후임자인 지우마 호세프가 대통령에 당선됨에 따라 마침내

---

238 브릭스(BRICS)는 2002년 출범한 브라질, 러시아, 인도, 중국 간의 경제협력를 위한 정상회의체인데, 2010년에 남아프리카공화국이 추가되었고, 2023년에는 사우디아라비아, 이란, 에티오피아, 이집트, 아르헨티나, 아랍에미리트 등 6개 국가가 회원국이 되었다.

239 룰라와 부시는 동년배라는 것을 제외하고는 살아온 이력이나 가치관이 전혀 다르지만, 낙천적인 기질과 코믹스러운 언행이 비슷해서인지 개인적으로 좋은 관계를 유지했으며, 비교적 자주 만났다. 한번은 룰라가 부시에게 전화로 "아들아(My son), 문제는 이것이다. 우리는 성장 없이 26년을 보냈다"고 말했다고 한다. 그리고 부시는 룰라를 만날 때마다 "나의 브라질 친구!"라고 말하면서 룰라의 경제정책을 칭찬했다고 한다.

최종적으로 성공한 대통령으로 판명되었고, 다음과 같은 퇴임의 변을 자신있게 말할 수 있었다.

"저는 두 가지 개혁을 이뤄냈습니다. 첫 번째는 브라질 국민이 선반공을 대통령으로 선출할 수 있다는 것과 그 선반공이 많은 졸업장을 가진 사람보다 나라를 더욱 잘 이끌 수 있었다는 것을 보여준 것입니다. 두 번째는 이 나라에서 처음으로 여성 대통령이 선출된 것입니다. 여러분은 제가 이 점에 대해 얼마나 자랑스러워하는지 모를 것입니다. 왜냐하면 2년 전 제가 지우마를 후보자로 언급하기 시작했을 당시, 많은 사람들은 그녀가 경험이 없고, 정치에 참여해 의원이 된 적이 없다고 했습니다. 제가 장점으로 여기는 것을 사람들은 단점으로 보고 있었습니다. 저는 하원, 시장을 원치 않고, 그녀를 원했습니다. 저는 그녀와 일을 해보았고, 그녀의 장점과 인격과 능력을 잘 알고 있었기 때문입니다."

새로운 정치적 여정에 나서다

룰라도 인간이기에 완벽하지 않은 것은 당연하다. 대부분의 성공하고 존경받는 정치지도자처럼 그 역시 흠이 있다. 그는 자신의 부족한 부분을 주변에 있는 좋은 사람들이 채워 주었다는 점에서 행운의 정치인이다. 사실 정치인이 완벽하다면, 사람들은 다가가기 어려울 뿐만 아니라 도와주고 싶은 것을 찾지 못할 수 있다. 이 점에서 정치인은 항상 겸허하고 성찰하는 여백의 미학을 지닐 필요가 있다. 룰라는 중학교만 나왔기 때문에 보수세력으로부터 자국어인 포르투갈어를 잘 구사하지 못하고 은어와 욕을 자주 사용한다는 비판을 받았다. 그러나 룰라는 국민들과 가장 친숙한 방식으로 의사소통을 했고, 학습기회가 부족한 원주민이나 흑인들과 대화할 때 그들이 이해할 수 있는 어휘를 사용했다. 심지어 일부 언론으로부터 영어도 못하는 사람이 어떻게 나라를 이끌 수 있냐는 모욕적인 질문을 받기도 했다. 하지만 미국 흑인노예를 해방시킨 링컨 대통령이나 스웨덴 복지국가인 원형인 '민중의 집'(folkhemmet)을 지은 페르 알빈 한손 총리(Per Albin Hansson, 1885~1946, 재임 1932~1936, 1936~1946), 그리고 전후 유럽을 미국과 함께 주조한 영국의 어니스트 베빈 외무부 장관(Ernest Bevin, 1881~1951, 재임 1945~1951)처럼 가난 때문에 정규 교육과정을 이수하지 못했음에도 불구하고 가장 존경받는 리더가 된 사례가 많은데, 룰라만 예외라는 것이다.

룰라는 술을 즐겼다. 이는 그가 공장노동자 출신답게 노동자의 친교문화를 체화하고 있었고, 기본 체력이 좋았기 때문에 가능했던 것이다. 하지만 소수 고상한 이들이 외부에 드러내지 않고 명주名酒를 마시는 경우는 문제가 되지 않지만, 자신들의 이야기를 들어주기를 바라는 대중이나 열악한 환경 속에서 고군분투하고 있는 동지들과 선술집에서 까샤사를 한잔 마시는 것은 문제가 되는 것이다. 동서고금에서 흔히 볼 수 있는 대표적인 표리부동表裏不同이다. 흔히 애주가나 술고래로 정평이 난 정치인 중 세 명을 들면, 영국 총리를 두 번 지낸 윈스턴 처칠과 박정희 대통령, 그리고 소비에트체제를 해체하고 러시아를 재탄생시킨 보리스 옐친 대통령(Boris Yeltsin, 1931~2007 재임 1991~1999)을 들 수 있는데,[240] 이들은 멋과 맛을 아는 리더라고 평가받는다.

룰라의 가장 큰 한계는 그가 퇴임하고 벌어진 두 가지 사태에서 분명해졌다. 하나는 2016년에 발생한 지우마 호세프 대통령의 탄핵이었고, 다른 하나는 룰라 자신의 구속이었다. 이에 대한 전후 사정은 앞서 소개한 다큐멘터리

---

240 처칠은 조 라이트 감독(Joe Wright, 1972~)의 영화 「다키스트 아워」(Darkest Hour, 2017)에서 잘 나와 있듯이 하루에 아침부터 시작해 5~6 차례나 위스키나 코냑을 마실 정도로 '주당酒黨 9단'인 것 같고, 박정희는 고석만 PD(1948~)의 MBC 드라마 「제3공화국」(1993) 중 제3회 '5·16 쿠테타' 편에서 거사일 새벽에 한강다리에서 공수부대를 기다리는 중 초조함을 달래기 위해 막걸리를 마시는 장면이 나와 있듯이 '주도酒道 9단'인 것 같으며, 부통령이었던 옐친은 1991년 공산당의 군부 쿠데타를 저지하기 위해 탱크 포탑에 올라가 시민들에게 연설할 때 용기를 내기 위해 보드카를 마셨을 정도로 '주경酒鯨 10단'이었다.

영화 「위기의 민주주의: 룰라에서 탄핵까지」에서 자세히 다루고 있기 때문에 논외로 하되, 중요한 한 가지 포인트는 짚고 넘어갈 필요가 있다. 그것은 후계자 승계 문제이다. 1장과 3장에서 언급했듯이, 정치지도자에 대한 평가에서 권력 승계의 성패가 대단히 중요한 요소다. 룰라는 이 문제에서 적지 않은 실점을 했다.

룰라는 퇴임하기 2년 전인 2008년 자신의 비서실장인 호세프를 대선 후보로 당에 추천해 관철시켰고, 2010년 본선에서는 직접적으로 지원해 대통령에 당선시켰다. 하지만 호세프는 의원 경험이 없이 단지 5년간 룰라의 최측근을 지낸 경력만으로는 '정상배'(政商輩, political hack) 정치[241]와 '법비'(法匪, judicial murderer) 정치[242]의 속성인 배반과 음모의 세계를 헤쳐 나가기에는 역부족이었을 것이다. 달리 말하면, 통합정치에 대한 마인드와 용의주도한 국정을 운영할 수 있는 디서플린(discipline)을 갖추지 못했던 것이 아닌가 본다. 그 결과 배반정치의 대명사가 된 PMDB 소속의 미셰우 테메르 부통령(Michel Temer, 1940~, 부통령 재임 2011~2016, 대통령 재임 2016~2018)이 대통령을 승계했고, 이후 '브라질의 트럼프'라고 불리는 자이르 보우소나루 대통령의 폭정이 코로나19 팬데믹과 함께 브라질 국민들을 한동안 고통과 나락으로 빠지게 했다.

---

[241] 2014년 대선 결과는 호세프 51.6% 대 아이시오 네베스(Aécio Neves, 1960~) 48.3%로 박빙이었다. 그리고 총선 결과는 극단적 다당체제로 나타났지만, 호세프의 선거연합은 하원 전체 513석 중 304석(PT 69석), 상원 전체 81석 중 53석(PT 12석)을 얻어 과반을 넘어섰다. 하지만 호세프는 하원의 탄핵 개시결정 투표에서 367 대 137로, 상원의 탄핵 최종판결 투표에서 61 대 20으로 패배했다.

[242] 2016년 호세프가 의회에서 탄핵 절차에 들어간 와중에 그가 임명한 공화국 법무장관(Procurador-Geral, 검찰총장에 해당됨)인 로드리고 자노트(Rodrigo Janot, 1956~)가 룰라를 부패혐의로 구속하고, 이듬해 나중에 자이르 보우소나루 대통령(Jair Bolsonaro, 1955~, 재임 2019~2022)에 의해 법무공안부 장관에 임명된 지방법원 판사인 세르히오 모로(Sergio Moro, 1972~)가 룰라를 9년 6개월 선고를 내리는 등 사법쿠데타가 벌어지는 바람에 룰라는 580일간 수감되었고, 2018년 대선에 출마하지 못했다. 2021년 연방대법원은 모로 판사의 판결을 무효화했다.

룰라가 호세프를 후계자로 삼은 이유에 대해 여러 가지 추측이 있다. 그는 호세프의 "장점과 인격과 능력을 잘 알고 있었기 때문"이라고 설명한 바 있다. 물론 정치적 사건 중 특히 탄핵과 같은 비극적 사태에 대한 인과관계는 사후적 해석만 가능하다고 볼 수 있기 때문에 호세프의 개인적인 문제를 거론하는 것은 공평하지 않을 수 있다. 그러나 이것으로 룰라의 책임이 면제되는 것은 아니다. 어쩌면 룰라가 호세프를 대선 후보로 천거한 것은 당시 브라질 인접 국가인 칠레에서는 미첼 바첼레트 대통령(Michelle Bachelete, 1951~, 재임 2006~2010, 2014~2018)이, 아르헨티나에서는 크리스티나 페르난데스 대통령 (Cristina Fernández, 1953~, 재임 2007~2015)이 여성 지도자로서 국내외적으로 인기와 평판이 좋은 데에서 영향을 받았을 수도 있다. 아니면 2008년 미국 민주당 대선후보 경선에서 나중에 대통령에 당선된 버락 오바마(Barack Obama, 1961~, 재임 2009~2017)에게 패배한 힐러리 클린턴(Hillary Clinton, 1947~)과 같은 여성이 미국에서는 대통령으로 받아들여지지 않지만, 브라질에서는 여성 을 대통령으로 받아들일 정도로 수준이 높다는 것을 대외적으로, 특히 라이벌 국가라고 생각되는 미국에게 자랑하고 싶었던 것이 아닌가 추측해 볼 수 있다.

필자가 "꿈보다 해몽"이지만 나름 상상해 보건대, 룰라는 역사와 사회에 대한 부채의식을 상대적으로 적게 지니고 있는 인물인 듯하다. 이는 그가 정의롭지 못하고 부조리한 역사와 사회의 동조자나 방관자가 아니라 피해 당사자였기 때문이다. 따라서 그가 부채의식을 지니고 있다면, 우선은 고생만 하고 눈을 감은 모친과 첫 부인, 그리고 집안 생계를 위해 초등학교에 다닐 나이 때부터 가정부로 일해야만 했던 두 누나와 막내 여동생에 대해서일 것이고, 다음으로는 자신보다 2살 아래인 23살 대학생으로 도시게릴라 활동 혐의로 체포되어 고문을 당하고 재판을 받고 투옥되는 일련의 과정을 당시 TV나 신문, 또는 소문을 통해 알았지만 구해줄 수 없었던 가엾은 호세프에 대한 책임감이었을 것이다. 룰라는 죽은 이들에 대해서는 기도로, 누이들에 대해서 는 우애로 부채를 어느 정도 갚았을 것이다. 남은 부채는 호세프였을 것인데,

마침 호세프가 안성맞춤으로 지도자로서의 인품과 능력을 갖추고 있었던 것이다. 아마도 이러한 맥락에서 룰라는 호세프가 대선 후보 중 가장 적합하다고 보았던 것이 아닌가 본다. 하지만 세상만사는 의도대로 되지 않는 것이 인간의 운명이다. 룰라도 이를 깨달았을 것이다. 그는 2023년 1월 대통령에 취임하고 나서, 3월에 호세프를 브릭스(BRICS)가 설립한 신개발은행(New Development Bank) 총재로 선출되도록 함으로써 마지막으로 부채를 갚았을 것이다.

룰라는 1945년생으로 적은 연령대가 아닐 뿐더러 한때 후두암 치료를 받았기 때문에 젊은 시절처럼 열정(paixão)이라는 덕목을 발휘하기가 쉽지 않을 수 있다. 하지만 그는 퇴임 이후 이루 말할 수 없는 치욕과 수모를 당했고, 혐오와 파괴를 일삼는 보우소나루 정부 아래에서 국민들이 얼마나 고통받고 절망했는지를 지켜보았기 때문에 열정 대신에 사려깊음(prudência)이라는 덕목을 더욱 숙성시켰을 것이다. 그는 2022년 대선에서 브라질 희망연맹(Federação Brasil da Esperança)이라는 광범위한 선거연합체를 구성하고 2006년 대선 경쟁자였던 PSB 소속의 제랄두 알크민(Geraldo Alckmin, 1952~)을 러닝메이트로 지명하는 한편, 과거의 정치적 라이벌이었던 MDB 출신의 전 대통령 주제 사르네이(José Sarney, 1930~, 재임 1985~1990)와 PSDB 출신의 전 대통령 페르난두 까르도주의 지지에 힘을 얻어 마침내 권토중래捲土重來, 즉 역전에 성공해 돌아왔다. 선거 결과 룰라는 대선에서 50.9% 대 49.1%로 신승했으며, 브라질 희망연맹은 하원에서는 전체 의석 513석 중 130석, 상원에서는 전체 의석 81석 중 11석을 얻었다. 룰라는 2023년 1월 1일 대통령 취임사를 통해 "희망과 통합과 재건 (Esperança e Integração e Reconstrução)으로 새로운 브라질을 만들어야 합니다"고 밝히면서, 경제 발전, 빈곤 퇴치, 민주주의 수호, 사회불평등 해소 등을 약속했다.

필자가 보건대, 룰라는 이전의 대통령 재임 시절에 마키아벨리의 조언을 다소 간과한 것이 아닌가 본다. 열정과 사려깊음이라는 덕목인 '비르투'(Virtus)로 운명인 '포르투나'(Fortuna)를 제압해냈지만, 그 결과가 결코 뒤바뀌지 않도록 법이나 제도로 공고히 해야 하는 '오르디니'(Ordini)를 잊어버린 것 같다.
룰라가 제시하고 있는 당면과제 중 민주주의 수호는 단시간 내에 이뤄지지
않을 것이다. 하지만 다른 목표들을 성공적으로 이루기 위해서도 민주주의를
수호하는 문제는 시급히 다뤄져야 할 중차대한 과제라고 볼 수 있다. 정상배
부패와 법비 농단을 근절시키기 위한 선거제도, 정당제도, 의회제도, 정치자금
제도 등과 관련한 정치개혁과 사법개혁이 우선적으로 필요하다. 특히 분극적
다당체계를 넘어서 원자화체계(atomized system)로 치닫고 있는 정당체계를
초래하는 선거제도의 개혁이 가장 중요한 과제라고 할 수 있다. 이를 추진하기
위해서는 국민들로부터 동의를 구하고, 반대 세력과의 대화를 통해 설득해야
한다. 또한 창의적이고 통합적인 사회정책과 교육정책을 실시하고, 쿠데타를
시도한 보우소나루의 잔당[243]에 대한 정치보복을 절제하는 정치적 관용과 도량
을 보여줄 필요가 있다.

　룰라는 파울로 코엘료(Paulo Coelho, 1947~)의 소설 『연금술사』(O Alquimista,
1988)에 나오는 "사람이 무언가를 간절히 원할 때, 온 우주는 그 소망이 이뤄지도
록 돕는다"는 신비롭고 아름다운 메시지를 잘 알고 있을 것이다. 또한 축구와
삼바(Samba) 춤과 보사노바(Bossa Nova) 노래가 브라질을 다양성 속에서 통합
을 이룰 수 있는 촉매제라는 것도 잘 알고 있을 것이다. 아마도 룰라는 까샤샤로
만드는 브라질 국민 칵테일, 상큼하고 시원해 기가 막히는 카이피리냐
(Caipirinha)를 맛있게 제조해 국민들을 신바람나게 하고 더욱 행복하게 만들
수 있을 것이다. 필자는 룰라의 건승과 행운을 진심으로 기원해 본다. 그리고
그가 성공한 통합정치인으로 또다시 평가를 받게 되어 이 글을 새롭게 업데이트
할 기회를 가지게 되기를 바란다.

---

243 룰라가 대통령에 취임한 직후인 2023년 1월 8일 4천여 명의 보우소나루 지지자들이
　　군사쿠데타를 선동하기 위해 국회의사당, 대통령궁, 대법원 건물 등을 침입하고 기물을
　　파손했다. 이 테러 사건(Ataques de 8 de janeiro)으로 1,418명이 체포되었고, 보우소나루를
　　포함해 61명이 쿠데타 미수 혐의로 기소되어 재판을 받고 있다.

끝으로 이 책을 인내심을 갖고 읽어준 독자들에게 감사의 마음을 전하면서, 브라질 국민들과 룰라가 가장 좋아했던 가수 팀 마이아(Tim Maia, 1942~1998)가 부른 Não Quero Dinheiro, Só Quero Amar(나는 돈을 원하지 않아요, 그냥 사랑을 원해요, https://youtu.be/UciTNfWDoEs?feature=shared)를 들어보길 추천해 본다. 이 노래는 브라질의 국민가수라고 불리는 마이아가 1971년 발표한 보사노바로 브라질 국민들이 가장 좋아하는 애창곡인데, 2022년 대선 당시 룰라 캠프가 'Vamos lá votar'(투표하러 가자)라는 제목으로 각색해 선거 캠페인에 사용했던 곡이다.

주요 어록

– "여러분이 야간 근무를 하건 하지 않건 여러분의 의사를 존중할 것입니다. … 하지만 우리는 지금 사주 측과 힘겨운 싸움을 벌이고 있는 과정입니다. 여러분이 지금 3월에 야간작업에 참여한다면 회사 측에 4월분 생산량을 해결해주는 셈이 됩니다. 그렇게 되면 우리는 이들의 주린 배를 채워주는 격이 되고 맙니다. 그래서 제가 여러분에게 이렇게 애원하는 것입니다. 하지만 여러분이 기어코 야간작업을 택한다고 해도 우리의 동지애는 변함이 없을 것입니다."(1980년대 메르세데스 벤츠 공장의 5천여 명 노동자들 앞에서 행한 연설 중)

– "우리 국가는 질적으로 큰 도약을 할 수 있으며, 할 것입니다. 우리는 새천년의 국가입니다. 농촌의 가능성, 도시 및 산업의 구조, 훌륭한 생물학적 다양성, 문화적 풍요로움, 자연에 대한 사랑, 창의성, 지식 및 과학적 역량, 인간미, 새로운 것과 창조에 대한 사랑, 그리고 무엇보다 국민의 재능과 힘으로 우리가 사는 이 순간은 단 몇 마디로 축약할 수 있습니다. 오늘은 브라질이 자신을 만나는 날입니다."(2003. 1. 1. 「대통령 취임

사」중)

- "저는 브라질을 변혁하기 위해 선출되었지만, 이 변혁이 무슨 수를 써서라도 이뤄내자는 게 아닙니다. 더 잘되자고 개혁하는 것이며, 무엇보다 평화 속에서 개혁을 이루기 위해 당선되었습니다. … 정부는 브라질 사회의 미래를 좌우하는 중대한 결정을 내리기 전에 반드시 기업인, 근로자, 노조, 좌우파 정치인들과 테이블에 함께 앉아 최선의 해결책을 위해 최선을 다해 협상할 것입니다."(2003. 8. 15. 대통령 취임 후 국정평가 TV 대국민 성명 중)

- "하느님이 저에게 관대하신 것을 알고 있습니다. 제가 받을 자격보다도 더. 저는 힘을 달라고 기도했습니다. 그리고 하느님은 저를 강하게 만들기 위해 저에게 어려운 문제를 주셨습니다. 저는 지혜를 달라고 했습니다. 그리고 하느님은 제가 해결하기 위한 문제를 주셨습니다. 저는 번영을 달라고 했습니다. 그리고 하느님은 저에게 일하기 위한 두뇌와 근육을 주셨습니다. 저는 용기를 달라고 했습니다. 그리고 하느님은 제가 극복하기 위한 위험을 주셨습니다. 저는 사랑을 달라고 했습니다. 그리고 하느님은 제가 도울 수 있게끔 어려움을 겪는 사람을 보내셨습니다. 저는 재능을 달라고 했습니다. 그리고 하느님은 저에게 기회를 주셨습니다."(2007. 1. 1. 「2기 대통령 취임사」중)

- "브라질은 스스로에 대해 자부심을 갖는 것을 배웠고, 우리 국민은 국기를 다시 사랑하기 시작했으며, 우리 국민은 애국가를 다시 부르기 시작했고, 우리 국민은 자아를 존중하는 법을 배웠으며, 우리 국민은 자신이 좋아하는 것들에 대해 배웠습니다. 수년간 가난한 사람들은 뒤처진 것만 좋아한다고 말했고, 시장에 가면 떨이를 사러 간다고 했습니다. 이제는 다릅니다.

우리들이 원할 경우 좋은 것을 먹고, 좋은 것을 입으며, 좋은 곳에 살 수 있다는 것을 배웠습니다."(2010. 12. 31. 「대통령 퇴임사」 중)

맺음말

대부분 책을 마무리 짓는 말은 앞의 내용을 재정리하거나 장황한 내용을 피하는 것이 좋다고 한다. 앞의 내용을 단순히 요약하면 독자가 느낄 수 있는 영감이나 상상력, 그리고 남은 여운을 제한할 수 있기 때문이다. 또한 모든 이야기에는 끝이 있지만, 그 끝이 반드시 모든 것을 종결지어야 하는 것은 아니다. 세상만사는 끝날 때까지 끝난 것이 아니기 때문이다. 그럼에도 불구하고 이 책을 통해 필자와 독자가 함께 숙고하고 탐색한 통합정치에 대한 여러 논의를 바탕으로 새로운 구성개념을 제시해 보는 것이 이 책의 주된 목적이기 때문에, 이를 맺음말에서 다루는 것은 적절하다고 생각한다.

필자는 이 책의 서두에서 통합정치를 "정치공동체 내에서 시대적 가치와 과제라는 공공선을 구현하기 위해 경쟁과 협력의 두 축을 바탕으로 정치행위자들이 합리적으로 선택하는 행위"라고 잠정적으로 정의한 바 있다. 이러한 전제에서 출발해 필자는 통합정치의 개념이 학문적 측면에서나 실천적 측면에서 보다 의미 있게 다가가기 위해 다양한 접근을 시도했다. 구체적으로 통합정치와 관련한 담론을 탐색하고, 통합정치의 실현 방안을 모색하며, 통합정치를 실천한 리더십의 사례를 살펴보았다. 이러한 일련의 탐구 여정을 거쳐 통합정치의 구성개념을 다음과 같이 도출해 내었다.

먼저 통합정치는 정치공동체의 고유한 목적과 가치를 추구한다. 통합정치는 정치공동체의 으뜸가는 선善인 공공선을 추구하며, 인류 보편적인 가치인 자유, 평등, 우애를 지향한다. 통합정치는 정치공동체가 소수나 특정 집단의 사적 이익이 아닌 공동의 이익인 공공선을 창출하기 위한 폴리티나 통치의 운영 원리이기 때문에, 폭정으로부터의 자유와 개인적 자유, 법적 정의와 사회경제적 권리, 환경생태의 보존과 전지구적 연대 등과 같은 구체적인 가치와 과제들을 실현하는 데 목표를 두고 있다.

　다음으로 통합정치는 투쟁과 통합이라는 두 축의 정치적 행동양식을 아우른다. 통합정치는 지난한 역사 과정에서 쟁취해 온 공화주의와 민주주의에 기반하고 있으며, 다양한 가치와 이익을 둘러싼 정치적, 사회경제적 갈등과 분열을 협력, 공존, 연대 등과 같은 통합적 방식으로 해결해 온 일련의 경합과 협치의 과정이다. 이 과정에서 정치행위자들은 갈등과 분열을 극복하기 위한 투쟁을 하면서도, 사회적 합의와 정치적 타협을 산출하려고 한다.

　마지막으로 통합정치는 "불가능을 가능하게 만드는 예술"이라는 모토를 바탕으로 지속가능성과 실천성을 추구한다. 이를 위해 관용적 시민문화와 정치적 다원주의에 기반한 정치문화의 조성이 필요하고, 협의제 민주주의와 정치적 효능감을 위한 정치제도가 구비되어야 하며, 진실, 용기, 관용, 통찰과 같은 정치적 덕목을 디서플린한 정치리더십이 발휘되어야 한다. 특히 희망과 미래의 공동체를 만들어 가고자 하는 시민과 정치리더를 포함한 모든 정치행위자들의 정치적 윤리와 사려깊음이 요구된다고 하겠다.

　어쩌면 통합정치는 정치영역에서 색다른 것이라기보다는 마치 꿰지 못한 구슬일지도 모른다. 통합정치는 꽃으로 표현하자면, 진흙에서 자랐지만 더러움에 물들지 않는 고고한 연꽃이나 아름답지만 뾰족한 가시 때문에 위험하게 느껴지는 화사한 장미보다는, 칼 모양의 잎과 붓을 닮은 꽃봉오리를 지닌 다채로운 붓꽃이 아닌가 생각된다. 이는 통합정치가 연꽃이나 장미가 상징하는 고결한 정치나 열정의 정치보다는, 들녘이나 도심 곳곳에서 쉽게 마주할 수 있는 붓꽃이 함축하는 '다양성과 연결의 정치'라고 보기 때문이다. 이러한 맥락에서 이 책 표지에는 독자 여러분께서도 익숙하실 빈센트 반 고흐(Vincent Van Gogh, 1853~1890)의 그림 「붓꽃들」(Irises, 1889)을 실었다.

후기와 감사의 말씀

필자는 30년간 대전대학교 정치외교학과에서 교수로 재직하고 정년퇴직했다. 도중에 국회도서관장과 대전세종연구원장으로서 공공부문에서 일할 기회를 갖기도 했다. 몇 년 전부터 비교적 편한 자리에서 특강이나 자문을 할 때, 또는 친구, 지인, 제자, 학생 등과 정겨운 대화를 나눌 때, 자주 받는 질문이 있다. 주로 '젊었을 때 꿈이 무엇이었는지', '그동안 살아오면서 특별히 기억에 남는 일이나 보람이 있었던 일은 무엇인지' 등이었다.

돌이켜 보건대, 청춘 시절 기자나 정치가가 매력적일 것 같다는 생각을 가진 적이 있었다. 그러나 박지원의 견문기 『열하일기』에 나오는 「호질」의 북곽 선생이나 이희승의 수필집 『벙어리 냉가슴』에 나오는 「딸깍발이」의 남산골 샌님과 같은 두 부류에 속하는 직업군에 종사하게 되었다. 교수 초년 시절에는 막연하게 먼 훗날 퇴임한 필자가 최인훈의 희곡 『어디서 무엇이 되어 만나랴』라는 말대로 어떤 모습의 나 자신을 만나게 될까 하는 생각이 스치기도 했다. 희로애락의 아름다운 시절이 주마등처럼 스쳐 지나가면서, 진실되고자 했지만 한 켠에는 안타깝고, 아쉽고, 부끄러웠던 순간들이 떠오른다.

필자는 정년퇴직을 앞두고 삶과 일을 어떻게 마무리하는 것이 조금 더 의미가 있을까 하는 고민 아닌 고민을 하곤 했다. 문이 늘 열려 있는데도 불구하고, 열쇠를 찾으려고 했던 것 같다. 아슈바고샤(馬鳴)는 『대승기신론大乘起信論』에서 "모든 것은 오직 마음이 지어낸다"는 진리를 알기 위해서는 '심식心識 – 실천 – 깨달음'의 과정을 거쳐야 가능하다고 한다. 하지만 아직 심식 근처에도 가지 못했다. 다만 토마스 아퀴나스가 『신학대전』에서 "인간의 구원에는 세 가지가 필요하다. 믿을 것을 아는 것, 추구할 것을 아는 것, 해야 할 것을 아는 것"이라고 언급한 것 중 해야 할 일에 대해서 다소나마 안 것 같다.

그래서 일단 정치와 정치학에 관심을 갖고 있는 사람들, 학교에 남아 있는 재학생들과 눈에 선한 제자들, 정치조언을 구했던 정치인들, 정치자문을 구했던 정치지망생들에게 '정치적 상상과 실천'이라는 문제에 대한 답을 찾는 데 도움을 줄 수 있는 책을 출간하기로 했다. 그동안의 강의노트, 연구물, 강연자료, 칼럼 및 기고문, 학술회의 및 자문회의 메모, 평소의 단상 등을 '통합정치'라는 주제로 정리해 골격을 세우고, 새로운 이론과 사실로 살을 붙이고, 그동안 변화된 정치인식과 정치적 상상을 더해 다듬고 엮었다. 당초 계획과 달리 빈약한 재능과 지식, 현재사現在事에 대한 일천한 경험 등으로 졸고가 지체되었으나, 이렇게 마무리를 하게 되었다.

이 책에서 발견되는 오류는 모두 필자의 몫이며, 독자들의 넓은 이해와 함께 기탄없는 질정(yooji2361@gmail.com)을 구한다. 밝히기가 쑥스럽지만, 필자는 이 책을 집필하는 동안 에드워드 기번이 『로마제국 쇠망사』에서 소개한 페르시아의 현자인 부주르그 미히르가 말한 "인생의 가장 슬픈 불행은 덕행의 기억 없이 노년에 이르는 것이다(The most grievous misfortune of life is old age without the remembrance of virture)"라는 금언을 자주 떠올리곤 했다.

이 책이 완성되기까지 필자는 인연을 맺은 많은 분들께 큰 빚을 졌다. 먼저 이 책의 문제의식에 관해 기탄없는 가르침을 준 지인들, 그리고 정성껏 코멘트를 해주신 여러 선생님들께 심심한 사의를 표한다. 특히 권혁용 고려대학교 교수, 김미수 한국외국어대학교 교수, 김수원 한국외국어대학교 교수, 김용복 경남대학교 교수, 김용철 전남대학교 교수, 김욱 배재대학교 총장, 김재한 한림대학교 교수, 류유선 대전세종연구원 책임연구위원, 유응호 소설가, 윤광일 숙명여자대학교 교수, 윤지원 상명대학교 교수, 이기완 창원대학교 교수, 이미정 한국외국어대학교 교수, 이승열 해군사관학교 교수, 이용철 와세다대학교 교수, 이재묵 한국외국어대학교 교수, 이재현 배재대학교 교수, 이정남 고려대학교 교수, 이정진 국회입법조사처 입법조사관, 이태동 연세대학교 교수,

임성진 전주대학교 교수, 정선주 서울대학교 교수, 주인석 동아대학교 교수, 차재권 부경대학교 교수, 최광필 웅지세무대학교 총장, 최인숙 경기대학교 교수, 홍기준 경희대학교 교수께 깊은 감사를 드린다.

그리고 구하기 어려운 오래된 문헌들의 소장처와 각종 지식정보가 담겨진 글로벌 웹사이트를 안내해주시고, 최신 국내외 참고자료들을 제공해주신 국회도서관의 김영주 기록정책과장, 서연주 정보기술개발과장, 이은숙 국외정보과장께도 깊은 감사를 드린다. 아울러 어려운 출판 환경 속에서도 이 책을 흔쾌히 출판해주신 운주사의 김시열 대표와 정성을 다해 편집해주신 모든 관계자께 진심으로 감사를 드린다.

끝으로 이 책을 사랑하는 김애령과 유혜종에게 바친다.

참고문헌

1. 동양문헌

『禮記』. 정범진 편. 1984. 『예기』. 성균관대학교 대동문화연구원.

『道德經』. 오강남 평역. 1995. 『도덕경』. 현암사.

『大學』. 동양고전연구회 역주(이강수 외). 2016. 『대학』. 민음사.

『論語』. 김용옥 역. 2008. 『논어한글역주』 1~3. 통나무.

『孟子』. 김학주 역. 2013. 『맹자』. 서울대학교 출판문화원.

『中庸』. 김충렬 역해. 2007. 『김충렬 교수의 중용대학강의』. 예문서원.

『莊子』. 오강남 역. 2003. 『장자』. 현암사.

『墨子』. 김학주 역. 2003. 『묵자』 상, 하. 명문당.

『荀子』. 김학주 역. 2008. 『순자』. 을유문화사.

『出曜經』. 동국역경원 편역. 2013. 『출요경』. 동국대학교 역경원.

『周易繫辭傳』. 정진배 역. 2009. 『주역 계사전』. 지만지.

甄偉. 1612. 『西漢演義』. 김영문 역. 2019. 『원본 초한지』 1~3. 교유서가.

屈原·宋玉 외. 「離騷」·「九辨」 등. 권용호 역. 2015. 『초사』. 글항아리.

羅貫中. 『三國演義』. 황석영 역. 2003. 『삼국지』 1~10. 창작과 비평사.

魯迅. 1933. 『魯迅雜感全集』 中 瞿秋白 編. 루쉰읽기모임 역. 2003. 『페어플레이는 아직
　　이르다』. 케이시아카데미.

杜甫. (杜甫詩). 유윤겸·의침 외. 1632. 『杜詩諺解』. 강성위 역. 2001. 『두시언해』. 한국방송
　　통신대학교 출판문화원.

司馬光. 1084. 『資治通鑑』. 권중달 역. 2010. 『권중달 역주 자치통감』 1~32. 삼화.

司馬遷. B.C. 93경. 『史記』. 김원중 역. 2007. 『사기열전』 1~2; 2010. 『사기세가』; 2011.
　　『사기본기』; 2011. 『사기표』; 2011, 『사기서』. 민음사.

孫武. 『孫子兵法』. 이종학 역. 1974. 『손자병법』. 박영사.

孫文. 1924. 『三民主義』. 김승일·양순창 역. 2000. 『삼민주의』. 범우사.

蕭公權. 1945. 『中國政治思想史』. 최명·손문호 역. 1998. 『중국정치사상사』. 서울대학교

608

출판문화원.

吳兢. 713경. 『貞觀政要』. 김원중 역. 2016. 『정관정요』. 휴머니스트.

吳承恩. 『西遊記』. 김광주 역. 1984. 『서유기』. 정음사.

王肅. 『孔子家語』. 이민수 역. 2003. 『공자가어』. 을유문화사.

于學彬. 1996. 『設三國 話人生』. 이해원 역. 2006. 『삼국지, 인간을 말하다』. 뿌리깊은나무.

劉向. 『戰國策』. 임동석 역. 『전국책』 1~4. 동서문화사.

李宗吾. 1936. 『厚黑學』. 신동준 편역. 2010. 『후흑학』. 인간사랑.

張國剛. 2016. 『資治通鑑』. 오수현 역. 2019. 『자치통감』. 추수밭.

張鳴. 2011. 『辛亥: 搖晃的中國』. Guangxi Normal University Press. 허유영 역. 2011. 『신해혁명』. 한일미디어.

陳桐生. 2001. 『史魂-司馬遷傳』. 김은희·이주노 역, 2002, 『역사의 혼 사마천』, 이끌리오.

馮夢龍. 1736. 『東周列國志』. 김구용 역. 2009. 『동주 열국지』 1~12. 솔.

畢沅. 1760. 『續資治通鑑』. 권중달 역. 2020. 『속자치통감』 1~12. 삼화.

韓非. 『韓非子』. 김원중 역. 2016. 『한비자』. 휴머니스트.

神原元(간바라 하지매). 2014. 『ヘイト·スピーチに抗する人びと』. 新日本出版社. 홍상현 역. 2016. 『노 헤이트 스피치』. 나름북스.

姜尚中(강상중)·玄武岩(현무암). 2010. 『興亡の世界史 第18卷: 大日本·滿州帝國の遺産』. 講談社. 이목 역. 2012. 『기시노부스케와 박정희』. 책과함께.

中野晃一(나카노 고이치). 2015. 『右傾化する日本政治』. 岩波書店. 김수희 역. 2016. 『우경화하는 일본 정치』. 에이케이커뮤니케이션즈.

中村政則(나카무라 마사노리). 2005. 『戰後史』. 岩波書店. 유재연·이종욱 역. 2006. 『일본 전후사 1945~2005』. 논형.

村山富市(무라야마 도미이치). 2011. 「めぐり合わせの人生」. 『文藝春秋』 89卷13号(2011年 11月1日). 79~81頁.

司馬 遼太郎(시바 료타로). 1966. 『坂本龍馬』. 박재희 외 역. 1979. 『료마가 간다』. 동서문화사.

新川敏光(신카와 도시미쓰). 2007. 『幻視のなかの社會民主主義』. 法律文化社. 임영일 역. 2016. 『일본 전후 정치와 사회민주주의: 사회당·총평 블록의 흥망』. 후마니타스.

朝尾直弘(아사오 나오히로) 編. 2000. 『要說日本歷史』. 이계황 외 역, 2003. 『새로 쓴 일본사』, 창작과비평사.

山岡莊八(야마오카 소하치). 1967. 『德川家康』. 박재희 외 역. 1970. 『대망』. 동서문화사.

安世舟(야수 세이슈). 2021. 『現代日本政治の解明: 「決定中樞」の変容を中心として』. WORLD DOOR. 홍성창 역. 2022. 『현대 일본정치의 이해』. 에스씨에이치디.

安田浩(야스다 히로시). 1998. 『天皇の政治史: 睦仁·嘉仁·裕仁の時代』. 青木書店. 하종문· 이애숙 역. 2009. 『세 천황 이야기: 메이지, 다이쇼, 쇼와의 정치사』. 역사비평사.

藥師寺克行(야쿠시지 가쓰유키) 編. 2012, 『村山富市回顧錄』. 岩波書店. 박원석 역. 2015. 『무라야마 도미이치 회고록』. 한국외국어대학교 지식출판원.

大江健三郎(오에 겐자부로). 2007. 『大江健三郎作家自身を語る』. 新潮社. 윤상인 역. 2012. 『오에 겐자부로 작가 자신을 말하다』. 문학과지성사.

大江健三郎. 2014. 『大江健三郎自選短篇』. 岩波書店. 박승애 역. 2016. 『오에 겐자부로: 사육 외 22편』. 현대문학.

和田春樹(와타 하루키). 2010. 『日本と朝鮮の一〇〇年史 これだけは知っておきたい』. 平凡 社新書. 송주명 역. 2015. 『한일 100년사』. 북앤월드.

渡辺延志(와타나베 노부유키). 2021. 『歴史認識 日韓の溝』. ちくま新書. 이규수 역. 2023. 『한국과 일본, 역사 인식의 간극』. 삼인.

石川眞澄(이시카와 마스미). 2003. 『日本社會黨: 戰後革新の思想と行動』. 日本経濟評論社.

石川眞澄. 2006. 『戰後政治史(新版)』. 岩波新書. 박정진 역. 2006. 『일본 전후 정치사: 일본 민주주의의 보수적 기원과 전개』. 후마니타스.

伊藤晃(이토 아키라). 2002. 『天皇制と社會主義(新版)』. 紀伊國屋書店.

深町英夫(후카마치 히데오). 2016. 『孫文: 近代化の岐路』. 岩波文庫. 박제이 역. 2018. 『쑨원: 근대화의 기로』. 에이케이커뮤니케이션즈.

樋口直人(히구치 나오토). 2014. 『日本型排外主義: 在特會·外國人參政權·東アジア地政 學』. 名古屋大學出版會. 김영숙 역. 2015. 『폭주하는 일본의 극우주의』. 미래를소유한사 람들.

Buddhāvataṃsaka Sūtra(華嚴經). 법정 편역. 1988. 『화엄경』. 동국대학교 역경원.

Dhamma Pada(法句經). 법정 역해. 1984. 『진리의 말씀: 법구경』. 불일출판사 / 전재성 역주. 2008. 『법구경-담마파다』. 한국빠알리성전협회.

Sutta Nipata. 법정 역해. 1991. 『숫타니파타』. 샘터 / 일아 역. 2015. 『숫따니빠따』. 불광출판 사.

Aśvaghoṣa. *Awakening of Faith in the Mahāyāna*. 實叉難陀(실차난타) 역. 『大乘起信論』. 원순 역해. 2003. 『큰 믿음을 일으키는 글: 대승기신론 원효 소·별기』. 법공양.

Gandhi, Mahatma Mohandas Karamchand. 1929. Satyana *Prayogo Athva Atmakatha(The*

Story of My Experiments with Truth). Navajivan Prakashan Mandir. 박석일 역. 1979. 『간디자서전』. 동서문화사.

Nehru, Jawaharlal. 1934. *Glimpses of World History*. 1967. Asia Publishing House. 곽복희·남궁원 역. 2004. 『세계사 편력』 1~3. 일빛.

Nehru, Jawaharlal. 1940. *An Autobiography of Jawaharlal Nehru: Toward Freedom*. The Bodley Head. 정민걸·김정수 역. 2005. 『네루 자서전: 자유를 향하여』. 간디서원.

Nehru, Jawaharlal. 1945. *The Discovery of India*. Robert I. Crane. ed. 1960. Anchor Books. 김종철 역. 2003. 『인도의 발견』. 우물이 있는 집.

Nehru, Jawaharlal. 2003. *The Essential Writings of Jawaharlal Nehru*. Sarvepalli Gopal and Uma Iyengar. eds. Oxford University Press.

Paranjpe, Vasant Vasudeo. 1998. "Jawaharlal Nehru and Zhou Enlai: Contrasting Personalities." *World Affairs: The Journal of International Issues*. Vol. 2, No. 2(April~June 1998). pp.51~55. Kapur Surya Foundation.

Tagore, Rabindranath. 1910. *Gitanjali*. 1913. *Song Offerings*. Macmillan. 박희진 역. 2002. 『타고르 기탄잘리』. 현암사.

2. 서양문헌

Abbado, Claudio. 1986. *La casa del suoni*. Babalibri. 이기철 역. 2021. 『음악의 집』. 풍월당.

Accoce, Pierre et Pierr Rentchnick. *Ces malades qui nous gouvernent*. Stock. 현원창 역. 1992. 『거인의 그늘』. 참샘.

Agacinski, Sylviane. 1998. *Politique des sexes*. Seuil. 유정애 역. 2004. 『성의 정치: 남녀동수 의회 구성의 논리』. 일신사.

Alan, Axelrod. 2003. *Nothing to Fear: Lessons in Leadership from FDR*. Penguin Group Inc. 나선숙 역. 2004. 『두려움은 없다: 불굴의 CEO 루즈벨트』. 한스미디어.

Alighieri, Dante. 1472. *La Divina Commedia*. 최현 역. 1988. 『신곡』 상, 하. 범우사.

Almond. Garbiel Abraham and Sidney Verba. 1963. *The Civic Culture: Political Attitudes and Democracy in Five Nations*. Princeton University Press.

Almond. Garbiel Abraham and Sidney Verba. eds. 1980. *The Civic Culture Revisited*. Little, Brown and Company.

Almond, Gabriel Abraham and G. Bingham Powell Jr. 1978. *Comparative Politics: System, Process and Policy*. The Book Service. 김영훈 역. 1986. 『비교정치론』. 박영사.

Alter, Jonathan H. 2006. *The Defining Moment: FDR's Hundred Days and the Triumph of Hope*. Simon & Schuster.

Anderson, Benedict Richard O'Gorman. 1991. *Imagined Communities: Reflections on the Origin and Spread of Nationalism*. Verso. 윤형숙 역. 2003. 『상상의 공동체』. 나남출판.

Andersen, Kristi. 1979. *The Creation of a Democratic Majority, 1928-1936*. University of Chicago Press. 이철희 역. 2019. 『진보는 어떻게 다수파가 되는가: 미국의 뉴딜 연합 (1928~1936)』. 후마니타스.

Aristoteles. *Ethica Nicomachea*. Ingram Bywater. recognovit. 1894. Oxford Classical Texts. 강상진 외 역. 2011. 『니코마코스 윤리학』. 도서출판 길.

Aristoteles. *Politica*. William David Ross. recognovit. 1957. Oxford Classical Texts. 천병희 역. 2009. 『정치학』. 도서출판 숲.

Arnold, Guy. 2010. *The A to Z of the Non-Aligned Movement and Third World*. Scarecrow Press.

Attali, Jacques José Mardoché. 2005. *C'était François Mitterrand de Monsieur Attali, Jacques*. Librairie Artheme Fayard. 김용채 역. 2006. 『자크 아탈리의 미테랑 평전』. 뷰스.

Baccaro, Lucio and Chris Howell. 2017. *Trajectories of Neoliberal Transformation: European Industrial Relations since the 1970s*. Cambridge University Press. 유형근 역. 2020. 『유럽 노사관계의 신자유주의적 변형: 1970년대 이후의 궤적』. 한울아카데미.

Bair, Deirdre. 1990. *Simone de Beauvoir: A Biography*. Random House. 김석희 역. 1991. 『시몬느 보부아르』. 웅진문화.

Barber, James David. 1972. *The Presidential Character: Predicting Performance in the White House*. Prentice-Hall.

Barnes, Jonathan. 2000. *Aristotle: A Very Short Introduction*. Oxford University Press.

Bauman, Zygmunt. 1998. *Work, Consummerism, and the New Poor*. Open University Press. 안규남 역. 2019. 『왜 우리는 계속 가난한가?』. 동녘.

Beauvoir, Simone (de). 1943. *L'Invitée*. Gallimard. 방곤 역. 2008. 『초대받은 여자』. 하서출판사.

Beauvoir, Simone (de). 1947. *Pour une Morale de l'ambiguïté*. Gallimard. 한길석 역. 2016. 『그러나 혼자만은 아니다: 보부아르의 애매성의 윤리학』. 꾸리애.

Beauvoir, Simone (de). 1949. *Le Deuxième Sexe*. Gallimard. 조홍식 역. 1979. 『제2의

성』상, 하. 을유문화사 / 이정순 역. 2021. 『제2의 성』. 을유문화사.

Beauvoir, Simone (de). 1954. *Les Mandarins*. Gallimard. 이송이 역. 2020. 『레 망다랭』 1, 2. 현암사.

Beauvoir, Simone (de). 1958. *Mémoires d'une jeune fille rangée*. Gallimard. 이혜윤 역. 2010. 『처녀시절 여자 한창때』. 동서문화사.

Beauvoir, Simone (de). 1964. *Une Mort Très Douce*. Gallimard. 함유선 역. 2001. 『편안한 죽음』. 아침나라.

Beauvoir, Simone (de). 1967. *La Femme Rompue*. Gallimard. 이순임 역. 1986. 『위기의 여자』. 오성출판사.

Beauvoir, Simone (de). 1970. *La Vieillesse*. Les Editions Gallimard. 홍상희·박혜영 역. 2002. 『노년: 나이듦의 의미와 그 위대함』. 책세상.

Beck, Ulrich, Anthony Giddens and Scott Lash. 1994. *Reflexive Modernization: Politics, Tradition and Aesthetics in the Modern Social Order*. Polity Press. 임현진 역. 2014. 『성찰적 근대화』. 한울.

Bell, David Avrom. 2005. *François Mitterrand: A Political Biography*. Polity Press.

Benedict, Ruth Fulton. 1946. *The Chrysanthemum and the Sword: Patterns of Japanese Culture*. Houghton Mifflin Company. 김윤식·오인석 역. 1974. 『국화와 칼』. 을유문화사.

Bentham, Jeremy. 1789. *An Introduction to the Principles of Morals and Legislation*. Prometheus. 고정식 역. 2011. 『도덕과 입법의 원리 서설』. 나남.

Bergère, Marie-Claire. 1987. *Sun Yat-sen*. 1998. Lloyd. trans. 1998. Stanford University Press.

Beyme, Klaus von. 1988. *Right Wing Extremism in Western Europe*. Frank Cass Publishers.

Blair, Tony. 1996. *New Britain: My Vision of a Young Country*. The Office of Tony Blair. 황주홍 역. 1998. 『토니 블레어, 영국개혁 이렇게 한다』. 중앙M&B.

Blair, Tony. 1998. *The Third Way: New Politics for the New Century*. Fabian Society.

Blair, Tony. 2010. *A Journey*. Random House. 유지연 역. 2014. 『토니 블레어의 여정』. 알에이치코리아.

Blake, William. David Erdman. ed. 1988. *The Complete Poetry & Prose of William Blake*. Doubleday. 서강목 역. 2010. 『블레이크 시선』. 지식을만드는지식.

Blondel, Jean. 1987. *Political Leadership: Toward a General Analysis*. Sage Publisher.

Bobbio, Norberto. 1985. *Liberalismo e democrazia*. Martin Ryle and Kate Soper. trans. 1990. *Liberalism and Democracy*. Verso. 황주홍 역. 1992. 『자유주의와 민주주의』.

문학과지성사.

Bobbio, Norberto. 1994. *Destra e sinistra*. Allan Cameron. trans. 1997. *Left and Right: The Significance of a Political Distinction*. University of Chicago Press. 박순열 역. 1996. 『제3의 길은 가능한가: 좌파냐 우파냐』. 새물결.

Boehmer, Elleke. 2008. *Nelson Mandela: A Very Short Introduction*. Oxford University Press.

Bourne, Richard. 2008. *Lula of Brazil*. University of California Press. 박원복 역. 2012. 『대통령의 길 룰라』. 글로연.

Bower, Thomas Michael. 2016. *Broken Vows, Tony Blair, The Tragedy of Power*. Faber & Faber.

Brecher, Michael. 2005. *Nehru: A Political Biography*. Oxford University Press.

Brecher, Michael. 2016. *Political Leadership and Charisma: Nehru, Ben-Gurion, and Other 20th Century Political Leaders*. Palgrave Macmillan.

Brecht, Bertholt. 1976. *Brecht, Bertolt: Gesammelte Gedichte*. Suhrkamp Verlag. 김광규 역. 1985. 『살아남은 자의 슬픔』. 한마당.

Brinkley, Alan. 2004. *The Unfinished Nation: A Concise History of the American People*. McGraw-Hill. 황혜성 외 역. 2005. 『있는 그대로의 미국사』 1~3. 휴머니스트.

Brown, Wendy. 1988. *Manhood and Politics: A Feminist Reading in Political Thought*. Rowman and Littlefield. 황미요조 역. 2021. 『남성됨과 정치: 서구 정치이론에 대한 페미니즘적 독해』. 나무연필.

Brown, Wendy. 2006. *Regulating Aversion: Tolerance in the Age of Identity and Empire*. Princeton University Press. 이승철 역. 2010. 『관용: 다문화제국의 새로운 통치전략』. 갈무리.

Brown, Wendy. 2015. *Undoing the Demos: Neoliberalism's Stealth Revolution*. Zone Books. 배충효 역. 2017. 『민주주의 살해하기: 보수주의자의 은밀한 공격』. 내인생의책.

Buck, Pearl Sydenstricker. 1953. *The Man Who Changed China: The Story of Sun Yat-sen*. John Day. 은하랑 역. 2011. 『청년쑨원』. 길산.

Burns, James MacGregor. 1956. *Roosevelt: The Lion and the Fox, 1882-1940*. Harcourt Brace.

Burns, James MacGregor. 1970. *Roosevelt: The Soldier of Freedom, 1940-1945*. Harcourt Brace Jovanovich.

Burns, James MacGregor. 1978. *Leadership*. Harper & Row.

Burns, James MacGregor. 2003. *Transforming Leadership*. Atlantic Monthly Press. 조중빈 역. 2006. 『역사를 바꾸는 리더십』. 지식의날개.

Burns, James MacGregor. 2006. *Running Alone: Presidential Leadership from JFK to Bush II*. Basic Books.

Burns, James MacGregor and Susan Dunn. 2001. *The Three Roosevelts: Patrician Leaders Who Transformed America*. Atlantic Monthly Press.

Butalia, Urvashi. 2000. *The Other Side of Silence: Voices from the Partition of India*. Duke University Press. 이광수 역. 2009. 『침묵의 이면에 감추어진 역사』. 산지니.

Butler-Bowden, Tom. 2022. *50 Politics Classic*. Nicholas Brealey Publishing. 김문주 역. 2023. 『세계 정치학 필독서 50』. 센시오.

Butler, Judith Pamela. 1997. *Excitable Speech: A Politics of the Performative*. Routledge. 유민석 역. 2016. 『혐오 발언』. 알렙.

Buzan, Barry Gordon. 1991. *People, State and Fear: An Agenda for International Security Studies in the Post-Cold War Era*. Harvester Wheatsheaf. 김태현 역. 1995. 『세계화 시대의 국가안보』. 나남출판.

Cain, Bruce E. 2014. *Democracy More or Less: America's Political Reform Quandary*. Cambridge University Press.

Calhoun, Craig Jackson. ed. 2002. *Dictionary of the Social Sciences*. Oxford University Press.

Camus, Albert. 1942. *Le mythe de Sisyphe*. Gallimard. 이정림 역. 1997. 『시지프의 신화』. 범우사.

Carlin, John. 2008. *Playing the Enemy: Nelson Mandela and the Game that Made a Nation*. Anne Edelstein Literary Agency. 나선숙 역. 『우리가 꿈꾸는 기적 인빅터스』. 노블마인.

Carlin, John and Oriol Malet. 2018. *Mandela et le Général*. Anne Edelstein Literary Agency. 김정은 역. 2019. 『넬슨 만델라의 위대한 협상』. 다른.

Carlyle, Thomas. 1841. *On Heroes, Hero-Worship, and the Heroic in History*. Henry Duff Traill. ed. 1907. *The Works of Thomas Carlyle in Thirty Volumes*, Vol IV. Chapman and Hall. 1993. University of California Press. 박상익 역. 2003. 『영웅숭배론』. 한길사.

Carr, Edward Hallett Ted. 1950~1978. *A History of Soviet Russia*. Macmillan. Collection of 14 volumes: *The Bolshevik Revolution*-3 vols., *The Interregnum*-1 vol., *Socialism in One Country*-5 vols., *The Foundations of a Planned Economy*-5 vols. 이지원 역.

1985. 『볼셰비키 혁명사』(*The Bolshevik Revolution*-1 vol.). 화다.

Carr, Edward Hallett Ted. 1961. *What is History?: The George Macaulay Trevelyan Lectures delivered in the University of Cambrige*. Cambridge University Press. 김택현 역. 2015. 『역사란 무엇인가』. 까치.

Carr, Edward Hallett Ted. 1980. *From Napoleon to Stalin and Other Essays*. St. Martin's Press. 최영보 역. 1991. 『나폴레옹에서 스탈린까지』. 고려대학교 출판부.

Chambers, William Nisbet and Walter Dean Burnham. eds. 1967. *The American Party System: Stages of Political Development*. Oxford University Press.

Claeys, Gregory. 2022. *John Stuart Mill: A Very Short Introduction*. Oxford University Press.

Cliff, Tony. 1959. *Rosa Luxemburg: A Study*. International Socialism. 조효래 역. 2014. 『로자 룩셈부르크의 사상』. 책갈피.

Cliff, Tony, Donny Gluckstein and Charlie Kimber. 2018. *The Labour Party: A Marxist History*. Bookmarks. 이수현 역. 2020. 『마르크스주의에서 본 영국 노동당의 역사: 창당부터 코빈의 부상과 좌절까지』. 책갈피.

Clinton, William Jefferson. 2004. *Bill Clinton My life*. Alfred A. Knopf. 정영목·이순희 역. 2004. 『빌 클린턴의 마이 라이프』. 물푸레.

Coelho, Paulo. 1988. *O Alquimista*. Paralela. 염동하 역. 1993. 『연금술사』. 고려원.

Coelho, Paulo. 2006. *Like the Flowing River: Thoughts and Reflections*. Harper. 박경희 역. 2008. 『흐르는 강물처럼』. 문학동네.

Coffin. Judith G. and Robert C. Stacy. 2008. *Western Civilization 16th edition*. Norton & Company. 박상익·손세호 역. 2014. 『새로운 서양 문명의 역사』 상, 하. 소나무.

Cohen, Daniel. 2012. *Homo Economicus: The (Lost) Prophet of Modern Times*. Polity Press. 박상은 역. 2013. 『호모 이코노미쿠스: 새로운 시대에 방황하는 선구자』. 에쎄.

Cole, George Douglas Howard. 1920. *Guild Socialism Restated*. Routledge. 장석준 역. 2022. 『길드 사회주의』. 책세상.

Cole, George Douglas Howard. 1948. *A Short History of the British Working Class Movement 1789~1947*. George Allen & Unwin. 김철수 역. 2012. 『영국노동운동의 역사』. 책세상.

Cole, George Douglas Howard. 1957. *The Case for Industrial Partnership*. St. Martin's Press. 장석준 역. 2021. 『G.D.H. 콜의 산업민주주의』. 좁쌀한알.

Cole, Margaret. 1946. *Beatrice Webb*. Harcourt Brace. 박광준 역. 1993. 『비아트리스 웹의 생애와 사상』. 대학출판사.

Collins, Randall. 1982. *Sociological Insight: Non-Obvious Sociology*. Oxford University Press. 진수미 역. 2009. 『사회적 삶의 에너지』. 한울아카데미.

Coser, Lewis Alfred. 1956. *The Functions of Social Conflict*. Routledge and Kegan Paul. 박재환 역. 1980. 『갈등의 사회적 기능』. 한길사.

Cranston, Maurice William. 1957. *John Locke: A Biography*. 1985. Oxford University Press.

Cronin, Thomas Edward. 1980. *The State of the Presidency*. Little Brown & Co.

CSIS Commission on Smart Power. 2007. *A Smarter, More Sesure America: Report of the CSIS Commission on Smart Power*. CSIS Press. 홍순식 역. 2009. 『스마트 파워』. 삼인.

Cumings, Bruce. 1981. *The Origins of The Korean War*, Vol. 1. Princeton University Press. 김자동 역. 1986. 『한국전쟁의 기원』. 일월총서.

Cumings, Bruce. 1991. *The Origins of The Korean War*, Vol. 2. Princeton University Press. 김범 역. 2023. 『한국전쟁의 기원』 2-1, 2-2. 글항아리.

Cumings, Bruce. 1997. *Korea's Place in the Sun: a modern history*. Norton & Company. 김동노 외 역. 2001. 『브루스 커밍스의 한국현대사』. 창비.

Cumings, Bruce. 2009. *Dominion from Sea to Sea*. Yale University Press. 박진빈 외 역. 2011. 『미국 패권의 역사』. 서해문집.

Cumings, Bruce. 2010. *The Korean War: A History*. Modern Library. 조행복 역. 2017. 『브루스 커밍스의 한국전쟁』. 현실문화.

Cumings, Bruce and Ervand Abrahamian, Moshe Ma'oz. 2004. *Inventing the Axis of Evil: The Truth About North Korea, Iran, and Syria*. The New Press. 차문석 역. 2005. 『악의축의 발명: 미국의 북한, 이란, 시리아 때리기』. 지식의풍경.

Dahl, Robert Alan. 1961. *Who Governs?: Democracy and Power in an American City*. Yale University Press.

Dahl, Robert Alan. 1966. *Political Opposition in Western Democracies*. Yale University Press.

Dahl, Robert Alan. 1998. *On Democracy*. 2015. *On Democracy, Second Edition*. Yale University Press. 김왕식 외 역. 1999. 2018. 『민주주의』. 동명사.

Dahl, Robert Alan. 2002. *How Democratic Is the American Constitution?*. Yale University Press. 박상훈·박수형 역. 2004. 『미국헌법과 민주주의』. 후마니타스.

Dahl, Robert Alan. 2006. *On Political Equality*. Yale University Press. 김순영 역. 2010.

『정치적 평등에 관하여』. 후마니타스.

Dahrendorf, Ralf Gustav. 1979. *Lebenschancen: Anläufe zur sozialen und politischen Theorie*. Suhrkamp Verlag. 박경숙 외 역. 2006. 『삶의 기회』. 동아대학교 출판부.

Damrosch, Leo. 2005 *Jean-Jacques Rousseau: Restless Genius*. Houghton Mifflin Harcourt. 이용철 역. 2011. 『루소: 인간 불평등의 발견자』. 교양인.

Daniels, Roger. 2015. *Franklin D. Roosevelt: Road to the New Deal, 1882~1939*. University of Illinois Press.

Daniels, Roger. 2016. *Franklin D. Roosevelt: The War Years, 1939~1945*. University of Illinois Press.

Davis, Mike. 1986. *Prisoners of the American Dream: Politics and Economy in the History of the US Working Class*. Verso. 김영희·한기욱 역. 1994. 『미국의 꿈에 갇힌 사람들: 미국 노동계급의 정치경제학』. 창작과비평사.

Debray, Régis. 1967. *Revolution in the Revolutuion? Armed Struggle and Political Struggle in Latin America*. Grove Press. 석탑출판부 역. 1987. 『혁명중의 혁명』. 석탑.

Debray, Régis. 1977. *La neige brûle*. Grasset. 오영주 역. 1988. 『불타는 설원』. 한마당.

Debray, Régis. 1992. *Vie et mort de l'image: Une histoire du regard en Occident*. Gallimard. 정진국 역. 1994. 『이미지의 삶과 죽음: 서구적 시선의 역사』. 시각과 언어.

Debray, Régis. 2000. *I. F. suite et fin*. Gallimard. 강주헌 역. 2001. 『지식인의 종말』. 예문.

Deutsch, Karl Wolfgang. 1966. *Nationalism and Social Communication: An Inquiry into the Foundations of Nationality, Second Edition*. The MIT Press.

Deutscher, Isaac. 1949. *Stalin: A Political Biography*. 1966. *2nd Edition*. Oxford University Press.

Dickens, Charles John Huffam. 1838. *Oliver Twist*. Peter Fairclough. ed. 1966. Penguin. 윤혜준 역. 1996. 『올리버 트위스트』 1, 2. 창비.

Downs, Anthony. 1957. 박상훈 외 역. 2013. *An Economic Theory of Democracy*. Harper. 『경제 이론으로 본 민주주의: 민주주의에서 정당정치는 어떻게 이루어지는가』. 후마니타스.

DK(Dorling Kindersley). ed. 2013. *The Politics Book: Big Ideas Simply Explained*. Dorling Kindersley Limited. 박유진·이시온 역. 2013. 『정치의 책』. 지식갤러리.

Driver, Stephen and Luke Martell. 1998. *New Labour: Politics After Thatcherism*. Polity Press. 김정렬 역. 2001. 『토니 블레어의 집권전략과 새로운 국정관리』. 창.

Dryzek, John S. and Patrick Dunleavy. 2009. *Theories of Democratic State*. Palgrave Macmillan. 김욱 역. 2014. 『민주주의국가이론』. 명인문화사.

Duiker, William J. 2001. *Ho Chi Minh: A Life*. Hyperio. 정영목 역. 2003. 『호치민 평전』. 푸른숲.

Dunn, John Montfort. 2003. *Locke: A Very Short Introduction*. Oxford University Press.

Duverger, Maurice. 1951. *Les Parti Politiques*. Barbara North and Robert North. trans. 1954. *Political Parties: Their Organization and Activity in the Modern State*. John Wiley & Sons. 박희선·장을병 역. 1976. 『정당론』. 문명사.

Duverger, Maurice. 1964. *Introduction à la politique*. Gallimard. 배영동 역. 1981. 『정치란 무엇인가』. 나남.

Easton, David. 1953, *The Political System. An Inquiry into the State of Political Science*. Alfred A. Knopf.

Easton, David. 1965. *A Systems Analysis of Political Life*. The University of Chicago Press. 이용필 역. 1987. 『정치생활의 체계분석』. 법문사.

Eberhardt, Lynn Jennifer. 2019. *Biased: Uncovering the Hidden Prejudice That Shapes What We See, Think, and Do*. Penguin Books. 공민희 역. 2021. 『편견』. 스노우폭스북스.

Edwardes, Michael. 1973. *Nehru: A Political Biography*. Pelican Book.

Elcock, Howard. 2001. *Political Leadership*. Edward Elgar.

Elster, Jon. ed. 1986. *Rational Choice*. NYU Press. 김성철·최문기 역. 1993. 『합리적 선택: 인간행위의 경제적 해석』. 신유문화사.

Emcke, Carolin. 2016. *Gegen den Hass*. S. Fischer. 정지인 역. 2017. 『혐오사회』. 다산초당.

Engels, Friedrich. 1845. *Die Lage der arbeitenden Klasse in England*. William Otto Henderson and William Henry Chaloner. trans. and eds. 1958. *The Condition of the Working Class in England*. Stanford University Press. 박준식 외 역. 1988. 『영국 노동자계급의 상태』. 두리.

Esping-Andersen, Gøsta. 1990. *The Three Worlds of Welfare Capitalism*. Polity Press. 박시종 역. 2007. 『복지 자본주의의 세 가지 세계』. 성균관대학교 출판부.

Euclid. B.C. 300. *Elements*. Dana Densmore. ed. 2002. Green Lion Press. 박병하 역. 2022. 『유클리드 원론』 1~2. 아카넷.

Evans, Richard John. 2019. *Eric Hobsbawm: A life in History*. Little, Brown and Company. 박원용·이재만 역. 2022. 『에릭 홉스봄 평전』. 책과함께.

Facundo, Alvaredo. ed. 2018. *World Inequality Report 2018*. Belknap. 장경덕 역. 2018.

『세계불평등보고서 2018』. 글항아리.

Fairbank, John King. 1948. *The United States and China*. Harvard University Press. 1983. *4th Edition*.

Faludi, Susan Charlotte. 1991. *Backlash: The Undeclared War Against American Women*. Crown. 황성원 역. 2017. 『백래시: 누가 페미니즘을 두려워하는가?』. 아르테.

Faludi, Susan Charlotte. 1999. *Stiffed: The Betrayal of the American Man*. William Morrow. 손희정 역. 2024. 『스티프트: 배신당한 남자들』. 아르테.

Farrell, David. 2011. *Electoral Systems: A Comparative Introduction, 2nd Edition*. Red Globe Press. 전용주 역. 2012. 『선거제도의 이해』. 한울.

Fischer, Louis. 1950. *The Life of Mahatma Gandhi*. Harpercollins. 곽영두 역. 2002. 『간디평전』. 내일을여는책.

Foucault, Paul-Michel. 1961. *Folie et Déraison: Histoire de la folie à l'âge classique*. Plon. vev. 1972. *Histoire de la folie à l'âge classique*. Gallimard. 이규현 역. 2010. 『광기의 역사』. 나남.

Foucault, Paul-Michel. 1975. *Surveiller et punir*. Gallimard. 오생근 역. 1994. 『감시와 처벌: 감옥의 탄생』. 나남.

Frank, Carr Thomas. 2004. *What's the Matter with Kansas?*. Henry Holt and Co. 김병순 역. 2013. 『왜 가난한 사람들은 부자를 위해 투표하는가?』. 갈라파고스.

Frank, Carr Thomas. 2016. *Listen, Liberal: Or, What Ever Happened to the Party of the People?*. Picador. 고기탁 역. 2018. 『민주당의 착각과 오만: 미국 민주당의 실패에서 배우기』. 열린책들.

Fraser, Nancy. 2009. *Scales of Justice: Reimagining Political Space in a Globalizing World*. Columbia University Press. 김원식 역. 2010. 『지구화 시대의 정의: 정치적 공간에 대한 새로운 상상』. 그린비.

Fraser, Nancy. 2022. *Cannibal Capitalism*. Verso. 장석준 역. 2023. 『좌파의 길: 식인 자본주의에 반대한다』. 서해문집.

Fraser, Nancy and Axel Honneth. 2003. *Redistribution or Recognition?: A Political -Philosophical Exchange*. Verso. 김원식·문성훈 역. 2014. 『분배냐 인정이냐?: 정치철학적 논쟁』. 사월의책.

Freedman, Russell A. 1990. *Franklin Delano Roosevelt*. Houghton Mifflin. 손풍삼 역. 1992. 『루즈벨트』. 고려원.

Friedman, Milton and Rose Director Friedman. 1980. *Free to Choose: A Personal Statement*.

620

1990. Mariner Books. 민병균 역. 2021. 『선택할 자유』. 자유기업원.

Friend, Julius Weis. 1998. *The Long Presidency: France in the Mitterrand Years, 1981~1995*. Westview Press.

Fromm, Erich Seligmann. 1941. *Escape from Freedom*. Farrar & Rinehart. 강영계 역. 1985. 『자유에서의 도피』. 박영사.

Gallo, Max. 1984. *Le Grand Jaurès*. Robert Laffont. 노서경 역. 2009. 『장 조레스 그의 삶: 프랑스 사회주의 통합의 지도자』. 당대.

Gallo, Max. 2001. *Rosa Luxemburg*. Ullstein Taschenbuchvlg. 임헌 역. 2002. 『로자 룩셈부르크 평전』. 푸른숲.

Gannon, Martin and Rejnandini Pillai. 2013. *Understanding Globai Cultures: Metaphorical Journeys Through 31 Nations, Clusters of Nations, Continents, and Diversity, 5th Edition*. SAGE Publications. 남경희·변하나 역. 2013. 『문화로 읽는 세계: 주요 13개국의 문화 탐방』. 명인문화사.

Gibbon, Edward. 1788. *The History of the Decline and Fall of the Roman Empire*. John Bagnell Bury. ed. 1995. Random House. 윤수인·김의용 역. 2010. 『로마제국 쇠망사』 1~6. 민음사.

Giddens, Anthony. 1971. *Capitalism and Social Theory: An Analysis of the Writing of Marx, Durkheim and Max Weber*. Cambridge University Press. 임영일·박노영 역. 1982. 『자본주의와 현대사회이론』. 한길사.

Giddens, Anthony. 1977. *Studies in Social and Political Theory*. Hutchinson. 김중섭 역. 1990. 『정치사회 이론연구』. 한국사회학연구소.

Giddens, Anthony. 1984. *The Constitution of Society: Outline of the Theory of Structuration*. Polity Press. 황명주 외 역. 1998. 『사회구성론』. 자작아카데미.

Giddens, Anthony. 1994. *Beyond Left and Right: The Future of Radical Politics*. Polity Press. 김현옥 역. 2008. 『좌파와 우파를 넘어서』. 한울.

Giddens, Anthony. 1998. *The Third Way: The Renewal of Social Democracy*. Polity Press. 한상진·박찬욱 역. 1998. 『제3의 길』. 생각의나무.

Giddens, Anthony. 2002. *Where Now for New Labour*. Polity Press. 신광영 역. 2004. 『노동의 미래』. 을유문화사.

Giddens, Anthony. 2007. *Over to you, Mr. Brown: How Labour Can Win Again*. Polity Press. 김연각 역. 2007. 『이제 당신 차례요, 미스터 브라운: 영국 노동당이 다시 이기는 길』. 인간사랑.

Giddens, Anthony and Phillp W. Sutton. 2017. *Sociology*. Polity Press. 김미숙 외 역. 2018. 『현대사회학』 8판. 을유문화사.

Gilligan, Frederick James. 2011. *Why Some Politicians are More Dangerous than Others*. Polity Pres. 이희재 역. 2012. 『왜 어떤 정치인은 다른 정치인보다 해로운가』. 교양인.

Ginsborg, Paul. 1990. *A History of Contemporary Italy: Society and Politics 1943~1988*. Penguin. 안준범 역. 2018. 『이탈리아 현대사: 반파시즘 저항운동에서 이탈리아공산당의 몰락까지』. 후마니타스.

Glück, Louise Elisabeth. 1992. *The Wild Iris*. The Ecco Press. 정은귀 역. 2022. 『야생붓꽃』. 시공사.

Goertzel, Ted George. 2018. *Brazil's Lula: Rise and Fall of an Icon*. Kindle Books.

Goethe, Johann Wolfgang von. 1788. *Egmont*. 윤도중 역. 2023. 『에그몬트』. 지만지드라마.

Goethe, Johann Wolfgang von. 1832. *Faust*. 박환덕 역. 1984. 『파우스트』 상, 하. 범우사.

Goodwin, Doris Kearns. 2018. *Leadership: In Turbulent Times*. Simon & Schuster. 강주헌 역. 2020. 『혼돈의 시대 리더의 탄생』. 로크미디어.

Gordimer, Nadine. 1974. *The Conservationist*. Jonathan Cape. 최영 역. 1987. 『보호주의자』. 지학사.

Gramsci, Antonio. 1948~1951. *Quaderni del carcere*. Einaudi. 이상훈 역. 1986. 『그람씨의 옥중수고 I : 정치편』. 거름.

Gramsci, Antonio. 2011. *Odio gli indifferent*. Chiarelettere. 김종법 역. 2016. 『나는 무관심을 증오한다: 그람시 산문선』. 바다출판사.

Greenleaf, Robert Kiefner. 1977. *Servant Leadership*. Robert K. Greenleaf Publishing Center. 강주헌 역. 2006. 『서번트 리더십 원전: 리더는 머슴이다』. 참솔.

Griffith, Robert. 1987. *The Politics of Fear: Joseph R. McCarthy and the Senate, 2nd Edition*. The University of Massachusetts Press. 하재룡 역. 1997. 『마녀사냥: 매카시/매카시즘』. 백산서당.

Habermas, Jürgen. 1981. *Theorie des kommunikativen Handelns*. Suhrkamp Verlag. 장춘익 역. 2006. 『의사소통행위이론』 1, 2. 나남.

Hague, Rod and Martin Harrop, John McCormick. 2016. *Comparative Government and Politics, 10th edition*. Palgrave Macmillan. 김계동 외 역. 2017. 『비교정부와 정치』. 명인문화사.

Hamiton, Alexander, James Madison and John Jay. 1788. *The Federalist with Letters of "Brutus"*. Terence Ball. ed. 2003. Cambridge University Press. 박찬표 역. 2019.

『페더럴리스트』. 후마니타스.

Harrison, J.F.C. 1984. *Common People: A History from the Norman Conquest to the Present*. Flamingo. 이영석 역. 1989. 『영국 민중사』. 소나무.

Hartz, Louis. 1955. *The Liberal Tradition in America: An Interpretation of American Political Thought since the Revolution*. Harcourt, Brace & Howe. 백창재·정하용 역. 2012. 『미국의 자유주의 전통: 독립혁명 이후 미국 정치사상의 해석』. 나남.

Hawthorne, Nathaniel. 1850. *The Great Stone Face*. Ticknor and Fields. 김승희 역. 1986. 『큰바위 얼굴』. 학원사.

Hegel, Georg Wilhelm Friedrich. 1807. *Phänomenologie des Geistes*. Outlook Verlag. 임석진 역. 2005. 『정신현상학』 1, 2. 한길사.

Hegel, Georg Wilhelm Friedrich. 1837. *Vorlesungen über die Philosophie der Weltgeschichte*. Meiner. 김종호 역. 1990. 『역사철학 강의: 헤겔』. 삼성출판사.

Heine, Christian Johann Heinrich. 1827. *Buch der Lieder(Heine, Heinrich)*. Hanser. 김재혁 역. 2001. 『노래의 책』. 문학과지성사.

Held, David. 2006. *Model of Democracy, 3rd Edition*. Polity Press. 박찬표 역. 2010. 『민주주의의 모델들』. 후마니타스.

Hemingway, Ernest Miller. 1929. *A Farewell to Arms*. Scribner. 정병조 역. 1983. 『무기여 잘 있거라』. 삼중당.

Hemingway, Ernest Miller. 1940. *For Whom the Bell Tolls*. Scribner's Sons. 정봉화 역. 1984. 『누구를 위하여 종은 울리나』. 정음문화사.

Henckel, von Donnersmarck Florian. 2006. *Das Leben der Anderen*. Suhrkamp Verlag. 권상희 역. 2011. 『타인의 삶』. 이담북스.

Henderson, Gregory. 1968. *Korea: The Politics of the Vortex*. Harvard University Press. 박행웅·이종삼 역. 2000. 『소용돌이의 한국정치』. 한울.

Henley, William Ernest. 1888. *A Book of Verses*. 2014. White Press.

Herman, Arthur L. 2008. *Gandhi & Churchill: The Epic Rivalry that Destroyed an Empire and Forged Our Age*. Random House.

Herodotos. *Histories Apodexis*. Carolus Hude. trans. 1927. Oxford University Press. 천병희 역. 2009. 『역사』. 도서출판 숲.

Hobbes, Thomas. 1651. *Leviathan, or The Matter, Form, and Power of A Commonwealth, Ecclesiastical and Civil*. Willian Molesworth. ed. 1845. John Bohn. 진석용 역. 2008. 『리바이어던, 교회국가 및 시민국가의 재료와 형태 및 권력』 1, 2. 나남.

Hobsbawm, Eric. 1962. *The Age of Revolution: Europe 1789~1848*. The New American Library. 박현채·차명수 역. 1993. 『혁명의 시대』. 한길사.

Hobsbawm, Eric. 1975. *The Age of Capital: 1848~1875*. Weidenfeld & Nicolson. 정도영 역. 1993. 『자본의 시대』. 한길사.

Hobsbawm, Eric. 1987. *The Age of Empire: 1875~1914*. Weidenfeld & Nicolson. 김동택 역. 1998. 『제국의 시대』. 한길사.

Hobsbawm, Eric. 1994. *The Age of Extremes: The Short Twentieth Century, 1914~1991*. Michael Joseph. 이용우 역. 2009. 『극단의 시대: 20세기 역사』 상, 하. 까치.

Hobsbawm, Eric. 2002. *Interesting Times: A Twentieth-Century Life*. Allen Lane. 이희재 역. 2007. 『미완의 시대: 에릭 홉스봄의 자서전』. 민음사.

Hölderlin, Johann Christian Friedrich. 1846. Jochen Schmidt. ed. 2005. *Hölderlins Samtliche Gedichte, Text und Kommentar*. Deutscher Klassiker Verlag. 장영태 역. 2012. 『궁핍한 시대에 시인은 무엇을 위하여 사는가: 주제에 따라서 읽는 횔덜린 시선』. 유로.

Holland, Jack. 2006. *Misogyny, the World's Oldest Prejudice*. Constable & Robinson. 김하늘 역. 2021. 『판도라의 딸들, 여성 혐오의 역사』. 口(미음).

Honneth, Axel. 1992. *Kampf un Anerkennung*. Suhrkamp Verlag. 문성훈·이현재 역. 2011. 『인정투쟁: 사회적 갈등과 도덕적 형식론』. 사월의책.

Hsü, Immanuel Chung-Yueh. 2000. *The Rise of Modern China, Sixth Edition*. Oxford University Press. 조윤수·서정희 역. 2013. 『근-현대 중국사』 상권, 하권. 까치.

Hugo, Victor-Marie. 1862. *Les Misérable*. Gallimard. 방곤 역. 1993. 『레 미제라블』 1~6. 범우사.

Hume, David. 1751. *An Enquiry Concerning the Principles of Morals*. 2004. Prometheus. 이준호 역. 2022. 『도덕 원리에 관한 탐구』. 아카넷.

Huntington, Samuel Phillips. 1991. *The Third Wave: Democratization in the Late Twentieth Century*. University of Oklahoma Press. 강문구 역. 2011. 『제3의 물결: 20세기 후반의 민주화』. 인간사랑.

Huntington, Samuel Phillips. 1996. *The Clash of Civilizations and the Remaking of World Order*. Simon & Schuster. 이희재 역. 1997. 『문명의 충돌』. 김영사.

Huntington, Samuel Phillips. 2004. *Who Are We?: The Challenges to America's National Identity*. Simon & Schuster. 형선호 역. 2004. 『새뮤얼 헌팅턴의 미국』. 김영사.

Huxley, Thomas Henry. 1893. *Evolution and Ethics*. Princeton University Press. 이종민 역. 2012. 『진화와 윤리』. 산지니.

624

Hwang, Kyung Moon. 2004. *Beyond Birth: Social Status in the Emergence of Modern Korea.* Harvard University Asia Center. 백광열 역. 2022. 『출생을 넘어서: 한국 사회 특권층의 뿌리를 찾아서』. 너머북스.

Ibsen, Henrik Johan. 1879. *Et Dukkehjem.* 김창화 역. 2010. 『인형의 집』. 열린책들.

Idriss, Cynthia Miller. 2020. *Hate in the Homeland: The New Global Far Right.* Princeton University Press.

Inglehart, Ronald. 1977. *The Silent Revolution: Changing Values and Political Styles Among Western Publics.* Princeton University Press. 정성호 역. 1983. 『조용한 혁명』. 종로서적.

Inglehart, Ronald. 1990. *Culture Shift in Advanced Industrial Society.* Princeton University Press.

Inglehart, Ronald. 1997. *Modernization and Postmodernization: Cultural, Economic, and Political Change in 43 Societies.* Princeton University Press.

Inglehart, Ronald and Christian Welzel. 2005. *Modernization, Cultural Change, and Democracy: The Human Development Sequence.* Cambridge University Press. 지은주 역. 2011. 『민주주의는 어떻게 오는가: 근대화, 문화적 이동, 가치관의 변화로 읽는 민주주의의 발전 지도』. 김영사.

Iriye Akira. ed. 2013. *Geschichte der Welt 1945 bis heute: Die globalisierte Welt.* Verlag C. H. Beck and Harvard University Press. 조행복·전지현 역. 2018. 『1945 이후 서로 의존하는 세계』. 민음사.

Janda, Kenneth. 1980. *Political Parties: A Cross-National Survey.* The Free Press.

Jefferson, Thomas. 1776. *The Declaration of Independence.* 2007. Verso. 차태석 역. 2010. 『토머스 제퍼슨: 독립선언문』. 프레시안북.

Jenkins, Henry. 2006. *Fans, Bloggers, and Gamers: Exploring Participatory Culture.* New York University Press. 정현진 역. 2008. 『팬, 블로거, 게이머: 참여문화에 대한 탐색』. 비즈앤비즈.

Judis, John. 2016. *The Populist Explosion: How the Great Recession Transformed American and European Politics?.* Columbia Global Reports. 오공훈 역. 2017. 『포퓰리즘의 세계화』. 메디치미디어.

Kaltwasser, Cristóbal Rovira and Paul Taggart. eds. 2017. *The Oxford Handbook of Populism.* Oxford University Press.

Kant, Immanuel. 1795. *Zum ewigen Frieden: Ein philosophischer Entwurf.* Holzinger. 박환덕·박열 역. 2013. 『영구평화론』. 범우사.

Kaplan, Benjamin Jacob. 2007. *Divided by Faith: Religious Conflict and the Practice of Toleration in Early Modern Europe*. Harvard University Press. 김응종 역. 2015. 『유럽은 어떻게 관용사회가 되었나: 근대 유럽의 종교 갈등과 관용 실천』. 푸른역사.

Kaplan, Fred. 2008. *Lincoln: The Biography of a Writer*. Harper Collins. 허진 역. 2010. 『링컨』. 열림원.

Keller, Helen Adams. 1904. *The Story of My Life*. Dover Publications. 김명신 역. 2009. 『헬렌 켈러 자서전』. 문예출판사.

Keller, Helen Adams. 1933. *Three Days to See*. Nelson Education Limited. 신여명 역. 2013. 『사흘만 볼 수 있다면』. 두레아이들.

Kelsen, Hans. 1945. *General Theory of Law and State*(German original unpublished). Anders Wedberg. trans. Harvard University Press. 황산덕 역. 1956. 『법과 국가의 일반이론』. 양문사.

Keltner, Dacher Joseph. 2016. *The Power Paradox: How We Gain and Lose Influence*. Penguin Books. 장석훈 역. 2018. 『선한 권력의 탄생: 1%가 아닌 '우리 모두'를 위한 권력 사용법』. 프런티어.

Kershaw, Ian. 2015. *To Hell and Back: Europe, 1914~1949*. Allen Lane. 류한수 역. 2020. 『유럽 1914~1949: 죽다 겨우 살아나다』. 이데아.

Kershaw, Ian. 2018. *Roller-Coaster: Europe, 1950~2017*. Allen Lane. 김남섭 역. 2020. 『유럽 1950~2017: 롤러코스터를 타다』. 이데아.

Kershaw, Ian. 2022. *Personality and Power: Builders and Destroyers of Modern Europe*. Penguin Press. 박종일 역. 2023. 『역사를 바꾼 권력자들』. 한길사.

Keynes, John Maynard. 1936. *The General Theory of Employment, Interest, and Money*. Palgrave Macmillan. 조순 역. 1985. 『고용 이자 및 화폐의 일반이론』. 비봉출판사.

King, Martin Luther Jr. 1998. *The Autobiography of Martin Luther King, Jr.* Claborne Cason. ed. Warner Books, Inc. 이순희 역. 2015. 『나에게는 꿈이 있습니다: 마틴 루터 킹 자서전』. 바다출판사.

Kirchheimer, Otto. 1966. "The Transformation of the Western European Party Systems." LaPalombara, Joseph and Myron Weiner. eds. *Political Parties and Political Development*. Princeton University Press. 윤용희 역. 1989. 『정당과 정치발전』. 법문사.

Kirkpatrick, Kate. 2019. *Becoming Beauvoir: A Life*. Bloomsbury Publishing. 이세진 역. 2021. 『보부아르, 여성의 탄생』. 고양인.

Kissinger, Henry Alfred. 2014. *World Order*. Penguin Books. 이현주 역. 2016. 『헨리

키신저의 세계 질서』. 민음사.

Kissinger, Henry Alfred. 2022. *Leadership: Six Studies in World Strategy*. Penguin Books. 서종민 역. 2023. 『리더십: 현대사를 만든 6인의 세계전략 연구』. 민음사.

Klein, Adam. 2017. *Fanaticism, Racism, and Rage Online: Corrupting the Digital Sphere*. Palgrave Macmillan. 한정라 역. 2023. 『온라인 세계의 극단주의: 광신, 인종차별, 분노』. 한울.

Koo, Hagen. 2001. *Korean Workers: The Culture and Politics of Class Formation*. Cornell University Press. 신광영 역. 2002. 『한국 노동계급의 형성』. 창작과비평사.

Kornelius, Stefan. 2013. *Angela Merkel: Die Kanzlerin und ihre Welt*. Hoffmann und Campe. 배명자 역. 2014. 『위기의 시대 메르켈의 시대』. 책담.

Krupskaya, Nadezhda Konstantinovna. 1933. *Reminiscences of Lenin*. 김자동 역. 1986. 『레닌의 회상』. 일월서각.

Kruse, Kevin Michael and Julian Emanuel Zelizer. 2019. *Fault Lines: A History of the United States Since 1974*. W. W. Norton & Company.

Kuhn, Thomas Samuel. 1962. *The Structure of Scientific Revlution*. The University of Chicago Press. 김명자 역. 1999. 『과학혁명의 구조』. 까치글방.

Kuo, Thomas C. T. 1975. *Ch'en Tu-hsiu(1879~1942) and the Chinese Communist Movement*. Seton Hall University Press. 권영빈 역. 1985. 『진독수 평전』. 민음사.

Laertius, Diogenes. 1472. *Vitae philosophorum*. Tiziano Dorandi. ed. 2013. *Lives of Eminent Philosophers*. Cambridge University Press. 김주일 외 역. 2021. 『유명한 철학자들의 생애와 사상』 1, 2. 나남.

Lakoff, George. 2004. *Don't Think of an Elephant!: Know Your Values and Frame the Debate*. Chelsea Green Publishing. 유나영 역. 2006. 『코끼리는 생각하지 마』. 삼인.

Lakoff, George. 2008. *The Political Mind: A Cognitive Scientist's Guide to Your Brain and Its Politics*. Penguin Books. 나익주 역. 2012. 『폴리티컬 마인드: 21세기 정치는 왜 이성과 합리성으로 이해할 수 없을까?』. 한울.

Lakoff, George and the Rockridge Institute. 2006. *Thinking Points: Communicating Our American Values and Vision*. Tides Center/Rockridge Institute. 나익주 역. 2007. 『프레임 전쟁』. 창비.

Lamartine, Alphonse (de). 1991. *Lamartine: Oeuvres poétiques complètes*. Pléiade. 윤세홍 역. 2021. 『라마르틴 시선』. 지식을만드는지식.

Lang, Jack Mathieu Émile. 2004. *Nelson Mandela*. Perrin. 윤은주 역. 2007. 『넬슨 만델라

평전』. 실천문학사.

Lapierre, Dominique. 2008. *A Rainbow in the Night: The Tumultuous Birth of South.* Da Capo Press. 임호경 역. 2010. 『검은 밤의 무지개: 남아프리카공화국의 위대한 역사 그리고 영웅들』. 중앙북스.

Lasswell, Harold Dwight. 1930. *Psychopathology and Politics.* 1986. New Edition. University of Chicago Press.

Lasswell, Harold Dwight. 1936. *Politics: Who Gets What, When, and How.* 2008. Peter Smith Publisher.

Lasswell, Harold Dwight. 1948. *Power and Personality.* W. W. Norton & Company. 백승기 역. 1981. 『권력과 인간』. 전망사.

Lasswell, Harold Dwight and Abraham Kaplan. 1950. *Power and Society: A Framwork of Political Inquiring.* Yale University Press. 김하룡 역. 1982. 『권력과 사회』 상, 하, 문명사.

Leadebeater, Charles. 2008. *We-Think: Mass Innovation, Not Mass Production.* Profile Books. 이순희 역. 2009. 『집단지성이란 무엇인가: 우리는 나보다 똑똑하다』. 21세기북스.

Lefebvre, Georges. 1932. *La Grande Peur de 1789.* Armand Colin. 최갑수 역. 2002. 『1789년의 대공포』. 까치.

Lenin, Vladimir Ilyich Ulyanov. 1902. *What Is To Be Done?.* 1977. *Lenin's Collected Works*, Vol. 41. Progress Publishers. 김민호 역. 1988. 『무엇을 할 것인가?』. 백두.

Lenin, Vladimir Ilyich Ulyanov. 1917. *Imperialism, the Highest Stage of Capitalism.* 1968. *Lenin's Selected Works*, Vol. 5. Progress Publishers. 남상일 역. 1988. 『제국주의론』. 백산서당.

Lenin, Vladimir Ilyich Ulyanov. 1917. *The State and Revolution: The Marxist Theory of the State and The Tasks of the Proletariat in the Revolution.* 1977. *Lenin's Collected Works*, Vol. 44. Progress Publishers. 김영철 역. 1988. 『국가와 혁명』. 논장.

Levitzky, Steven and Daniel Ziblatt. 2018. *How Democracies Die.* Crown. 박세연 역. 2018. 『어떻게 민주주의는 무너지는가』. 어크로스.

Levmore, Saul and Martha Craven Nussbaum. eds. 2010. *The Offensive Internet: Speech, Privacy, and Reputation.* Harvard University Press. 김상현 역. 2012. 『불편한 인터넷: 표현의 자유인가 프라이버시 침해인가』. 에이콘출판.

Lévy, Pierre. 1994. *L'intelligence collective: Pour une anthropologie du cyberspace.* La Découverte. Robert Bononno. trans. 1990. *Collective Intelligence: Mankind's Emerging*

World in Cyberspace. Perseus Books. 권수경 역. 2002. 『집단지성: 사이버 공간의 인류학을 위하여』. 문학과지성사.

Lijphart, d'Angremond Arend. 1968. *The Politics of Accommodation: Pluralism and Democracy in the Netherlands.* University of California Press.

Lijphart, d'Angremond Arend. 1984. *Democracies: Patterns of Majoritarian & Consensus Government in Twenty-one Countries.* Yale University Press.

Lijphart, d'Angremond Arend. 1994. *Electoral Systems and Party Systems: A Study of Twenty-Seven Democracies, 1945~1990.* Oxford University Press.

Lijphart, d'Angremond Arend. 1999. *Patterns of Democracy: Government Forms and Performance in Thirty-Six Countries.* Yale University Press.

Lijphart, d'Angremond Arend. 2008. *Thinking about Democracy: Power Sharing and Majority Rule in Theory and Practice.* Routledge.

Linz, Juan José. 1978. *The Breakdown of Democratic Regimes. Crisis, Breakdown, and Reequilibriation.* The Johns Hopkins University Press.

Linz, Juan José. 2000. *Totalitarian and Authoritarian Regimes.* Lynne Rienner Publishers.

Linz, Juan José and Alfred Stepan. 1996. *Problems of Democratic Transition and Consolidation: Southern Europe, South America and Post-Communist Europe.* The Johns Hopkins University Press.

Linz, Juan José and Arturo Valenzuela. eds. 1994. *The Failure of Presidential Democrecy: Comparative Perspectives.* Johns Hopkins University Press. 신명순·조정관 역. 1995. 『내각제와 대통령제』. 나남.

Lipset, Seymour Martin. 1960. *Political Man: The Social Bases of Politics.* Doubleday & Company. 1981. The Johns Hopkins University Press.

Lipset, Seymour Martin and Stein Rokkan. eds. 1967. *Party System and Voter Alignments: Cross-National Perspectives.* Macmillan.

Lipset, Seymour Martin. 1997. *American Exceptionalism: A Double-Edged Sword.* W. W. Norton & Company. 문지영 외 역. 2006. 『미국 예외주의: 미국에는 왜 사회주의 정당이 없는가』. 후마니타스.

Livius, Titus. *Ab Urbe Condita.* Benjamin Oliver Foster, trans. 1926, *History of Rome.* Loeb Classical Library of Harvard University Press. 이종인 역. 2020. 『리비우스 로마사』 Ⅰ~Ⅳ. 현대지성.

Locke, John. 1689. *A Letter Concerning Toleration.* Liberty Fund Inc. 공진성 역. 2013.

『존 로크: 관용에 관한 편지』. 책세상.

Locke, John. 1689. *An Essay Concerning Human Understanding*. Peter H. Nidditch. ed. 1975. Oxford University Press. 정병훈 외 역. 2015. 『존 로크: 인간지성론』 1, 2. 한길사.

Locke, John. 1689. *Two Treatises of Governmen: The Second Treatise of Government - An Essay Concerning the True Original, Extent, and End of Civil-Government*. Peter Laslett. ed. 1967. Cambridge University Press. 강정인·문지영 역. 『통치론: 시민정부의 참된 기원, 범위 및 그 목적에 관한 시론』. 까치.

Locke, John. 1693. *Some Thoughts Concerning Education*. 박혜원 역. 2011. 『교육론: 귀한 자식 이렇게 가르쳐라』. 비봉출판사.

London, Jack. 1903. *How I Became a Socialist*. 2005. Kessinger Publishing. 김한영 역. 2014. 『나는 어떻게 사회주의자 되었나』. 은행나무.

London, Jack. 1908. *The Iron Heel*. Macmillan. 차미례 역. 1989. 『강철군화』. 한울.

Macdougall, Robert. 2013. *Leaders in Dangerous Times: Douglas MacArthur and Dwight D. Eisenhower*. Trafford Publishing.

Machiavelli, Niccolò. 1513. *Il Prince*. Quentin Skinner and Russel Price. eds. 1988. Cambridge University Press. 강정인·김경희 역. 2011. 『군주론』. 까치.

Machiavelli, Niccolò. 1518. *Discorsi sopra la Prima Deca di Tito Livio*. Allan Gilbert. eds. 1965. *Machiavelli: the Chief Works and Others*, Vol. 1. Duke University Press. 강정인·안선재 역. 2009. 『로마사 논고』. 한길사.

Machiavelli, Niccolò. 1521. *Dell'Arte della Guerra*. Allan Gilbert. ed. 1965. *Machiavelli: the Chief Works and Others*, Vol. 1. Duke University Press. 이영남 역. 2017. 『마키아벨리 전술론』. 인간사랑.

Machiavelli, Niccolò. 1526. *Istorie Fiorentine*. Ninian Thomson. trans. 1906. Archibald Constable & Co. 하인후 역. 2020. 『마키아벨리의 피렌체사』. 무블출판사.

MacIver, Robert Morrison. 1947. *The Web of Government*. The Macmillian Company. 2010. Kessinger Publishing, LLC.

Maclean, Mairi. ed. 1998. *The Mitterrand Years: Legacy and Evaluation*. Palgrave Macmillan.

Mair, Peter and Richard Katz. 1997. "Party Organization, Party Democracy and the Emergence of the Cartel Party." Mair, Peter. 1997. *Party System Change: Approches and Interpretations*. Oxford University Press.

Maisel, Sandy L. and Mark D. Brewer. 1986. *Parties and Elections in America: The Electoral Process*. Rowman & Littlefield.

Mandela, Nelson. 1994. *Long Walk to Freedom: The Autobiography of Nelson Mandela*. LIttle Brown and Company. 김대중 역. 2006. 『넬슨 만델라 자서전: 자유를 향한 머나먼 길』. 두레.

Mandela, Nelson. 2010. *Conversations with Myself*. PQ Blackwell Limited. 윤길순 역. 2013. 『나 자신과의 대화』. 알에이치코리아.

Mandela, Nelson. 2011. *Nelson Mandela By Himself*. PQ Blackwell Limited. 윤길순 역. 2013. 『넬슨 만델라 어록』. 알에이치코리아.

Manne, Kate. 2017. *Down Girl: The Logic of Misogyny*. Oxford University Press. 서정아 역. 2023. 『다운 걸: 여성혐오의 논리』. 글항아리.

Markus, Hazel Rose and Alana Conner. 2013. *Clash!: How to Thrive in a Multicultural World*. Plume. 박세연 역. 2015. 『우리는 왜 충돌하는가』. 흐름출판.

Marton, Kati. 2021. *The Chancellor: The Remarkable Odyssey of Angela Merkel*. Simon & Schuster. 윤철희 역. 2021. 『메르켈 리더십: 합의에 이르는 힘』. 모비딕북스.

Marx, Karl Heinrich. 1844. *Ökonomisch-philosophische Manuskripte aus dem Jahre 1844*. 최인호 역. 1991. 『1844년의 경제학 철학 초고』. 박종철출판사.

Marx, Karl Heinrich. 1850. *The Class Struggles in France*. 1964. International Publishers. 허교진 역. 1987. 『프랑스 혁명사 3부작』 중 「프랑스에서의 계급투쟁」. 소나무.

Marx, Karl Heinrich. 1852. *The Eighteenth Brumaire of Louis Napoleon*. 1963. International Publishers. 허교진 역. 1987. 『프랑스 혁명사 3부작』 중 「루이 보나빠르트의 브뤼메르 18일」. 소나무.

Marx, Karl Heinrich. 1867. 1885. 1894. *Das Kapital: Kritik der politischen Ökonomie(Capital: A Critique of Political Economy)*. 1975. Vol. 35~37 of *MECW(Marx-Engels Collected Works)*. Progress Publishers. 김수행 역. 1989~1990. 『자본론: 정치경제학 비판』 1(상, 하), 2, 3(상, 하). 비봉출판사.

Marx, Karl Heinrich. 1871. *The Civil War in France*. 1968. International Publishers. 허교진 역. 1987. 『프랑스 혁명사 3부작』 중 「프랑스 내전」. 소나무.

Marx, Karl Heinrich and Friedrich Engels. 1848. *Manifest der Kommunistischen Partei*. 남상일 역. 1989. 『공산당선언』. 백산서당.

Masters, Roger D. 1998. *Fortune is a River: Leonardo da Vinci and Niccolò Machiavelli's Magnificent Dream to Change the Course of Florentine History*. Simon & Schuster. 송은경 역. 1998. 『레오나르도 다 빈치와 마키아벨리』. 세종서적.

Mathiez, Albert. 1927. *La Révolution française*. Armand Colin. 김종철 역. 1982. 『프랑스혁명

사』 상, 하. 창작과비평사.

Maurois, André. 1937. *Histoire d'Angleterre*. 1978. Fayard. 신용석 역. 2014. 『영국사』. 김영사.

Maurois, André. 1947. *Histoire des Etats-Unis, 1492~1946*. 1967. Albin Michel. 신용석 역. 2015. 『미국사』. 김영사.

Maurois, André. 1947. *Histoire de la France*. 1958. Albin Michel. 신용석 역. 2016. 『프랑스사』. 김영사.

Maurois, André. 1954. *Olympio ou la vie de Victor Hugo*. Hachette. 최병권 역. 1981. 『빅토르 위고』. 우석.

McJimsey, George T. 2000. *The Presidency of Franklin Delano Roosevelt*. University Press of Kansas. 정미나 역. 2010. 『위대한 정치의 조건』. 21세기북스.

Merriam, Charles Edward Jr. 1934. *Political Power*. McGraw-Hill Book Company. 1964. Collier Books.

Mettler, Suzanne and Robert C. Lieberman. 2020. *Four Threats: The Recurring Crises of American Democracy*. St. Martin's Press.

Michels, Robert. 1911. *Zur Soziologie des Parteiwesens in der modernen Demokratie. Untersuchungen über die oligarchischen Tendenzen des Gruppenlebens*. Klinkhardt. 김학이 역. 2002. 『정당사회학: 근대 민주주의의 과두적 경향에 관한 연구』. 한길사.

Miliband, Ralph. 1969. *The State in Capitalist Society*. Basic Books.

Mill, John Stuart. 1848. *Principles of Political Economy: with Some of Their Applications to Social Philosophy*. 2004. Hackett Publishing Company. 박동천 역. 2010. 『정치경제학원리』 1~4. 나남.

Mill, John Stuart. 1859. *On Liberty*. 1975. Oxford University Press. 정성화 역. 1993. 『자유론』. 명지대학교 출판부.

Mill, John Stuart. 1861. *Considerations on Representative Government*. 1975. Oxford University Press. 서병훈 역. 2012. 『대의정부론』. 아카넷.

Mill, John Stuart. 1863. *Utilitarianism*. 1975. Oxford University Press. 이종인 역. 2020. 『공리주의』. 현대지성.

Mill, John Stuart. 1869. *The Subjection of Women*. 1975. Oxford University Press. 김예숙 역. 1986. 『여성의 예속』. 이화여자대학교 출판부.

Mill, John Stuart. 1873. *Autobiography*. The Harvard Classics. 최명관 역. 2010. 『존 스튜어트 밀 자서전』. 창.

Mill, John Stuart. 1859. *On Liberty*; 1861. *Considerations on Representative Government*. 1863. *Utilitarianism*; 1869. *The Subjection of Women*; 1874. *Three Essays on Religion: Nature, the Utility of Religion, and Theism*; 1879. *Socialism*. 서병훈 역. 2020. 『존 스튜어트 밀 선집』. 책세상.

Milton, John. 1667. *Paradise lost*. 1671. *Paradise regained*. 이창배 역. 1995. 『실낙원 / 복락원』. 중앙미디어.

Mitrany, David. 1975. *The Functional Theory of Politics*. St. Martin's Press.

Mitterrand, François. 1996. entretiens avec Georges-Marc Benamou. *Mémoires Interruptes*. Odile Jacob.

Moffe, Chantal. ed. 1979. *Gramsci and Marxist Theory*. Routledge. 장성철 역. 1992. 『그람시와 마르크스주의 이론』. 녹두.

Moffe, Chantal. 1993. *The Return of the Political*. Verso. 이보경 역. 2007. 『정치적인 것의 귀환』. 후마니타스.

Moffe, Chantal. 2000. *The Democratic Paradox*. Verso. 이행 역. 2006. 『민주주의의 역설』. 인간사랑.

Moffe, Chantal. 2005. *On the Political*. Routledge.

Moffe, Chantal. 2013. *Agonistics: Thinking The World Politically*. Verso. 서정연 역. 2020. 『경합들: 갈등과 적대의 세계를 정치적으로 사유하기』. 난장.

Moffe, Chantal. 2018. *For a Left Populism*. Verso. 이승원 역. 2019. 『좌파 포퓰리즘을 위하여』. 문학세계사.

Moffe, Chantal. 2022. *Towards a Green Democratic Revolution*. Verso. 이승원 역. 2022. 『녹색 민주주의 혁명을 향하여: 좌파 포퓰리즘과 정동의 힘』. 문학세계사.

Moffe, Chantal and Ernesto Laclau. 1985. *Hegemony and Socialist Strategy: Towards a Radical Democratic Politics*. Verso. 이승원 역. 2012. 『헤게모니와 사회주의 전략: 급진 민주주의 정치를 향하여』. 후마니타스.

Mommsen, Christian Matthias Theodor. 1854, 1855, 1856, 1885. *Römische Geschichte*. Bde. 1~3, 5. Weidmann. 김남우 외 역. 2013~2022. 『몸젠의 로마사』 1~6(Bde. 2까지 번역). 푸른역사.

Mommsen, Hans. 1991. *Der Nationalsozialismus und die deutsche Gesellschaft*. Philip O'Connor. 1991. trans. *From Weimar to Auschwitz*. Princeton University Press.

Mommsen, Wilhelm. 1937. *Bismarck und seine Zeit*. Teubner. 최경은 역. 1997. 『비스마르크』. 한길사.

Mommsen, Wolfgang, 1998. *1848, Die ungewollte Revolution.* Fischer verlag. 최호근 역. 2006. 『원치 않은 혁명 1848』. 푸른역사.

Monnet, Jean Omer Marie Gabriel. 1976. *Memoirs.* Fayard. 박제훈·옥우석 역. 2008. 『유럽 통합의 아버지 장 모네 회고록』. 세림출판.

Montesquieu, Baron de La Brède. 1748. *Esprit des Lois.* 이재형 역. 2015. 『법의 정신』. 문예출판사.

Mudde, Cas. 2019. *The Far Right Today.* Polity Press. 권은하 역. 2021. 『혐오와 차별은 어떻게 정치가 되는가』. 위즈덤하우스.

Mudde, Cas and Cristóbal Rovira Kaltwasser. 2017. *Populism: A Very Short Introduction.* Oxford University Press. 이재만 역. 2019. 『포퓰리즘』. 교유서가.

Munck, L. Gerardo and Richard Snyder. 2007. *Passion, Craft, and Method in Comparative Politics.* Johns Hopkins University Press. 정치학 강독 모임 역. 2012. 『그들은 어떻게 최고의 정치학자가 되었나』 1~3. 후마니타스.

Nagle, Angela. 2017. *Kill All Normies: Online Culture Wars From 4Chan And Tumblr To Trump And The Alt-Right.* Zero Books. 김내훈 역. 2022. 『인싸를 죽여라: 온라인 극우주의』. 오월의봄.

Nietzsche, Friedrich Wilhelm. 1885. *Also sprach Zarathustra: Ein Buch für Alle und Keinen.* 황문수 역. 1975. 『짜라투스트라는 이렇게 말했다』. 문예출판사.

Norris, Pippa. 2000. *A Virtuous Circle: Political Communications in Postindustrial Societies.* Cambridge University Press.

Norris, Pippa. 2001. *Digital Divide: Civic Engagement, Information Poverty and the Internet Worldwide.* Cambridge University Press. 이원태 역. 2007. 『디지털 시대의 민주주의: 정보불평등과 시민참여』. 후마니타스.

Norris, Pippa. 2011. *Democratic Deficit: Critical Citizens Revisited.* Cambridge University Press.

Norris, Pippa and Joni Lovenduski. 1995. *Political Recruitment: Gender, Race and Class.* Cambridge University Press.

Nussbaum, Martha Craven. 2004. *Hiding from Humanity: Disgust, Shame, and the Law.* Princeton University Press. 조계원 역. 2015. 『혐오와 수치심: 인간다움을 파괴하는 감정들』. 민음사.

Nussbaum, Martha Craven. 2013. *Political Emotions: Why Love Matters for Justice.* Harvard University Press. 박용준 역. 2019. 『정치적 감정: 정의를 위해 왜 사랑이 중요한가』.

글항아리.

Nussbaum, Martha Craven. 2018. *The Monarchy of Fear: A Philosopher Looks at Our Political Crisis.* Simon & Schuster Inc. 임현경 역. 2020. 『타인에 대한 연민』. 알에이치코리아.

Nye, Joseph Samuel Jr. 1993. *Understanding International Conflicts: An Introduction to Theory and History.* Longman. 양준희 역. 2000. 『국제분쟁의 이해: 이론과 역사』. 한울.

Nye, Joseph Samuel Jr. 2004. *Soft Power: The Means to Success in World Politics.* Public Affairs. 홍수원 역. 2004. 『소프트 파워』. 세종연구원.

Nye, Joseph Samuel Jr. 2011. *The Future of Power.* Public Affairs. 윤영호 역. 2012. 『권력의 미래』. 세종서적.

Obama, Barack Hussein. *A Promised Land.* Crown. 노승영 역. 2021. 『약속의 땅(회고록)』. 웅진지식하우스.

Ober, Josiah. 2017. *Demopolis: Democracy before Liberalism in Theory and Practice.* Cambridge University Press. 노경호 역. 2023. 『자유주의 이전의 민주주의』. 후마니타스.

O'Donnell, Guillermo Alberto. 1973. *Modernization and Bureaucratic-Authoritarianism: Studies in South American Politics.* University of California.

O'Donnell, Guillermo Alberto. 2007. *Dissonances: Democratic Critiques of Democracy.* University of Notre Dame Press.

Oliver, Robert Tarbell. 1978. *Syngman Rhee and American Involvement in Korea, 1942~1960: A Personal Narrative.* Panmun Book Company. 박일영 역. 1990. 『대한민국 건국의 비화: 이승만과 한미관계』. 계명사.

Olson, Mançur Lloyd Jr. 1965. *The Logic of Collective Action: Public Goods and the Theory of Groups.* Harvard University Press.

O'Neill, Gladstone. 1921. *Anna Christie.* Jonathan Cape. 이형식 역. 2021. 『애나 크리스티』. 지만지드라마.

O'Neill, Thomas Phillip Tip Jr. and Gary Gerard Hymel. 1993. *All Politics Is Local: Other Rules of the Game.* Times Books.

Orlow, Dietrich. 2012. *A History of Modern Germany: 1871 to Present, 7th Edition.* Routledge. 문수현 역. 2019. 『독일 현대사: 1871년 독일제국 수립부터 현재까지』. 미지북스.

Paige, Glenn Durland. 1968. *The Korean Decision, June 24~30, 1950.* Free Press.

Paige, Glenn Durland. 1977. *The Scientific Study of Political Leadership*. Free Press.

Paige, Glenn Durland. 1993. *To Nonviolent Political Science: from Seasons of Violence*. University of Hawaii. 안청시·정윤재 역. 1999. 『비폭력과 한국정치』. 집문당.

Paine, Thomas. 1776. *Common Sense*. 1791. *Rights of Man*. Eric Foner. ed. 1993. *Writings*. Library of America. 박홍규 역. 2004. 『상식, 인권』. 필맥.

Palais, James Bernard. 1975. *Politics and Policy in Traditional Korea*. Harvard University Press. 이훈상 역. 1993. 『전통한국의 정치와 정책』. 신원문화사.

Paraná, Denise. 2003. *Lulla o filho do Brazil*. 조일아 외 역. 2004. 『룰라 자서전: 다른 세계는 가능하다』. 바다출판사.

Parsons, Talcott. 1937. *The Structure of Social Action*. 1967. Free Press.

Parsons, Talcott and Edward Albert Shils. eds. 1951. *Toward a General Theory of Action: Theoretical Foundations for the Social Sciences*. Harvard University Press. 2001. Routledge.

Paxton, Robert Owen. 2004. *The Anatomy of Fascism*. Alfred A. Knopf. 손명희·최희영 역. 2005. 『파시즘』. 교양인.

Pelling, Henry Mathison. 1954. *The Origins of the Labour Party, 1880~1900*. Palgrave Macmillan. 최재희·염운옥 역. 1994. 『영국 노동당의 기원』. 지평문화사.

Pelling, Henry Mathison. 1963. *A History of British Trade Unionism*. 1992. Palgrave Macmillan. 박홍규 역. 1992. 『영국 노동운동의 역사』. 영남대학교 출판부.

Perkins, Frances. 1946. *The Roosevelt I Knew*. Viking Press. 2011. Penguin Classics.

Philip, Ziegler. 1993. *Wilson: The Authorised Life of Lord Wilson of Rievaulx*(the authorised biography). Weidenfeld & Nicolson.

Piketty, Thomas. 2013. *Le Capital XXI siècle*. Éditions du Seuil. 장경덕 외 역. 2014. 『21세기 자본』. 글항아리.

Piketty, Thomas. 2019. *Capital et Idéologie*. Éditions du Seuil. 안준범 역. 2020. 『자본과 이데올로기』. 문학동네.

Plamenatz, John. 1963. *Man and Society: Political and Social Theory*. McGraw-Hill. 김홍명 역. 1986. 『정치사상사』 1~3. 풀빛.

Platon. *Politikos*. *Platonis Opera* Vol.1. John Burnet. ed. 1899. Oxford Classical Texts. 김태경 역. 2011. 『정치가』. 한길사.

Platon. *Symposion*. *Platonis Opera* Vol.2. John Burnet. ed. 1901. Oxford Classical Texts. 강철웅 역. 2010. 『향연』. 이제이북스.

Platon. *Politeia. Platonis Opera* Vol.4, John Burnet. ed. 1902. Oxford Classical Texts. 박종현 역주. 2011. 『국가』. 서광사.

Platon. *Nomoi. Platonis Opera* Vol.5, John Burnet. ed. 1907. Oxford Classical Texts. 박종현 역주. 2009. 『법률』. 서광사.

Ploutarchos. *Bioi Parallēloi.* John Dryden, trans. 1683. *Plutarch: The Lives of the Noble Grecians and Romans.* 1952. Encyclopaedia Britanica. 김병철 역. 1994. 『플루타르크 영웅전』 1~8. 범우사.

Ploutarchos. *Ethika, Moralia.* Stephanus edition. 1572. 허승일 역. 2012. 『플루타르코스의 모랄리아: 교육·윤리편』. 서울대학교 출판문화원.

Polanyi, Karl Paul. 1944. *The Great Transformation: The Political and Economic Origins of Our Time.* Farrar & Rinehart. 홍기빈 역. 2009. 『거대한 전환: 우리 시대의 정치·경제적 기원』. 길.

Popper, Karl. 1945. *The Open Society and its Enemies.* Routledge. 이한구·이명현 역. 1998. 『열린사회와 그 적들』 1, 2. 민음사.

Poulantzas, Nicos. 1968. *Pouvoir Politique et Classes Sociales.* Timothy O'Hagan. trans. 1975. *Politiacal Power and Social Classes.* NLB. 홍순권·조형제 역. 1986. 『정치권력과 사회계급』. 풀빛.

Przeworski, Adam. 1985. *Capitalism and Social Democracy.* Cambridge University Press. 최형익 역. 1995. 『자본주의와 사회민주주의』. 백산서당.

Przeworski, Adam. 1990. *The State and the Economy Under Capitalism.* Harwood Academic Publishers.

Przeworski, Adam. 1991. *Democracy and the Market: Political and Economic Reforms in Eastern Europe and Latin America.* Cambridge University Press. 임혁백 외 역. 1997. 『민주주의와 시장』. 한울.

Przeworski, Adam. 2019. *Crises of Democracy.* Cambridge University Press.

Przeworski, Adam and John Sprague. 1986. *Paper Stones: A History of Electoral Socialism.* University of Chicago Press.

Przeworski, Adam with Michael E. Alvarez, Jose Antonio Cheibub, and Fernando Limongi. 2000. *Democracy and Development: Political Institutions and Well-Being in the World, 1950~1990.* Cambridge University Press.

Przeworski, Adam and José María Maravall. eds. 2003. *Democracy and the Rule of Law.* Cambridge University Press. 안규남·송호창 외 역. 『민주주의와 법의 지배』. 후마니타스.

Pushkin, Aleksandr Sergeevich. *1814~1837 Selected Poems*. 박형규 역. 2009. 『삶이 그대를 속일지라도: 푸쉬킨 탄생 210주년 기념 서정시 모음』. 써네스트.

Putnam, Robert David. 1994. *Making Democracy Work: Civic Traditions in Modern Italy*. Princeton University Press. 안청시 외 역. 2000. 『사회적 자본과 민주주의』. 박영사.

Putnam, Robert David. 2000. *Bowling Alone: The Collapse and Revival of American Community*. 이종인 역. 2022. 『나 홀로 볼링』. 페이퍼로드.

Putnam, Robert David. ed. 2002. *Democracies in Flux: The Evolution of Social Capital in Contemporary Society*. Oxford University Press.

Putnam, Robert David. 2015. *Our Kids: The American Dream in Crisis*. Simon & Schuster. 이종인 역. 2022. 『우리 아이들』. 페이퍼로드.

Putnam, Robert David and Shaylyn Garrett. 2020. *The Upswing: How America Came Together a Century Ago and How We Can Do It Again*. Simon & Schuster. 이종인 역. 2022. 『업스윙』. 페이퍼로드.

Pye, Lucian W. and Sidney Verba. 1965. *Political Culture and Political Development*. Princeton University Press.

Qvortrup, Matthew. 2017. *Angela Merkel: Europe's Most Influential Leader*. Duckworth Books. 임지연 역. 2017. 『앙겔라 메르켈: 유럽에서 가장 영향력 있는 리더』. 한국경제신문.

Rachman, Gideon. 2022. *The Age of the Strongman*. Other Press. 최이현 역. 2023. 『더 스트롱맨』. 시공사.

Rae, Douglas Whiting. 1967. *The Political Consequences of Electoral Laws*. Yale University Press.

Rae, Douglas Whiting and Michael Taylor. 1970. *The Analysis of Political Cleavages*. Yale University Press.

Ramsden, John. 2002. *Man of the Century: Winston Churchill and His Legend Since 1945*. Columbia University Press, 이종인 역. 2004. 『처칠: 세기의 영웅』. 을유문화사.

Ranney, Austin. 1993. *An Introduction to Political Science, Sixth Edition*. Prentice-Hall. 권만학 외 역. 1994. 『현대 정치학』. 을유문화사.

Ratte, Philippe. 2000. *De Gaulle: La vie la légende*. Larousse. 윤미연 역. 2002. 『드골 평전』. 바움.

Reinhardt, Volker. 2012. *Machiavelli oder Die Kunst der Macht: Biographie*. Beck. 최호영·김하락 역. 2022. 『마키아벨리: 권력의 기술자, 시대의 조롱꾼』. 북캠퍼스.

Rhodes, Roderick Arthur William and Paul't Hart. eds. 2014. *The Oxford Handbook of Political Leadership*. Oxford University Press.

Ridolfi, Roberto. 1978. *Vita Di Niccolo Machiavelli*. Sansoni. 곽차섭 역. 2000. 『마키아벨리 평전』. 아카넷.

Rifkin, P. Jeremy. 2009. *The Empathic Civilization: The Race to Global Consciousness in a World in Crisis*. Jeremy P. Tarcher. 이경남 역. 2010. 『공감의 시대』. 민음사.

Riker, William Harrison. 1962. *The Theory of Political Coalitions*. Yale University Press.

Ripley, Amanda. 2021. *High Conflict*. Simon & Schuster. 김동규 역. 2022. 『극한 갈등』. 세종서적.

Roosevelt, Anna Eleanor. 1961. *The Autobiography of Eleanor Roosevelt*. Harper. 송요한 역. 2023. 『엘리너 루스벨트 자서전』. 히스토리아.

Roosevelt, Franklin Delano. 1933. *Looking Forward*. 2009. Gallery Books.

Roosevelt, Franklin Delano. 1934. *On Our Way*. The John Day Company. 조원영 역. 2009. 『프랭클린 루스벨트의 온 아워 웨이』. 글항아리.

Roosevelt, Franklin Delano. 1933~1945. *Inaugural Address and State of the Union Address*. 2015. 『루스벨트 대통령의 연두연설(원서)』. 올댓컨텐츠.

Roosevelt, Franklin Delano. 1933~1944. *Fireside chats*. 2015. 『루스벨트 대통령의 노변담화 (원서)』. 올댓컨텐츠.

Rosanvallon, Pierre. 2020. *Le Siècle du populisme: Histoire, théorie, critique*. Catherine Porter. trans. 2021. *The Populist Century: History, Theory, Critique*. Polity Press.

Rosenberg, Emily Schlaht. ed. 2012. *Geschichte der Welt 1870~1945: Weltmärkte und Weltkriege*. Verlag C. H. Beck and Harvard University Press. 조행복·이순호 역. 2018. 『1870~1945 하나로 연결되는 세계』. 민음사.

Roskin, Michael G. and Robert L. Cord, James A. Medeiros, Walter S. Jones. 2017. *Political Science: An Introduction, 14th Edition*. 김계동 역. 2018. 『정치학의 이해』. 명인문화사.

Ross, William David. 1923. *Aristotle*. Methuen & Co. 김진성 역. 2012. 『아리스토텔레스: 그의 저술과 사상에 관한 총설』. 누멘.

Rousseau, Jean-Jacques. 1754. *Discours sur l'origine et les fondements de l'inégalité parmi les hommes*. 최석기 역. 2007. 『인간불평등 기원론 / 사회계약론』. 동서문화사.

Rousseau, Jean-Jacques. 1761. *Julie, ou la nouvelle Héloïse*. 서익원 역. 2008. 『신엘로이즈』 1, 2. 한길사.

Rousseau, Jean-Jacques. 1762. *Du contrat social*. 방곤 역. 2006. 『사회계약론』. 신원문화사.

Rousseau, Jean-Jacques. 1762. *Émile, ou De l'éducation*. 김중현 역. 2008. 『에밀』. 한길사.

Rousseau, Jean-Jacques. 1770. *Les Confessions*. 박아르마 역. 2015. 『고백』 1, 2. 책세상.

Rousseau, Jean-Jacques. 1782. *Dialogues: Rousseau, Judge of Jean-Jacques*. 진인혜 역. 2012. 『루소, 장자크를 심판하다: 대화』. 책세상.

Rousseau, Jean-Jacques. 1782. *Rêveries du promeneur solitaire*. 문경자 역. 2016. 『고독한 산책자의 몽상』. 문학동네.

Russell, Bertrand Arthur William. 1930. *The Conquest of Happiness*. George Allen & Unwin. 이순희 역. 2005. 『행복의 정복』. 사회평론.

Russell, Bertrand Arthur William. 1938. *Power: A New Social Analysis*. George Allen & Unwin. 안정효 역. 2003. 『권력』. 열린책들.

Russell, Bertrand Arthur William. 1945. *A History of Western Philosophy and Its Connection with Political and Social Circumstances from the Earliest Times to the Present Day*. Simon and Schuster. 서상복 역. 2019. 『러셀 서양철학사』. 을유문화사.

Russell, Bertrand Arthur William. 1967, 1968, 1969. *The Autobiography of Bertrand Russell*, 3 vols. George Allen & Unwin. 송은경 역. 2003. 『러셀 자서전』 상, 하. 사회평론.

Sabine, George Holland. 1973. *A History of Political Theory, 4th*. Thomas Thorson. ed. revised. Holt, Rineharr and Winston. 성유보·차남희 역. 1983. 『정치사상사』 1, 2. 한길사.

Sader, Emir and Ken Silverstein. 1991. *Without fear of being happy: Lula, the Workers Party and Brazil*. Verso. 구로노동연구소 역. 1994. 『브라질 노동자당과 룰라』. 금강. 최규엽 증보역. 2002. 『다른 세계는 가능하다: 브라질 노동당에서 배운다』. 책갈피.

Said, Edward Wadie. 1978. *Orientalism*. Pantheon Books. 박홍규 역. 1991. 『오리엔탈리즘』. 교보문고.

Said, Edward Wadie. 1993. *Culture and Imperialism*. Chatto & Windus. 김성곤 외 역. 1995. 『문화와 제국주의』. 창.

Said, Edward Wadie. 1994. *Representations of the Intelletual: The 1993 Reith Lectures*. Vintage. 전신욱·서봉섭 역. 1996. 『권력과 지성인』. 도서출판 창.

Said, Edward Wadie and Daniel Barenboim. 2002. *Parallels and Paradoxes: Explorations in Music and Society*. Pantheon. 노승림 역. 2011. 『평행과 역설: 장벽을 넘어 흐르는 음악과 정치』. 마티.

Sampson, Anthony. 1999. *Mandela: The Authorised Biography*. Harper Collins.

Sandel, Michael Joseph. 1998. *Democracy's Discontent: America in Search of a Public Philosophy*. Belknap Press of Harvard University Press. 안규남 역. 2012. 『민주주의의

불만: 무엇이 민주주의를 뒤흔들고 있는가』. 동녘.

Sandel, Michael Joseph. 2009. *Justice: What's the right thing to do?*. Farrar, Straus and Giroux. 이창신 역. 2010. 『정의란 무엇인가』. 김영사.

Sandel, Michael Joseph. 2022. *Democracy's Discontent: A New Edition for Our Perilous Times*. Belknap Press of Harvard University Press. 이경식 역. 2023. 『당신이 모르는 민주주의』. 와이즈베리.

Sartori, Giovanni. 1976. *Parties and Party Systems: A Framwork for Analysis*. Cambridge University Press. 어수영 역. 1986. 『현대정당론』. 동녘.

Sartori, Giovanni. 1987. *The Theory of Democracy Revisited*. Chatham House. 이행 역. 1989. 『민주주의의 재조명』 I, II. 인간사랑.

Sartori, Giovanni. 1997. *Comparative Constitutional Engineering: An Inquiry Into Structures, Incentives, and Outcomes*. New York University Press.

Sartre, Jean-Paul Charles. 1938. *La nausée*. Gallimard. 방곤 역. 1999. 『구토』. 문예출판사.

Sartre, Jean-Paul Charles. 1943. *L'Être et le néant. Essai d'ontologie phénoménologique*. Gallimard. 정소성 역. 2009. 『존재와 무』. 동서문화사.

Sartre, Jean-Paul Charles. 1946. *L'existentialisme est un humanisme*. Gallimard. 방곤 역. 1999. 『실존주의는 휴머니즘이다』. 문예출판사.

Sartre, Jean-Paul Charles. 1964. *Les Mots*. Gallimard. 김붕구 외 역. 1992. 『말』. 민예사.

Scanlon, Thomas Michael. 2003. *The Difficulty of Tolerance: Essays in Political Philosophy*. Cambridge University Press. 이민열 역. 2021. 『관용의 어려움』. 서울대학교 출판문화원.

Schattschneider, Elmer Eric. 1975. *The Semisovereign People: A Realist's View of Democracy in America*. Holt, Rinehart and Winston. 현재호·박수형 역. 2008. 『절반의 인민주권』. 후마니타스.

Scheer, Hermann. 2003. *Die Politiker*. Verlag Antje Kunstmann GmbH. 윤진희 역. 2005. 『정치인을 위한 변명: 정치는 어떻게 정치인을 망가뜨리는가』. 개마고원.

Schelling, Thomas Crombie. 1960. *The Strategy of Conflict*. Harvard University Press. 최동철 역. 1992. 『갈등의 전략』. 한국경제신문사.

Schelling, Thomas Crombie. 1978. 2006(*2nd*). *Micromotives and Macrobehavior*. W. W. Norton & Company. 이한중 역. 2009. 『미시동기와 거시행동』. 21세기북스.

Schier, Steven E. 2000. *By Invitation Only: The Rise of Exclusive Politics in the United States*. University of Pittsburgh Press.

Schlesinger, Arthur Meier. Jr. 1957. *The Crisis of the Old Order: 1919~1933 (The Age of Roosevelt*, Vol. I). 2003. Mariner Books.

Schlesinger, Arthur Meier. Jr. 1958. *The Coming of the New Deal: 1933~1935*(*The Age of Roosevelt*, Vol. II). 2003. Mariner Books.

Schlesinger, Arthur Meier. Jr. 1960. *The Politics of Upheaval: 1935~1936* (*The Age of Roosevelt*, Vol. III). 2003. Mariner Books.

Schlesinger, Arthur Meier Jr. 1973. 2004(2nd). *The Imperial Presidency*. Houghton Mifflin.

Schlesinger, Arthur Meier Jr. 1986. *The Cycles of American History*. Mariner Books. 정상준·황혜성 역. 1993. 『미국역사의 순환』. 을유문화사.

Schmitt, Carl. 1932. *Der Begriff des Politischen*. 1963. Duncker & Humblot. 김효진 역. 1992. 『정치적인 것의 개념』. 법문사.

Schmitter, Philippe C. 1971. *Interest Conflict and Political Change in Brazil*. Stanford University Press.

Schopenhauer, Arthur. 1859. *Die Welt als Wille und Vorstellung*. 곽복록 역. 2002. 『의지와 표상으로서의 세계』. 을유문화사.

Schulze, Hagen. 1996. *Kleine Deutsche Geschichte*. C. H. Beck'sche Verlagsbuchandlung. 반성완 역. 2000. 『새로 쓴 독일역사』. 知와 사랑.

Schumaker, Paul. 2008. *From Ideologies to Philosophies: An Introduction to Political Theory*. John Wiley & Sons. 조효제 역. 2010. 『진보와 보수의 12가지 이념: 다원적 공공 정치를 위한 철학』. 후마니타스.

Schumpeter, Joseph Alois. 1942. *Capitalism, Socialism and Democracy*. Harper & Brothers. 이양구 역. 1990. 『자본주의 사회주의 민주주의』. 삼성출판사.

Schwarzer, Alice. 1983. *Simone de Beauvoir: Weggefährtinnen im Gespräch*, 2008. *Entretiens avec Simone de Beauvoir*. Mercure de France. 이정순 역. 2022. 『보부아르의 말』. 마음산책.

Sedgwick, Mark J. ed. 2019. *Key Thinkers of the Radical Right: behind the New Threat to Liberal Democracy*. Oxford University Press.

Service, Robert. 2004. *Stalin: A Biography*. Macmillan. 윤길순 역. 2007. 『스탈린, 강철 권력』. 교양인.

Shakespeare, William. 1599. *Henry V.* 이덕수 역주. 2004. 『헨리 5세』. 형설출판사.

Shakespeare, William. 1600. *The Merchant of Venice*. 이태주 역. 1997. 『셰익스피어 4대 희극』(베니스의 상인·로미오와 줄리엣·한여름밤의 꿈·당신이 좋으실 대로). 범우사.

Shakespeare, William. 1603. *Hamlet*. 이태주 역. 1991. 『셰익스피어 4대 비극』(햄릿·리어왕·

오셀로·맥베스). 범우사.

Shakespeare, William. 1611. *The Tempest.* 이덕수 역. 1996. 『태풍』. 형설출판사.

Shakespeare, William. 1623. *Measure for Measure.* 이덕수 역. 1997. 『죄는 지은 데로 덕은 닦은 데로』. 형설출판사.

Shakespeare, William. 1623. *All's Well That Ends Well.* 이덕수 역. 1999. 『끝이 좋으면 만사가 다 좋다』. 형설출판사.

Shaw, George Bernard. 1889. *Fabian Socialism.* Franklim Classics. 고세훈 역. 2006. 『페이비언 사회주의』. 아카넷.

Shaw, George Bernard. 1912. *Pygmalion.* 신정옥 역. 2006. 『피그말리온』. 범우사.

Shively, W. Phillips. 2018. *Power and Choice: An Introduction to Political Science, 15th Edition.* Rowman & Littlefield Publishers. 김계동 외 역. 2019. 『정치학 개론: 권력과 선택』. 명인문화사.

Short, Philip. 2013. *Mitterrand: A Study in Ambiguity.* The Bodley Head.

Simmel, Georg. 1908. "Der Streit", *Soziologie.* Kurt H. Wolff. trans. 1904. "The Sociology of Conflict" in *The American Journal of Sociology,* Vol. IX. 정헌주 역. 2017. 『짐멜의 갈등론』. 간디서원.

Simpson, Christopher. 1998. *Universities and Empire: Money and Politics in the Social Sciences During the Cold War.* The New Press. 한영옥 역. 2004. 『대학과 제국』. 당대.

Skard, Torild. 2014. *Women of Power: Half a Century of Female Presidents and Prime Ministers Worldwide.* Policy Press.

Skinner, Quentin Robert Duthie. 1978. *The Foundation of Modern Political Thought Vol. I: The Renaissance; Vol. II: The Age of Reformation.* Cambridge University Press.

Skinner, Quentin Robert Duthie. 1981. *A Very Short Introduction: Machiavelli.* Oxford University Press. 강정인·김현아 역. 2010. 『마키아벨리의 네 얼굴』. 한겨레출판사.

Skocpol, Theda. 1979. *States and Social Revolutions: A Comparative Analysis of France, Russia, and China.* Cambridge University Press. 한창수 역. 1989. 『국가와 사회혁명: 혁명의 비교연구』. 까치.

Smith, David Austen and Jeffrey Scot Banks. 1999. *Positive Political Theory I: Collective Preference.* University of Michigan Press.

Smith, David Austen and Jeffrey Scot Banks. 2005. *Positive Political Theory II: Strategy and Structure.* University of Michigan Press.

Snow, Edgar Parks. 1937. *Red Star Over China.* Random House. 홍수원 역. 1995. 『중국의

붉은 별』. 상, 하. 두레.

Snow, Helen Foster(Nym Wales) and Kim San. 1941. *Song of Ariran: A Korean Communist in the Chinese Revolution*. Ramparts Press. 조우화 역. 1984. 『아리랑』. 동녘.

Snyder, Timothy David. 2017. *On Tyranny: Twenty Lessons from the Twentieth Century*. Penguin. 조행복 역. 2017. 『폭정: 20세기의 스무 가지 교훈』. 열린책들.

Soboul, Albert Marius. 1962. *Histoire de la Révolution française*. Éditions sociales, 최갑수 역. 1984. 『프랑스대혁명사』 상, 하. 두레.

Sopel, Jon. 1995. *Tony Blair: The Moderniser*. Michael Joseph Ltd. 김구철 역. 1997. 『토니 블레어: 새로운 영국의 미래』. 당대.

Sophocles. *Sophocles I: Oedipus the King, Oedipus at Colonus, Antigone*. 1991. David Grene and Richard Lattimore. eds. 1991. University of Chicago. 2008. 천병희 역. 『소포클레스 비극 전집』. 숲.

Spence, Herbert. 1884. *The Man Versus the State*. 이상률 역. 2014. 『개인 대 국가』. 이책.

Spence, Jonathan Dermot. 1990. *The Seach for Modern China*. Norton & Company. 김희교 역. 1998. 『현대중국을 찾아서』 1, 2. 이산.

Spence, Jonathan Dermot. 1981. *The Gate of Heavenly Peace: The Chinese and Their Revolution*. Jonathan D. Spence Chidren's Trust. 정영무 역. 1999. 『천안문, 근대중국을 만든 사람들』. 이산.

Steinbeck, John Ernst. 1939. *The Grapes of Wrath*. Viking Press. 전형기 역. 1985. 『분노의 포도』. 범우사.

Stengel, Richard. 2009. *Mandela's Way: Fifteen Lessons on Life, Love, and Courage*. The Crown Publishing Group. 박영록 역. 2010. 『만델라스 웨이』. 문학동네.

Stone, Irving. 1934. *Lust for Life: A Novel Based on Vincent Van Gogh*. Grosset & Dunlap. 최승자 역. 2007. 『빈센트, 빈센트, 빈센트 반 고흐』. 청미래.

Surowiecki, James. 2004. *The Wisdom of Crowds*. Anchor. 홍대운 역. 2005. 『대중의 지혜: 시장과 사회를 움직이는 힘』. 랜덤하우스코리아.

Swanson, Judith A. and C. David Corbin. 2009. *Aristotle's Politics*. Continuum. 박종현 역. 2014. 『아리스토텔레스의 정치학 입문』. 서광사.

Taggart, Paul. 2000. *Populism*. Open University Press. 백영민 역. 2017. 『포퓰리즘: 기원과 사례 그리고 대의민주주의와의 관계』. 한울.

Tan, Chester C. 1971. *Chinese Political Thought in the Twentieth Century*. Doubleday

Anchor. 민두기 역. 1977. 『중국현대정치사상사』. 지식산업사.

Tharoor, Shashi. 2003. *Nehru: The Invention of India*. Arcade Publishing. 이석태 역. 2009. 『네루 평전』. 탐구사.

The International Institute for Strategic Studies. 2023. *The Millitary Balance 2023*. Routledge.

Thompson, Edward Palmer. 1963. *The Making of the English Working Class*. Alfred A. Knopf. 나종일 외 역. 2000. 『영국노동계급의 형성』 상, 하. 창작과비평사.

Thoreau, Henry David. 1849. *Resistance to Civil Government*. 강승영 역. 1999. 『시민 불복종』. 이레.

Thucydides. *Ho Polemos Ton Peloponnesion Kal Athenaion*. Henry Stuart Jones. trans. and ed. 1942. *Thucydidis Historiae*. Oxford Classical Texts. 천병희 역. 2011. 『펠로폰네소스 전쟁사』. 도서출판 숲.

Tidd, Ursula. 2003. *Simone de Beauvoir*. Routledge. 우수진 역. 2007. 『시몬드 보부아르: 익숙한 타자』. 엘피.

Tilly, Charles. 1978. *From Mobilization to Revolution*. Addison-Wesley. 진덕규 역. 1995. 『동원에서 혁명으로』. 학문과사상사.

Tocqueville, Alexis (de). 1835. 1840. *De la démocratie en Amérique*. Harvey C. Mansfield and Delba Winthrop. trans. and eds. 2000. *Tocqueville, Democracy in America*. University of Chicago Press. 임효선 역. 2002. 『미국의 민주주의』 1, 2. 한길사.

Toffler, Alvin Eugene. 1980. *The Third Wave*. William Morrow. 유재천 역. 1981. 『제3의 물결』. 학원사.

Toye, Richard John. 2010. *Churchill's Empire: The World That Made Him and the World He Made*. Henry Holt and Co.

Trotsky, Leon. 1929. *Permanent Revolution*. 신평론편집부 역. 1989. 『영구혁명』. 신평론.

Truman, David Bicknell. 1951. *The Governmental Process: Political Interests and Public Opinion*. Alfred A. Knopf. 1981. Praeger.

Trump, Donald John. 1987. *Trump: The Art of the Deal*. Random House. 이재호 역. 2004. 『거래의 기술: 도널드 트럼프 자서전』. 김영사.

Tuchman, Barbara Wertheim. 1984. *The March of Folly: from Troy to Vietnam*. Knopf. 조민·조석현 역. 1997. 『독선과 아집의 역사』 1, 2. 자작나무.

Tutu, Desmond Mpilo. 1999. *No Future Without Forgiveness*. Doubleday. 홍종락 역. 2009. 『용서 없이 미래 없다』. 홍성사.

Van Loon, Hendrik Willem. 1925. *Tolerance*. Boni and Liveright. 이혜정 역. 2006. 『관용』.

서해문집.

Vegetius, Publius Flavius. 378~395. *De Re Militari*. Michael D. Reeve. ed. 2004. *Epitoma rei militaris*. Oxford Medieval Texts. 정토웅 역. 2011. 『군사학 논고』. 지식을만드는지식.

Veil, Simone Annie Liline Jacob. 2016. *Mes combats*. Bayard Culture. 김경선 역. 2019. 『시몬 베유의 나의 투쟁』. 꿈꾼문고.

Voltaire, François-Marie Arouet. 1759. *Candide, ou l'Optimisme*. 윤미기 역. 1991. 『캉디드』. 한울.

Voltaire, François-Marie Arouet. 1763. *Traité sur la tolérance: Pieces Originales Concernant la Mort des Sieurs Calas det le Jugement rendu a Toulouse*. 송기형·임미경 역. 2016. 『관용론』. 한길사.

Waldron, Jeremy. 2012. *The Harm in Hate Speech*. Harvard University Press. 홍성수 역. 2017. 『혐오표현, 자유는 어떻게 해악이 되는가?』. 이후.

Wallerstein, Immanuel Maurice. 2011. *The Modern World-System, vol. IV: Centrist Liberalism Triumphant, 1789~1914*. University of California Press. 박구병 역. 2017. 『근대세계체제 4: 중도적 자유주의의 승리 1789~1914』. 까치.

Walzer, Michael Laban. 1983. *Spheres of Justice*. Basic Books. 정원섭 역. 1999. 『정의와 다원적 평등』. 철학과현실사.

Walzer, Michael Laban. 1997. *On Toleration*. Yale University Press. 송재우 역. 2004. 『관용에 대하여』. 미토.

Webb, Beatrice. 1896. "Women and the Factory Act 1", in Peter Lamb. ed. 2020. *Contemporary Thought on Nineteenth Century Socialism*. Routledge.

Webb, Beatrice. 1926. *My Apprenticeship*. The Press Syndicate of The University of Camdridge. 1979. 조애리·윤교찬 역. 2008. 『나의 도제시절』. 한길사.

Webb, Beatrice and Sidney Webb. 1897. *Industrial Democracy*. Longmans. 박홍규 역. 2016, 2018. 『산업민주주의』 1, 2, 3. 아카넷.

Webb. Sidney and Beatrice Webb. 1894. *History of Trade Unionism*. 김금수 역. 1990. 『영국노동조합운동사』 상, 하. 형성사.

Weber, Max. 1905. *Die protestantische Ethik und der 'Geist' des Kapitalismus*. Talcott Parsons. trans. 1930. *The Protestant Ethic and the Spirit of Capitalism*. 박성수 역. 1996. 『프로테스탄트 윤리와 자본주의 정신』. 문예출판사.

Weber, Max. 1919. *Politik ais Beruf*. David Owen and Tracy B. Strong. eds. 2004, *Max Weber, The Vocation Lectures: Science As a Vocation, Politics As a Vocation*. Hackett.

박상훈 역. 2011. 『막스 베버, 소명으로서의 정치』. 폴리테이아.

Weber, Max. 1922. *Wirtschaft und Gesellschaft*. 금종우·전남석 역. 1991. 『지배의 사회학』. 한길사.

Weber, Max. 1922. *Wirtschaft und Gesellschaft*. 임영일 외. 1991. 『막스 베버 선집』. 까치.

Weidenfeld, Ursula. 2021. *Die Kanzlerin, Porträt einer Epoche*. Rowohlt. 박종대 역. 2022. 『앙겔라 메르켈: 독일을 바꾼 16년의 기록』. 사람의집.

Weil, Simone Adolphine. 1989~2006. *Simone Weil, œuvres complètes*, Vols 6. Gallimard. 박진희 역. 2012. 『시몬 베유 노동일지』. 리즈앤북.

Weiner, Myron. 1957. *Party Politics in India: The Development of a Multi-Party System*. Princeton University Press.

Weiner, Tim. 2008. *Legacy of Ashes: The History of the CIA*. Doubleday. 이경식 역. 2008. 『잿더미의 유산: 한국전쟁에서 이라크전쟁까지 세계 역사를 조종한 CIA의 모든 것』. 랜덤하우스코리아.

Wells, Herbert George. 1897. *The Invisible Man*. C. Arthur Pearson Ltd. 이정서 역. 2022. 『투명인간』. 새움.

Wilbur, Clarence Martin. 1976. *Sun Yat-sen, Frustrated Patriot*. Columbia University Press.

Wilkinson, Richard and Kate Pickett. 2009. *The Spirit Level: Why Greater Equality Makes Societies Stronger*. Bloomsbury Press. 전재웅 역. 2012. 『평등이 답이다: 왜 평등한 사회는 늘 바람직한가?』. 이후.

Wilson, Edmund, 1940. *To the Finland Station: A Study in the Writing and Acting of History*. The Estate of Edmund Wilson. 1972. 유강은 역. 2007. 『핀란드 역으로』. 이매진.

Wokler, Robert. 2001. *Rousseau: A Very Short Introduction*. Oxford University Press.

Wolin, Sheldon Sanford. 1960, 2004(*2nd*). *Politics and Vision: Continuity and Innovation in Western Political Thought*. Princeton University Press. 강정인 외 역. 2007, 2009, 2013. 『정치와 비전: 서구 정치사상에서의 지속과 혁신』 1~3. 후마니타스.

Wolin, Sheldon Sanford. 2008. *Democracy Incorporated: Managed Democracy and the Specter of Inverted Totalitarianism*. Princeton University Press. 우석영 역. 2013. 『이것을 민주주의라고 말할 수 있을까: 관리되는 민주주의와 전도된 전체주의의 유령』. 후마니타스.

Yekaterina Ⅱ. *Selected letters of Catherine the Great to Voltaire and others*. ed. by Electronic Enlightenment of Voltaire Foundation, University of Oxford. 김민철·이승은

역. 2022. 『예카테리나 서한집』. 믿다.

Young, Michael Dunlop. 1958. *The Rise of the Meritocracy*. Pelican Books. 유강은 역. 2020. 『능력주의』. 이매진.

Zinn, Howard. 1994. *You Can't Be Neutral on a Moving Train: A Personal History of Our Times*. Beacon Press. 유강은 역. 2002. 『달리는 기차 위에 중립은 없다: 하워드 진의 자전적 역사 에세이』. 이후.

Zinn, Howard. 2005. *A People's History of the United States*. Harper Perennial Modern Classics. 유강은 역, 2006. 『미국 민중사』 1, 2. 이후.

Zinn, Howard. 2007. *A Power Governments Cannot Suppress*. City Lights Books. 문강형준 역, 2008. 『권력을 이긴 사람들』. 난장,

3. 한국문헌

강만길 외 편. 1994. 『한국사』 11~27권. 한길사.

강범석. 2006. 『읽어버린 혁명: 갑신정변 연구』. 솔출판사.

강상규 외. 2022. 『현대일본정치의 이해』. 한국방송통신대학교 출판문화원.

강원택. 2006. 『대통령제, 내각제와 이원정부제: 통치형태의 특성과 운영의 원리』. 인간사랑.

강원택 외. 2012. 『위기를 극복한 세계의 리더들』. 북하우스.

강준만. 2007. 『한국대중매체사』. 인물과사상사.

강준식. 1993. 『적과 동지』 1~7. 한길사.

고려대학교 박물관. 2009. 『현민 유진오 제헌헌법 관계 자료집』. 고려대학교 출판부.

고명섭. 2016. 『이희호 평전: 고난의 길, 신념의 길』. 한겨레출판사.

고선규·이정진. 2018. "지역정당 활성화를 위한 제도개선 방안". 한국의정연구회. 『의정논총』 13집 1호.

고세훈. 2000. 『복지국가의 이해: 이론과 사례』. 고려대학교 출판부.

국립세종수목원. 2023. 『붓꽃의 인문학, 붓꽃이 그려낸 시간』. 국립세종수목원.

국회도서관 편. 2010. 2018. 『세계의 헌법』 I, II. 국회도서관.

국회헌법개정 및 정치개혁특별위원회. 2018. 「국회헌법개정 및 정치개혁특별위원회활동결과보고서」.

권용립. 2022. 『공화국: 민주주의를 위한 제도와 정신의 세계사』. 나남출판.

권혁용. 2017. 『선거와 복지국가』. 고려대학교 출판문화원.

김계동. 2020. 『남북한 체제통합론』. 명인문화사.

김계동 외. 2020. 『한국정치와 정부』. 명인문화사.

김남국. 2019. 『문화와 민주주의』. 이학사.

김대중. 1971. 『김대중씨의 대중경제 100문 100답』. 범우사.

김대중. 1984. 『김대중 옥중서신』. 청사.

김대중. 1985. 『행동하는 양심으로』. 금문당.

김대중. 1986. 『대중경제론』. 청사.

김대중. 1991. 『공화국연합체』. 학민사.

김대중. 1992. 『세계경제 8강으로 가는 길』. 정도.

김대중. 1997. 『대중 참여 경제론』. 산하.

김대중. 1997. 『김대중의 21세계 시민경제 이야기』. 산하.

김대중. 2010. 『김대중 자서전』 1, 2. 삼인.

김범진. 2017. 『인사청문회: 성공과 실패 그리고 정치』. 시간의물레.

김비환 외. 2010. 『인권의 정치사상: 현대 인권 담론의 쟁점과 전망』. 이학사.

김상협. 1979. 『모택동사상』. 일조각.

김성수. 2008. 『보수와 진보: 이념을 넘어선 영국의 현실 정치』. 책세상.

김성호. 2014. 『지방분권 개헌: Great Korea로 가는 길』. 삼영사.

김수아 외. 2022. 『차별과 혐오를 넘어서: 왜 문화다양성인가』. 컬처룩.

김수진. 2001. 『민주주의와 계급정치: 서유럽 정치와 정치경제의 역사적 전개』. 백산서당.

김영래. 2020. 『제4의 물결과 한국정치의 과제』. 박영사.

김영민. 2019. 『우리가 간신히 희망할 수 있는 것: 김영민 논어 에세이』. 사회평론.

김영삼. 1967. 『정치는 길고 정권은 짧다』. 사상계사.

김영삼. 1971. 『40대 기수론』. 신진문화사.

김영삼. 1979. 『우리가 기댈 언덕은 없다』. 한섬사.

김영삼. 1992. 『나의 정치비망록: 민주화와 의정 40년』. 일월서각.

김영삼. 2000. 『김영삼 회고록』 1~3. 백산서당.

김영순. 1996. 『복지국가의 위기와 재편』. 서울대학교 출판부.

김영순. 2021. 『한국 복지국가는 어떻게 만들어졌나?』. 학고재.

김옥균의 「甲申日錄」 외. 조일문 외 역. 2006. 『갑신정변 회고록』. 건국대학교 출판부.

김용민 외. 2017. 『루소, 정치를 논하다』. 이학사.

김용복·조재욱. 2009. 『위기의 일본 변화의 일본: '잃어버린 10년'의 정치경제』. 경남대학교 출판부.

김용철. 2017. 『한국의 노동정치: 변화와 동학』. 마인드랩.

김용철 외. 2018. 『현대 한국의 정치: 전개과정과 동인』. 피앤씨미디어.

김용환 외. 2016. 『관용주의자들』. 교우미디어.

김용환 외. 2019. 『혐오를 넘어 관용으로』. 서광사.

김원곤. 2013. 『세계 지도자와 술』. 인물과사상사.

김응종. 2014. 『관용의 역사: 르네상스에서 계몽주의까지』. 푸른역사.

김의영. 2014. 『거버넌스의 정치학』. 명진문화사.

김재한. 2018. 『연대 현상의 이해』. 박영사.

김재한. 2021. 『전략으로 승부하다: 호모 스트라테지쿠스』. 아마존의나비.

김정남. 2005. 『진실, 광장에 서다: 민주화운동 30년의 역정』. 창비.

김정남. 2012. 『이 사람을 보라: 인물로 보는 한국 민주화운동사』 1, 2. 두레.

김종법. 2015. 『그람시의 군주론: 그람시, 마키아벨리를 읽다』. 바다출판사.

김종필. 1985. 『새 역사의 고동: 80년대를 위한 나의 설계』. 서문당.

김종필. 1997. 『JP 칼럼』. 서문당.

김종필(중앙일보 김종필증언록팀 엮음). 2016. 『김종필 증언록』 1, 2. 미래엔.

김종필·박준규. 2021. 『정치레시피 호모폴리티쿠스』. 석탑출판.

김준엽·김창순. 1986. 『한국공산주의운동사』 1~5. 청계연구소.

김철수. 2005. 『헌법개설』. 박영사.

김혜경·김애령 편역. 1989. 『여성해방이론의 쟁점』. 태암.

김호진. 2008. 『한국의 대통령과 리더십』. 청림출판.

김황식. 2022. 2023. 『독일의 힘, 독일의 총리들』 1, 2. 21세기북스.

남재희. 2016. 『진보 열전』. 메디치.

남재희. 2023. 『시대의 조정자』. 민음사.

노명식. 1991. 『프랑스 혁명에사 파리 꼼뮨까지 1789~1871』. 까치.

노무현. 2009. 『성공과 좌절: 노무현 대통령 못다 쓴 회고록』. 학고재.

노태우. 2011. 『노태우 회고록』 상, 하. 조선뉴스프레스.

동아일보 특별취재팀. 2005. 『김대중 정권의 흥망』. 나남.

라종일 외. 2020. 『한국의 불행한 대통령들』. 파람북.

리영희. 1974. 『전환시대의 논리』. 창작과비평사.

리영희. 1994. 『새는 '좌우'의 날개로 난다』. 두레.

리영희. 2005. 『대화』. 한길사.

몽양여운형선생전집발간위원회 편. 1991. 『몽양여운형전집』 1, 2. 한울.

문명자. 1999. 『내가 본 박정희와 김대중』. 월간 말.

문재인. 2011. 『운명』. 가교.

미국정치연구회 편. 2009. 『미국 정부와 정치』. 명인문화사.

미국정치연구회 편. 2020. 『미국 정부와 정치』 2. 오름.

박갑동. 1983. 『박헌영』. 인간사.

박경미·손병권·임성학·전진영. 2012. 『한국의 민주주의: 공공화를 넘어 심화로』. 오름.

박명림. 2002. 『한국 1950: 전쟁과 평화』. 나남출판.

박상인. 2022. 『재벌공화국』. 세창미디어.

박상훈. 2018. 『청와대 정부: '민주 정부란 무엇인가'를 생각한다』. 후마니타스.

박상훈. 2023. 『혐오하는 민주주의: 팬덤 정치란 무엇이고 왜 문제인가』. 후마니타스.

박지원. 1780. 『熱河日記』. 고미숙 외 편역. 2008. 『열하일기』 상, 하. 그린비.

박진. 2020. 『대한민국, 어떻게 바꿀 것인가』. 이학사.

박찬수. 2009. 『청와대 VS 백악관』. 개마고원.

박찬수. 2021. 『진보를 찾습니다』. 인물과사상사.

박찬욱 외. 1997. 『미래 한국의 정치적 리더십』. 미래인력연구센타.

박찬욱 편. 2000. 『비례대표선거제도』. 박영사.

박찬표. 1997. 『한국의 국가형성과 민주주의』. 후마니타스.

박홍규. 2018. 『복지국가의 탄생: 사회민주주의자 웹 부부의 삶과 생각』. 아카넷.

박홍규. 2019. 『존 스튜어트 밀: 엘리트 자유주의와 제국주의의 기원을 찾아서』. 인물과사
상사.

박희태. 2006. 『대변인』. 랜덤하우스중앙.

배병인. 2012. "프랑수아 미테랑: 프랑스의 경제위기를 극복하고 유럽연합을 주도하다".
강원택 외. 2012. 『위기를 극복한 세계의 리더들』. 북하우스.

백완기. 2012. 『인촌 김성수의 삶』. 나남.

백준기. 2014. 『유라시아 제국의 탄생』. 홍문관.

백창재. 2020. 『미국 정치 연구』. 사회평론아카데미.

백태남 편저. 2002. 『한국사 연표』. 다할미디어.

사회과학원 역사연구소 편. 1964. 『김옥균』. 주진오 해제. 1990. 『김옥균』. 역사비평사.

서진영. 1992. 『중국혁명사』. 한울.

선학태. 2004. 『갈등과 통합의 정치학』. 심산.

선학태. 2005. 『민주주의와 상생정치』. 다산출판사.

성유보. 2015. 『미완의 꿈: 언론인 성유보의 한국현대사』. 한겨레출판사.

성한용. 2001. 『DJ는 왜 지역갈등 해소에 실패했는가』. 중심.

손병석. 2019. 『아리스토텔레스 정치학 연구』. 한국문화사.

손세일. 1970. 『이승만과 김구』. 일조각.

손세일. 1985. 『김대중과 김영삼』. 일월서각.

손호철. 2006. 『해방 60년의 한국정치 1945~2005』. 이매진.

송건호. 1978. 『드골평전: 프랑스의 영광』. 태양문화사.

송건호. 2006. 『송건호 전집』 1~20. 한길사.

송건호 외. 1979. 『해방전후사의 인식』 1. 한길사.

송경재. 2006. 『사이버정치 공동체와 민주주의: 사회적 자본과 정치참여』. 한국학술정보.

송규범. 2015. 『존 로크의 정치사상』. 아카넷.

송영진. 2016. 『혼합정체와 법의 정신』 Ⅰ, Ⅱ. 충남대학교 출판문화원.

신기욱. 2023. 『민주주의의 모험: 대립과 분열의 시대를 건너는 법』. 인물과사상사.

신명순. 2006. 『비교정치』. 박영사.

신진욱. 2022. 『그런 세대는 없다』. 개마고원.

심지연. 2004. 『한국정당정치사: 위기와 통합의 정치』. 백산서당.

심지연·김민전. 2006. 『한국 정치제도의 진화경로: 선거·정당·정치자금제도』. 백산서당.

안도경·김영수 외. 2023. 『1948년 헌법을 만들다: 제헌국회 20일의 현장』. 포럼.

안도현. 1994. 『외롭고 높고 쓸쓸한』. 문학동네.

안병진. 2016. 『미국의 주인이 바뀐다』. 메디치미디어.

알파고 시나씨. 2016. 『누구를 기억할 것인가: 화폐 인물로 만나는 시대의 도전자들』. 헤이
    북스.

양명수. 2014. 『토마스 아퀴나스의 신학대전 읽기』. 세창미디어.

오등록. 2012. 『네루』. 워드씨피엘.

유씨 보감편찬회. 2001. 『유씨 세덕록』 상, 중, 하. 유씨 보감편찬회.

유용민. 2015. 『경합적 민주주의』. 커뮤니케이션북스.

유응호. 2020. 『염주』. 백조.

유진오. 1966. 『헌법기초회고록』. 일조각.

윤여준. 2011. 『대통령의 자격』. 메디치미디어.

윤정석. 2015. 『한국의 권력 엘리트, 어떻게 충원하나』. 나녹.

윤천주. 1978. 『한국정치체계: 정치상황과 정치참여』. 서울대학교 출판부.

윤홍근. 2015. 『이익집단의 정치학』. 인간사랑.

의암손병희선생기념사업회 편. 1967. 『의암 손병희선생 전기』. 보성사.

이극찬. 1977. 『정치학』. 법문사.

이기영. 1988. 『여운형』. 창작사.

이기완. 2002. 『전환기의 일본정치와 연립정권』. 케이시.

이기완. 2006. 『일본의 정당과 정당정치』. 매봉.

이나미. 2011. 『한국의 보수와 수구: 이념의 역사』. 지성사.

이남영 편. 1993. 1998. 『한국의 선거』 I, II. 나남.

이병주(소설가). 1979. 『산하』. 동아일보사.

이병주(역사학자) 편. 2006. 『중국 근대화를 이끈 걸출한 인물들』. 지식산업사.

이삼성. 2023. 『동아시아 대분단체제론』. 한길사.

이상일. 2001. 『폭탄주, 그거 왜 마시는데』. 기문사.

이선이. 2015. 『딩링: 중국 여성주의의 여정』. 한울아카데미.

이승현. 2019. 『혐오표현, 차별 없는 세상 만들기』. 내인생의책.

이시윤. 2022. 『하버마스 스캔들: 화려한 실패의 지식사회학』. 파이돈.

이영석. 1983. 『죽산 조봉암』. 원음출판사.

이옥순. 2007. 『인도현대사: 동인도회사에서 IT까지』. 창비.

이이화. 2009. 『인물로 읽는 한국사』 1~10. 김영사.

이재묵 외. 2014. 『도전과 변화의 한미정치: 과정과 이슈』. 서울대학교 출판문화원.

이정박헌영전집편집위원회. 2004. 『이정 박헌영전집』 1~9. 역사비평사.

이정희. 2010. 『이익집단정치: 갈등과 통합의 역동성』. 인간사랑.

이종구. 2022. 『기업사회 일본과 노동운동의 형성: 일본적 노사관계의 사회사』. 북인더갭.

이종보. 2017. 『삼성독재: 삼성권력 80년, 민주주의를 지배하다』. 빨간소금.

이준웅. 2011. 『말과 권력: 레토릭에서 의사소통 민주주의로』. 한길사.

이창위. 2023. 『토착왜구와 죽창부대의 사이에서: 국제법과 국제정치로 본 한일관계사』. 박영사.

이창훈. 2003. 『네오콘: 팍스 아메리카나의 전사들』. 미래M&B.

이청준. 1988. 『남도사람』. 문학과비평사.

이춘재. 2023. 『검찰국가의 탄생』. 서해문집.

이택휘 외. 2001. 『남북한의 최고지도자』. 백산서당.

이필재 외. 2022. 『문재인의 약속』. 율리시즈.

이현모. 2018. 『도쿄 30년, 일본 정치를 꿰뚫다』. 효형출판.

이현진. 2022. 『메르켈 정권 16년: 주요 국제 이슈와 정책 평가』. 대외경제정책연구원.

이혜숙. 2016. 『지방자치와 여성의 정치세력화』. 다산출판사.

이호재. 2003. 『21세기 통일한국의 이상론』. 화평사.

이효재. 1989. 『한국의 여성운동: 어제와 오늘』. 정우사.

이효재 편. 1979. 『여성해방의 이론과 현실』. 창작과비평사.

이희승. 1956. 『벙어리 냉가슴』. 일조각.

이희호. 2008. 『동행: 이희호 자서전』. 웅진지식하우스.

일연. 1281. 『三國遺事』. 이병도 역주. 1992. 『삼국유사』 수정판. 명문당.

임도빈. 2002. 『프랑스의 정치행정체제』. 법문사.

임혁백. 1994. 『시장·국가·민주주의: 한국민주화와 정치경제이론』. 나남.

임혁백. 2014. 『비동시성의 동시성: 한국 근대정치의 다중적 시간』. 고려대학교 출판부.

장면(운석선생기념출판위원회). 1967. 『한알의 밀이 죽지 않고는: 장면 박사 회고록』. 양우당.

장영수. 2002. 『헌법학』 I, II, III. 홍문사.

전병유·신진욱 편. 2016. 『다중격차, 한국사회 불평등 구조』. 페이퍼로드.

전용주 외. 2009. 『투표행태의 이해』. 한울.

정병기. 2017. 『정당 체제와 선거 연합: 유럽과 한국』. 영남대학교 출판부.

정병준. 2005. 『우남 이승만 연구』. 역사비평사.

정세균. 2009. 『정치 에너지』. 후마니타스.

정윤재. 2018. 『한국정치 리더십론』. 나남.

정진민 외. 2022. 『대변동의 미국정치, 한국정치: 비유와 투영』. 명인문화사.

정찬주. 2023. 『아소까대왕』. 불광출판사.

정태영. 1991. 『조봉암과 진보당』. 한길사.

조긍호·강정인. 2012. 『사회계약론 연구: 홉스·로크·루소를 중심으로』. 서강대학교 출판부.

조길태. 2009. 『인도와 파키스탄』. 민음사.

조길태. 2017. 『인도 독립운동사』. 민음사.

조선희. 2017. 『세여자』 1, 2. 한겨레출판.

조성복. 2018. 『독일 정치, 우리의 대안 승자독식 사회에서 합의제 민주주의로』. 지식의날개.

조현연 외. 2011. 『한국진보정치운동의 역사와 쟁점』. 한울.

조화순·민병원 외. 2011. 『집단지성의 정치경제: 네트워크 사회를 움직이는 힘』. 한울아카데미.

지병근. 2016. 『김대중·노무현 정부 시기의 선거』. 마인드랩.

진영재 편저. 2004. 『한국 권력구조의 이해』. 나남출판.

진영재·윤성이. 2015. 『한국정치』 I, II. 법문사.

차재권. 2021. 『4차 산업혁명 시대 다중사회의 알고리즘 민주주의: 시민참여와 관여의 새로운 패러다임』. 부산대학교 출판문화원.

차재권 외. 2021. "지역정치 활성화를 위한 지역정당 설립 방안: 해외 주요국 지역정당 사례". 한국지방정치학회. 『한국지방정치학회보』11권 1호.

최명. 2003. 『삼국지 속의 삼국지』1, 2. 인간사랑.

최상용. 2012. 『중용의 정치사상』. 까치.

최인훈. 2014. 『어디서 무엇이 되어 만나랴』. 범우.

최장집. 1997. 『한국의 노동운동과 국가』. 나남출판.

최장집. 2002. 『민주화 이후의 민주주의』. 후마니타스.

최장집 편. 1985. 『한국현대사 I 』. 열음사.

최재인·양희영 외. 2011. 『서양 여성들, 근대를 달리다』. 푸른역사.

최정운. 2013. 『한국인의 탄생』. 미지북스.

최준영·조진만. 2013. 『견제와 균형: 인사청문회의 현재와 미래를 말하다』. 써네스트.

최진우. 2020. 『환대: 평화의 조건, 공생의 길』. 박영사.

최하림. 1988. 『붓꽃으로 그린 시』. 문학사상사.

한겨레신문사 정치부. 1998. 『김대중 집권비사』. 한겨레신문사.

한겨레신문사 편집부 편. 1995. 『20세기 사람들』상, 하. 한겨레신문사.

한국경제신문 편저. 1991. 『재벌과 가벌』. 지식산업사.

한국법제연구원 편. 2018. 『(미국, 프랑스, 영국, 독일, 일본) 지방자치제도 연구』시리즈. 한국법제연구원.

한국역사연구회 19세기정치사연구반. 1990. 『조선정치사』상, 하. 청년사.

한국정치연구회. 1990. 『한국정치사』. 백산서당.

한국정치학회 편. 1995. 『정치학이해의 길잡이』1~7. 법문사.

한국정치학회 편. 2008. 『한국현대정치사』. 법문사.

한승주. 2017. 『외교의 길』. 올림.

한승헌. 2016. 『재판으로 본 한국현대사』. 창비.

허미자. 2007. 『허난설헌』. 성신여자대학교 출판부.

홍상수. 2018. 『말이 칼이 될 때: 혐오표현은 무엇이고 왜 문제 인가?』. 어크로스.

인명 찾아보기

【ㄹ】

지은이 유재일

고려대학교 정치외교학과를 졸업하고, 고려대학교 대학원에서 정치
학 석사와 박사 학위를 취득했다. 대전대학교 교수, 한국정당학회장,
국회도서관장을 지냈으며, 사회공헌연구소 대표를 맡고 있다.

통합정치와 리더십

초판 1쇄 인쇄 2024년 4월 30일 | 초판 1쇄 발행 2024년 5월 8일
지은이 유재일 | 펴낸이 김시열
펴낸곳 도서출판 운주사

　　　　(02832) 서울시 성북구 동소문로 67-1 성심빌딩 3층

　　　　전화 (02) 926-8361 | 팩스 0505-115-8361

ISBN 978-89-5746-777-0　93340　　값 45,000원

http://cafe.daum.net/unjubooks 〈다음카페: 도서출판 운주사〉